조선유교연원

朝鮮儒敎淵源

張志淵 著
李民樹 譯

朝鮮儒敎淵源卷一

爾雅曰太平之人仁太平者東海名卽指吾東方也吾東方之人其性仁善故南蠻北狄西
戎皆從虫從犬惟東方稱夷夷者弓人也杜氏通典曰東夷冠弁衣錦器用俎豆所謂中國
失禮求之四夷者也又曰其書文並同華夏自古以禮義稱者良有以也檀君之季殷太師
箕子避周以來以洪範九疇之道敎化東方洪範九疇天所以錫夏禹而箕子得其道以是
傳之于周武王者也易云河出圖洛出書聖人則之洪範者卽易象之原理而儒敎之宗祖
也自古聖帝哲王修身齊家治國平天下之大經大法皆具於洪範一書箕子旣傳于武王
又躬行于朝鮮設八條之敎以敎化吾人則其八條雖遺缺失傳然孔子贊易曰箕子之明
夷明夷者其道明於東方也然則朝鮮雖謂之儒敎宗祖之邦可矣是故論語孔子乘桴浮
海之志有欲居九夷之語蓋謂吾東是儒敎遙邦故夫子欲如箕子之布敎行道而有是言
也且況吾東與齊魯隔一衣帶可一葦航之自古交通甚繁如箕子夷齊大連少連一往一
來著顯簡冊則孔子之欲居也是矣向使孔子果然浮海而東如箕子之斷行傳敎化于吾
東安知吾東一域爲孔敎根據之邦而廣吾東於天下也耶惜乎其拘於時勢而終不果行
也自箕氏以後歷三韓諸國之代文獻無徵儒敎之興衰無從考稽也以理想推之吾東與
齊魯來往頻繁則孔氏之徒爲傳道而來者與吾東人之學道而還者不應不少而槪無聞
焉此史乘闕佚之故也至新羅高句麗百濟之代始尙神敎自佛敎傳入釋敎盛行孔子之

朝鮮儒敎淵源卷一 一

明文堂

▲ 사서오경(四書五經) 사서는 논어(論語) · 맹자(孟子) · 대학(大學) · 중용(中庸)이고, 오경은 시경(詩經) · 서경(書經) · 역경(易經) · 춘추(春秋) · 예기(禮記)이다. 유가(儒家)의 기본적 경전의 총칭이다.

◀ 맹자상(孟子像)

▼ 공자상(孔子像)

朝鮮儒敎淵源卷一

爾雅曰太平之人仁太平者東海名卽指吾東方也吾東方之人其性仁善故南蠻北狄西戎皆從虫從犬惟東方稱夷夷者弓人也杜氏通典曰東夷冠弁衣錦器用俎豆所謂中國失禮求之四夷者也又曰其書文並同華夏自古以禮義稱者良有以也檀君之季殷太師箕子避周以來以洪範九疇之道敎化東方洪範九疇天所以錫夏禹而箕子得其道以是傳之于周武王者也易云河出圖洛出書聖人則之洪範者卽易象之原理而儒敎之宗祖也自古聖帝哲王修身齊家治國平天下之大經大法皆具於洪範一書箕子旣傳于武王又躬行于朝鮮設八條之敎以敎化吾人則其八條雖遺缺失傳然孔子贊易曰箕子之明夷明夷者其道明於東方也然則朝鮮雖謂之儒敎宗祖之邦可矣是故論語孔子乘桴浮海之志有欲居九夷之語蓋謂吾東是儒敎滋邦故夫子欲如箕子之布敎行道而有是言也且況吾東與齊魯隔一衣帶可一葦航之自古交通甚繁如箕子夷齊大連少連一往一來著顯簡冊則孔子之欲居也是矣向使孔子果然浮海而東如箕子之斷行傳敎化于吾東安知吾東一域爲孔敎根據之邦而廣吾東於天下也耶惜乎其拘於時勢而終不果行也自箕氏以後歷三韓諸國之代文獻無徵儒敎之興衰無從考稽也以理想推之吾東與齊魯來往頻繁則孔氏之徒爲傳道而來者與吾東人之學道而還者不應不少而槪無聞焉此史乘闕佚之故也至新羅高句麗百濟之代始尙神敎自佛敎傳入釋敎盛行孔子之

朝鮮儒敎淵源卷一 一

◀ 조선유교연원(朝鮮儒敎淵源) 원문(原文)

▲ 주돈이(周敦頤, 1017~1073) 송학(宋學)의 개조(開祖). 주자(周子). 저서에 《태극도설(太極圖說)》·《통서(通書)》가 있다.

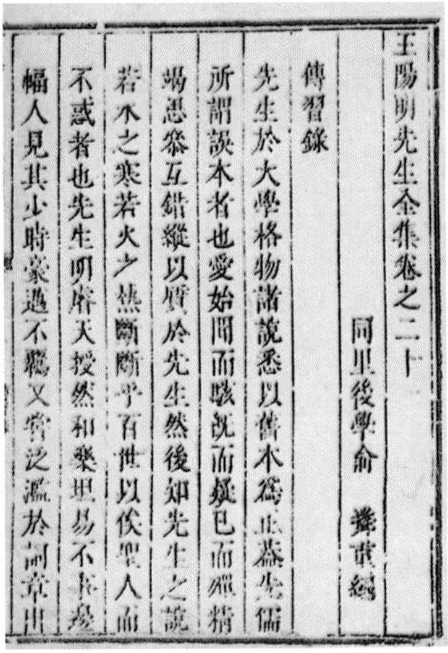

王陽明先生全集卷之二十
同里後學俞　嶙重編
傳習錄
先生於大學格物諸說悉以舊本爲正蓋先儒所謂誤本者也愛始聞而駭旣而疑已而殫精竭思參互錯縱以質於先生然後知先生之說若水之寒若火之熱斷斷乎百世以俟聖人而不惑者也先生明睿天授然和樂坦易不事邊幅人見其少時豪邁不羈又嘗泛濫於詞章出

▲ 전습록(傳習錄) 왕양명(王陽明)의 어록(語錄)과 서간문(書簡文)을 그의 문인(門人)들이 편집한 것으로서 3권으로 이루어져 있다.

▼ 정몽주(鄭夢周, 1337~1392) 호는 포은(圃隱)

▼ 서화담 선생집(徐花潭先生集)

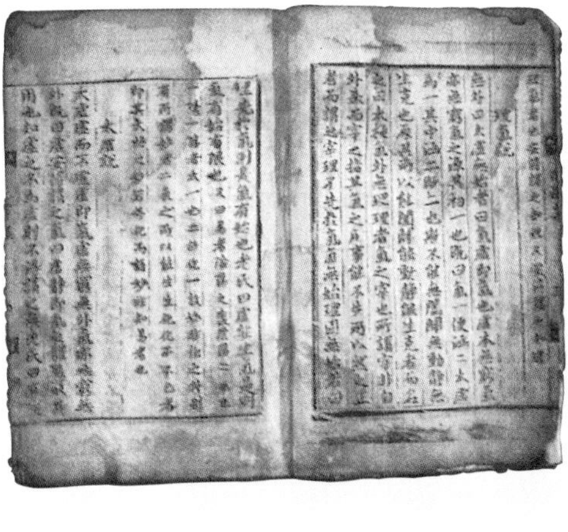

▲ 이황(李滉, 1501~1570) 호는 퇴계(退溪)

▲ 이 이(李珥, 1536~1584) 호는 율곡(栗谷)

▲ 김장생(金長生, 1548~1631) 호는 사계(沙溪)

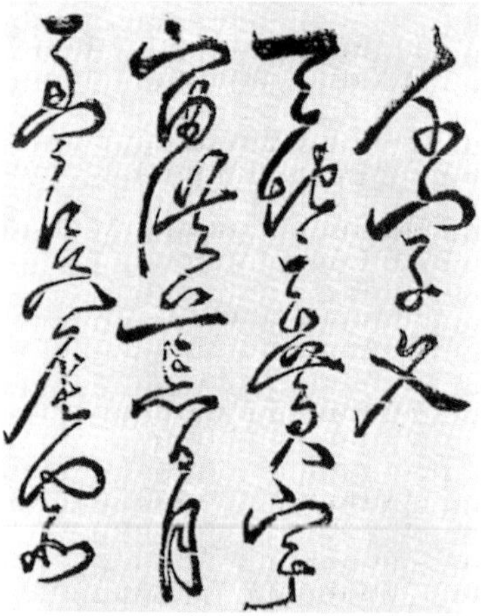

▲ 하서(河西) 김인후(金麟厚)의 천자문(千字文)

◀ 허목(許穆, 1595~1682) 호는 미수(眉叟)

▶ 송시열(宋時烈, 1607~1689) 호는 우암(尤庵)

조선유교연원
朝鮮儒敎淵源

해 제(解題)

● 저자 장지연(張志淵)에 대하여

장지연은 1864년(고종 1년)에 장용상(張龍相)의 아들로 상주(尙州)에서 태어났다. 어릴 때 이름은 지윤(志尹)으로, 자는 순소(舜韶), 호는 위암(韋庵) 또는 숭양산인(嵩陽山人)이라 하였다. 자라서 장석봉(張錫鳳)의 문하에서 수학하였다.

1894년에 진사(進士)가 되었고, 1895년 을미사변(乙未事變)에 민비(閔妃)가 시해되자 의병을 일으킬 것을 호소하는 격문을 각처에 발송하였다.

1897년 아관파천(俄館播遷) 때에는 고종의 환궁을 요청하는 〈만인소(萬人疏)〉를 기초하였다. 같은 해에 사례소(史禮所) 직원으로《대한예전(大韓禮典)》 편찬에 참여하였다.

1898년 내부주사(內部主事)가 되었으나 기울어져 가는 국정을 걱정한 나머지 사직하고, 이승만(李承晩)·남궁억(南宮檍)·양홍묵(梁興默)과 만민공동회(萬民共同會)를 열어 총무위원으로서 정부의 실정을 규탄하였다.

1899년 시사총보사(時事叢報社)의 주필로 언론계에 입문, 황성신문사(皇城新聞社)의 주필이 되어 항일구국(抗日救國)의 논설을 썼다.

1901년 황성신문사 사장이 되어 민중의 계몽과 자립정신 고취에 온힘을 쏟았다.

1905년에 을사조약(乙巳條約)이 체결되자 황성신문에 '이날에 목놓아 통곡한다(是日也放聲大哭)'는 사설을 써서 일본의 흉계를 통렬히 반박하고 그 사실을 국민에게 알렸다. 이 일로 인하여 3개월 간 투옥되었다가 석방되었다. 정부에서 통정대부(通政大夫)로 기용하였으나 거절하고 은퇴하여 역대 문헌의 수집과 저술에 힘을 기울였다.

1906년 윤효정(尹孝定) 등과 대한자강회(大韓自彊會)를 조직, 구국운동을 벌이다가 이듬해 강제로 해산당하자 대한협회(大韓協會)로 개편하였다. 그러나 박해가 심하여 러시아령(領) 블라디보스토크로 망명하여 그곳에서 해조신문(海潮新聞)의 주필이 되었다. 경영난으로 해조신문이 폐간된 후 상하이(上海)·난징(南京) 등을 방랑하다가 귀국하였다.

1909년 진주(晋州)의 경남일보(慶南日報) 주필로 취임하였으나, 1910년 한일합방되던 날 비통한 마음으로 황현(黃玹)의 절명시(絶命詩)를 실어, 이로 인하여 경남일보가 폐간되었다.

그후 실의에 빠져 폭음(暴飮)으로 지내다 1921년 58세로 마산(馬山)에서 생을 마감하였다.

1962년 대한민국 건국공로훈장 단장(單章)이 수여되었다.

저서로는《위암문고(韋庵文稿)》《대한최근사(大韓最近史)》《대동문수(大東文粹)》《대동기년(大東紀年)》《대한강역고(大韓疆域考)》《일사유사(逸士遺事)》《만국사물기원역사(萬國事物紀原歷史)》등 많은 작품이 있으며, 다수의 문헌이 있다.

● 《조선유교연원》의 내용

조선유교연원은 매일신보(每日新報)에 연재되었는데, 장지연이 세상을 떠난 다음해 1922년, 아들인 장재식(張在軾)이 3권 1책의 단행본으로 간행하였다.

한문으로 서술되어 있었는데 이 책에서는 번역문과 함께 원문을 수록하였다. 원문은 중복된 경우도 있고, 또 적지 않은 오자 등이 있어 번역 과정에서 바로잡았음을 밝혀둔다.

내용을 보면 서장(序章)에서 동방 유교의 근원을 기자(箕子)의 홍범구주(洪範九疇)를 원리로 한 팔조지교(八條之敎)로부터 시작하였다고 밝혔다. 그리고 삼국시대의 유교는 홍유후(弘儒侯) 설총(薛聰)의 구경(九經)을 해석한 것을 그 최초로 삼았다 하였다.

이후 고려시대가 되어 이재(彛齋) 백이정(白頤正)이 원(元)나라에 유학하고 돌아와 정주학(程朱學)을 처음으로 전했으며, 포은(圃隱) 정몽주(鄭夢周)가 정주학을 강구하여 성리학(性理學)을 수창(首唱)하였으므로 정몽주는 조선 유교의 종주(宗主)라 하였다.

이어 퇴계(退溪) 이황(李滉)과 고봉(高峯) 기대승(奇大升)의 사단칠정분변(四端七情分辨)에 대해 주고받은 글, 율곡(栗谷) 이이(李珥)와 우계(牛溪) 성혼(成渾)의 사칠이기문답(四七理氣問答), 이이의 《성학집요(聖學輯要)》의 심성정설(心性情說), 성호(星湖) 이익(李瀷)의 사칠이기설(四七理氣說)을 다른 유학자의 연원과 함께 실었다.

대부분의 유학자들은 인물 중심으로 사실대로 소개하였는데, 학술의 전모를 잘 알 수 없는 점이 있다 하겠다.

또한 왕양명전습록변(王陽明傳習錄辨)과 한원진(韓元震)과 이간(李柬)의 호락학파(湖洛學派)의 분열, 이익의 홍범설(洪範說)과 후천조하도설(後天祖河圖說)을 실었다.

실학파(實學派) 학자의 소개, 관서(關西)·관북(關北)의 유학자와 기노사(奇蘆沙)의 〈납량사의(納凉私議)〉에서 호락시비(湖洛是非)와 인물성동이론(人物性同異論)을 깊이 파헤쳤다.

끝으로 '총론(總論)' '유교란 어떤 것인가[儒敎者辨]'로 맺고 있는데, 총론에서 조선 유교가 당론의 분열과 붕당의 피해로 시들어감을 안타까워하며 다시 회복될 날을 바라고 있음을 밝혔다.

일러두기

- 원문을 보기 쉽게 번역문 다음에 나누어서 편집하였다.
- 원문과 번역문의 다른 점은 번역 과정에서 확인한 후 바로잡았다.
- 원문의 순서와 번역문의 순서가 다른 곳도 있으며, 의역(意譯)한 곳도 있다.
- 원문이 중복되어 있는 곳도 있음을 밝혀 둔다.
- 그 이에 미비한 점은 나름대로의 고증에 의하여 바로잡았다.

조선유교연원
朝鮮儒教淵源

■

차　례

권 1 • 18

권 2 • 281

권 3 • 441

조선유교연원 권1
朝鮮儒敎淵源卷一

이아(爾雅)에 말하기를, "태평(太平)의 사람은 어질다." 했는데, 태평이란 동해(東海)의 이름으로 곧 우리나라를 가리키는 것이다.

우리 동쪽 나라 사람은 그 성질이 어질고 착하였다. 그러므로 중국 사람들이 예부터 그 주위의 인접한 종족을 말할 때 남만(南蠻)·북적(北狄)·서융(西戎)은 모두 벌레 충(虫)자나 개 견(犬)자를 붙였지만 오직 우리나라만은 이(夷)라고 일컬었으니 이(夷)란 '활쏘는 사람(弓人)'을 말하는 것이다.

두씨통전(杜氏通典)에 말하기를, "동이(東夷)는 변(弁)을 쓰고 비단옷을 입으며 제기(祭器)를 써서 제사를 지내니 이른바 '중국(中國)에서 예법(禮法)을 잃으면 사이(四夷)에서 구한다'고 한 것이다." 했다.

또 말하기를, "그 책과 글이 모두 화하(華夏)와 같으니 옛날부터 예의(禮義)가 있다고 일컫는 것은 까닭이 있는 것이다." 하였다.

단군(檀君) 말년에 은태사(殷太師) 기자(箕子)가 주(周)나라를 피하여 온 뒤로 홍범구주(洪範九疇)의 법으로 교화(敎化)했으니 이 홍범구주는 하늘이 우(禹)임금에게 내려준 것을 기자가 그 도(道)를 얻어서 이것을 주나라 무왕(武王)에게 전해준 것이다.

《주역(周易)》에 말하기를 "하도(河圖)는 하수(河水)에서 나오고, 낙서(洛書)는 낙수(洛水)에서 나왔는데 성인(聖人)이 이것을 본받았다." 했으니 홍범(洪範)은 역상(易象)의 원리이며 유교(儒敎)의 종조(宗祖)인 것이다. 예로부터 훌륭한 제왕(帝王)들의 수신(修身)·제가(齊家)·치국(治國)·평천하(平天下)의 대경(大經)과 대법(大法)이 모두 여기에 갖추어져 있다. 기자가 이것을 무왕에게 전수한 후에 몸소 조선에 와서 8조(條)의 가르침을 베풀어 이로써 우리를 교화했다. 지금 이 8조가 모두 전하지 않는다 하더라도 공자(孔子)가 《주역》에서 찬(贊)하기를, '기자(箕子)의 명이(明夷)'라고 하셨는데, 명이라는 말은 도(道)가 동쪽 지방에 밝았다는 뜻이다. 그렇다면 조선을 유교의 종주국(宗主國)이라 해도 될 것이다.

그렇기 때문에 공자께서 《논어》에 말씀하신 "뗏목을 타고 바다로 가고 싶다(乘桴浮海)."고 하신 것이다. "구이(九夷)에 살고 싶다(欲居九夷)."고 하신 말이 있으니 이는 대개 우리나라가 유교를 오랫동안 숭상해온 나라이기 때문에 공자께서 기자가 포교(布敎)해서 도(道)를 행한 것과 같이 하고자 하여 이런 말을 하신 것일 것이다.

더구나 우리나라는 중국의 제(齊)나라나 노(魯)나라와의 거리가 아주 가까워서 작은 배로도 항해(航海)할 수가 있다. 그래서 옛날부터 왕래가 매우 빈번하여 기자(箕子)·백이(伯夷)·숙제(叔齊)·대련(大連)·소련(小連)이 왕래한 사실이 서책에 뚜렷하게 나타나 있으니 공자가 살고자 했던 것은 사실이었을 것이다. 그때 만일 공자께서 참으로 바다를 건너 동쪽으로 와서 기자처럼 우리나라에 전교(傳敎)하고 교화하셨다면 어찌 우리나라 지역이 유교의 근거지가 되어 천하에 더욱 널리 알려지지 않았겠는가?

애석하게도 시세(時勢)에 구애되어 끝내 과연 행해지지 못해서 기자(箕子) 이후로 삼한(三韓)의 여러 나라를 거치면서 징험할 만한 서적이 없어서 유교에 대한 흥쇠(興衰)를 상고할 수가 없고, 다만 이상(理想)으로 미루어 생각하건대 우리나라는 제나라·노나라와 왕래가 잦았으니 공자의 무리로 전도(傳道)하러 온 사람과 우리나라 사람으로서 도(道)를 배우고 돌아온 자가 응당 적지 않았을 것이나 대개 이것을 듣지 못했으니 이것은 역사에 빠져서 그런 것일 것이다.

신라(新羅)·고구려(高句麗)·백제(百濟)의 대에 이르러 비로소 신교(神敎)를 숭상하여 불교(佛敎)가 전해 들어오면서 불교가 성하게 행해져서 공자의 가르침은 미미하게 겨우 행해지다가 삼국(三國)의 중엽(中葉), 즉 신라 제26대 진평왕(眞平王) 건복(建福) 48년 신묘(辛卯), 즉 고구려 영류왕(榮留王) 14년, 백제 무왕(武王) 32년에 비로소 자제(子弟)들을 당(唐)나라의 국학(國學)에 유학시켰다. 대개 이때는 당나라 태종(太宗)이 국학을 증축(增築)하여 경학(經學)을 확장했기 때문에 삼국이 모두 자제들을 보내 유학시켰던 것인데 이때는 곧 정관(貞觀) 5년[《삼국사기(三國史記)》에는 선덕왕(善德王) 인평(仁平) 7년 경자(庚子)에 비로소 자제들을 보내어 당나라 국학에 들어가게 했으니 곧 정관 14년이었다.]이라 했으니 이것이 경학(經學)이 중흥(中興)한 시작이다.

이로부터는 전쟁을 일삼느라 문교(文敎)에 힘쓸 겨를이 없었지만 당시의 큰 유학자나 큰 학자로는 강수(强首)·제문(帝文)·수진(守眞)·양도(良圖)·풍훈(風訓)·골번(骨番) 등의 이름이 한 세상에 나타났었으나 그들이 남긴 말들이 모두 없어졌으니 애석한 일이다. 문무왕(文武王)이 삼국을 통일한 이후에야 비로소 문화를 숭상했고, 신문왕(神文王) 2년에는 국학(國學)을 처음으로 세워 오경(五經)으로 국자(國子)를 가르쳤으니, 이것이 국학의 시작이었다.

이 아 왈 태 평 지 인 인 태 평 자 동 해 명 즉 지 오 동 방 야 오 동 방 지 인 기
爾雅曰太平之人仁太平者東海名卽指吾東方也吾東方之人其

성 인 선 고 남 만 북 적 서 융 개 종 충 종 견 유 동 방 칭 이 이 자 궁 인 야 두
性仁善故南蠻北狄西戎皆從虫從犬惟東方稱夷夷者弓人也杜
씨 통 전 왈 동 이 관 변 의 금 기 용 조 두 소 위 중 국 실 례 구 지 사 이 자 야 우
氏通典曰東夷冠弁衣錦器用俎豆所謂中國失禮求之四夷者也又
왈 기 서 문 병 동 화 하 자 고 이 례 의 칭 자 량 유 이 야 단 군 지 계 은 태 사 기
曰其書文並同華夏自古以禮義稱者良有以也檀君之季殷太師箕
자 피 주 이 래 이 홍 범 구 주 지 도 교 화 동 방 홍 범 구 주 천 소 이 석 하 우 이
子避周以來以洪範九疇之道教化東方洪範九疇天所以錫夏禹而
기 자 득 기 도 이 시 전 지 우 주 무 왕 자 야 역 운 하 출 도 락 출 서 성 인 즉 지
箕子得其道以是傳之于周武王者也易云河出圖洛出書聖人則之
홍 범 자 즉 역 상 지 원 리 이 유 교 지 종 조 야 자 고 성 제 철 왕 수 신 제 가 치
洪範者卽易象之原理而儒教之宗祖也自古聖帝哲王修身齊家治
국 평 천 하 지 대 경 대 법 개 구 어 홍 범 일 서 기 자 기 전 우 무 왕 우 궁 행 우
國平天下之大經大法皆具於洪範一書箕子旣傳于武王又躬行于
조 선 설 팔 조 지 교 이 교 화 오 인 즉 기 팔 조 수 유 결 실 전 연 공 자 찬 역 왈
朝鮮設八條之教以教化吾人則其八條雖遺缺失傳然孔子贊易曰
기 자 지 명 이 명 이 자 기 도 명 어 동 방 야 연 즉 조 선 수 위 지 유 교 종 조 지
箕子之明夷明夷者其道明於東方也然則朝鮮雖謂之儒教宗祖之
방 가 의 시 고 론 어 공 자 승 부 부 해 지 지 유 욕 거 구 이 지 어 개 위 오 동 시
邦可矣是故論語孔子乘桴浮海之志有欲居九夷之語盖謂吾東是
유 교 구 방 고 부 자 욕 여 기 자 지 포 교 행 도 이 유 시 언 야 차 황 오 동 여 제
儒教舊邦故夫子欲如箕子之布教行道而有是言也且况吾東與齊
로 격 일 의 대 가 일 위 항 지 자 고 교 통 심 긴 여 기 자 이 제 대 련 소 련 일 왕
魯隔一衣帶可一葦航之自古交通甚緊如箕子夷齊大連小連一往
일 래 저 현 간 책 즉 공 자 지 욕 거 야 시 의 향 사 공 자 과 연 부 해 이 동 여 기
一來著顯簡冊則孔子之欲居也是矣向使孔子果然浮海而東如箕
자 지 단 행 전 교 화 우 오 동 안 지 오 동 일 역 위 공 교 근 거 지 방 이 광 오 동
子之斷行傳教化于吾東安知吾東一域爲孔教根據之邦而廣吾東
어 천 하 야 야
於天下也耶

석 호 기 구 어 시 세 이 종 불 과 행 야 자 기 씨 이 후 력 삼 한 제 국 지 대 문
惜乎其拘於時勢而終不果行也自箕氏以後歷三韓諸國之代文
헌 무 징 유 교 지 흥 쇠 무 종 고 계 야 이 이 상 추 지 오 동 여 제 로 래 왕 빈 번
獻無徵儒教之興衰無從考稽也以理想推之吾東與齊魯來往頻繁
즉 공 씨 지 도 위 전 도 이 래 자 여 오 동 인 지 학 도 이 환 자 불 응 불 소 이 개
則孔氏之徒爲傳道而來者與吾東人之學道而還者不應不少而概

무 문 언 차 사 승 궐 일 지 고 야 지 신 라 고 구 려 백 제 지 대 시 상 신 교 자 불
無聞焉此史乘闕佚之故也至新羅高句麗百濟之代始尚神敎自佛
교 전 입 석 교 성 행 공 자 지 교 미 미 근 존 기 삼 국 중 엽 즉 신 라 제 이 십 구
敎傳入釋敎盛行孔子之敎微々僅存曁三國中葉卽新羅第二十九
대 진 평 왕 건 복 사 십 팔 년 신 묘 고 구 려 영 류 왕 십 사 년 백 제 무 왕 삼
代眞平王建福四十八年辛卯(高句麗榮留王十四年百濟武王三
십 이 년 시 견 자 제 입 당 국 학 개 시 시 당 태 종 증 축 국 학 회 장 경 학 삼
十二年) 始遣子弟入唐國學盖是時唐太宗增築國學恢張經學三
국 병 견 자 제 류 학 자 야 즉 정 관 오 년 야 삼 국 사 선 덕 왕 인 평 칠 년 경
國並遣子弟留學者也卽貞觀五年也(三國史善德王仁平七年庚
자 시 견 자 제 입 당 국 학 즉 정 관 십 사 년 야 차 경 학 중 흥 지 효 시 야 자
子始遣子弟入唐國學卽貞觀十四年也) 此經學中興之嚆矢也自
시 종 사 병 혁 미 황 문 교 연 당 세 홍 유 석 학 유 임 수 급 제 문 수 진 양
是從事兵革未遑文敎然當世弘儒碩學有任 首及帝文 守眞 良
도 풍 훈 골 향 등 개 저 명 일 세 이 석 호 기 유 언 민 몰 문 무 왕 통 일 이 후
圖 風訓 骨香等皆著名一世而惜乎其遺言泯沒文武王統一以後
시 상 문 화 신 문 이 년 시 립 국 학 이 오 경 교 국 자 차 국 학 지 시 야
始尚文化神文二年始立國學以五經敎國子此國學之始也

주해_○爾雅(이아)－십삼경(十三經)의 하나로서 가장 오래된 자서(字書). 모두 19권. 천문(天文)·지리(地理)·음악(音樂)·기재(器材)·초목(草木)·조수(鳥獸) 등에 관한 고금의 문자(文字)를 설명했음. 저자(著者)는 미상이나 내용으로 보아 송(宋)나라의 학자들이 집록(集錄)한 것으로 생각됨.

○南蠻(남만)－이하 북적(北狄)·서융(西戎)은 모두 오랑캐의 이름.

○杜氏通典(두씨통전)－당나라 두우(杜佑)의 저서로 당대(唐代)까지의 제도가 수록되어 있다.

○華夏(화하)－화(華)라는 것은 화려하다는 뜻이요, 하(夏)는 대국(大國)이라는 뜻으로 중국 본토의 과칭(誇稱)임.

○殷大師(은태사)－태사(太師)는 임금의 스승이 될만한 사람으로서 기자(箕子)가 은(殷)나라의 태사였음. 삼공(三公)의 하나.

○箕子(기자)－은나라 태사. 주왕(紂王)의 숙부로 주왕에게 간하다가 잡혀서 중이 됨. 은나라가 망한 후에 조선으로 도망하여 기자조선(箕子朝

鮮)을 창설했다 함.

- 洪範九疇(홍범구주)-하(夏)나라 우(禹)임금 때 낙수(洛水)에서 나온 신귀(神龜)의 등에 있었다는 9장(章)의 문장으로서 천하를 다스리는 대법(大法)으로 삼은 것. 구주(九疇)는 홍범(洪範)의 천하를 다스리는 아홉가지 대법(大法). 본래 우왕(禹王)이 천계(天啓)에 의하여 얻은 것으로서 대대로 전하여 기자(箕子)에 이르러 무왕(武王)의 물음에 대답한 후 비로소 세상에 알려졌다 한다. 곧 오행(五行)·오사(五事)·오기(五紀)·팔정(八政)·황극(皇極)·삼덕(三德)·계의(稽疑)·서징(庶徵)·오복(五福). 오행은 수(水)·화(火)·목(木)·금(金)·토(土), 오사는 모(貌)·언(言)·시(視)·청(聽)·사(思), 오기는 세(歲)·월(月)·일(日)·성신(星辰)·역수(曆數), 팔정은 식(食)·화(貨)·사(祀)·사공(司空)·사도(司徒)·사구(司寇)·빈(賓)·사(師), 삼덕은 정직(正直)·강극(剛克)·유극(柔克), 계의는 우(雨)·제(霽)·몽(蒙)·역(驛)·극(克)·정(貞)·회(悔), 서징은 우(雨)·양(陽)·오(燠)·한(寒)·풍(風)·시(時), 오복은 수(壽)·부(富)·강녕(康寧)·유호덕(攸好德)·고종명(考終命)임.
- 九夷(구이)-상고시대 때 동방(東方)에 살던 9종의 오랑캐.
- 乘桴浮海(승부부해)-《논어》〈공야장(公冶長)〉편에 나온다.
- 欲居九夷(욕거구이)-《논어》〈자한(子罕)〉편에 나온다.
- 大連(대련)·小連(소련)-고대 동이(東夷)에 살았다고 전하는 효성이 지극한 형제.
- 神敎(신교)-우리나라의 고대 원시 종교로 '신도(神道)'라고도 함.
- 三國(삼국)-신라·고구려·백제.

설총(薛聰)

이때에 또 설총이 있었는데 경술(經術)과 문장으로 높다랗게 유종(儒宗)이 되었다. 그는 우리나라 말로 구경(九經)을 해석하여 후생(後生)을 가르쳐서 유교가 비로소 크게 행해지게 되었다. 그러나 지금 전해지는 것은 오직 〈화왕계(花王戒)〉 한 편과 이두문자(吏讀文字)

약간뿐이요, 그의 저술은 모두 없어져서 전하는 것이 없다. 그후에 고려(高麗) 현종(顯宗)이 그에게 벼슬을 추증(追贈)하고 홍유후(弘儒侯)라 하여 문묘(文廟)에 배향(配享)했다. 이는 설씨(薛氏)의 일파(一派)들이 남달리 유교를 서로 잘 전하여 종주가 되어 왔기 때문에 그가 죽은 3백 수십년 후인 고려 현종 때에 이르러서 추봉(追封)하여 문묘에 배향하는 성대한 전례(典例)가 있게 된 것이다.

상고하건대 설총은 곧 고승(高僧) 원효(元曉)의 아들이다. 원효는 불교의 조사(祖師)로서 칭송되었는데 그가 저술한 《금강론(金剛論)》 등의 책은 모두 전해져서 지금에까지 이르렀는데 설총은 유교로써 세상의 스승이 되었는데 그 은미한 말들이 전해지지 않으니 애석한 일이다.

김부식(金富軾)의 《삼국사기(三國史記)》에 말하기를, "설총은 성질이 밝고 민첩하여 나면서부터 도술(道術)을 알았고, 우리나라 말로 구경(九經)을 해독하여 후생들을 가르쳐서 지금까지도 학자들이 종주(宗主)로 삼고 있다. 또 글을 잘했으나 전하는 것이 없고, 지금 남쪽 지방에 설총이 지었다고 하는 비명(碑銘)이 있으나 마멸(磨滅)되어 읽을 수가 없어서 그의 문장이 어떠했던지를 끝내 알 수가 없다."고 했으니 매우 애석하게 여긴다.

또 말하기를, "세상에 전하기를 일본의 진인(眞人)이 신라 사신 설판관(薛判官)에게 준 시(詩)의 서문(序文)에 이르기를, '일찍이 원효거사(元曉居士)가 지은 《금강삼매론(金剛三昧論)》을 보았는데 몹시 한스럽게도 그 사람을 보지 못했는데 들으니 신라국의 사신 설(薛)이 곧 거사의 손자라 하니, 비록 그 조부(祖父)는 보지 못했어도 그 손자를 보니 기뻐서 이에 시를 지어 준다' 했는데 그 시가 지금까지 있다."고 했다.

설씨 이후로는 유학으로 이름이 나타난 사람이 별로 없었으나 유학이 일어난 것은 실로 이로부터 시작되었다. 성덕왕조(聖德王朝) 16년 정사(丁巳)에 김수충(金守忠)이 당나라로부터 문선왕(文宣王)과 십철(十哲) 72제자의 도상(圖像)을 갖다바쳐서 비로소 태학(太學)에 두고 받들었으며, 그 위에 사업(司業)·조교(助敎)·박사(博士)·대사(大舍) 등을 두고 그 교수하는 방법은 《예기(禮記)》·《주역(周易)》·《논어(論語)》·《효경(孝經)》·《춘추(春秋)》·《모시(毛詩)》·《상서(尙書)》 등 여러 경전을 가르쳐서 학생들이 모두 통달한 뒤에 벼슬에 나가게 해서 뽑아 쓰게 하고, 그 능하지 못한 자는 비록 9년이 지나도 벼슬에 나아가는 것을 허락하지 않았다. 그런 까닭에 유교가 많이 행해졌다. 신라 말까지 학자들은 설총을 받들어 사표(師表)로 삼았다. 그 학문은 반드시 한(漢)나라 유교의 계파(系派)에다 당나라 초의 공륙(孔陸) 제가(諸家)의 말을 섞기었을 것이다.

시 시 우 유 설 총 이 경 술 문 장 울 위 유 종 이 이 방 언 해 구 경 훈 도 후 생
是時又有薛聰以經術文章蔚爲儒宗而以方言解九經訓導後生
어 시 유 교 대 행 연 이 금 기 소 전 자 지 시 화 왕 계 일 편 급 리 두 문 자 략 간
於是儒敎大行然而今其所傳者只是花王誡一篇及俚讀文字畧干
이 기 기 저 술 개 인 멸 무 전 후 고 려 현 종 추 증 작 홍 유 후 종 향 문 묘 개 설
而己其著述皆湮滅無傳後高麗顯宗追贈爵弘儒侯從享文廟盖薛
씨 일 파 독 이 유 교 상 전 학 자 종 지 고 기 몰 후 력 삼 백 수 십 년 지 려 현 종
氏一派獨以儒敎相傳學者宗之故其歿後歷三百數十年至麗顯宗
지 시 행 추 봉 종 향 지 성 전 야
之時行追封從享之盛典也

안 설 총 내 고 승 원 효 지 자 야 원 효 이 불 교 지 조 사 칭 기 소 저 금 강 론
按薛聰乃高僧元曉之子也元曉以佛敎之祖師稱其所著金剛論
등 서 개 전 지 지 금 설 총 이 유 교 위 세 사 종 이 기 미 언 막 전 석 호 김 부 식
等書皆傳之至今薛聰以儒敎爲世師宗而其微言莫傳惜乎金富軾
삼 국 사 왈 총 성 명 예 생 지 도 술 이 방 언 독 구 경 훈 도 후 생 지 금 학 자 종
三國史曰聰性明銳生知道術以方言讀九經訓導後生至今學者宗
지 우 능 속 문 이 세 무 전 자 단 금 남 지 혹 유 총 소 제 비 명 문 자 결 락 불 가
之又能屬文而世無傳者但今南地或有聰所製碑銘文字缺落不可
독 경 부 지 기 여 하 야 개 심 석 지 지 사 야 우 왈 세 전 일 본 국 진 인 증 신 라
讀竟不知其如何也盖深惜之之辭也又曰世傳日本國眞人贈新羅

사 설 판 관 시 서 운 상 람 원 효 거 사 소 저 금 강 삼 매 론 심 한 불 견 기 인 문
使薛判官詩序云嘗覽元曉居士所著金剛三昧論深恨不見其人聞

신 라 국 사 설 즉 시 거 사 지 포 손 수 불 견 기 조 이 희 우 기 손 내 작 시 증 지
新羅國使薛卽是居士之抱孫雖不見其祖而喜遇其孫乃作詩贈之

기 시 지 금 존 언 운
其詩至今存焉云

자 설 씨 이 후 유 학 지 저 명 자 료 료 연 유 학 지 흥 실 자 차 시 의 성 덕 왕
自薛氏以後儒學之著名者寥々然儒學之興實自此始矣聖德王

조 십 륙 년 정 사 김 수 충 자 당 래 헌 문 선 왕 십 철 칠 십 이 제 자 도 상 시
朝(十六年丁巳)金守忠自唐來獻文宣王十哲七十二弟子圖像始

치 태 학 이 봉 지 증 치 사 업 조 교 박 사 대 사 등 원 기 교 수 지 법 이 례 기 주
置太學以奉之增置司業助教博士大舍等員其教授之法以禮記周

역 론 어 효 경 춘 추 좌 전 모 시 상 서 등 제 경 전 훈 도 지 제 생 실 통 연 후 사
易論語孝經春秋左傳毛詩尙書等諸經傳訓導之諸生悉通然後賜

출 신 선 용 기 불 능 자 수 유 구 년 불 허 출 사 이 고 유 술 성 행 종 라 지 세 학
出身選用其不能者雖踰九年不許出仕以故儒術盛行終羅之世學

자 종 설 씨 위 사 표 기 학 필 시 한 유 지 계 파 이 참 호 어 당 초 공 륙 제 가 지
者宗薛氏爲師表其學必是漢儒之系派而參互於唐初孔陸諸家之

설 자 야
說者也

주해_ㅇ薛聰(설총)—신라 경덕왕 때의 학자. 자는 총지(聰智). 호는 빙월당(氷月堂). 경주설씨(慶州薛氏)의 아들. 어머니는 요석궁공주(瑤石宮公主). 신라십현(新羅十賢)의 한 사람으로 벼슬은 한림(翰林)을 지냄. 주로 왕의 정치에 자문 역할을 했다. 문학과 유학을 깊이 연구한 학자로서 일찍이 국학(國學)에 들어가 학생들을 가르쳐 유학의 발전에 기여했으며 그가 창제한 중국문자에 토를 다는 방법은 당시 중국문학의 성취에 커다란 도움이 되었다. 홍유후(弘儒侯)에 추봉되고 문묘에 배향되었음.

ㅇ俚讀文字(이두문자)—삼국시대부터 한자(漢字)의 음과 뜻을 빌려서 우리나라 말을 표기하는 데 쓰이던 문자. 이두(吏讀).

ㅇ文廟(문묘)—공신을 모신 사당으로 안자(顔子)·증자(曾子)·자사(子思)·맹자(孟子)를 배향하였다. 또한 열 사람의 학문이 높은 제자와 송씨(宋氏) 육현(六賢)과 우리나라 18현(賢)을 종사(從祀)하였다.

ㅇ元曉(원효)－신라 때 고승(高僧). 성은 설(薛)이요, 원효는 법명(法名), 내마(奈麻) 담날(談捺)의 아들. 설총의 아버지. 황룡사(皇龍寺)에서 중이 되어 각종 불전(佛典)을 섭렵하며 수도에 정진했다. 문무왕 1년에 의상(義湘)과 집을 떠나 당항성(黨項城) 남양(南陽) 부근의 한 고총(古塚)에서 밤중에 해골에 괸 물을 먹고 모든 것은 마음에 달렸고 사물 자체에는 정(淨)도 부정(不淨)도 없다 대오(大悟)하고 돌아왔다. 분황사에 이르면서 독자적으로 통불교(通佛教 : 元曉宗, 芬皇宗, 南東宗이라고도 함)를 제창하며 불교의 제창에 힘썼다. 뒤에 요석공주(遙石公主)와의 사이에 설총이 태어났다. 한국의 불교사상 가장 위대한 고승(高僧)의 한 사람으로 추앙되고 있다.

ㅇ金富軾(김부식)－고려의 학자. 자는 입지(立之), 호는 뇌천(雷川), 본관은 경주(慶州). 좌간의대부(左諫議大夫) 근(覲)의 아들. 벼슬이 호부상서(戶部尙書)・한림학사승지(翰林學士承旨)・평장사(平章事)를 거쳐 수사공(守司空)에 올랐다. 묘청(妙淸)의 청을 중지시켰고, 또 묘청이 서경(西京)에서 반란을 일으키자 원수(元帥)로서 중군장(中軍將)이 되어 정지상(鄭知常)・백수한(白壽翰)・김안(金安) 등을 반도(叛徒)들과의 내통 혐의로 죽였다. 이어 동덕찬화공신(同德贊化功臣)이 되고 검교태보수태위문하시중 판상서이부사 감수국사 상주국겸태자태보(檢校太保守太尉門下侍中判尙書吏部事監修國事上柱國兼太子太保)가 되었다. 그후 인종실록(仁宗實錄)의 편찬을 주재하고 의천(義天)의 비문 및 진락공중수청평산문수원기(眞樂公重修淸平山文殊院記) 등을 지었다. 중서령(中書令)에 추증(追贈)되고 인종(仁宗)의 묘정(廟庭)에 배향(配享)되었다.

ㅇ道術(도술)－도가(道家)의 방술(方術).

ㅇ薛判官(설판관)－이름은 중업(仲業)으로 원효대사의 손자.

ㅇ文宣王(문선왕)－공자의 시호(諡號). 당(唐)나라 현종(玄宗)이 개원(開元) 27년에 추시(追諡)했음.

ㅇ十哲(십철)－공자의 제자 가운데 학문과 도덕이 뛰어난 열 사람.

ㅇ司業(사업)－국자감(國子監)의 교수(教授).

ㅇ孔陸(공륙)－공영달(孔穎達)과 육지(陸贄). 공영달은 자가 중달(仲達)로 《오경정의(五經正義)》를 지었고, 육지는 자가 경여(敬與)로 덕종(德宗)의 신임을 받아 조서(詔書)의 대부분은 그의 손에서 이루어졌다.

고려의 왕씨(王氏)가 일어나자 불교를 숭상하여 유교의 도(道)가 쇠약해지더니 제6대 성종(成宗)에 이르러 비로소 유교의 도를 일으켜 공자(孔子)의 교를 존경하여 국자감(國子監)을 두고 주군(州郡)의 자제(子弟)들로 하여금 서울에 와서 공부하게 하고, 또 12목(牧)에 경학박사(經學博士)를 두어 자제들을 교육했다. 이때 박사(博士) 임성로(任成老)가 송(宋)나라에서 〈문묘도(文廟圖)〉와 〈제기도(祭器圖)〉 및 〈72현(賢)의 찬기(贊記)〉 여러 가지 책을 가지고 와서 태학(太學)에 두고 유학을 장려했다. 그러나 과거법이 시행되면서부터는 〔제4대 광종 9년에 시작〕 선비들이 모두 시부(詩賦)와 공령(功令)의 글만 숭상하고 경서의 학문에 종사하는 자는 드물었다.

십이공도(十二公徒)

제11대 문종(文宗) 때에 최문헌공(崔文獻公) 충(沖)이 문학으로 나타나 비로소 낙성(樂聖)·대중(大中)·경업(敬業)·성명(誠明)·조도(造道)·솔성(率性)·진덕(進德)·태화(太和)·대빙(待聘) 등 구재(九齋)를 설치하여 후진(後進)들을 불러 가르치기를 게으르게 하지 않았다. 그러자 학도(學徒)들이 많이 모여들어 문교(文敎)가 크게 일어나 이를 구재라고 일컬으니, 과거에 응시하려는 자가 반드시 나가서 배웠다. 그가 죽은 뒤에 이르러서는 과거에 나가는 자는 반드시 구재에 이름을 두어 '최문헌공도(崔文獻公徒)'라 부르고, 그를 마침내 '해동공자(海東孔子)'라고까지 일컬었다. 최충은 송(宋)나라 선비 호안정(胡安定) 원(瑗)과 같은 때로서 그 후진을 가르친 공도 역시 서로 같았다.

이때 또 이름있는 선비로서 도(徒)를 세운 사람이 11명이 있었으니 홍문공도(弘文公徒)는 시중(侍中) 정배걸(鄭倍傑)이요, 광헌공도(匡憲公徒)는 참정(參政) 노단(盧旦)이요, 남산도(南山徒)는 좨주(祭酒) 김상빈(金尙賓)이요, 서원도(西園徒)는 복야(僕射) 김무체(金無滯)요,

문충공도(文忠公徒)는 시랑(侍郎) 은정(殷鼎)이요, 양신공도(良愼公徒)는 평장(平章) 김의진(金義珍)이요, 정경공도(貞敬公徒)는 평장(平章) 황영(黃瑩)이요, 충평공도(忠平公徒)는 유감(柳監)이요, 정헌공도(貞憲公徒)는 시중(侍中) 문정(文正)이요, 서시랑도(徐侍郎徒)는 서석(徐碩)이요, 귀산도(龜山徒)는 어떤 사람인지 알지 못하겠으나, 모두 경학(經學)과 유술(儒術)로 생도들을 가르쳐 크게 한때의 사표(師表)가 되었으니, 우리 동방(東方)의 학교와 사숙(私塾)이 일어난 것은 이로부터 시작된 것이다.

고 려 왕 씨 지 흥 숭 상 불 교 유 술 쇠 미 지 제 륙 대 성 종 시 유 의 흥 유 술
高麗王氏之興崇尙佛敎儒術衰微至第六代成宗始有意興儒術
존 공 교 창 치 국 자 감 환 주 군 자 제 예 경 습 업 우 치 경 학 박 사 어 십 이 목
尊孔敎創置國子監還州郡子弟詣京習業又置經學博士於十二牧
교 육 자 제 시 박 사 임 성 로 자 송 화 문 묘 도 제 기 도 급 칠 십 이 현 찬 기 제
敎育子弟時博士任成老自宋畵文廟圖祭器圖及七十二賢贊記諸
책 시 치 태 학 장 려 유 학 연 자 과 거 법 시 행 제 사 대 광 종 구 년 시 이 래
冊始置太學獎勵儒學然自科擧法施行(第四代光宗九年始)以來
사 개 상 시 부 공 령 지 문 종 사 경 학 자 선 의 지 제 십 일 대 문 종 시 최 문 헌
士皆尙詩賦功令之文從事經學者鮮矣至第十一代文宗時崔文憲
공 충 이 문 학 현 시 설 낙 성 대 중 경 업 성 명 조 도 솔 성 진 덕
公冲以文學顯始設樂聖, 大中, 敬業, 誠明, 造道, 率性, 進德,
태 화 대 빙 등 구 재 수 소 후 진 교 회 불 권 학 도 분 집 문 교 대 흥 시 칭 구
太和, 待聘等九齋收召後進敎誨不倦學徒坌集文敎大興時稱九
재 생 도 범 응 거 자 필 예 학 언 급 기 몰 후 범 부 거 자 필 예 명 구 재 적 중 위
齋生徒凡應擧者必詣學焉及其歿後凡赴擧者必隷名九齋籍中謂
지 최 문 헌 공 도 지 이 해 동 공 자 칭 연 여 송 유 호 안 정 원 동 시 이 기 교 수
之崔文憲公徒至以海東孔子稱然與宋儒胡安定瑗同時而其敎授
후 진 지 공 역 상 동 야
後進之功亦相同也

시 우 유 명 유 립 도 자 십 일 왈 홍 문 공 도 시 중 정 배 걸 왈 광 헌 공 도 참
時又有名儒立徒者十一曰弘文公徒侍中鄭倍傑曰匡憲公徒參
정 노 조 왈 남 산 도 좨 주 김 상 빈 왈 서 원 도 복 야 김 무 체 왈 문 충 공 도 시
政盧朝曰南山徒祭酒金尙賓曰西園徒僕射金無滯曰文忠公徒侍

랑 은 정 왈 양 신 공 도 평 장 김 의 진 왈 정 경 공 도 평 장 황 영 왈 충 평 공 도
郞殷鼎曰良愼公徒平章金義珍曰貞敬公徒平章黃瑩曰忠平公徒
류 감 왈 정 헌 공 도 시 중 문 정 왈 서 시 랑 도 서 석 왈 귀 산 도 미 지 하 인 개
柳監曰貞憲公徒侍中文正曰徐侍郞徒徐碩曰龜山徒未知何人皆
이 경 학 유 술 교 수 생 도 울 위 일 시 사 표 오 동 사 숙 학 교 지 흥 실 자 차
以經學儒術敎授生徒蔚爲一時師表吾東私塾學校之興實自此
시 야
始也

주해_ㅇ科擧法施行(과거법시행)－제4대 광종(光宗) 9년에 시행됨.

ㅇ功令(공령)－학사(學事)에 관한 국정.

ㅇ崔文獻公(최문헌공)－고려의 학자. 이름은 최충(崔冲). 문헌(文獻)은 그 시호. 벼슬이 추충전도공신(推忠傳道功臣)에 오르고, 당시의 명유(名儒)로서 그에 의해서 확립된 우리나라 유학의 정통이 안향(安珦)에게 전승되었다. 문장과 글씨에 뛰어났으며 해동공자(海東孔子)로 추앙되었다.

ㅇ胡安定瑗(호안정원)－송학(宋學)의 선구자. 993~1059년.

최충(崔冲)

《고려사(高麗史)》〈최충본전(崔冲本傳)〉을 상고하면 다음과 같다. "충의 자(字)는 호연(浩然)이며 해주(海州) 사람이다. 풍채와 모습이 우뚤하게 뛰어났으며 성질과 행동이 온화하고 곧았다. 어려서부터 학문을 좋아하고 글을 잘 지었다. 두루 다섯 조정(穆·顯·德·靖·文)을 섬겼는데 당시의 인망(人望)이 몹시 무거웠다. 현종(顯宗) 이후로는 전쟁이 겨우 그쳐서 문교(文敎)를 닦을 겨를이 없었으나, 충은 후진들을 모아서 가르치기를 게을리하지 않으니 학도들이 구름처럼 모여들어 거리를 메우고 마을이 가득 찼다. 이에 드디어 구재(九齋)로 나누어서 모든 과거에 응하는 자제들은 먼저 이 도(徒)에 들어와 배웠다.

그후로 해마다 더운 달이면 산방(山房)을 빌려서 여름 공부를 시키고, 무리 중에서 진학(進學)에 뛰어난 자로 교도(敎導)를 삼아서 경

사(經史)를 교수하였다. 간혹 선배(先輩)가 와서 찾으면 각촉(刻燭)으로 시(詩)를 지어 그 차례로 이름을 불러 들어오게 하였다. 그리고 조그만 술자리를 마련하면 관동(冠童)이 좌우에 벌려 서서 술잔과 안주를 받들어 나가고 물러가는 것이 예의가 있고, 어른과 어린이가 차서가 있으니 보는 자들이 아름답게 여겨 탄식하지 않는 자가 없었다. 목종조(穆宗朝)에 갑과(甲科) 제1인에 뽑혀 벼슬이 태사중서령(太師中書令)에 이르고 졸(卒)하자 시호를 문헌(文憲)이라 했으니 우리나라에서 학교가 일어난 것은 최충으로부터 시작되었으며, 이때 해동(海東)의 공자(孔子)라 말했고, 자손들이 문학(文學)과 독실한 행동으로 재상의 자리에 오른 자가 수십인이었다."

그러나 열한 무리들의 학문은 과거의 사장(詞章)으로써 주장을 삼고 거기에 경학(經學)을 참여시키고 유교의 근본을 연구하지 않아서 도덕의 학술(學術) 방법이 일찌이 일어나지 않았다. 문헌(文憲)이 죽은 뒤 240여년 사이에는 학교와 사숙의 풍도가 점점 폐해져 쇠해지기에 이르고, 유교 역시 시들고 떨치지 않다가 충렬왕(忠烈王) 때에 이르러 안문성공(安文成公) 유(裕)가 우뚝 일어나자 남쪽 땅은 드디어 일대(一代)의 유교의 큰집이 되었다.

안 려 사 최 충 본 전 왈 충 자 호 연 해 주 인 풍 자 괴 위 성 조 온 정 소 호 학
按麗史崔冲本傳曰冲字浩然海州人風姿魁偉性操溫貞少好學
선 속 문 력 사 오 조 목 현 덕 정 문 시 망 심 중 현 종 이 후 간 과 재
善屬文歷事五朝(穆, 顯, 德, 靖, 文)時望甚重顯宗以後干戈纔
식 미 황 문 교 충 소 집 후 진 교 회 불 권 학 도 분 집 전 가 일 항 수 분 구 재 범
息未遑文教冲召集後進教誨不倦學徒紛集塡街溢巷遂分九齋凡
응 거 자 제 선 례 도 중 학 언 매 세 서 월 차 산 방 위 하 과 택 도 중 선 진 학 우
應擧子弟先隷徒中學焉每歲暑月借山房爲夏課擇徒中先進學優
자 위 교 도 수 이 경 사 간 혹 선 진 래 과 각 촉 부 시 방 기 차 제 창 명 이 입 인
者爲教導授以經史間或先進來過刻燭賦詩榜其次第唱名以入因
설 소 작 동 관 렬 좌 우 봉 준 조 진 퇴 유 의 장 유 유 서 관 자 막 불 가 탄 목 종
設小酌童冠列左右奉樽俎進退有儀長幼有序觀者莫不嘉歎穆宗

조 탁 갑 과 제 일 인 관 지 태 사 중 서 령 급 졸 시 문 헌 동 방 학 교 지 흥 유 충
朝擢甲科第一人官至太師中書令及卒謚文憲東方學校之興由冲
시 야 시 위 해 동 공 자 자 손 이 문 학 독 행 등 재 보 자 수 십 인 운
始也時謂海東孔子子孫以文學篤行登宰輔者數十人云

연 이 십 일 도 지 학 이 과 거 사 장 위 주 참 지 이 경 학 미 필 구 유 교 지 근
然而十一徒之學以科擧詞章爲主參之以經學未必究儒教之根
본 도 덕 지 술 미 상 진 흥 문 헌 몰 후 이 백 사 십 여 년 지 간 교 숙 지 풍 점 진
本道德之術未嘗振興文憲歿後二百四十餘年之間校塾之風漸臻
쇠 폐 유 교 역 위 미 막 진 지 충 렬 왕 시 안 문 성 공 유 굴 기 남 토 수 위 일 대
衰廢儒教亦萎微莫振至忠烈王時安文成公裕崛起南土遂爲一代
유 교 지 종
儒教之宗

주해_ ㅇ刻燭(각촉)－양초에 눈금을 긋고 그곳까지 타는 동안에 시(詩)를 지음.

ㅇ冠童(관동)－관례(冠禮)를 치른 자와 어린아이.

ㅇ安文成公裕(안문성공유)－고려 때 학자. 처음 이름은 유(裕), 호는 회헌(晦軒). 삼별초(三別抄)의 난에 강화(江華)에 억류되었다가 탈출. 감찰어사(監察御使)가 되고 뒤이어 여러 벼슬을 거쳐, 유학이 크게 떨치게 되어 우리나라 최초의 주자학자(朱子學者)로 지칭된다. 도첨의중찬(都僉議中贊)으로 치사(致仕)했다. 여러 서원에 향사(享祀)되었다.

안유(安裕)

안문성공(安文成公) 유(裕)의 처음 이름은 향(珦)이었는데 문종(文宗)의 어휘(御諱)를 피하여 고친 것이다. 원종(元宗) 초에 과거에 합격하여 벼슬이 첨의중찬(僉議中贊)에 이르렀다. 일찍이 학교가 날로 쇠퇴해가는 것을 근심하여 양부(兩府)에 건의(建議)하기를, "나라를 다스리는 요점은 인재(人才)를 교육하는 것보다 앞서는 것이 없는데, 지금 양현고(養賢庫)의 재정이 바닥나서 교육에 쓸 것이 없으니 청컨대 백관(百官)으로 하여금 은(銀)과 포목을 차등이 있게 내도록 하여 자본금을 남기고 이자(利子)를 받아 이것으로 배우는 돈을 넉넉하게

해야 한다."고 하여 임금도 내탕금(內帑金)을 내서 도왔다.

이에 공납(公納)의 장획(臧獲)으로 자본을 삼아 중국에 사람을 보내어 선성(先聖) 및 70제자의 화상을 그리고, 제기(祭器)·악기(樂器)와 육경(六經)과 제자(諸子) 및 사서(史書)를 사가지고 와서 대성전(大成殿)을 지어 공자의 가르침을 존숭(尊崇)하였다. 그리고 이산(李㦃)·이정(李瑱)·이성(李晟)·추적(秋適)·최원충(崔元冲) 등을 천거하여 경사교수(經史敎授)를 삼으니 이에 칠관(七管) 십이도(十二徒)의 제생(諸生)들이 경서를 공부한 자가 수백명이나 되었다. 그리고 신라 설홍유후(薛弘儒侯)가 경학(經學)을 먼저 제창(提唱)하고 주공(周公)과 공자를 존경하는 가르침이 여기에 이르러 모두 6백여년이 되었는데, 최충(崔冲)과 안유(安裕)의 두 공(公)이 앞과 뒤에 계속해 일어나서 경학(經學)과 유술(儒術)로써 모두 지위가 재상에 이르고 후진들을 가르쳐 높다랗게 유종(儒宗)이 되었으니 고려 일대(一代)의 경학이 일어난 것은 실로 두 공의 힘이었다.

문성(文成) 때는 주자(朱子)와의 거리가 멀지 않고 송(宋)나라 선비가 와서 한 말이 아직 우리나라에 미치지 못했다. 그러나 문성공의 만년에 주회암(朱晦庵)의 화상(畵像)을 받들어 세사 지내고 스스로 호를 회헌(晦軒)이라 하였다. 학술은 오로지 육경(六經)과 《논어(論語)》 등을 연구하여 설홍유(薛弘儒)·최문헌(崔文憲)과 대략 같았다.

안문성공이 일찍이 국학(國學)에 들어가서 문묘(文廟)가 황폐하고 적적한 것을 보고 시를 지어 감회를 기록하였다.

"곳곳에는 향로와 등불 밝혀 부처에게 기도한 것이요,
집집에는 퉁소와 북소리 역시 신(神)에게 굿했네.
오직 두어간 부자(夫子)의 사당이 있어,
뜰에 가득한 가을풀에 적적하게 사람이 없네."

이에 문성공은 개연(慨然)히 사문(斯文) 일으키는 것을 자기의 책임으로 삼고 드디어 유학을 중흥시키고 죽은 후 수십년에 문묘(文廟)에 배향되었고, 그 문인(門人)들이 가르침을 받은 자가 많은데, 명유(名儒)와 석학(碩學)으로 한때 이름있는 사람으로는 오직 백상당(白上黨) 이정(頤正), 우역동(禹易東) 탁(倬), 신덕재(辛德齋) 천(蕆), 권국재(權菊齋) 보(溥)의 제공(諸公)이 가장 나타났다.

안 문 성 공 유 초 명 향 　피 문 종 어 휘 개 지 　원 종 초 등 제 관 지 첨 의 중
安文成公裕初名珦(避文宗御諱改之)元宗初登第官至僉議中
찬 상 우 학 교 일 쇠 건 의 량 부 왈 위 치 지 요 막 선 어 교 육 인 재 금 양 현 고
贊嘗憂學校日衰建議兩府曰爲治之要莫先於教育人才今養賢庫
탄 갈 무 이 자 교 양 청 령 백 관 출 은 포 유 차 포 본 취 식 위 섬 학 전 왕 역 연
殫竭無以資教養請令百官出銀布有差布本取息爲贍學錢王亦捐
내 탕 이 조 지 어 시 공 납 장 획 이 기 자 송 중 국 화 선 성 급 칠 십 자 지 상 구
内帑以助之於是公納臧獲以其貲送中國畵先聖及七十子之像購
제 기 악 기 육 경 제 자 사 이 래 창 건 대 성 전 존 숭 공 자 지 교 천 리 산 　이
祭器樂器六經諸子史以來創建大成殿尊崇孔子之教薦李㦗, 李
정 　이 성 　추 적 　최 원 충 등 위 경 사 교 수 어 시 칠 관 십 이 도 자 생 횡
瑱, 李晟, 秋適, 崔元冲等爲經史教授於是七管十二徒者生横
경 수 업 자 이 수 백 계 자 신 라 설 홍 유 후 수 창 경 학 존 주 공 지 교 후 지 차
經受業者以數百計自新羅薛弘儒侯首倡經學尊周孔之教後至此
범 륙 백 여 년 이 최 안 량 공 선 후 계 기 이 경 학 유 술 개 위 지 재 상 장 려 후
凡六百餘年而崔安兩公先後繼起以經學儒術皆位至宰相奬勵後
진 울 연 위 유 종 고 려 일 대 경 학 지 흥 실 이 공 지 력 야 문 성 지 시 거 주 자
進蔚然爲儒宗高麗一代經學之興實二公之力也文成之時去朱子
미 원 송 유 래 설 상 미 급 동 연 이 문 성 만 년 모 주 회 암 화 상 이 사 지 잉 자
未遠宋儒來説尚未及東然而文成晩年慕朱晦庵畵像以祀之仍自
호 회 헌 기 학 술 전 구 륙 경 론 어 등 여 설 홍 유 최 문 헌 대 략 이 동
號晦軒其學術專究六經論語等與薛弘儒崔文憲大略異同

안 문 성 공 상 입 국 학 견 문 묘 황 적 작 시 지 감 왈
安文成公嘗入國學見文廟荒寂作詩志感曰
향 등 처 처 개 기 불 소 고 가 가 역 새 신 유 유 수 간 부 자 묘 만 정 추 초 적
香燈處々皆祈佛簫鼓家々亦賽神惟有數間夫子廟滿庭秋草寂
무 인
無人

어 시 문 성 개 연 이 흥 기 사 문 위 기 임 수 사 유 학 중 흥 몰 후 수 십 년 배
於是文成慨然以興起斯文爲己任遂使儒學中興歿後數十年配
향 문 묘 기 문 인 수 학 자 다 명 유 석 학 위 일 시 문 인 유 백 상 당 이 정 우 역
享文廟其門人受學者多名儒碩學爲一時聞人惟白上黨頤正禹易
동 탁 신 덕 재 천 권 국 재 보 제 공 최 저
東倬辛德齋蕆權菊齋溥諸公最著

주해_ㅇ兩府(양부)－의정부(議政府)와 중추부(中樞府).
ㅇ養賢庫(양현고)－고려 예종 14년(1119)에 국학에 설치한 장학재단.
ㅇ內帑(내탕)－내탕금. 임금의 사사로운 돈.
ㅇ臧獲(장획)－종.
ㅇ七管(칠관)－7재(齋). 고려 예종 4년(1109)에 학과별로 7재를 두었다.
ㅇ斯文(사문)－유학(儒學).

백이정(白頤正)

백상당(白上黨) 이정(頤正)은 남포(藍浦) 사람이다. 호는 이재(彝齋)로 벼슬이 첨의평리(僉議評理) 상당부원군(上黨府院君)에 이르렀다. 타고난 바탕이 순후(純厚)하고 학문을 좋아하고 행실이 도타웠다. 이때 정주(程朱)의 학문이 비로소 중국에서 시작되고 아직 동방(東方)에는 미치지 못했는데 이정이 원(元)나라에 있으면서 이것을 배워 돌아와서 전하니 우리나라에 정주의 학문이 비로소 일어난 시작이 되었다. 이에 이제현(李齊賢), 박충좌(朴忠佐), 이인복(李仁復), 백문보(白文寶) 제공(諸公)이 우두머리의 스승으로서 그 학문의 전함을 받았다.

우탁(禹倬)

우역동(禹易東) 탁(倬)의 자는 천장(天章)이니 단양(丹陽) 사람이다. 경사(經史)에 능통하고 더욱이 《주역(周易)》과 복서(卜筮)에 공부가 깊어서 맞지 않는 것이 없었다. 이때 정자(程子)의 《역전(易傳)》이 처음 들어왔는데 능히 아는 자가 없더니 탁이 이에 문을 닫고 한달이 넘게 연구하여 해석해가지고 모두 풀어서 생도(生徒)들을 가

르치니, 이에 역리(易理)의 학문이 비로소 행해져 배우는 자들이 그를 받들어 '역동선생(易東先生)'이라 했다. 벼슬이 좨주(祭酒)에 이르렀다. 충혜왕(忠惠王) 3년에 졸(卒)하니 나이 81세였다.

신천(辛蕆)

신덕재(辛德齋) 천(蕆)은 영산(靈山) 사람으로 안문성공(安文成公)에게 배워 이학(理學)으로 이름이 일컬어졌다.

권보(權溥)

권국재(權菊齋) 보(溥)는 안동(安東) 사람으로 자는 제만(濟萬)이니 문청공(文淸公) 욱(旺)의 아들이다. 나이 18세에 과거에 급제하여 벼슬이 첨의정승(僉議政丞)에 이르렀다. 일찍이 안문성공(安文成公)의 문하에서 배웠다. 《주자집주(朱子集註)》를 간행하기를 청하여 이로써 성리(性理)의 학문을 넓혔으니 대개 사문(斯文)에 공이 있었다. 충목왕(忠穆王) 초년에 졸(卒)했는데 아들 6명 및 사위 이제현(李齊賢) 등 3명이 모두 통달한 벼슬로서 군(君)에 봉해졌기 때문에 세상에서 '구봉군(九封君)의 집'이라 하였다.

백 상 당 이 정 람 포 인 호 이 재 사 지 첨 의 평 리 상 당 부 원 군 천 자 순 후
白上黨頤正藍浦人號頤齋仕至僉議評理上黨府院君天姿純厚
호 학 독 행 시 정 주 지 학 시 행 중 국 미 급 어 동 방 이 정 재 원 득 이 학 지 귀
好學篤行時程朱之學始行中國未及於東方頤正在元得以學之歸
전 오 동 정 주 학 시 기 지 효 시 야 리 제 현 박 충 좌 리 인 복 백 문 보 제 공 수
傳吾東程朱學始起之嚆矢也李齊賢朴忠佐李仁復白文寶諸公首
선 사 수 전 기 학
先師受傳其學

우 역 동 탁 자 천 장 단 양 인 통 경 사 우 심 어 역 복 서 무 부 중 급 정 자 역
禹易東倬字天章丹陽人通經史尤深於易卜筮無不中及程子易
전 초 래 무 능 지 자 탁 내 폐 문 월 여 참 구 실 해 교 수 생 도 어 시 역 리 지 학
傳初來無能知者倬乃閉門月餘參究悉解教授生徒於是易理之學

시행학자종지칭역동선생관지좨주충혜왕삼년졸년팔십일
始行學者宗之稱易東先生官至祭酒忠惠王三年卒年八十一

신덕재천령산인사사안문성이리학칭
辛德齋蕆靈山人師事安文成以理學稱

권국재보안동인자제만문청공욱자년십팔등제관지첨의정승
權菊齋溥安東人字濟萬文清公昢子年十八登第官至僉議政丞

상학어안문성지문이주자집주청간행우세이광성리지학개유공
嘗學於安文成之門以朱子集註請刊行于世以廣性理之學盖有功

어사문충목왕초년졸유자륙인급녀서리제현등삼인개달관봉군
於斯文忠穆王初年卒有子六人及女婿李齊賢等三人皆達官封君

고세호구봉군가
故世號九封君家

이제현(李齊賢)

이익재(李益齋) 제현(齊賢)의 자는 중사(仲思)이니 경주(慶州) 사람이다. 백상당(白上黨)을 스승으로 섬겨 경학(經學)과 문장으로 나라의 원로(元老)가 되었다. 벼슬이 문하시중(門下侍中) 계림부원군(鷄林府院君)에 이르고, 공민왕(恭愍王) 초년에 나이 81세로 졸(卒)하니 시호는 문충(文忠)이다. 이목은(李牧隱)이 지은 비문에 말하기를, "도덕의 우두머리요 문장이 높은 사람이다. 북두(北斗)처럼 높고 태산(泰山)처럼 무거움은 창려(昌黎) 한퇴지(韓退之)요 광풍제월(光風霽月)은 용릉(舂陵)의 주무숙(周茂叔)이다. 네 번이나 나라의 정승이 되시니 나이가 팔순(八旬)을 넘었네. 기린과 봉(鳳)이 그 상서로움이요, 시초(蓍草)와 거북은 그 정신이네. 공은 사직(社稷)에 있고 은혜는 백성들에게 흘렀네." 했다.

〈본전(本傳)〉을 상고하건대 거기에 말했다.

"제현은 타고난 용모가 후중(厚重)하고 학문이 고명(高明)하고 정대(正大)하기 때문에 그 의논이 나오고 사업에 행해지는 것이 빛나게 볼만한 것이 있었다. 처음에 사서(史書)를 읽다가 〈측천기(則天記)〉

에 이르러 말하기를, '어찌 장차 주(周)나라의 남은 것으로 우리 당(唐)나라의 해와 달을 잇겠는가?'하고 뒤에 주자(朱子)의 강목(綱目)을 얻어 비로소 스스로 그 학식의 바른 것을 시험하고 일찍이 말하기를, '내 뜻이 어찌 옛사람만 같지 못하겠는가? 다만 내 재주가 옛사람에 미치지 못할 뿐이다' 했다.

이에 스스로 호(號)를 '익재(益齋)'라 하여 젊어서부터 늙기에 이르기까지 귀하고 천한 사람이 없이 모두 익재라 부르고 이름을 부르지 않았으니 그가 사람들에게 소중히 여겨진 것이 이와 같았다. 그러나 성리(性理)의 학문은 좋아하지 않았다 한다. 대개 고려 때의 학파(學派)는 오로지 육경(六經)만을 연구하고 송(宋)나라 선비의 성명(性命)과 이기(理氣) 분석의 학설(學說)은 보지 못했기 때문이다. 그래서 후세의 학문을 의논하는 사람들이 성리의 학문을 좋아하지 않았다고 해서 익재를 부족하게 여기지만 익재의 문장·덕업(德業)과 조정에 섰던 큰 절개에 대해서는 목은(牧隱)의 비명(碑銘)에 이미 모두 말했으니 이밖에 어찌 다시 유학자(儒學者)의 사업이 있단 말인가?"

대개 안문성(安文成)은 백상당(白上黨)·우역동(禹易東)에게 전하고, 상당(上黨)은 이익재(李益齋)에게 전하고, 익재는 이목은(李牧隱)에게 전하고, 목은은 권양촌(權陽村) 근(近)·변춘정(卞春亭) 계량(季良)에게 전했으니 이것이 고려조(高麗朝) 유학의 원류(原流)이다.

이 익 재 제 현 자 중 사 경 주 인 사 사 백 상 당 이 경 학 문 장 위 국 원 로 루
李益齋齊賢字仲思慶州人師事白上黨以經學文章爲國元老累

관 지 문 하 시 중 계 림 부 원 군 공 민 초 년 팔 십 일 졸 시 문 충 리 목 은 찬 비
官至門下侍中鷄林府院君恭愍初年八十一卒謚文忠李牧隱撰碑

왈 도 덕 지 수 문 장 지 종 북 두 태 산 창 려 지 한 광 풍 제 월 용 릉 무 숙 사 병
曰道德之首文章之宗北斗泰山昌黎之韓光風霽月舂陵茂叔四秉

국 균 년 유 팔 순 린 봉 기 서 시 귀 기 신 공 존 사 직 택 류 생 민
國匀年踰八旬麟鳳其瑞著龜其神功存社稷澤流生民

안 본 전 왈 제 현 천 자 후 중 학 문 고 명 정 대 고 기 발 어 의 론 조 제 사 업
按本傳曰齊賢天姿厚重學問高明正大故其發於議論措諸事業
엽 연 가 관 야 초 공 독 사 지 측 천 기 왈 나 장 주 여 분 속 아 당 일 월 운 후 득
燁然可觀也初公讀史至則天記曰那將周餘分續我唐日月云後得
주 자 강 목 시 자 험 기 학 식 지 정 상 왈 오 지 기 불 여 고 인 단 오 재 불 급 고
朱子綱目始自驗其學識之正嘗曰吾志豈不如古人但吾才不及古
인 이 자 호 익 재 자 소 지 로 인 무 귀 천 개 칭 익 재 이 불 명 기 견 중 어 인 여
人耳自號益齋自少至老人無貴賤皆稱益齋而不名其見重於人如
차 연 불 요 성 리 지 학 운 개 려 대 학 파 전 소 륙 경 미 견 송 유 씨 성 명 이 기
此然不樂性理之學云盖麗代學派專溯六經未見宋儒氏性命理氣
분 석 지 설 고 후 세 론 학 자 이 불 요 성 리 지 학 단 익 재 연 익 재 지 문 장 덕
分析之說故後世論學者以不樂性理之學短益齋然益齋之文章德
업 립 조 대 절 목 은 비 명 기 진 지 의 외 차 이 부 기 유 유 학 자 지 사 업 야
業立朝大節牧隱碑銘己盡之矣外此而復豈有儒學者之事業耶

개 안 문 성 전 지 백 상 당 우 역 동 상 당 전 지 리 익 재 익 재 전 지 리 목 은
盖安文成傳之白上黨禹易東上黨傳之李益齋益齋傳之李牧隱
목 은 전 지 권 양 촌 근 변 춘 정 계 량 차 위 려 조 유 학 지 원 류 야
牧隱傳之權陽村近, 卞春亭季良此爲麗朝儒學之原流也

주해_ㅇ昌黎(창려)－중당(中唐) 때의 학자 한유(韓愈)를 말함. 호가 퇴지(退之)로 당송팔대가(唐宋八大家)의 한 사람이다.

ㅇ光風齊月(광풍재월)－비가 갠 뒤의 바람과 달이란 늣으로 밝고 맑은 마음에 비유한 말임.

ㅇ茂叔(무숙)－송(宋)나라 학자 주돈이(周敦頤). 자가 무숙으로 염계(濂溪) 선생이라 불리기도 한다. 저서에 《태극도설(太極圖說)》이 있으며 정자(程子)의 스승으로 성리학의 개조(開祖)이다.

ㅇ四秉(사병)－네가지 떳떳한 도리.

ㅇ蓍龜(시귀)－점을 칠 때 사용하는 시초나 거북.

ㅇ則天記(측천기)－〈측천무후기(則天武后記)〉를 말함. 당 고종(高宗)의 황후인 측천무후가 국호를 주(周)라고 고친 데서 이르는 말.

ㅇ朱子綱目(주자강목)－주자가 지은 중국 역사서.

정몽주(鄭夢周)

정포은(鄭圃隱) 몽주(夢周)의 자는 달가(達可)이니 연일(延日) 사람이다. 지혜와 용맹이 뛰어나고 충성과 효도의 큰 절개가 있었다. 젊어서 학문을 좋아하여 게으르지 않았고, 성리(性理)의 학문을 정밀하게 연구하여 깊이 얻은 바가 있고, 강설(講說)이 뛰어나 사람들의 뜻을 뛰어넘으니 모든 유생(儒生)이 탄복하였다. 목은(牧隱)이 몹시 칭찬하기를, "달가의 아무렇게나 하는 말은 어느 것이나 이치에 맞지 않는 것이 없다며 추앙하여 동방(東方) 이학(理學)의 조상으로 삼는다."고 하였다.

《고려사(高麗史)》〈본전(本傳)〉을 상고하면 다음과 같다.

"병란(兵亂)이 있은 이후로 학교가 황폐해지더니 공민왕(恭愍王)이 새로 성균관(成均館)을 세우고 영남(嶺南)의 선비 정몽주·김구용(金九容)·박상충(朴尙衷)·이숭인(李崇仁)·박의중(朴宜中) 등을 뽑아서 학관(學官)을 겸하게 하고, 이색(李穡)을 대사성(大司成)으로 삼아 매일 명륜당(明倫堂)에 앉아 경서를 나누어 공부시키고 강론이 끝나면 서로 어려운 것을 의논하게 하니 이에 정주(程朱)의 학문이 비로소 일어났다.

이때 배우는 자들이 익힌 경서(經書)는 중국으로부터 온 것이 오직 《주자집주(朱子集註)》였는데 정몽주가 강설(講說)한 것은 새로운 뜻이 많으니 듣는 자들이 자못 의심했었다. 그러나 호병문(胡炳文)의 《사서통(四書通)》을 얻어보니 맞지 않는 것이 없었다. 이에 이색은 추앙하여 이학(理學)의 조(祖)를 삼았다. 또 시속(時俗)의 상제(喪祭)에 오로지 불교를 숭상하여 예를 폐하는 자가 자못 많았는데 정몽주가 회복하기를 청하여 고례(古禮)에 의하여 비로소 삼년상(三年喪)을 행하고 묘주(廟主)를 만들어 선조의 제사를 받들게 했다. 안으로는 오부(五部)의 학당(學堂)을 두고, 밖에는 향교(鄕校)를 두니 유풍

(儒風)이 크게 떨쳐졌다. 이에 호복(胡服)을 고쳐서 중화(中華)의 제도를 좇고, 의창(義倉)을 세워 궁하고 가난한 자를 구제하고 수참(水站)을 설치하여 조운(漕運)을 편리하게 했으니, 이는 모두 공(公)이 지시하고 계획한 것이다."

포은은 곧 우리 동쪽 나라의 이학(理學)의 종조(宗祖)이니 송유(宋儒)인 정주(程朱)의 학문은 실상 여기에서 시작되었다. 포은이 길야은(吉冶隱) 재(再)에게 전하고, 야은은 김강호(金江湖) 숙자(叔滋)에게 전하고, 강호는 그 아들 점필재(佔畢齋) 종직(宗直)에게 전하고, 점필재는 김한훤당(金寒暄堂) 굉필(宏弼)에게 전하고, 한훤당은 조정암(趙靜庵) 광조(光祖)에게 전했으니 이것이 포은 이후의 이학의 적파(嫡派)의 서로 이은 자들이다.

길재(吉再)

길야은(吉冶隱) 재(再)의 자는 재보(再父)이니 선산(善山) 해평(海平) 사람이다. 일찍이 정포은(鄭圃隱)·권양촌(權陽村)의 문하(門下)에서 학문을 배워 그 남긴 사업을 전하고, 독실히 배우고 힘껏 행하여 과거에 올라 주서(注書)가 되있는네 고려 말년에 정치가 어지러운 것을 보고 벼슬을 버리고 고향으로 돌아가 도학(道學)을 강론하여 밝혀 세상의 유종(儒宗)이 되었다. 시호는 충절(忠節)이다.

정 포 은 몽 주 자 달 가 연 일 인 호 매 절 륜 유 충 효 대 절 소 호 학 불 권 정
鄭圃隱夢周字達可延日人豪邁絶倫有忠孝大節少好學不倦精
연 성 리 지 학 심 유 소 득 강 설 발 월 초 출 인 의 제 유 탄 복 목 은 극 칭 지 왈
硏性理之學深有所得講説發越超出人意諸儒歎服牧隱亟稱之曰
달 가 론 리 횡 설 수 설 무 비 당 리 추 위 동 방 리 학 지 조
達可論理橫説竪説無非當理推爲東方理學之祖

안 려 사 본 전 왈 자 병 란 이 래 학 교 황 폐 공 민 왕 신 창 성 균 관 선 령 유
按麗史本傳曰自兵亂以來學校荒廢恭愍王新創成均館選嶺儒
정 몽 주 김 구 용 박 상 충 리 숭 인 박 의 중 등 겸 학 관 이 리 색 위 대 사 성 매
鄭夢周金九容朴尚衷李崇仁朴宜中等兼學官以李穡爲大司成每

일 좌 명 륜 당 분 경 수 업 강 필 상 여 론 난 어 시 정 주 지 학 시 흥 언
日坐明倫堂分經授業講畢相與論難於是程朱之學始興焉

시 시 학 자 소 습 경 서 자 중 국 지 자 유 주 자 집 주 이 몽 주 강 설 다 신 의
是時學者所習經書自中國至者惟朱子集註而夢周講說多新意
문 자 파 의 급 득 호 병 문 사 서 통 무 불 문 합 색 내 추 위 리 학 지 조 우 시 속
聞者頗疑及得胡炳文四書通無不脗合穡乃推爲理學之祖又時俗
상 제 전 상 상 문 폐 자 파 다 몽 주 청 복 고 례 시 행 삼 년 상 작 묘 주 이 봉 선
喪祭專尚桑門廢者頗多夢周請復古禮始行三年喪作廟主以奉先
사 내 건 오 부 학 당 외 치 향 교 유 풍 대 진 혁 호 복 이 종 화 제 립 의 창 이 진
祀內建五部學堂外置鄕校儒風大振革胡服而從華制立義倉以賑
궁 핍 설 수 참 이 편 조 운 개 공 지 획 야
窮乏設水站以便漕運皆公指劃也

포 은 즉 오 동 리 학 지 종 조 이 송 유 정 주 자 씨 지 학 실 람 상 어 차 야 포
圃隱卽吾東理學之宗祖而宋儒程朱子氏之學實濫觴於此也圃
은 전 지 우 길 야 은 재 야 은 전 지 우 김 강 호 숙 자 강 호 전 지 우 기 자 점 필
隱傳之于吉冶隱再冶隱傳之于金江湖叔滋江湖傳之于其子佔畢
재 종 직 점 필 재 전 지 우 김 한 훤 당 굉 필 한 훤 당 전 지 우 조 정 암 광 조 차
齋宗直佔畢齋傳之于金寒暄堂宏弼寒暄堂傳之于趙靜庵光祖此
포 은 이 후 리 학 지 적 파 상 승 자 야
圃隱以後理學之嫡派相承者也

길 야 은 재 자 재 보 선 산 해 평 인 상 수 학 어 정 포 은 권 양 촌 지 문 전 기
吉冶隱再字再父善山海平人嘗受學於鄭圃隱權陽村之門傳其
유 서 독 학 력 행 등 제 위 주 서 견 려 말 정 란 기 관 귀 향 강 명 도 학 위 세 유
遺緖篤學力行登第爲注書見麗末政亂棄官歸鄕講明道學爲世儒
종 시 충 절
宗謚忠節

주해_ㅇ達可(달가)－정몽주의 자(字).

ㅇ胡炳文(호병문)－원(元)나라 학자. 운봉(雲峯) 선생이라고도 불림. 주자학을 신봉하였으며, 《사서통(四書通)》·《역본의통석(易本義通釋)》 등의 저서가 있다.

ㅇ義倉(의창)－토지에서 나는 수입의 일부를 거출하여 흉년에 대비하여 저축해두는 창고.

ㅇ水站(수참)－배가 정박하는 곳.

김숙자(金叔滋)

김강호(金江湖) 숙자(叔滋)의 자는 자배(子培)이니 선산(善山) 사람이다. 나이 12세에 길야은에게 학문을 배우고, 또 윤별동(尹別洞) 상(祥)에게 《주역(周易)》을 배웠으니 윤상은 곧 우역동(禹易東)의 학파이다. 강호는 하루종일 단정히 앉아 성리학을 연구하여 후진들을 가르쳤는데, 반드시 소학자설(小學字說)과 육예(六藝), 즉 예(禮)·악(樂)과 서(書)·수(數)·사(射)·어(御)의 방법을 가르친 뒤에 경전(經典)을 가르쳐서 뚜렷이 종사(宗師)가 되었으니 실로 포은(圃隱)의 세 번째의 정통으로 전한 사람이다.

권근(權近)

권양촌(權陽村) 근(近)은 포은·목은 양현(兩賢)의 문하에서 학문을 배워 야은(冶隱) 및 김문장(金文長) 구(鉤)·김문장(金文長) 반(泮)·김문장(金文長) 말(末)의 세 사람에게 전했다. 모두 이학(理學)에 정밀해서 경술(經術)로써 성균관(成均館)에 있은 지 40여년에 명사(名士)들이 많이 그 문하에서 나왔는데 오로지 정주(程朱)의 학문만을 숭상하지 않고, 경학(經學)의 실행도 주장을 삼았으니 재래의 고려 때 유술(儒術)과 동일한 학문의 계통이었다.

김 강 호 숙 자 자 자 배 선 산 인 년 십 이 수 업 어 길 야 은 우 학 역 어 윤 별
金江湖叔滋字子培善山人年十二受業於吉冶隱又學易於尹別
동 상 상 즉 우 역 동 지 학 파 야 강 호 단 좌 종 일 궁 구 성 리 교 회 후 진 필 이
洞祥祥卽禹易東之學派也江湖端坐終日窮究性理教誨後進必以
소 학 자 설 급 륙 예 례 경 서 수 사 어 지 술 연 후 강 습 경 전 울 위 사 종 실 포
小學字說及六藝禮經書數射御之術然後講習經傳蔚爲師宗實圃
은 지 제 삼 적 전 야
隱之第三嫡傳也

권 양 촌 근 수 학 어 포 목 량 현 지 문 전 지 우 야 은 급 김 문 장 구 김 문
權陽村近受學於圃牧兩賢之門傳之于冶隱及金文長鉤, 金文

장반 김문장말삼인개정어리학이경술재성균관직사십여년명
長泮, 金文長末三人皆精於理學以經術在成均館職四十餘年名
사다출기문부전상어정주학경학실행위주여재래려대유술동일
士多出其門不專尚於程朱學經學實行爲主與在來麗代儒術同一
학계야
學系也

주해_ㅇ字說(자설) - 문자학(文字學)을 다르게 가리키는 말.
ㅇ師宗(사종) - 스승으로 받들어 존경함. 존경받는 사람.

김종직(金宗直)

김점필재(金佔畢齋) 종직(宗直)은 강호(江湖)의 아들이니 자는 계온(季昷)이다. 가정에서 학문을 배워 널리 듣고 힘써 행하여 도학(道學)과 문장이 한때의 유종(儒宗)이 되어 문생(門生)의 배움을 받는 자가 몹시 많았다. 김한훤당(金寒暄堂) 굉필(宏弼)·정일두(鄭一蠹) 여창(汝昌)·안노계(安蘆溪) 우(遇)·최금남(崔錦南) 보(溥)·이재사당(李再思堂) 원(黿)·박우졸(朴迂拙) 한주(漢柱)·남추강(南秋江) 효온(孝溫)·김지지당(金知止堂) 맹성(孟性)·표남계(表藍溪) 연말(沿沫)·유뇌계(兪雷溪) 호인(好仁)·김일재(金一齋) 감(勘)·이망헌(李忘軒) 주(冑)·조매계(曹梅溪) 위(偉)·유지옹(柳智翁) 순정(順汀)·우풍애(禹楓崖) 선언(善言)·김좌랑(金佐郎) 기손(驥孫)·김탁영(金濯纓) 일손(馹孫)·이한재(李寒齋) 목(穆)·김안락당(金安樂堂) 흔(訢)·신안정(辛安亭) 영희(永禧)·이묵암(李墨庵) 계맹(繼孟)·이용재(李慵齋) 종준(宗準)·강사간(康司諫) 백진(伯珍)·임물암(任勿庵) 희재(熙載)·이경은(李耕隱) 맹전(孟專)·이평정(李平靖) 약동(約東) 제공(諸公) 등 많아서 능히 다 기록하지 못하겠으나 혹은 학술(學術)로, 혹은 문장으로, 혹은 절의(節義)로 뛰어났으나, 도학(道學)으로 전해진 것은 오직 김한훤당과 정일두뿐이다.

점필재는 집에 있을 때 닭이 울면 일어나서 양치질하고, 빗질하고 의관(衣冠)을 바르게 하고 단정히 앉아서, 비록 가족 사이에도 게으른 모습을 보이지 않았다. 젊었을 때 아버지 사예(司藝)가 병들어 파리하자 공(公)은 근심하고 마음이 상하여 〈유천부(籲天賦)〉를 지었다. 또 어머니가 집에 있으므로 일찍이 조정에서 벼슬하는 것이 편안치 못하여 외직(外職)을 구하여 세 번 밖으로 나가서 봉양했다. 또 백씨(伯氏)가 등창을 앓았는데 의원이 말하기를 지렁이즙이 좋다 하므로 공이 먼저 맛보고 올렸더니 과연 효험이 있었다. 어머니가 죽자 3년 동안 여막에서 살면서 슬픔에 몸이 여위는 것이 예에 지나쳤으며, 상식(上食)하며 곡하고 울면 길가던 사람들이 눈물흘리지 않는 자가 없었다.

모든 직책을 지키고 백성을 다스리는 데는 간략히 하고 번거로운 것을 막으며, 고요하기를 주장하고 부지런히 하며 있는 곳에 행적의 사리(事理)를 나타내지 않았어도 백성들이 차마 속이지 못했다. 평상시에 사람을 대하고 물건을 접하는 데 모두가 화락한 기운이었고, 그 의리가 아니면 사소한 것이라도 사람에게 취하지 않았다. 일찍이 〈조의제문(弔義帝文)〉을 지었는데 김일손(金馹孫)이 사관(史官)이 되어 이 글을 실기(實記)에 편입했다. 이 때문에 연산(燕山) 무오년(戊午年)에 이극돈(李克墩)·유사광(柳子光) 등이 드디어 사화(史禍)를 일으켜 화(禍)가 저승에까지 미쳐서 그 문인 김일손·권오복(權五福)·권경유(權景裕)·이목(李穆)·허반(許磐)·김굉필(金宏弼)·정여창(鄭汝昌)·홍한(洪瀚)·조위(曺偉)·유호인(兪好仁)·표연말(表沿沫)·이수공(李守恭)·정희량(鄭希良) 등 40여인이 모두 참혹한 화를 당했으니 이것이 조선 유학계의 사화(士禍)의 시작이었다. 뒤에 영의정(領議政)을 증직(贈職)했고 시호는 문간(文簡)이다.

김 점 필 재 종 직 강 호 지 자 자 계 온 수 학 어 가 정 박 문 력 행 이 도 학 문
金佔畢齋宗直江湖之子字季溫受學於家庭博聞力行以道學文
장 위 일 시 유 종 문 생 수 업 자 심 다 여 김 한 훤 당 정 일 두 여 창 안 로 계 우
章爲一時儒宗門生受業者甚多如金寒暄堂鄭一蠹汝昌安廬溪遇,

최금남보 이재사원 박우졸한주 남추강효온 김지지맹성
崔錦南溥, 李再思黿, 朴迂拙漢柱, 南秋江孝溫, 金知止孟性,
표남계연수 유뢰계호인 김문정감 이망헌주 조매계위 유
表藍溪沿洙, 兪雷溪好仁, 金文貞勘, 李忘軒冑, 曹梅溪偉, 柳
지옹순정 우풍애선언 김좌랑기손 김탁영일손 이평사목
智翁順汀, 禹楓厓善言, 金佐郎驥孫, 金濯纓馹孫, 李評事穆,
김안락소 신안정영희 이묵암계맹 이용재종준 강사간백진
金安樂訴, 辛安亭永禧, 李墨庵繼孟, 李慵齋宗準, 康司諫伯珍,
임물암희재 이경은맹전 이평정약동제공다불능진록혹이학
任勿庵熙載, 李耕隱孟專, 李平靜約東諸公多不能盡錄或以學
술혹이문장혹이절의연이도학전자유김한훤정일두시기
術或以文章或以節義然以道學傳者惟金寒暄鄭一蠹是己

점필재 거가계명관즐정의관단좌수처노지간불시타용소시
佔畢齋 居家鷄鳴盥櫛正衣冠端坐雖妻帑之間不示惰容少時
부사예병차수공우상작유천부모부인재당미상안우조걸외삼출
父司藝病且瘦公憂傷作籲天賦母夫人在堂未嘗安于朝乞外三出
봉양백씨병옹의운구인변량공선상이진과효모몰려묘삼년애훼
奉養伯氏病癰醫云蚯蚓汴良公先嘗以進果効母歿廬墓三年哀毁
과례상식곡읍지시행로무불읍하범수직리민거간이어번주정이
過禮上食哭泣之時行路無不泣下凡守職莅民居簡以禦煩主靜以
제근소재불로형적사리이민불인기평시대인접물혼연화기비기
制勤所在不露形跡事理而民不忍欺平時待人接物渾然和氣非其
의불이일개취인상작조의제문김일손위사관편입실기고연산무
義不以一芥取人嘗作吊義帝文金馹孫爲史官編入實記故燕山戊
오리극돈유자광등수기사화화급천양기문인김일손권오복권경
午李克墩柳子光等遂起史禍禍及泉壤其門人金馹孫權五福權景
유리목허반김굉필정여창홍한조위유호인표연수리수공정희량
裕李穆許磐金宏弼鄭汝昌洪瀚曺偉兪好仁表沿洙李守恭鄭希良
등사십여인개피참화차조선유학계사화지시야후증영의정시
等四十餘人皆被慘禍此朝鮮儒學界士禍之始也後贈領議政謚
문간
文簡

주해_ ㅇ籲天賦(유천부)－하늘에 호소하는 글.

ㅇ上食(상식)－상가(喪家)에서 조석으로 궤연(几筵)에 올리는 음식.

ㅇ 吊義帝文(조의제문)－대의명분을 밝힌 내용으로, 항우(項羽)가 왕인 의제(義帝)를 살해하였는데, 세조(世祖)가 단종(端宗)을 해치고 왕위를 찬탈한 것을 비유하였다.

《동각잡기(東閣雜記)》를 상고하면 다음과 같다.

"점필재가 함양군수(咸陽郡守)가 되었을 때, 유자광(柳子光)의 시가 벽에 걸려 있는 것을 보고 떼어다가 불태우게 하고 말하기를, '유자광이 어떤 자인데 감히 이렇게 했느냐?'하니 자광이 듣고 이를 갈았다. 그러나 점필재가 사랑받는 것이 바야흐로 높아서 도리어 그에게 아부하고 사귀기를 청하고 그가 졸(卒)하자 글을 지어 곡(哭)하니 김종직을 왕통(王通)과 한유(韓愈)에 비교했다. 《성종실록(成宗實錄)》을 쓸 때 이극돈(李克墩)이 사국당상(史局堂上)이 되었는데 〈조의제문(吊義帝文)〉을 보고 이르기를, 뜻이 세조(世祖)를 가리킨 것이라 생각하여 자광과 함께 왜곡하여 비유 해석하고 이로써 연산(燕山)에게 고하여 드디어 사옥(史獄)을 일으켰다. 유자광이 국문(鞫問)에 참여하여 몹시 단련하면서 심지어 말하기를, '이 무리를 한 사람도 남겨서는 안된다' 했으니 사람들이 모두 말하기를 자신의 시를 불태운 원수를 갚은 것이라 했다."

또 《윤명재집(尹明齋集)》을 상고하건대 거기에 말하였다.

"일찍이 점필재의 〈조의제문〉을 읽어보니 분명 뜻이 있어 지은 것이었다. 그 뒤에 그의 문집을 읽어보니 〈화연명술주(和淵明述酒)〉와 〈고풍(古風)〉 2수 중 1수는 양(梁)나라 간문제(簡文帝)를 읊었고, 1수는 당(唐)나라 문종(文宗)을 읊었으며, 홍연(洪演) 등을 읊은 것 같은 일련의 작품은 우연한 것이 아닌 것 같았다. 이에 혼자 생각하기를, 이 노인이 만일 탕왕(湯王)이나 무왕(武王)을 그르다고 생각하는 뜻이 있었다면 김시습(金時習)처럼 행동했어도 옳지 않은 것이 없었을 터인데 바로 세조(世祖) 기묘년(己卯年) 과거에 급제하여 벼슬이 재상에 올랐으면서도 이런 말을 시문(詩文) 속에 나타냈으니, 이는 예양(豫讓)이 말한 남의 신하로서 두 마음을 품는 것이 되니 어찌 부끄럽지 않은가?" 했다.

또 장유의 《계곡만필(谿谷漫筆)》에는 말하였다.

"우리나라에는 두 사람의 큰 유학자가 있다. 모두 사문(斯文)에 중한 명성이 있는데도 크게 의심할 만한 곳이 있으니 포은(圃隱)은 죽음으로써 나라를 위해 순절했지만 우왕(禑王)과 창왕(昌王)을 왕위에서 내쫓아 죽일 때에는 절의를 세우지 못하고 구공신(九功臣)에 들었으니 이것이 첫째 의심할 만한 것이다. 점필재는 세조에게 몸을 맡겨 벼슬하고도 〈조의제문〉을 지어 크게 《춘추》의 이른바 높은 사람의 일에 대해서는 언급을 회피한다는 뜻에 어긋나는 죄를 범했다. 이러한 마음이 있었다면 그의 조정에 벼슬하지 말았어야 하고, 이미 벼슬을 했으면 이런 글을 지어서는 안된다. 마음과 몸이 서로 모순되고 의리와 명분이 다함께 무너졌으니 이것이 둘째 의심할 만한 일이다. 문충공(文忠公) 포은이 문묘에 배향되고부터 후학들이 감히 그의 잘잘못을 다시 의논하지 않았고, 무오사화(戊午士禍) 이후에 사람들이 또한 그 일을 의논하고자 하지 않았다. 그러나 천년 후에 다시 의논하게 된다면 어떻다고 할지 모르겠다."

또 《퇴계언행록(退溪言行錄)》에 말하기를, "김종직(金宗直)은 도학(道學)을 한 사람은 아니다. 몸이 마치도록 한 사업이 다만 문장뿐이었으니 이는 그의 문장을 보면 알 수가 있다." 했다.

남추강(南秋江) 효온(孝溫)은 말하기를, "점필재는 이조참판(吏曹參判)이 되어서도 아무런 건의(建議)한 것이 없었다. 김굉필이 시를 지어 올렸는데 이르기를,

'도는 겨울에 갖옷 입고 여름에 얼음물 마시는 데 있나니
햇빛 나면 가고 날 궂으면 그치기를 어찌 다하랴.
난초 같은 절개도 시속을 따르면 마침내 변하는 법.

뉘라서 소로 밭갈고 말을 타는 것이라 믿으리.

道在冬裘夏飮氷 霽行源止豈全能

蘭如從俗終當變 誰信牛耕馬可乘'

하니 점필재가 화답하기를,

'분수 밖 벼슬길이 재상에 이르렀으니

임금 바로잡고 풍속 구하는 일 어찌 능하랴.

후배들이야 나의 용렬함을 비웃겠지만,

세리의 길 구구하여 타지 못한다네.

分外官職到伐氷 匡君救俗我何能

徒敎後輩嘲我拙 勢利區區不足乘'

하였다. 이는 대개 미워한(惡之) 것이니 이로부터 김굉필은 김종직과 사이가 좋지 않게 되었다."(自足貳於畢齋)라고 하였다.

퇴계 이황은 이렇게 말했다.

"남효온이 말한 글귀는 매우 의심스러운 것이 있으니 '미워한다(惡之)'는 두 글자는 글이 되지 않고, '점필재와 사이가 좋지 않게 되었다(貳於畢齋)'고 한 것은 더욱 의심스럽다. 옛사람이 스승을 섬기면서는 항거하여 안색을 범하지 않고 속이거나 숨기지도 않았으니, 만약 스승의 하는 일이 의심스러웠다면 어찌 질문하지 않고 숨겼겠으며, 질정(質正)해서 그 일이 합당하지 않았다면 스승은 어찌 반성하지 않고 미워했겠는가? 설사 스승이 반성하지 않고 미워했다 하더라도 제자가 어찌 이 때문에 스스로 스승과 사이가 벌어질 리가 있었겠는가? 반복하여 생각해 보아도 선생으로서는 있을 수 없는 일이라고 생각된다."

안 동 각 잡 기 점 필 재 위 함 양 군 수 견 류 자 광 시 현 어 벽 령 철 이 분 지
按東閣雜記佔畢齋爲咸陽郡守見柳子光詩懸於壁令撤而焚之
왈 하 물 자 광 감 이 야 자 광 문 이 절 치 연 필 재 총 악 방 륭 반 위 아 부 납 교
曰何物子光敢爾耶子光聞而切齒然畢齋寵渥方隆反爲阿附納交

기졸야위문이곡지비제왕통한유급수성묘실록리극돈위사국당
其卒也爲文以哭之比諸王通韓愈及修成廟實錄李克墩爲史局堂
상견조의제문이위의지광묘여자광곡위비석이고연산수기사옥
上見弔義帝文以爲意指光廟與子光曲爲譬釋以告燕山遂起史獄
자광참국극기단련지왈차배불가유일인인개이위보분시지원야
子光參鞫極其鍛煉至曰此輩不可遺一人人皆以爲報焚詩之怨也

우안윤명재집왈상독필재조의제문명시유의이발급고기집여
又按尹明齋集曰嘗讀畢齋弔義帝文明是有意而發及考其集如
화연명술주급고풍이수일영량간문일영당문종급영홍연등작개
和淵明述酒及古風二首一詠梁簡文一詠唐文宗及詠洪演等作皆
사불우연절위차로약유비탕무지지즉녕여김열경소위무불가자
似不偶然竊謂此老若有非湯武之志則寧如金悅卿所爲無不可者
내이광묘기묘등제관지벌빙이고이차등언어형제음영예양소위
乃以光廟己卯登第官至伐冰而顧以此等言語形諸吟詠豫讓所謂
위인신회이심자불역가괴여
爲人臣懷二心者不亦可愧歟

우장계곡만필왈아동유이대유개유중명어사문이유대가의처
又張谿谷漫筆曰我東有二大儒皆有重名於斯文而有大可疑處
포은능이사순국이우창지폐륙불능유소수립지렬어구공신차일
圃隱能以死殉國而禑昌之廢戮不能有所樹立至列於九功臣此一
가의야점필재위질광묘이조의제문작대범춘추휘존지의개유시
可疑也佔畢齋委質光廟而弔義帝文作大犯春秋諱尊之義蓋有是
심즉부당립어기조기립어기조즉부당작차문야심사모순의분구
心則不當立於其朝旣立於其朝則不當作此文也心事矛盾義分俱
휴차이가의야자문충종향문묘후학불감부의기득실이무오사화
虧此二可疑也自文忠從享文廟後學不敢復議其得失而戊午士禍
지후인역불욕론기사미지천재상론이위여하야
之後人亦不欲論其事未知千載尚論以爲如何也

우퇴계언행록왈김종직비학문저인종신사업지재사화상관기
又退溪言行錄曰金宗直非學問底人終身事業只在詞華上觀其
문집가지
文集可知

남추강왈필재위리참무소건백대유상시왈도재동구하음빙제
南秋江曰畢齋僞吏叅無所建白大猷上詩曰道在冬裘夏飮氷霽
행료지기전능란여종속종당변수신우경마가승필재화운왈분외
行潦止豈全能蘭如從俗終當變誰信牛耕馬可乘畢齋和韻曰分外

관 련 도 벌 빙 광 군 구 속 아 하 능 종 교 후 배 조 오 졸 세 리 구 구 부 족 승 개
官聯到伐氷匡君救俗我何能從教後輩嘲吾拙勢利區區不足乘盖

오 지 야 자 시 이 어 필 재 운　퇴 계 왈 추 강 소 론 문 자 파 유 가 의 오 지 이
惡之也自是貳於畢齋云　退溪曰秋江所論文字頗有可疑惡之二

자 불 성 문 이 이 어 필 재 지 운 우 위 가 의 고 인 사 사 무 범 무 은 사 지 소 행
字不成文而貳於畢齋之云尤爲可疑古人事師無犯無隱師之所行

약 유 가 의 녕 가 부 질 이 은 지 야 질 지 이 기 사 부 당 녕 가 불 성 이 오 지 야
若有可疑寧可不質而隱之耶質之而其事不當寧可不省而惡之耶

가 사 사 수 불 성 이 오 지 위 제 자 기 유 이 차 자 이 지 리 호 반 복 사 지 공 비
假使師雖不省而惡之爲弟子豈有以此自貳之理乎反覆思之恐非

선 생 지 소 의 유 야
先生之所宜有也

주해_ㅇ東閣雜記(동각잡기)－고대로부터 조선 선조(宣祖) 때까지의 사실(史實)을 서적 또는 견문에 의해 기록한 이정형(李廷馨)의 저서.

ㅇ王通(왕통)－중국 수(隨)나라의 유학자로 호는 문중자(文中子). 왕발(王勃)의 할아버지이다.

ㅇ明齋集(명재집)－조선 숙종 때의 학자 윤증(尹拯)의 문집.

ㅇ古風(고풍)－시의 한 가지로 고시체(古詩體).

ㅇ金悅卿(김열경)－열경은 김시습(金時習)의 자. 생육신(生六臣)의 한 사람. 저서에 《금오신화(金鰲新話)》가 있다.

ㅇ豫讓(예양)－전국시대 진(晉)나라 사람으로 섬기고 있던 지백(智伯)이 조양자(趙襄子)에서 죽임을 당하자 원수를 갚으려다 도리어 잡혀서 죽었다.

ㅇ谿谷漫筆(계곡만필)－장유(張維)의 저서.

ㅇ尙論(상론)－옛사람의 일을 평론하는 것.

김굉필(金宏弼)

자는 대유(大猷), 호는 한훤당(寒暄堂)으로 서흥(瑞興) 사람이다. 어릴 때에 호방하고 방일하여 얽매임이 없었다. 조금 장성하자 발분하여 학업에 힘써 《창려집(昌黎集)》을 즐겨 읽었으며, 점필재의 문하

에 나아가 글을 배웠다. 점필재가 《소학》을 교수하며 이르기를, "참으로 학문에 뜻을 두었다면 이 책부터 시작해야 한다."고 하니, 이 말을 가슴속에 간직하고 뜻을 독실히 하여 열심히 실행하며 강습하기를 게을리하지 않았다. 일찍이 시를 지어 이르기를,

'문장을 업으로 하느라 미처 천기를 모르겠더니
《소학》의 글 속에서 어제의 잘못을 깨달았도다.
業文猶未識天機 小學書中悟昨非'

하였다.

점필재가 평하기를, "이 말은 바로 성인이 될 수 있는 바탕이니 노재(魯齋) 이후에 어찌 그만한 사람이 없겠는가?" 하였다. 시사(時事)에 대해 묻는 사람이 있으면 문득 말하기를, "《소학》을 배우는 동자가 어찌 대의를 알겠는가?" 하였다. 30세가 지난 후에야 비로소 다른 글을 읽었다. 조용한 방에 들어앉아 깊은 밤까지 잠을 자지 않았으며 비록 집사람이나 자제들이라 하더라도 하고 있는 일을 들여다볼 수 없었으며, 다만 연밥으로 만든 갓끈이 책상에 부딪치는 소리로 아직도 글을 읽고 있음을 알 수 있었다. 공은 항상 초립을 쓰고 연밥으로 만든 갓끈을 늘어뜨리고 자칭 '소학동자'라 하였다.

무오사화가 일어나자 김종직의 문인이라 하여 장형(杖刑)을 받고 희천(熙川)으로 귀양갔다. 뒤에 순천(順天)으로 옮겼다가 갑자년에 사형을 받게 되자 목욕하고 관대를 갖추고 나아가 얼굴빛을 조금도 변치 않고 서서히 수염을 입에 물면서, "신체와 모발은 부모에게서 받은 것이니 이것까지 상하게 할 수는 없다."하고는 바로 형을 받았다. 향년 51세이다. 뒤에 영의정을 추증하고 문경(文敬)이란 시호를 내렸으며 문묘에 배향하였다. 저서에는 《가범(家範)》·《경현록(景賢錄)》과 유집(遺集) 등이 있다.

고봉(高峯) 기대승(奇大升)이 지은 행장(行狀)에는 이렇게 말했다.
"선생이 날로 《소학》과 《대학》을 외는 것으로 학문의 규모를 삼고

육경을 깊이 탐구하여 힘써 성경(誠敬)을 마음에 간직하고, 존양성찰(存養省察)을 체(體)로 삼고 수신·제가·치국·평천하를 용(用)으로 삼아 기필코 대성인의 경지에 이르려 하였다. 항상 첫닭이 울면 일어나 세수하고 머리 빗고 의관을 정제한 다음 무릎을 꿇고 앉아 있으면 마치 소상(塑像)과 같았다. 배우는 자들을 모아놓고 마음을 다스리는 요령을 강론할 때면 자상하게 하기를 게을리하지 않았다. 30년을 이렇게 하여 정성이 쌓이고, 힘을 오래 써서 박학하되 잡되지 않고, 통하여도 병폐에 흐르지 않아 확실하고 독실하였는데도 오히려 미치지 못하는 것처럼 하였다."

남명 조식의 《사우록(師友錄)》에는 이렇게 말했다.

"선생 자신이 도학을 주창하는 것을 임무로 삼아 근세 유학의 종주(宗主)가 되었다. 《소학》으로 근본을 배양하고 《대학》을 따라 규모를 세웠으며, 힘써 성정을 잡아 육경을 발휘하여 성현의 경지에 도달하기를 기약하니 이것이 선생의 학문을 닦은 대략이다."

또 말하였다.

"한훤당의 학문은 비록 실천에는 독실하나 도학 공부에 있어서는 미진한 점이 있는 듯싶다. 송계(松溪) 신계성(申季誠)이 일찍이 말하기를, '한훤당은 고심하며 학문에 힘썼다. 가야산 소리암(蘇利庵)에 올라가 밤새도록 잠을 자지 않고 참선승(參禪僧)처럼 하였으니, 이것이 도학에 대하여 도리어 병통이 있게 된 것이다'라고 했다."

또 고봉 기대승은 이렇게 말했다.

"선생은 타고난 자품이 대단히 높고 행실이 더욱 엄숙하였는데, 학자들을 면려하고 인도해 사도(斯道)를 밝혔으니 그 공이 크다고 하겠다. 불행하게도 어지러운 세상을 만나 도학을 실행하여 나타내 보이지 못하고 마침내 죽고 말았다. 그러나 한 시대의 학자들이 태산(泰山)·북두(北斗)처럼 우러러 받들어 그의 풍성(風聲)이 들리는 곳에서는 감발(感發)하여 일어난 자가 많았으니, 그 보인 바가 원대하다고 하겠다."

또 퇴계는 이렇게 말했다.

"한훤당의 《가범(家範)》은 간혹 가다 의심스러운 곳이 있다. 이는 당시 집안의 여러 사람들을 경계하기 위한 것이요, 후세에 전하기 위하여 지은 것이 아니기 때문인 것 같다."

또 치재(耻齋) 홍인우(洪仁祐)는 이렇게 말했다.

"한훤당은 항상 엄숙하여 하루종일 의관을 갖추어 지내고 밤이 다하도록 말을 하지 않았다. 이는 대개 미발(未發) 이전의 기상(氣象)에 힘썼기 때문일 것이다."

선생은 유일(遺逸)로서 특별히 기용되어 벼슬이 형조좌랑(刑曹佐郎)에 이르렀다. 가끔 진사 신영희(辛永禧)를 찾아갔는데 말하기를, "오늘날 선비들의 기품을 살펴보니 후한(後漢) 말기와 비슷하여 곧 화(禍)가 일어날 것이다. 나 같은 사람은 비록 은퇴하더라도 모면할 도리가 없지만 그대는 멀리 시골로 가서 자취를 감추라. 그렇지 않으면 절교하리라." 하였다. 이에 신공이 떠나 직산(稷山) 사산(斜山) 밑으로 가서 스스로 안정(安亭)이라고 호하였다. 이 일로 미루어보면 선생이 시사의 기미를 알지 못한 것이 아니라, 일찍이 진퇴흥망의 기미를 알면서도 밖으로 나타내지 않은 것이 아니겠는가?" 하였다.

또 일찍이 말하기를, "남효온과 허반(許磐) 등은 모두 진(晉)나라의 풍도가 있다. 진나라가 청담(淸談)으로 패망하였으니 10년이 못되어 이 무리들에게 화가 있을 것이다." 하였는데 그후에 이들은 모두 몸을 보존하지 못했다.

김 한 훤 굉 필 자 대 유 본 서 흥 인 소 호 일 불 기 초 장 발 분 업 문 희 독 창
金寒暄宏弼字大猷本瑞興人少豪逸不羈稍長發憤業文喜讀昌

려 집 취 점 필 재 선 생 학 필 재 수 이 소 학 서 왈 구 지 어 학 의 종 차 시 내 권
黎集就佔畢齋先生學畢齋授以小學書曰苟志於學宜從此始乃眷

권 복 응 독 지 력 행 강 습 불 해 상 작 시 왈 업 문 유 미 식 천 기 소 학 서 중 오
々服膺篤志力行講習不懈嘗作詩曰業文猶未識天機小學書中悟
작 비 필 재 비 왈 차 언 내 작 성 근 기 로 재 후 기 무 기 인 호 인 유 문 급 시 사
昨非畢齋批曰此言乃作聖根基魯齋後豈無其人乎人有問及時事
자 첩 왈 소 학 동 자 하 지 대 의 년 삼 십 후 시 독 타 서 정 처 일 실 심 야 불 매
者輒曰小學童子何知大義年三十後始讀他書靜處一室深夜不寐
수 가 인 자 제 막 규 기 소 위 유 문 련 자 영 저 서 안 유 성 지 기 상 관 서 야
雖家人子弟莫窺其所爲惟聞蓮子纓抵書案有聲知其尚觀書也
공 상 대 초 립 수 련 자 영 자 칭 소 학 동 자 급 무 오 옥 기 이 점 필 문 인 장
(公常戴草笠垂蓮子纓自稱小學童子)及戊午獄起以佔畢門人杖
배 희 천 후 이 순 천 갑 자 수 후 명 목 욕 관 대 이 출 신 색 불 변 서 이 수 함 구
配熙川後移順天甲子受後命沐浴冠帶而出神色不變徐以鬚啣口
왈 신 체 발 부 수 지 부 모 불 가 병 차 수 상 내 취 형 년 오 십 일 후 증 령 의 정
曰身體髮膚受之父母不可並此受傷乃就刑年五十一後贈領議政
시 문 경 배 향 문 묘 소 저 유 유 집 가 범 경 현 록 등 서
謚文敬配享文廟所著有遺集家範景賢錄等書

안 기 고 봉 소 찬 행 장 왈 선 생 일 송 소 학 대 학 서 이 위 규 모 탐 이 륙 경
按奇高峯所撰行狀曰先生日誦小學大學書以爲規模探賾六經
력 지 성 경 이 존 양 성 찰 위 체 수 제 치 평 위 용 기 지 대 성 곤 역 계 초 명 필
力持誠敬以存養省察爲體修齊治平爲用期至大聖閫域鷄初鳴必
관 즐 정 의 관 위 좌 여 니 소 인 인 학 자 강 론 치 심 요 령 순 순 불 태 여 시 삼
盥櫛整衣冠危坐如泥塑人引學者講論治心要領諄々不怠如是三
십 여 재 성 석 력 구 박 이 부 잡 통 이 불 류 견 확 실 독 유 황 황 여 불 급
十餘載精積力久博而不雜通而不流堅確實篤猶皇々如不及

조 남 명 사 우 록 왈 선 생 신 임 도 학 지 창 위 근 세 유 종 복 소 학 이 배 근
曹南溟師友錄曰先生身任道學之倡爲近世儒宗服小學以培根
본 준 대 학 이 립 규 모 력 지 성 경 이 발 휘 륙 경 이 기 지 어 성 현 지 역 차 선
本遵大學以立規模力持誠敬而發揮六經以期至於聖賢之域此先
생 위 학 지 대 략 야 우 왈 한 훤 지 학 문 천 리 수 독 이 어 도 학 공 부 공 유 미
生爲學之大畧也又曰寒暄之學問踐履雖篤而於道學工夫恐有未
진 야 신 송 계 상 언 한 훤 고 심 력 학 상 가 야 산 소 리 암 종 야 불 매 여 참 선
盡也申松溪嘗言寒暄苦心力學上伽倻山蘇利庵終夜不寐與參禪
승 일 양 어 도 학 각 유 병 통 운
僧一樣於道學却有病痛云

우 기 고 봉 왈 선 생 천 자 심 고 제 행 우 엄 솔 려 학 자 창 명 사 도 기 공 대
又奇高峯曰先生天姿甚高制行尤嚴率勵學者倡明斯道其功大

의 불 행 조 우 란 세 불 급 견 제 행 사 경 순 신 이 몰 언 연 이 일 시 학 자 앙 여
矣不幸遭遇亂世不及見諸行事竟殉身而歿焉然而一時學者仰如
산 두 풍 성 소 급 흥 기 자 중 즉 기 소 시 역 원 의
山斗風聲所及興起者衆則其所示亦遠矣

우 퇴 계 왈 한 훤 가 범 왕 왕 유 가 의 처 공 혹 일 시 경 식 가 중 비 위 전 후
又退溪曰寒暄家範往々有可疑處恐或一時警飾家衆非爲傳後
이 작 야
而作也

우 홍 치 재 왈 한 훤 상 숙 연 관 복 종 일 경 야 탑 연 불 언 개 용 력 어 미 발
又洪耻齋曰寒暄常肅然冠服終日竟夜嗒然不言盖用力於未發
전 기 상
前氣像

선 생 이 유 일 사 지 형 조 좌 랑 시 왕 견 신 진 사 영 희 왈 관 금 사 기 류 동
先生以遺逸仕至刑曹佐郎時往見辛進士永禧曰觀今士氣類東
한 지 말 조 석 화 기 여 아 즉 수 퇴 무 급 청 군 원 둔 향 곡 부 자 오 즉 상 절 신
漢之末朝夕禍起如我則雖退無及請君遠遯鄕曲不者吾則相絶辛
공 내 거 지 직 산 사 산 하 자 호 안 정 관 차 즉 선 생 비 부 지 시 사 기 미 증 불
公乃去之稷山斜山下自號安亭觀此則先生非不知時事機微曾不
능 견 기 어 미 형 야 우 상 왈 남 백 공 허 문 병 제 인 개 유 진 풍 진 이 청 담 패
能見機於未形耶又嘗曰南伯恭許文炳諸人皆有晋風晋以淸談敗
불 출 십 년 화 재 차 배 후 개 불 보
不出十年禍在此輩後皆不保

주해_ㅇ昌黎集(창려집)－중국 당(唐)나라 때의 문장가인 한유의 문집.

ㅇ魯齋(노재)－원(元)나라 학자 허형(許衡)의 호. 자는 중평(仲平)으로 저서에 《허문정공유서(許文正公遺書)》 등이 있다.

ㅇ蓮子纓(연자영)－연밥으로 이어서 만든 갓끈.

ㅇ草笠(초립)－가는 풀로 엮어 만든 나이 어린 사람이 쓰던 갓.

ㅇ存養省察(존양성찰)－존양은 존심양성(存心養性)의 약어이고, 성찰은 자기의 일체를 반성한다는 뜻이나, 여기서는 마음이 의물에 접하여 감발(感發)할 기미처를 살핀다는 뜻이다.

정여창(鄭汝昌)

자는 백욱(伯勗), 호는 일두(一蠹)로 하동(河東) 사람이다. 일찍이

아버지를 잃어 별다른 가르침을 받지 못했다. 글읽기를 좋아하고 행실을 독실히 하였으며 모난 행실을 하지 않았다. 김굉필과 더불어 김종직의 문하에 유학하여 도의의 교제를 하였다. 지리산에 들어가서 3년 동안 마음을 굳건히 분발하여 드디어 체용지학(體用之學)을 성취하였다. 성종 경자년에 경학에 밝고 행실이 뛰어나다고 하여 천거되었으나 나아가지 않았다.

계묘년에 성균관에 들어갔는데 동배들이 이학(理學)이 훌륭한 것으로 추존하였다. 그후 문과에 급제하여 검열(檢閱)을 거쳐 안음현감(安陰縣監)으로 나가서는 청렴한 정치를 하여 백성들이 기뻐하였고 온 경내가 크게 힘을 얻었다. 무오사화에 연좌되어 종성(鍾城)으로 유배되어 갑자년에 귀양지에서 졸하였다. 향년 55세이다. 후에 우의정에 추증되고 문헌(文獻)이란 시호를 내렸으며 문묘에 배향되었다.

선생은 어려서 지극한 성품으로 어머니를 효성으로 정성껏 섬겼다. 타고난 자질이 총명하여 스승의 가르침을 받지 않고도 스스로 학문하는 방법을 알았다. 《중용》과 《대학》에 더욱 정미하여 주자의 〈중용장구(中庸章句)〉에 나온 '기이성형이역부언(氣以成形理亦賦焉－기로써 형상을 이루고 이를 또한 부여하였다)'이라는 말을 취하지 않으면서 말하기를, "어찌 기(氣)에 따르는 이(理)가 있겠는가?" 하였다. 일찍이 《중용》·《대학》을 해석한 《용학주소(庸學註疏)》와 《주객문답설(主客問答說)》 및 《진수잡저(進修雜著)》 등을 저술하였으나 무오사화에 화를 당하자 부인이 모두 불속에 던져 유집이 전하지 않는다.

조신(曺伸)의 《수문쇄록(謏聞瑣錄)》에는 이렇게 말했다.

"정여창이 주자의 기이성형지설(氣以成形之說)을 취하지 않고 말하기를, '어찌 기에 따르는 이가 있겠는가?'라고 한 것은 잘못됨이 없지 않다. 이른바 이가 기보다 먼저 한다는 것은 이의 체(體)요, 이른바 기가 이에 앞선다는 것은 이의 용(用)이다. 만일 사람의 성(性)을 말할 때 인·의·예·지를 통틀어 성이라 말하면서, 인·의·예·지의 단(端)으로 발하여 나뉘어진 것은 성이라고 하지 않는다면 옳겠는가?"

또 《사우명행록(師友名行錄)》에 이르기를, "정여창이 지리산에 들어가서 3년 동안 나오지 않으면서 오경의 깊은 뜻을 연구하여 체용의 근원은 같지만 나뉨이 다른 것, 선악의 성은 같지만 기질이 다른 것임을 알았으며 유(儒) · 불(佛)의 도는 같지만 자취가 다름을 알았다."고 하였다.

《성호사설(星湖僿說)》에는 이렇게 말했다.

"옥동선생(玉洞先生)은 그 말이 매우 의심스럽다고 하였다. 허무적멸하고 윤리가 없는 학설을 우리 유가의 성명학(性命學)에 비유하여 도가 같다고 하면 옳겠는가?"

《사우명행록》에는 또 이렇게 말했다.

"항상 술을 마시지 않고 파나 마늘 따위를 먹지 않았으며 쇠고기나 말고기도 먹지 않았다. 겉으로는 예사로운 말을 하였지만 속으로는 경계하고 삼갔다. 젊을 때 학관에서 기거하였는데 동배들과 함께 잠자리에 들어서는 코만 건성으로 골 뿐 잠을 자지 않았으므로 남들이 알지 못하였다. 어느 날 밤에 최진국(崔鎭國)에게 발각되어 온 관중(館中)이 떠들썩하게 '정여창은 자지 않고 참선한다'고 하였다."

남효온은 이렇게 말했다.

"백욱은 주자(周子) · 정자(程子) · 장자(張子) · 주자(朱子)의 소견을 갖고 있어서 오경을 궁구하여 통달하였지만 시를 열심히 하는 선비는 좋게 여기지 않았다. 그는 말하기를, '시는 성정에서 우러나오는 것이지 어찌 자질구레하게 억지 공부를 해서 되는 것이겠는가' 하였는데 과연 그의 두류시(頭流詩)는 가슴속이 시원하고 맑아 한점의 속된 모습이 없다."

《병정록(丙丁錄)》에는 "김굉필은 이(理)에 정통하였고, 정여창은 수(數)에 정통하였다."고 하였다.

공이 김굉필과 같은 시대에 태어나서 분발하여 힘써 배워서 오천(烏川) 정몽주(鄭夢周)의 학통을 이었다. 그의 학문은 한결같이 이정(二程)을 본받아 독서는 궁리(窮理)를 요점으로 삼고, 마음은 속이지 않는 것을 주장으로 삼았으며, 몸가짐과 행사(行事)는 한결같이 성(誠)·경(敬)으로 일용 공부를 삼았으며, 치국·평천하하는 율령(律令)과 격례(格例)까지 아주 치밀하게 완비되지 않은 것이 없었는데도, 하늘이 돕지 않고 귀신이 돕지 않아 재주는 세상에 쓰이지 못하고, 도는 조정에 실천되지 못하였으니 애석한 일이다.

김굉필과 정여창 두 선생은 다같이 포은 정몽주의 이학을 전해 받았는데, 김굉필의 문인에는 조광조가 있어 그 도를 전하였고, 또 모재(慕齋) 김안국(金安國)과 사재(思齋) 김정국(金正國)·신당(新堂) 정붕(鄭鵬)·서봉(西峯) 유우(柳藕)·탄수(灘叟) 이연경(李延慶)·자암(自庵) 김구(金絿)·금헌(琴軒) 이장곤(李長坤)·둔재(遯齋) 성세창(成世昌)·원정(猿亭) 최수성(崔壽峸) 등 제공이 있어 혹은 도학으로, 혹은 문장과 명절(名節)로서 한 시대의 유림(儒林)이 되었다. 그러나 정여창의 문인에는 다만 노우명(盧友明)·이희증(李希曾)·고숭걸(高崇傑) 등 몇 사람이 있을 뿐이다. 공이 종성에서 유배생활을 할 때에 육진(六鎭) 지방의 풍속이 비루하고 문학이 없었는데, 공이 처음 이르러서 나이 어린 자들을 모아 몇해 동안 가르치니 배우는 사람들이 날로 늘어나 연달아 향시(鄕試)에 합격한 자가 3명이나 되었다. 또 절도사 이윤검(李允儉)이 그 아들 이희증을 공에게 수학시켜 드디어 명유가 되었는데, 후일 과거에 합격하니 이로부터 학문하는 풍조가 비로소 일어나게 되었다.

정 일 두 여 창 자 백 욱 하 동 인 조 실 선 고 불 번 교 계 호 독 서 무 독 실 불
鄭一蠹汝昌字伯勗河東人早失先考不煩敎戒好讀書務篤實不
위 애 안 참 절 지 행 여 김 한 훤 유 점 필 재 문 하 상 마 도 의 입 지 이 산 삼 년
爲崖岸嶄絶之行與金寒暄遊佔畢齋門下相磨道義入智異山三年

발 분 려 지 수 공 체 용 지 학 성 묘 경 자 천 경 명 행 수 불 취 계 묘 입 상 상 동
發憤勵志遂功體用之學成廟庚子薦經明行修不就癸卯入上庠同
렬 이 리 학 추 존 지 후 등 문 과 유 검 열 출 위 안 음 현 감 정 청 민 열 일 경 대
列以理學推尊之後登文科由檢閱出爲安陰縣監政清民悅一境大
뢰 무 오 좌 사 화 배 종 성 갑 자 졸 어 적 소 년 오 십 오 후 증 우 의 정 시 문 헌
賴戊午坐史禍配鍾城甲子卒於謫所年五十五後贈右議政謚文獻
배 향 문 묘 선 생 유 유 지 성 사 모 성 효 천 자 영 오 불 번 사 수 자 지 위 학 우
配享文廟先生幼有至性事母誠孝天姿穎悟不煩師授自知爲學尤
정 용 학 불 취 주 자 장 구 기 이 성 형 리 역 부 언 지 설 왈 안 유 기 지 리 호 상
精庸學不取朱子章句氣以成形理亦賦焉之說曰安有氣之理乎嘗
저 용 학 주 소 주 객 문 답 설 급 진 수 잡 저 무 오 지 화 부 인 진 투 화 중 유 집
著庸學註疏主客問答說及進修雜著戊午之禍夫人盡投火中遺集
무 전
無傳

안 조 신 수 문 쇄 록 왈 백 욱 불 취 주 자 기 이 성 형 지 설 왈 안 유 후 기 지
按曹伸謏聞瑣錄曰伯勗不取朱子氣以成形之說曰安有後氣之
리 호 운 불 능 무 병 소 위 리 선 어 기 자 리 지 체 소 위 기 선 어 리 자 리 지 용
理乎云不能無病所謂理先於氣者理之體所謂氣先於理者理之用
여 인 총 인 의 례 지 이 위 지 왈 성 이 발 인 의 례 지 지 단 이 분 지 왈 불 위 지
如人總仁義禮智而謂之曰性而發仁義禮智之端而分之曰不謂之
성 가 호
性可乎

우 안 사 우 명 행 록 왈 백 욱 입 지 이 산 삼 년 불 출 명 오 경 궁 극 기 온 지
又按師友名行錄曰伯勗入智異山三年不出明五經窮極其蘊知
체 용 지 원 동 분 수 지 선 악 지 성 동 기 이 지 유 석 지 도 동 적 차 성 호 사 설
體用之源同分殊知善惡之性同氣異知儒釋之道同跡差星湖僿說
옥 동 선 생 위 기 설 심 가 의 이 공 적 무 륜 지 설 비 지 어 오 유 성 명 지 학 이
玉洞先生謂其說甚可疑以空寂無倫之說比之於吾儒性命之學而
위 지 도 동 가 호 사 우 록 우 운 거 상 불 음 주 불 여 훈 불 식 우 마 육 외 위 상
謂之道同可乎師友錄又云居常不飮酒不茹葷不食牛馬肉外爲常
담 내 성 성 여 야 소 시 거 학 관 여 입 침 한 식 이 불 매 인 부 지 야 일 소 견 발
談內惺々如也少時居學舘與入寢鼾息而不寐人不知也一宵見發
어 최 진 국 관 중 훤 지 왈 정 모 참 선 불 매
於崔鎭國舘中喧之曰鄭某參禪不寐

남 추 강 왈 백 욱 유 주 정 장 주 지 견 궁 통 오 경 독 불 취 공 시 지 사 왈 시
南秋江曰伯勗有周程張朱之見窮通五經獨不取攻詩之士曰詩

성 정 지 발 하 설 설 강 하 공 부 위 연 이 기 두 류 시 흉 중 쇄 락 무 일 점 진 태
性情之發何屑々强下工夫爲然而其頭流詩胸中灑落無一点塵態

병 정 록 왈 대 유 정 어 리 백 욱 정 어 수
丙丁錄曰大猷精於理伯勗精於數

공 여 김 사 문 생 병 일 시 분 연 력 학 이 속 부 오 천 지 서 기 위 학 일 이 이
公與金斯文生幷一時奮然力學以續夫烏川之緖其爲學一以伊
락 위 법 독 서 이 궁 리 위 요 처 심 이 불 기 위 주 범 지 이 행 사 일 이 성 경 위
洛爲法讀書以窮理爲要處心以不欺爲主凡持己行事一以誠敬爲
일 용 공 부 지 어 치 평 지 률 령 격 례 무 불 완 기 극 치 이 천 불 우 신 부 조 재
日用工夫至於治平之律令格例無不完其極致而天不佑神不助才
불 위 세 용 도 불 행 어 조 정 석 재
不爲世用道不行於朝廷惜哉

한 훤 일 두 량 선 생 구 전 포 은 지 리 학 이 한 훤 문 인 유 조 정 암 전 기 도
寒暄一蠹兩先生俱傳圃隱之理學而寒暄門人有趙靜庵傳其道
우 유 김 모 재 안 국 김 사 재 정 국 정 신 당 붕 류 서 봉 우 리 탄 수 연 경 김 자
又有金慕齋安國金思齋正國鄭新堂鵬柳西峯藕李灘叟延慶金自
암 구 리 금 헌 장 곤 성 둔 옹 세 창 최 원 정 수 성 제 공 혹 이 도 학 혹 이 문 장
庵絿李琴軒長坤成遯翁世昌崔猿亭壽峸諸公或以道學或以文章
명 절 개 위 일 시 유 림 일 두 문 인 지 유 로 우 명 리 희 증 고 숭 걸 수 삼 인 이
名節皆爲一時儒林一蠹門人只有盧友明李希曾高崇傑數三人而
기 공 찬 거 종 성 륙 진 지 속 벽 루 무 문 학 공 시 지 교 향 촌 년 소 자 수 년 학
己公竄居鍾城六鎭之俗僻陋無文學公始至敎鄕村年少者數年學
사 일 신 련 중 향 시 자 삼 인 우 절 도 사 리 윤 검 이 자 희 증 수 학 수 위 명 유
者日進連中鄕試者三人又節度使李允儉以子希曾受學遂爲名儒
후 등 과 제 자 차 문 풍 시 기 운
後登科第自此文風始起云

주해_ㅇ體用之學(체용지학)－학문의 갖추지 않음이 없는 전체라는 뜻.
ㅇ經明行修(경명행수)－경학(經學)에 밝고 행실이 잘 닦여진 것, 또는 그런 사람.
ㅇ師友名行錄(사우명행록)－생육신의 한 사람인 남효온(南孝溫)이 지은 명사들의 생애를 기록한 평전.
ㅇ玉洞先生(옥동선생)－조선 숙종 때의 학자 이서. 성호 이익의 형.
ㅇ惺惺如(성성여)－불교의 말로 사상채(謝上蔡)가 주로 사용하였다.
ㅇ丙丁錄(병정록)－임보신(任輔臣)의 저서로 조선 전기의 명사들의 일화

를 수록한 것.
- 烏川(오천) — 미상. 주자학자로 추측됨.
- 伊洛(이락) — 주자(周子) · 정자(程子)를 주로 한 송학(宋學).
- 六鎭(육진) — 함경북도의 경원 · 경흥 · 부령 · 온성 · 경성 · 회령에 있던 여섯 진.
- 鄕試(향시) — 조선시대에 각 도내의 유생에게 보이던 과거의 한 가지. 초시(初試)라고도 한다.

조광조(趙光祖)

자는 효직(孝直), 호는 정암(靜庵)으로 한양(漢陽) 사람이다. 나이 17 · 8세 때에 아버지가 어천도찰방(魚川道察訪)이 되었는데, 그때 김굉필이 희천에서 귀양살이하고 있었다. 그래서 가서 배워 학문하는 방법을 들을 수 있었다. 그후 송도(松都)의 천마산(天摩山)에 들어가 조용히 앉아 독서하였는데 그 모습이 흙으로 만든 소상과 같았다. 담백한 음식과 견디기 어려운 괴로움을 중들과 한가지로 하였으며, 밥 먹는 시간과 변소에 가는 시간 이외에는 한가한 틈이 전혀 없었다. 타고난 자질이 매우 아름답고 지조가 확고하였으며 세도(世道)가 쇠미함을 보고는 강개한 마음이 일어나 도(道)를 행하는 것을 자신의 책임으로 삼았다. 행동은 예법에 따르고 말은 때에 맞도록 해서 속유들이 손가락질하며 비웃어도 끝내 조금도 흔들리지 않았다. 행실이 탁월한 것으로 천거되어 조지서사지(造紙署司紙)가 되었는데 탄식하기를, "내가 작록(爵祿)을 구하지 않았는데도 이런 제명(除命)이 있으니, 차라리 과거에 나아가 출세해서 성주(聖主)를 섬기는 것이 낫겠다."고 하였는데, 마침내 급제하여 홍문관에 들어갔다.

매양 도학을 숭상하고 인심을 바로잡고, 성현을 본받아 지치(至治)를 일으켜야 한다는 말을 반복하여 임금께 아뢰니 중종이 유술(儒術)을 숭상하고 문치(文治)에 뜻을 두어 거의 요순시대의 훌륭한 정치를 다시 보게 되었으며, 더욱 선생을 소중히 의지하였다. 선생은 세상에 드문 지우(知遇)에 감동하여 임금에게 충성하고 백성을 윤택하게 하며 유학 일으키는 것을 자신의 중한 임무로 삼았다.

항상 임금께 들어가 뵈올 때면 반드시 마음을 정제하고 생각을 가다듬어 신명(神明)을 대하듯 하였으며, 알고서는 말하지 않는 것이 없고 말하면 충직하지 않은 것이 없었다. 의(義)와 이(利), 왕(王)과 패(覇)의 분변(分辨), 고금치란(古今治亂)의 기미, 현명하고 사특한 사람의 진퇴에 대한 경계에 이르기까지 마음과 힘을 다하여 상세히 논하지 않는 것이 없었다. 그러면 임금도 마음을 비우고 모두 공경하여 들었으며 한해 동안에 벼슬의 등급을 건너뛰어 부제학으로 승진하였다.

무인년에 현량과(賢良科)를 설치하여 인재를 뽑았는데 그때에 선류(善類)로서 함께 권우(眷遇)를 입은 사람이 한두 명에 그치지 않았다. 서로 협력하고 도우며 분발하여 일을 성공시키고 묵은 폐단을 고치고, 교조(教條)를 닦아 밝히고 선왕의 법도를 차례차례 거행해 나갔으며, 《소학》과 향약으로 인재를 육성하고 풍속을 교화하는 방법으로 삼으니, 조정의 백관들이 면려되지 않는 이가 없고 사방이 격려되었다. 그러나 여러 사람의 뜻이 너무 급하게 서두르는 잘못을 저질렀고, 건의하여 시행하면서 날카로운 기운을 너무 드러냈으며, 점진적으로 하지 않고 장황하였다. 또한 나이가 젊어 일 만들기를 좋아하는 사람들이 시대의 추세에 영합하여 분란을 선동하는 일이 그 사이에 많이 끼게 되었으며 구신(舊臣)으로서 당시의 의논과 맞지 않아 일로 말미암아 공격을 당한 자들의 원한이 뼛속에 사무쳐 있었다.

선생은 이러한 기미를 일찌감치 보고서 도를 행하기 어려움을 알아 벼슬을 사직하려고 한 지 오래되었다. 그러다가 가선대부(嘉善大夫)로 올라서는 더욱 갑자기 벼슬이 오른 것을 크게 두려워하여 물러가기를 힘써 구했으나 임금이 허락하지 않았다. 기묘년에 이르러 원망하는 무리들이 날로 기회를 엿보고, 여러 간사한 자들이 그 사이에

끼어들어 놀라운 기미와 큰 화가 갑자기 신무문(神武門)의 변에서 일어나고 말았다. 그래서 공은 10월에 능성(陵城)으로 귀양을 가게 되고, 12월에 사사(賜死)의 명이 내리니 이때 나이가 38세였다. 이에 김정(金淨)·김식(金湜)·김구(金絿)·기준(奇遵)·박세희(朴世熹)·한충(韓忠)·박훈(朴薰) 등 여러 어진 선비들이 모두 귀양가서 죽으니, 한때의 명류(名流)로서 당적(黨籍)에 연좌되어 면직되거나 내쫓긴 자가 40여인이었다. 또 태학의 유생들도 죄를 입은 자가 아주 많았으며, 현량과에 합격한 사람으로서 삭탈된 자가 28인이었다.

이로부터 현량과가 폐지되고 《소학》과 《향약》의 서책 보는 것을 금지하니 선비들은 모두 유학을 업으로 하기를 경계하였으며, 향리의 글방에서는 글읽는 소리가 끊어졌다. 이 사건을 '기묘사화'라고 하는데 무오사화 뒤에 일어난 두 번째의 큰 화액이다. 뒤에 영의정을 추증하고 문정(文正)이란 시호를 내렸으며, 문묘에 배향하였다.

퇴계 이황은 이렇게 말했다.

"정암 조광조는 타고난 자질이 아름다웠으나 학력(學力)이 충분하지 못하여 시행하면서 사리에 지나침을 면하지 못한 점이 있었다. 그래서 마침내 일이 실패하는 데 이르고 말았다. 만약에 학력이 충실하고 덕기(德器)가 성취된 뒤에 나아가서 세상일을 담당하였더라면 그 성취된 바를 헤아리기가 쉽지 않았을 것이다."

또 이렇게 말했다.

"요순시대의 임금과 백성처럼 만들려는 것이 군자의 뜻이라고는 하지만 어찌 때와 역량을 생각하지 않고서 되겠는가?"

퇴계는 또 이렇게 말했다.

"선생이 이미 떠날 수 없었으니 기강을 휘어잡아 악한 이를 물리치고 선한 이를 올리며, 영을 행하여 금지하는 것이 당연했겠으나 시대의 형편이 크게 우려할 만한 것이 있었기 때문에 일에 임해서 부득이 약간 조화시키려는 뜻을 두었던 것이다. 그리고 신상(申鏛)이나 이자(李耔)와 권발(權撥)의 의견도 그러했으니 이는 때를 따르는 의리로 중도(中道)가 아닌 것이 없었다. 그런데 교격(矯激)하고 경솔한 무리들은 도리어 선생이 머뭇거리면서 구차하게 인순(因循)하기만 했다면서 배척하고 탄핵한 것이 여러 차례였다."

율곡은 이렇게 말했다.

"문정공 조광조가 비록 진퇴에 분명하지 못한 점이 있었으나 학자들이 이로부터 이학을 종주로 삼아야 하고, 왕도(王道)는 귀하고 패도(覇道)는 천한 것임을 알게 되었으니, 사도(師道)에 민멸(泯滅)될 수 없는 공로가 있어 후인들이 태산과 북두처럼 우러러본다. 처음에 승지(承旨) 박세희(朴世熹)가 경연에서 아뢰기를, '조광조는 젊어서는 김굉필을 스승으로 섬겼고, 장성해서는 스스로 깨닫고 분발하여 도학에 마음을 써서 장구(章句) 해석만을 일삼지 않고 의리를 끝까지 탐구했습니다. 그래서 당시에 훼방하는 사람들이 아주 많았고, 더러는 미쳤다고까지 하였으며, 혹은 화의 실마리가 친구들에게까지 미치겠다고 하여 모두 절교하기도 했습니다. 조광조는 이런 때를 당하여 뜻을 매우 독실하게 세워 조금도 흔들리거나 굽히지 않았습니다. 중종반정(中宗反正)의 처음에 비로소 그는 학문으로 후생들을 지도하여 이에 감발된 사람들이 매우 많았습니다. 비록 이 사람은 필부(匹夫)이지만 사류를 훈도(薰陶)한 공덕이 조정에까지 미쳤습니다. 연산군이 나라를 어지럽힌 뒤에 선비들의 기개를 기르고 고무(鼓舞)시킨 것은 모두 이 사람의 힘이며 또한 임금께서도 이를 말미암아 배양하였던 것입니다' 하였다." -《유선록(儒先錄)》에 나왔다.

또 율곡의 《석담일기(石潭日記)》에는 이렇게 말했다.

"우리나라에는 이학이 전해지지 않았는데 고려 때 정몽주가 처음으로 그 단서를 열어놓았다. 그렇지만 규모가 정밀하지 못하였고, 우리 조선에 와서는 김굉필이 그 단서를 접하였으나 그래도 크게 갖추어지지는 못하였다. 그러다가 조광조가 도학을 창도하기에 이르러 배우는 자들이 모두 추존하였으며, 오늘날 성리학이 있게 된 것은 조광조의 힘이다."

우암 송시열이 지은 〈심곡서원 강당기(深谷書院講堂記)〉에는 이렇게 말했다.

"선생의 연원을 논한 것에 의심스러운 것이 있다. 포은 정몽주를 우리나라 이학의 조종(祖宗)이라고 하는 것은 대개 포은이 처음으로 정주(程朱)의 학설을 가지고 우리나라를 계도했는데, 그가 종횡으로 한 말씀이 참되고 들어맞아 어긋남이 없으니 이학의 종주라고 말하는 것이 당연하지 않겠는가? 사예 김숙자가 포은의 학문을 야은 길재(吉再)로부터 전수받아 그 아들 점필재 김종직에게 전해주었고, 점필재로부터 문경공 김굉필에게 전해졌다가 마침내 선생에게 전해졌다고 하는 말은 바꿀 수 없는 정론(定論)은 되지 못할 듯하다. 선현들이 전수하고 받은 계통을 후학이 감히 논할 바 아니나, 여러 노선생의 의논과 선생의 언론이나 풍지(風旨)로써 본다면 중간의 두어분은 다만 그 단서를 계발했을 뿐이고, 오직 문경공에게서 수학했다고 하는 것은 속일 수 없는 사실이다."

《성호사설》에는 이렇게 되어 있다.

"퇴계가 기대승에게 보낸 답서에서 말하기를, '정암이 화란이 있을 것을 알지 못한 것이 아니고 화란이 있을 것을 알고서도 잘못 믿은 것이요, 비단 잘못 믿었을 뿐만 아니라 물러가기를 바랐지만 물러갈 길이 없어서 그렇게 된 것이어서 길이 영웅으로 하여금 눈물에 옷깃을 적시게 한다(長使英雄淚滿襟)'는 두자미(杜子美)의 글은 선생에게 합당하다 할까. 유독 죽은 제갈량(諸葛亮)만의 일이 아님을 알겠다. 또 당시의 사세를 보건대 비록 정국공신(靖國功臣)의 훈작(勳爵)을 삭탈한 일이 없었다 하더라도 한번의 실패는 면하지 못하였을 것이다. 그러나 여러 간악한 자들을 격분시켜 해괴한 기미를 촉발하게 한 것은 바로 이 한가지 일로 말미암은 것이다. 이는 바로 제현들이 위태로운 일에 임해서 경계하지 않고 곧장 앞으로 나아가기를 너무 날카롭게 한 까닭이다'라고 하였다. 또 퇴계가 박순(朴淳)에게 보낸 답서에서 말하기를, '장기(博)는 한 수만 잘못 두어도 한 판을 지고 마는 것이다. 근세에 있었던 사림의 화는 대부분 헛수를 두어서 일어난 것이다. 기묘사화의 영수(領袖)되는 사람도 학문을 이루지 못했는데 갑자기 큰 이름을 얻어 경세제민(經世濟民)할 것을 자신의 임무로 삼았으니, 이것이 이미 헛수를 두어 실패의 길을 취한 것이다'라고 하였다."

이상 몇 조항을 자세히 보면 퇴계가 정암에 대해서도 오히려 유감스럽게 여긴 바가 있었다. 당시 이 말을 들은 사람들은 불쾌하게 여긴 자가 많았는데 청송(聽松) 성수침(成守琛)이 묘갈명(墓碣銘)을 지으면서는, '기미를 살펴 명철하였다(見機明哲)'는 말을 하였으니 이는 칭찬한 뜻이 컸다고 하겠다. 그러나 우계(牛溪) 성혼(成渾)과 율곡 등 제공은 이 말을 불만스럽게 여겼다. 그래서 퇴계가 우계에게 보낸 답서에서 말하기를, "보내준 글에서 '기미를 보아 명철하였다'는 말을 그대와 율곡이 애써 해석을 가하여 화를 피한 일은 정법(正法)이 아닌 것으로 여기고 있는데 그렇다면 곽임종(郭林宗)도 본받을 수 없다는 말이오? 기묘사화 당시의 일은 내 생각으로는 선공(先公)의 일이 정당했던 일이라고 여기오."라고 하였다.

또 문인 김이정(金而精)에게 보낸 답서에서 말하기를, "성군(成君)의 서신에서는 또 그 선친의 뜻은 본디 명철보신(明哲保身)하려는 의사가 있던 것이 아니요, 벼슬하지 않은 것은 단지 병이 많았던 때문이라고 역설하였소. 내 생각으로는 예로부터 뜻이 고상하여 은둔한 선비들이 다만 병 때문에 벼슬에 나아가지 않았다고 한다면, 세상에 고상하게 숨은 선비를 얻기가 어찌 어려울 것이며 귀하게 여길 것이 있겠는가?"라고 하였다. 퇴계의 말은 여기서 그쳤다.

대개 '명철보신하는 것'과 '너무 날카롭게 곧장 앞으로 나아가는 것'은 서로 반대되는 것이지만 퇴계가 청송에 대하여 깎아내리는 말이 없었으니, 정암에 대한 말도 그 뜻을 알 수 있겠다. 군자는 허물이 있더라도 허물을 찾아내지 않는 법인데 하물며 정암처럼 광명정대(光明正大)한 분을 경솔하게 의논하였겠는가? 또 '학문을 성취하지 못하고서 갑자기 큰 이름을 얻었다'고 한 말은 비록 정암만을 지적한 것은 아니지만, 정암이 실로 당시의 영수였으니 헛수를 놓아 판을 망친 책임 또한 있는 것으로 생각된다.

퇴계가 또 일찍이 회재 이언적이 망기당(忘機堂) 조한보(曹漢輔)에게 준 글을 보고서 한 말이 있는데, 이언적이 정암보다 낫다고 하였다. 그 뜻은 비록 이언적이 참으로 학문의 공을 쌓은 것은 더 넉넉하다고 한 것이지만 대현(大賢)으로 논하는 데 있어서는 정암보다 약간 부족하다고 해도 해롭지 않은 것이다. 옛사람이 성현을 비교하는 것은 마치 부형 나이의 고하를 헤아리는 것과 같다고 하였으니, 이 말은 후학들이 마땅히 삼가 지켜야 할 것이나, 옛 현인들의 다다른바 행로(行路)의 멀고 가까움이 비록 천리만큼이나 멀다고 하여도 그 먼 끝까지 완전히 분변하지 않고서는 나아가 통달할 수가 없는 것이다. 그러므로 아직은 내가 본대로 기록하였다가 나의 학문이 진보되기를 기다려서 다시 상고하려 한다.

안로(安輅)의 《기묘록(己卯錄)》에는 이렇게 말했다.

"어떤 은군자(隱君子)가 갖바치로 숨어지냈다. 조광조가 그가 어진 사람임을 알고 나아가서 학문을 묻기도 하고, 때로는 같이 묵기도 하였다. 그 사람이 말하기를, '공의 재주는 넉넉히 한 세상을 경연하여 구제할 수 있으나, 그 일은 뜻이 맞는 임금을 만나야만 할 수 있다. 지금 주상이 비록 명망으로써 공을 등용하고 있지만 실은 공을 잘 알지 못하고 있다. 만약 소인배가 있어서 임금이 그들의 말을 들어주게 되면 공은 반드시 화를 면하지 못하게 될 것이다'라고 하였다. 그에게 벼슬을 권하여도 응하지 않고 끝내 성명을 말하지 않았다."

어숙권(魚叔權)의 《패관잡기(稗官雜記)》에는 이렇게 말했다.

"강령현(康翎縣)에서 세 사람이 논의 김을 매고 있었다. 그 중 한 사람이 말하기를, '날이 이렇게 가무니 금년에도 곡식이 잘 여물겠다. 요즈음 들으니 조재상(趙宰相)이 죽임을 당했다고 하는데, 천재(天災)는 필시 이로 말미암은 것이다'라고 하였더니, 같이 김매던 사람이 관아에 고발하여 즉시 잡혀가서 고문을 당하고 마침내 극형을 받았다."

율곡의 《석담일기》에는 이렇게 말했다.

"조광조가 대사헌이 되어서 법을 공평하게 집행하니 사람들이 모두 감복하였다. 매양 저자에 나가면 사람들이 말 앞에 엎드려서 말하기를, '우리 상전이 오셨다'고 하였는데 남곤(南袞) 등이 이로써 죄를 지었다고 무고했다."

기묘사화 때 조광조와 함께 죄를 받은 사람 가운데 김정과 김식 등 제공이 있었다.

조 정 암 광 조 자 효 직 한 양 인 년 십 칠 팔 시 부 위 어 천 찰 방 시 한 훤 김
趙靜庵光祖字孝直漢陽人年十七八時父爲魚川察訪時寒暄金
선 생 적 희 천 인 왕 종 지 득 문 위 학 지 대 방 후 입 송 도 지 천 마 산 정 좌 독
先生謫熙川因往從之得聞爲學之大方後入松都之天摩山靜坐讀
서 올 약 니 인 담 찬 공 고 여 치 류 공 지 범 식 경 여 측 외 절 무 한 극 천 질 심
書兀若泥人淡餐攻苦與緇流共之凡食頃如厠外絶無閑隙天質甚
미 지 조 견 확 견 세 도 쇠 미 개 연 이 행 도 위 기 임 동 준 승 묵 언 필 이 시 류
美志操堅確見世道衰微慨然以行道爲己任動遵繩墨言必以時流
속 지 소 종 불 소 뇨 급 이 탁 행 천 위 사 지 탄 왈 아 불 구 작 록 이 유 차 제 명
俗指笑終不少撓及以卓行薦爲司紙嘆曰我不求爵祿而有此除命
녕 부 과 출 신 이 사 성 주 수 등 제 선 입 옥 당 매 이 숭 도 학 정 인 심 법 성 현
寧赴科出身以事聖主遂登第選入玉堂每以崇道學正人心法聖賢
홍 지 치 지 설 반 복 계 달 중 묘 아 상 유 술 예 의 문 치 서 기 부 견 당 우 지 성
興至治之說反覆啓達中廟雅尚儒術銳意文治庶幾復見唐虞之盛

이우의중선생선생감불세지우이치군택민흥기사문자임이중매
以尤倚重先生先生感不世之遇以致君澤民興起斯文自任以重每
입대필재심숙려여대신명지무불언언무부당지어의리왕백지변
入對必齋心肅慮如對神明知無不言言無不讜至於義利王伯之辨
고금치란지기현사진퇴지계무불경갈상론상개허심송청일세중
古今治亂之機賢邪進退之戒無不罄竭詳論上皆虛心竦聽一歲中
초천부제학무인설현량과취인재기시이선류동피권우자비지일
超遷副提學戊寅設賢良科取人才其時以善類同被眷遇者非止一
이상여협력찬양분기사공잔혁숙폐수명교조선왕법도차제거행
二相與協力贊襄奮起事功剗革宿弊修明教條先王法度次第擧行
소학향약위육재화속지방백료무불용려이사방위풍동연이제공
小學鄕約爲育才化俗之方百僚無不聳勵而四方爲風動然而諸公
지의미면실어욕속범건백시설봉영태로장황무점역유년소희사
之意未免失於欲速凡建白施設鋒穎太露張皇無漸亦有年少喜事
지인구합시호이고작분운자다측기간구신지불합시의인사견공
之人求合時好以鼓作紛紜者多廁其間舊臣之不合時議因事見攻
자원입골수선생개기조견기기지도지난행욕피임구의급승가선
者怨入骨髓先生蓋己早見其幾知道之難行欲避任久矣及陞嘉善
선생우이취승위대구력구퇴거이상불허지기묘군원일사중사교
先生尤以驟升爲大懼力求退去而上不許至己卯群怨日伺衆邪交
간해기대화홀작어개신무지변시월적릉성십이월후명지년삼십
間駭機大禍忽作於開神武之變十月謫綾城十二月後命至年三十
팔어시김정김식김구기준박세희한충박훈등제현개피찬사일시
八於是金淨金湜金絿奇遵朴世熹韓忠朴薰等諸賢皆被竄死一時
명류좌당자면출자사십여인태학유생피죄자심중등현량과삭자
名流坐黨藉免黜者四十餘人太學儒生被罪者甚衆登賢良科削者
이십팔인자시파현량과금소학향약제서사개이유업위계향숙절
二十八人自是罷賢良科禁小學鄕約諸書士皆以儒業爲戒鄕塾絶
독서성시위기묘사화즉무오사화후유학계제이겁운야후증령의
讀書聲是謂己卯士禍卽戊午士禍後儒學界第二刼運也後贈領議
정시문정배향문묘
政謚文正配享文廟

퇴계왈정암천자신미이학력미충기소시위미면유과당처고종
退溪曰靜庵天姿信美而學力未充其所施爲未免有過當處故終
지어패사약학력기충덕기성취연후출이담당세무즉기소취미이
至於敗事若學力旣充德器成就然後出而擔當世務則其所就未易

량 야 우 왈 요 순 군 민 수 군 자 지 지 기 유 부 탁 시 불 량 력 이 가 위 자 재
量也又曰堯舜君民雖君子之志豈有不度時不量力而可爲者哉

퇴 계 우 왈 선 생 기 부 득 거 즉 기 소 이 파 악 기 강 격 탁 양 청 이 령 행 금
退溪又曰先生旣不得去則其所以把握紀綱激濁揚淸而令行禁
지 자 재 소 당 연 의 고 어 시 세 유 대 가 우 자 고 림 사 부 득 불 초 존 조 제 지
止者在所當然矣顧於時勢有大可憂者故臨事不得不稍存調劑之
의 기 타 여 신 공 상 리 공 자 권 공 발 소 견 역 연 내 수 시 지 의 막 비 중 도 피
意其他如申公鏛李公耔權公撥所見亦然乃隨時之義莫非中道彼
교 격 경 예 지 륜 반 이 선 생 위 의 위 구 순 지 욕 척 거 탄 각 자 수 의
矯激輕銳之倫反以先生爲依違苟循至欲斥去彈刻者數矣

이 률 곡 왈 문 정 수 어 진 퇴 지 기 유 소 미 영 학 자 종 차 지 리 지 가 종 왕
李栗谷曰文正雖於進退之幾有所未瑩學者從此知理之可宗王
가 귀 이 백 가 천 기 유 공 우 사 도 불 가 민 야 후 인 앙 지 약 태 산 북 두
可貴而伯可賤其有功于斯道不可泯也後人仰之若泰山北斗

초 박 승 지 세 희 백 어 경 연 왈 조 광 조 소 사 김 굉 필 급 기 장 야 자 오 분
初朴承旨世熹白於經筵曰趙光祖少師金宏弼及其長也自悟奮
발 잠 심 도 학 불 사 장 구 궁 탐 의 리 일 시 인 파 다 훼 방 혹 칭 광 자 혹 운 화
發潛心道學不事章句窮探義理一時人頗多毁謗或稱狂者或云禍
이 붕 우 개 절 이 불 교 광 조 당 차 시 립 지 심 독 불 소 뇨 굴 반 정 지 초 시 이
貽朋友皆絶而不交光祖當此時立志甚篤不少撓屈反正之初始以
기 학 창 도 후 생 수 이 감 발 자 심 다 수 시 필 부 이 도 성 사 류 지 공 급 어 조
其學倡導後生隨以感發者甚多雖是匹夫而陶成士類之功及於朝
정 폐 조 판 탕 지 후 지 사 기 이 고 동 지 개 차 인 지 력 이 역 유 상 지 배 양 의
廷廢朝板蕩之後持士氣而鼓動之皆此人之力而亦由上之培養矣
출 유 선 록
(出儒先錄)

우 안 률 곡 석 담 일 기 왈 아 국 리 학 무 전 의 전 조 정 몽 주 시 발 기 단 이
又按栗谷石潭日記曰我國理學無傳矣前朝鄭夢周始發其端而
규 구 부 정 아 조 김 굉 필 접 기 서 이 유 미 대 비 급 조 광 조 창 도 학 자 흡 연
規矩不精我朝金宏弼接其緖而猶未大備及趙光祖倡道學者翕然
추 존 지 금 지 유 성 리 지 학 자 광 조 지 력 야
推尊之今之有性理之學者光祖之力也

송 우 암 작 심 곡 서 원 강 당 기 왈 론 선 생 원 파 자 미 면 유 가 의 기 이 포
宋尤庵作深谷書院講堂記曰論先生源派者未免有可疑其以圃
은 위 동 방 리 학 지 종 자 개 포 은 시 이 정 주 지 설 계 유 동 토 기 횡 설 수 설
隱爲東方理學之宗者盖圃隱始以程朱之說啓牖東土其橫說竪說

진 계 무 위 즉 기 위 이 학 지 종 자 불 역 의 호 지 기 이 김 사 예 숙 자 위 전 포
眞契無違則其謂理學之宗者不亦宜乎至其以金司藝淑滋爲傳圃
은 지 학 어 길 야 은 이 수 기 자 필 재 이 지 어 김 문 경 공 이 수 급 어 선 생 즉
隱之學於吉冶隱以授其子畢齋以至於金文敬公而遂及於先生則
절 공 부 득 위 불 역 지 정 론 야 선 현 수 수 지 통 비 후 학 지 소 감 의 연 절 이
竊恐不得爲不易之定論也先賢授受之統非後學之所敢議然竊以
제 로 선 생 지 상 론 급 이 선 생 언 론 풍 지 관 지 즉 절 위 중 간 수 군 자 특 발
諸老先生之尙論及以先生言論風旨觀之則竊謂中間數君子特發
기 단 이 기 유 수 학 어 문 경 공 자 불 가 무 야
其端而已惟受學於文敬公者不可誣也

이 성 호 사 설 왈 퇴 계 답 기 명 언 서 운 정 암 비 불 화 위 난 지 난 이 오 유
李星湖僿說曰退溪答奇明彦書云靜庵非不和爲難知難而誤有
소 시 역 비 독 오 시 지 고 량 유 구 퇴 무 로 이 치 지 가 지 장 사 영 웅 루 만 금
所恃亦非獨誤恃之故良有求退無路而致之可知長使英雄淚滿襟
부 독 사 제 갈 일 인 야 일 관 당 시 사 세 수 불 유 정 국 탈 공 사 역 불 면 일 패
不獨死諸葛一人也日觀當時事勢雖不有靖國奪功事亦不免一敗
연 소 이 격 중 간 이 촉 발 해 기 정 유 차 일 사 시 내 제 현 임 위 불 계 직 전 태
然所以激衆奸而促發駭機正由此一事是乃諸賢臨危不戒直前太
예 지 고 우 답 박 화 숙 서 운 박 자 일 수 오 착 전 국 치 패 근 세 사 림 지 화 솔
銳之故又答朴和叔書云博者一手誤着全局致敗近世士林之禍率
인 허 착 이 작 기 묘 령 수 인 사 학 미 성 이 폭 득 대 명 거 이 경 제 자 임 기 시
因虛着而作己卯領袖人士學未成而暴得大名遽以經濟自任己是
허 착 취 패 지 도 상 차 수 조 퇴 계 지 어 정 암 유 유 소 감 이 당 시 문 자 다 이
虛着取敗之道詳此數條退溪之於靜庵猶有所感以當時聞者多以
위 불 쾌 급 찬 성 청 송 묘 명 유 견 기 명 철 지 어 차 기 장 후 야 대 의 연 우 률
爲不快及撰成聽松墓銘有見幾明哲之語此其奬詡也大矣然牛栗
제 공 위 지 불 만 어 차 어 고 퇴 계 답 성 우 계 서 운 시 유 견 기 명 철 등 어 공
諸公爲之不滿於此語故退溪答成牛溪書云示諭見幾明哲等語公
급 숙 헌 력 가 분 소 의 이 요 피 화 위 비 정 법 연 즉 곽 림 종 위 부 족 법 야 여
及叔獻力加分疏意以要避禍爲非正法然則郭林宗爲不足法耶如
기 묘 간 사 망 위 여 선 공 소 처 내 정 야 우 답 김 이 정 서 운 성 군 서 우 력 언
己卯間事妄謂如先公所處乃正也又答金而精書云成君書又力言
기 선 지 본 무 명 철 보 신 지 의 기 불 사 야 지 위 다 병 불 출 야 우 의 자 고 고
其先志本無明哲保身之意其不仕也只爲多病不出也愚意自古高
은 지 사 약 지 인 병 불 출 즉 세 지 고 은 지 사 기 선 득 이 가 귀 호 퇴 계 설 지
隱之士若只因病不出則世之高隱之士豈鮮得而可貴乎退溪說止

차 개 명 철 보 신 여 직 전 태 예 상 반 퇴 계 어 청 송 무 폄 사 즉 어 정 암 가 지
此盖明哲保身與直前太銳相反退溪於聽松無貶辭則於靜庵可知
야 군 자 어 유 과 중 구 무 과 황 정 암 지 정 대 광 명 기 가 경 의 어 기 간 야 차
也君子於有過中求無過況靜庵之正大光明其可輕議於其間耶且
위 학 미 성 이 폭 득 대 명 차 수 부 전 지 정 암 이 정 암 실 당 시 령 수 허 착 패
謂學未成而暴得大名此雖不專指靜庵而靜庵實當時領袖虛着敗
국 지 책 역 공 여 유 야 퇴 계 우 상 견 회 재 여 망 기 당 서 유 운 리 우 어 조 기
局之責亦恐與有也退溪又嘗見晦齋與忘機堂書有云李優於趙其
의 수 유 진 적 지 공 재 대 현 론 즉 불 해 위 일 간 지 미 달 야 고 인 지 비 방 성
意雖有眞積之功在大賢論則不害爲一間之未達也古人之比方聖
현 여 론 량 부 형 년 갑 고 하 차 언 재 후 학 의 근 수 연 고 현 소 조 행 정 원 근
賢如論量父兄年甲高下此言在後學宜謹守然古賢所造行程遠近
수 천 리 지 원 미 유 불 변 애 제 이 능 찬 진 득 달 자 야 고 식 소 견 이 대 오 학
雖千里之遠未有不辨涯際而能趲進得達者也姑識所見以待吾學
지 진 이 갱 고
之進而更考

안 씨 기 묘 록 왈 유 은 군 자 닉 적 어 피 장 지 중 정 암 지 기 현 취 문 학 시
安氏己卯錄曰有隱君子匿跡於皮匠之中靜庵知其賢就問學時
혹 동 숙 기 인 왈 공 지 재 족 이 경 제 일 세 연 득 군 이 가 위 야 방 금 주 상 수
或同宿其人曰公之才足以經濟一世然得君而可爲也方今主上雖
이 명 용 공 실 부 지 공 야 만 일 유 소 인 문 지 즉 공 필 불 면 의 권 지 사 불 응
以名用公實不知公也萬一有小人聞之則公必不免矣勸之仕不應
종 불 언 성 명 운
終不言姓名云

어 씨 패 관 잡 기 왈 강 령 현 유 삼 인 재 전 서 화 일 인 왈 한 세 여 차 금 년
魚氏稗官雜記曰康翎縣有三人在田鋤禾一人曰旱勢如此今年
역 임 근 문 조 재 상 피 사 운 천 재 필 유 차 야 기 동 서 자 고 우 관 즉 나 래 고
亦稔近聞趙宰相被死云天災必由此也其同鋤者告于官卽拿來拷
문 경 피 극 형 운
問竟被極刑云

석 담 일 기 왈 광 조 위 대 헌 집 법 평 윤 인 개 감 안 매 출 시 인 라 복 마 전
石潭日記曰光祖爲大憲執法平允人皆感眼每出市人羅伏馬前
왈 오 상 전 지 의 곤 등 이 차 구 무 루 안 운
曰吾上典至矣袞等以此搆誣累案云

기 묘 사 화 시 여 조 정 암 동 피 죄 조 자 왈 김 정 김 식 등 제 공
己卯士禍時與趙靜庵同被罪竄者曰金淨金湜等諸公

주해_ㅇ司紙(사지)－조선시대 때 조지서(造紙署)의 종6품 벼슬.

ㅇ玉堂(옥당)－홍문관(弘文館)의 다른 이름. 부제학 이하의 홍문관에 봉직한 관원을 이른다.

ㅇ鄕約(향약)－상부상조와 권선징악을 내용으로 하는 향촌 자치의 규약. 중국 송(宋)나라의 여대방(呂大防)이 지은 《여씨향약》을 본따 중종 때 처음으로 실시하였다 한다.

ㅇ神武之變(신무지변)－신무문은 경복궁의 북문으로 홍경주(洪景舟) 등이 밤에 이 문으로 몰래 들어가 중종(中宗)을 부추겨 조광조 일파를 역모(逆謀)로 몬 기묘사화(己卯士禍)를 일으켰다.

ㅇ廢朝(폐조)－폐출된 임금을 말하는데 연산군을 가리킨다.

ㅇ成聽松(성청송)－성수침(成守琛). 우계 성혼(成渾)의 아버지로 조광조의 문인.

ㅇ郭林宗(곽임종)－후한(後漢)의 곽태(郭太). 인품과 학문으로 명망이 높았다 한다.

ㅇ晦齋(회재)－이언적(李彦迪)의 호. 명종(明宗) 때 학자로 을사사화에 귀양가서 죽었다.

ㅇ忘機堂(망기당)－조한보(曹漢輔)의 호.

김정(金淨)

자는 원충(元沖)이요, 호는 충암(沖庵)으로 경주(慶州) 사람이다. 22세에 문과에 장원으로 급제하여 홍문관에 들어갔다가 외직을 청하여 순창군수(淳昌郡守)에 보임되었다. 을해년에 장경왕후(章敬王后)가 돌아가시자 담양부사(潭陽府使) 박상(朴祥)과 함께 상소하여 신씨(愼氏)의 복위(復位)를 청하고, 또 박원종(朴元宗)의 죄를 극언하였다. 그러자 대관(臺官)이 사론(邪論)으로 지목하여 국문하기를 청하여 마침내 보은(報恩)으로 유배되었다.

병자년에 풀려나서 자리를 뛰어넘어 형조판서가 되었는데, 정암 조광조 등 제현과 함께 지성을 다하여 건의하여 폐단을 개혁하고 교화를 일으켰다. 소격서(昭格署)의 혁파를 청하여 사전(祀典)을 바로잡고, 향약을 간행하여 백성들에게 윤리를 가르치고, 《소학》을 강명해서 어린이의 교육에 힘쓰고, 현량과(賢良科)를 창설하여 어질고 뛰어난 선비를 거두어 쓰고, 정국공신(靖國功臣)에 함부로 참여한 자는 추탈(追奪)하여 요행으로 벼슬에 나오는 문을 막기를 청하였는데 이는 모두 유속(流俗)에서 해괴하게 여기는 바요, 훈신(勳臣)과 귀척(貴戚)들이 절치부심(切齒腐心)하는 일들이었다.

여러 무리들의 시기와 원한이 날로 쌓여서 신무문의 변이 일어나 조광조와 함께 일시에 포박되어 다같이 죽음을 당하게 되었는데, 영의정 정광필(鄭光弼)이 임금의 옷자락을 끌어당기며 눈물로 간하여 비로소 죽을 죄를 감하여 금산에 귀양보냈고, 다시 곤장을 쳐서 제주(濟州)에 안치(安置)하였다. 마침내 자진(自盡)하라는 명이 내렸는데 명을 듣고도 안색을 변하지 않고 술을 청하여 마시며 결별(訣別)하였다. 형제 앞으로 글을 남겨 늙은 어머니를 잘 봉양하도록 면려하였고, 절명사(絶命詞)를 지어서 뜻을 나타냈다. 공은 타고난 자품이 매우 높고 행실이 순수하였으며, 학업이 정심(精深)하고, 학문의 방향이 매우 발랐다. 뒤에 문간(文簡)이란 시호를 내렸다.

퇴계는 이렇게 말했다.

"김정의 학문이 처음에는 비록 노장(老莊)에 빠져들었으나 후에는 소견이 다른 사람보다 한등급 높았다. 이런 식견을 가지고서도 그 뜻을 펴지 못하고 마침내 큰 화를 당했으니 어찌 슬프지 않은가."

우계(牛溪) 성혼(成渾)은 이렇게 말했다.

"김정은 성품이 청수(淸粹)하여 밤에도 잠을 자지 않고 새벽까지 밤을 꼬박 새웠다. 중간에 잠깐 잠자리에 들지만 곧 깨어나 조용히 앉아서 아침이 되기를 기다렸다."

김식(金湜)

자는 노천(老泉)으로 청풍(淸風) 사람이다. 기묘년에 장령(掌令)으로 현량과에 장원으로 뽑혔다. 부제학에 초배(超拜)되었다가 이어서 대사성으로 옮겼는데 홀(笏)을 똑바로 꽂고 명륜당(明倫堂)에 앉아서 제생을 이끌어 강론하고 문답하면서는 원류(源流)를 터서 이끌어주고 중요한 대목을 시원스레 깨우쳐주니, 사방에서 모여들어 배우는 사람이 아주 많았다. 김정은 일세의 학자를 내려다보았지만, 매일 아침 조회가 파하면 《대학》을 들고 김식에게 가서 배웠다고 한다.

이윽고 신무문의 변이 일어나자 장형을 받고 선산(善山)에 정배(定配)되었으나 뒤에 죄를 더한다는 말을 듣고 거창(居昌) 산중으로 도망쳐서 스스로 목을 매어 죽었다. 향년 39세이다. 옷 속에 유소(遺疏)가 있어 임금에게 올렸다.

《사계어록(沙溪語錄)》에는 이렇게 말했다.

"청풍(淸風) 김권(金權)이 그 할아버지 대사성 김식의 비문을 율곡에게 청하였더니 율곡이 대답하지 않았다. 사계가 그 까닭을 물으니 율곡이 답하기를, '그가 죽음에 대처한 의리가 매우 온당치 못하였기 때문에 허락하지 않았다'고 하였다."

《퇴계집》에는 이렇게 말했다.

"세상에 전해지고 있는 한 석의(釋義)에 이르기를, '격물(格物)은 내가 아는 바를 미루어서 저 사물에 이르게 하는 것이요, 물격(物格)은 사물의 법도가 스스로 법도에 이르는 것이다'라고 하였는데 어떤 사람의 말인지 모르지만 태초(太初) 원혼(元混)은 말하기를, '김식의 말이 이와 비슷하다'고 하였다. 그러나 황(滉)의 생각에는 김공은 경학(經學)에 이름이 났으니 이같은 오류에 이르지 않았을 것으로 여긴다."

김굉필의 문인에는, 김안국(金安國)·정붕·박영 등 제현이 있다.

정 자 원 충 호 충 암 경 주 인 이 십 이 괴 문 과 입 옥 당 걸 외 보 순 창 을 해
淨字元冲號冲庵慶州人二十二魁文科入玉堂乞外補淳昌乙亥

장경왕후홍여담양부사박상상소제복립신씨차극언박원종지죄
章敬王后薨與潭陽府使朴祥上疏諸復立愼氏且極言朴元宗之罪
대관목이사론청국문경배보은병자구환초천지형조판서여정암
臺官目以邪論請鞫問竟配報恩丙子救還超遷至刑曹判書與靜庵
제현갈성건백혁폐흥화여청파소격서이정사전간행향약이교민
諸賢竭誠建白革弊興化如請罷昭格署以正祀典刊行鄕約以敎民
이강명소학이돈몽양창설현량과이수현준추삭정국공신지람참
彝講明小學以敦蒙養創設賢良科以收賢俊追削靖國功臣之濫叅
자이두행문개류속지소해이훈척지소절치자군시일적신무지변
者以杜倖門皆流俗之所駭異勳戚之所切齒者羣猜日積神武之變
여정암일시수계병당이사수상정광필견거읍간시허감사정배금
與靜庵一時收繫並當以死首相鄭光弼牽裾泣諫始許減死定配錦
산우결곤안치제주종사자진문명색불변호주결음이서형제면이
山又決棍安置濟州終賜自盡聞命色不變呼酒訣飮移書兄弟勉以
양로작절명사이견지시년삼십륙공천분심고지행순비학업정심
養老作絶命詞以見志時年三十六公天分甚高至行純備學業精深
문로최정후시문간
門路最正後謚文簡

퇴계왈충암학문초수함어로장후래소견고인일등유차견식이
退溪曰冲庵學問初雖陷於老莊後來所見高人一等有此見識而
부득여기지종함대화기불비재
不得如其志終陷大禍豈不悲哉

성우계왈충암평생청수야미상혼수철효일야중서취침기이첩
成牛溪曰冲庵平生清粹夜未嘗昏睡徹曉一夜中暑就枕己而輒
부성오정좌대조운
復省悟靜坐待朝云

김식자로천청풍인기묘이장령탁현량과장원초배부제학이대
金湜字老泉清風人己卯以掌令擢賢良科壯元超拜副提學移大
사성정홀좌명륜당인제생강론답문소원도유벽파긍계사방래학
司成正笏坐明倫堂引諸生講論答問疏源導流闢破肯綮四方來學
자심충암안공일세매조파수대학보취로천학언운기이신무화기
者甚冲庵眼空一世每朝罷手大學步就老泉學焉云旣而神武禍起
장배선산후문가죄망명자액어거창산중년삼십구의대중유유소
杖配善山後聞加罪亡命自縊於居昌山中年三十九衣帶中有遺疏
이문
以聞

김 사 계 어 록 왈 김 청 풍 권 청 기 조 김 대 성 식 비 문 어 률 곡 률 곡 부 답
金沙溪語錄曰金清風權請其祖金大成湜碑文於栗谷栗谷不答
사 계 이 문 률 곡 답 왈 기 처 사 지 의 심 미 안 고 불 허 의
沙溪以問栗谷答曰其處死之義甚未安故不許矣

퇴 계 집 왈 세 전 일 석 의 운 격 물 추 오 지 지 지 어 피 물 야 물 격 물 지 법
退溪集曰世傳一釋義云格物推吾之知至於彼物也物格物之法
도 자 지 어 법 도 차 부 지 하 인 설 이 원 태 초 운 김 로 천 설 류 차 황 위 김 공
度自至於法度此不知何人說而元太初云金老泉說類此滉謂金公
호 정 어 경 학 공 부 지 여 차 지 류
號精於經學恐不至如此之謬

주해_ㅇ昭格署(소격서)－하늘과 땅, 별에 지내는 도교의 초제(醮祭)를 맡아보던 관청.
ㅇ元太初(원태초)－원혼(元混). 조선 명종·선조 때의 학자.

김안국(金安國)

자는 국경(國卿), 호는 모재(慕齋)로 의성(義城) 사람이다. 한훤당 김굉필에게 수학하여 열심히 도를 구하여 독실하게 믿고 힘써 행하였으며, 경사(經史)에 통하고 문장으로도 대성하였다. 정축년에 영남 지방을 안찰하면서는 교화로써 사람들을 감동시키기에 힘썼다. 《소학》과 자신이 지은 《이륜행실(二倫行實)》을 간행하였고, 다시 《언해여씨향약(諺解呂氏鄉約)》과 《농잠서(農蠶書)》·《벽온방(辟瘟方)》·《창진방(瘡疹方)》 등을 출판했다. 효자와 절부(節婦)들에게 모두 정문(旌門)을 내려 표창하고 안부를 묻게 하니, 문명 교화가 크게 행해졌다.

뒤에 성균관의 교육을 맡아서는 교육하기를 매우 부지런히 했으며 집에 학생들이 무리를 이루어 왔다. 그는 《소학》·사서오경(四書五經)·《성리대전(性理大全)》을 가르치는 것을 과정으로 삼았는데 사류들을 훈도(薰陶)한 공로가 매우 컸다.

기묘년에는 조광조와 뜻을 같이하였지만 개혁을 너무 급히 서두르

지 않았다. 외직으로 나가 영남을 안찰하다가 끝내 당적(黨籍)의 화는 면하지 못했으나 그의 선견지명과 학문의 바름을 볼 수 있다. 정지운(鄭之雲)의 〈천명도(天命圖)〉는 바로 공이 전수한 것인데, 그 상달처(上達處)에 아무 흠이 보이지 않으니 어찌 훌륭하지 않은가.

파직당하여 물러난 뒤에 이천(利川)에 살았는데 조그만 서재에 '은일(恩逸)'이라는 현판을 걸어놓고 날마다 제생들과 강학하였다. 뒤에 여주(驪州)로 옮겨 정자를 지어 '범사정(泛槎亭)'이라 하고, 당호(堂號)를 '팔이(八怡)'라고 하였다. 지팡이를 짚고 짚신을 끌면서 소요하여 장차 그대로 생을 마칠 듯이 하였는데 19년 후에 비로소 죄적에서 풀려 찬성(贊成)으로서 문형(文衡)을 관장하였다. 죽은 후에 문경(文敬)이란 시호를 내리고 인종(仁宗)의 묘정에 배향되었다.

《월정만록(月汀漫錄)》에는 이렇게 말하고 있다.

"시론에 '모재는 좋은 일 하기를 즐기고 선비를 사랑하며 전고(典故)에 밝지만, 학문의 공부에는 그다지 공력을 들이지 않았다'고 하였다."

이익의 《도동편(道東編)》에서 회재 이언적은 이렇게 말했다.

"모재는 박학하지만 존양(存養)의 공력은 적었다."

택당(澤堂) 이식(李植)은 이렇게 말했다.

"모재는 박학하고 문장을 잘하였지만 수약(守約)의 공부는 적은 듯하다. 또 스스로 특이한 표적(標的)을 세우지 않았기 때문에 후세의 의론이 정암의 심학이 정종(正宗)이 된 것만 못하다고 여기지만, 실상 모재는 세상에 드문 특이한 사람이다."

또 허균(許筠)의 《성옹식소록(惺翁識小錄)》에는 이렇게 말했다.

"조광조가 화를 당한 이후로 사람들이 감히 궁리진성(窮理盡性)의 학문에 대해 말하지 못했는데 김안국만이 여강(驪江)에 물러가 살면서 선비를 만나면 문득 성현의 사업에 대해 논설하기를 게을리하지 않았다. 이언적이 영남으로부터 왕래하면서 질문하여 논변하였고, 퇴계가 단양에 부임하던 날에도 공의 집에 들러 성리(性理)의 연원에 대해 강론하였다. 그런데도 공이 평소 문장으로 명성을 얻은 데다가 천성이 또한 위엄을 보이지 않았기 때문에 세상에서는 오직 문인으로만 보았던 것이다.”

김 안 국 자 국 경 호 모 재 의 성 인 학 어 김 한 훤 개 연 구 도 독 신 력 행 박
金安國字國卿號慕齋義城人學於金寒暄慨然求道篤信力行博
통 경 사 문 장 역 기 대 성 정 축 안 찰 령 남 무 이 풍 화 동 인 간 행 소 학 급 소
通經史文章亦己大成丁丑按察嶺南務以風化動人刊行小學及所
찬 이 륜 행 실 우 언 선 려 씨 향 약 농 잠 서 벽 온 방 창 진 방 효 자 절 부 개 정
撰二倫行實又諺鮮呂氏鄕約農蠶書辟瘟方瘡疹方孝子節婦皆旌
표 존 문 문 화 태 행 후 장 성 균 교 주 심 근 문 병 학 도 소 지 성 군 기 교 이 소
表存問文化太行後掌成均教胄甚勤門屛學徒所至成群其教以小
학 사 서 오 경 성 리 대 전 위 정 과 도 차 사 류 지 공 심 대 급 기 묘 작 흥 여 정
學四書五經性理大全爲程課陶搓士流之功甚大及己卯作興與靜
암 동 지 이 불 욕 갱 장 태 급 출 안 령 남 이 종 불 면 당 자 지 액 기 선 견 지 명
庵同志而不欲更張太急出按嶺南而終不免黨籍之厄其先見之明
소 학 지 정 가 견 야 정 지 운 천 명 도 내 공 소 전 수 이 기 어 상 달 처 미 견 휴
所學之正可見也鄭之雲天命圖乃公所傳授而其於上達處未見虧
흠 기 불 위 재 파 퇴 후 거 리 천 편 소 재 왈 은 일 일 여 제 생 강 학 후 이 려 주
欠豈不偉哉罷退後居利川扁小齋曰恩逸日與諸生講學後移驪州
구 정 왈 범 사 당 왈 팔 이 장 구 소 요 약 장 종 신 십 구 년 후 시 사 환 이 찬 성
搆亭曰泛槎堂曰八怡杖屨逍遙若將終身十九年後始賜環以贊成
전 문 형 졸 시 문 경 배 향 인 종 묘
典文衡卒謚文敬配享仁宗廟

윤 월 정 만 록 왈 시 론 이 모 재 락 선 애 사 박 통 전 고 이 지 어 학 문 지 공
尹月汀漫錄曰時論以慕齋樂善愛士博通典故而至於學問之工
불 심 착 공 운
不甚着工云

도 동 편 리 회 재 왈 모 재 박 학 이 소 존 양 지 공
道東編李晦齊曰慕齋博學而少存養之功

이 택 당 왈 모 재 이 기 박 학 문 장 이 사 소 수 약 공 부 우 부 자 표 이 고 후
李澤堂曰慕齋以其博學文章而似少守約工夫又不自標異故後
래 지 론 이 위 비 여 정 암 지 심 학 정 종 기 실 모 재 내 간 세 이 인
來之論以爲非如靜庵之心學正宗其實慕齋乃間世異人

우 식 소 록 왈 정 암 피 화 지 일 인 무 감 언 궁 리 진 성 지 학 독 모 재 퇴 거
又識小錄曰靜庵被禍之日人無敢言窮理盡性之學獨慕齋退居
려 강 봉 사 인 즉 첩 이 성 현 사 업 론 설 불 태 리 회 재 자 령 남 왕 래 필 질 문
驪江逢士人則輒以聖賢事業論說不怠李晦齋自嶺南往來必質問
변 난 이 퇴 계 부 단 양 일 역 과 공 려 강 론 성 리 연 원 이 공 소 이 문 장 득 예
辨難而退溪赴丹陽日亦過公廬講論性理淵源而公素以文章得譽
이 성 차 불 위 세 유 이 문 인 시 지 야 운
而性且不威世惟以文人視之也云

주해_ㅇ性理大全(성리대전)－명(明)나라 영락제의 칙명으로 편집된 70권의 책.

정붕(鄭鵬)

자는 운정(雲程), 호는 신당(新堂)으로 해주(海州) 사람이다. 한훤당 김굉필의 문하에서 수학하여 뜻을 분발하여 학문을 닦아 행기(行己)의 대방(大方)을 알았다. 성리학에 마음을 써서 연구해서 마침내는 정묘한 경지에 이르렀다. 성종 임자년에 등제(登第)하여 홍문관에 들어갔는데 벼슬하기를 좋아하지 않아 병을 핑계하여 사임하고 향리로 돌아왔다. 《안상도(案上圖)》를 저술하였는데 퇴계는 "선생의 학문이 정밀한 경지에 도달한 것은 마땅히 이 그림에서 보아야 한다."고 하였다. 공이 일찍이 말하기를, "만일 내가 《논어》 같은 글을 오랑캐에게 가르친다면 대의를 알게 할 수 있다."고 하였다.

박영(朴英)

자는 자실(子實), 호는 송당(松堂)으로 밀양(密陽) 사람이다. 무과에 급제하여 벼슬이 경상좌병사(慶尙左兵使)에 이르렀으며, 시호는 문목(文穆)이다. 어려서 호매함이 남다르고 무예가 절륜하였다. 하루는 신당 정붕이 그가 술에 취하여 땅에 쓰러져 있는 것을 보고 일으켜 놓고 탄식하기를, "무인의 일생이란 참으로 가련하다."하고는 혀를

찼는데 한참 뒤에 공이 깨닫고 가르침을 청하였다.

그래서 정붕이 《소학》을 먼저 읽고 다음에 《대학》을 읽으라고 권하였다. 이로부터 박영은 밖의 일을 사절하고 학문에만 전심하였다. 후일 정붕이 냉산(冷山)을 가리키며 말하기를, "저 산 밖에는 무엇이 있겠는가?"하고 물으니 공이 대답하기를, "외면(外面)은 단지 전면(前面)일 뿐입니다."라고 하니 정붕이 웃으면서 말하기를, "이제야 자네의 독서한 공을 알겠네."라고 하고는 인하여 어울려 강구(講究)하게 하였다. 공은 역학(易學)에 깊이 통하였으며, 또 말을 잘 살피고 얼굴빛을 잘 관찰하였고, 천문(天文) 지리(地理)·성명(性命)·산수(算數) 등도 밝게 통하지 못한 것이 없었다. 형을 받은 후에는 의서(醫書)를 널리 보아 《경험방(經驗方)》·《활인신방(活人新方)》 등의 책을 저술하여 세상에 전해지고 있다.

율곡이 《격몽요결(擊蒙要訣)》을 의논한 글에 말했다.

"김취문(金就文)이 박송당(朴松堂)의 말을 인용해서 말하기를, '학문을 하는 방법은 도리를 얻은 바가 있은 연후에 존양(存養)의 학문을 잡을 것이니 만일 얻는 바가 없다면 무슨 물건으로 존양을 잡는단 말인가?' 하였다. 나의 소견은 이에 대하여 능히 의심이 없을 수 없다고 하겠다. 배우는 자는 반드시 존양을 가진 뒤에라야 비로소 얻는 바가 있는 것이니 만일 잡지 않고 두지 않는다면 어찌 얻는 바가 있겠는가? 또 이른바 존양이란 그 마음을 보존하고 그 성품을 기르는 것이니 마음과 성품은 나에게 본래부터 있는 것이니 어찌 밖에서 얻겠는가? 그런 까닭에 맹자는 이른바 스스로 얻는다는 것은 도에 깊이 다다른 후에 있게 된다고 하였다. 만일 배우는 자가 먼저 스스로 얻기를 구한다면 다른 학문에 빠지지 않을 자가 드물 것이다. 그리고 송당의 언론(言論)과 풍지(風旨)는 세상에 많이 전해지지는 않았으나, 일찍이 퇴계가 송당의 학문을 평한 것을 들으니 선학(禪學)의 맛을 띠었다고 했는데, 이는 이러한 곳을 가리킨 것이 아니겠는가?"

송당은 그 학문을 이일재(李一齋) 항(恒)·박용암(朴龍巖) 운(雲)·김진락당(金眞樂堂) 취성(就成)·김구암(金久庵) 취문(就文)·신송계(申松溪) 계성(季誠)·박야천(朴冶川) 소(紹) 등에게 전했는데, 대개 송당도 역시 한훤당(寒暄堂)의 일파이다.

조광조의 문인에는 성수침(成守琛)·성수종(成守琮)·조욱(趙昱)·백인걸(白仁傑)·정환(丁煥)·정황(丁熿)·이연경(李延慶)·기준(奇遵) 등 제현이 있다.

정 붕 자 운 정 호 신 당 본 해 주 인 수 업 어 김 한 훤 문 분 지 위 학 지 행 기
鄭鵬字雲程號新堂本海州人受業於金寒暄門奮志爲學知行己
대 방 잠 구 성 리 지 학 종 조 정 묘 지 역 성 종 임 자 등 제 입 옥 당 불 요 사 관
大方潛究性理之學終造精妙之域成宗壬子登第入玉堂不樂仕官
사 질 귀 향 년 사 십 륙 졸 저 안 상 도 퇴 계 왈 선 생 학 문 소 조 지 정 당 관 어
辭疾歸鄉年四十六卒著案上圖退溪曰先生學問所造之精當觀於
시 도 의 공 상 왈 여 론 어 서 오 교 이 적 역 능 사 지 대 의 야
是圖矣公嘗曰如論語書吾敎夷狄亦能使知大義也

박 영 자 자 실 호 송 당 밀 양 인 등 무 과 관 지 경 상 좌 병 사 시 문 목 유 호
朴英字子實號松堂密陽人登武科官至慶尙左兵使謚文穆幼豪
매 불 군 무 예 절 륜 일 일 정 신 당 견 기 취 도 재 지 기 이 탄 왈 무 부 일 생 가
邁不群武藝絶倫一日鄭新堂見其醉倒在地起而歎曰武夫一生可
애 돌 돌 량 구 공 상 연 경 오 청 교 신 당 권 독 소 학 차 대 학 자 차 사 절 외 사
哀咄咄良久公惕然驚悟請敎新堂勸讀小學次大學自此謝絶外事
전 심 학 문 후 신 당 지 랭 산 왈 피 산 외 하 물 공 왈 외 면 지 시 전 면 신 당 소
專心學問後新堂指冷山曰彼山外何物公曰外面只是前面新堂笑
왈 내 금 지 자 독 서 지 공 야 인 류 강 구 공 수 어 역 학 우 선 찰 언 관 색 천 문
曰乃今知子讀書之功也因留講究公邃於易學又善察言觀色天文
지 리 성 명 산 수 무 불 통 효 피 형 지 후 박 관 의 서 저 경 험 방 활 인 신 방 등
地理性命筭數無不通曉被刑之後博觀醫書著經驗方活人新方等
서 행 우 세
書行于世

율 곡 론 격 몽 편 발 운 김 공 취 문 인 박 송 당 지 어 왈 위 학 지 도 유 소 득
栗谷論擊蒙編跋云金公就文引朴松堂之語曰爲學之道有所得

연 후 조 존 양 지 학 약 무 소 득 즉 하 물 조 존 양 지 호 비 견 어 차 불 능 무 의
然後操存養之學若無所得則何物操存養之乎鄙見於此不能無疑
학 자 필 조 존 양 지 연 후 내 유 소 득 약 부 조 부 존 즉 녕 유 소 득 호 차 소 위
學者必操存養之然後乃有所得若不操不存則寧有所得乎且所謂
존 양 자 존 기 심 양 기 성 야 심 성 시 아 본 유 저 기 득 어 외 호 시 고 맹 자 지
存養者存其心養其性也心性是我本有底豈得於外乎是故孟子之
소 위 자 득 자 재 어 심 조 지 후 약 사 학 자 선 구 자 득 즉 기 불 함 어 이 학 자
所謂自得者在於深造之後若使學者先求自得則其不陷於異學者
기 희 송 당 지 언 론 풍 지 세 부 다 전 증 문 퇴 계 평 송 당 지 학 대 득 선 미 운
幾希松堂之言論風旨世不多傳曾聞退溪評松堂之學帶得禪味云
무 내 지 차 등 처 야
無乃指此等處耶

이 기 학 전 지 리 일 재 항 박 용 암 운 김 진 락 취 성 김 구 암 취 문 신 송 계
以其學傳之李一齋恒朴龍巖雲金眞樂就成金久庵就文申松溪
계 성 박 야 천 소 제 공 개 송 당 역 한 훤 지 일 파 야
季誠朴冶川紹諸公盖松堂亦寒暄之一派也

조 정 암 문 인 유 성 수 침 수 종 조 욱 백 인 걸 정 환 정 황 리 연 경 기 준
趙靜庵門人有成守琛守琮趙昱白仁傑丁煥丁熿李延慶奇遵
제 현
諸賢

주해_ ○察言(찰언)－남의 말을 자세히 살펴 연구함.
○觀色(관색)－남의 얼굴빛을 자세히 살펴봄.

성수침(成守琛)

자는 중옥(仲玉)이요, 호는 청송(聽松)이니 창녕(昌寧) 사람이다. 천성이 지극히 효성스럽고 글을 읽어 큰 의리를 알았다. 동생 수종(守琮)과 함께 정암(靜庵)의 문하에 놀아 모두 무거운 이름이 있었다. 문을 닫고 밖에 나가지 않으면서 과거 공부를 일삼지 않고 손수 〈태극도(太極圖)〉를 써서 조화(造化)의 근원의 깊은 뜻을 연구했다. 글에 능통한 뒤로는 모두 종류를 모아 베껴가지고 배우는 것으로 낙을 삼고 밖의 물건으로 그 마음을 해치지 않았다. 젊어서부터 병이 많아

춥고 더울 때에는 밖에 나가지 않고 항상 개가죽으로 만든 갖옷을 입고, 콩밥과 나물국을 먹어 배부르지 않았다.

파주(坡州) 우계(牛溪) 위에 집을 짓고 '죽우(竹雨)'라고 현판을 써서 달았다. 매양 봄·가을의 화창하고 따뜻한 때를 만나면 수레를 타고 밭으로 나가 농부와 들늙은이와 함께 시를 읊다가 돌아왔다. 느지막에 나라의 부름을 받아 참봉(參奉)이 되어 한번 나가 사은(謝恩)한 뒤에 육품직(六品職)에 승진되었고, 또 적성현감(積城縣監)을 제수받았으나 모두 나아가지 않았다. 만년에 백악산(白岳山) 아래 소나무 숲속에 집을 짓고 '청송(聽松)'이라 현판을 달고 홀로 그 속에서 살면서 날마다 《대학》·《논어》를 읽을 뿐이었다. 이에 이이(李珥)가 아뢰기를, "학문의 공로가 서경덕이 참으로 깊으나, 덕의 그릇이 두터운 것은 수침이 뛰어났다."하고, 또 말하기를, "필법(筆法)이 오직 기이하고 옛스럽고 창연한 것으로 주장을 삼고, 먹의 기운이 높고 맑아 스스로 일가(一家)를 이루었다."고 했다. 이에 글씨를 평하는 자가 추앙(推仰)하여 당대(當代)의 제일로 삼았다.

수 침 자 중 옥 호 청 송 창 녕 인 천 성 지 효 독 서 지 대 의 여 제 수 종 유 정
守琛字仲玉號聽松昌寧人天性至孝讀書知大義與弟守琮遊靜
암 지 문 구 유 중 명 폐 문 불 출 불 사 과 업 수 사 태 극 도 완 색 조 화 지 원 자
庵之門俱有重名閉門不出不事科業手寫太極圖玩索造化之源自
통 서 이 하 실 류 회 초 록 이 학 위 락 불 이 외 물 루 기 심 자 소 다 병 한 서 불
通書以下悉類會抄錄以學爲樂不以外物累其心自少多病寒暑不
출 상 복 구 의 구 두 반 채 갱 미 상 불 포 축 실 파 주 우 계 지 상 편 왈 죽 우 매
出常服狗衣裘豆飯菜羹未嘗不飽築室坡州牛溪之上扁曰竹雨每
치 춘 추 화 난 명 가 지 전 간 여 전 부 야 로 풍 영 이 귀 만 피 징 벽 위 참 봉 일
値春秋和暖命駕之田間與田夫野老諷詠而歸晩被徵辟爲參奉一
출 사 은 후 초 륙 품 직 우 제 적 성 현 감 개 불 취 만 년 축 실 백 악 산 하 송 림
出謝恩後超六品職又除積城縣監皆不就晩年築室白岳山下松林
중 편 이 청 송 독 처 기 중 일 송 대 학 론 어 이 기 리 이 계 왈 학 문 지 공 경 덕
中扁以聽松獨處其中日誦大學論語而已李珥啓曰學問之功敬德

고 심 이 덕 기 지 후 수 침 위 우 우 운 기 필 법 유 이 기 고 로 창 위 주 이 묵 기
固深而德器之厚守琛爲優又云其筆法惟以奇古老蒼爲主而墨氣
고 명 자 성 일 가 평 서 자 추 위 당 대 제 일
高明自成一家評書者推爲當代第一

주해_ㅇ通書(통서)－송(宋)나라 유학자 주염계(周濂溪)의 저서.
ㅇ啓(계)－임금께 아뢰는 것, 또는 그 글.

조욱(趙昱)

자는 경양(景陽)이요, 호는 보진재(葆眞齋) 또는 용문(龍門)이니 평양(平壤) 사람이다. 조광조의 문하에 놀아서 《대학》과 《중용》의 뜻을 듣고 깊이 연구하여 침식(寢食)을 잊는 데에까지 이르렀다. 조광조가 일찍이 말하기를, "여러 제자들 중에 도를 구하기를 독실히 하는 자는 조욱만한 사람이 없다."고 했다. 기묘사화 후에는 삭녕(朔寧) 옛집으로 돌아가 형 성(晟)과 함께 거처하면서 강마(講磨)하여 스스로 사우(師友)가 되니 사람들이 이들을 이정(二程)에 비교했다. 명종조(明宗朝)에 덕행(德行)으로 천거되어 장수현감(長水縣監)으로 나갔으나 벼슬을 내놓고 돌아와 용문산(龍門山)에 돌아와 그대로 세상과 인연을 끊고 이치를 연구하여 사람들을 가르치는 것으로 일을 삼으니 배우는 자들이 많았다.

기준(奇遵)

자는 자경(子敬)이요, 호는 복재(服齋)이니 약관(弱冠)에 과거에 급제하여 옥당(玉堂)에 뽑혀 들어갔으나 기묘(己卯)에 장배(杖配)되었다가 뒤에 사사(賜死)되니 나이가 30세였다. 일찍이 정암에게 편지를 보내 말하기를, "벼슬을 버리고 산림에 숨어 다시 세상일에 마음을 두지 않으려 합니다."하니 선생이 말하기를, "마땅히 그렇게 하라." 했다. 나이 17·8세 때 개연(慨然)히 도를 구할 마음을 가져 이치를

연구하여 아는 데에 이르고 이것을 몸에 돌이켜 실천하여 세상 풍속의 비루한 것을 뛰어넘어 뚜렷했다.

이에 퇴계(退溪)가 말하기를, "대나무숲의 재목이 동량(棟梁)을 이루지 못하고 갑자기 바람과 천둥에 꺾어지니 가히 슬프도다." 했다.

조 욱 자 경 양 호 보 진 우 용 문 평 양 인 종 유 정 암 지 문 문 대 학 중 용 지
趙昱字景陽號葆眞又龍門平壤人從遊靜庵之門聞大學中庸之
지 침 잠 연 구 지 망 침 식 정 암 상 왈 제 자 중 구 도 지 독 무 여 조 욱 운 기 묘
旨沉潛研究至忘寢食靜庵嘗曰諸子中求道之篤無如趙昱云己卯
후 귀 삭 녕 구 업 여 형 성 동 처 강 마 자 위 사 우 인 비 이 정 명 묘 조 이 덕 행
後歸朔寧舊業與兄晟同處講磨自爲師友人比二程明廟朝以德行
천 출 지 장 수 현 해 불 귀 은 룡 문 산 인 여 세 절 이 궁 리 교 인 위 사 학 자 다
薦出知長水縣解紱歸隱龍門山因與世絶以窮理敎人爲事學者多
귀 지
歸之

기 준 자 자 경 호 복 재 약 관 등 제 선 입 옥 당 기 묘 장 배 후 사 사 년 삼 십
奇遵字子敬號服齋弱冠登第選入玉堂己卯杖配後賜死年三十
상 치 간 정 암 왈 욕 기 관 완 감 신 산 림 무 부 유 세 로 지 념 선 생 왈 고 당 여
嘗致簡靜庵曰欲棄官緩斂身山林無復有世路之念先生曰固當如
시 공 년 십 칠 팔 시 개 연 이 구 도 위 의 궁 리 이 치 지 반 궁 이 천 실 초 습 속
是公年十七八時慨然以求道爲意窮理以致知反躬以踐實超習俗
지 비 루 이 탁 여 야 퇴 계 왈 등 림 지 재 미 성 동 량 거 절 어 풍 정 가 위 어 읍
之鄙陋而卓如也退溪曰鄧林之材未成棟樑遽折於風霆可爲於悒

주해_ㅇ鄧林(등림)－등(鄧)나라의 산림.

이언적(李彦迪)

자는 복고(復古)요, 호는 회재(晦齋) 또는 자옥산인(紫玉山人)이니 여강(驪江) 사람이다. 중종(中宗) 갑술(甲戌)에 과거에 급제하여 옥당(玉堂)에 들어가고 의정부 사인(舍人)을 거쳐 진주부윤(晉州府尹)으로 나갔는데 재이(災異)로 인하여 임금이 말을 구하자 소문(疏文)

수천언(數千言)을 올렸는데 한 줄거리에 몇 가지 조목으로 되어 있었다. 이에 중종이 깊이 칭찬하고 탄식하기를, "옛날의 진덕수(眞德秀)도 이보다 나을 수 없다."하고, 명하여 내외에 전하여 보이라 하고 특별히 가선(嘉善)에 승진시켰다.

명종(明宗)이 상중에 왕위에 오르자 수렴청정(垂簾聽政)하자는 의논이 나왔다. 윤인경(尹仁鏡)이 말하기를, "지금 대왕대비(大王大妃)가 계시고 왕대비(王大妃)가 계신데 어느 대궐에서 청정을 하신단 말입니까?"하니 좌우가 아무 말도 없었다. 선생이 말하기를, "옛날 송(宋)나라 철종(哲宗) 때에 태황태후(太皇太后)가 같이 청정한 옛 예법이 있으니 모름지기 의심하여 물을 것이 없습니다. 또 어찌 수숙(嫂叔)이 같이 행동하는 이치가 있단 말인가?"하니 이로 인해서 조정에 다른 의논이 없었다.

그러다가 충순당(忠順堂)에서 밀지(密旨)로 불러본 뒤에 윤임(尹任) 등이 모두 죄를 입어 죽고, 선생도 또한 강계(江界)로 귀양가 안치되었다가 적소(適所)에서 죽으니 나이 63세였다. 뒤에 영의정(領議政)을 증직(贈職)하고 시호는 문원(文元)이다. 문묘(文廟)에 배향되었다.

공은 사람됨이 안중(安重)하고 단아하고 자상하며 타고난 바탕이 도(道)에 가까웠다. 일찍이 위기(爲己)의 학문을 구하여 몸소 행할 것을 강명(講明)하여 선현들의 도를 계승하고 후학의 길을 열어주는 것으로 자신의 책임을 삼았다. 치지(致知)와 성의의 일에 힘쓰고, 맑고 욕심이 없는 뜻을 길러서 오랜 세월을 두고 쌓았으며, 마음을 성리학(性理學)에 두고 성현(聖賢)의 나가고 닦는 방법을 지켰다.

선생의 학문은 주고받은 곳이 없이 스스로 유교에 분발하여 남모르게 날로 발달하고, 덕이 행동에 맞고 분필(分筆)에 빛나게 나타나고, 말을 뒤에 드리운 것은 동방(東方)에서 찾아보아도 그 짝이 드물 것이다. 저술한 것으로는《구인록(求仁錄)》·《대학속(大學續)》·《혹문중용(或問中庸)》·《구경연의(九經衍義)》 및 유집(遺集)으로《봉선잡

의(奉先雜儀)》 등이 있고, 또 조망기(曺忘機) 한보(漢輔)와 태극(太極)에 대하여 의논한 것이 뒤에 전해진다.

퇴계가 말하기를, "그 정밀한 소견과 홀로 얻은 묘한 이치에 대해서는 〈조망기 한보에게 준 글〉에서 잘 나타나 있다. 그 글은 우리 도(道)의 본원(本源)을 밝히고 이단(異端)의 간사한 말을 물리쳐서 정미한 곳을 꿰뚫고 상하를 통철했으며, 순수함이 한결같이 바른 데에서 나왔다. 깊이 그 뜻을 찾아보면 송나라 제유(諸儒)들의 학설이 아닌 것이 없는데 그 중에도 주자(朱子)에게서 얻은 것이 더욱 많다."고 하였다.

고봉(高峯) 기대승(奇大升)은 말했다.

"공은 총명함이 남달랐다. 속학(俗學) 이외에 이른바 위기지학(爲己之學)이 있다는 것을 알아 몸소 행동하는 것을 강명(講明)하고 치지(致知)와 성의에 힘을 썼다. 나이 27세에 오잠(五箴)을 지었으며, 30세에 입잠(立箴)을 지었는데 그 말이 모두 옛 성현들의 뜻으로서 대개 조존(操存)·성찰(省察)·징분질욕(懲忿窒欲)·개과천선(改過遷善)에 대해서 실로 실행한 것이요, 헛말이 아니었다."

남명(南溟)은 말하기를, "당시 대소윤(大小尹)의 화가 조석 사이에 반드시 일어난다는 것을 어리석은 부인들도 모두 알고 있었다. 그런데도 벼슬이 낮을 적에 일찍이 물러나지 못하고 중임을 담당하고서도 일을 해결하지 못하여 딴 곳에서 귀양살이하다가 죽는 데에 이르렀으니 명철(明哲)한 식견에는 부족함이 있었던가 싶다."고 했다.

율곡의 《석담일기(石潭日記)》에는 이렇게 말했다.

"이언적은 널리 배우고 문장이 능했으며 어버이를 지극한 효성으로 섬겼다. 성리서(性理書)를 탐구하고 완미(玩味)하기를 좋아하여 책을 손에서 놓지 않았다. 몸가짐을 장엄하고 무겁게 하고 말을 신중히 했다. 저술은 깊고 정미한 데에 이르러 역시 도학(道學)으로 추대되었다. 그러나 다만 경세제민(經世濟民)의 큰 재주와 조정에서의 대절

(大節)은 없었다. 을사사화(乙巳士禍) 때 사류(士流)들을 구제하려고 남모르게 주선했기 때문에 직언(直言)으로 바로잡아 구하지 못하고 권세를 잡은 간악한 자들에게 핍박을 받아 추관(推官)이 되었다. 뒤에 점차 권간(權奸)들과 이견(異見)이 생겨 마침내 죄를 얻었다."

또 이렇게 말했다.

"조광조(趙光祖)의 학문은 비록 극진하지 못한 바가 있었지만 그가 조정에서 행한 것을 보면 오직 도(道)를 행하는 것을 임무로 삼았으니 도학자(道學者)라는 이름을 받은 것이 실로 마땅하다 하겠다. 그러나 이언적으로 말하면 다만 충효(忠孝)스러운 사람일 뿐이다. 고서(古書)를 많이 읽어 저술은 잘했다 하겠으나 그의 집에서의 행적을 보면 부정한 여색을 멀리하지 못했고, 조정에 몸을 세워 벼슬하면서는 도를 맡은 책임을 행하지 못했다. 을사년(乙巳年)의 난(難)에는 직언(直言)으로 절의(節義)를 세워 대항하지 못했고, 여러 차례 추관(推官)이 되어 거짓스런 공훈(功勳)에 참여했으니, 비록 뒤에 죄를 얻었다고 하지만 이마에서 땀이 날 일이다. 어찌 도학으로 추대할 수 있겠는가?"

서애(西厓) 유성룡(柳成龍)이 관학(舘學)에 보낸 글에 이렇게 말했다.

"저번에 율곡이 회재(晦齋)를 평하여 부족한 것이 있다고 한 말을 듣고 속으로 조용히 탄식하여 생각하기를, '지금 사람들이 평지 위에서 옛사람의 잘잘못을 점검하기는 매우 쉽지만 일이 자기에게 닥쳤을 때는 어찌 일찍이 옛사람의 발꿈치에나 따라가겠는가?' 하였다. 회재 선생 같은 사람은 마음의 안팎이 시원하고 결백하여 빛이 나고 행동과 말하고 침묵하는 것을 도가 아니면 행하지 않았다. 이와 같은데도 오히려 흠을 잡으려고 하는 것을 면치 못한다면 천하에 어찌 존경하고 숭상할 만한 현인군자(賢人君子)가 있겠는가?"

상고하건대 백사(白沙) 이항복(李恒福)이 아뢰기를, "선정신(先正

臣) 이언적의 을사년 일은 약간의 의문이 없을 수 없습니다. 신이 요행히 실록의 총재관(總裁官)으로서 비부(秘府)의 문서를 엿볼 수가 있어 이 일에 대하여 대단히 상세하게 고증(考證)한 것이 있사옵기에 대략 한두 가지만 말하겠는데 이것은 충순당(忠順堂)의 인견(引見) 때에도 말했습니다.(이하 사실이 번다해서 다 기록하지 않음) 신이 다만 한스럽게 여기는 것은 이황(李滉)의 깊은 학문과 기대승(奇大升)의 넓은 견문(見聞)으로 어찌하여 〈가장(家狀)〉과 〈정난기(定難記)〉에만 의거하여 실록(實錄)을 찬집함으로써 이언적이 일시 추진한 한두 가지 일을 빠져 없어지게 하여 후세 사람들의 의심을 면할 수 없게 하고, 영원히 사문(斯文)의 한이 되게 했는가 하는 것입니다. 까닭에 삼가 본 것을 위와 같이 기록하여 성상(聖上)께서 널리 보시는 데에 만물의 1이라도 갖추어 드리는 바이옵니다." 했다.

이 회 재 언 적 자 복 고 우 호 자 옥 산 인 려 강 인 중 묘 갑 술 등 제 입 옥 당
李晦齋彦迪字復古又號紫玉山人驪江人中廟甲戌登第入玉堂
유 사 인 출 윤 전 주 인 재 이 구 언 상 소 수 천 언 범 일 강 십 목 중 종 심 여 장
由舍人出尹全州因災異求言上疏數千言凡一綱十目中宗深如奬
탄 왈 고 지 진 덕 수 무 이 과 야 명 전 시 중 외 특 승 가 선 급 명 묘 사 복 당 거
歎曰古之眞德秀無以過也命傳示中外特陞嘉善及明廟嗣服當擧
수 렴 지 의 윤 인 경 왈 금 유 대 왕 대 비 왕 대 비 하 전 당 청 정 호 좌 우 묵 연
垂簾之議尹仁鏡曰今有大王大妃王大妃何殿當聽政乎左右默然
선 생 왈 석 송 철 종 시 태 황 태 후 동 청 정 자 유 고 례 불 수 의 문 차 안 유 수
先生曰昔宋哲宗時太皇太后同聽政自有古禮不須疑問且安有嫂
숙 동 어 지 리 호 유 시 조 무 타 의 급 충 순 당 밀 지 인 견 후 윤 임 등 개 피 죄
叔同御之理乎由是朝無他議及忠順堂密旨引見後尹任等皆被罪
사 선 생 역 안 치 우 강 계 졸 우 상 소 년 륙 십 삼 후 증 령 의 정 시 문 원 배 향
死先生亦安置于江界卒于謫所年六十三後贈領議政謚文元配享
문 묘 위 인 안 중 단 상 광 명 정 대 천 자 근 도 조 구 위 기 지 학 강 명 체 리 이
文廟爲人安重端詳光明正大天姿近道早求爲己之學講明體履以
계 왕 개 래 위 기 임 용 력 어 치 지 성 의 지 지 양 이 충 담 지 취 적 이 세 월 지
繼往開來爲己任用力於致知誠意之地養以冲澹之趣積以歲月之

구 잠 심 성 리 준 성 현 진 수 지 방 선 생 지 학 무 수 수 지 처 이 자 분 어 사 학
久潛心性理遵聖賢進修之方先生之學無授受之處而自奮於斯學
암 연 일 장 이 덕 부 어 행 병 연 필 출 이 언 수 어 후 자 구 지 동 방 선 유 기 륜
闇然日章而德符於行炳然筆出而言垂於後者求之東方鮮有其倫
의 소 저 유 구 인 록 대 학 속 혹 문 중 용 구 경 연 의 급 유 집 봉 선 잡 의 등 서
矣所著有求仁錄大學續或問中庸九經衍義及遺集奉先雜儀等書
우 유 여 조 망 기 한 보 론 태 극 서 전 우 후
又有與曺忘機漢輔論太極書傳于後

퇴 계 왈 기 정 예 지 견 독 득 지 묘 최 재 어 여 조 망 기 서 기 서 천 오 도 지
退溪曰其精詣之見獨得之妙最在於與曺忘機書其書闡吾道之
본 원 벽 이 단 지 사 설 관 정 미 철 상 하 수 연 일 출 어 정 심 완 기 의 막 비 유
本源闢異端之邪說貫精微徹上下粹然一出於正深玩其義莫非有
송 제 유 지 서 여 이 득 어 고 정 자 우 다 야 기 고 봉 왈 공 영 오 절 인 내 어 속
宋諸儒之緖餘而得於考亭者尤多也奇高峯曰公穎悟絶人乃於俗
학 지 외 지 유 소 위 위 기 지 학 강 명 체 리 용 력 어 치 지 성 의 지 지 년 이 십
學之外知有所謂爲己之學講明體履用力於致知誠意之地年二十
칠 이 작 오 잠 삼 십 이 우 작 립 통 기 언 개 고 성 현 지 지 개 어 조 존 성 찰 징
七而作五箴三十而又作立筒其言皆古聖賢之旨盖於操存省察懲
질 개 천 실 유 소 사 비 공 언 야
窒改遷實有所事非空言也

남 명 왈 당 시 대 소 윤 지 화 조 석 필 발 우 부 소 지 유 부 조 퇴 어 관 비 지
南溟曰當時大小尹之禍朝夕必發愚婦所知猶不早退於官卑之
일 이 지 부 중 이 불 가 해 류 사 이 역 공 휴 명 철 지 견
日以至負重而不可解流死異域恐虧明哲之見

율 곡 석 담 일 기 왈 리 언 적 박 학 능 문 사 친 지 효 호 완 성 리 지 서 수 불
栗谷石潭日記曰李彦迪博學能文事親至孝好玩性理之書手不
석 권 지 신 장 중 구 무 택 언 다 소 저 술 심 조 정 미 자 역 이 도 학 추 지 단 무
釋卷持身莊重口無擇言多所著述深造精微者亦以道學推之但無
경 제 대 재 급 립 조 대 절 을 사 지 난 욕 주 선 음 구 사 류 고 불 능 직 언 광 구
經濟大才及立朝大節乙巳之難欲周旋陰救士流故不能直言匡救
이 박 우 권 간 작 추 관 후 초 여 권 간 립 이 경 득 죄 운 우 왈 조 문 정 지 학 수
而迫于權奸作推官後稍與權奸立異竟得罪云又曰趙文正之學雖
유 소 미 진 관 기 립 조 유 이 행 도 위 무 차 기 득 도 학 지 명 고 의 의 리 문 원
有所未盡觀其立朝惟以行道爲務此其得道學之名固宜矣李文元
즉 지 시 충 효 지 인 다 독 고 서 선 어 저 술 관 기 거 가 불 능 원 부 정 지 색 립
則只是忠孝之人多讀古書善於著述觀其居家不能遠不正之色立

조 불 능 행 임 도 지 책 을 사 지 난 불 능 직 언 항 절 내 지 루 작 추 관 참 록 위
朝不能行任道之責乙巳之難不能直言抗節乃至屢作推官參錄僞
훈 수 경 득 죄 상 역 차 의 오 가 이 도 학 추 지 야
勳雖竟得罪顙亦此矣烏可以道學推之耶

유 서 애 답 관 학 서 왈 왕 시 문 리 숙 헌 상 의 회 재 유 불 만 지 의 사 자 탄
柳西厓答舘學書曰往時聞李叔獻嘗議晦齋有不滿之意私自歎
식 이 위 금 인 종 평 지 상 점 검 석 인 득 실 심 이 지 어 사 도 수 리 하 상 능 급
息以爲今人從平地上點檢昔人得失甚易至於事到手裏何嘗能及
고 인 일 이 각 근 여 회 재 선 생 신 심 내 외 표 리 동 연 결 백 휘 광 행 지 어 묵
古人一二脚跟如晦齋先生身心內外表裏洞然潔白輝光行止語默
비 도 불 행 여 차 이 유 미 면 어 세 구 이 색 반 즉 천 하 기 유 현 인 군 자 가 존
非道不行如此而猶未免於洗垢而索瘢則天下豈有賢人君子可尊
가 상 자 호
可尙者乎

안 리 백 사 항 복 계 유 운 선 정 신 리 언 적 을 사 지 사 불 능 무 분 호 의 문
按李白沙恒福啓有云先正臣李彦迪乙巳之事不能無分毫疑問
신 행 득 이 실 록 총 재 관 득 규 비 부 지 함 기 어 차 사 고 열 파 상 고 략 급 일
臣幸得以實錄總裁官得窺秘府芝函其於此事考閱頗詳故畧及一
이 이 충 순 당 인 견 시 이 하 사 실 번 불 록 운 운 신 지 한 이 리 황 지 거 학
二而忠順堂引見時(以下事實煩不錄)云々 臣只恨以李滉之遽學
기 대 승 지 박 문 지 거 가 장 급 정 난 기 위 지 론 찬 사 언 적 일 시 주 선 지 력
奇大升之博聞只據家狀及定難記爲之論撰使彦迪一時周旋之力
불 능 무 일 이 민 몰 불 면 유 후 인 지 의 영 위 사 문 지 한 고 근 록 소 견 여 우
不能無一二泯沒不免有後人之疑永爲斯文之恨故謹錄所見如右
이 비 성 상 박 관 지 만 일 운 운
以備聖上博觀之萬一云々

주해_ㅇ眞德秀(진덕수)—송(宋)나라 학자. 자는 경원(景元). 진사(進士)로서 벼슬이 참지정사(參知政事)에 이르고 강직하기로 유명했음. 주자학파(朱子學派)의 학자로서 학자들이 서산선생(西山先生)이라 일컬었음. 저서에 대학연의(大學衍義)·독서기(讀書記)·문장정종(文章正宗)·서산갑을고(西山甲乙稿)·서산문집(西山文集) 등이 있음.

ㅇ垂簾聽政(수렴청정)—황태후(皇太后) 등이 어린 임금을 대신하여 정사를 봄. 수렴(垂簾)이란 발을 드리움.

ㅇ嫂叔(수숙)—형수와 시동생.

ㅇ爲己之學(위기지학)-자기 자신을 위하는 학문.
ㅇ考亭(고정)-주자(朱子)를 가리킴.
ㅇ館學(관학)-성균관과 사학(四學)을 가리킴.

이황(李滉)

자는 경호(景浩), 호는 퇴계(退溪)로 진보(眞寶) 사람이다. 연산주(燕山主) 신유(辛酉)에 예안현(禮安縣) 온계리(溫溪里)에서 났는데 2세에 아버지를 여의고 12세 때 《논어(論語)》를 숙부(叔父) 송재공(松齋公) 우(堣)에게 배웠는데 '제자가 집에 들어와서는 효도하고 나가서는 우애해야 한다'는 구절에 이르자 두려워하듯이 스스로 경계하여 말하기를, "사람의 자식된 도리가 마땅히 이러해야 할 것이다."하고, 어느 날 이(理)자를 가지고 묻기를, "모든 일의 옳은 것이 이입니까?" 하니 공(公)이 말하기를, "문호(門戶)를 유지할 자는 반드시 이 아이일 것이다." 했다. 글읽기를 좋아하여 비록 여러 사람이 많이 모여 앉아 있는 곳이라도 반드시 벽을 향하여 잠잠히 연구하고, 더욱이 《주역(周易)》에 힘을 써서 심지어 잠자고 밥먹는 것까지도 잊어서 파리하고 야위는 병을 얻었다.

계미년(癸未年)에 성균관에 유학하였는데 김하서(金河西) 인후(麟厚)와 사귀었다. 무자년(戊子年)에 진사시에 합격하고, 갑오년(甲午年)에 과거에 급제했다. 무술년(戊戌年)에 어머니상을 당하여 3년상을 마친 다음 옥당(玉堂 : 弘文館)에 들어갔고, 명종(明宗) 무신년(戊申年)에 외직(外職)으로 단양군수(丹陽郡守)를 지내고 이내 풍기(豊基)로 옮겨졌으나, 이듬해에 벼슬을 버리고 돌아와서 퇴계의 한서암(寒棲庵)을 골라서 살았다. 임자년(壬子年)에 불러서 대사성(大司成)과 부제학(副提學)에 임명했으니 당시의 정승 상진(尙震)이 천거한 바였다.

경신년(庚申年)에 도산서원(陶山書院)이 낙성되었고, 병인년(丙寅

年)에 공조판서(工曹判書)에 승진되자 임금이 여러번 소명(召命)을 내려 정성을 다하여 극진히 대우하였다. '어진 이를 불러도 오지 않는 것을 탄식한다(招賢不至歎)'는 제목으로 독서당(讀書堂)의 유신(儒臣)들로 하여금 각각 근체시(近體詩)를 지어 올리게 하고, 또 선생이 거처하는 도산의 그림과 기영(記詠)으로 병풍을 만들어 침전(寢殿)에 세워놓았다.

정묘년(丁卯年)에 명종이 승하하고 선조(宣祖)가 예조판서(禮曹判書)를 명했다. 산릉(山陵)을 다스리는 일을 마치기 전에 선생이 도산으로 돌아온 일로 의논이 분분했다. 기대승이 글로 이 일에 대해서 묻자 선생은 말하기를, "옛사람은 나가고 물러가는 분수에 밝아 한가지 일도 그대로 지나치지 않아 조금이라도 관직에 잘못된 일이 있으면 반드시 몸을 빼어 빨리 자리에서 물러났으니, 이는 자신의 처지나 의리가 옳지 못한 바가 있으면 반드시 물러난 뒤에야 도리에 옳기 때문이 아니겠는가?" 했다. 또 이이(李珥)의 물음에 대해서는 말하기를, "도리에 있어서는 물러날 수 없지만 나의 일신의 사정으로 보면 물러나지 않을 수 없었다. 이미 병들었고 재능 또한 할 수 없기 때문이다." 했다. 또 말하기를, "벼슬한다는 것은 본래 나라 사람을 위해서인데 만약 남에게 혜택이 미치지 못하고 자기 몸에 환란만 미친다면 할 수 없는 것이다."라고 하였다.

무진년(戊辰年)에 숭정대부(崇政大夫)에 올라 우찬성(右贊成)이 되었는데 소명(召命)이 그치지 않았다. 7월에 서울에 이르러 홍문관제학(弘文館提學)을 겸직했는데 여섯 조목의 소(疏)를 올렸다. 처음에 박순(朴淳)이 아뢰기를, "지금 제가 대제학이 되고 이황(李滉)은 부제학(副提學)이 되었으니 이는 조정의 사람 쓰는 것이 잘못된 것이 더 심할 수가 없으니 청컨대 바꾸어 제수하시옵소서."하여 마침내 그 말을 좇아 박순과 서로 바꾸어 선생을 대제학으로 삼았다. 12월에 《성학십도(聖學十圖)》를 올리고, 이듬해에 이조판서(吏曹判書)에 임명되었는데 3월에 사임을 청하고 향리로 갈 때 벼슬아치들과 온 조정에서 나와 전송했다.

경오년(庚午年) 11월에 졸(卒)하니 향년 70세였다. 영의정(領議政)을 증직하고 시호를 문순(文純)이라 했으며, 도산(陶山)·여강(廬江) 두 서원에 향사했다가 뒤에 문묘에 배향(配享)되었다. 김한훤(金寒暄)·정일두(鄭一蠹)·조정암(趙靜庵)·이회재(李晦齋)·이퇴계(李退溪)는 모두 유종(儒宗)으로 높여서 문묘에 배향되었으니 이들을 '오현(五賢)'이라 한다.

선생은 유계(遺戒)로 큰 비석을 쓰지 말고 다만 작은 돌에 '퇴도만은진성이공지묘(退陶晩隱眞城李公之墓)'라고 쓰게 하였는데, 이는 스스로 지은 묘명(墓銘)이다. 저술로는 《송계원명이학통록(宋季元明理學通錄)》·《역학계몽전의(易學啓蒙傳疑)》·《주자서절요(朱子書節要)》와 유집 등이 있고, 문인(門人) 조목(趙穆)이 지은 선생의 행록(行錄)이 있고, 또 《언행록(言行錄)》·《어록(語錄)》 등이 있다. 정학(正學)을 밝히고 후생(後生)들을 개도(開導)하여 공맹(孔孟)과 정주(程朱)의 도(道)가 환하게 다시 우리 동쪽에서 밝힌 것은 오직 선생 한 사람뿐이다. 선생이 병으로 남쪽으로 돌아왔는데 이때 대행(大行 : 明宗)의 장례를 지내기 전이어서 사람들은 모두 그 거취(去就)에 대해서 의심했다. 이에 선생은 말하기를, "옛날에 고정(考亭 : 朱子)도 환장각대제(煥章閣待制)로서 효종(孝宗)의 발인을 기다리지 않고 벼슬을 버리고 갔으니 의리에 마땅히 가야 할 일이면 부득이한 일이니라." 했다.

《석담일기(石潭日記)》를 상고하면 이렇게 말했다.

"퇴계의 학문은 글로 인해서 도(道)로 들어가 의리가 정밀하여 한결같이 주자(朱子)의 교훈을 따라서 여러 가지 말의 다르고 같은 것도 또한 자세히 통달하고 모두 알아서 어느 것이나 주자에 알맞지 않은 것이 없었다. 그 벼슬에 나아가고 물러나고 사양하고 받는 절차가 감히 터럭만큼도 차이가 나지 않았다. 금상(今上)께서 처음 즉위하셨을 때 조야(朝野)가 지극한 정치를 간절히 바랐는데 선비들의 의논이 모두 이황(李滉)이 아니면 성덕(聖德)을 성취시킬 수가 없다고 여겼으며 임금의 생각에도 역시 이황에게 마음을 두었었다. 그러나 이황은 스스로 재주와 능력이 부족하여 큰 일을 감당하지 못할 것을 헤아리고, 또 세도와 풍속이 쇠퇴하여 일을 하기가 어렵다는 것을 알았다. 또 임금의 마음이 지치(至治)를 바라는 성의가 부족하고 대신들의 학문과 식견(識見)이 부족하여 하나도 믿을 만한 것이 없었다. 그래서 작록(爵祿)을 간절히 사양하여 물러나기를 기필하였다. 이미 물러나 도산(陶山)으로 돌아온 뒤로는 시정(時政)에 대하여 하나도 말하지 않았지만 일반의 희망은 오히려 다시 이황이 나오기를 바랐다. 그러던 중에 갑자기 졸하니 조야(朝野)가 모두 통곡했다. 이황이 비록 특별한 저작은 없었지만 성모(聖謨)를 발휘하고 현훈(賢訓)을 천명한 것이 세상에 많이 행해지고 있다. 선생의 재능과 기국(器局)은 비록 조광조에게 미치지 못했지만 의리를 깊이 연구하여 그 정미(精微)한 것을 다함에 있어서는 조광조가 선생을 따르지 못한다."

이황이 죽자 여러 신하들이 시호 내리기를 청했으나 임금은 행장(行狀)이 없다는 이유로 허락하지 않았다. 이이가 아뢰기를, "옛적에 황간(黃幹)은 주자의 고제(高弟)인데도 그 행장을 지은 것은 오히려 죽은 지 20년 후였는데, 더구나 이황의 문인들이야 어떻게 쉽게 지을 수 있겠습니까? 황(滉)과 같은 사람은 그 행적이 보고 듣는 바처럼 명백하니 행장이 있고 없는 것이 무슨 증감(增減)이 있을 수 있겠습니까? 우리 동방(東方)의 유학자로서 세상에 명성이 알려진 사람들이 더러 있지만 그들의 언행(言行)을 상고해보면 유가(儒家)의 규범에 맞지 않는 자가 많습니다. 그러나 황은 정신과 기백은 비록 굳세게 타고나지 못했고 재능과 기국은 참으로 옛사람에게 미치지 못합니다만, 일생 동안 의리의 학문에 마음을 쏟아서 그 언론과 풍지(風旨)는 비록 옛날 명유(名儒)의 말이라도 이보다 나을 수가 없습니다. 전하께서는 이미 죽어 행적이 뚜렷하게 드러난 현인의 행적에 대해서도 오히려 포상하여 높이기에 인색하시니 더구나 살아있는 선비에 대해서야 어찌 그 선(善)을 좋아하는 성의가 있다고 하겠습니까?" 하였다.

율곡의 《경연일기(經筵日記)》에는 이렇게 말했다.

"문경공(文敬公) 김굉필(金宏弼)과 문헌공(文獻公) 정여창(鄭汝昌)은 그 언론과 풍지(風旨)가 분명하지 못하여 드러나지 않았고, 문원공(文元公) 이언적(李彦迪)은 진퇴에 있어서 의심스러운 점이 있다. 문정공(文正公) 조광조는 도학을 처음으로 밝혀 후인들에게 길을 열어주었고, 문순공(文純公) 이황은 의리를 깊이 연구하여 한 시대의 모범이 되었으니, 이 두 사람을 드러내어 표창하여 문묘에 종사(從祀)한다면 그 누가 옳지 않다고 하겠는가?"

율곡 이이(李珥)가 호원(浩原) 성혼(成渾)에게 답한 글에 이렇게 말했다.

"요새 나정암(羅靜庵)과 퇴계와 화담(花潭) 세 선생의 학설(學說)을 살펴보았더니 정암이 최고요, 퇴계가 그 다음이요, 화담이 또 그 다음이었소. 퇴계는 주자(朱子)를 깊이 믿어 그 뜻을 깊이 탐구(探求)했으며 타고난 기질이 정밀하고 자세하며 근신하였고 공을 들인 것 역시 깊어 주자의 뜻에 맞지 않는다고 할 수는 없소이다. 전체에서는 견해가 없다고 할 수는 없지만, 탁 트인 경우에 있어서는 아무래도 이르지 못한 것 같소이다. 그렇기 때문에 그 말에 분명하지 못한 것이 있고 더러는 다소의 어긋나는 점이 있기도 했소이다. 그렇기 때문에 '이기호발(理氣互發)'이니 '이발기수(理發氣隨)'니 하는 설은 도리어 지견(知見)의 누(累)라고 할 것이오."

또 이렇게 말했다.

"대개 퇴계는 남에게 의지하여 모방하는 기미가 많아서 그 말이 구애되고 조심스러웠다."

택당(澤堂) 이식은 말했다.

"율곡이 '퇴계는 모방하는 기미가 많았다'고 말하고, 또 '말이 구애되고 조심스러웠다'고 했는데, 지금 세상의 학자들이 이 말을 가지고 퇴계를 낮게 평가하고, 영남(嶺南)의 선비들은 또 이것을 가지고 율곡을 비난하기도 한다. 내가 보기에는 여기에서 이른바 모방했다고 한 것은 양웅(揚雄)의 《태현경(太玄經)》이나 《법언(法言)》과 같이 표절하거나 모방했다는 말이 아니다. 주자(朱子)는 백가(百家)의 학설을 절충하여 길이 만세(萬世)에 전할 정론(定論)을 세웠고, 퇴계는 그의 말에 따라 학습해서 마음으로 녹이고 정신으로 모아서 주자의 말을 마치 자기 몸에서 나와서 논술(論述)한 것과 같았으니 모두 그 남은 말에서 나와서 이를 도왔으니 이는 곧 주자를 잘 배운 것이다. 율곡이 한때 화담(花潭)과 서로 대체로 평론한 것은 율곡의 뜻이 아니었다."

또 말하기를, "우리나라 학자들이 경전(經傳)에 종사하는 사람 이외에는 모름지기 《퇴계집(退溪集)》을 보아 그것으로 스승의 자료로 삼는다면 그때로써 도(道)와 가까워질 것이 더욱 지극한 모범이 될 것이다."라고 하였다.

고봉(高峯) 기대승의 《논사록(論思錄)》에 말하기를, "퇴도(退陶 : 退溪)는 그 옛글을 봄에 있어 조금도 집체(執滯)하는 것이 없고, 독실하게 정주(程朱)를 믿었는데 옛사람은 알지 못했다. 우리나라에서 학문하는 사람이 전조(前朝)로부터 국초(國初)에 이르기까지 이와 같은 사람의 글이란 그 소통되는 것이 적어서 정주와 다를 것이 없다." 하였다.

또 말하기를, "임금께서 만일 쓴다면 평생에 배운 바를 어찌 널리 펴려 하지 않았겠는가?" 했다.

유문절(柳文節) 희춘(希春)의 《미암일기(眉巖日記)》에 말하기를, "퇴계의 〈심경후론(心經後論)〉을 읽으면, 그 말이 몹시 정밀하니 마땅히 도(道)를 들은 대유(大儒)가 아니면 어떻게 능히 이에 이르렀겠는가? 우리 동방(東方)에 포은(圃隱) 후의 한 사람뿐이다." 했다.

이성호(李星湖) 익(瀷)은 말했다.

"퇴계가 기묘(己卯)의 화를 경계하여 세 번 읍(揖)하고 나가고 한 번 사양하고 물러갔는데, 당시에 비방하는 말이 있었으니 기명언(奇明彦 : 大升)에게 회답하는 글에서 이른바, 혹은 산새에 비유하고 혹은 배척하여 이단(異端)이라 하는 것이 이것이다. 떳떳한 예법으로써 말하자면, 몸이 소중한 신하가 되었는데 임금의 상사를 당하여 상사도 지내기 전에 우연히 벼슬이 바뀌어 고하지 않고 도망했다면 마음에 편안치 못한 바가 있다고 의심할 것이다. 다만 이 모임에 의하지 않고서 물러갈 길이 없겠으므로 결단하여 행한 것이니 이는 배우지 않고서는 감히 쉽게 엿볼 수가 없는 것이니 그 본래의 마음이 벼슬하지 않으려 한 것은 확실하다.

율곡이 이로써 '퇴계가 덕(德)은 많으나 재주는 부족한 것이 있다고 하여 세상에서 망령된 의논이라고 한다. 그러나 나는 말한다. 왕후(王侯)를 섬기지 않는다는 뜻은 옳다. 그러나 중요한 것은 대현(大賢)의 지위를 퇴계에게 주는 것이 무슨 혐의가 있겠는가? 다만 그 재주의 높고 낮은 것은 상고할 수가 없어서 뜻으로써 혼자 생각하건대 옛날에 도덕은 가슴에 품었으나 당시 세상에 불우(不遇)했던 것은 공맹(孔孟)과 정주(程朱) 만한 사람이 없을 것이다. 이들은 모두 천하가 무도(無道)하다 하여 버리지 않고, 세상을 걱정하고 백성을 구제하기에 부지런했다는 것은 상고하여 알 수가 있다. 그런데 이제 퇴계의 글은 오로지 본원과 윤리 행실에 대한 것만 말하고 정치에 대해서는 말하지 않았다. 그 당시로 말하자면 법령의 폐해 등을 변통할 기회였고, 조정에서의 대우도 천고에 다시없이 특별했으니 비록 몸소 담당하지는 못했더라도 어찌 말이나마 베풀어 보답하지 않을 수 있었겠는가? 말을 하고 안하고는 자신에게 달려 있고, 그 말을 들어 쓰느냐 안 쓰느냐 하는 것은 다른 사람에게 맡겨야 한다.

《성학십도(聖學十圖)》는 임금을 섬기고 세상을 다스리는 근본이 되는 것이니 시무(時務) 가운데에서 큰일을 대략 말하여 5년, 7년의 효과를 기약하여야 비로소 유감이 없었을 것인데 선생께서는 그렇게 하지 않으셨으니 이는 필경 다른 뜻이 있었을 것이다."

안순암(安順庵) 정복(鼎福)의 《상헌수필(橡軒隨筆)》에는 이렇게 말했다.

"화담은 현인(賢人)의 재능이 있고, 정암은 현인의 자질을 소유하였으며, 회재(晦齋)는 현인의 학문이 있는데, 이를 집대성(集大成)한 것은 퇴계이다."

또 말하였다.

"공맹(孔孟)의 말은 국가의 법령(法令)과 같고, 정주(程朱)의 말은 부형(父兄)의 교훈과 같으니 세대가 가까울수록 그 말이 더욱 간절하다."

이 퇴 계 황 자 경 호 진 보 인 연 산 주 신 유 생 우 례 안 현 온 계 리 이 세 이
李退溪滉字景浩眞寶人燕山主辛酉生于禮安縣溫溪里二歲而
고 십 이 세 수 론 어 우 숙 부 송 재 공 우 지 제 자 입 즉 효 출 즉 제 척 연 자 경
孤十二歲受論語于叔父松齋公堣至弟子入則孝出則悌惕然自警
왈 인 자 지 도 당 여 시 일 일 장 리 자 문 왈 범 사 지 시 자 시 리 호 공 왈 지 문
曰人子之道當如是一日將理字問曰凡事之是者是理乎公曰持門
호 자 필 차 아 야 호 독 서 수 조 인 광 좌 필 향 벽 잠 완 우 치 력 어 주 역 지 망
户者必此兒也好讀書雖稠人廣坐必向壁潛玩尤致力於周易至忘
침 식 득 영 췌 지 질 계 미 유 대 학 여 김 하 서 위 교 무 자 중 진 사 갑 오 등 제
寢食得羸瘁之疾癸未遊大學與金河西爲交戊子中進士甲午登第
무 술 조 간 복 결 입 옥 당 명 묘 무 신 구 외 보 단 양 수 선 이 풍 기 명 년 투 불
戊戌遭艱服闋入玉堂明廟戊申求外補丹陽守旋移豐基明年投紱
경 귀 시 복 거 퇴 계 한 서 암 임 자 소 배 대 사 성 부 제 학 시 상 상 진 소 천 야
徑歸始卜居退溪寒棲庵壬子召拜大司成副提學時相尚震所薦也
경 신 도 산 서 당 성 병 인 승 공 판 상 루 하 소 명 저 대 심 근 지 이 초 현 부 지
庚申陶山書堂成丙寅陞工判上屢下召命佇待甚勤至以招賢不至
탄 위 제 령 서 당 유 신 각 제 근 체 이 진 우 화 선 생 소 거 도 산 도 급 기 영 위
歎爲題令書堂儒臣各製近體以進又畵先生所居陶山圖及記詠爲
병 풍 장 어 와 내 정 묘 명 묘 승 하 배 례 판 산 릉 미 필 선 생 퇴 귀 시 의 분 운
屏風張於臥內丁卯明廟升遐拜禮判山陵未畢先生退歸時議紛紜

기 대 승 이 서 문 답 왈 고 인 명 어 진 퇴 지 분 일 사 불 방 과 소 실 관 수 즉 필
奇大升以書問答曰古人明於進退之分一事不放過小失官守則必

봉 신 극 거 기 불 이 치 신 지 지 의 유 소 불 분 즉 필 퇴 기 신 연 후 가 이 순 기
奉身亟去豈不以致身之地義有所不分則必退其身然後可以循其

의 우 대 리 이 문 왈 도 리 수 불 가 퇴 이 오 신 관 지 불 가 불 퇴 신 기 다 병 재
義又對李珥問曰道理雖不可退以吾身觀之不可不退身旣多病才

역 무 능 위 야 우 왈 사 자 고 시 위 인 약 리 불 급 인 이 환 절 어 신 즉 불 가 위
亦無能爲也又曰仕者固是爲人若利不及人而患切於身則不可爲

야 무 진 승 숭 정 우 찬 성 련 소 불 기 칠 월 입 경 겸 홍 문 제 학 상 소 진 륙 조
也戊辰陞崇政右贊成連召不己七月入京兼弘文提學上疏陳六條

초 박 순 계 왈 금 신 위 주 문 이 리 황 위 제 학 조 정 용 인 전 도 막 심 청 체 임
初朴淳啓曰今臣爲主文而李滉爲提學朝廷用人顚倒莫甚請遞任

이 수 지 경 종 기 언 여 순 상 환 선 생 위 대 제 학 십 이 월 상 성 학 십 도 명 년
以授之竟從其言與淳相換先生爲大提學十二月上聖學十圖明年

배 리 판 삼 월 걸 귀 신 사 경 조 출 전 경 오 십 일 월 졸 수 칠 십 증 령 상 시 문
拜吏判三月乞歸紳士傾朝出餞庚午十一月卒壽七十贈領相謚文

순 향 도 산 려 강 량 원 후 배 향 문 묘 김 한 훤 정 일 두 조 정 암 리 회 재 리 퇴
純享陶山廬江兩院後配享文廟金寒暄鄭一蠹趙靜庵李晦齋李退

계 병 이 유 종 승 향 문 묘 시 위 오 현 운 선 생 유 계 물 용 비 석 지 이 소 석 제
溪並以儒宗陞享文廟是爲五賢云先生遺戒勿用碑石只以小石題

왈 퇴 도 만 은 진 성 리 공 지 묘 자 작 묘 명 소 저 유 유 집 리 학 통 록 계 몽 전
曰退陶晩隱眞城李公之墓自作墓銘所著有遺集理學通錄啓蒙傳

의 주 서 절 요 등 서 문 인 조 목 찬 선 생 행 록 우 유 언 행 록 어 록 등 기 천 명
疑朱書節要等書門人趙穆撰先生行錄又有言行錄語錄等其闡明

정 학 개 도 후 생 사 공 맹 정 주 지 도 환 연 부 명 어 오 동 자 유 선 생 일 인 이
正學開導後生使孔孟程朱之道煥然復明於吾東者惟先生一人而

기 선 생 인 질 남 환 시 대 행 미 장 인 개 의 기 거 취 선 생 왈 석 고 정 이 환 장
己先生引疾南還時大行未葬人皆疑其去就先生曰昔考亭以煥章

각 대 제 부 대 효 종 발 인 이 행 의 소 당 거 부 득 불 이 야
閣待制不待孝宗發引而行義所當去不得不爾也

안 석 담 일 기 왈 퇴 계 지 학 인 문 입 도 의 리 정 밀 일 준 주 자 지 훈 제 설
按石潭日記曰退溪之學因文入道義理精密一遵朱子之訓諸說

지 이 동 역 곡 창 방 통 이 막 부 절 충 어 주 자 기 어 출 처 사 수 지 절 불 감 분
之異同亦曲暢旁通而莫不折衷於朱子其於出處辭受之節不敢分

호 차 과 금 상 초 즉 위 조 야 옹 망 지 치 사 론 개 이 위 비 리 황 불 능 성 취 성
毫差過今上初卽位朝野顒望至治士論皆以爲非李滉不能成就聖

덕 상 의 역 속 어 황 황 자 탁 재 지 불 감 당 대 사 우 견 세 쇠 속 말 난 이 유 위
德上意亦屬於滉滉自度才智不敢當大事又見世衰俗末難以有爲
차 상 심 구 치 불 성 대 신 우 무 학 식 무 일 가 시 고 간 사 작 록 기 어 필 퇴 기
且上心求治不誠大臣又無學識無一可恃故懇辭爵祿期於必退旣
반 도 산 언 불 급 시 정 여 정 유 망 기 복 기 이 황 거 졸 조 야 통 지 황 수 무 별
返陶山言不及時政輿情猶望其復起而滉遽卒朝野慟之滉雖無別
저 지 서 이 의 론 지 발 휘 성 모 천 양 현 훈 자 다 행 어 세 황 지 재 조 기 국 수
著之書而議論之發揮聖謨闡揚賢訓者多行於世滉之才調器局雖
불 급 광 조 지 어 심 구 의 리 이 진 정 미 즉 우 비 광 조 지 소 급 의
不及光祖至於深究義理以盡精微則又非光祖之所及矣

이 황 졸 군 신 청 사 시 상 이 무 행 장 불 허 리 이 왈 석 황 간 이 주 자 고 제
李滉卒羣臣請賜謚上以無行狀不許李珥曰昔黃幹以朱子高弟
기 제 행 장 유 재 이 십 년 지 후 황 리 황 문 인 안 능 용 이 제 지 호 여 황 행 적
其製行狀猶在二十年之後況李滉門人安能容易製之乎如滉行迹
소 재 이 목 행 장 유 무 유 하 증 감 오 동 방 이 유 명 세 자 수 혹 유 인 고 기 언
昭在耳目行狀有無有何增減吾東方以儒名世者雖或有人考其言
행 즉 다 불 합 유 자 궤 칙 약 황 정 신 기 백 수 품 득 불 강 재 조 기 국 성 유 불
行則多不合儒者軌則若滉精神氣魄雖稟得不强才調器局誠有不
급 고 인 자 단 일 생 침 잠 의 리 지 학 언 론 풍 지 필 지 어 서 자 수 고 석 명 유
及古人者但一生沈潛義理之學言論風旨筆之於書者雖古昔名儒
지 언 역 불 시 과 전 하 어 기 사 지 현 행 적 기 저 자 유 참 포 숭 황 어 일 시 지
之言亦不是過殿下於己死之賢行迹己著者猶斬褒崇況於一時之
사 녕 유 호 선 지 성 호
士寧有好善之誠乎

경 연 일 기 왈 김 문 경 정 문 헌 즉 언 론 풍 지 미 이 불 현 리 문 원 즉 출 처
經筵日記曰金文敬鄭文獻則言論風旨微而不顯李文元則出處
파 유 가 의 유 조 문 정 창 명 도 학 계 유 후 인 리 문 순 침 잠 의 리 모 범 일 시
頗有可疑惟趙文正倡明道學啓牖後人李文純沈潛義理模範一時
사 이 인 자 표 출 종 사 즉 부 수 왈 불 가 재
斯二人者表出從祀則夫誰曰不可哉

율 곡 답 성 호 원 서 왈 근 관 정 암 퇴 계 화 담 삼 선 생 지 설 정 암 최 고 퇴
栗谷答成浩原書曰近觀整庵退溪花潭三先生之說整庵最高退
계 차 지 화 담 우 차 지 퇴 계 즉 심 신 주 자 심 구 기 의 이 기 질 정 상 신 밀 용
溪次之花潭又次之退溪則深信朱子深求其意而氣質精詳愼密用
공 역 심 기 어 주 자 지 의 불 가 위 불 계 기 어 전 체 불 가 위 무 견 이 약 활 연
功亦深其於朱子之意不可謂不契其於全體不可謂無見而若豁然

관 통 처 즉 유 유 소 미 지 고 견 유 미 영 언 혹 미 차 리 기 호 발 리 발 기 수 지
貫通處則猶有所未至故見有未瑩言或微差理氣互發理發氣隨之

설 반 위 지 견 지 루 이 우 왈 개 퇴 계 다 의 양 지 미 고 기 언 구 이 근
說反爲知見之累耳又曰盖退溪多依樣之味故其言拘而謹

이 택 당 왈 률 곡 론 퇴 계 다 의 양 지 미 우 왈 구 이 근 금 세 학 자 집 차 이
李澤堂曰栗谷論退溪多依樣之味又曰拘而謹今世學者執此而

소 퇴 계 령 유 역 이 차 이 비 률 곡 이 여 관 지 소 위 의 양 자 비 약 양 웅 태 현
少退溪嶺儒亦以此而非栗谷以余觀之所謂依樣者非若揚雄太玄

법 언 가 절 모 방 야 주 자 절 충 백 가 정 론 만 세 퇴 계 의 기 언 학 습 심 융 신
法言假竊模倣也朱子折衷百家定論萬世退溪依其言學習心融神

회 여 출 기 언 기 소 론 술 개 능 발 기 여 온 위 지 우 익 차 내 선 학 주 자 야 률
會如出己言其所論述皆能發其餘蘊爲之羽翼此乃善學朱子也栗

곡 위 일 시 여 화 담 대 거 범 론 지 평 비 률 곡 의 야 우 왈 아 국 학 자 종 사 전
谷爲一時與花潭對擧汎論之評非栗谷意也又曰我國學者從事傳

경 지 외 수 관 퇴 계 집 이 위 사 자 즉 이 기 시 근 지 동 우 공 모 범 야
經之外須觀退溪集以爲師資則以其時近地同尤功摹範也

기 고 봉 론 사 록 왈 퇴 도 기 관 고 서 소 무 집 체 독 신 정 주 고 인 즉 불 가
奇高峯論思錄曰退陶其觀古書少無執滯篤信程朱古人則不可

지 야 동 방 학 문 지 인 자 전 조 지 국 초 여 차 인 지 문 자 과 기 소 여 정 주 무
知也東方學問之人自前朝至國初如此人之文者寡其疏與程朱無

이 우 언 상 약 용 지 즉 평 생 소 학 기 불 욕 전 포 호
異又言上若用之則平生所學豈不欲展布乎

유 문 절 일 기 왈 독 퇴 계 심 경 후 론 기 설 심 정 당 비 문 도 대 유 언 능 도
柳文節日記曰讀退溪心經後論其說甚精當非聞道大儒焉能到

차 신 오 동 포 은 후 일 인 이 기
此信吾東圃隱後一人而己

이 성 호 왈 퇴 계 징 어 기 묘 지 화 삼 읍 이 진 일 양 이 퇴 당 시 유 기 방 지
李星湖曰退溪懲於己卯之禍三揖而進一讓而退當時有譏謗之

어 답 기 명 언 서 소 위 혹 비 어 산 금 혹 척 위 이 단 시 야 이 상 례 언 즉 신 위
語答奇明彦書所謂或比於山禽或斥爲異端是也以常禮言則身爲

중 신 이 군 상 미 장 우 승 관 체 불 고 이 둔 의 약 유 소 미 안 단 불 인 차 회 즉
重臣而君喪未葬偶乘官遞不告而遁疑若有所未安但不因此會則

구 퇴 무 로 고 단 이 행 지 차 비 미 학 소 감 이 규 이 기 본 심 지 불 욕 사 즉 결
求退無路故斷而行之此非未學所敢易窺而其本心之不欲仕則決

의 률 곡 이 차 지 의 퇴 계 위 덕 승 이 재 유 부 족 세 다 이 위 망 의 우 위 불 사
矣栗谷以此指擬退溪謂德勝而才有不足世多以爲妄議愚謂不事

왕 후 지 즉 가 야 요 시 대 현 지 위 어 퇴 계 하 혐 재 단 기 재 지 고 하 무 소 고
王侯志則可也要是大賢地位於退溪何嫌哉但其才之高下無所考
이 의 억 지 고 자 회 포 도 덕 불 우 어 시 자 막 여 공 맹 정 주 불 이 무 도 필 천
以意臆之古者懷抱道德不遇於時者莫如孔孟程朱不以無道必天
하 근 근 어 우 세 구 민 개 가 고 이 지 야 금 퇴 계 지 서 전 공 어 본 원 륜 행 지
下勤々於憂世救民皆可考而知也今退溪之書專工於本源倫行之
간 미 급 어 정 사 당 시 법 령 미 폐 역 궁 변 장 통 지 회 이 조 정 지 대 우 태 척
間未及於政事當時法令靡弊亦窮變將通之會而朝廷之待遇殆隻
천 고 야 즉 종 불 가 이 신 담 하 독 불 선 언 이 보 답 야 어 묵 재 궁 용 사 부 인
千古也則縱不可以身擔荷獨不宣言以報答耶語默在躬用舍付人
십 도 사 군 위 출 치 지 본 략 언 시 무 지 대 자 서 기 오 년 칠 년 지 효 방 시 무
十圖事君爲出治之本畧言時務之大者庶幾五年七年之效方是無
감 이 선 생 불 연 의 필 유 소 재 이
憾而先生不然意必有所在耳

안 순 암 정 복 수 필 왈 화 담 유 현 인 지 재 정 암 유 현 인 지 자 회 재 유 현
安順庵鼎福隨筆曰花潭有賢人之才靜庵有賢人之姿晦齋有賢
인 지 학 집 대 성 자 퇴 계 야 우 왈 공 맹 지 언 유 국 가 지 법 령 정 주 지 언 유
人之學集大成者退溪也又曰孔孟之言猶國家之法令程朱之言猶
부 형 지 교 훈 세 유 근 즉 언 유 절
父兄之教訓世愈近則言愈切

주해_ ㅇ召命(소명)－임금이 불러서 벼슬을 명하는 것.

ㅇ近體(근체)－한시(漢詩)의 하나로 절구(絶句)나 율시(律詩)를 가리킴.

ㅇ出處辭受(출처사수)－나아가느냐 들어앉느냐, 사양하느냐 받느냐 하는 것.

ㅇ至治(지치)－인의정치 또는 왕도정치.

ㅇ義理之學(의리지학)－수신 제가 치국하는 도학.

ㅇ整庵(정암)－나흠순(羅欽順)의 호

ㅇ揚雄(양웅)－한대(漢代)의 학자.

ㅇ太玄(태현)－한(漢)나라 양웅이 《주역(周易)》을 모방하여 지은 책.

ㅇ餘蘊(여온)－감추어진 부분, 미진한 점 등.

ㅇ五年七年之效(오년칠년지효)－임금이 덕을 닦아 인정(仁政)을 펴면 큰 나라는 5년, 작은 나라는 7년이면 그 효과를 기약할 수 있다는 것. 《맹자》 이루(離婁) 상(上)에 나오는 말.

이황의 〈천명도설후서〉 절략 개요(退溪天命圖說後敍節略概要)

우리 동방 유교의 성리(性理) 학문은 고려 말년의 정포은(鄭圃隱)이 비로소 제창(提唱)했는데 수백년을 거치면서 도를 전하고 계통을 이은 자가 없지 않았으나 혹은 사옥(史獄)에 걸리고, 혹은 사화(士禍)를 만나서 그 남긴 말과 은미한 뜻이 세상에 전해지지 못하였다. 오직 퇴도(退陶) 선생은 성리의 근원을 탐구(探究)하여 비로소 '사칠이기(四七理氣)'의 발명이 있어서 이에 제가(諸家)의 같고 다른 의논이 일어났던 것이다. 이에 퇴계의 〈천명도설(天命圖說)〉에 대하여 먼저 아래에 쓰고 아울러 제가의 변난(辨難)의 대략을 기록하여 이로써 고증(考證)의 자료로 삼으려 한다.

"내가 벼슬에 나온 이후로 한양(漢陽)의 서쪽 성문 안에 살아온 지 전후 20년이 되었으나 아직 이웃에 사는 정정이[鄭靜而 : 이름은 지운(之雲), 호는 추만(秋巒), 경주(慶州) 사람]와 서로 알고 왕래하지 못했었다. 어느 날 조카 교(喬)가 어디서 얻었는지 소위 〈천명도(天命圖)〉라는 것을 갖다 보이는데 그 그림과 말이 자못 어긋나고 잘못된 것이 있기에 어떤 사람이 지은 것이냐고 물었더니 알지 못한다고 했다. 그 뒤에 차츰 찾아 물어서 비로소 그것이 정이(靜而)에게서 나왔다는 것을 알았다. 이에 사람을 통해서 정이를 찾아 그 그림을 구해보고 또 정이를 만나서 말하기를, '이 그림이 전하는 것이 같지 않은 것은 무슨 까닭이냐?'하고 물었더니 정이가 말하기를, '내가 저번에 모재(慕齋) 김안국과 사재(思齋) 김정국 두 선생의 문하(門下)에서 배워서 그 머리의 의논을 듣고 물러나서 동생과 함께 그 자세한 뜻을 강구(講求)했는데 그 성리(性理)가 미묘(微妙)해서 밝힐 바가 없었습니다. 이에 시험삼아 주자(朱子)의 학설을 취하고 그밖의 여러 가지 말을 참작해서 하나의 그림으로 그려 모재 선생에게 물었더니 선생께서는 아주 잘못된 것이라 물리치지 않으시고 책상 위에 놓아두어 여러날 동안 골똘히 생각했습니다. 이에 내가 잘못된 곳을 물었더니, 선생은 공력을 쌓지 않고서는 경솔하게 의논할 수 없다 하시고, 가끔 학자들이 문하에 오면 그 그림을 꺼내보이고 말씀을 나누었습니다. 그후 또 사재 선생에게 물었더니 선생도 역시 꾸짖어 금하지 않으셨습니다. 두 선생께서 이렇게 하신 것은 우리의 광간(狂簡)함을 유도(誘導)하려는 뜻에서이지 그림을 전할 만한 것으로 여겨서가 아니었습니다. 그런데 뜻밖에 당시 동문(同門)의 제생(諸生)들이 이것을 베껴서 친구들에게 전하게 되었습니다. 그후에 우리가 그것이 잘못된 것이라는 것을 깨닫고 고친 곳이 많아서 그 까닭에 앞서의 것과 뒤의 것이 서로 다르고 아직까지 정본(正本)이 있지 않은 것입니다. 저는 이를 못내 부끄러워하고 있으니 바라건대 정정(訂正)하여 가르쳐주시면 고맙겠습니다' 했다.

나는 말하기를, '두 분 선생께서 옳고 그른 것을 경솔하게 말하지 않은 것은 반드시 깊은 뜻이 있어서였겠지만 그러나 오늘날 우리들이 강학(講學)하면서 만일 온당치 못하다는 것이 있다는 것을 깨달았다면 또 어찌 구차스럽게 잘못된 대로 두고 끝내 그 시비를 분변하지 않을 수 있겠습니까? 더구나 사우(師友)들이 전하기를, 모두 옛날에 먼저 두 분 선생님의 시정(是正)을 받은 것이라고 하는데 아직도 잘못됨을 면하지 못하고 있다면 이는 스승에게 욕을 끼치는 것이 크지 않겠습니까?' 했다. 이에 정지운이 말하기를, '바로 그 점이 제가 전부터 걱정해오던 바입니다. 감히 마음을 비우고 가르침을 받아들이지 않겠습니까?' 했다.

이에 내가 〈태극도(太極圖)〉와 그 설(說)을 인용하여 지적하면서 '어느 부분은 잘못되어 개정하지 않을 수가 없고, 어느 곳은 필요없으니 없애지 않으면 안되고, 어느 곳은 부족하여 보충하시 않으면 안될 것 같사온데 어떻겠습니까?' 했더니 정지운은 이를 모두 긍정하고 조금도 불만의 기색이 없었다. 다만 나의 말에 온당치 않은 것이 있으면 반드시 극력 분변하고 논란하여 아주 마땅하게 된 뒤에야 그만두었다. 아울러 호남의 선비인 이항(李恒)이 논한 바, '정(情)은 기권(氣圈) 속에 둘 수 없다는 설(情不可置氣圈中之說)'을 들어서 여러 사람들의 훌륭한 견해를 종합하는 자료로 삼았다. 이렇게 한 지 몇 달이 지나서 정지운이 고친 그림과 거기에 관계되는 말을 가지고 와서 보여주었다. 황(滉)이 다시 또 서로 참고하고 교정하여 이 그림을 완성하였다. 이는 주자의 학설을 근본으로 하여 태극의 본도(本圖)에 근거하였고 《중용(中庸)》의 대지(大旨)를 서술함으로써 그 드러난 것으로 말미암아 은미한 이치를 알고 서로 발명하여 알기 쉽게 하려고 한 것에 불과하다.

어떤 사람이 말하기를, '주자(周子)의 〈태극도〉는 태극(太極)에서 오행(五行)까지 세 층으로 만들었고 기화(氣化)와 형화(形化)를 또 두 층으로 만들었는데 이 그림은 다만 하나의 동그라미일 뿐이니 어떻게 같다고 하는가' 하였다. 이에 대답하기를, '그것은 각각 주장하는 바가 있으니 염계(濂溪) 주돈이(周敦頤)는 이기(理氣)의 본원(本源)을 천명하고 조화의 기묘(機妙)를 발명했으니 다섯으로 나누어 만들지 않으면 사람들을 깨우칠 수가 없고, 이 〈천명도〉는 인물의 품부(稟賦)에 인하고 이기(理氣)의 화생(化生)에 근원했으므로 이것을 합해서 하나로 만들지 않으면 위치가 이루어지지 못한다'고 했다. 또 염계의 〈도설(圖說)〉에 이르기를, '오행이 생길 때 각각 하나의 성(性)을 지닌다(各一其性)고 했는데 이 성은 곧 이(理)이다. 그렇다면 〈태극도〉에서 말한 오행의 성(性)이란 바로 여기의 원(元)·형(亨)·이(利)·정(貞)을 말한 것이니 어찌 저기에는 없고 여기에는 있다고 말하겠는가. 지(地)와 인물의 형체로 말하면 이 역시 〈태극도설(太極圖說)〉에서 취한 것이다. 〈도설〉에서 말한 진(眞)과 정(精)이 묘하게 합하여 남자가 되고 여자를 이루며, 기(氣)가 만물을 화생(化生)하고,

만물이 생생(生生)하여 변화가 무궁하다 하였으니 인물이 아니고 무엇이겠느냐?' 했다.

또 말하기를, '〈천명도〉는 곧 주자(周子)가 말한, 무극(無極)의 진(眞)과 이오(二五)가 묘합(妙合)하여 응결(凝結)한다는 것인데, 자사(子思)는 이기(理氣)가 묘합하는 가운데에서 유독 무극의 이(理)만을 지적해 말했다. 그 까닭에 이것을 성(性)이라고 했다. 사람으로 나누고 물(物)로 나누어 물물(物物)마다 각각 하나의 태극을 갖추었다는 것은 본래 주자의 〈태극도설〉의 뜻이니 이것이 곧 자사의 이른바 성이라는 것이다. 심성(心性)의 우리(圈)는 바로 주자가 말한 오직 사람만이 그 빼어난 기(氣)를 얻어 가장 신령하다고 한 것이니 영(靈)이란 곧 마음이다. 성이 그 가운데에 갖추어졌으니 인의예지신(仁義禮智信)의 다섯가지가 곧 이것이요, 빼어났다는 말은 기(氣)와 질(質)이다. 오른쪽의 질(質)은 음(陰)이 하는 것이니 바로 이른바 형(形)이 이미 생겨났다는 것이요, 왼쪽의 기(氣)는 양(陽)이 하는 것이니 바로 이른바 신(神)이 지혜를 발한다는 것이다. 성이 발하여 정(情)이 되고, 심이 발하여 의(意)가 되는 것은 바로 오성(五性)이 감동하는 것을 말한 것이요, 선기(善幾)와 악기(惡幾)는 선악(善惡)이 나뉜다는 것이다. 사단(四端)과 칠정(七情)은 만사가 나온다는 것이다. 이로 말미암아 말하자면 〈천명도〉의 구절은 모두 주자(周子)의 〈도설(圖說)〉에서 나온 것이며, 그 성정(性情)의 미발(未發)·이발(已發)은 또 어찌 자사의 뜻에서 벗어나겠는가?' 했다."

퇴 계 천 명 도 설 후 서 절 략 개 요
退溪天命圖說後敍節畧概要

오 동 유 교 성 리 지 학 자 려 계 정 포 은 시 창 이 력 수 백 년 전 도 계 통 자
吾東儒教性理之學自麗季鄭圃隱始倡而歷數百年傳道繼統者
수 불 무 기 인 혹 조 이 사 옥 혹 조 사 화 기 유 언 미 지 다 부 전 어 세 유 퇴 도
雖不無其人或遭罹史獄或遭士禍其遺言微旨多不傳於世惟退陶

선 생 심 구 성 리 지 원 시 유 사 칠 리 기 지 발 명 이 어 시 제 가 이 동 지 론 기
先生深究性理之源始有四七理氣之發明而於是諸家異同之論起
의 금 취 퇴 계 천 명 도 설 이 선 기 어 좌 병 기 제 가 변 난 대 개 이 위 고 증 지
矣今就退季天命圖說而先記於左並記諸家辨難大概以爲考證之
자 언
資焉

황 자 서 사 래 우 거 한 양 지 서 성 문 내 자 전 후 이 십 년 이 상 미 여 린 거
滉自筮仕來寓居漢陽之西城門內者前後二十年而尚未與隣居
정 정 이 명 지 운 호 추 만 경 주 인 상 식 왕 래 야 일 일 질 자 교 어 하 득 소
鄭靜而(名之雲號秋巒慶州人)相識往來也一日姪子喬於何得所
위 천 명 도 자 래 시 기 도 여 설 파 유 천 와 문 하 인 소 작 즉 왈 부 지 야 기 후
謂天命圖者來示其圖與說頗有舛訛問何人所作則曰不知也其後
초 심 문 지 시 지 기 출 어 정 이 어 시 인 인 고 정 이 구 견 본 도 이 이 우 구 견
稍尋問之始知其出於靜而於是因人叩靜而求見本圖已而又求見
정 이 왈 금 차 도 여 소 전 자 부 동 하 여 정 이 왈 향 자 학 어 모 재 사 재 량 선
靜而曰今此圖與所傳者不同何歟靜而曰向者學於慕齋思齋兩先
생 문 하 문 기 서 론 퇴 이 여 사 제 모 강 구 지 체 고 환 기 성 리 미 묘 무 소 준
生門下聞其緖論退而與舍弟某講求旨諦顧患其性理微妙無所准
명 시 취 주 자 지 설 참 이 제 설 작 위 일 도 이 질 의 어 모 재 선 생 선 생 불 이
明試取朱子之說參以諸說作爲一圖而質疑於慕齋先生先生不以
류 망 척 지 치 지 안 상 응 사 루 일 청 기 오 처 즉 왈 비 적 공 미 가 경 의 혹 유
謬妄斥之置之案上凝思累日請其誤處則曰非積功未可輕議或有
학 자 종 문 이 지 즉 출 시 이 어 지 기 우 질 지 사 재 선 생 역 불 가 금 시 내 량
學者踵門而至則出示而語之旣又質之思齋先生亦不呵禁是乃兩
선 생 유 진 광 간 지 의 이 비 위 기 도 지 가 전 야 불 의 피 시 동 문 제 생 인 이
先生誘進狂簡之意耳非謂其圖之可傳也不意彼時同門諸生因以
담 본 전 지 사 우 간 궐 후 오 자 각 기 비 이 개 지 자 역 다 소 이 유 전 후 지 이
謄本傳之士友間厥後吾自覺其非而改之者亦多所以有前後之異
이 상 미 유 정 본 언 지 운 절 자 괴 구 원 유 이 정 정 이 욕 교 지 행 심 황 왈 연
而尚未有定本焉之雲竊自愧懼願有以訂正而辱敎之幸甚滉曰然
량 선 생 소 이 불 경 의 시 비 자 고 필 유 심 의 존 언 이 재 금 일 오 배 강 학 여
兩先生所以不輕議是非者固必有深意存焉而在今日吾輩講學如
각 유 미 안 처 즉 우 안 가 구 차 곡 호 종 불 변 기 시 부 야 황 사 우 지 전 개 왈
覺有未安處則又安可苟且曲護終不辨其是否耶况士友之傳皆曰
증 경 량 선 생 지 시 정 이 잉 미 면 유 차 즉 기 위 사 문 지 루 불 역 대 호 정 이
曾經兩先生之是正而仍未免有差則其爲師門之累不亦大乎靜而

왈 차 고 지 운 숙 석 지 우 감 불 허 기 이 청 황 수 인 증 태 극 도 급 설 이 지 점
曰此固之雲宿昔之憂敢不虛己而聽滉遂引證太極圖及說而指點

왈 모 오 불 가 불 불 개 모 자 불 가 불 거 모 흠 불 가 불 보 하 여 정 이 개 언 하
曰某誤不可不不改某剌不可不去某欠不可不補何如靜而皆言下

령 긍 무 불 인 지 색 유 황 언 유 미 당 자 즉 필 극 력 변 난 요 귀 지 지 당 이 후
領肯無咈吝之色惟滉言有未當者則必極力辨難要歸之至當而後

기 언 이 병 거 호 남 사 인 리 항 소 론 정 불 가 치 기 권 중 지 설 이 위 집 중 장
己焉而並擧湖南士人李恒所論情不可置氣圈中之說以爲集衆長

지 자 기 수 월 정 이 이 소 개 도 급 기 부 설 래 시 황 부 상 여 참 교 정 완 시 도
之資旣數月靜而以所改圖及其附說來示滉復相與叅校整完是圖

야 불 과 용 주 자 설 거 태 극 지 본 도 술 중 용 지 대 지 욕 기 인 현 이 지 미 상
也不過用朱子說據太極之本圖述中庸之大旨欲其因顯而知微相

발 이 이 효 혹 왈 주 자 지 도 유 태 극 이 오 행 위 삼 층 기 화 형 화 우 위 이 층
發而易曉或曰周子之圖由太極而五行爲三層氣化形化又爲二層

차 도 즉 지 괴 연 일 권 자 이 하 위 기 동 야 왈 각 유 소 주 렴 계 천 리 기 지 본
此圖則只塊然一圈子耳何謂其同也曰各有所主濂溪闡理氣之本

원 발 조 화 지 기 묘 불 분 위 오 무 이 효 인 시 도 인 인 물 지 품 부 원 리 기 지
源發造化之機妙不分爲五無以曉人是圖因人物之稟賦原理氣之

화 생 불 합 위 일 불 성 위 치 우 렴 계 도 설 왈 오 행 지 생 야 각 일 기 성 성 즉
化生不合爲一不成位置又濂溪圖說曰五行之生也各一其性性卽

리 야 즉 피 소 위 오 행 지 성 즉 차 원 형 리 정 지 위 야 기 가 위 피 무 이 차 유
理也則彼所謂五行之性卽此元亨利貞之謂也豈可謂彼無而此有

지 호 약 부 지 여 인 물 지 형 역 어 도 설 취 지 소 위 기 진 정 묘 합 성 남 성 녀
之乎若夫地與人物之形亦於圖說取之所謂其眞精妙合成男成女

화 생 만 물 만 물 생 생 이 변 화 무 궁 자 비 인 물 이 하 우 왈 천 명 지 도 즉 주
化生萬物萬物生生而變化无窮者非人物而何又曰天命之圖卽周

자 소 위 무 극 이 오 묘 합 이 응 자 야 이 자 사 즉 취 리 기 묘 합 지 중 독 지 무
子所謂無極二五妙合而凝者也而子思則就理氣妙合之中獨指無

극 지 리 이 언 고 직 이 시 위 성 언 이 분 인 분 물 물 물 각 구 일 태 극 자 본 주
極之理而言故直以是爲性焉耳分人分物物々各具一太極者本周

자 도 설 지 의 이 자 사 지 소 위 성 야 심 성 지 권 즉 주 자 소 위 유 인 야 득 기
子圖說之意而子思之所謂性也心性之圈卽周子所謂惟人也得其

수 이 최 령 자 야 령 자 심 야 이 성 구 기 중 인 의 례 지 신 오 자 시 야 수 자 기
秀而最靈者也靈者心也而性具其中仁義禮智信五者是也秀者氣

여 질 야 우 질 음 지 위 즉 소 위 형 기 생 의 자 야 좌 기 양 지 위 즉 소 위 신 발
與質也右質陰之爲卽所謂形旣生矣者也左氣陽之爲卽所謂神發

지 의 자 야 성 발 위 정 심 발 위 의 즉 오 성 감 동 지 위 야 선 기 악 기 선 악 분
知矣者也性發爲情心發爲意卽五性感動之謂也善幾惡幾善惡分
자 야 사 단 칠 정 만 사 출 언 자 야 유 시 언 지 도 지 절 절 개 출 어 주 자 도 설
者也四端七情萬事出焉者也由是言之圖之節々皆出於周子圖說
이 성 정 지 미 발 이 발 우 기 외 어 자 사 지 의 여
而性情之未發已發又豈外於子思之意歟

주해_ㅇ鄭靜而(정정이)－이름은 지운(之雲), 호가 추만(秋巒).
ㅇ狂簡(광간)－뜻이 커서 좋으나 실행이 미치지 못하여 소홀하고 거칠음.
ㅇ二五(이오)－음양과 오행(五行).
ㅇ靈(영)－마음.

고봉 기대승이 사단 칠정을 이·기로 나누는 것은 그르다고 한 변(奇高峯非四端七情分理氣辯)

추만(秋巒) 정지운(鄭之雲)이 지은 〈천명도(天命圖)〉에 '사단은 이(理)가 발(發)한 것이요, 칠정은 기(氣)가 발한 것'이라고 분석한 구절이 있었다. 그래서 고봉(高峯) 기대승(奇大升)이 '사단·칠정을 이기(理氣)로 나누는 것은 그르다는 변'을 지어서 퇴계에게 질문했는데 그 글은 이러하다.

"자사(子思)는 말하기를, '희노애락(喜怒哀樂)이 아직 발(發)하지 않은 것을 중(中)이라 하고, 발하여 모두 절도에 맞는 것을 화(和)라고 한다' 했고, 맹자(孟子)는 말하기를, '측은한 마음은 인(仁)의 단서요, 부끄러워하고 미워하는 마음은 의(義)의 단서요, 사양하는 마음은 예(禮)의 단서요, 시비(是非)를 가리는 마음은 지(智)의 단서'라고 했는데 이는 성정(性情)에 대한 말이니 선유(先儒)들의 이치를 발명함이 지극합니다. 그러나 일찍이 상고해보건대 자사의 말은 그 전체를 이른 것이요, 맹자의 의논은 그 일부분만 뽑아낸 것입니다. 대개 사람의 마음이 아직 발(發)하기 이전[未發]을 성(性)이라 하고, 이미 발한 것[已發]을 정(情)이라 하는데, 성(性)에는 착하지 않은 것이 없

고, 정(情)에는 선악(善惡)이 있으니 이는 본래의 이치가 그러한 것입니다. 다만 자사와 맹자가 가리켜 말한 것이 서로 같지 않기 때문에 사단(四端)과 칠정(七情)의 구별이 있게 된 것이지 칠정 외에 별도로 사단이 있는 것은 아닙니다.

그런데 이제 만일 '사단은 이(理)에서 발(發)하기 때문에 선(善)하지 않은 것이 없고, 칠정은 기(氣)에서 발하기 때문에 선악이 있다'고 한다면 이는 이(理)와 기(氣)를 쪼개어 두 가지 물건으로 만드는 것입니다. 이는 칠정은 성(性)에서 나오지 않고 사단은 기(氣)를 타지 않는 것(不乘於氣)이 되어 말의 뜻에 병통이 있게 되니 후학(後學)으로서 의문이 없을 수 없습니다. 만일 또 '사단이 발하는 것은 순전한 이(理)이기 때문에 선하지 않은 것이 없고, 칠정이 발하는 것은 기(氣)를 겸했기 때문에 선악이 있다'는 말로 고친다면 비록 앞의 말보다 조금 낫지만 저의 생각에는 역시 타당치 못한 듯합니다.

대개 성(性)이 발할 때는 기(氣)가 용사(用事)하지 않고, 본연의 성이 곧바로 이루어질 수 있는 것이니 이것이 곧 맹자가 말한 사단이란 것입니다. 이것은 바로 순수한 천리(天理)에서 발한 것이지만 칠정 밖에서 나오는 것이 아니고, 칠성 가운데에서 발하여 절도에 맞는 것의 묘맥(苗脈)입니다. 그런데도 사단·칠정을 상대적인 것으로 호언(互言)하여 순리(純理)라거나 겸기(兼氣)라고 할 수 있겠습니까? 인심(人心)·도심(道心)을 논한다면 혹 이렇게 말해도 좋지만 사단·칠정을 논한다면 아마도 이와 같이 말할 수는 없을 것입니다. 왜 그러냐하면 대개 칠정을 인심으로만 보아서는 안되기 때문입니다.

천리(天理)는 기(氣)의 주재(主宰)요, 기(氣)는 이(理)의 재료이니 이 두 가지는 본래 구분이 있는 것이 아니지만 그것이 물(物)에 있을 때는 본래부터 한덩어리에서 나누어 쪼갤 수가 없는 것입니다. 다만 이(理)는 약하고 기(氣)는 강하며, 이(理)는 조짐이 없고 기(氣)는 자취가 있습니다. 그런 까닭에 그것이 유행하여 발현하는 사이에 과불

급(過不及)의 차이가 없을 수가 없으니 이것이 칠정이 발함에 있어서 혹은 선하고 혹은 악하여 성(性)의 본체도 혹 온전하지 못한 바가 있게 된 까닭인 것입니다. 그러나 그 선한 것은 천명(天命)의 본연이요, 악한 것은 기품(氣稟)의 과불급이어서 이른바 사단·칠정이란 것은 처음부터 두 가지의 각각 다른 의의가 있는 것이 아닙니다. 근래 학자들은 맹자가 선한 쪽만 뽑아내어 지시한 뜻을 살피지 못하고 으레 사단·칠정을 구별하여 논하니 저는 그것을 병통으로 여깁니다."

기 고 봉 비 사 단 칠 정 분 리 기 변
寄高峯非四端七情分理氣辯

정 추 만 지 운 소 저 천 명 도 유 사 단 리 지 발 칠 정 기 지 발 분 탁 구 어 고
鄭秋巒之雲所著天命圖有四端理之發七情氣之發分析句語故
기 고 봉 대 승 작 비 사 단 칠 정 분 리 기 변 이 질 문 어 퇴 계 기 변 서 여 좌
奇高峯大升作非四端七情分理氣辯以質問於退溪其辯書如左

자 사 왈 희 노 애 락 지 미 발 위 지 중 발 이 개 중 절 위 지 화 맹 자 왈 측 은
子思曰喜怒哀樂之未發謂之中發而皆中節謂之和孟子曰惻隱
지 심 인 지 단 야 수 오 지 심 의 지 단 야 사 양 지 심 례 지 단 야 시 비 지 심 지
之心仁之端也羞惡之心義之端也辭讓之心禮之端也是非之心智
지 단 야 차 성 정 지 설 야 이 선 유 발 명 진 의 연 절 상 고 지 자 사 지 언 소 위
之端也此性情之說也而先儒發明盡矣然竊嘗考之子思之言所謂
도 기 전 자 이 맹 자 지 론 소 위 척 발 출 래 자 야 개 인 심 미 발 즉 위 지 성 이
道其全者而孟子之論所謂剔撥出來者也蓋人心未發則謂之性已
발 즉 위 지 정 이 성 즉 무 불 선 정 즉 유 선 악 차 내 고 연 지 리 야 단 자 사 맹
發則謂之情而性則無不善情則有善惡此乃固然之理也但子思孟
자 소 취 이 언 지 자 부 동 고 유 사 단 칠 정 지 별 이 비 칠 정 지 외 복 유 사 단
子所就而言之者不同故有四端七情之別耳非七情之外復有四端
야 금 약 이 위 사 단 발 어 리 이 무 불 선 칠 정 발 어 기 이 유 선 악 즉 시 리 여
也今若以謂四端發於理而無不善七情發於氣而有善惡則是理與
기 판 이 위 량 물 야 시 칠 정 불 출 어 성 이 사 단 불 승 어 기 야 차 어 의 지 불
氣判而爲兩物也是七情不出於性而四端不乘於氣也此語意之不
능 무 병 이 후 학 지 불 능 무 의 야 약 우 이 사 단 지 발 순 리 고 무 불 선 칠 정
能無病而後學之不能無疑也若又以四端之發純理故無不善七情

지 발 겸 기 고 유 선 악 자 이 개 지 즉 수 사 초 승 어 전 설 이 우 의 역 공 미 안
之發兼氣故有善惡者而改之則雖似稍勝於前說而愚意亦恐未安
개 성 지 사 발 기 불 용 사 본 연 지 성 득 이 직 수 자 정 맹 자 소 위 사 단 자 야
蓋性之乍發氣不用事本然之性得以直遂者正孟子所謂四端者也
차 고 순 시 천 리 소 발 연 비 능 출 어 칠 정 지 외 야 내 칠 정 중 발 이 중 절 자
此固純是天理所發然非能出於七情之外也乃七情中發而中節者
지 묘 맥 야 연 즉 이 사 단 칠 정 대 거 호 언 이 위 지 순 리 겸 기 가 호 론 인 심
之苗脈也然則以四端七情對擧互言而謂之純理兼氣可乎論人心
도 심 즉 혹 가 여 차 설 약 사 단 칠 정 즉 공 부 득 여 차 설 개 칠 정 불 가 전 이
道心則或可如此說若四端七情則恐不得如此說蓋七情不可專以
인 심 관 야 천 리 기 지 주 재 야 기 리 지 재 료 야 이 자 고 유 분 의 이 기 재 어
人心觀也天理氣之主宰也氣理之材料也二者固有分矣而其在於
물 야 즉 고 혼 륜 이 불 가 분 개 단 리 약 기 강 리 무 짐 이 기 유 적 고 기 류 행
物也則固混淪而不可分開但理弱氣强理無朕而氣有迹故其流行
발 견 지 제 불 능 무 과 불 급 지 차 차 소 이 칠 정 지 발 혹 선 혹 악 이 성 지 본
發見之際不能無過不及之差此所以七情之發或善或惡而性之本
체 혹 유 소 불 능 전 야 연 기 선 자 내 천 명 지 본 연 악 자 내 기 품 지 과 불 급
體或有所不能全也然其善者乃天命之本然惡者乃氣稟之過不及
야 즉 소 위 사 단 칠 정 자 초 비 유 이 의 야 근 래 학 자 불 찰 맹 자 취 선 일 변
也則所謂四端七情者初非有二義也近來學者不察孟子就善一邊
척 출 지 시 지 의 례 이 사 단 칠 정 별 이 론 지 우 절 병 지
剔出指示之意例以四端七情別而論之愚窃病之

퇴계가 기대승(奇大升)에게 답한 글은 이렇다.

“대개 사단은 정(情)이요, 칠정도 또한 정입니다. 다같은 정인데 어찌하여 사단과 칠정이라는 다른 이름이 있는 것일까? 보내준 글에 이른바 ‘가리켜 말한 것이 같지 않다’는 것이 곧 이것입니다. 대개 이(理)와 기(氣)가 서로 힘입어서 체(體)가 되고 서로 기다려서 용(用)이 되는 것이니, 진실로 이(理)가 없는 기(氣)가 있지 않고, 기가 없는 이는 있지 않습니다. 그러나 가리켜 말한 바가 같지 않으면 또한 구별이 없어서는 안됩니다. 예로부터 성현(聖賢)들이 두 가지를 말할 때 어찌 한번이라도 반드시 혼합해서 하나로 만들어서만 말하고 구별

하여 말하지 않은 적이 있었습니까? 우선 성(性)이라는 한 글자로 말하더라도 자사(子思)가 말한 '천명지성(天命之性)'의 성(性)과 맹자(孟子)가 말한 '성선지성(性善之性)'의 성(性)의 두 성자는 지적하여 말한 바가 어디에 있습니까? 아마도 이기(理氣)가 부여된 속에서 이 이(理)의 근원의 본연(本然)의 곳을 가리켜 말한 것이 아니겠습니까? 그 가리킨 것이 이(理)에 있고 기(氣)에 있지 않기 때문에 순선무악(純善無惡)이라고 할 수 있습니다. 그런데 만일 이(理)와 기(氣)가 서로 떨어질 수 없는 것이라 하여 겸기로 말하려 한다면, 이는 이미 성의 본연이 아닙니다. 저 자사와 맹자가 도체(道體)의 전모를 분명히 보고 나서 이처럼 입언(立言)한 것은 그 하나만을 알고 둘을 알지 못해서가 아니고, 참으로 기와 섞어서 성을 말하면 성이 본래 선(善)하다는 것을 볼 수 없기 때문입니다. 뒤에 이르러 정자(程子)와 장자(張子) 등의 제자(諸子)들이 나온 후에 부득이 기질(氣質)의 성이라는 의논이 나오게 되었지만 이 역시 전보다 더 나은 것을 구하고 특이한 것을 내세우기 위한 것이 아니고, 지적하여 말한 바가 생(生)을 품수(稟受)한 뒤의 것에 있다면, 또 순수한 본연의 성이라고 말할 수 없기 때문입니다. 까닭에 나는 일찍이 망령되이 생각하기를, '정(情)에 사단·칠정의 구별이 있는 것은 성에 본연의 성과 기품의 다른 것이 있는 것과 같다'고 여겼습니다. 그렇다면 성에 대하여 이미 이와 기로 나누어 말할 수 있는데 어찌 정에 대해서만 이·기로 나누어 말할 수 없겠습니까?

측은(惻隱)·수오(羞惡)·사양(辭讓)·시비(是非)의 정은 어디로부터 발(發)하는 것입니까? 그것은 인(仁)·의(義)·예(禮)·지(智)의 성(性)에서 발합니다. 희(喜)·노(怒)·애(哀)·구(懼)·애(愛)·오(惡)·욕(欲)은 어디로부터 발합니까? 그것은 외물이 형체에 접촉하여 마음이 움직여 환경에 따라 나오는 것입니다. 그런데 사단이 발하는 것을 맹자는 이미 마음이라고 하였습니다. 그렇다면 마음은 본래 이와 기가 합하여 이루어진 것인데도 가리켜 말한 것이 이를 주장으로 하고 있는 것은 어찌해서입니까? 인·의·예·지의 성품이 순수하게 중(中)에 있는데, 측은·수오·사양·시비의 네 가지는 그것이 발한 단서가 되기 때문입니다. 칠정이 발하는 것을 정자(程子)는 '중(中)에서 움직인다(動於中)'고 했고, 주자(朱子)는 '각각 마땅한 바가 있다(各有攸當)'고 했으니 이는 진실로 또한 이기(理氣)를 겸한 것입니다. 그러나 가리켜 말한 바가 기(氣)에 있는 것은 무슨 까닭입니까? 그것은 외물이 오면 쉽게 감응(感應)되어 먼저 움직이는 것으로는 형기(形氣) 만한 것이 없으니 칠정(七情)은 곧 그 묘맥(妙脈)인 것입니다. 어찌 중(中)에 있으면 순리(純理)가 되고, 발하자마자 기(氣)가 섞이게 될 수 있으며, 외물에 감응되었다면 형기인데 그 발하는 것은 이가 되고 기가 되지 않을 수가 있겠습니까?

사단은 모두 선하기 때문에 이 사단이 없으면 사람이 아니라고 하였고, 또 그 정은 선하다고 할 수 있다고 하였습니다. 칠정은 본래 선하지만 악에 흐르기 쉽기 때문에, 발하여 절도에 맞는 것을 화(和)라고 하는데 하나가 있더라도 살피지 못하면 마음이 이미 그 바른 것을 얻지 못한다고 하였습니다.

이것으로 보면 두 가지가 비록 모두 이(理)와 기(氣)에서 벗어난 것은 아니지만 그 소종래(所從來)로 인하여 각각 그 주로 삼은 바를 가리켜 말한다면 어떤 것을 이(理)라 하고, 어떤 것을 기(氣)라고 한들 어찌 옳지 않은 것이 있겠습니까? 보내신 글의 뜻을 자세히 살펴보건대 이·기가 서로 따라 떨어지지 않는 것만을 보고 그 말을 힘껏 주장하기 때문에 생각하기를, 이가 없는 기란 있을 수 없고, 또한 기가 없는 이란 있을 수 없다고 하여 사단과 칠정은 다른 뜻이 있는 것이 아니라고 하였으니 이러한 말은 비록 옳은 듯하지만 성현께서 말씀한 뜻으로 따져본다면 맞지 않는 것이 있을까 합니다.

대체로 의리의 학문은 정미(精微)한 것의 극치입니다. 반드시 마음을 크게 가지고 안목을 높이 세워 결코 먼저 어떤 일설(一說)을 주장으로 삼지 말고, 마음을 비우고 기운을 화평하게 가져 서서히 그 뜻의 지취(志趣)를 관찰하여 같은 속에도 서로 다른 점이 있다는 것을 알고, 다른 속에서도 서로 같은 점이 있음을 보아 분리해서 둘로 만들어도 그 분리되는 것을 해치지 않고, 합쳐서 하나로 만들어도 실로 서로 섞이지 않아야만 두루 다하여 편벽됨이 없을 것입니다.

청컨대 다시 성현의 말씀으로써 반드시 그렇다는 것을 밝히겠습니다. 옛날 공자의 '계선(繼善)·성성(成性)'의 논이 있었고, 주자(周子)는 '무극(無極)과 태극(太極)'을 논하였습니다. 이는 모두 이(理)와 기(氣)가 서로 따르는 속에서 이만을 가려 뽑아 말한 것이요, 공자는 '상근(相近)·상원(相遠)'의 성을, 맹자는 '이목구비(耳目口鼻)의 성'을 말했는데 이는 모두 이(理)와 기(氣)가 서로 이루어지는 가운데에서 겸하여 가리키되 기(氣)를 주로 하여 말한 것이니 이 네가지는 동일한 가운데에서도 서로 다른 것이 있다는 것을 아는 것이 아니겠습니까?

자사(子思)는 '중화(中和)'를 논하면서 희·노·애·락만 말하고 사단에 대해서는 말하지 않았으며, 정자(程子)가 '호학(好學)'을 말하면서 희·노·애·구·애·오·욕만을 말하고 사단에 대해서는 말하지 않았으니, 이것은 이와 기가 서로 따르는 가운데에서 혼합(混合)해서 말한 것으로, 이 두 가지가 어찌 서로 다른 가운데에서 같은 것이 있는 것을 아는 것이 아니겠습니까? 그런데 지금 말한 것은 이와 달라서 합동(合同)하기를 기뻐하고 분리하기를 꺼리며, 혼전(渾全)하기를 좋아하고 나누이기를 싫어하여, 사단·칠정의 소종래(所從來)는 구명(究明)하지 않고서 개괄(槪括)해서 이·기를 겸하고 선·악이 있다고 하여 깊이 분별해서 말하는 것을 불가하다고 말했습니다. 중간에 비록 '이는 약하고 기는 강하며, 이는 조짐이 없고, 기는 형적이 있다'고 말했으나 그 끝에 가서는 기가 자연히 발하는 것은 이의 본체가 그러한 것이라고 하였으니 이것은 마침내 이와 기를 한가지 물건으로 여겨 분별하지 않은 것인 듯합니다. 또 내게 보낸 편지에서 이미 이르기를, '자사와 맹자가 가리켜 말한 바가 같지 않다'고 하고, 또 사단을 선한 한쪽만 골라 뽑은 것이라고 하면서도 도리어 사단·칠정에는 다른 뜻이 없다고 한 것은 스스로 상호 모순되는 데 가깝지 않겠습니까? 대체로 학문을 강론하면서 분석하기를 꺼리고 애써 합해서 일설(一說)을 만드는 것에 힘쓰는 것을 옛사람은 골륜탄조(鶻圇呑棗)라고 했으니 그 병통이 적지않습니다. 이와 같이 하는 것을 그만두지 않으면 알지 못하고 깨닫지 못하는 사이에 기를 성(性)으로 논하는 폐단에 빠져들어가고, 인욕(人欲)을 오인하여 천리(天理)로 여기는 환란에 빠지게 되니 어찌 옳다고 하겠습니까?

보내준 글을 받은 뒤로부터 즉시 어리석은 나의 소견을 전하려 했지만 내 자신의 소견이 꼭 옳아서 의심이 없다고 할 수 없기에 오래도록 글을 보내지 못했습니다. 그런데 요새 《주자어류(朱子語類)》를 보건대, 맹자의 사단을 논한 맨 끝의 한 조목이 바로 이것을 논한 것이었습니다. 그 말에 '사단은 이가 발한 것이요, 칠정은 기가 발한 것(四端是理之發 七情是氣之發)'이라고 했습니다. 감히 자신을 믿지 말고 스승을 믿으라고 옛사람이 말하지 않았습니까? 주자는 나의 스승이며 또한 천하 고금의 종사(宗師)입니다. 주자의 이 말을 본 뒤에야 나의 견해가 크게 잘못된 데 이르지 않았음을 믿게 되었습니다. 따라서 당초의 정지운(鄭之雲)의 말도 또한 스스로 병통될 것이 없어 고칠 필요가 없을 듯합니다."

또 두 번째 보낸 답서는 이러하다.

"청컨대 시험삼아 자세히 말하겠습니다. 대개 이와 기가 서로 분리되지 못한 것과 칠정이 이와 기를 겸한다는 것은 나도 또한 일찍이 선유(先儒)의 말을 들었기 때문에 먼저의 변론 속에서 누누이 말했었습니다. 만일 성정(性情)을 통론하면서 이가 없는 기란 있지 않고, 또 기가 없는 이도 있지 않다고 한다든가, 사단을 논하면서 심(心)은 본래 이와 기가 합한 것이라고 한다든가, 칠정을 논하면서 이가 없는 것이 아니라고 하는 따위의 말은 하나만이 아닙니다. 대체로 사단이 기가 없는 것이 아니고, 칠정이 이가 없는 것이 아니라는 것은 그대만이 말한 것이 아니고 나도 말했으며, 비단 우리 두 사람만이 말한 것이 아니라 선유(先儒)들도 이미 말한 것입니다. 그대의 뜻은 사단과 칠정이 모두 이와 기를 겸한 것이어서 실지는 같고 이름만 다르다고 여겨 이와 기로 분속(分屬)시킬 수 없다는 것이고, 내 뜻은 서로 다른 속에서도 같은 것이 있다고 보기 때문에 두 가지를 본래 섞어서 말한 것이 많이 있습니다. 같은 속에서도 다른 것이 있다는 것을 알면 이 두 가지로 나누어 말한 것은 본래 자연스럽게 주리(主理)·주기(主氣)의 같지 않은 것이 있을 것이니 분속한 것이 무엇이 불가하겠습니까? 이러한 이에 대해서는 전일의 말이 비록 잘못된 점이 있다 하더라도 그 요지는 실로 소종래(所從來)가 있는 것입니다. 그런데 그대의 변론은 한결같이 모두 배척하려고만 하니 한 구절 한 글자도 성한 곳이 없습니다. 이제 아무리 다시 논설하여 그것이 그렇다는 까닭을 밝히더라도 믿어 받아들이는 데는 도움이 되지 않고 한갓 시끄러운 허물만 있게 될까 염려됩니다."

또 이렇게 말했다.

"그 허령(虛靈)을 말한 점에 이르러 허(虛)를 이(理)로 삼은 것도 근본한 곳이 있는데, 생각하건대 분주(分註)한 두 글자가 옳지 않다고 해서 아울러 이것마저 그르다고 할 수는 없습니다. 이제 공(公)이 인용한 몇가지 설에 대하여 말해 보겠습니다. 주자는 '지극히 허한 속에 지극히 실한 것이 존재한다'고 했으니, 이것은 무(無)하면서도 유(有)한 것을 말한 것이요, 허를 아주 없다고 말한 것은 아니며, '지극히 무한 속에 지극히 유한 것이 존재한다'고 한 것은 무하지만 유하다는 것을 말한 것이지 무를 무하다고 말한 것이 아닙니다. 정자(程

子)가 어떤 사람에게 답하기를, '태허(太虛)란 없는 것인데 드디어 허(虛)를 가리켜 이(理)로 삼는다'고 했는데 이 또한 허에서 실(實)을 인식하려는 것이지 본래 허는 없고 실만 있다고 말한 것은 아닙니다. 그러므로 정자와 장자(張子) 이래로 허로써 이를 말한 것이 적지않았습니다. 정자는 말하기를, '도(道)는 태허(太虛)이니 형이상(形而上)'이라 하였고, 장자는 말하기를, '허와 기(氣)를 합하여 성(性)이라는 이름이 있게 되었다'고 했으며, 주자는 말하기를, '형이상(形而上)의 것은 허(虛)이니 혼연함이 도리이다'라고 했고, 또 말하기를, '태허는 바로 〈태극도(太極圖)〉 상면의 한 동그라미이다' 하였으니 이와 같은 유는 이루 낱낱이 다 들어 말할 수가 없습니다. 주자가 '무극이태극(無極而太極)'을 논한 데에서도 이르기를, '무극을 말하지 않으면 태극이 한 물건과 같이 되어 만화(萬化)의 근본이 될 수 없고, 태극을 말하지 않으면 무극이 공적(空寂)에 빠져 만화의 근본이 될 수 없다'고 하였으니 이러한 말은 사방 팔면 어디고 두루 하여 한쪽으로 기울지 않으며 내쳐도 깨어지지 않는 것이라고 했습니다. 이제 한갓 이의 실한 것만을 밝히고자 하여 마침내 이를 허한 것이 아니라고 하면 주자(周子)·정자(程子)·장자(張子)·주자(朱子) 등 대유(大儒)의 의논은 모두 버려야 하겠습니까? 《주역(周易)》의 형이상과 《중용(中庸)》의 무성(無聲)·무취(無臭)라는 말을 노자(老子)·장자(莊子)의 허무설(虛無說)과 더불어 도(道)를 어지럽히는 데로 돌아간다고 하겠습니까? 공은 허(虛)자의 폐단이 장차 학자들로 하여금 서로 허무(虛無)의 설(說)을 하게 하여 노(老)·불(佛)의 경지에 빠져들게 할까 걱정합니다만 나 역시 허자를 쓰지 않고 실(實)자만을 굳게 지키면 또 장차 학자들로 하여금 상상하고 억측하여 실지로 무위진인(無位眞人)이 있어서 황홀하게 번쩍번쩍하는 경지가 그 속에 있는 것으로 가구하게 할까 염려합니다.

또 사단도 부중절(不中節)함이 있다는 논설은 매우 새로운 것이기는 하나 역시 맹자의 근본 뜻은 아닙니다. 맹자의 뜻은 다만 순수하여 인·의·예·지로부터 나온 것을 지적하여 말함으로써 성이 본래 선하기 때문에 정 또한 선하다는 뜻을 보였을 뿐입니다. 이제 반드시 이러한 정당한 본뜻을 버리고 끌어내려 보통사람의 정이 발하여 중절하지 않는 곳에 나아가 이것과 혼합하여 말하고 있습니다. 대체로 사람이 마땅히 부끄러워하거나 미워해서는 안될 것을 부끄러워하고 미워한다거나, 시비해서는 안될 것을 시비하는 것은 모두 그 기가 혼암하여 그렇게 되는 것인데, 어찌 이런 잡스러운 설을 지적하여 사단이 순수한 천리가 발한 것이라는 것을 어지럽히겠습니까? 이와 같은 의논은 사도(斯道)를 발명하는 데 있어서 이익되는 것이 없을 뿐만 아니라 도리어 후학들에게 전해주는 데 해가 될까 염려됩니다.

내가 앞에서 '공의 소견이 정암(整庵) 나흠순(羅欽順)의 이와 기는 두 가지가 아니라는 말과 흡사한 점이 있다'고 하였는데 이는 내가 잘못 말한 것입니다. 이제 가만히 그대의 뜻을 보건대 나정암의 잘못과는 같지 않으나 다만 사칠(四七)의 분별에 있어서는 그 위치를 분리·분석함으로 인하여 장차 잘 알지 못하는 사람으로 하여금 두 정(情)이 있는 것으로 인식하게 될까 걱정하는 데 지나지 않으며, 이허(理虛)의 의논은 그 말이 공무(空無)한 데로 빠져들어가 장차 알지 못하는 사람으로 하여금 다른 곳으로 달려가게 할까 근심한 데 지나지 않으니 이 뜻이 좋지 않은 것이 아닙니다. 그렇지만 내 소견으로는 대개 도설(圖說)을 세우는 것은 본래 아는 사람을 위하여 지은 것이므로 알지 못하는 사람 때문에 폐할 것은 아니라고 생각합니다. 만약 알지 못하는 사람을 위하여 그 분석의 폐해를 걱정한다면 주염계(周濂溪)의 〈태극도(太極圖)〉에서 태극권(太極圈)만을 뽑아내어 음양도(陰陽圖)의 위에 두지 않았을 것이며, 이미 위에 있는 태극을 다시 가운데에 있는 태극에 두지 않았을 것이며, 오행(五行)의 권(圈)을 또 음양의 아래에 두지 않았을 것입니다. 그리고 그 허무한 폐해를 걱정했다면 태극의 진실무망(眞實無妄)을 주염계는 응당 무극(無極)이라고 말하지 않았을 것이며, 도(道)·성(性)·태극의 실(實)됨을 정자(程子)·장자(張子)·주자(朱子)는 응당 모두 허(虛)라고 말하지는 않았을 것입니다. 뒤의 여러 유학자들 중에 과연 염계의 도설(圖說)을 비방하는 자가 어지럽게 일어났는데, 일찍이 주자가 이것을 의논하고 저술하여 발명한 힘이 아니었으면 폐해져서 행해지지 못한 지 오래였을 것입니다. 시험삼아 주자가 도해(圖解) 뒤에 여러 사람들의 변론하고 힐난한 것을 의논하여 결정해 놓은 것을 완미해보면 분석하는 것이 무방함을 볼 수 있는데, 무엇 때문에 유속(流俗)의 폐해를 지나치게 걱정하겠습니까? 내가 말한 허(虛)란 허하되 실(實)한 것이니 저 노자(老子)나 부처의 허가 아니며, 나의 이른바 무(無)라는 것은 무하되 유한 것으로서 저들이 말하는 무가 아니니 어찌 반드시 지나치게 이단으로 돌아갈 것을 걱정하겠습니까?

그러므로 내가 행하고 있는 독서법은 대체로 성현이 의리를 말씀한 것에 대하여 드러났으면 그 드러난 것에서 의리를 찾고 감히 제맘대로 은미한 데에서 찾지 않으며, 은미하면 그 은미한 것에 따라 연구하고 감히 경솔히 드러난 것에서 추구(追求)하지 않으며, 천근(淺近)하면 그 천근함으로 인하고 감히 천착하여 심오하게도 하지 않으며, 심오하면 심오한 데로 나아가며 천근한 데에서 머물지 않으며, 분개(分開)하여 말한 곳은 분개하여 보되 혼륜(渾淪)에 해가 되지 않게 하며, 혼륜하여 말한 곳은 혼륜하여 보되 분개에 해가 되지 않게 하여 사사로운 생각으로 좌로 끌고 우로 당기며 분개한 것을 합하여 혼륜으로 만들거나, 혼륜을 쪼개어 분개로 만들지 않았습니다.

이와같이 하기를 오래 하면 자연히 그 조리가 점차 정연하여 문란시킬 수 없고, 성현이 말씀하신 횡설수설이 각각 마땅한 바가 있어 서로 방해되는 것이 없다는 것을 보게 될 것입니다. 그렇게 하여 혹 이것으로 설(說)을 만들더라도 거의 본래 정해진 의리의 본분에 어긋나지 않을 것입니다. 가령 잘못 본 곳과 잘못 말한 곳이 있어서 남이 지적하거나 스스로 깨달아 즉시 고친다 하더라도 역시 스스로 깨달아 만족할 일이지 어찌 한 소견으로 경솔히 자신의 생각만을 고집하여 다른 사람의 한마디 말도 용납하지 않겠으며, 또 어찌 성현의 말씀 가운데 나의 의견과 같은 것은 취하고 같지 않은 것을 억지로 같다고 여기거나 배척하여 그르다고 여길 수 있겠습니까? 만약 이와같이 한다면 비록 당시에는 온 천하 사람들로 하여금 대항하여 시비를 못하게 한다 하더라도 먼 훗날에 어찌 성현이 나와서 나의 흠을 지적하고 나의 숨은 병통을 간파하지 않겠습니까? 이것이 군자가 서둘러 뜻을 겸손하게 갖고 말을 살피며, 의(義)를 행하고 선을 따라 감히 일시적으로 한 사람을 이길 계책을 쓰지 않는 까닭입니다."

퇴 계 답 기 명 언 서 왈 부 사 단 정 야 칠 정 역 정 야 균 시 정 야 하 이 유 사
退溪答奇明彦書曰夫四端情也七情亦情也均是情也何以有四
칠 지 이 명 야 래 유 소 위 소 취 이 언 지 자 부 동 시 야 개 리 지 여 기 본 상 수
七之異名耶來喩所謂所就而言之者不同是也盖理之與氣本相須
이 위 체 상 대 이 위 용 고 미 유 무 리 지 기 역 미 유 무 기 지 리 연 이 소 취 이
以爲體相待以爲用固未有無理之氣亦未有無氣之理然而所就而
언 지 부 동 즉 역 불 용 무 별 종 고 성 현 유 론 급 이 자 하 상 필 곤 합 위 일 설
言之不同則亦不容無別從古聖賢有論及二者何嘗必滾合爲一說
이 불 분 별 언 지 야 차 이 성 지 일 자 언 지 자 사 소 위 천 명 지 성 맹 자 소 위
而不分別言之耶且以性之一字言之子思所謂天命之性孟子所謂
성 선 지 성 차 이 성 자 소 지 이 언 자 하 재 호 장 비 취 리 기 부 여 지 중 이 지
性善之性此二性字所指而言者何在乎將非就理氣賦與之中而指
차 리 원 두 본 연 처 언 지 호 유 기 소 지 자 재 리 부 재 기 고 가 위 순 선 무 악
此理源頭本然處言之乎由其所指者在理不在氣故可謂純善無惡
이 약 이 리 기 불 상 리 지 고 이 욕 겸 기 위 설 즉 기 불 시 성 지 본 연 의 부 이
耳若以理氣不相離之故而欲兼氣爲說則己不是性之本然矣夫以
자 사 맹 자 통 견 도 체 지 전 이 립 언 여 차 자 비 지 기 일 부 지 기 이 야 성 이
子思孟子洞見道體之全而立言如此者非知其一不知其二也誠以
위 잡 기 이 언 성 즉 무 이 견 성 지 본 선 고 야 지 어 후 세 정 장 제 자 지 출 연
爲雜氣而言性則無以見性之本善故也至於後世程張諸子之出然

후 부 득 이 이 유 기 질 지 성 지 론 역 비 구 다 이 립 이 야 지 이 언 자 재 어 품

後不得已而有氣質之性之論亦非求多而立異也指而言者在於禀

생 지 후 즉 우 부 득 순 이 본 연 지 성 칭 지 야 고 우 상 망 이 위 정 지 유 사 단

生之後則又不得純以本然之性稱之也故愚嘗妄以爲情之有四端

칠 정 지 분 유 성 지 유 본 성 기 품 지 이 야 연 즉 기 어 성 야 기 가 이 이 기 분

七情之分猶性之有本性氣禀之異也然則其於性也旣可以理氣分

언 지 지 어 정 독 불 가 이 이 기 분 언 지 호 측 은 수 오 사 양 시 비 하 종 이 발

言之至於情獨不可以理氣分言之乎惻隱羞惡辭讓是非何從而發

호 발 어 인 의 례 지 지 성 언 이 희 노 애 구 애 오 욕 하 종 이 발 호 외 물 촉 기

乎發於仁義禮智之性焉爾喜怒哀懼愛惡欲何從而發乎外物觸其

형 이 동 어 중 연 경 이 출 언 이 사 단 지 발 맹 자 기 위 지 심 즉 심 고 리 기 지

形而動於中緣境而出焉爾四端之發孟子旣謂之心則心固理氣之

합 야 연 이 소 지 이 언 자 즉 주 어 리 하 야 인 의 례 지 지 성 수 연 재 중 이 사

合也然而所指而言者則主於理何也仁義禮智之性粹然在中而四

자 기 단 서 야 칠 정 지 발 정 자 위 지 동 어 중 주 자 위 지 각 유 유 당 즉 서 고

者其端緖也七情之發程子謂之動於中朱子謂之各有攸當則緖固

역 겸 리 기 야 연 이 소 지 이 언 자 즉 재 호 기 하 야 외 물 지 래 이 감 이 선 동

亦兼理氣也然而所指而言者則在乎氣何也外物之來易感而先動

자 막 여 형 기 이 칠 자 기 묘 맥 야 안 유 재 중 위 순 리 이 재 발 위 잡 기 외 감

者莫如形氣而七者其苗脉也安有在中爲純理而才發爲雜氣外感

즉 형 기 이 기 발 고 위 리 불 위 기 야 사 단 개 선 야 고 왈 무 사 자 지 심 비 인

則形氣而其發顧爲理不爲氣耶四端皆善也故曰無四者之心非人

야 이 왈 내 약 기 정 즉 가 이 위 선 의 칠 정 본 선 이 이 류 어 악 고 기 발 이 중

也而曰乃若其情則可以爲善矣七情本善而易流於惡故其發而中

절 자 내 위 지 화 일 유 지 이 불 능 찰 즉 심 기 부 득 기 정 의 유 시 관 지 이 자

節者乃謂之和一有之而不能察則心已不得其正矣由是觀之二者

수 왈 개 불 외 호 리 기 이 인 기 유 종 래 각 지 기 소 주 이 언 지 즉 위 지 모 위

雖曰皆不外乎理氣而因其由從來各指其所主而言之則謂之某爲

리 모 위 기 하 불 가 지 유 호 절 상 래 유 지 의 심 유 견 어 리 기 지 상 순 불 리

理某爲氣何不可之有乎竊詳來喩之意深有見於理氣之相循不離

이 주 장 기 설 심 력 고 이 위 미 유 무 리 지 기 역 미 유 무 기 지 리 이 위 사 단

而主張其說甚力故以爲未有無理之氣亦未有無氣之理而謂四端

칠 정 비 유 이 의 차 수 근 시 이 발 이 성 현 지 지 공 유 소 미 합 야 대 저 의 리

七情非有異義此雖近是而揆以聖賢之旨恐有所未合也大抵義理

지 학 정 미 지 치 필 회 대 저 심 흉 고 저 안 목 절 물 선 이 일 설 위 주 처 심 평

之學精微之致必須大著心胸高著眼目切勿先以一說爲主處心平

기 서 관 기 의 취 취 동 중 이 지 기 유 이 취 이 중 이 견 기 유 동 분 이 위 이 이
氣徐觀其意趣就同中而知其有異就異中而見其有同分而爲二而
불 해 기 미 상 리 합 이 위 일 이 실 귀 어 불 상 리 내 위 주 실 이 무 편 야 청 부
不害其未嘗離合而爲一而實歸於不相離乃爲周悉而無偏也請復
이 성 현 지 설 명 기 필 연 석 자 공 자 유 계 선 성 성 지 론 주 자 유 무 극 태 극
以聖賢之說明其必然昔者孔子有繼善成性之論周子有无極太極
지 설 차 개 취 리 기 상 순 지 중 척 발 이 독 언 리 야 공 자 언 상 근 상 원 지 성
之說此皆就理氣相循之中剔撥而獨言理也孔子言相近相遠之性
맹 자 언 이 목 구 비 지 성 차 개 취 리 기 상 성 지 중 겸 지 이 주 언 기 야 사 사
孟子言耳目口鼻之性此皆就理氣相成之中兼指而主言氣也斯四
자 기 비 취 동 중 이 지 기 유 이 호 자 사 지 론 중 화 언 희 노 애 락 이 불 급 어
者豈非就同中而知其有異乎子思之論中和言喜怒哀樂而不及於
사 단 정 자 지 론 호 학 언 희 노 애 구 애 오 욕 이 역 불 언 사 단 시 즉 취 리 기
四端程子之論好學言喜怒哀懼愛惡欲而亦不言四端是則就理氣
상 수 지 중 이 혼 륜 언 지 야 사 이 자 기 비 취 이 중 이 견 기 유 동 호 금 지 소
相須之中而渾淪言之也斯二者豈非就異中而見其有同乎今之所
변 즉 이 어 시 희 동 이 오 리 악 혼 전 이 염 부 탁 불 구 사 단 칠 정 지 소 종 래
辯則異於是喜同而惡離樂渾全而厭剖析不究四端七情之所從來
개 이 위 겸 리 기 유 선 악 심 이 분 별 언 지 위 불 가 중 간 수 유 리 약 기 강 리
槪以爲兼理氣有善惡深以分別言之爲不可中間雖有理弱氣强理
무 짐 기 유 적 지 운 지 어 기 말 즉 내 이 기 지 자 연 발 견 위 리 본 체 연 야 사
無朕氣有迹之云至於其末則乃以氣之自然發見爲理本體然也似
수 이 리 기 위 일 물 이 무 소 분 의 차 래 유 기 운 자 사 맹 자 소 취 이 언 지 자
遂以理氣爲一物而無所分矣且來喩旣云子思孟子所就而言之者
부 동 우 이 사 단 위 척 발 출 래 이 반 이 사 단 칠 정 위 무 이 지 불 기 어 자 상
不同又以四端爲剔撥出來而反以四端七情爲無異指不幾於自相
모 순 호 부 강 학 이 오 분 탁 무 합 위 일 설 고 인 위 지 골 륜 탄 조 기 병 불 소
矛盾乎夫講學而惡分析務合爲一說古人謂之鶻圇呑棗其病不少
이 여 차 불 기 부 지 불 각 지 간 침 침 연 입 어 이 기 론 성 지 교 이 타 어 인 인
而如此不已不知不覺之間駸々然入於以氣論性之敎而墮於認人
욕 작 천 리 지 환 의 해 가 재 자 승 시 유 즉 욕 헌 우 이 유 불 감 자 이 기 소 견
欲作天理之患矣奚可哉自承示喩卽欲獻愚而猶不敢自以其所見
위 필 시 이 무 의 고 구 이 미 발 근 인 간 주 자 어 류 론 맹 자 사 단 처 말 일 조
爲必是而無疑故久而未發近因看朱子語類論孟子四端處末一條
정 론 차 사 기 설 운 사 단 시 리 지 발 칠 정 시 기 지 발 고 인 불 운 호 불 감 자
正論此事其說云四端是理之發七情是氣之發古人不云乎不敢自

신 이 신 기 사 즉 주 자 오 소 사 야 역 천 하 고 금 지 소 종 사 야 득 시 설 연 후
信而信其師則朱子吾所師也亦天下古今之所宗師也得是說然後
방 신 우 견 부 지 어 대 류 이 당 초 정 설 역 자 위 무 병 사 불 수 개 야
方信愚見不至於大謬而當初鄭說亦自爲無病似不須改也

우 재 답 왈 청 시 상 지 부 리 기 지 불 상 리 칠 정 지 겸 리 기 황 역 상 여 문
又再答曰請試詳之夫理氣之不相離七情之兼理氣滉亦嘗與聞
어 선 유 지 설 의 고 전 변 지 중 루 루 언 지 여 통 론 성 정 즉 왈 미 유 무 리 지
於先儒之說矣故前辯之中累々言之如統論性情則曰未有無理之
기 역 미 유 무 기 지 리 여 론 사 단 즉 왈 심 고 리 기 지 합 론 칠 정 즉 왈 비 무
氣亦未有無氣之理如論四端則曰心固理氣之合論七情則曰非無
리 야 여 차 지 류 불 일 이 족 부 사 단 비 무 기 칠 정 비 무 리 비 도 공 언 지 황
理也如此之類不一而足夫四端非無氣七情非無理非徒公言之滉
역 언 지 비 도 오 이 인 언 지 선 유 기 언 지 공 의 이 위 사 단 칠 정 개 겸 리 기
亦言之非徒吾二人言之先儒己言之公意以謂四端七情皆兼理氣
동 실 이 명 불 가 이 분 속 리 기 황 의 이 위 취 이 중 이 견 기 유 동 고 이 자 고
同實異名不可以分屬理氣滉意以謂就異中而見其有同故二者固
다 유 혼 륜 언 지 취 동 중 이 지 기 유 이 즉 이 자 소 취 이 언 본 자 유 주 리 주
多有渾淪言之就同中而知其有異則二者所就而言本自有主理主
기 지 부 동 분 속 하 불 가 지 유 사 리 야 전 일 지 언 수 혹 유 자 이 기 종 지 즉
氣之不同分屬何不可之有斯理也前日之言雖或有疵而其宗旨則
실 유 소 종 래 성 변 일 개 저 척 무 편 언 척 자 지 득 완 금 수 갱 유 론 설 이 명
實有所從來盛辯一皆詆斥無片言隻字之得完今雖更有論說以明
기 소 이 연 지 고 공 기 무 익 어 취 신 이 도 득 효 효 지 과 야
其所以然之故恐其無益於取信而徒得嘵々之過也

우 왈 지 기 론 허 령 처 이 허 위 리 지 설 왈 역 유 소 본 공 미 가 이 분 주 이
又曰至其論虛靈處以虛爲理之說曰亦有所本恐未可以分註二
자 지 비 병 여 차 비 지 야 금 차 취 소 인 수 설 이 론 지 주 자 위 지 허 지 중 유
字之非併與此非之也今且就所引數說而論之朱子謂至虛之中有
지 유 자 존 즉 시 위 무 이 유 이 비 위 무 허 야 위 지 무 지 중 유 지 유 자 존 즉
之有者存則是謂無而有耳非謂無虛也謂至無之中有至有者存則
시 위 무 이 유 이 비 위 무 무 야 정 자 지 답 혹 인 왈 역 무 태 허 이 수 지 허 위
是謂無而有耳非謂無々也程子之答或人曰亦無太虛而遂指虛爲
리 자 시 역 욕 기 취 허 이 인 실 이 비 위 본 무 허 이 단 유 실 야 고 정 장 이 래
理者是亦欲其就虛而認實耳非謂本無虛而但有實也故程張以來
이 허 언 리 자 고 자 불 소 여 정 자 왈 도 태 허 야 형 이 상 야 장 자 왈 합 허 여
以虛言理者故自不少如程子曰道太虛也形而上也張子曰合虛與

기 유 성 지 명 주 자 왈 형 이 상 저 허 혼 시 도 리 우 왈 태 허 편 시 태 극 도 상

氣有性之名朱子曰形而上底虛渾是道理又曰太虛便是太極圖上

면 일 원 권 여 차 지 류 불 승 매 거 지 어 주 자 론 무 극 이 태 극 처 역 왈 불 언

面一圓圈如此之類不勝枚擧至於朱子論無極而太極處亦曰不言

무 극 즉 태 극 동 어 일 물 이 부 족 위 만 화 지 근 불 언 태 극 즉 무 극 륜 어 공

無極則太極同於一物而不足爲萬化之根不言太極則無極淪於空

적 이 불 능 위 만 화 지 본 약 차 지 언 가 위 사 방 팔 면 주 편 불 의 전 박 불 파

寂而不能爲萬化之本若此之言可爲四方八面周偏不倚攧撲不破

의 금 도 욕 명 리 지 실 이 수 이 리 위 비 허 즉 주 정 장 주 제 대 유 지 론 개 가

矣今徒欲明理之實而遂以理爲非虛則周程張朱諸大儒之論皆可

폐 야 대 역 지 형 이 상 중 용 지 무 성 무 취 기 여 로 장 허 무 지 설 동 귀 어 란

廢耶大易之形而上中庸之無聲無臭其與老莊虛無之說同歸於亂

도 야 공 려 허 자 지 폐 장 사 학 자 서 위 허 무 지 론 이 륜 어 로 불 지 역 황 역

道耶公慮虛字之弊將使學者胥爲虛無之論而淪於老佛之域滉亦

려 불 용 허 자 교 수 실 자 우 장 사 학 자 상 상 료 도 이 위 실 유 무 위 진 인 섬

慮不用虛字膠守實字又將使學者想像料度以爲實有无位眞人閃

섬 삭 삭 지 재 나 리 간 야 차 사 단 역 유 부 중 절 지 론 수 심 신 연 역 비 맹 자

々爍々地在那裏看也且四端亦有不中節之論雖甚新然亦非孟子

본 지 야 맹 자 지 의 단 지 기 수 연 종 인 의 례 지 상 발 출 저 설 래 이 견 성 본

本旨也孟子之意但指其粹然從仁義禮智上發出底說來以見性本

선 고 정 역 선 지 의 이 기 금 필 욕 사 차 정 당 저 본 지 이 타 예 하 래 취 심 상

善故情亦善之意而己今必欲舍此正當底本旨而拖拽下來就尋常

인 정 발 부 중 절 처 곤 합 설 거 부 인 수 오 기 소 부 당 수 오 시 비 기 소 부 당

人情發不中節處滾合說去夫人羞惡其所不當羞惡是非其所不當

시 비 개 기 기 혼 사 연 하 가 지 차 참 설 이 란 어 사 단 수 연 천 리 지 발 호 여

是非皆其氣昏使然何可指此儳說以亂於四端粹然天理之發乎如

차 의 론 비 도 무 익 어 발 명 사 도 반 공 유 해 어 전 시 후 래 야 황 전 위 공 소

此議論非徒無益於發明斯道反恐有害於傳示後來也滉前謂公所

견 유 사 어 라 정 암 리 기 비 이 물 지 설 차 즉 황 망 설 야 금 절 간 공 의 비 여

見有似於羅整庵理氣非二物之說此則滉妄說也今竊瞯公意非如

정 암 지 오 단 어 사 칠 지 분 즉 불 과 우 기 위 치 지 리 석 장 사 부 지 자 인 작

整庵之誤但於四七之分則不過憂其位置之離析將使不知者認作

이 정 리 허 지 론 즉 불 과 우 기 어 섭 어 공 무 장 사 부 지 자 향 별 처 주 차 어

二情理虛之論則不過憂其語涉於空無將使不知者向別處走此語

비 불 선 의 연 이 비 견 이 위 범 건 도 립 설 고 위 지 자 이 작 부 당 위 부 지 자

非不善矣然而鄙見以爲凡建圖立說固爲知者而作不當爲不知者

이 폐 야 약 위 부 지 자 이 려 기 분 석 지 폐 즉 렴 계 지 도 불 응 도 출 태 극 권
而廢也若爲不知者而慮其分析之弊則濂溪之圖不應桃出太極圈
재 음 양 지 상 의 기 유 재 상 지 태 극 불 응 부 유 재 중 지 태 극 의 오 행 지 권
在陰陽之上矣旣有在上之太極不應復有在中之太極矣五行之圈
우 불 응 치 재 음 양 지 하 의 려 기 허 무 지 폐 즉 태 극 지 진 실 무 망 렴 계 불
又不應置在陰陽之下矣慮其虛無之弊則太極之眞實无妄濂溪不
응 왈 무 극 의 도 여 성 여 태 극 지 실 정 장 주 자 불 응 개 이 허 언 지 의 후 래
應曰無極矣道與性與太極之實程張朱子不應皆以虛言之矣後來
제 유 과 방 렴 계 도 설 자 분 분 이 기 향 비 주 자 론 저 발 명 지 력 기 폐 이 불
諸儒果謗濂溪圖説者紛々而起向非朱子論著發明之力其廢而不
행 구 의 시 완 주 자 도 해 후 론 정 제 인 변 힐 처 즉 가 견 불 방 분 석 지 의 하
行久矣試玩朱子圖解後論定諸人辯詰處則可見不妨分析之意何
필 과 우 어 유 속 지 폐 호 오 소 위 허 허 이 실 비 피 지 허 오 소 위 무 무 이 유
必過憂於流俗之弊乎吾所謂虛虛而實非彼之虛吾所謂無無而有
비 피 지 무 하 필 과 우 어 이 단 지 귀 호 시 고 재 황 독 서 지 졸 법 범 성 현 언
非彼之無何必過憂於異端之歸乎是故在滉讀書之拙法凡聖賢言
의 리 처 현 즉 종 기 현 이 구 지 불 감 경 색 지 어 미 미 즉 종 기 미 이 구 지 불
義理處顯則從其顯而求之不敢輕索之於微微則從其微而究之不
감 경 추 지 어 현 천 즉 인 기 천 불 감 착 이 심 심 즉 취 기 심 불 감 지 어 천 분
敢輕推之於顯淺則因其淺不敢鑿而深深則就其深不敢止於淺分
개 설 처 작 분 개 간 이 불 해 유 혼 륜 혼 륜 설 처 작 혼 륜 간 이 불 해 유 분 개
開説處作分開看而不害有渾淪渾淪説處作渾淪看而不害有分開
불 이 사 의 좌 견 우 체 합 분 개 이 작 혼 륜 리 혼 륜 이 작 분 개 여 차 구 구 자
不以私意左牽右掣合分開而作渾淪離渾淪而作分開如此久久自
연 점 허 기 유 정 정 불 용 문 처 점 견 득 성 현 지 언 횡 설 수 설 각 유 유 당 불
然漸覰其有井井不容紊處漸見得聖賢之言橫説竪説各有攸當不
상 방 해 처 기 혹 이 시 자 위 설 즉 역 서 기 불 려 어 의 리 색 정 지 본 분 비 우
相妨害處其或以是自爲説則亦庶幾不戾於義理索定之本分非遇
견 차 처 설 차 처 인 인 지 점 혹 자 각 오 이 수 수 개 정 역 자 쾌 협 하 능 일 유
見差處説差處因人指點或自覺悟而隨手改定亦自快愜何能一有
소 견 거 집 기 의 불 용 타 인 일 록 야 우 하 득 어 성 현 지 언 동 어 기 자 즉 취
所見遽執己意不容他人一錄耶又何得於聖賢之言同於己者則取
지 부 동 어 기 자 즉 혹 강 지 이 위 동 혹 척 지 이 위 비 야 구 여 차 수 사 당 시
之不同於己者則或强之以爲同或斥之以爲非耶苟如此雖使當時
거 천 하 지 인 무 능 항 기 시 비 자 천 만 세 지 하 안 지 불 유 성 현 자 출 지 출
擧天下之人無能抗其是非者千萬世之下安知不有聖賢者出指出

아 하 극 허 파 아 은 병 호 차 군 자 지 소 이 급 급 연 손 지 찰 언 복 의 종 선 이
我瑕隙覷破我隱病乎此君子之所以汲々然遜志察言服義從善而
불 감 위 일 시 륵 승 일 인 계 야
不敢爲一時勒勝一人計也

주해_ ㅇ无極太極(무극태극)－주자(周子)는 '무극이태극(无極而太極)'이라고 하였다. 태극은 모든 것의 근저(根柢)가 되는 이치다.
ㅇ相近相遠(상근상원)－《논어(論語)》 양화편(陽貨篇)에 '성(性)은 서로 가깝고 습(習)은 서로 멀다'고 하였다.
ㅇ耳目口鼻之性(이목구비지성)－'이목구비의 기호가 같은 것을 증거로 이의지심(理義之心)이 성인과 같다'는 말. 《맹자(孟子)》 고자(告子) 상(上)에 나온다.
ㅇ中和(중화)－희노애락이 미발(未發)한 것을 중(中)이라 하고, 발하여 모두 중절(中節)한 것을 화(和)라고 《중용(中庸)》에서 자사(子思)가 말했다.
ㅇ好學(호학)－정자가 지은 〈호학론(好學論)〉을 말한다.
ㅇ渾淪(혼륜)－한데 섞어 버무려 하나로 만드는 것.
ㅇ鶻圇呑棗(골륜탄조)－송골매가 대추를 통째로 삼킨다는 뜻. 뒤섞여 분별하지 못하는 것을 말함.
ㅇ太虛(태허)－장자(張子)의 《정몽(正蒙)》 태화편(太和篇)에 보이는 말.
ㅇ無聲無臭(무성무취)－아무 형적이나 성색(聲色), 기미(氣味)가 없다는 뜻. 《중용》에 나오는 말로 문왕(文王)의 지극한 덕(德)을 나타낸 말이다.
ㅇ羅整庵(나정암)－명(明)나라 유학자 나흠순(羅欽順). 정암은 호. 정주(程朱)의 학설을 바탕으로 삼아 이기일원론(理氣一元論)을 주장했다.

기대승의 사단칠정 후설(奇明彦四端七情後說)

고봉 기대승이 퇴계 선생과 왕복 논변하기를 무릇 3, 4차례 하고 나서 비로소 처음에 말한 것이 타당하지 못했음을 알고 이에 사단칠정 후설을 지어서 퇴계 선생에게 나아가 다음과 같이 취정(就正)하였다.

“사단칠정의 설에 대하여 전에는 발(發)하여 절도(節度)에 맞는 칠정은 사단과 다를 것이 없다고 알았기 때문에 사단·칠정을 이와 기에 분속하는 것에 의심을 가져, ‘정이 발하는 데는 이·기를 겸하고 선·악이 있는 것인데, 사단에 대해서는 오로지 이에서 발하여 선하지 않은 것이 없는 것만을 가리켜 말하고, 칠정에 대해서는 진실로 이·기를 겸하고 선·악이 있는 것을 가리켜 말했으니, 만약 사단을 이에 분속하고 칠정을 기에 분속한다면 이는 칠정 가운데에 이에 해당되는 한쪽이 도리어 사단의 몫이 되어 선·악이 있다는 것이 다만 기에서만 나오는 것처럼 되는 것 같으니 이는 언어의 사이에 의심이 없을 수 없다’고 생각했던 것입니다. 그러나 주자(朱子)의 이른바 ‘사단은 이가 발한 것이요, 칠정은 기가 발한 것’이라고 한 말을 반복(反復)하여 참고해 보고서야 끝내 부합되지 않는 것이 있는 것을 깨닫게 되었고, 이어서 다시 생각해 보고서야 곧 제가 지난번 상고한 설이 자세하지 못하고 살핀 것이 극진하지 못하다는 것을 알았습니다.

맹자가 사단을 논하면서, ‘나에게 있는 사단을 알아서 모두 확충(擴充)시킨다’고 하여, 사람들로 하여금 자신에게 있는 사단을 확충시키려 하였으니, 그렇다면 사단이 바로 이가 발한 것이라는 말이 실로 당연한 것입니다. 정자가 칠정을 논하면서 ‘정(情)이 너무 성하여 방탕해지면 그 성(性)이 막혀버린다. 그러므로 깨달은 자는 그 정을 단속하여 중(中)에 맞게 한다’고 하여, 칠정이 성하면 더욱 방탕해지기 때문에 사람들로 하여금 단속하여 중에 맞도록 하려 하였으니, 그렇다면 칠정이 바로 기가 발한 것이란 말 또한 당연하지 않겠습니까? 이로써 보면 사단·칠정을 이와 기에 분속시키는 것은 의심의 여지가 없고, 사단과 칠정의 명의(名義)에도 진실로 각각 그럴 만한 까닭이 있다는 것을 살피지 않아서는 안되겠습니다.

그러나 칠정 중에 발하여 절도에 맞는 것은 당초 사단과 다르지 않습니다. 그것은 칠정이 비록 기에 속하지만 이가 본래 그 가운데에 있으므로 그 발하여 절도에 맞는 것은 바로 '천명(天命)의 성(性)'과 '본연(本然)의 체(體)'이니 그렇다면 어찌 이것을 기가 발(發)한 것이라 하여 사단과 다르다고 할 수 있겠습니까? 이는 또 살피지 않아서는 안될 것입니다. 주자가 일찍이 말하기를, '천지의 성품을 말할 때는 이만을 가리켜 말하고, 기질(氣質)의 성품을 논할 때에는 이와 기를 섞어서 말하는 것이니 이것이 바로 이발(理發) 기발(氣發)의 증거'라고 말했습니다.

보내주신 글에 이른바 '정(情)에 사단과 칠정의 구분이 있는 것이 마치 성(性)에 본연과 기품의 다른 것이 있는 것과 같다'고 하신 말씀이 저의 의견과 다르지 않은 것 같은데, 어찌하여 살펴주시지 않으시고, '근본은 같으나 취향이 다르다'고 하시는지 모르겠습니다. 이른바 '기질의 성품은 이와 기를 섞어서 말한 것'이라고 한 것은 대개 본연의 성품이 기질 속에 떨어져 있기 때문에 '섞어서 말한 것'이라고 한 것입니다. 그렇다면 기질의 성품 가운데 선한 것은 바로 본연의 성이고, 따로 하나의 성이 있는 것이 아닙니다. 그렇다면 저의 말 가운데, '칠정 중에서 발하여 절도에 맞는 것은 사단과 내용은 같으면서 이름만 다르다'고 한 것은 아마도 이치에 해가 되지 않는 듯합니다. 다만 사단·칠정과 이·기의 논에 대하여 분명히 결단하지 못했기 때문에 그 논설이 자못 한편으로 치우쳤고, 말하는 사이에 실수가 없지 않았습니다. 이제 감히 요점만 추려 논하오니 비평하여 가르쳐 주시기를 바랍니다."

또 〈총론(總論)〉을 지었는데 그 대략은 이러하다.

"맹자가 이른바 사단이란 것은 정(情)이 이·기를 겸하고 선악이 있는 가운데서 이에서 발하여 선하지 않은 것이 없는 것만을 떼어내어 말한 것입니다. 대개 맹자가 성선(性善)의 이치를 밝히면서 사단을 가지고 말했으니, 그렇다면 사단이 이에서 발하여 선하지 않은 것이 없다는 것을 또한 알 수 있습니다.

주자가 또 말하기를, '사단은 바로 이가 발한 것이고, 칠정은 바로 기가 발한 것'이라고 했는데, 대체로 사단은 이가 발하여 선하지 않은 것이 없기 때문에 이가 발한 것이라고 하는 것이 진실로 의심할 바가 없겠습니다. 그러나 칠정은 이·기를 겸하고 선·악이 있는 것이고 보면 그 발하는 것이 오로지 기만은 아니로되, 기질의 섞임이 없지 않기 때문에 기가 발한 것이라고 한 것이니 이 말은 바로 기질(氣質)의 성품이라는 설과 같습니다.

대체로 성품이 본래 선하다고 하더라도 기질 속에 떨어져 있으면 편벽되고 지나침이 없지 않기 때문에 기질의 성품이라 하고, 칠정이 비록 이·기를 겸했다고 하지만, 이는 약하고 기가 강하여 이가 기를 관섭(管攝)할 수 없어 쉽게 악으로 빠져들기 때문에 기가 발한 것이라고 한 것입니다. 그러나 칠정 중에 발하여 절도에 맞는 것은 이에서 발하여 선하지 않은 것이 없는 것이니 곧 사단과 더불어 당초부터 다른 것이 아닙니다."

퇴계는 이렇게 말했다.

"사단·칠정과 이·기의 분변에 대하여 기대승이 옛적에는 그 논설이 잘못된 것으로 의심해서 강력하게 배척했었다. 요새 호남에 있으면서 서신을 보내왔는데 스스로 말하기를, '자세히 상고하여 비로소 그른 것이 아님을 알았다'고 하고 나서 계속하여 〈총설(總說)〉과 〈후설(後說)〉 두 편을 지어서 보내왔다. 그 말이 순수하여 한결같이 바른 데에서 나왔다. 이제야 그 사람의 안목이 높아서 선입견으로 주장을 삼지 않고 초연(超然)하여 홀로 막힌 것이 없으며 환하고도 넓은 것이 이와 같다는 것을 알았다."

또 말했다.

"그의 사칠(四七)에 대한 논변(論辨)은 원용(援用)하고, 지적하여 전개하고 마무리하는 것이 넓고 넓으며, 변론하여 하는 말이 흐르는 물처럼 거침이 없고, 바닷물이 출렁대는 것과 같이 헤아릴 수가 없다. 참으로 기특한 인재이며 유익한 벗이다."

또 말했다.

"이 사람의 기이한 재주와 웅변은 지금 세상에 그 짝을 얻기 어렵다고 말하겠다. 다만 염약(斂約)하는 세밀한 점에 있어서는 공력(功力)을 들이지 못할까 염려된다."

또 말했다.

"다만 눈앞의 착실한 공부와 명백한 심성 공부에는 전연 손을 대지 못하고, 그저 뛰어난 견해와 빼어난 재주만 믿고 한결같이 억지 논설을 밀고나가 남의 말은 한마디도 받아들이지 않고, 아울러 선현(先賢)들의 말씀까지도 자기 견해와 다른 점에 대해서는 문득 그르게 여기니 이렇게 나가다가는 마침내는 결론을 얻지 못하여 크게 성취하지 못할까 깊이 염려된다."

기 명 언 사 단 칠 정 후 설

奇明彦四端七情後說

기 고 봉 여 퇴 계 왕 복 론 변 범 삼 사 차 연 후 시 오 초 설 지 미 타 내 작 사
奇高峯與退溪往復論辨凡三四次然後始悟初說之未妥乃作四
단 칠 정 후 설 이 취 정 어 퇴 계 선 생 여 좌
端七情後說以就正於退溪先生如左

사 단 칠 정 지 설 전 차 인 득 칠 정 지 발 이 중 절 자 여 사 단 불 이 고 유 의
四端七情之說前此認得七情之發而中節者與四端不異故有疑
어 리 기 지 분 속 이 위 정 지 발 야 겸 리 기 유 선 악 이 사 단 즉 전 지 기 발 어
於理氣之分屬以爲情之發也兼理氣有善惡而四端則專指其發於
리 이 무 불 선 자 언 지 칠 정 즉 고 지 기 겸 리 기 유 선 악 자 언 지 약 이 사 단
理而無不善者言之七情則固指其兼理氣有善惡者言之若以四端
속 지 리 칠 정 속 지 기 즉 시 칠 정 리 일 변 반 위 사 단 소 점 이 유 선 악 운 자
屬之理七情屬之氣則是七情理一邊反爲四端所占而有善惡云者
사 단 출 어 기 차 어 어 의 지 간 불 능 무 가 의 자 야 연 이 주 자 소 위 사 단 시
似但出於氣此於語意之間不能無可疑者也然以朱子所謂四端是
리 지 발 칠 정 시 기 지 발 자 참 구 반 복 종 각 유 미 합 자 인 복 사 지 내 지 전
理之發七情是氣之發者參究反覆終覺有未合者因復思之乃知前

일 지 설 고 지 유 미 상 찰 지 유 미 진 야 맹 자 론 사 단 이 위 범 유 사 단 어 아
日之說考之有未詳察之有未盡也孟子論四端以爲凡有四端於我
자 지 개 확 이 충 지 부 유 시 사 단 이 욕 기 확 이 충 지 즉 사 단 시 리 지 발 자
者知皆擴而充之夫有是四端而欲其擴而充之則四端是理之發者
시 고 연 의 정 자 론 칠 정 이 위 정 기 치 이 익 탕 기 성 착 의 고 각 자 약 기 정
是固然矣程子論七情以爲情旣熾而益蕩其性鑿矣故覺者約其情
사 합 어 중 부 이 칠 정 지 치 이 익 탕 이 욕 기 약 지 이 합 어 중 즉 칠 정 시 기
使合於中夫以七情之熾而益蕩而欲其約之以合於中則七情是氣
지 발 자 불 역 연 호 이 시 이 관 지 사 단 칠 정 지 분 속 리 기 자 불 수 의 이 사
之發者不亦然乎以是而觀之四端七情之分屬理氣自不須疑而四
단 칠 정 지 명 의 고 각 유 소 이 연 불 가 불 찰 야 연 이 칠 정 지 발 이 중 절 자
端七情之名義固各有所以然不可不察也然而七情之發而中節者
즉 여 사 단 초 불 이 야 개 칠 정 수 속 어 기 이 리 고 자 재 기 중 기 발 이 중 절
則與四端初不異也盖七情雖屬於氣而理固自在其中其發而中節
자 내 천 명 지 성 본 연 지 체 즉 기 가 위 시 기 지 발 이 이 어 사 단 야 차 우 불
者乃天命之性本然之體則豈可謂是氣之發而異於四端耶此又不
가 불 찰 야 주 자 상 왈 론 천 지 지 성 즉 전 지 리 언 론 기 질 지 성 즉 이 리 여
可不察也朱子嘗曰論天地之性則專指理言論氣質之性則以理與
기 잡 이 언 지 차 정 리 발 기 발 지 증 야 래 변 소 위 정 지 유 사 단 칠 정 지 분
氣雜而言之此正理發氣發之證也來辨所謂情之有四端七情之分
유 성 지 유 본 연 기 품 지 이 자 여 비 견 사 불 이 미 지 기 하 이 불 찰 이 위 본
猶性之有本然氣稟之異者與鄙見似不異未知其何以不察以爲本
동 이 추 이 야 부 소 위 기 질 지 성 이 리 여 기 잡 이 언 지 자 개 이 본 연 지 성
同而趨異耶夫所謂氣質之性以理與氣雜而言之者盖以本然之性
타 재 기 질 지 중 고 위 잡 이 언 지 연 기 질 지 성 지 선 자 내 본 연 지 성 비 별
墮在氣質之中故謂雜而言之然氣質之性之善者乃本然之性非別
유 일 성 야 연 즉 비 설 위 칠 정 지 발 이 중 절 자 여 사 단 동 실 이 이 명 운 자
有一性也然則鄙說謂七情之發而中節者與四端同實而異名云者
의 역 미 해 어 리 야 제 어 사 단 칠 정 리 기 지 변 불 능 단 치 분 명 고 기 설 파
疑亦未害於理也第於四端七情理氣之辨不能斷置分明故其說頗
의 어 일 편 이 사 기 지 간 불 능 무 실 금 감 촬 이 론 지 앙 품 비 회 언
倚於一偏而辭氣之間不能無失今敢撮而論之仰稟批誨焉

우 작 총 론 략 왈 약 맹 자 지 소 위 사 단 자 즉 취 정 지 겸 리 기 유 선 악 상
又作總論畧曰若孟子之所謂四端者則就情之兼理氣有善惡上
척 출 기 발 어 리 이 무 불 선 자 언 지 야 개 맹 자 발 명 성 선 지 리 이 이 사 단
剔出其發於理而無不善者言之也盖孟子發明性善之理而以四端

위 언 즉 기 발 어 리 이 무 불 선 자 우 가 지 야 주 자 왈 사 단 시 리 지 발 칠 정
爲言則其發於理而無不善者又可知也朱子曰四端是理之發七情
시 기 지 발 부 사 단 발 어 리 이 무 불 위 시 리 지 발 자 고 무 가 의 의 칠 정 겸
是氣之發夫四端發於理而無不謂是理之發者固無可疑矣七情兼
리 기 유 선 악 즉 기 소 발 수 부 전 시 기 이 역 불 무 기 질 지 잡 고 위 시 기 지
理氣有善惡則其所發雖不專是氣而亦不無氣質之雜故謂是氣之
발 차 정 여 기 질 지 성 지 설 야 개 성 수 본 선 이 타 어 기 질 즉 불 무 편 승 고
發此正如氣質之性之說也盖性雖本善而墮於氣質則不無偏勝故
위 지 기 질 지 성 칠 정 수 겸 리 기 이 리 약 기 강 관 섭 타 부 득 이 이 류 어 악
謂之氣質之性七情雖兼理氣而理弱氣强管攝他不得而易流於惡
고 위 지 기 지 발 야 연 기 발 이 중 절 자 내 발 어 리 이 무 불 선 즉 여 사 단 초
故謂之氣之發也然其發而中節者乃發於理而無不善則與四端初
불 이 야
不異也

퇴 계 왈 사 칠 리 기 지 변 명 언 구 역 의 기 설 지 오 력 가 배 빈 근 호 재 남
退溪曰四七理氣之辨明彦舊亦疑其說之誤力加排擯近湖在南
기 서 래 자 언 자 세 참 고 시 지 기 비 오 인 저 총 설 후 설 이 편 래 기 언 수 연
寄書來自言子細參考始知其非誤因著總說後說二篇來其言粹然
일 출 어 정 내 지 인 안 목 기 고 불 이 선 입 위 주 이 능 초 연 독 득 어 소 광 지
一出於正乃知人眼目旣高不以先入爲主而能超然獨得於昭曠之
원 여 차 우 왈 기 사 칠 지 변 원 인 지 적 포 장 라 락 호 한 주 양 빙 변 치 사 여
原如此又曰其四七之辨援引指摘鋪張羅絡浩汗注洋聘辯馳辭如
현 하 탕 해 불 가 측 탁 진 기 재 야 진 익 우 야 우 왈 차 인 유 기 재 웅 변 금 세
懸河盪海不可測度眞奇才也眞益友也又曰此人有奇才雄辯今世
난 득 기 비 단 어 감 약 세 밀 처 종 흠 착 력 위 가 려 우 왈 단 환 면 전 착 실 공
難得其比但於歛約細密處終欠着力爲可慮又曰但患面前着實工
부 단 적 전 지 전 미 하 수 지 시 초 예 지 견 절 륜 지 재 일 향 호 설 장 거 비 단
夫端的田地全未下手只恃超詣之見絶倫之才一向胡說將去非但
불 허 령 인 용 일 훼 병 여 전 현 여 기 이 처 첩 가 비 의 심 공 하 초 롱 득 래 무
不許令人容一喙併與前賢與己異處輒加非議深恐下稍弄得來無
수 쇄 미 능 대 유 성 취 야
收殺未能大有成就也

주해_ ㅇ天地之性(천지지성)－천명지성(天命之性), 본연지성(本然之性)과 같은 뜻.

ㅇ管攝(관섭)－맡음, 지배함.

ㅇ益友(익우)－자기에게 유익함이 있는 친구. 공자는 익자삼우(益者三友)를 말했는데, 정직한 자·신의가 있는 자·지식이 있는 자이다.
ㅇ斂約(염약)－거두어들임. 원문은 염(斂)이 감(歛)으로 되어 있다.

우계 성혼이 사칠이기에 대해 물은 글의 대략(成牛溪四七理氣問書略)

우계(牛溪) 성혼(成渾)이 주자(朱子)가 말한 '인심(人心)과 도심(道心)이 혹 생기기도 하고, 혹 근원하기도 한다(或生或原)는 말'이 퇴계의 '사단칠정(四端七情)과 이기호발(理氣互發)의 말'과 그 뜻이 서로 맞는다고 생각하여 이것을 글로 써서 이율곡 선생에게 물은 것이 6~7차례인데 이제 그 글을 간추려 기록하면 대략 아래와 같다.

"지난번에 주자의 인심·도심에 대한 말을 읽어보았는데 혹생(或生)·혹원(或原)의 말이 있어 퇴계의 의견과 맞는 것 같았습니다. 그러므로 개연히 생각하기를, '아직 허다한 의논이 없었던 저 우순(虞舜)의 시대에도 이미 이러한 이기호발(理氣互發)의 의논이 있었으니 퇴계의 견해는 바꿀 수 없는 정론(正論)'이라고 하여 종전의 생각을 버리고 이에 따르고자 감히 높으신 의견에 묻는 것입니다.

인심·도심과 사단·칠정의 명칭과 이치를 억지로 같게 하고 이것을 끌어다가 저것에 합치려는 것이 아닙니다. 성현의 무한한 도리를 한마디로 말하고, 일제히 들어서 비교하는 것은 마치 여러 음식물을 앞에 벌여놓고 한입에 넣고 씹는 것과 같아서 비단 그 맛을 알지 못할 뿐만 아니라, 그 신맛·짠맛·단맛·쓴맛의 바른 맛까지도 알지 못하게 될 것입니다. 제가 묻는 것은 사단·칠정과 인심·도심의 의미와 지의(旨意)의 같은 것과 같지 않은 것을 알아서, 이와 기가 서로 발한다는 이론(理氣互發之論)이 과연 이에 합하는지, 합하지 않는지를 알고자 하는 것입니다.

대체로 사단·칠정과 인심·도심은 비록 그 이론을 세운 뜻은 차이가 있어서 같지 않지만 그 설은 모두 성정(性情)의 쓰임(用)을 말한 것입니다. 만일 이와 기가 서로 발한다(理氣互發)는 설이 천하의 일정한 이치가 아니라면 주자가 어찌 이런 말을 했겠습니까? 이 설이 매우 길고 나의 견해가 밝지 못하여 이미 고봉(高峯)과 퇴계의 시비 속에 말려들어갔으니 어떻게 보내주신 글을 환히 변석(辨釋)할 수 있겠습니까? 고봉과 존형(尊兄)의 설이 명백 직절(直截)하지 않은 것은 아니지만 혹 이와같은 도리도 있을 듯이 의심되니 다시 자세히 살피십시오. 혹생·혹원의 뜻에 대해서 항상 정밀하게 생각하시는 것이 어떻겠습니까?"

또 말했다.

"고봉의 사단·칠정의 설에 이르기를, '인심과 도심을 논한다면 혹 이와같이 말할 수 있지만 사단·칠정은 이와같이 말할 수 없는 것'이라고 했는데, 나의 생각으로는 인심·도심을 논하는 데 이와같이 말할 수 있다면 사단·칠정을 논하는 데 있어서도 이와같이 말할 수 있다고 여겨지는데 어찌하여 이와같이 말할 수 없다는 것입니까?"

또 이렇게 말했다.

"제가 퇴계 선생에 대해서 몹시 신복(信服)하기 때문에 매양 이기호발(理氣互發)에 대하여 그렇지 않다고 생각하면서도 오히려 마음이 끌려서 버리지 못했더니 인심·도심의 설을 읽어보고 이른바 혹생·혹원의 의논을 보니 퇴계의 설과 모르는 사이에 서로 합치하게 되었습니다. 이에 개연히 옛날의 주장을 버리고 이 말을 따르려 하는데 이는 지금까지 생각했던 것을 고치는 단서가 될 것입니다. 호발(互發)의 설은 내가 새로이 지어낸 것이 아니라 바로 선생의 발언입니다. 선생의 자득(自得)한 것이 바로 여기에 있으니, 그것이 바르냐 그르냐 하는 것도 또한 여기에 달려 있습니다. 옛사람이 말을 타고 출입하는 것을 가지고 이(理)가 기(氣)를 타는 것에 비유했는데 이것은 매우 적절합니다. 대개 사람은 말이 아니면 출입하지 못하고, 말은 사람이 아니면 바른 길을 잃게 되므로 사람과 말은 서로 떨어질 수가 없는 것입니다. 그렇다면 말이 문을 나가는 것이 아니라, 반드시 사람이 나가고자 하여 말을 타는 것이니 마치 이(理)가 기(氣)의 주재(主宰)가 되고, 기는 이를 타는 것과 같습니다. 그 문을 나설 때에는 사람과 말이 바른 길로 가는 것은 기가 이에 따라 발하는 것이요, 사람이 말을 타기는 했지만 말이 함부로 아무 곳으로나 달려 바른 길로 가지 않는 것은 기가 제 마음대로 뛰어오르고 내달려 지나가기도 하고 미치지 못하기도 하는 것입니다.

이로써 이·기의 유행(流行)과 성기(誠幾)와 악기(惡幾)로 나뉘는 까닭을 찾아보면 어찌 명백 직절하고 성정체용(性情體用)의 이치가 밝아져 다른 일로 갈라지는 미혹이 있겠습니까? 주자의 말에 이르기를, '혹 형기(形氣)의 사사로움에서 생기고(或生於形氣之私), 혹 성명(性命)의 바른 데에서 근원한다(或原於性命之正)'고 하였고, 북계(北溪) 진순(陳淳)의 말에는, '이 지각은 이(理)로부터 발하는 것도 있고, 기(氣)를 따라서 발하는 것도 있다'고 했습니다. 바로 퇴계의 호발설(互發說)과 같은 것은 무슨 까닭입니까? 사단·칠정을 서로 상대적으로 분속시키는 것은 진실로 그러하거니와 인심·도심도 역시 정(情)인데 이제 도심은 이발이라 하고, 인심은 기발이라고 하는 것입니까? 사람의 형기(形氣)는 큰 것으로서 신(身)과 심(心), 작은 것으로는 백해(百骸)가 모두 물칙(物則)이 있지 않은 것이 없고, 성(聲)·색(色)·취(臭)·미(味)의 욕(欲) 또한 천리(天理)의 그칠래야 그칠 수 없는 데에서 발한 것입니다. 이제 '그 지나친 것을 경계하여 정을 절제하라'고 말한 것은 또한 가르침이 되는 것인데 어찌하여 다만 이·목·구·비의 욕심을 가지고 인욕(人欲)에 붙이고 기에 붙여서 인심이라고 하는 것입니까? 이는 아마도 이·기란 것은 역시 조작하고 스스로 발용(發用)하는 바가 있어 따로 한 장면의 유행이 되는 것인지요? 그렇지 않다면 어째서 기상(氣上)으로부터 말하는 것입니까? 사람이 말을 타는 것은 서로 의지해서 가는 것인데 이제 그 사람을 도심(道心)에, 그 말을 인심에 비하는 것은 말이 되지 않는 것 같고, 인심·도심의 분별 또한 그 확실한 근거가 어디 있는지 알지 못하겠습니다."

또 말했다.

"보내준 글에, '성정(性情)은 본래 이기(理氣)가 호발(互發)하는 이치가 없으니 대개 성이 발하여 정이 되는데, 이는 다만 기가 발하고 이는 탈 뿐'이라고 했는데 감히 고명하신 분께 재삼 자세한 질정을 청합니다. 이 이치는 참으로 이처럼 천지에 세워도 어긋나지 않고 후세에 성인이 다시 나시기를 기다려도 미혹되지 않겠습니까? 원컨대 다시 용납하여 생각하심이 어떻겠습니까? 주자는 어찌하여 '혹생·혹원'이라 말했고, 북계는 어찌하여 '이 지각이 이(理)로부터 발하는 것이 있고, 기(氣)로부터 발하는 것이 있다'고 말했으며, 예로부터의 의논이 어찌하여 인의(仁義)는 모두 이발(理發)에 귀속시키고 지각·운동·식색(食色)·형기(形氣)는 모두 기(氣)에 귀속시켰겠습니까? 사람의 온몸은 모두 이 이(理)가 있고 이 형(形)을 구비하고 있지 않은 것이 없습니다. 이제 물칙(物則)의 경우에서 성정(性情)의 발(發)은 이(理)를 주(主)로 하여 그 선악의 기미를 말하는 것이 옳은데도 어찌 반드시 '인심은 기로부터 발하고, 도심은 이(理)로부터 발한다'고 하였겠습니까?"

성 우 계 사 칠 리 기 문 서 략
成牛溪四七理氣問書略

성 우 계 선 생 혼 이 주 자 인 심 도 심 혹 생 혹 원 지 론 여 퇴 계 사 단 칠 정
成牛溪先生渾以朱子人心道心或生或原之論與退溪四端七情
리 기 호 발 지 설 지 의 상 부 서 문 우 리 률 곡 선 생 왕 복 범 륙 칠 금 절 록 기
理氣互發之說旨義相符書問于李栗谷先生往復凡六七今節錄其
옹 서 대 개 여 좌
翁書大概如左

경 일 독 주 자 인 심 도 심 지 설 즉 유 혹 생 혹 원 지 론 사 여 퇴 계 지 의 합
頃日讀朱子人心道心之說則有或生或原之論似與退溪之意合
고 개 연 이 위 재 우 순 무 허 다 의 론 시 기 유 차 리 기 호 발 지 론 즉 퇴 옹 지
故慨然以爲在虞舜無許多議論時己有此理氣互發之論則退翁之
견 불 역 론 야 반 욕 기 구 이 종 지 고 감 발 문 어 고 명 의 인 심 도 심 여 사 칠
見不易論也反欲棄舊而從之故敢發問於高明矣人心道心與四七
지 명 리 비 욕 강 비 이 동 지 뢰 차 이 합 피 야 성 현 무 한 도 리 필 욕 병 구 이
之名理非欲强比而同之牢此而合彼也聖賢無限道理必欲並口而
일 담 제 거 이 비 교 정 여 라 중 미 어 전 담 작 어 일 구 지 중 불 유 부 지 기 미
一談齊擧而比較正如羅衆味於前啗嚼於一口之中不唯不知其味
병 여 기 산 함 신 약 지 정 이 실 지 의 혼 지 발 문 내 욕 지 사 칠 지 여 인 심 도
並與其酸醎辛若之正而失之矣渾之發問乃欲知四七之與人心道
심 의 미 지 의 지 동 부 동 이 위 리 기 호 발 지 론 과 합 어 차 부 야 대 저 사 칠
心意味旨意之同不同以爲理氣互發之論果合於此否也大抵四七
지 여 인 심 도 심 수 기 립 언 의 미 지 차 부 동 개 기 설 성 정 지 용 이 연 즉 약
之與人心道心雖其立言意味之差不同皆其說性情之用耳然則若
비 리 기 호 발 지 설 위 천 하 지 정 리 즉 주 자 하 이 유 차 언 야 차 설 심 장 소
非理氣互發之說爲天下之定理則朱子何以有此言耶此說甚長所
견 미 명 기 입 고 봉 퇴 계 시 비 총 중 하 능 환 연 자 석 어 래 유 야 여 고 봉 존
見未明己入高峯退溪是非叢中何能渙然自釋於來喩耶如高峯尊
형 지 설 비 불 명 백 직 절 이 혹 의 도 리 유 여 차 이 원 갱 심 찰 혹 원 혹 생 지
兄之說非不明白直截而或疑道理有如此耳願更深察或原或生之
의 상 가 정 사 하 여
義常加精思何如

우 왈 고 봉 사 칠 설 운 론 인 심 도 심 즉 혹 가 여 차 설 약 사 단 칠 정 즉 공
又曰高峯四七說云論人心道心則或可如此說若四端七情則恐
부 득 여 차 설 우 의 이 위 론 인 심 도 심 가 여 차 설 즉 론 사 단 칠 정 역 가 여
不得如此說愚意以爲論人心道心可如此說則論四端七情亦可如
차 설 야 여 하 이 부 득 여 차 설 야
此說也如何而不得如此說耶

우 왈 혼 어 퇴 계 선 생 유 금 주 지 혹 매 어 리 기 호 발 지 설 불 이 위 연 이
又曰渾於退溪先生有金注之惑每於理氣互發之說不以爲然而
유 연 저 불 능 사 급 독 인 심 도 심 지 설 이 간 소 위 혹 생 혹 원 지 론 즉 여 퇴
猶戀著不能舍及讀人心道心之說而看所謂或生或原之論則與退
옹 지 언 암 합 고 개 연 욕 기 구 이 종 차 기 소 이 개 사 지 단 야 호 발 지 설 비
翁之言暗合故慨然欲棄舊而從此其所以改思之端也互發之說非

아 창 신 내 선 생 지 설 야 선 생 지 소 자 득 내 재 차 단 기 정 기 비 역 재 차 단

我創新乃先生之説也先生之所自得乃在此段其正其非亦在此段

의 고 인 이 승 마 출 입 비 리 승 기 이 행 정 호 개 인 비 마 불 출 입 마 비 인 실

矣古人以乘馬出入譬理乘氣而行正好盖人非馬不出入馬非人失

궤 도 인 마 상 수 불 상 리 연 즉 비 마 지 출 문 필 인 욕 지 이 마 재 지 야 정 여

軌道人馬相須不相離然則非馬之出門必人欲之而馬載之也正如

리 위 기 지 주 재 이 기 승 기 리 야 급 기 출 문 지 제 인 마 유 궤 도 자 기 지 순

理爲氣之主宰而氣乘其理也及其出門之際人馬由軌道者氣之順

리 이 발 자 야 인 수 승 마 이 마 지 횡 무 불 유 기 궤 자 기 지 번 등 결 취 이 혹

理而發者也人雖乘馬而馬之橫騖不由其軌者氣之翻騰決驟而或

과 혹 불 급 자 야 이 차 구 리 기 지 류 행 성 기 악 기 지 소 이 분 즉 기 불 명 백

過或不及者也以此求理氣之流行誠幾惡幾之所以分則豈不明白

직 절 이 성 정 체 용 지 리 가 이 소 절 이 무 타 기 지 혹 의 주 자 지 설 왈 혹 생

直截而性情體用之理可以昭晣而無他岐之惑矣朱子之説曰或生

어 형 기 지 사 혹 원 어 성 명 지 정 진 북 계 지 설 왈 저 지 각 유 종 리 이 발 자

於形氣之私或原於性命之正陳北溪之説曰這知覺有從理而發者

유 종 기 이 발 자 정 여 퇴 옹 호 발 지 설 하 야 사 칠 지 대 거 이 분 속 고 연 의

有從氣而發者正如退翁互發之説何耶四七之對擧而分屬固然矣

인 심 도 심 역 정 야 내 하 이 도 심 위 리 발 이 인 심 위 기 발 호 인 지 유 시 형

人心道心亦情也奈何以道心爲理發而人心爲氣發乎人之有是形

기 대 이 신 심 소 이 백 해 무 비 유 물 칙 자 의 성 색 취 미 지 욕 역 발 어 천 리

氣大而身心小而百骸無非有物則者矣聲色臭味之欲亦發於天理

지 불 가 기 자 의 즉 금 언 계 기 과 이 절 기 정 역 가 이 위 훈 의 내 하 독 이 이

之不可己者矣則今言戒其過而節其情亦可以爲訓矣奈何獨以耳

목 구 취 지 욕 속 지 욕 속 지 기 이 위 지 인 심 야 무 내 시 기 자 역 유 조 작 자

目口臭之欲屬之欲屬之氣而謂之人心耶無乃是氣者亦有造作自

용 지 시 이 별 위 일 장 류 행 야 불 연 하 이 종 기 상 설 출 야 인 지 승 마 상 수

用之時而別爲一場流行耶不然何以從氣上説出耶人之乘馬相須

이 행 이 금 야 지 기 인 위 도 심 지 기 마 위 인 심 사 불 성 설 화 이 인 심 도 심

以行而今也指其人爲道心指其馬爲人心似不成説話而人心道心

지 분 역 부 지 단 적 지 소 재 의

之分亦不知端的之所在矣

우 왈 래 유 성 정 본 무 리 기 호 발 지 리 범 성 발 위 정 지 시 기 발 이 리 승

又曰來喩性情本無理氣互發之理凡性發爲情只是氣發而理乘

지 야 감 청 재 삼 상 증 우 고 명 차 리 진 시 여 차 건 천 지 사 후 성 이 불 패 불

之也敢請再三詳證于高明此理眞是如此建天地俟後聖而不悖不

혹 야 절 원 갱 입 용 사 량 하 여 과 여 차 야 주 자 하 이 왈 혹 생 혹 원 북 계 하
惑耶竊願更入容思量何如果如此也朱子何以曰或生或原北溪何
이 왈 저 지 각 유 종 리 이 발 종 유 종 기 이 발 종 고 의 론 하 이 인 의 개 귀 지
以曰這知覺有從理而發從有從氣而發從古議論何以仁義皆歸之
리 발 이 지 각 운 동 식 색 형 기 개 귀 지 기 호 인 지 오 장 백 해 무 비 유 시 리
理發而知覺運動食色形氣皆歸之氣乎人之五臟百骸無非有是理
이 구 시 형 의 금 어 물 칙 지 지 성 정 지 발 주 리 이 언 기 선 악 지 기 가 의 하
而具是形矣今於物則之地性情之發主理而言其善惡之幾可矣何
필 왈 인 심 도 심 종 리 종 기 발 호 운 운
必曰人心道心從理從氣發乎云々

주해_ o渙然(환연)—얼음 같은 것이 풀리듯이 환하게 되는 것.
o金注之惑(금주지혹)—《장자(莊子)》에 나오는 말.
o北溪(북계)—송(宋)나라의 유학자 진순(陳淳). 저서에 《북계대전집(北溪大全集)》이 있음.

율곡 이이가 우계 성혼에게 답한 사칠이기변(李栗谷答成牛溪四七理氣辨)

"대체로 이(理)는 기(氣)가 주재(主宰)하는 것이요, 기(氣)는 이(理)가 타는 것이니 이가 아니면 기가 뿌리를 부칠 곳이 없고, 기가 아니면 이가 의지해 붙을 곳이 없으니 이미 두 가지 물건이 아니요, 또 한가지 물건이 아니기 때문에 하나이면서 둘이요, 두 물건이 아니기 때문에 둘이면서 하나인 것이다. 한 물건이 아니라는 것은 무엇을 말하는가? 그것은 이·기가 비록 서로 분리될 수 없다고 해도 묘합(妙合)한 가운데에서도 이는 스스로 이이고, 기는 스스로 기여서 서로 섞이지 않기 때문에 한 물건이 아닙니다. 그러면 왜 두 물건이 아니라고 합니까? 그것은 이는 스스로 이이고, 기는 스스로 기라고 하지만 혼륜무간(渾淪無間)하여 선후도 없고 이합(離合)도 없어서 그것이 두 물건으로 볼 수 없기 때문에 두 가지 물건이 아닌 것입니다. 그

러므로 동(動)과 정(靜)이 끝이 없고(動靜無端), 음(陰)과 양(陽)이 시작이 없으니(陰陽無始) 이가 시작이 없기 때문에 기도 시작이 없는 것입니다.

대개 이는 하나일 뿐이니 본래 치우치고 바른 것과 통하고 막힌 것, 맑고 탁한 것과 순수하고 착잡한 것의 구분이 없지만 이를 탄 기는 승강(升降)과 비양(飛揚)을 하면서 그치지 않고 이리저리 섞여서 고르지 못합니다. 이것이 만물을 낳는데, 혹은 바르기도 하고 편벽되기도 하며, 혹은 통하기도 하고 막히기도 하며, 혹은 맑기도 하고 탁하기도 하며, 혹은 순수하기도 하고 복잡하기도 합니다. 이는 비록 하나이나 기를 타기 때문에 그 나뉨이 만가지로 다릅니다. 그래서 천지에 있어서는 천지의 이가 되고, 만물에 있어서는 만물의 이가 되며, 사람에 있어서는 사람의 이가 되니, 이처럼 만가지로 다른 것은 기가 하는 것입니다. 그러나 비록 기가 하는 것이라고는 하나 반드시 이가 있어 주재(主宰)하는 것이니 그 만가지로 고르지 못한 것 역시 이가 마땅히 그러한 것이며, 이가 그러하지 않은데 유독 이러한 것은 아닙니다. 천지와 인물은 비록 각기 그 이가 있으나 천지의 이가 바로 만물의 이이며, 만물의 이가 바로 사람의 이이니, 이것이 이른바 '통체일태극(統體一太極)'입니다. 그러나 비록 이가 하나라 하더라도 사람의 성(性)은 물건의 성(性)이 아니며, 개(犬)의 성질은 소(牛)의 성질은 아니니, 이것이 이른바 각일기성(各一其性)이라는 것입니다.

근본을 미루어 보면 이와 기는 천지의 부모요, 천지는 또 인물의 부모가 됩니다. 천지는 기의 지극히 바르고 통한 것을 얻었기 때문에 정해진 성품(定性)이 있어서 변하지 않으며, 만물은 기의 편벽되고 또 막힌 것을 얻었기 때문에 역시 정성(定性)이 있어 변하지 않는 것입니다. 그러므로 천지와 만물은 다시 닦고 행할 도리가 없는 것입니다. 오직 사람만은 기의 바르고 통한 것을 얻었으나 청탁(淸濁)과 수박(粹駁)이 만가지로 같지 않아서 천지의 순일함과는 같지 못합니다.

그러나 다만 그 마음이란 허령(虛靈) 통철(通徹)하여 만가지 이치를 다 갖추고 있어서 탁한 것은 변화시켜 맑게 하고, 잡박한 것은 변화시켜 순수하게 할 수 있습니다. 그러므로 수양하는 공효가 사람에게만 있으며 그 수양의 극치는 '천지와 나란히 자리하고 만물을 화육(化育)하는' 경지에 이르게 되니 이렇게 된 뒤에야 사람이 할 일을 다하게 되는 것입니다.

사람 가운데서도 성인(聖人)인 자는 지극히 통하고 지극히 바르며, 지극히 맑고 지극히 순수한 기를 얻어서 천지와 더불어 덕(德)이 합하기 때문에 성인 역시 정성(定性)이 있어 변하지 않으니 정성이 있어서 변하지 않은 뒤에야 참으로 사람의 본분을 다한다고 할 수 있습니다. 그러니 천지는 성인(聖人)의 준칙(準則)이요, 성인은 중인의 준칙입니다. 이른바 그 수양하는 방법은 성인이 이미 보여준 규범(規範)을 따르는 것일 뿐입니다. 그러나 만물에 있어서는 그 성이 온전한 덕을 타고나지 못하고, 마음은 모든 이치에 통하지 못합니다. 초목은 아주 막혀서 말할 것도 없고, 금수 가운데는 혹 한쪽 방면에 통한 것으로 범과 이리는 부자(父子)를 알고, 벌과 개미는 군신(君臣)의 의리가 있으며, 기러기는 형세간의 서열(序列)이 있고, 징경이(雎鳩)는 부부의 구별이 있으며, 나무에 보금자리를 트는 새는 비바람이 부는 것을 미리 아는 지혜가 있으며, 후충(候蟲)은 때를 기다리는 믿음이 있으나 모두 변통(變通)은 하지 못합니다. 그 타고난 것이 각기 그 성질을 완수하는 것은 다만 사람들의 화육(化育)을 돕는 공에 있을 뿐입니다.

대체로 사람은 천지의 우두머리라는 성질을 타고났고, 천지의 기를 나누어 형제가 되었으므로 우리 마음의 작용이 곧 천지의 조화입니다. 천지의 조화가 그 근본이 둘이 있는 것이 아니므로 우리의 마음이 발하는 것도 근원이 둘이 있을 수 없습니다. 사람이 태어나서 고요한 것은 하늘의 성품이요, 사물(事物)에 감동되는 것은 성질의 욕심입니다. 감동될 즈음에 인(仁)에 거하고자(居仁) 하며, 의(義)로 말미암고자(由義) 하며, 예(禮)에 돌아가고자(復禮) 하며, 이치를 연구하고자(窮理) 하며, 충신(忠信)하고자 하며, 그 어버이에게 효도하고자 하며, 그 임금에게 충성하고자 하며, 집안을 바로 다스리고자(正家) 하며, 형을 공경하고자(敬兄) 하며, 친구를 존중하며 절차탁마(切磋啄磨)하고자(切偲於朋友) 하는데, 이러한 것을 도심(道心)이라고 합니다. 감동하는 것은 본래 형기(形氣)이지만 그 발하는 것은 인·의·예·지의 바른 것에서 곧바로 나와 형기가 가리지 못하므로 이(理)를 위주로 하여 도심이라 지목하는 것이요, 혹 배가 고프면 먹으려 하고, 추우면 입으려 하며, 목마르면 마시려 하고, 가려우면 긁으려 하며, 눈은 좋은 빛을 원하며, 귀는 좋은 소리를 원하며, 사지(四肢)가 편안하기를 원하는 이러한 유(類)를 인심이라 합니다. 그 근원은 천성에서 나왔지만 그 발하는 것이 이목(耳目)·사지의 사사로운 데에서 나와 천리(天理)의 본연이 아니므로 기를 주로 하여 인심이라 이르는 것입니다.

만일 보내주신 글에서와 같이 이른바 이·기가 호발(互發)하는 것이라면 이것은 이와 기가 두 물건으로 각기 마음속에 자리잡고 있는 것이어서, 발하기 전에 이미 인심과 도심의 묘맥(苗脈)이 있다가 이가 발하면 도심이 되고, 기가 발하면 인심이 된다는 것입니다. 그렇다면 우리 마음에 두 근본이 있는 것이니 어찌 크게 잘못된 것이 아니겠습니까? 대체로 발하는 것은 기(氣)요, 발하게 하는 것은 이(理)입니다. 기가 아니면 발하지 못하고, 이가 아니면 발하는 것이 없으니 이와 기는 선후가 없고 이합(離合)이 없어서 호발이라고 말할 수 없는 것입니다. 다만 인심과 도심은 혹은 형기(形氣)도 되고, 혹은 도의로 나뉘어 그 본원은 비록 하나지만 그 끝은 갈라졌으니 이것을 양변(兩邊)으로 말하지 않을 수가 없습니다.

그러나 사단·칠정은 그렇지 않은 점이 있습니다. 사단은 칠정의 선(善)한 일변(一邊)이요, 칠정은 사단의 집합체(總會者)이니 어찌 일변과 집합체를 둘로 나누어 따로 말할 수 있겠습니까? 주자의 이른바 '이에서 발하고 기에서 발한다'는 설도 반드시 그 뜻한 바가 있을 것인데, 지금에 와서는 그 뜻을 터득하지 못하고 다만 그 말대로 지켜 분개(分開)하여 끌어대니, 어찌 전전(輾轉)하다가 진의(眞意)를 잃지 않겠습니까? 주자의 뜻도 사단은 이만을 말했고, 칠정은 기를 겸해서 말한 것이지 사단은 이가 먼저 발하고, 칠정은 기가 먼저 발한 것이라고 말한 것은 아닌데 퇴계가 이를 근거로 하여 논하기를, '사단은 이가 발하면 기가 이에 따르고, 칠정은 기가 발하면 이가 탄다'고 했는데 이른바 '기가 발하면 이가 기를 탄다'는 것은 옳지만, 비단 칠정만이 그러한 것이 아니라, 사단 역시 기가 발하면 이가 기를 타게 되는 것입니다. 왜냐하면 어린아이가 우물에 빠진 것을 본 뒤에야 측은지심(惻隱之心)이 발하게 되는데, 보고 나서야 측은하게 여기는 것은 기로서, 이것이 이른바 기가 발한다는 것이요, 측은하게 여기는 마음은 인(仁)에서 나오는 것이니 이것이 이(理)가 기를 탄다는 것입니다. 사람의 마음만 그런 것이 아니라 천지의 조화도 모두 기가 화(化)하는데 이(理)가 타는 것입니다. 그러므로 음과 양이 동(動)하고 정(靜)하는데 태극(太極)이 타는 것입니다. 여기에서는 선후를 말할 수가 없는데 만약 이가 발하는데 기가 따른다고 한다면 반드시 선후가 있는 것이니 이는 어찌 이(理)를 해치는 것이 아니겠습니까? 천지의 조화는 곧 우리의 마음이 발하는 것이니 천지의 조화에 만일 이로써 화하는 것과 기로써 화하는 구별이 있다면 우리의 마음도 역시 마땅히 이발(理發)과 기발(氣發)이 있어야 합니다. 그런데 천지에 이미 이로 화함과 기로 화하는 구별이 없는데 우리의 마음에 어찌 이발과 기발의 다름이 있겠습니까? 만일 우리의 마음이 천지의 조화와 다르다고 한다면 이는 제가 아는 바가 아닙니다.

그리고 이른바 '이에서 발한다'는 말은 '성(性)이 발하여 정(情)이 된다'는 말과 같으며, 만일 '이가 발하며 기가 따른다'고 하면 이는 처음 발할 때는 기가 간섭하지 않다가 기가 발한 후에 따라서 발하는 것이니 어찌 그럴 이치가 있겠습니까? 퇴계와 기대승이 사단·칠정에 대하여 논한 것이 무려 만여언(萬餘言)이나 되는데, 기대승의 논의는 분명하고 직절(直截)하여 그 형세가 마치 대나무를 쪼개는 것과 같았고, 퇴계는 변설이 비록 자세하나 의리가 분명치 못하여 반복하여 음미했지만 끝내 적실한 맛이 없었습니다. 기대승의 학식이 어찌 퇴계를 따를 수 있겠습니까만 그의 재지(才智)가 우연히 이것을 터득했을 뿐입니다. 퇴계의 뜻을 상고해 보면, '사단은 마음에서 발하고, 칠정은 외물에 감동되어 발한다'고 하여 이로써 선입견을 삼았고, 주자의 '이에서 발하고, 기에서 발한다'는 설을 주장하고 이를 길게 부연하여 허다한 갈등을 빚어냈으니, 읽을 때마다 정견(正見)에 한 누(累)라고 개탄했었습니다.

《주역(周易)》에 이르기를, '고요히 움직이지 않다가 느끼어 드디어 통한다(寂然不動 感而遂通)'고 했습니다. 비록 성인(聖人)의 마음이라 하더라도 느끼지 않고 저절로 움직일 수는 없고, 반드시 느껴야 움직이는데 느끼는 바는 모두 외물(外物)입니다. 왜냐하면 아버지에게 느끼면 효심(孝心)이 동하고, 임금에게 느끼면 충성심이 동하고, 형에게 느끼면 존경심이 동하는데, 아버지·임금·형이 어찌 마음속에 있는 이(理)이겠으며, 천하에 어찌 느낌이 없는데 마음속에서 발하는 정(情)이 있겠습니까? 다만 느끼는 바에 정(正)과 사(邪)가 있으며, 동(動)하는 데에 과불급이 있어서 선악의 구분이 있는 것입니다. 이제 만일 외물에 의하여 느끼지 않고 마음속에서 발하는 것을 사단이라고 한다면 아버지가 없이도 효심이 발하고, 임금이 없는데도 충성심이 발하며, 형이 없는데도 존경심이 발하는 것이니 이를 어찌 사람의 정이라고 하겠습니까?

이제 측은(惻隱)으로 말하더라도 어린아이가 우물에 빠진 것을 본 뒤에야 측은한 마음이 비로소 일어나니 느끼게 하는 것은 어린아이요, 어린아이는 외물이 아닙니까? 어찌 어린아이가 우물에 빠지는 것을 보지 않고도 저절로 측은한 마음이 발하겠습니까? 가령 그런 경우가 있다면 이는 마음의 병이요, 인정이 아닙니다. 대체로 사람의 성(性)에는 인(仁)·의(義)·예(禮)·지(智)·신(信)의 다섯 가지가 있을 뿐, 이 다섯 가지 외에 다른 성품이 없으며, 정(情)에는 희(喜)·노(怒)·애(哀)·구(懼)·애(愛)·오(惡)·욕(欲)의 일곱 가지만 있을 뿐, 이 이외에 다른 정이 없습니다. 사단이란 선(善)한 정(情)의 다른 이름이요, 칠정을 말하면 사단은 그 가운데에 들어 있는 것이니 인심과 도심처럼 상대적으로 이름지은 것이 아닙니다. 그런데도 형께서 반드시 이와 아울러 견주려 하는 것은 어째서입니까? 대개 인심과 도심은 상대적으로 이름지은 것이니 이미 도심이라고 말하면 인심이 아니요, 이미 인심이라고 하면 도심이 아니기 때문에 양변(兩邊)으로 말할 수 있지만 칠정은 이미 사단을 그 가운데에 내포(內包)하였으니, 사단은 칠정이 아니라거나 칠정은 사단이 아니라고 말하지 못할 것인데 어찌 양변으로 나눌 수가 있겠습니까?

칠정에 사단이 포함되어 있나는 말을 형은 아직 이해하지 못했습니까? 대개 사람의 정이 기뻐할 때에 기뻐하고, 상(喪)을 당하면 슬퍼하며, 친한 사람은 사랑하고, 이(理)를 보면 연구하고자 하고, 현인(賢人)을 보면 그와 같이 되려고 하는 것은 인(仁)의 실마리요, 노할 만하면 노하고, 미워할 만하면 미워하는 것은 의(義)의 실마리요, 존귀한 사람을 보고 두려워하는 것은 예(禮)의 실마리입니다. 기뻐하고, 노하고, 슬퍼하고, 두려워해야 할 때를 당하여 마땅히 기뻐할 줄 알고, 노여워할 줄 알고, 슬퍼할 줄 알고, 두려워할 줄 알며, 또 기뻐해서는 안되는 것을 알고, 노해서는 안되는 것을 알고, 슬퍼해서는 안되는 것을 알며, 두려워해서는 안되는 것을 아는 것은 지(知)의 실마리이니, 선(善)한 정(情)이 발하는 것을 낱낱이 들 수는 없으나 대개 이와 같습니다. 만일 사단을 칠정에 맞추어 본다면 측은은 애(愛)에 속하며, 수오(羞惡)는 오(惡)에 속하며, 공경(恭敬)은 구(懼)에 속하며, 시비(是非)는 지(智)에 속하여 그 마땅히 기뻐하고 노하는 것과 그렇지 않은 것을 아는 것이니 칠정 이외에 사단이 따로 있는 것이 아닙니다. 그렇다면 사단은 도심(道心)만을 말한 것이요, 칠정은 인심과 도심을 합쳐서 말한 것이니, 인심과 도심의 양변으로 나눈 것과는 어찌 뚜렷이 다른 것이 아니겠습니까?"

또 말했다.

"이(理)는 형이상(形而上)의 것이요, 기(氣)는 형이하(形而下)의 것입니다. 이 두 가지는 이미 서로 떨어지지 못하는 것이니, 서로 떨어지지 못한다면 그 발용(發用)도 하나여서 서로 각기 발용하는 것이 있다고 할 수 없습니다. 만일 서로 발용하는 것이 있다고 한다면 이는 이가 발용할 때에 기가 혹 미치지 못하는 경우도 있을 것이요, 기가 발용할 때에 이가 혹 미치지 못하는 경우도 있을 것입니다. 이렇게 되면 이와 기가 떨어졌다 합쳤다 할 것이요, 선후와 동정(動靜)의 끝이 있고 음양(陰陽)에 시작이 있을 것이니 그 착오되는 것이 적지 않습니다. 다만 이(理)는 무위(無爲)요, 기는 유위(有爲)이므로 정(情)이 본연의 성(本然之性)에서 바로 나와서 형기(形氣)에 가려지지 않은 것은 이에 속하고, 당초에는 비록 본연의 성(性)에서 나왔더라도 형기에 가려진 것은 기에 속하니, 이것도 역시 부득이한 논의입니다. 인성(人性)의 본래 착한 것은 이(理)이지만 기가 아니면 이가 발하지 못하니, 인심과 도심 그 어느 것이 이(理)에 근원하지 않겠습니까? 미발(未發)일 때에도 인심의 묘맥(苗脈)이 있어 이와 함께 마음속에 서로 대하고 있는 것은 아닙니다. 근원은 하나이지만 흐르는 갈래가 둘이라는 것을 주자가 어찌 알지 못했겠습니까? 다만 주장을 세워 사람들을 깨우쳐줌에 있어서 각각 주안점(主眼點)을 삼는 것이 있어서일 뿐입니다. 북계 진씨(北溪陳氏)의 말은 모르겠지만, 주자의 본의

(本意)를 알고 있었는지 아니면 참으로 호발(互發)한다고 생각한 것이 퇴계의 견해와 같았는지 알 수 없는 것입니다. 성현의 말씀에는 그 의도가 따로 있는데 그 본의는 구하지 않고 한갓 말에만 얽매이면 어찌 도리어 해롭지 않겠습니까? 주자의 혹원·혹생의 말도 마땅히 그 본의를 구하여 얻을 것이요, 그 말에만 매달려서 호발의 말을 주장하는 것은 부당합니다.

또 사람이 말을 타는 것에 비유하면 사람은 성(性)이요, 말은 기질(氣質)입니다. 말의 성질이 혹 유순하기도 하고, 혹 불순하기도 한 것은 기품의 청(淸)·탁(濁)·수(粹)·박(駁)이 다르기 때문입니다. 문을 나갈 때에는 말이 사람의 뜻을 따라서 나가는 것도 있고, 사람이 말이 가는 대로 몸을 맡긴 채 나가기도 하는데, 말이 사람의 뜻을 따라서 나가는 것은 사람이 주가 되는 것이니 바로 도심(道心)이요, 사람이 말을 믿고서 몸을 맡긴 채 나가는 것은 말이 주가 되니 인심이 되는 것입니다. 문앞의 길은 사물이 당연히 다니는 길인데, 사람이 말을 타고 문을 드나들 때에 사람이 말을 믿느냐 말이 사람의 뜻을 따르느냐 하는 것은 모두 단서가 없으니, 이것은 인심과 도심이 본래 상대된 묘맥(苗脈)이 없는 것입니다. 성인의 혈기(血氣)도 보통사람과 같습니다. 주리면 먹고자 하고, 목마르면 마시고자 하며, 추우면 옷을 입고자 하고, 가려우면 긁고자 하는 것 역시 면할 수 없는 것이니 이것은 성인도 인심이 없을 수 없기 때문입니다. 비유컨대 말의 성질이 아주 온순하여 사람이 말을 믿고서 문을 나서는 때가 있지 않겠습니까? 다만 말이 사람의 뜻을 순종하여 견제하지 않아도 저절로 바른 길로 가는데, 이는 성인(聖人)은 마음이 하고자 하는 바에 따라서 해도 법도에 벗어나지 않는 것이니 인심도 또한 도심이 되는 것과 같은 것입니다. 다른 사람은 기품이 순수하지 못하여 인심이 발할 때에 도심을 주로 하지 않으면 흘러서 악이 되는 것이니, 이는 비유하자면 사람이 말의 발을 믿고 문을 나서더라도 또 견제하지 않으면 말이 제 뜻대로 가서 정로(正路)를 따르지 않는 것과 같은 것입니다. 그 중에서도 전혀 길들이지 않은 말은 사람이 비록 견제하더라도 날뛰기를 그치지 않고 반드시 거친 가시덤불 사이로 달아나게 되는 것이니 이는 기품이 탁하고 인심이 주가 되어 도심이 가려진 것과 같습니다. 말의 성질이 이와같이 길들여지지 않으면 항상 날뛰어 조금도 가만히 서 있을 때가 없으니 이는 마음이 흐리멍덩하고 어지러워 대본(大本)이 서지 못한 것이요, 비록 길들여지지 못한 말이라 하더라도 요행히 가만히 서 있기도 하는데 그 조용히 서 있을 때에는 길들여진 순한 말과 다를 것이 없습니다. 그렇다면 중인의 마음이 혼매(昏昧)하고 어지러워 중체(中體)가 비록 서지 못하더라도 다행히 미발할 때가 있는데 이럴 때에는 담연(湛然)한 본체가 성인(聖人)과 다를 것이 없습니다. 이와 같이 비유해 보면 인심·도심과 주리(主理)·주기(主氣)의 설이 어찌 명백하여 알기 쉽지 않겠습니까? 만일 호발(互發)의 설로써 비유한다면 이는 아직 문을 나서기 전에 사람과 말이 각각 다른 곳에 있다가 문을 나온 뒤에야 사람이 말을 타는데, 사람(理)이 먼저 나오고 말이 따르기도 하고, 말(氣)이 먼저 나오고 사람이 따르는 것이 되기도 하니, 이는 이름이나 이치에 있어서 모두 말이 될 수 없습니다.

주자는 말하기를, '마음의 허령함과 지각은 하나일 따름이다. 혹은 성명(性命)의 바른 것에 근원하기도 하며, 혹은 형기(形氣)의 사사로움에서 생긴다'고 하여 먼저 한 개의 심자(心字)를 앞에 놓았으니, 이 심(心)은 기(氣)를 말한 것입니다. 혹원·혹생하는 것은 마음이 발함이 아닌 것이 없으니 어찌 기(氣)가 발한 것이 아니겠습니까? 마음속에 간직한 이(理)는 바로 성(性)이니 마음이 발하고 성(性)이 발하지 않는 이치는 있지 않은 것이니 어찌 이가 탄 것이 아니겠습니까? 혹원이라 한 것은 그 이(理)의 중요한 것으로 말한 것이요, 혹생이라 한 것은 그 기(氣)의 중한 것으로 말한 것이지, 당초부터 이·기의 두 묘

맥(苗脈)이 있는 것은 아닙니다. 입언(立言)하여 사람들을 깨우쳐주기 위하여 부득이 이렇게 말한 것인데 학자들이 이것을 잘못 보느냐의 여부가 주자가 미리 생각하지 못했던 바입니다. 이렇게 보면 기발이승(氣發理乘)과 혹원·혹생의 말이 과연 서로 어긋나지 않겠습니까? 이와 같이 변설해도 오히려 합치되지 못한다면 서로 합치되지 못할 것입니다. 퇴계의 '호발(互發)' 두 글자의 경우는 어구상의 과실이 아니고, 이·기가 서로 떨어질 수 없다(理氣不相離)는 묘리(妙理)를 충분히 해득하지 못한 것인 듯합니다. 또 안에서 나오는 것과 밖에서 감응(感應)하는 것이 다르다는 말은 나의 견해와는 서로 크게 같지 않은데, 형이 그것을 원용(援用)해서 근거로 대려 하니, 이것은 나의 뜻의 소재를 알지 못할 뿐 아니라, 또 퇴계의 뜻도 환히 해득하지 못한 것입니다. 대개 퇴계는 안에서 나오는 것을 도심으로 삼고, 밖에서 감응되는 것을 인심으로 삼은 것이요, 나는 인심·도심을 모두 안에서 나오는 것이고, 그 동(動)하는 것은 모두 밖의 감응에 말미암은 것이라고 생각하는데, 이러한 것을 과연 서로 합치고 원용하여 갖다댈 수가 있겠습니까?"

이 률 곡 답 성 우 계 사 칠 리 기 변
李栗谷答成牛溪四七理氣辨

부 리 자 기 지 주 재 야 기 자 리 지 소 승 야 비 리 즉 기 무 소 근 저 비 기 즉
夫理者氣之主宰也氣者理之所乘也非理則氣無所根柢非氣則
리 무 소 의 저 기 비 이 물 우 비 일 물 비 일 물 고 일 이 이 비 이 물 고 이 이 일
理無所依著旣非二物又非一物非一物故一而二非二物故二而一
야 비 일 물 자 하 위 야 리 기 수 상 리 부 득 이 묘 합 지 중 리 자 리 기 자 기 불
也非一物者何謂也理氣雖相離不得而妙合之中理自理氣自氣不
상 협 잡 고 비 일 물 야 비 이 물 자 하 위 야 수 왈 리 자 리 기 자 기 이 혼 륜 무
相挾雜故非一物也非二物者何謂也雖口理自理氣白氣而渾淪無
간 무 선 후 무 리 합 불 견 기 위 이 물 고 비 이 물 야 시 고 동 정 무 단 음 양 무
間無先後無離合不見其爲二物故非二物也是故動靜無端陰陽無

시 리 무 시 고 기 역 무 시 야 부 리 일 이 기 의 본 무 편 정 통 색 청 탁 수 박 지
始理無始故氣亦無始也夫理一而已矣本無偏正通塞清濁粹駁之

이 이 소 승 지 기 승 강 비 양 미 상 지 식 잡 유 참 치 시 생 방 물 이 혹 정 혹 편
異而所乘之氣升降飛揚未嘗止息雜糅參差是生方物而或正或偏

혹 통 혹 색 혹 청 혹 탁 혹 수 혹 박 언 리 수 일 이 기 승 어 기 즉 기 분 호 수 고
或通或塞或清或濁或粹或駁焉理雖一而旣乘於氣則其分互殊故

재 천 지 이 위 천 지 지 리 재 만 물 이 위 만 물 지 리 재 오 인 이 위 오 인 지 리
在天地而爲天地之理在萬物而爲萬物之理在吾人而爲吾人之理

연 즉 참 치 부 제 자 기 지 소 위 야 수 왈 기 지 소 위 이 필 유 리 위 지 주 재 즉
然則叅差不齊者氣之所爲也雖曰氣之所爲而必有理爲之主宰則

기 소 이 참 치 부 제 자 역 시 리 당 여 차 비 리 불 여 차 이 기 독 여 차 야 천 지
其所以參差不齊者亦是理當如此非理不如此而氣獨如此也天地

인 물 수 각 유 기 리 이 천 지 지 리 즉 만 물 지 리 만 물 지 리 즉 오 인 지 리 야
人物雖各有其理而天地之理卽萬物之理萬物之理卽吾人之理也

차 소 위 통 체 일 태 극 야 수 왈 일 리 이 인 지 성 비 물 지 성 견 지 성 비 우 지
此所謂統體一太極也雖曰一理而人之性非物之性犬之性非牛之

성 차 소 위 각 일 기 성 자 야 추 본 즉 리 기 위 천 지 지 부 모 이 천 지 우 위 인
性此所謂各一其性者也推本則理氣爲天地之父母而天地又爲人

물 지 부 모 의 천 지 득 기 지 지 정 지 통 자 고 유 정 성 이 무 변 언 만 물 득 기
物之父母矣天地得氣之至正至通者故有定性而無變焉萬物得氣

지 편 차 색 자 고 역 유 정 성 이 무 변 언 시 고 천 지 만 물 갱 무 수 위 지 술 유
之偏且塞者故亦有定性而無變焉是故天地萬物更無修爲之術惟

인 야 득 기 지 정 차 통 자 이 청 탁 수 박 유 만 부 동 비 약 천 지 지 순 일 의 단
人也得氣之正且通者而清濁粹駁有萬不同非若天地之純一矣但

심 지 위 물 허 령 통 철 만 리 구 비 탁 자 가 변 이 지 청 박 자 가 변 이 지 수 고
心之爲物虛靈洞徹万里具備濁者可變而之清駁者可變而之粹故

수 위 지 공 독 재 어 인 이 수 위 지 극 지 어 위 천 지 육 만 물 연 후 오 인 지 능
修爲之功獨在於人而修爲之極至於位天地育万物然後吾人之能

사 필 의 어 인 지 중 유 성 인 자 독 득 지 통 지 정 지 청 지 수 지 기 이 여 천 지
事畢矣於人之中有聖人者獨得至通至正至清至粹至氣而與天地

합 덕 고 성 인 역 유 정 성 이 무 변 유 정 성 이 무 변 연 후 사 가 위 지 천 형 의
合德故聖人亦有定性而無變有定性而無變然後斯可謂之踐形矣

연 즉 천 지 성 인 지 준 칙 이 성 인 중 인 지 준 칙 야 기 소 위 수 위 지 술 불 과
然則天地聖人之準則而聖人衆人之準則也其所謂修爲之術不過

안 성 인 기 방 지 규 구 이 기 약 만 물 즉 성 불 능 품 전 덕 심 불 능 통 중 리 초
按聖人己放之規矩而已若万物則性不能禀全德心不能通衆理草

목 지 전 색 고 부 족 도 의 금 수 지 혹 통 일 로 자 유 호 랑 지 부 자 봉 의 지 군
木之全塞固不足道矣禽獸之或通一路者有虎狼之父子蜂蟻之君
신 안 행 유 형 제 지 서 저 구 유 부 부 지 별 소 혈 유 예 지 지 지 후 충 유 사 시
臣雁行有兄弟之序雎鳩有夫婦之別巢穴有預知之智候虫有俟時
지 신 이 개 불 가 변 이 통 지 기 득 각 수 기 성 자 지 재 오 인 참 찬 화 육 지 공
之信而皆不可變而通之其得各遂其性者只在吾人叅贊化育之功
이 기 부 인 야 품 천 지 지 수 이 위 성 분 천 지 지 기 이 위 형 고 오 심 지 용 즉
而已夫人也稟天地之帥以爲性分天地之氣以爲形故吾心之用卽
천 지 지 화 야 천 지 지 화 무 이 본 고 오 심 지 발 무 이 원 의 인 생 이 정 천 지
天地之化也天地之化無二本故吾心之發無二原矣人生而靜天之
성 야 감 어 물 이 동 성 지 욕 야 감 동 지 제 욕 거 인 욕 유 의 욕 복 례 욕 궁 리
性也感於物而動性之欲也感動之際欲居仁欲由義欲復禮欲窮理
욕 충 신 욕 효 어 기 친 욕 충 어 기 군 욕 정 가 욕 경 형 욕 절 시 어 붕 우 즉 여
欲忠信欲孝於其親欲忠於其君欲正家欲敬兄欲切偲於朋友則如
차 지 류 위 지 도 심 감 동 자 고 시 형 기 이 기 발 야 직 출 어 인 의 례 지 지 정
此之類謂之道心感動者固是形氣而其發也直出於仁義禮智之正
이 형 기 불 위 지 엄 폐 고 주 호 리 이 목 지 이 도 심 야 여 혹 기 욕 식 한 욕 의
而形氣不爲之揜蔽故主乎理而目之以道心也如或飢欲食寒欲衣
갈 욕 음 양 욕 소 목 욕 색 이 욕 성 사 지 지 욕 안 일 즉 여 차 지 류 위 지 인 심
渴欲飲癢欲搔目欲色耳欲聲四肢之欲安佚則如此之類謂之人心
기 원 수 본 호 천 성 이 기 발 야 유 호 이 목 사 지 지 사 이 비 천 리 지 본 연 고
其原雖本乎天性而其發也由乎耳目四肢之私而非天理之本然故
주 호 기 이 목 지 이 인 심 야 약 래 서 소 위 리 기 호 발 즉 시 리 기 이 물 각 위
主乎氣而目之以人心也若來書所謂理氣互發則是理氣二物各爲
근 저 어 방 촌 지 중 미 발 지 시 기 유 인 심 도 심 지 묘 맥 리 발 즉 위 도 심 기
根柢於方寸之中未發之時已有人心道心之苗脈理發則爲道心氣
발 즉 위 인 심 의 연 즉 오 심 유 이 본 의 기 부 대 착 호 대 저 발 지 자 기 야 소
發則爲人心矣然則吾心有二本矣豈不大錯乎大抵發之者氣也所
이 발 자 리 야 비 기 즉 불 능 발 비 리 즉 무 소 발 무 선 후 무 리 합 불 가 위 호
以發者理也非氣則不能發非理則無所發無先後無離合不可謂互
발 야 단 인 심 도 심 즉 혹 위 형 기 혹 위 도 의 기 원 수 일 이 기 류 기 기 불 가
發也但人心道心則或爲形氣或爲道義其原雖一而其流其岐不可
불 량 변 설 하 의
不兩邊說下矣

약 사 단 칠 정 즉 유 불 연 자 사 단 시 칠 정 지 선 일 변 야 칠 정 시 사 단 지
若四端七情則有不然者四端是七情之善一邊也七情是四端之

총회자야일변안가여총회자분량변상대호주자발어리발어기지
總會者也一邊安可與總會者分兩邊相對乎朱子發於理發於氣之
설의필유재이금자미득기의지수기설분개타인즉기부지어전전
說意必有在而今者未得其意只守其說分開拖引則豈不至於輾轉
실진호주자지의역불과왈사단전언리칠정겸언기운이이비왈사
失眞乎朱子之意亦不過曰四端專言理七情兼言氣云爾耳非曰四
단즉리선발칠정즉기선발야퇴계인차이립론왈사단리발이기수
端則理先發七情則氣先發也退溪因此而立論曰四端理發而氣隨
지칠정기발이리승지소위기발이리승지자가야비특칠정위연사
之七情氣發而理乘之所謂氣發而理乘之者可也非特七情爲然四
단역시기발이리승지야하즉견유자입정연후내발측은지심견지
端亦是氣發而理乘之也何則見孺子入井然後乃發惻隱之心見之
이측은자기야차소위기발야측은지출즉인야차소위리승지야비
而惻隱者氣也此所謂氣發也惻隱之出則仁也此所謂理乘之也非
특인심위연천지지화무비기화이리승지야시고음양동정이태극
特人心爲然天地之化無非氣化而理乘之也是故陰陽動靜而太極
승지차즉비유선후지가언야약리발기수지설즉분명유선후의차
乘之此則非有先後之可言也若理發氣隨之說則分明有先後矣此
기비해리호천지지화즉오심지발야천지지화약유리화자기화자
豈非害理乎天地之化卽吾心之發也天地之化若有理化者氣化者
즉오심역당유리발자기발자천지기무리화기화지수즉오심안득
則吾心亦當有理發者氣發者天地旣無理化氣化之殊則吾心安得
유리발기발지이호약왈오심이어천지지화즉비우지소지야차소
有理發氣發之異乎若曰吾心異於天地之化則非愚之所知也且所
위발어리자유왈성발위정야약왈리발기수즉시재발지초기무간
謂發於理者猶曰性發爲情也若曰理發氣隨則是纔發之初氣無干
섭이기발지후내수이발야차기리야퇴계여기명언론사칠지설무
涉而旣發之後乃隨而發也此豈理耶退溪與奇明彦論四七之說無
려만여언명언지론즉분명직절세여파죽퇴계즉변설수상이의리
慮萬餘言明彦之論則分明直截勢如破竹退溪則辨說雖詳而義理
불명반복저작졸무적실지자미명언학식기감기어퇴계호지시유
不明反覆咀嚼卒無的實之滋味明彦學識豈敢冀於退溪乎只是有
개재지우어차처견득도이절상퇴계지의이사단위유중이발칠정
個才智偶於此處見得到耳竊詳退溪之意以四端爲由中而發七情
위감외이발이차위선입지견이이주자발어리발어기지설주장신
爲感外而發以此爲先入之見而以朱子發於理發於氣之說主張伸

장 지 주 출 허 다 갈 등 매 독 지 미 상 불 개 탄 이 위 정 견 지 일 루 야 역 왈 적
長之做出許多葛藤每讀之未嘗不慨嘆以爲正見之一累也易曰寂
연 부 동 감 이 수 통 수 성 인 지 심 미 상 유 무 감 이 자 동 자 야 필 유 감 이 동
然不動感而遂通雖聖人之心未嘗有無感而自動者也必有感而動
이 소 감 개 외 물 야 하 이 언 지 감 어 부 즉 효 동 언 감 어 군 즉 충 동 언 감 어
而所感皆外物也何以言之感於父則孝動焉感於君則忠動焉感於
형 즉 경 동 언 부 야 군 야 형 야 자 기 시 재 중 지 리 호 천 하 안 유 무 감 이 유
兄則敬動焉父也君也兄也者豈是在中之理乎天下安有無感而由
중 자 발 지 정 호 특 소 감 유 정 유 사 기 동 유 과 유 불 급 사 유 선 악 지 분 이
中自發之情乎特所感有正有邪其動有過有不及斯有善惡之分耳
금 약 이 부 대 외 감 유 중 자 발 자 위 사 단 즉 시 무 부 이 효 발 무 군 이 충 발
今若以不待外感由中自發者爲四端則是無父而孝發無君而忠發
무 형 이 경 발 의 기 인 지 진 정 호 금 이 측 은 언 지 견 유 자 입 정 연 후 차 심
無兄而敬發矣豈人之眞情乎今以惻隱言之見孺子入井然後此心
내 발 소 감 자 유 자 야 유 자 비 외 물 호 안 유 불 견 유 자 지 입 정 이 자 발 측
乃發所感者孺子也孺子非外物乎安有不見孺子之入井而自發惻
은 자 호 취 령 유 지 불 과 위 심 병 이 비 인 지 정 야 부 인 지 성 유 인 의 례 지
隱者乎就令有之不過爲心病耳非人之情也夫人之性有仁義禮智
신 오 자 이 기 오 자 지 외 무 타 성 정 유 희 노 애 구 애 오 욕 칠 자 이 기 칠 자
信五者而己五者之外無他性情有喜怒哀懼愛惡欲七者而己七者
지 외 무 타 정 사 단 지 시 선 정 지 별 명 언 칠 정 즉 사 단 재 기 중 의 비 약 인
之外無他情四端只是善情之別名言七情則四端在其中矣非若人
심 도 심 지 상 대 립 명 야 오 형 필 욕 병 이 비 지 하 야 개 인 심 도 심 상 대 립
心道心之相對立名也吾兄必欲並而比之何耶盖人心道心相對立
명 기 왈 도 심 즉 비 인 심 기 왈 인 심 즉 비 도 심 고 가 작 량 변 설 하 의 약 칠
名旣曰道心則非人心旣曰人心則非道心故可作兩邊說下矣若七
정 즉 기 포 사 단 재 기 중 불 가 위 사 단 비 칠 정 칠 정 비 사 단 야 오 가 분 량
情則己包四端在其中不可謂四端非七情七情非四端也烏可分兩
변 호 칠 정 지 포 사 단 오 형 유 미 견 득 호 부 인 지 정 당 희 이 희 림 상 이 애
邊乎七情之包四端吾兄猶未見得乎夫人之情當喜而喜臨喪而哀
견 소 친 이 자 애 견 리 이 욕 궁 지 견 현 이 욕 제 지 자 인 지 단 야 당 노 이 노
見所親而慈愛見理而欲窮之見賢而欲齊之者仁之端也當怒而怒
당 오 이 오 자 의 지 단 야 견 존 귀 이 외 구 자 례 지 단 야 당 희 노 애 구 지 제
當惡而惡者義之端也見尊貴而畏懼者禮之端也當喜怒哀懼之際
지 기 소 당 희 소 당 노 소 당 애 소 당 구 우 지 기 소 부 당 희 소 부 당 노 소 부
知其所當喜所當怒所當哀所當懼又知其所不當喜所不當怒所不

당 애 소 부 당 구 자 지 지 단 야 선 정 지 발 불 가 매 거 대 개 여 차 약 이 사 단
當哀所不當懼者智之端也善情之發不可枚擧大概如此若以四端

준 호 칠 정 즉 측 은 속 애 수 오 속 오 공 경 속 구 시 비 속 우 지 기 당 희 노 여
準乎七情則惻隱屬愛羞惡屬惡恭敬屬懼是非屬于知其當喜怒與

부 지 정 야 칠 정 지 외 갱 무 사 단 의 연 즉 사 단 전 언 도 심 칠 정 합 인 심 도
否之情也七情之外更無四端矣然則四端專言道心七情合人心道

심 이 언 지 야 여 인 심 도 심 지 자 분 량 변 자 기 불 형 연 부 동 호
心而言之也與人心道心之自分兩邊者豈不逈然不同乎

우 왈 리 형 이 상 자 야 기 형 이 하 자 야 이 자 불 능 상 리 불 능 상 리 즉 기
又曰理形而上者也氣形而下者也二者不能相離不能相離則其

발 용 일 야 불 가 위 호 유 발 용 야 약 왈 호 유 발 용 즉 시 리 발 용 시 기 혹 유
發用一也不可謂互有發用也若曰互有發用則是理發用時氣或有

소 불 급 기 발 용 시 리 혹 유 소 불 급 야 여 시 즉 리 기 유 리 합 유 선 후 동 정
所不及氣發用時理或有所不及也如是則理氣有離合有先後動靜

유 단 음 양 유 시 의 기 착 불 소 의 단 리 무 위 이 기 유 위 고 이 정 지 출 호 본
有端陰陽有始矣其錯不少矣但理無爲而氣有爲故以情之出乎本

연 지 성 이 불 엄 어 형 기 자 속 지 리 당 초 수 출 어 본 연 이 형 기 엄 지 자 속
然之性而不揜於形氣者屬之理當初雖出於本然而形氣揜之者屬

지 기 차 역 부 득 기 지 론 야 인 성 지 본 선 자 리 야 이 비 기 즉 리 불 발 인 심
之氣此亦不得已之論也人性之本善者理也而非氣則理不發人心

도 심 부 숙 비 원 어 리 호 비 미 발 지 시 역 유 인 심 묘 맥 여 리 상 대 우 방 촌
道心夫孰非原於理乎非未發之時亦有人心苗脈與理相對于方寸

중 야 원 일 이 류 이 주 자 기 부 지 호 특 립 언 효 인 각 유 소 주 이 북 계 진 씨
中也源一而流二朱子豈不知乎特立言曉人各有所主耳北溪陳氏

지 설 미 지 역 지 주 자 지 의 지 소 재 호 억 진 이 위 호 발 여 퇴 계 지 견 호 시
之說未知亦知朱子之意之所在乎抑眞以爲互發如退溪之見乎是

즉 미 가 지 야 성 현 지 언 의 혹 유 재 불 구 기 의 도 니 어 언 기 불 반 해 호 주
則未可知也聖賢之言意或有在不求其意徒泥於言豈不反害乎朱

자 혹 원 혹 생 지 설 역 당 구 기 의 이 득 지 부 당 니 어 언 이 욕 주 호 발 지 설 야
子或原或生之說亦當求其意而得之不當泥於言而欲主互發之說也

차 이 인 승 마 유 지 즉 인 즉 성 야 마 즉 기 질 야 마 지 성 혹 순 량 불 순 자
且以人乘馬喩之則人則性也馬則氣質也馬之性或馴良不順者

기 품 청 탁 수 박 지 수 야 출 문 지 시 혹 유 마 종 인 의 이 출 자 혹 유 인 신 마
氣稟清濁粹駁之殊也出門之時或有馬從人意而出者或有人信馬

족 이 출 자 마 종 인 의 이 출 자 인 내 도 심 야 인 신 마 족 이 출 자 속 지 마 내
足而出者馬從人意而出者人乃道心也人信馬足而出者屬之馬乃

인심야문전지로사물당행지로야인승마이래출문지시인신마족
人心也門前之路事物當行之路也人乘馬而來出門之時人信馬足
마종인의구무단예차즉인심도심본무상대지묘맥야성인지혈기
馬從人意俱無端倪此則人心道心本無相對之苗脉也聖人之血氣
여인동이기욕식갈욕음한욕의양욕소역소불면고성인불능무인
與人同耳飢欲食渴欲飲寒欲衣癢欲搔亦所不免故聖人不能無人
심비여마성수극순기무혹유인신마족이출문지시호단마순인의
心譬如馬性雖極馴豈無或有人信馬足而出門之時乎但馬順人意
부대견제이자유정로차즉성인지종심소욕이인심역도심자야타
不待牽制而自由正路此則聖人之從心所欲而人心亦道心者也他
인즉기품불순인심지발불이도심주지즉류이위악의비여인신마
人則氣禀不純人心之發不以道心主之則流而爲惡矣譬如人信馬
족출문이우불견제즉마임의이행불유정로의기중최불순지마인
足出門而又不牽制則馬任意而行不由正路矣其中最不馴之馬人
수견제이등약불기필분주우황진형극지간차즉기품탁박이인심
雖牽制而騰躍不已必奔走于荒榛荊棘之間此則氣禀濁駁而人心
위주도심위소엄닉자야마성여시불순매매등약미상소유정립지
爲主道心爲所掩匿者也馬性如是不馴每々騰躍未嘗少有靜立之
시차즉심중혼매잡요중체수불립행유미발지시즉차각지간담연
時此則心中昏昧雜擾中體雖不立幸有未發之時則此刻之間湛然
지체흥성인불이자야여차취유즉인심도심주리주기지설기불명
之體與聖人不異者也如此取喩則人心道心主理主氣之說豈不明
백이지호약이호발지설비지즉시미출문지시인마이처출문시후
白易知乎若以互發之說譬之則是未出門之時人馬異處出門之後
인내승마이혹유인출이마수지자혹유마출이인수지자의명리구
人乃乘馬而或有人出而馬隨之者或有馬出而人隨之者矣名理俱
실불성설화의
失不成說話矣

주자왈심지허령지각일이기의혹원어성명지정혹생어형기지
朱子曰心之虛靈知覺一而已矣或原於性命之正或生於形氣之
사선하일심자재전즉심시기야혹원혹생이무비심지발즉기비기
私先下一心字在前則心是氣也或原或生而無非心之發則豈非氣
발야심중소유지리내성야미유심발이성불발지리즉기비리승호
發耶心中所有之理乃性也未有心發而性不發之理則豈非理乘乎
혹원자이기리지소중이언야혹생자이기기지소중이언야비당초
或原者以其理之所重而言也或生者以其氣之所重而言也非當初

유 리 기 이 묘 맥 야 립 언 효 인 부 득 기 여 차 이 학 자 지 오 견 여 부 역 비 주
有理氣二苗脉也立言曉人不得己如此而學者之誤見與否亦非朱

자 소 예 료 야 여 시 관 지 즉 기 발 리 승 여 혹 원 생 지 설 과 상 위 오 호 여 시
子所預料也如是觀之則氣發理乘與或原生之說果相違忤乎如是

변 설 이 유 미 합 즉 공 불 능 상 합 야 약 퇴 계 호 발 이 자 즉 비 사 하 어 지 실
辨說而猶未合則恐不能相合也若退溪互發二字則非似下語之失

공 불 능 심 견 리 기 불 상 리 지 묘 야 우 유 내 출 외 감 지 이 여 비 견 대 상 부
恐不能深見理氣不相離之妙也又有內出外感之異與鄙見大相不

동 이 오 형 욕 원 이 취 지 차 불 특 부 지 비 의 지 소 재 야 우 불 능 작 견 퇴 계
同而吾兄欲援而就之此不特不知鄙意之所在也又不能灼見退溪

지 의 야 개 퇴 계 즉 이 내 출 위 도 심 이 외 감 위 인 심 이 즉 이 위 인 심 도 심
之意也盖退溪則以內出爲道心以外感爲人心珥則以爲人心道心

개 내 출 이 기 동 야 개 유 어 외 감 야 시 루 상 합 이 가 원 이 취 지 야
皆內出而其動也皆由於外感也是累相合而可援而就之耶

주해_ㅇ渾淪無間(혼륜무간)－한덩어리 물건으로 나누려 해도 사이가 없는 것.

ㅇ雎鳩(저구)－징경새.

ㅇ天地之帥(천지지수)－천지의 주재자. 즉 이(理)를 가리킨다.

ㅇ理形而上者也 氣形而下者也(이형이상자야 기형이하자야)－'형이상자를 위지도(謂之道), 형이하자를 위지기(謂之器)'라고 하였다. 《역경(易經)》 계사전에 있는 공자의 말.

ㅇ從心所欲(종심소욕)－공자는 '일흔 살에 마음대로 해도 법도를 넘지 않았다(七十而從心所欲不踰矩)'라고 말했다.

ㅇ性命之正(성명지정)－하늘에서 받은 성(性)의 본연의 이치.

율곡 이이의 《성학집요》의 심·성·정 설(栗谷聖學輯要心性情說)

"신이 가만히 생각하건대 선유(先儒)들의 심(心)·성(性)·정(情)의 설은 자세하게 갖추어져 있습니다. 그러나 각각 주장한 바가 있어 말이 한결같지 않기 때문에 뒷사람들이 말을 하는데 뜻을 헤매는 자가 많습니다. 성이 발해서 정이 되고(性發爲情), 심이 발해서 뜻이 된

다(心發爲意)고 말한 것은 뜻이 따로 있는 것이요, 심·성을 나누어 두 개의 용(用)으로 만든 것은 아닙니다. 그런데도 후세 사람들이 정과 의(意)를 두 가지 갈래로 만들며, 사단은 오로지 이(理)를 말한 것이요, 칠정(七情)은 이·기를 합하여 말한 것으로 두 개의 정이 있는 것이 아닌데도 후세 사람이 이·기가 호발하는 것이라고 생각했으니, 정·의의 두 갈래와 이·기가 호발한다는 설은 분별하지 않을 수 없습니다. 대체로 심의 체는 성이요, 심의 용(用)은 정이니, 성·정 이외에 다시 다른 심은 없습니다. 그러므로 주자는 말하기를, '심의 동(動)이 정이다'라고 하였습니다. 정은 물(物)에 감응하여 처음 발하는 것이요, 의는 정으로 말미암아 계교(計較)하는 것이니 정이 아니면 의가 말미암을 데가 없습니다. 그러므로 주자는 말하기를, '의(義)는 정으로 말미암아야만 작용한다. 마음이 적연부동(寂然不動)한 것을 성(性)이라 하고, 마음에 감응하여 마침내 통하는 것을 정이라 하며, 마음이 감응하는 바에 따라 연역(演繹)하고 헤아려 생각하는 것을 의(義)라고 한다' 하였으니, 심과 성이 과연 두 개의 용이 있으며, 정과 의가 과연 두 개의 갈래가 있겠습니까? 오성(五性) 이외에 다른 성이란 없고, 칠정 이외에 다른 정이란 없습니다. 맹자(孟子)는 칠정 가운데에서 그 선한 정만을 뽑아내어 사단으로 지목한 것이요, 칠정 이외에 별도로 사단이 있는 것은 아닙니다.

정의 선·악이 어느 것인들 성에서 발하지 않은 것이 있겠습니까? 그 악한 것은 본래 악한 것이 아니라 다만 형기(形氣)에 가려져서 너무 지나치거나 미치지 못하는 것이 있어 악이 된 것일 뿐입니다. 그러므로 정자(程子)는 말하기를, '선악(善惡)이 모두 천리(天理)'라고 했으며, 주자는 말하기를, '천리(天理)로 말미암아 인욕(人欲)이 있다'고 했으니 그렇다면 사단·칠정은 과연 두 개의 정(情)이 되고, 이·기는 과연 호발(互發)할 수 있겠습니까? 대개 심·성을 두 개의 용(用)으로 삼고, 사단·칠정을 두 개의 정(情)으로 삼는 것은 모두 이・기에 대하여 투철하지 못한 바가 있기 때문입니다. 대체로 정이 발할 때 발하는 것은 기요, 발하게 하는 것은 이입니다. 기가 아니면 발할 수 없고, 이가 아니면 발할 바가 없으니 이와 기는 혼연히 융합되어 원래 서로 떨어지지 못합니다. 만약 이(離)・합(合)이 있다면, 동(動)・정(靜)도 끝이 있고, 음양도 시초가 있는 것입니다. 이는 태극이요, 기는 음양인데 이제 태극과 음양이 서로 동한다(互動)고 하면 말이 되지 않습니다. 태극과 음양이 서로 동할 수 없는 것이라고 하면, 이・기가 호발한다고 하는 것이 어찌 잘못이 아니겠습니까?

옛날 어떤 사람이 미발(未發) 이전의 심・성에 대한 구별을 묻자 주자가 말하기를, '심에는 체(體)와 용(用)이 있으니, 미발은 심의 체요, 이발(已發)은 심의 용인데 어떻게 지정해서 말하겠는가?'라고 했습니다. 이로써 보면 심・성에 두 가지 용이 없다는 것을 알 수 있습니다. 심・성에 두 가지 용이 없다면 사단・칠정도 어찌 두 가지 정이겠습니까?

어떤 사람이 질문하기를, '주자는 말하기를, 정은 선악이 있지만 성은 온전히 선하다고 했으니 그렇다면 기질의 성도 또한 선하지 않은 것이 있지 않겠습니까?'라고 했습니다. 신은 이에 답하기를, '기질의 성에는 본래 선악의 같지 않은 바가 있지만 여기에서 이른바 성(性)이라고 한 것은 오로지 미발을 가리켜 말한 것이다. 사람은 비록 지극히 악한 자라도 미발일 때에는 진실로 불선(不善)이 없다가 발하게 되면 바로 선악이 있게 되니 그 악한 것은 기질과 물욕의 구애(拘碍)나 가리운 데서 말미암은 것이요, 그 성(性)의 본체는 아니다. 그러므로 성은 온전히 선한 것'이라고 하였습니다.

어떤 사람이 또 묻기를, '인심과 도심이 이미 두 개의 마음이라면 사단과 칠정이 어찌 두 개의 정이 아닐 수 있겠는가?'라고 했습니다. 신은 답하기를, '이것도 말에 집착하여 본래의 뜻을 미혹시키는 유(類)이다. 마음이 하나이지 어찌 둘이겠는가? 다만 주재(主宰)하여 발하는 것이 두 가지 이름이 있을 뿐이다. 그러므로 주자는 말하기를,

위태롭다(危)는 것은 인욕(人欲)이 싹트는 것이요, 은미하다(微)는 것은 천리의 심오한 것이다. 마음은 하나인데 바르냐 바르지 않느냐를 가지고 그 이름을 달리할 뿐이요, 도심으로써 한마음을 삼고 인심으로써 한마음을 삼은 것은 아니라고 하였으니 이 말을 살펴보면 바로 마음이 둘이 아니라는 것을 알 수 있을 것'이라고 했습니다.

어떤 사람이 또 묻기를, '마음은 하나인데도 혹은 정(情)이라 하고, 또는 지(志)라 하며, 혹은 의(意)라 하고, 또는 염(念)이다 여(慮)다, 사(思)다 하니 어찌하여 그 이름이 번다(繁多)하여 한결같지 않습니까?' 하였습니다. 신은 답하여 말하기를, '정이라는 것은 마음에 느끼는 바가 있어서 동(動)하는 것이다. 동하자마자 바로 정이니 스스로 마음대로 할 수 없는 것이 있다. 평상시에 함양(涵養)하고 성찰(省察)한 공이 지극하면 발하는 정이 자연 이치에 맞고 절도에 맞지만, 만일 마음을 다스린 공력이 없으면 맞지 않는 것이 많다. 지(志)라는 것은 마음에 갈 바가 있는 것을 말한 것이니, 정이 이미 발하여 그 추향(趨向)을 정할 때 선으로도 가고 악으로도 가는 것이 모두 지이다. 의(意)라는 것은 마음에 계교하는 것이 있는 것을 말함이니, 정이 이미 발하여 생각도 하고 운용도 하는 것이다. 그러므로 주자는 말하기를, 정은 주거(舟車)와 같고, 의(意)는 사람이 그 주거를 부리는 것과 같다고 했다. 염(念)·여(慮)·사(思) 세 가지는 모두 의의 다른 이름으로서 사는 좀 무겁고, 염과 여는 비교적 가볍다. 의는 거짓을 할 수 있지만 정은 거짓을 할 수 없다. 그러므로 성의(誠意)라는 말은 있어도 성정(誠情)이라는 말은 없다. 정(情)·지(志)·의(意)는 모두 이것이 한 마음의 용(用)이니 그 주장하는 바에 따라서 각각 그 명칭이 다른 것이요, 허다한 다른 마음이 있는 것은 아니라'고 했습니다.

또 말하기를, '사단은 도심만을 가리킨 것이요, 칠정은 인심과 도심의 총칭'인 것입니다. 구태여 그 대략을 논해보면 이는 형세가 없고 기는 형체가 있기 때문에 이는 통하고 기는 국한(局限)됩니다. 이는 작위함이 없고 기는 작위함이 있으므로 기발이승(氣發理乘)입니다. 형체가 없고 작위함이 없으면서도 형체가 있고 작위함이 있는 것의 주재가 되는 것은 이요, 형체가 있고 작위함이 있으면서도 형체가 없고 작위함이 없는 것의 그릇(器)이 되는 것은 기이니, 이는 이·기를 연구하는 큰 단서가 됩니다."

율곡성학집요심성정설
栗谷聖學輯要心性情說

신절위선유심성정지설상비의연각유소주이언소불일고후인
臣竊謂先儒心性情之說詳備矣然各有所主而言所不一故後人
집언이미지자다의성발위정심발위의운자의각유재이비분심성
執言而迷旨者多矣性發爲情心發爲意云者意各有在而非分心性
위이용이후인수이정의위이기사단전언리칠정합리기비유이정
爲二用而後人遂以情意爲二歧四端專言理七情合理氣非有二情
이후인수이리기위호발정의이기리기호발지설불가이불변부심
而後人遂以理氣爲互發情意二歧理氣互發之說不可以不辨夫心
지체시성심지용시정성정지외갱무타심고주자왈심지동위정정
之體是性心之用是情性情之外更無他心故朱子曰心之動爲情情
시감물초발저의시연정계교저비정즉의무소연고주자왈의연유
是感物初發底意是緣情計較底非情則意無所緣故朱子曰意緣有
정이후용고심지적연부동자위지성심지감이수통자위지정심지
情而後用故心之寂然不動者謂之性心之感而遂通者謂之情心之
인소감이주역사량자위지의심성과유이용이정의과유이기호오
因所感而紬繹思量者謂之意心性果有二用而情意果有二歧乎五
성지외무타성칠정지외무타정맹자어칠정지중척출기선정목위
性之外無他性七情之外無他情孟子於七情之中剔出其善情目爲
사단비칠정지외별유사단야정지선악부숙비발어성호기악자본
四端非七情之外別有四端也情之善惡夫孰非發於性乎其惡者本
비악지시엄어형기유과유불급이위악고정자왈선악개천리주자
非惡只是掩於形氣有過有不及而爲惡故程子曰善惡皆天理朱子
왈인천리이유인욕연즉사단칠정과위이정이리기과가호발호부
曰因天理而有人欲然則四端七情果爲二情而理氣果可互發乎夫

이 심 성 위 이 용 사 단 칠 정 위 이 정 자 개 어 리 기 유 소 미 투 고 야 궤 정 지
以心性爲二用四端七情爲二情者皆於理氣有所未透故也几情之
발 야 발 지 자 기 야 소 이 발 자 리 야 비 기 즉 시 능 발 비 리 즉 무 소 발 리 기
發也發之者氣也所以發者理也非氣則示能發非理則無所發理氣
혼 융 원 불 상 리 약 유 리 합 즉 동 정 유 단 음 양 유 시 의 리 자 태 극 야 기 자
混融元不相離若有離合則動靜有端陰陽有始矣理者太極也氣者
음 양 야 금 왈 태 극 여 음 양 호 동 즉 불 성 설 화 태 극 음 양 불 능 호 동 즉 위
陰陽也今曰太極與陰陽互動則不成說話太極陰陽不能互動則爲
리 기 호 발 자 기 불 류 재 석 유 문 미 발 지 전 심 성 지 별 주 자 왈 심 유 체 용
理氣互發者豈不謬哉昔有問未發之前心性之別朱子曰心有體用
미 발 시 심 지 체 이 발 시 심 지 용 여 하 지 정 설 득 이 차 관 지 즉 심 성 지 무
未發是心之體已發是心之用如何指定說得以此觀之則心性之無
이 용 가 지 심 성 무 이 용 즉 사 단 칠 정 기 이 정 호 혹 문 왈 주 자 왈 정 유 선
二用可知心性無二用則四端七情豈二情乎或問曰朱子曰情有善
악 성 즉 전 선 연 즉 기 질 지 성 역 무 유 불 선 자 호 신 답 왈 기 질 지 성 고 유
惡性則全善然則氣質之性亦無有不善者乎臣答曰氣質之性固有
선 악 지 부 동 의 단 차 소 위 성 전 지 미 발 이 언 인 수 지 악 자 미 발 지 시 고
善惡之不同矣但此所謂性專指未發而言人雖至惡者未發之時固
무 불 선 재 발 편 유 선 악 기 악 자 유 어 기 품 물 욕 지 구 폐 이 비 기 성 지 본
無不善纔發便有善惡其惡者由於氣稟物欲之拘蔽而非其性之本
체 야 고 왈 성 즉 전 선 혹 우 문 인 심 도 심 기 시 이 심 즉 사 단 칠 정 기 가 불
體也故曰性則全善或又問人心道心旣是二心則四端七情豈可不
위 이 정 호 신 답 왈 차 역 집 언 미 지 지 류 야 심 일 야 기 유 이 호 특 이 소 주
謂二情乎臣答曰此亦執言迷旨之類也心一也豈有二乎特以所主
이 발 자 유 이 명 이 고 주 자 왈 위 자 인 욕 지 맹 야 미 자 천 리 지 오 야 심 즉
而發者有二名耳故朱子曰危者人欲之萌也微者天理之奧也心則
일 야 이 정 부 정 이 이 기 명 이 비 이 도 위 일 심 인 위 일 심 야 관 차 언 즉 심
一也以正不正而異其名耳非以道爲一心人爲一心也觀此言則心
지 비 이 가 지 의 혹 우 문 심 일 야 이 혹 왈 정 혹 왈 지 혹 왈 의 왈 념 왈 려 왈
之非二可知矣或又問心一也而或曰情或曰志或曰意曰念曰慮曰
사 하 기 명 목 분 운 불 일 야 신 답 왈 정 자 심 유 소 감 이 동 자 야 재 동 편 시
思何其名目紛紜不一耶臣答曰情者心有所感而動者也纔動便是
정 유 부 득 자 유 자 평 거 함 양 성 찰 지 공 지 즉 정 지 발 자 연 중 리 중 절 약
情有不得自由者平居涵養省察之功至則情之發自然中理中節若
무 치 심 지 력 즉 다 유 부 중 의 지 자 심 유 소 지 지 위 정 기 발 이 정 기 추 향
無治心之力則多有不中矣志者心有所之之謂情其發而定其趨向

야 지 선 지 악 개 지 야 의 자 심 유 계 교 지 위 정 기 발 이 상 량 운 용 자 야 고
也之善之惡皆志也意者心有計較之謂情旣發而商量運用者也故

주 자 왈 정 여 주 거 의 여 인 사 주 거 일 선 념 려 사 삼 자 개 의 지 별 명 이
朱子曰情如舟車意如人使舟車一船念慮思三者皆意之別名而

사 교 중 념 려 교 경 의 가 이 위 위 정 불 가 위 위 고 유 왈 성 의 이 무 왈 성 정
思較重念慮較輕意可以僞爲情不可僞爲故有曰誠意而無曰誠情

정 지 의 개 시 일 심 지 용 야 수 기 소 주 이 각 립 기 명 비 유 허 다 별 양 심 야
情志意皆是一心之用也隨其所主而各立其名非有許多別樣心也

우 왈 사 단 편 지 도 심 칠 정 인 심 도 심 지 총 칭 자 야 구 론 기 대 개 즉 리 무
又曰四端偏指道心七情人心道心之摠稱者也苟論其大概則理無

형 이 기 유 형 고 리 통 이 기 국 리 무 위 이 기 유 위 고 기 발 이 리 승 무 형 무
形而氣有形故理通而氣局理無爲而氣有爲故氣發而理乘無形無

위 이 위 유 형 유 위 지 주 자 리 야 유 형 유 위 이 위 무 형 무 위 지 기 자 기 야
爲而爲有形有爲之主者理也有形有爲而爲無形無爲之器者氣也

차 시 궁 리 기 지 대 단 야
此是窮理氣之大端也

주해_ㅇ紬繹(주역)—마음에 느낀 바를 바탕으로 생각하는 것.

성호 이익의 사칠이기설(李星湖四七理氣說)

성호(星湖) 이익(李瀷)이 청대(淸臺) 권상일(權相一)에게 준 글에서 이렇게 말하였다.

"순(舜)임금이 인심·도심의 교훈을 두었으니 이는 심학(心學)의 조종(祖宗)이요, 주자가 혹생(或生)·혹원(或原)으로 해석하여 남김없이 다 열어 가르쳐 준 것은 빈틈이 없는 이론입니다. 노선생(老先生) 퇴계에 이르러 사단·칠정을 논하면서 반드시 이를 인용하여 증거로 삼았으니, 이것이 바로 그 말이요, 처음부터 두 가지가 있었던 것이 아닙니다. 대개 성(性)이 발하여 정(情)이 되는 것이니 인심과 도심은 정이요, 사단·칠정도 정이지 한마음 중에 어찌 또 네 가지의 정이 나올 수 있겠습니까? 주자의 설을 근거로 하자면 '사단은 도심이요, 주리고 춥고 아프고 가려운 것은 인심'이라 하였고, 또 말하기

를, '희노(喜怒)는 인심'이라 하였으며, 또 말하기를, '살고자 하고 죽기를 싫어하는 것은 인심이요, 오직 의리만이 있는 것은 도심'이라고 했으니 이러한 유(類)는 이루 다 들 수가 없습니다. 도심과 사단은 부절(符節)을 합친 것과 같이 흔적이 없고, 칠정은 형기(形氣)에 따라 주리고 춥고 아프고 가려움이 생기는 것이므로 주자가 이렇게 말한 것입니다.

〈호학론(好學論)〉에서 그 형기(形氣)에 감촉되어 칠정이 나온다고 말하지 않았습니까. 이미 형기에 감촉되면 주리고 춥고 아프고 가려운 마음이 자연히 그 가운데에 있어 칠정이 이로부터 싹트게 됩니다. 그러므로 이평숙(李平叔)의 질의서에 선생의 말씀을 기록하기를, '사단은 도심이요, 칠정은 인심이다. 대개 인심에 위태로움이 있는 것은 칠정이 있기 때문이니 만일 칠정에 방탕함이 몹시 성하지 않는다면 주리고 춥고 아프고 가려운 마음을 왜 위태롭다고 말했겠는가?'라고 했습니다. 여기에서 비로소 인심·도심과 사단·칠정이 바로 동일한 말임을 알겠으며, 선생의 이른바 '칠정은 기발'이라는 기 또한 정자의 이른바 '그 형기에 감촉하는 것'과 주자의 이른바 '형기에서 생긴다'는 뜻으로 감흥시(感興詩)에 이른바, '인심이란 묘하여 헤아릴 수 없이 출입할 때 기의 기틀을 탄다(人心妙不測 出入乘氣機)'고 한 기와는 같지 않습니다. 그러면 어떻게 밝힐 수 있는가? 하늘을 잘 설명하는 자는 반드시 만물에 징험해보는 것이니, 비록 하늘에 싸여 있다고 해도 천지대기 속의 산에는 산의 기가 있고, 물에는 물의 기가 있는데, 목(木)·화(火)·금(金)·석(石)도 모두 그렇지 않은 것이 없습니다. 각각 떼를 이루어 폈다 거두었다 하면서 그 형체에서 떠나지 못하니 이것은 눈으로 직접 보아서 징험할 수 있는 것인데, 서로 더불어 유통한다고 하면 옳거니와 만일 처음부터 대소(大小)의 분별이 없다고 한다면 결코 옳지 않습니다. 비유컨대 형기의 기는 천지의 대기와 같고, 마음속에 출입하는 기는 떼를 지어 있으면서 폈다 거두었다 하는 기와 같으니, 구별없이 뒤섞어서 하나로 해서는 안됩니다.

주자가 사단을 이의 발(發)이라고 한 것은 어찌 성명(性命)에 근원한 것이 아니며, 칠정을 기의 발(發)이라고 한 것은 어찌 형기에서 생긴 것이 아니겠습니까? 퇴계 선생의 말씀은 주자의 이 말을 조술(祖述)한 것에 불과하니, 이른바 이발(理發)의 이는 성명 이외에는 그런 물건이 없고, 기발(氣發)의 기는 형기 이외에는 그런 물건이 없어 그 뜻이 분명합니다. 그런데 형기가 발함에 형기가 따른다고 하면 말이 되지 않으니 비로소 선생이 사용한 두 개의 기(氣)자가 같지 않은 것을 알겠습니다. 주자는 말하기를, '이(理)에 동정(動靜)이 있으므로 기(氣)에 동정이 있다. 만약 이에 동정이 없으면 기가 어찌 스스로 동정함이 있겠는가' 했고, 또 말하기를, '이와 기는 본래 선후를 말할 수 없으나 다만 미루어 올라갈 때는 이가 먼저 있고 기가 뒤에 있게 된다'고 하였습니다. 대개 이는 기의 장수(將帥)요, 기는 이의 졸도(卒徒)입니다. 모든 동(動)에는 이가 앞서게 되지 기가 앞서고 이가 뒤따르는 도리는 없을 듯합니다. 만약 마음속에 드나드는 기가 혹 이가 앞서고 기가 뒤따른다고 하거나, 기가 앞서고 이가 바야흐로 탄다고 하면 어찌 이러한 이치가 있겠습니까? 문성공 이이(李珥)가 퇴계 선생의 글을 잘못 보고서 문득 호발(互發)이라고 비난한 것은 어찌 신을 신은 채 가려운 데를 긁는 것과 다르겠습니까? 호발이야말로 결코 그러한 이치가 없지만, 선생께서 반드시 뜻을 둔 데가 있으므로 미루어 연구하기를 오랫동안 하여 이런 설을 얻은 것입니다. 마음에 드나드는 기로 말하자면, 이가 발함에 기가 따르는 것은 사단과 칠정에 어찌 구별이 있겠습니까? 칠정에 이르러서는 다시 이발(理發)의 상면(上面)에 한 층의 묘맥(苗脈)이 있으니, 이는 이가 발한 것이 형기에 말미암은 것이지 이가 곧바로 발한 것은 아닙니다. 곧장 발하면 형기와 서로 간섭됨이 없기 때문에 다만 마음속에서는 이가 발하는 데 기가 따른다(理發氣隨)고 말해야 마땅합니다. 만약 그 형기에 감촉하여 발한다고 하면 이것은 기가 발하는 데 이가 탄다고 하는 것이어서 그 마음속의 '기가 따른다(氣隨)'는 두 글자는 다시 말하지 않아도 그 뜻이 나타나지 않는 것이 없습니다. 선생의 뜻이 충분히 이와 같은데도 구태여 형기를 제거해버리고 이와 기가 마음속에 갈마들며 먼저 한다고 하면 호발(互發)한다는 말을 의심하는 데 대하여 전적으로 배척해서는 마땅치 않겠지만, 선생께서 어찌 이와 같겠습니까? 율곡 선생의 설은 그 큰 뜻이 사단은 칠정 가운데서 선한 한쪽이요, 칠정 외에 다시 사단이 있는 것이 아니라고 하는 데에서 벗어나지 못하니 나의 뜻과 서로 맞지 않는 것이 크다고 하겠습니다."

또 이렇게 말하였다.

"나는 《퇴계집》 속의 두어 구절은 이해하지 못할 곳이 있다고 생각합니다. 칠정으로 기질의 성을 비유하고, 사단으로 본연의 성을 비유했는데, 본연의 성은 기질의 성에 나아가서 기질과 섞이지 않은 것을 추출하여 말한 것으로서 두 물건이 아니니, 기대승(奇大升)의 이른바, '사단은 칠정의 선한 한쪽'이라고 한 것과 어떻게 구별하겠습니까? 고봉(高峯)이 끝에 가서 이내 성현의 칠정을 가지고 이발(理發)에 분속시킨 것은 여전히 그전의 투식인데도 퇴계가 홀로 환하게 밝은 근원을 보았다고 허여한 것은 어째서입니까? 퇴계가 이평숙(李平叔)에게 답한 세 번째 글과 전의 논의(論議)가 또 같지 않은 것은 어찌된 것입니까? 만약 '선한 한쪽(善一邊)'이라고 말한다면 주자가 이른바 '사단에도 불선(不善)이 있다'고 한 것은 어찌된 것입니까? 그렇다면 사단에도 선과 불선이 있고, 칠정에도 선·불선이 있는 것이니 선한 한쪽이라는 주장은 미루어 나갈 수 없는 것인 듯합니다.

나는 이렇게 생각합니다. 이발과 기발이 어찌 호발(互發)하는 도리가 있겠습니까? 이가 동하는 데 기가 동하는 것은 영원한 정론으로서 바꾸지 못할 것이니, '사람이 말을 탄 것과 같다는 설(人乘馬說)'로서 밝히자면 이는 사람과 같고, 기는 말과 같습니다. 사람이 나가려고 하여 말이 태우고 가는 것이지, 말이 가고자 하여 사람이 타고 가는 것은 아닙니다. 그러나 사람이 볼일이 있어서 말을 타고 편리하게 가는 것은 사람에 속한 일이고 혹 말의 일로 인하여 사람이 타고 가는 것은 말에 속한 일입니다. 그러므로 이발은 이가 진발(眞發)한 것이요, 기발은 물건이 형기(形氣)에 감촉되어 이가 발하는 것입니다. 정자(程子)가 '그 형기에 감촉되어 칠정이 나온다'고 말하지 않았습니까? 이 말은 혹원·혹생의 말과 함께 빈틈없이 서로 들어맞는 말입니다."

성호(星湖)가 〈이여겸(李汝謙)에게 답한 글〉에서 이렇게 말했다.

"퇴계가 일찍이 이르기를, '이름붙여 말하는 시초에 세밀한 부분을 소홀히 하여 착오되기 쉬우니, 차라리 우리들의 주장을 버리고 선유(先儒)들의 설(說)로 대신하는 것만 못하다'고 했는데, 이는 뜻을 둔 곳이 있는 듯합니다. 퇴계의 말은 잘 아는 사람으로서 본다면 참으로 의심할 만한 것이 없지만 하학자(下學者)는 혹 잘못 보기가 쉽고, 또 주자의 이른바 '사단은 이의 발이요, 칠정은 기의 발'이라고 한 빈틈없는 말만은 못합니다. 지난번에 사단은 이가 곧장 발한 것으로 형기에 간섭받지 않으므로 이발이라고 말하였고, 칠정은 이것이 형기에 감촉되어 발한 것이므로 기발이라고 말하여 인심·도심과 동일한 묘맥이라고 말했던 것입니다. 그것이 발할 즈음에 이와 기가 서로 따른다(相須)는 말은 당초 언급하지 못하였습니다. 기는 일신이 혼륜(渾淪)한 기가 있고, 심장에서 운용하는 기가 있어서 비록 동일한 기라고 해도 대소의 구별이 있습니다. 형기의 기는 대에 속하고 이가 발하는 데 기가 따른다는 기는 소에 속합니다. 대는 일신으로 말한 것이요, 소는 심(心)으로 말한 것입니다. 심의 감응에는 이가 발하는 데 기가 따르는 한가지 길만이 있을 따름이니 사단과 칠정이 어찌 서로 다른 것이 있겠습니까? 다만 칠정은 당초에 형기로 말미암아 있기 때문에 기의 발이라 한 것이요, 발할 즈음에 기가 먼저 동하고 이가 바야흐로 와서 탄다고 말한 것은 아닙니다. 그러나 그 대소의 기 역시 간격이 없는 것이어서 이미 형기에 감촉되어 이가 기를 타서 발하는 것이니, 비록 기가 발하는 데 이가 탄다고 말하더라도 무방한데 이는 퇴계의 뜻입니다.

그러므로 사단·칠정과 인심·도심이 서로 부합한다는 데에 대해서는 이미 주자의 정설이 있습니다. 인심이 사(私)라면 도심은 공(公)이 되니, 공과 사의 두 글자는 실로 이 논설의 긴요한 대목입니다. 애(哀)와 측은은 서로 가까운 듯하지만 애는 자기 몸에 절실한 것이어서 측은의 공(公)된 것과 같지 않고, 칠정의 오(惡)는 미워하는 것이 나에게 있으니 사(私)요, 사단의 오(惡)는 불선을 미워하는 것이어서 공(公)이 되니, 사단·칠정의 사이에 공과 사가 이처럼 뚜렷하게 구별됩니다. 사단은 도심에 속하고 칠정은 인심에 속하는 것임을 볼 수가 있어 이·기의 나뉨이 아낌없이 드러났습니다.

퇴계가 이평숙(李平叔)에게 답한 글에서 말하기를, '도심은 심(心)으로써 말한 것이니 심의 시종(始終)을 관철(貫徹)하고 유무(有無)를 통한 것이요, 사단은 단서를 말한 것으로써 발현함을 가지고 단서를 가리키는 것이어서 역시 조금의 차이는 없을 수 없다'고 하였으니 이것 또한 이해할 수가 없습니다. 사단이 도심임은 주사가 이미 단정한 바인데, 도심이 비록 종시(終始)를 통한 것이라고는 하지만 인심을 들어 상대해서 말하면 다만 발현한 것에 나아가 말한 것입니다. 도(道)자는 이(理)자에 속하고, 심(心)자는 사단에 속하며, 형기(形氣)자는 인(人)자에 속합니다. 주리고 배부르고 춥고 더운 것은 바로 그 마음이니 칠정은 이(理)를 따라서 기괄(機括)하는 것입니다. 요컨대 충분히 저울질하여 살펴서 말한 것입니다. 인심에 만일 이 기괄이 없다면 이른바 '도심의 명을 받는다'는 말은 무엇입니까? 아픈 곳을 어루만지고 가려운 곳을 긁는 것 등은 인심이니 아프지 않은 데를 어루만지고 가렵지 않은 곳을 긁는다면 이것이 어찌 명을 받는 것이겠으며 어찌 이러한 이치가 있겠습니까? 그러나 비록 아프고 가렵더라도 기뻐해야 할 것을 기뻐하고, 노여워해야 할 것을 노여워하는 것이 이치에 합당하고 조금도 망동하지 않아야 비로소 명을 받는 것이 되기 때문에 칠정이 인심의 기괄이 되는 것입니다. 칠정은 성인이나 어리석은 사람이나 다 갖고 있는 것이어서 마음에 들면 기뻐하고, 거슬리면 노여워하는 것이니 어찌 의리에 해롭겠습니까? 그러나 일분(一分)의 사(私)를 떨쳐버리지 못하기 때문에 사(私)라고 하는 것입니다."

또 이렇게 말했다.

"혹시 내가 퇴계를 버리고 율곡에게로 간다고 의심하나 어찌 그러하겠습니까? 퇴계는 본래 주장이 옳지만 말하는 사이에 혹 완전히 밝히지 못한 것이 있으니, 마치지 못한 말을 가지고 이미 끝낸 설(說)로 보는 것은 옳지 못하기 때문에 전후하여 운운한 것입니다. 발하는 것은 기요, 발하게 하는 것은 이입니다. 이가 발하는 데 기가 싣는 것(氣載)은 어디서나 그렇지 않겠습니까만 처음에 형기로 말미암아 발하기 때문에 기발이라고 하며, 형기에 간섭되지 않고서 발하므로 이발이라고 합니다. 형기의 기와 기가 따른다(氣隨)는 기는 묘맥이 같지 않으니, 이것을 알면 비록 본연과 기질의 성을 가지고 양자에 비교한다 하더라도 옳지 않습니다. 그러나 마침내는 이가 반드시 기에 앞서고 그것이 발함에 서로 따르니 이가 발함에 기가 실리고, 기가 발함에 이가 타는데 과연 서로 다른 기가 있겠습니까? 율곡의 설에 이르기를, '인심과 도심이 서로 종시(終始)하게 되는데, 기에 가리운 바가 된 것은 인심이고, 가리우지 않은 것은 도심'이라고 했습니다. 그렇다면 비록 상지(上智)의 사람이라도 역시 인심이 있게 되니 성인 또한 혹 기에 가려지게 된다는 것입니까? 인심과 도심은 길을 달리하며 심의 발현이 다르니 어찌 종시하는 이치가 있겠습니까? 또 말하기를, '중인(衆人)의 마음은 혼미하고 산란하지만 요행히 한순간이라도 미발한 때에는 성인과 다르지 않다. 비록 길들여지지 않은 말이라도 조용히 서 있을 때에는 순량(馴良)한 말과 다르지 않다'고 말했습니다. 대체로 중인은 대본(大本)이 서지 않았으니 비록 더러 미발할 때가 있을지라도 어찌 성인의 충막삼연(冲漠森然)한 기상과 다름이 없겠습니까? 율곡의 현명함으로도 어찌 마음속으로 체험함이 없어서 이같이 말했겠습니까? 또 말하기를, '혹 말이 사람의 뜻에 따라서 나가는 것은 도심이요, 사람이 말을 믿고 나가는 것은 인심이다'라고 하였는데, 사람이 말을 믿고 나가면 어찌 제 궤도를 잃지 않겠습니까? 가령 말이 날뛰고 달아나지 않는다 하더라도 이것은 우연히 사람의 뜻에 맞는 것이요, 말을 잘 부리는 사람이 하는 바는 아닌 것입니다. 상지(上智)와 하우(下愚)가 다같이 인심이 있다면서 한결같이 이것을 말의 발(馬足)에 비유할 수 있겠습니까? 성인의 마음은 이가 항상 기를 다스리고, 배우는 사람의 마음은 존성(存省)을 큰 공부로 생각하는데 불초한 사람의 마음은 인욕에 흐르기 쉬우니 이른바 사람이 말을 믿는다고 하는 것은 말할 여지가 없습니다. 위에서는 사단은 선한 일변(一邊)이요, 칠정은 선악을 겸한다고 하였고, 아래에서는 기가 용사(用事)하지 않으면 도심이라고 하였습니다. 칠정의 선한 일변이요, 기가 이미 용사하면 인심이라고 하였습니다. 칠정은 선악을 겸한 것이라고 하였으니 그렇다면 선한 일변은 사단으로서 도심에 속하고, 선악을 합하면 칠정으로서 인심에 속하니, 인심과 도심을 양변으로 나눌 수 있는 것 같은데 사단·칠정은 나눌 수 없다고 한 것은 어찌된 것입니까? 만일 기가 용사하지 않는 것을 도심이라고 한다면 성인은 인심이 없는 것이 되고, 기가 용사하기는 하지만 정밀히 살펴서 바르게 하는 것을 인심이 도심의 명을 받은 것이라고 하면 먼저 어두웠다가 다시 밝게 된 자만이 해당될 것이니 옳겠습니까? 나머지는 이루 다 거론하지 못합니다."

성호 이익의 〈변설(辨說)〉에는 이렇게 말했다.

"사단·칠정의 변설은 주자에 와서 하나의 전기(轉機)를 이루는 말이 있게 되는데, 그것은 인심과 도심은 한가지 조목으로 일관하여 칠

정은 형기에서 생기고 사단은 성명(性命)에 근원한다고 한 것에 불과하다. 이렇게 보면 어찌 알기 어려운 것이 있겠는가마는, 이제 이 문제가 흘러와서 동방의 큰 논의가 되어 의문이 더 쌓이고 마디 위에 가시를 더하여 마침내 정론이 없게 되었으니, 이치에 통달한 사람이 들으면 반드시 웃을 것이다.

퇴계가 '기가 따르고(氣隨) 기가 발한다(氣發)'는 말을 하였는데 그 본뜻을 미루어 따져보면 본래 정당하지만 사람들이 그대로 이 두 개의 기(氣)자를 가지고 비교해서 똑같이 간주함으로써 더욱 이해하기 어렵게 되었다. 만약 이처럼 분명하지 못하면 사람들을 미혹시킬 뿐만 아니라 후세까지도 끝내 시원스럽게 알려질 날이 없을 것이다. 사실 이(理)가 발함에 기가 따른다는 것은 방촌간(方寸間)의 이가 동하면 기가 따른다고 말한 것이고, 기가 발함에 이가 탄다는 말은 이가 동하는 것은 형기(形氣)로 말미암아 발하는 것이나 형기에 말미암지 않고 곧장 성명(性命)의 이에 근원한 것과 같지 않은 것을 말한 것이다. 비록 형기로 말미암아 발하여도 그 마음 가운데서 이가 동함에 기가 따르는 것이니 이 두 가지가 어찌 다르겠는가?"

또 말했다.

"우리나라에 이 논설이 있으면서부터 의논이 분분하고 변답(辨答)이 헤아릴 수 없이 많아 사람들이 오히려 당황하고 황홀해했다. 이어서 당의(黨議)의 제목으로 삼아 좁은 견해만을 주장하게 되었으니 놀라운 일이다. 대개 당초 퇴계가 추만(秋巒) 정지운(鄭之雲)의 〈천명도설(天命圖說)〉로 인하여 '사단은 이에서 발하고 칠정은 기에서 발한다'고 논하였는데 이는 주자의 설(說)을 발명한 것에 불과할 따름이었으며, 또 학자들에게 연역(縯繹) 공부의 자료로 삼게 한 것이었다. 기고봉(奇高峯)이 처음에는 비록 사단·칠정을 대거(對擧)하여 이발·기발의 설에 대해서 장황하게 변론했으나 나중에는 지난날의 소견이 잘못되었다는 것을 깨닫고 고쳐서 선생의 뜻을 따랐다. 이에 〈후설〉과 〈총설〉을 지어 변명하기를 '주자의 이른바 사단은 이가 발한 것이요, 칠정은 기가 발한 것이라고 한 말을 반복하여 참고하고 연구한 결과 마침내 부합되지 않은 것이 있다는 것을 깨달아, 이제야 지난날의 변설에 자세히 생각하지 못한 것이 있고 충분히 살피지 못한 점이 있다는 점이 있다는 것을 알았다'고 하였다. 고봉은 또 말하기를, '단지 사단은 이가 발하는 것이기 때문에 맹자(孟子)의 뜻은 사람으로 하여금 확충(擴充)하게 하고자 한 것이니, 학자들이 체인(體認)하여 확충하지 않겠는가? 칠정은 이·기의 발을 겸유(兼有)했으나 이의 발함이 혹 기를 주재하지 못하기도 하고, 혹은 기의 흐름이 도리어 이를 가릴 때도 있으니 학자가 칠정의 발함에서 성찰하여 잘 다스리지 않겠는가? 이것이 또 사단과 칠정의 명의(名義)에 각각 그럴 만한 까닭이 있는 것이니 학자들이 진실로 이로 말미암아 확충하기를 구한다면 도움이 많을 것이다' 운운했다. 고봉의 말은 필경 학자들이 공부하는 데 있어서 몸소 체인하여 확충해가고 성찰하여 다스리는 일로 결론지은 것이다. 퇴계가 고봉에 대하여 '의논이 명쾌하여 얽히고 어지러운 병통이 없으며 안목이 지극히 정당하여 밝고 광대한 근원을 보았다'고 한 것은 생각하건대 아마도 이것을 지적한 것이리라. 그런데 후세의 학자들이 몸소 체인하고 성찰하는 공부는 하지 않고 분분하게 각자 근본이 아닌 지엽적인 의논을 세워 갈등이 생기게 함으로써 논설이 더욱 번다해지고 의혹은 더욱 심해졌으니 어찌 퇴계 선생께서 발명하여 제시한 본뜻이겠는가?"

이것은 성호(星湖)가 이른바 '의혹 속에 의혹이 쌓이고 마디 위에 가지를 더하여 마침내 정론이 없고 변답(辨答)이 헤아릴 수 없이 많아 사람들이 오히려 당황하고 황홀하게 여긴다'고 한 것이다. 지금 제가(諸家)들의 말이 너무 번다하여 다 수록할 수 없기 때문에 다만 퇴계·율곡·우계 선생의 문답과 성호 선생의 변론 중에서 개요만을 간추려서 위와 같이 간략하게 기록하여 고명한 학사들의 고정(考訂)을 기다린다.

퇴계와 같은 때에 영남(嶺南)의 강우(江右)에는 남명(南冥) 조식(曺植)이 있고, 개성(開城)에는 화담(花潭) 서경덕(徐敬德)이 있었으며, 호남(湖南)에는 일재(一齋) 이항(李恒)과 하서(河西) 김인후(金麟厚)가 있었다. 이들은 모두 성리학을 연구하여 훌륭하게 유학의 종사(宗師)가 되었다. 다만 그 학설은 서로 다른 것이 있지 않았으나 모두 정주학(程朱學)을 하였으므로 이들을 차례로 뒤에 기록하고, 또 퇴계와 율곡 이래의 연원(淵源)과 계통의 내력을 대강 약술하여 읽는 사람들이 조선 유학계의 편모나마 알 수 있게 할 따름이다. 다만 당파 싸움에 대해서는 이것이 유가(儒家)의 불행인지라 기술하는 사람도 기술하고자 하지 않으며, 독자들 또한 듣기를 원하지 않을 것이므로 언급하지 않겠다.

이 성 호 사 칠 리 기 설
李星湖四七理氣說

성 호 여 권 청 대 서 왈 순 유 인 심 도 심 지 훈 차 심 학 지 조 종 주 자 석 지
星湖與權清臺書曰舜有人心道心之訓此心學之祖宗朱子釋之
이 혹 생 혹 원 즉 개 시 무 온 이 성 수 불 루 야 지 로 선 생 론 사 칠 필 인 차 위
以或生或原則開示無蘊而盛水不漏也至老先生論四七必引此爲
좌 계 차 편 시 저 화 초 비 유 량 양 야 부 성 발 위 정 즉 인 심 도 심 정 야 사 단
左契此便是這話初非有兩樣也夫性發爲情則人心道心情也四端
칠 정 정 야 일 개 방 촌 기 갱 유 사 반 정 출 래 거 주 자 설 사 단 도 심 야 기 한
七情情也一個方寸豈更有四般情出來據朱子說四端道心也飢寒
통 양 인 심 야 우 왈 희 노 인 심 야 우 왈 욕 생 오 사 인 심 야 유 의 소 재 도 심
痛痒人心也又曰喜怒人心也又曰欲生惡死人心也惟義所在道心
야 차 류 불 가 승 거 도 심 여 사 단 합 부 무 흔 칠 정 종 형 기 상 기 한 통 양 생
也此類不可勝擧道心與四端合符無痕七情從形氣上飢寒痛痒生
고 주 자 운 이 호 학 론 기 불 왈 촉 기 형 이 칠 정 출 언 호 기 촉 형 기 즉 기 한
故朱子云爾好學論豈不曰觸其形而七情出焉乎旣觸形氣則飢寒
통 양 지 심 자 재 기 중 이 칠 정 유 시 맹 언 고 리 평 숙 질 의 서 록 선 생 훈 왈
痛痒之心自在其中而七情由是萌焉故李平叔質疑書錄先生訓曰

사 단 시 도 심 칠 정 시 인 심 부 인 심 지 유 위 태 유 칠 정 고 야 약 무 칠 자 지
四端是道心七情是人心夫人心之有危殆有七情故也若無七者之
치 탕 기 한 통 양 지 심 하 이 위 유 위 시 지 인 도 심 사 칠 정 즉 동 일 설 화 야
熾蕩飢寒痛痒之心何以謂惟危始知人道心四七情卽同一說話也
이 선 생 소 위 칠 정 기 발 지 기 역 지 시 정 자 소 위 촉 기 형 주 자 소 위 생 어
而先生所謂七情氣發之氣亦只是程子所謂觸其形朱子所謂生於
형 기 지 의 여 감 흥 시 소 위 인 심 묘 불 측 출 입 승 기 기 지 기 부 동 하 이 명
形氣之義與感興詩所謂人心妙不測出入乘氣機之氣不同何以明
지 선 언 천 자 필 험 우 만 물 수 포 재 천 천 지 대 기 지 중 산 유 산 기 수 유 수
之善言天者必驗于萬物雖包在天天地大氣之中山有山氣水有水
기 목 화 금 석 막 불 개 연 각 성 부 거 서 흡 불 리 어 기 형 차 목 격 가 징 위 지
氣木火金石莫不皆然各成部居舒翕不離於其形此目擊可徵謂之
상 여 유 통 즉 가 약 왈 초 무 대 소 지 별 단 불 시 의 차 지 형 기 지 기 여 천 지
相與流通則可若曰初無大小之別斷不是矣此之形氣之氣如天地
지 대 기 방 촌 간 출 입 지 기 여 부 거 서 흡 지 기 불 의 혼 이 일 지 야 주 자 위
之大氣方寸間出入之氣如部居舒翕之氣不宜混而一之也朱子謂
사 단 위 리 지 발 기 비 원 어 성 명 자 야 칠 정 기 지 발 기 비 생 어 형 기 자 야
四端謂理之發豈非原於性命者耶七情氣之發豈非生於形氣者耶
선 생 지 어 불 과 조 술 차 이 구 즉 소 위 리 발 지 리 성 명 지 외 무 기 물 기 발
先生之語不過祖述此二句則所謂理發之理性命之外無其物氣發
지 기 형 기 지 외 무 기 물 기 의 교 연 야 형 기 지 발 이 형 기 수 지 즉 불 성 설
之氣形氣之外無其物其義較然也形氣之發而形氣隨之則不成說
시 지 선 생 지 하 량 기 자 유 부 동 야 주 자 왈 리 유 동 정 고 기 유 동 정 약 리
始知先生之下兩氣字有不同也朱子曰理有動靜故氣有動靜若理
무 동 정 기 하 자 이 유 동 정 우 왈 리 여 기 본 무 선 후 지 가 언 단 추 거 시 각
無動靜氣何自而有動靜又曰理與氣本無先後之可言但推去時却
여 리 재 선 기 재 후 부 리 자 기 지 수 야 기 자 리 지 졸 도 야 범 동 개 리 선 야
如理在先氣在後夫理者氣之帥也氣者理之卒徒也凡動皆理先也
공 무 기 선 이 리 방 수 후 지 도 야 약 왈 방 촌 간 출 입 지 기 혹 리 선 이 기 래
恐無氣先而理方隨後之道也若曰方寸間出入之氣或理先而氣來
수 지 기 선 이 리 방 승 지 녕 유 시 의 리 문 성 착 간 선 생 지 설 거 유 호 발 지
隨之氣先而理方乘之寧有是義李文成錯看先生之說遽有互發之
초 하 이 격 화 파 양 야 호 발 단 무 시 리 선 생 필 유 기 지 고 추 구 지 구 방 득
誚何異隔靴爬痒耶互發斷無是理先生必有其旨故推究之久方得
기 설 이 방 촌 간 출 입 지 기 언 리 발 기 수 사 칠 하 상 유 별 지 어 칠 정 갱 어
其說以方寸間出入之氣言理發氣隨四七何嘗有別至於七情更於

리 발 상 면 유 일 층 묘 맥 차 리 지 발 유 어 형 기 야 비 리 지 직 발 야 직 발 즉
理發上面有一層苗脉此理之發由於形氣也非理之直發也直發則

불 여 형 기 상 간 고 지 수 언 방 촌 간 리 발 기 수 의 의 약 촉 기 형 기 이 발 즉
不與形氣相干故只須言方寸間理發氣隨宜矣若觸其形氣而發則

시 위 기 발 리 승 이 기 방 촌 간 기 수 이 자 부 대 갱 언 의 무 부 저 선 생 지 의
是謂氣發理乘而其方寸間氣隨二字不待更言義無不著先生之意

십 분 여 차 구 사 제 겁 형 기 위 리 여 기 질 선 어 방 촌 지 간 즉 피 호 발 지 의
十分如此苟使除刼形氣謂理與氣迭先於方寸之間則彼互發之疑

미 의 전 척 선 생 기 유 시 재 리 문 성 설 기 대 지 불 출 어 사 단 시 칠 정 중 선
未宜全斥先生豈有是哉李文成說其大旨不出於四端是七情中善

변 비 칠 정 지 외 부 유 사 단 야 여 비 의 위 지 상 섭 자 과 의
邊非七情之外復有四端也與鄙意謂之相涉者過矣

우 왈 익 위 퇴 계 집 중 유 수 단 미 료 자 이 칠 비 기 질 지 성 이 사 비 본 연
又曰瀷謂退溪集中有數段未了者以七比氣質之性以四比本然

지 성 본 연 지 성 취 기 질 지 성 중 념 출 부 잡 호 기 질 자 언 비 이 물 즉 여 고
之性本然之性就氣質之性中拈出不雜乎氣質者言非二物則與高

봉 소 위 사 시 칠 지 선 일 변 자 하 별 고 봉 말 내 이 성 현 지 칠 정 속 지 리 발
峯所謂四是七之善一邊者何別高峯末乃以聖賢之七情屬之理發

즉 의 구 시 전 투 퇴 계 허 지 이 독 견 소 광 지 원 자 하 야 기 답 리 평 제 삼 서
則依舊是前套退溪許之以獨見昭曠之源者何也其答李平第三書

여 전 론 우 유 부 동 자 하 야 약 단 왈 선 일 변 즉 주 자 소 위 사 단 유 불 선 자
與前論又有不同者何也若但曰善一邊則朱子所謂四端有不善者

하 야 연 즉 사 역 유 선 불 선 칠 역 유 선 불 선 선 일 변 지 설 어 차 공 추 불 거
何也然則四亦有善不善七亦有善不善善一邊之說於此恐推不去

의 우 위 리 발 기 발 기 유 호 발 지 도 리 동 이 기 동 자 춘 정 불 역 이 인 승 마
矣愚謂理發氣發豈有互發之道理動而氣動者椿定不易以人乘馬

설 명 지 리 여 인 기 여 마 인 욕 유 왕 마 재 이 행 비 마 욕 유 왕 이 인 승 거 야
說明之理如人氣如馬人欲有往馬載而行非馬欲有往而人乘去也

연 인 유 소 사 이 승 마 편 행 시 속 지 인 야 혹 인 마 사 이 인 우 승 행 시 속 지
然人有所事而乘馬便行是屬之人也或因馬事而人又乘行是屬之

마 야 고 리 발 자 리 지 진 발 야 기 발 자 물 촉 형 기 이 리 어 시 발 야 정 자 기
馬也故理發者理之眞發也氣發者物觸形氣而理於是發也程子豈

불 왈 촉 기 형 이 칠 정 출 언 호 여 혹 원 혹 생 지 설 물 언 상 부 자 야
不曰觸其形而七情出焉乎與或原或生之說沕焉相符者也

성 호 답 리 여 겸 서 왈 퇴 계 고 상 운 명 언 지 제 묘 홀 이 차 불 약 거 오 배
星湖答李汝謙書曰退溪固嘗云名言之際眇忽易差不若去吾輩

지설이선유설대지차공유의퇴계지설자지자관실무가의이하학
之説以先儒説代之此恐有意退溪之説自知者觀實無可疑而下學
혹불면착간우불약주자소위사단리지발칠정기지발지위무하루
或不免錯看又不若朱子所謂四端理之發七情氣之發之爲無罅漏
야사야사시리지직발불섭어형기고위지리발칠시촉감형기이발
也伺也四是理之直發不涉於形氣故謂之理發七是觸感形氣而發
고위지기발여인도심동일묘맥기발지지제리기상수즉초미급차
故謂之氣發與人道心同一苗脉其發之之際理氣相須則初未及此
야기자유일신혼륜지기유심장운용지기수동일기야이유대소지
也氣者有一身混淪之氣有心臟運用之氣雖同一氣也而有大小之
별형기지기속지대리발기수지기속지소대이일신언소이심언심
別形氣之氣屬之大理發氣隨之氣屬之小大以一身言小以心言心
지감응지유리발기수일로이기사칠하상유이재유기칠자초인형
之感應只有理發氣隨一路而己四七何嘗有異哉惟其七者初因形
기이유고왈기지발비위기발지지제기선동이리방래승지야연기
氣而有故曰氣之發非謂其發之之際氣先動而理方來乘之也然其
소대역무간격기촉형기이리승기발즉수위지기발리승억가야차
小大亦無間隔旣觸形氣而理乘氣發則雖謂之氣發理乘抑可也此
퇴계지의야시이사칠여인심도심상첩주자기유정설인심위사즉
退溪之意也是以四七與人心道心相帖朱子己有定説人心爲私則
도심위공공사이자실위차론지긍계유애여측은상사이애시상절
道心爲公公私二字實爲此論之肯綮惟哀與惻隱相似而哀是傷切
어기여측은지공부동칠지오즉유오어기사이사지오오기불선즉
於己與惻隱之公不同七之惡卽有惡於己私而四之惡惡其不善則
공야사칠지간공사현별역가견사속도심칠속인심이리기지분무
公也四七之間公私顯別亦可見四屬道心七屬人心而理氣之分無
여온의지퇴계답리평숙즉왈도심이심언관시종이통유무사단취
餘蘊矣至退溪答李平叔則曰道心以心言貫始終而通有無四端就
발견이지기단서역불능무소이차우불가해사단도심야주자지소
發見而指其端緖亦不能無少異此又不可解四端道心也朱子之所
기단도심수통종시거인심대감이언즉지시취발견이언자야도자
己斷道心雖通終始擧人心對勘而言則只是就發見而言者也道字
속리자심자속사단형기자속인자이기포한욱즉기심야칠자종시
屬理字心字屬四端形氣字屬人字而飢飽寒燠卽其心也七者從是
이위기괄자야요수분금칭상십분설하래인심약무차기괄소위청
而爲機括者也要須分金秤上十分説下來人心若無此機括所謂聽

명 어 도 심 하 야 도 저 통 파 착 양 지 류 시 인 심 수 도 불 통 수 파 불 양 시 위
命於道心何也搯著痛爬着痒之類是人心雖搯不痛雖爬不痒是爲
청 명 야 녕 유 시 리 수 유 통 양 지 시 당 희 이 희 당 노 이 노 합 어 리 이 불 소
聽命耶寧有是理雖有痛痒只是當喜而喜當怒而怒合於理而不少
망 동 방 시 청 명 야 고 왈 칠 정 위 인 심 지 기 괄 야 칠 정 성 우 동 유 순 즉 희
妄動方始聽命也故曰七情爲人心之機括也七情聖愚同有順則喜
역 즉 노 하 해 어 의 연 불 능 리 사 일 분 고 왈 사
逆則怒何害於義然不能離私一分故曰私

우 왈 혹 의 익 사 퇴 취 률 부 기 연 재 퇴 계 본 자 시 이 언 의 지 간 혹 유 본
又曰或疑瀷舍退就栗夫豈然哉退溪本自是而言議之間或有本
진 효 자 즉 불 의 이 미 료 작 기 료 고 유 전 후 지 운 운 야 발 자 기 야 발 지 자
盡曉者則不宜以未了作己了故有前後之云々也發者氣也發之者
리 리 발 이 기 재 자 하 처 불 연 유 기 초 인 형 기 이 발 고 왈 기 발 불 섭 형 기
理理發而氣載者何處不然由其初因形氣而發故曰氣發不涉形氣
이 발 즉 왈 리 발 형 기 지 기 여 기 수 지 기 묘 맥 부 동 지 차 즉 수 이 본 연 기
而發則曰理發形氣之氣與氣隨之氣苗脉不同知此則雖以本然氣
질 지 성 취 비 어 이 자 무 불 가 자 연 필 경 리 필 선 어 기 이 기 발 상 수 즉 리
質之性取比於二者無不可者然畢竟理必先於氣而其發相須則理
발 이 기 재 기 발 이 리 승 과 유 이 기 야 지 어 률 곡 설 왈 인 심 도 심 상 위 종
發而氣載氣發而理乘果有異氣耶至於栗谷說曰人心道心相爲終
시 위 기 소 엄 자 위 인 심 불 엄 자 도 심 수 상 지 역 유 인 심 즉 성 인 역 혹 위
始爲氣所掩者爲人心不掩者道心雖上智亦有人心則聖人亦或爲
기 소 엄 야 인 도 이 로 심 발 견 이 기 유 종 시 지 리 우 왈 중 인 지 심 혼 매 산
氣所掩耶人道異路心發見異豈有終始之理又曰衆人之心昏昧散
란 행 어 일 순 지 간 미 발 지 시 즉 여 성 인 불 이 수 불 순 지 마 당 기 정 립 지
亂幸於一瞬之間未發之時則與聖人不異雖不馴之馬當其靜立之
시 홍 순 량 지 마 불 이 부 중 인 대 본 불 립 즉 수 혹 미 발 기 여 성 인 충 막 삼
時與馴良之馬不異夫衆人大本不立則雖或未發豈與聖人冲漠森
연 지 기 상 무 이 야 이 률 곡 지 현 기 무 체 험 우 중 자 이 여 차 운 연 야 우 왈
然之氣象無異耶以栗谷之賢豈無體險于中者而如此云然耶又曰
혹 마 종 인 의 이 출 자 도 심 야 인 신 마 족 이 출 자 인 심 야 인 신 마 족 기 유
或馬從人意而出者道心也人信馬足而出者人心也人信馬足豈有
불 실 궤 도 설 령 마 불 분 취 차 특 우 연 여 인 의 합 비 량 어 지 소 위 야 상 지
不失軌道設令馬不奔驟此特偶然與人意合非良御之所爲也上智
하 우 균 유 인 심 일 시 가 유 어 마 족 야 성 인 지 심 리 상 어 기 학 자 지 심 존
下愚均有人心一是可喻於馬足耶聖人之心理常御氣學者之心存

성 위 대 불 초 자 지 심 이 류 어 인 욕 소 위 인 신 마 족 하 무 지 의 상 언 사 단
省爲大不肖者之心易流於人欲所謂人信馬足下無地矣上言四端
선 일 변 칠 정 겸 선 악 하 언 기 불 용 사 즉 도 심 야 칠 정 지 선 일 변 야 기 기
善一邊七情兼善惡下言氣不用事則道心也七情之善一邊也氣己
용 사 즉 인 심 야 칠 정 지 겸 선 악 야 연 즉 선 일 변 시 사 단 이 속 지 도 심 합
用事則人心也七情之兼善惡也然則善一邊是四端而屬之道心合
선 악 즉 칠 정 이 속 지 인 심 유 왈 인 도 심 가 이 분 량 변 설 사 칠 불 가 분 하
善惡卽七情而屬之人心猶曰人道心可以分兩邊說四七不可分何
야 여 왈 기 불 용 사 자 도 심 즉 성 인 무 인 심 의 기 시 용 사 정 찰 추 정 자 위
也如曰氣不用事者道心則聖人無人心矣氣始用事精察趍正者爲
인 심 청 명 어 도 심 즉 유 혼 이 부 명 자 위 연 기 가 호 여 부 진 거 의
人心聽命於道心則惟昏而復明者爲然其可乎餘不盡擧矣

안 성 호 변 설 유 왈 사 칠 지 변 주 자 시 유 일 전 어 불 과 여 인 심 도 심 동
按星湖辨說有曰四七之辨朱子始有一轉語不過與人心道心同
조 공 관 칠 생 어 형 기 사 원 어 성 명 여 시 간 유 하 난 지 금 류 위 동 방 일 대
條共貫七生於形氣四原於性命如是看有何難知今流爲東方一大
론 중 축 의 절 상 첨 지 졸 무 저 정 달 리 자 문 지 미 필 불 일 소 야 급 퇴 계 유
論中畜疑節上添枝卒無底定達理者聞之未必不一笑也及退溪有
기 수 기 발 지 설 추 구 본 의 고 시 정 당 인 첩 이 량 기 자 교 감 작 일 반 간 소
氣隨氣發之說推究本意固是正當人輒以兩氣字較勘作一般看所
이 우 난 효 해 야 약 단 여 차 불 촉 금 인 미 혹 수 후 세 종 무 개 활 지 일 의 기
以尤難曉解也若但如此不燭今人迷惑雖後世終無開豁之日矣其
실 리 발 기 수 자 이 방 촌 간 리 동 기 수 언 기 발 리 승 자 위 저 리 동 자 인 형
實理發氣隨者以方寸間理動氣隨言氣發理乘者謂這理動者因形
기 이 발 여 불 인 형 기 이 직 원 어 성 명 지 리 자 부 동 수 인 형 기 이 발 기 방
氣而發與不因形氣而直原於性命之理者不同雖因形氣而發其方
촌 간 리 동 기 수 이 자 하 별 재 우 왈 자 동 방 지 유 차 론 림 진 해 곤 변 답 불
寸間理動氣隨二者何別哉又曰自東方之有此論林榛海滾辨答不
억 인 유 당 연 황 홀 계 지 이 당 의 제 목 태 불 승 입 주 출 노 즉 해 의 개 당 초
億人猶瞠然怳惚繼之以黨議題目殆不勝入主出奴則駭矣盖當初
퇴 계 인 정 추 만 천 명 도 설 사 단 발 어 리 칠 정 발 어 기 지 론 불 과 의 주 자
退溪因鄭秋巒天命圖說四端發於理七情發於氣之論不過依朱子
설 발 명 지 이 기 역 소 이 시 학 자 자 기 완 역 지 공 야 고 기 고 봉 초 수 이 사
說發明之而己亦所以示學者資其玩繹之工也故奇高峯初雖以四
단 칠 정 대 거 호 언 속 지 리 발 기 발 지 설 변 론 장 황 말 내 자 각 구 견 지 차
端七情對擧互言屬之理發氣發之說辨論張皇末乃自覺舊見之差

개 종 선 생 지 의 작 후 설 총 설 이 변 지 왈 이 주 자 소 위 사 단 시 리 지 발 칠
改從先生之意作後說摠說以辨之曰以朱子所謂四端是理之發七
정 시 기 지 발 자 참 구 반 복 종 각 유 미 합 자 내 지 전 일 지 설 고 지 유 미 상
情是氣之發者參究反覆終覺有未合者乃知前日之說考之有未詳
이 찰 지 유 미 진 야 우 왈 단 사 단 지 시 리 지 발 맹 자 지 의 정 욕 사 인 확 이
而察之有未盡也又曰但四端只是理之發孟子之意正欲使人擴而
충 지 즉 학 자 가 불 체 인 이 확 충 지 호 칠 정 겸 유 리 기 지 발 이 리 지 소 발
充之則學者可不體認而擴充之乎七情兼有理氣之發而理之所發
혹 불 능 이 재 호 기 기 지 소 유 역 반 유 이 폐 호 리 즉 학 자 어 칠 정 지 발 가
或不能以宰乎氣氣之所流亦反有以蔽乎理則學者於七情之發可
불 성 찰 이 극 치 지 호 차 우 사 단 칠 정 지 명 의 각 유 소 이 연 자 학 자 구 능
不省察而克治之乎此又四端七情之名義各有所以然者學者苟能
유 시 이 구 지 즉 사 과 반 의 운 운 즉 고 봉 지 설 필 의 이 학 자 공 부 상 체 인
由是以求之則思過半矣云々則高峯之說畢意以學者工夫上體認
확 충 성 찰 극 치 지 사 결 국 퇴 계 의 론 명 쾌 무 야 전 분 나 지 병 안 목 정 당
擴充省察克治之事結局退溪議論明快無惹纏紛拏之病眼目正當
능 독 관 소 광 지 원 자 의 개 지 차 야 내 후 래 학 자 부 종 사 어 체 인 성 찰 지
能獨觀昭曠之原者意盖指此也乃後來學者不從事於體認省察之
공 이 분 연 지 엽 분 기 상 의 론 각 립 갈 등 호 생 설 유 번 이 혹 유 심 기 선 생
工而紛然枝葉分岐上議論各立葛藤互生說愈繁而惑愈甚豈先生
소 이 발 명 제 시 본 의 여 차 성 호 소 위 의 중 축 의 절 상 첨 지 솔 무 저 정 변
所以發明提示本意歟此星湖所謂疑中畜疑節上添枝率無底定辨
답 불 억 인 유 당 연 황 홀 자 야 금 제 가 지 설 번 불 능 진 록 고 지 취 퇴 계 고
答不億人猶瞠然怳惚者也今諸家之說煩不能盡錄故只就退溪高
봉 률 곡 우 계 제 선 생 문 답 급 성 호 선 생 변 론 중 절 취 개 요 략 기 여 상 이
峯栗谷牛溪諸先生問答及星湖先生辨論中節取槪要畧記如上以
사 고 명 학 사 지 고 정 언
俟高明學士之攷訂焉

퇴 계 동 시 령 남 지 강 우 유 조 남 명 식 개 성 유 서 화 담 경 덕 호 남 유 리
退溪同時嶺南之江右有曹南溟植開城有徐花潭敬德湖南有李
일 재 항 김 하 서 린 후 개 연 구 성 리 지 학 울 위 유 종 유 기 학 설 수 불 무 이
一齋恒金河西麟厚皆研究性理之學蔚爲儒宗惟其學說雖不無異
동 병 개 위 정 주 씨 지 학 차 제 기 록 어 후 우 장 퇴 률 이 래 연 원 계 통 지 래
同並皆爲程朱氏之學次第記錄於後又將退栗以來淵源系統之來
력 략 술 대 개 서 기 람 자 유 이 규 견 조 선 유 학 계 지 일 반 언 이 지 가 당 파
歷畧述大槪庶幾覽者有以窺見朝鮮儒學界之一班焉爾至其黨派

지 쟁 차 유 가 지 불 행 야 기 자 지 소 불 욕 술 람 자 지 역 불 원 문 야 차 즉 궐
之爭此儒家之不幸也記者之所不欲述覽者之亦不願聞也此則闕
략 지
畧之

주해_ㅇ名言(명언)-이름 붙여 말하는 것.
ㅇ混淪之氣(혼륜지기)-한덩어리의 원기(元氣). 천지지기(天地之氣)와 같다.
ㅇ李平叔(이평숙)-퇴계의 문인(門人) 이함형(李咸亨)을 가리킴.
ㅇ機括(기괄)-기틀을 잘 살피는 것.
ㅇ馴良之馬(순량지마)-길이 잘 든 선량한 말.
ㅇ大本(대본)-《중용(中庸)》에서 '중야자(中也者)는 천하지대본'이라 하였다. 여기서 중(中)은 천명지성(天命之性)을 가리킨다.
ㅇ節上添枝(절상첨지)-필요없이 첨가하는 것.

서경덕(徐敬德)

자는 가구(可久)로 개성(開城) 사람이다. 어머니가 공자의 사당에 들어간 꿈을 꾸고 공을 낳았다고 한다. 공은 미간(眉間)이 시원하고 눈이 샛별처럼 빛났다. 집안의 형세가 고단하고 한미했으며 농사와 누에치기를 가업으로 삼아 아주 가난했지만 타고난 자질이 총명하여 스스로 분발하여 학문을 닦았다.

일찍이 어버이의 명으로 과거에 응시하여 진사에 올랐으나 곧 과거 공부를 포기하고 응시하지 않았으며, 화담(花潭) 위에 집을 짓고, 화담이라 호(號)했다. 도의(道義)의 학문에 전심했는데 그의 학문은 오로지 궁리(窮理)를 일삼아 혹 여러날 동안을 묵묵히 앉아 있기도 했다. 그가 이치를 궁구함에 있어 만일 하늘의 이치를 궁구하려고 하면 천(天)자를 써서 벽에 붙여놓고 완전히 궁리한 뒤에야 다시 다른 글자를 바꾸어 붙여놓고 정밀하게 생각하고 힘써 연구하기를 밤낮없이 했다. 이와 같이 한 지 여러해 만에 환하게 트였고 그런 뒤에야 책을

읽어 증험했다.

항상 말하기를, "나는 스승을 얻지 못했으므로 공력(功力)을 많이 들였지만 후인들은 내 말에 따라 공부하면 나처럼 고생하지 않아도 될 것"이라고 했다. 그의 의논은 대부분 장횡거(張橫渠)의 학설을 주로 했기 때문에 정주(程朱)의 학설과는 조금 달랐으나 스스로 마음에 터득해 만족하고 즐거워하면서 세간의 시비·득실과 영욕은 털끝만큼도 마음에 두지 않았다. 살림살이가 가난하여 자주 쌀독이 비어도 항상 태연했다. 어느 날 문생(門生) 강문우(姜文佑)가 찾아뵈니 선생은 화담 위에 앉아서 오시(午時)가 되도록 강론하면서 조금도 피로한 기색이 없었는데, 강문우가 부엌으로 들어가서 그 집안 사람에게 물어보았더니 전날부터 양식이 떨어져 조석을 끓이지 못한다고 했다.

화담이 《상서(尙書)》를 배울 때였다. 선생이 '기삼백(朞三百)'이란 대목에 이르러 가르치지 않으면서 말하기를, "이 대목은 나만 알지 못하는 것이 아니라 세상에 아는 사람이 없다."고 했다. 화담이 괴이히 여겨 물러나와 15일 동안 정밀하게 생각한 끝에 해득했는데, 그래서 글이란 사색하면 뜻을 알 수 있다는 것을 알았다. 일찍이 말하기를, "천하에 세 가지 도(道)가 있는데 유도(儒道)가 최상이요, 불도(佛道)가 그 다음이요, 선도(仙道)가 또 그 다음."이라고 했다.

제갈공명(諸葛孔明)의 목우유마(木牛流馬)에 대하여 평하기를, "공명이 마음속에 품은 재주가 얼마나 되기에 이를 기묘하다고 할 수 있겠는가?"라고 했다. 일찍이 나무를 깎아 선기옥형(璿璣玉衡)을 만들었다. 또 말하기를, "도에 달통한 자는 사생(死生)에 대하여 밤과 낮이 일정하게 바뀌는 것처럼 본다. 나는 세상을 떠날 날이 급히 다가오고 있으니, 세상에 살아 있으면서 하루를 보내는 것이 1년처럼 느껴질 뿐."이라고 말했다.

선조(宣祖) 때 조정의 의논이 추증(追贈)하려고 했는데 박순(朴淳)과 허엽(許曄)이 그 문인(門人)이므로 힘써 주장했다. 임금이 시신(侍

臣)에게 이르기를, "내가 그의 저술을 보니 대부분 기수(氣數)에 대하여 말했을 뿐, 수신(修身)하는 데에는 미치지 않았다. 수학(數學)인 듯하며 그 공부 또한 의심할 만한 것이 많으니 어찌된 것인가?"라고 물었다. 이에 박순이 아뢰기를, "서경덕이 항상 말하기를, '학자가 공부하는 방법을 이미 네 분 선생이 말씀하시지 않은 것이 없다. 다만 이기(理氣)의 설(說)은 아직 미진하기 때문에 밝게 분변하지 않을 수 없다'고 하였습니다." 했다. 임금이 이르기를, "그의 공부는 끝내 의심스럽지만 지금 사람들이 기리고 헐뜯는 것은 모두 중(中)을 잃었다." 고 했다. 이이(李珥)가 아뢰기를, "이 공부는 학자들이 본받을 만한 것은 못됩니다. 그의 학문은 대개 장횡거에게서 나왔으니 화담의 저작이 성현의 말씀에 들어맞는지에 대해서는 저는 알 수 없습니다."라고 했다. 나이 58세에 졸했는데, 뒤에 우의정(右議政)을 추증하고 문강(文康)이란 시호를 내렸다.

택당(澤堂) 이식(李植)은 이렇게 말했다.

"화담은 한미한 집안에서 분발하여 일어나 높은 절조를 시종(始終) 지켰다. 이수(理數)의 학문은 강절(康節) 소옹(邵雍)의 뒤를 따라 조광조(趙光祖) 이후에는 그보다 나은 사람이 없으며, 개성과 서울 두 곳의 학문하는 선비들이 와서 배우는 사람이 많았고, 문인 가운데 명성을 얻은 자도 많았다. 그러나 퇴계가 유독 취하지 않은 것은 이단(異端)에 가깝기 때문이었다. 지금 세상 사람들이 서로 전하기를, 선생이 이술(異術)을 하여 선방(仙方)의 비기(秘記)가 있고, 굼벵이가 허물을 벗고 매미가 되듯이 환생하는 술법을 가졌다고까지 말한다. 이 말이 비록 허탄하나 화담의 평소 논의와 기량이 이에 가까웠기 때문에 방외지사(方外之士)들이 구실로 하는 바가 된 것이다."

퇴계는 이렇게 말했다.

"이제 상고하건대 주자가 평소에 이기(理氣)에 대하여 논했던 허다한 설들은 모두 일찍이 두 가지 물건이 하나로 된다는 말은 없었다.

그가 유숙문(劉叔文)에게 답한 글에서는 곧바로 '이·기는 결단코 두 가지 물건'이라고 말했고, 또 말하기를, '성(性)이 비록 기(氣) 가운데에 있지만 기는 스스로 기이고, 성은 스스로 성이어서 서로 뒤섞이지 않는다. 그래서 기의 정(精)한 것을 성(性)으로 삼거나 성(性)의 거친 것을 기로 삼는 것은 부당하다'고 했는데, 이 말이 화담의 말과 같은지는 알지 못하겠다. 나는 어리석고 소견이 좁아서 단지 성현을 돈독하게 믿을 줄만 알아 본분에 의해서 평이하게 논설을 펴나가므로 화담이 '기특하고 기특하며(奇乎奇), 묘하고 묘하다(妙乎妙)'고 한 곳을 엿보지 못하였다. 그러나 일찍이 시험삼아 화담의 말들을 성현들의 말씀과 비교하여 헤아려 보았더니 부합된 곳이 하나도 없었다. 이에 매양 생각하기를, '화담이 일생동안 이 학문에 힘을 기울여 스스로 아주 심오하고 미묘하다고 하였지만 끝내 이(理)자를 꿰뚫어보지 못하였다. 죽을 힘을 다하여 기묘한 것을 말하려 했지만 형기(形氣)의 조잡한 일변(一邊)으로 떨어지는 것을 면치 못한 것은 애석하다. 그런데도 그 문하의 여러 사람들이 그 잘못된 것을 굳게 지키는 것도 참으로 이해하지 못하겠다'고 했다. 생각하건대 주자가 유숙문에게 말하면서, 정미하고 정미하여 이름붙여 형상할 수가 없으므로 부득이 억지로 '태극'이라 한다 하였고, 또 말하기를, '기가 더욱 정미하더라도 이(理)는 존재한다'고 했으니 이는 모두 기를 가리켜 성(性)이라고 한 것이 잘못임을 지적한 말이다. 나는 이 말이야말로 주자가 유숙문을 위해서 한 말이 아니고 바로 화담을 위해서 한 말이 될 것이며, 흡사 연로(蓮老)를 위해서 정수리의 한 혈(穴)에 침을 놓은 것이라고 여긴다. 또 정암(整庵) 나흠순(羅欽順)은 이 학문에 대하여 일가견(一家見)이 있었지만 사람들에게 오류를 범하게 한 것은 바로 이·기가 둘이 아니라는 말에 있다. 그런데도 후세 학자들이 어찌 오류를 그대로 답습하여 서로 이끌어 혼미한 지경으로 들어가서야 되겠는가?"

율곡은 이렇게 말했다.

“화담은 총명함이 남보다 뛰어났으나 중후(重厚)한 것이 부족했다. 독서하고 이치를 연구하면서 문자의 뜻에 구애받지 않고 많이 사색해서, 이와 기가 서로 떨어지지 못하는 묘처(妙處)에 대해서 분명하게 자득(自得)했다. 이것은 다른 사람들이 책을 읽고 남에게 의지하여 모방하는 것에 비교할 바가 아니다. 그래서 문득 지극한 낙으로 삼아 생각하기를 ‘담일청허(湛一淸虛)한 기(氣)가 존재하지 않는 물건이 없다’고 하여 스스로 성현이 다 전하지 못한 묘리를 홀로 얻었다고 단정하여 자못 그 위에 또다시 ‘이는 통하고 기는 국한한다(理通氣局)’는 일절이 있고, 또 ‘선을 이어 성을 이루는(繼善成性) 이는 어느 물건에나 존재하지 않는 데가 없지만 담일청허(湛一淸虛)한 기는 존재하지 않는 데가 많이 있다’는 사실을 도무지 알지 못했다. 이는 변함이 없고, 기는 변함이 있는 것이다. 원기(元氣)가 생생하여 쉬지 않아 간 것(往者)은 지나가고, 오는 것(來者)은 계속될 따름이어서 간 기(往氣)는 이미 있지 않게 되는데도 화담은 일기(一氣)가 오래도록 존재하여 간 것도 지나가지 않고, 오는 것도 계속되지 않는다고 생각했다. 이것이 화담이 기를 이로 아는 병통인 것이다.”

서 경 덕 자 가 구 개 성 인 모 몽 입 부 자 묘 생 공 미 우 명 쾌 안 약 서 성 가
徐敬德字可久開城人母夢入夫子廟生公眉宇明快眼若曙星家
세 단 미 업 농 상 심 빈 천 자 총 영 자 분 위 학 상 이 친 명 응 거 등 진 사 즉 포
世單微業農桑甚貧天姿聰穎自奮爲學嘗以親命應擧登進士卽抛
과 업 불 부 시 축 실 화 담 지 상 호 화 담 잠 심 도 의 기 학 전 이 궁 격 위 사 혹
科業不赴試築室花潭之上號花潭潛心道義其學專以窮格爲事或
묵 좌 루 일 기 궁 리 야 여 욕 궁 천 지 리 즉 서 천 자 우 벽 기 궁 지 후 갱 서 타
默坐屢日其窮理也如欲窮天之理則書天字于壁旣窮之後更書他
자 정 사 력 구 야 이 계 일 여 시 루 년 황 약 명 투 연 후 독 서 이 증 지 상 왈 아
字精思力究夜以繼日如是屢年怳若明透然後讀書以證之常曰我
부 득 사 고 용 공 지 심 후 인 의 오 언 즉 부 지 여 아 지 로 의 기 론 다 주 횡 거
不得師故用功至深後人依吾言則不至如我之勞矣其論多主橫渠
지 설 미 여 정 주 부 동 이 자 득 어 심 충 연 자 락 세 간 시 비 득 실 영 욕 불 이
之說微與程朱不同而自得於心充然自樂世間是非得失榮辱不以

일호개의가루공처지안연일일문생강문우래알선생좌담상일기
一毫介意家屢空處之晏然一日門生姜文佑來謁先生坐潭上日己
오여지강론략무곤췌색문우입주문기가인즉자작량절불취운수
午與之講論畧無困悴色文佑入廚問其家人則自昨糧絶不炊云受
상서지기삼백사불긍수왈차부단오소불학거세무지자공괴지퇴
尚書至朞三百師不肯授曰此不但吾所不學擧世無知者公怪之退
이정사지십오일통해내지서지가이사득야상왈천하유삼도유최
而精思至十五日通解乃知書之可以思得也嘗曰天下有三道儒最
상불차지선우차지위공명목우류마왈공명심장기하차하족위묘
上佛次之仙又次之謂孔明木牛流馬曰孔明心匠幾何此何足爲妙
야상삭목작선기옥형우왈달자어사생유야조지상약오즉귀화일
也嘗削木作璿璣玉衡又曰達者於死生猶夜朝之常若吾則歸化日
급일일재세도일일불시여일년운선조시조의욕가증포이박순허
急一日在世度一日不啻如一年云宣祖時朝議欲加贈褒而朴淳許
엽이기문인주장심력상위시신왈여관서모저술다론기수이불급
曄以其門人主張甚力上謂侍臣曰予觀徐某著述多論氣數而不及
어수신사시수학기공부역다가의하야박순왈경덕상언학자용공
於修身似是數學其工夫亦多可疑何也朴淳曰敬德常言學者用工
지방기경사선생무소불언지리기지설유소미진고부득불명변운
之方己經四先生無所不言只理氣之說有所未盡故不得不明辨云
상왈차공부종시가의금인예지훼지개실중의이이왈차공부비학
上曰此工夫終是可疑今人譽之毁之皆失中矣李珥曰此工夫非學
자소당법기학개출어횡거기소저약위문합성현즉신부지야운년
者所當法其學盖出於橫渠其所著若謂脗合聖賢則臣不知也云年
오십팔졸후증우의정시문강
五十八卒後贈右議政謚文康

이택당왈화담분기한미고절종시리수지학추종강절정암이후
李澤堂曰花潭奮起寒微高節終始理數之學追踵康節靜庵以後
무출기우량도지학지사종지자중문인성명자역다연퇴계독부지
無出其右兩都志學之士從之者衆門人成名者亦多然退溪獨不之
취자위기근어이학야금자세속상전위선생유이술지어선방비기
取者爲其近於異學也今者世俗相傳謂先生有異術至於仙方秘記
언기선태불망차설수탄연화담평일론의지기량역필유근사자고
言其蟬蛻不亡此說雖誕然花潭平日論議之伎倆亦必有近似者故
위방외지사소적구야
爲方外之士所籍口也

퇴 계 왈 금 안 주 자 평 일 론 리 기 허 다 설 화 개 미 상 유 이 자 위 일 물 지
退溪曰今按朱子平日論理氣許多說話皆未嘗有二者爲一物之
운 지 어 답 류 숙 문 서 직 위 지 리 기 결 시 이 물 우 왈 성 수 재 기 중 연 기 자
云至於答劉叔文書直謂之理氣決是二物又曰性雖在氣中然氣自
기 성 자 성 역 자 불 상 협 잡 부 당 이 기 지 정 자 위 성 성 지 조 자 위 기 부 지
氣性自性亦自不相挾雜不當以氣之精者爲性性之粗者爲氣不知
차 여 화 담 설 동 야 이 야 황 우 루 체 견 단 지 독 신 성 현 의 본 분 평 포 설 화
此與花潭說同耶異耶滉愚陋滯見但知篤信聖賢依本分平鋪說話
불 능 처 화 담 기 호 기 묘 호 묘 처 연 상 시 이 화 담 설 규 제 성 현 설 무 일 부
不能覰花潭奇乎奇妙乎妙處然嘗試以花潭說揆諸聖賢說無一符
합 처 매 위 화 담 일 생 용 력 어 차 사 자 위 궁 심 극 묘 이 종 견 득 리 자 불 투
合處每謂花潭一生用力於此事自謂窮深極妙而終見得理字不透
소 이 변 사 력 담 기 설 묘 미 면 락 재 형 기 조 천 일 변 료 위 가 석 야 이 기 문
所以拚死力談奇說妙未免落在形器粗淺一邊了爲可惜也而其門
하 제 인 견 수 기 오 성 소 미 유 절 견 주 자 위 숙 문 설 정 이 우 정 불 가 명 상
下諸人堅守其誤誠所未諭竊見朱子謂叔文說精而又精不可名狀
부 득 이 이 강 명 지 왈 태 극 우 왈 기 유 정 이 리 존 언 개 시 지 기 위 성 지 오
不得已而强名之曰太極又曰氣愈精而理存焉皆是指氣爲性之誤
우 위 차 비 위 숙 문 설 정 시 위 화 담 설 야 흡 사 위 련 로 침 파 정 문 상 일 혈
愚謂此非爲叔文說正是爲花潭說也恰似爲蓮老針破頂門上一穴
야 차 라 정 암 어 차 학 비 무 일 반 불 규 이 오 인 처 정 재 어 리 기 비 이 지 설
也且羅整庵於此學非無一斑不窺而誤人處正在於理氣非二之說
후 지 학 자 우 기 가 종 류 습 오 상 솔 이 입 어 미 매 지 역 야
後之學者又豈可踵謬襲誤相率而入於迷昧之域耶

율 곡 왈 화 담 총 명 과 인 이 후 중 부 족 기 독 서 궁 리 불 구 문 자 다 용 의
栗谷曰花潭聰明過人而厚重不足其讀書窮理不拘文字多用意
사 어 리 기 불 상 리 지 묘 처 료 연 자 견 비 타 인 독 서 의 양 지 비 고 편 위 지
思於理氣不相離之妙處瞭然自見非他人讀書依樣之比故便爲至
락 이 위 담 일 청 허 지 기 무 물 부 재 자 이 위 득 천 성 부 진 전 지 묘 이 수 부
樂以爲湛一淸虛之氣無物不在自以爲得千聖不盡傳之玅而殊不
지 향 상 갱 유 리 통 기 국 일 절 계 선 성 성 지 리 즉 무 물 부 재 이 담 일 청 허
知向上更有理通氣局一節繼善成性之理則無物不在而湛一淸虛
지 기 다 유 부 재 자 야 리 무 변 이 기 유 변 원 기 생 생 불 식 왕 자 과 래 자 속
之氣多有不在者也理無變而氣有變元氣生生不息往者過來者續
이 기 왕 지 기 기 무 소 재 이 화 담 즉 이 위 일 기 장 존 왕 자 불 과 래 자 불 속
而已往之氣已無所在而花潭則以爲一氣長存往者不過來者不續

차 화 담 소 이 유 인 기 위 리 지 병 야 운
此花潭所以有認氣爲理之病也云

주해_ㅇ窮格(궁격)−궁리하여 격물치지(格物致知)하는 것.
ㅇ木牛流馬(목우류마)−나무로 깎아 운반에 사용한 것.
ㅇ璿璣玉衡(선기옥형)−천체를 관찰하는 기계. 혼천의(渾天儀).
ㅇ蟬蛻不亡(선태불망)−굼벵이가 환생하듯이 새로운 생명으로 변화하는 것.

조식(曺植)

자는 건중(健仲), 호는 남명(南溟)으로 창녕(昌寧) 사람이다. 퇴계와 동갑으로 젊었을 때에는 호걸스러운 기운이 남달리 뛰어났으며, 문장을 배워 《좌전(左傳)》과 유종원(柳宗元)의 글을 즐겨 읽었는데 기재(奇才)로 자부했다. 나이 26세에 노재(魯齋) 허형(許衡)의 《노재심법(魯齋心法)》에 나오는 '이윤(伊尹)이 뜻한 바를 뜻으로 삼고, 안연(顔淵)이 배운 바를 배운다'고 한 말을 보고 문득 깨달아 뜻을 분발하고 정신을 가다듬어 자신을 돌이키고 체험해서 실행하는 것으로 본무(本務)를 삼았다.

어버이가 돌아가시자 과거에 응시하지 않고, 뒤에 두류산(頭流山)에 들어가 '산천재(山川齋)'라는 현판을 걸었다. 중종(中宗)·명종(明宗)·선조(宣祖)의 세 조정에서 연달아 벼슬을 주어 불렀으나 모두 나아가지 않았고, 다만 상서원판관(尙瑞院判官)으로 서울에 갔다가 바로 돌아왔다. 나이 71세에 졸했는데 이 해에 소미성(少微星)에 광채가 없자 남사고(南師古)가 이것을 보고 '조처사(曺處士)의 신상에 재액이 있을 것'이라고 하더니 과연 이 해에 응험(應驗)이 되었다.

죽음에 임하여 학자들에게 이르기를, "나를 보고 처사라고 하면 되지만 유학자로 지목한다면 실제와 맞지 않는다."고 하였다. 또 일찍이 말하기를, "학자는 잠을 너무 많이 자지 말아야 한다. 사색하는 공부는 밤에 하면 더욱 전일하게 된다."고 하였다. 항상 쇠방울을 차고 다녔는데 성성자(惺惺子)라고 하면서 때때로 흔들어 마음을 일깨웠다.

매양 독서할 때에 요긴한 말이 있으면 필기해 놓았는데 이를 '학기(學記)'라고 이름했다. 〈신명사명(神明舍銘)〉·〈패인명(佩釰銘)〉·〈혁대명(革帶銘)〉·〈계복당명(鷄伏堂銘)〉 등을 지었다. 또 뇌룡정(雷龍亭), 산해정(山海亭)이 있었는데 창문 벽에 '경의(敬義)'의 두 글자를 써붙였다. 사람들을 가르치면서 반드시 사람의 자품(資品)에 따라 격려했다. 책을 펴지 않고 강론하면서 말하기를, "지금의 학자들은 고상하게 성명(性命)에 대한 말들을 늘어놓지만 그 마음에 실행한 것이 없어서, 마치 네거리의 큰 저자를 돌아다니면서 진기한 보배를 구경하고 부질없이 값이 비싸다고 떠벌이다가 한 마리의 물고기도 사지 않는 것과 같다. 성인의 뜻은 선유(先儒)들이 이미 다 말하여 밝혀놓았으니 지금의 학자들은 알지 못할까 걱정하지 말고 실행하지 못할 것을 걱정해야 된다."고 했다. 글을 보는 데도 장구(章句)의 해석에 매달리지 않고 그 근본의 대지(大旨)를 설명할 따름이었다. 뒤에 영의정을 증직하고 문정(文貞)이란 시호를 내렸다.

그는 거처하는 서실(書室)을 모두 곱고 붉은빛의 흙으로 꾸몄는데, 일찍이 잔에 물을 부어 두 손으로 받들고는 밤새도록 짧은 병풍에 선성(先聖)과 선사(先師)들의 초상을 그렸다. 그리하여 집 안팎이 모두 엄숙하고 고요했으며, 가까이 모시는 여종들도 머리를 말끔히 빗어 단정하게 하지 않으면 감히 나오지 못했다. 일찍이 말하기를, "나는 고문(古文)을 배웠으나 능히 이루지 못했고, 퇴계는 본래 금문(今文)을 배웠지만 도리어 무르익었으니, 비유컨대 나는 무명을 짜면서도 필(匹)을 이루지 못했고, 그는 비단을 짜면서도 필을 이루어 쓸 수가 있게 된 것."이라고 했다. 대자(大字)를 썼는데 그 서체가 꿋꿋하고 필력이 있어 설암(雪庵)의 병위삼첩(兵衛森帖)을 본받았다. 평생에 산수를 몹시 사랑하여 경치가 좋은 곳을 거의 다 유람했는데 《두류록

(頭流錄)》이 있다.

남명이 퇴계에게 준 글에서 말하기를, "요새 학자들을 보면 '손으로 물을 뿌리고 비로 쓰는(灑掃)' 등의 예절은 알지 못하면서 입으로는 천리(天理)를 말하여 허명(虛名)을 도둑질하고 남을 속일 계책을 쓰나 도리어 남에게 중상(中傷) 당하는 바가 되고 해독이 남에게까지 미치니, 어찌 선생·장자(長者)의 가르침이 없어서 그런 것이 아니겠습니까?"라고 했다. 이에 퇴계가 말하기를, "내가 남명과 한 세상에 나서 서로 사귀지 못하여 항상 사모했더니 이제 일어나서 소명(召命)에 응하니, 군자의 때에 맞추어 세상에 나오고 나오지 않는 의리를 보았다."고 했다.

《퇴계집(退溪集)》에는 이렇게 말했다.

"〈계복당명(鷄伏堂銘)〉은 그 말이 광탕(曠蕩) 현묘(玄妙)하여 노장(老莊)의 책 가운데서도 보지 못했던 것이다. 그 사람이 참으로 예사 인물이 아니어서 학문 역시 배우기가 어렵다."

또 이렇게 말했다.

"어떤 사람은 그가 기이한 것을 좋아하고 이상한 것을 숭상하는 것을 들어 중정(中正)한 도리를 요구하기 어렵다고 의심하기도 하니, 예로부터 산림(山林)의 선비들이란 대부분 이와 같았으니 이와 같지 않다면 도리어 남명답지 못하다고 하겠다. 그러나 그의 학문의 내용과 기미(氣味)는 어디로부터 온 것인지 알 수가 없다."

《한산록(漢山錄)》에는 이렇게 말했다.

"선생께서 일찍이 말씀하시기를, '남명은 실로 장자(莊子)의 한층 본 것과 같다'고 하시니 임훈(林薰)이 말하기를, '남명이 자제들을 시켜 음란한 여인의 집을 허물어 철거한 것은 부당할 듯하다. 백이와 숙제처럼 고사리를 캐먹고 살면서 지조를 지키는 것만 못하다'고 하니, 선생께서는 그 말이 매우 합당하다고 하였다."

율곡의 《석담일기》에는 이렇게 말했다.

“조식은 세상을 피해 은거하여 홀로 우뚝 서고 지행(志行)이 고결하니 참으로 한 시대의 일민(逸民)이다. 다만 그의 논저(論著)로 말하면 학문에 실견(實見)이 없으며, 상소 역시 세상을 경제(經濟)하는 계책이 아니어서 비록 세상에서 행해지더라도 치도(治道)를 이루지는 못했을 것이다. 그러나 시종 절의를 온전히 하여 천길 절벽을 깎아 세운 듯 우뚝하기로는 조식과 같은 사람이 거의 없다.”

택당(澤堂) 이식(李植)은 이렇게 말했다.

“남명이 퇴계와 같은 시대에 났는데, 남명은 은둔한 표시가 일찍 나타났으니 진실로 퇴계를 내려다보았을 것이다. 퇴계는 겸손하고 화평한 것으로 자신을 지켜 인물의 장단과 시정(時政)의 득실을 말하지 않았으니 다만 이단(異端)을 물리치는 데 있어서는 일찍이 물러서 양보한 적이 없었다. 그래서 선배와 이름난 유학자들의 주장이 혹 지나쳐서 이단에 흘러들 것이 염려되면 반드시 힘써 분석하여 절충하였다. 예컨대 화담 서경덕이나 송당(松堂) 박영(朴英)의 학문은 사람들이 감히 쉽게 평론하지 못했으나 퇴계가 이를 분명히 분변했다. 회재 이언적에 이르러서는 그가 비록 일대의 명신이었지만 그 학문의 깊이를 알지 못했는데 퇴계가 이를 드러내어 한훤당 김굉필과 일두 정여창, 정암 조광조와 더불어 사현(四賢)으로 칭송하니, 당시의 학자들이 퇴계를 심복하고 있었으므로 감히 이론을 제기하지 못하여 국론(國論)이 정해졌다.

남명에 이르러서는 퇴계가 그 논의와 기습(氣習)이 후일에 폐단이 없지 않을 것을 보고서 부득이 간략하게 언급하여 ‘기이한 것을 숭상하거나 좋아하므로 중정(中正)한 도리를 요구하기는 어렵다’는 등의 말을 했다. 이는 대개 현명한 사람이 지나쳐서 혹 다른 갈래로 흘러들어갈까 염려해서였다. 남명의 문인 가운데 한강(寒岡) 정구(鄭逑)와 동강(東岡) 김우옹(金宇顒)은 모두 퇴계에게 배웠으나 유독 정인홍(鄭仁弘)만은 굳세고 사나우며 이기는 것을 좋아했으니, 퇴계에게

원한을 쌓아 상소하여 양현(兩賢)을 그르다고 말했으며, 같은 도(道)의 향교(鄕校)에 종사(從祀)를 중지시킨 것이 10여년이나 되었다. 그의 남을 꺼리고 이기려는 논의가 양현에게까지 누를 끼칠 수야 없지만 그러나 남명의 학문이 한번 전하여 이에 이르렀으니, 퇴계가 당시에 은근히 근심하던 것이 이에 이르러 비로소 드러났다. 역시 후학의 귀감(龜鑑)이 될 만하다."

조 남 명 식 자 건 중 창 녕 인 여 퇴 계 동 년 생 소 호 기 절 륜 학 문 장 호 독
曹南溟植字健仲昌寧人與退溪同年生少豪氣絶倫學文章好讀

좌 류 씨 자 부 기 재 년 이 십 륙 견 로 재 심 법 지 이 윤 지 지 학 안 연 지 학 척
左柳氏自負奇才年二十六見魯齋心法志伊尹之志學顔淵之學惕

연 각 오 발 분 여 지 이 반 궁 체 험 각 답 실 지 위 무 친 몰 불 부 거 후 입 두 류
然覺悟發憤勵志以反躬體驗脚踏實地爲務親沒不赴擧後入頭流

산 편 재 왈 산 천 중 명 선 삼 조 련 유 징 명 개 불 취 이 상 서 원 판 관 부 경 즉
山扁齋曰山天中明宣三朝連有徵命皆不就以尙瑞院判官赴京卽

환 년 칠 십 일 졸 시 년 소 미 성 무 광 남 사 고 왈 처 사 유 재 과 응 림 종 위 학
還年七十一卒是年少微星無光南師古曰處士有灾果應臨終謂學

자 왈 이 아 위 처 사 즉 가 의 약 목 이 유 자 즉 비 기 실 야 우 상 왈 학 자 무 다
者曰以我爲處士則可矣若目以儒者則非其實也又嘗曰學者無多

착 수 사 색 공 부 어 야 우 전 상 자 패 금 령 호 왈 성 성 자 시 진 이 환 성 매 독
着睡思索工夫於夜尤專常自佩金鈴號曰惺々子時振以喚醒每讀

서 득 긴 요 어 취 필 서 지 명 왈 학 기 작 신 명 사 명 패 판 명 혁 대 명 계 복 당
書得緊要語取筆書之名曰學記作神明舍銘佩鈑銘革帶銘鷄伏堂

명 우 유 뢰 룡 정 산 해 정 창 벽 대 서 경 의 이 자 교 인 필 수 인 자 품 이 격 려
銘又有雷龍亭山海亭窓壁大書敬義二字敎人必隨人姿品而激勵

지 불 개 권 강 론 왈 금 지 학 자 고 담 성 명 이 무 실 행 어 기 심 여 유 통 도 대
之不開卷講論曰今之學者高談性命而無實行於其心如遊通都大

시 견 진 보 기 완 공 담 고 가 불 여 고 득 일 미 어 성 인 지 지 전 유 기 진 언 지
市見珍寶奇玩空談高價不如沽得一尾魚聖人之旨前儒旣盡言之

학 자 불 환 부 지 환 불 행 관 서 역 부 장 해 구 석 령 략 기 종 지 이 기 후 증 령
學者不患不知患不行觀書亦不章解句釋領畧其宗旨而己後贈領

의 정 시 문 정
議政謚文貞

소 거 서 실 개 시 단 확 상 이 수 저 잔 량 수 봉 지 종 야 단 병 화 선 성 선 사
所居書室皆施丹雘嘗以水貯盞兩手捧持終夜短屛畵先聖先師
상 규 정 지 내 외 숙 정 근 시 지 비 불 감 발 정 계 불 감 진 상 언 오 학 고 문 이
像閨庭之內外肅靜近侍之婢不斂髮正髻不敢進嘗言吾學古文而
불 능 성 퇴 계 본 시 금 문 연 각 성 숙 비 지 아 직 면 이 미 성 필 거 직 견 성 필
不能成退溪本是今文然却成熟譬之我織綿而未成匹渠織絹成匹
이 가 용 야 사 대 자 주 경 효 설 암 병 위 삼 첩 평 생 혹 애 산 수 천 석 가 처 유
而可用也寫大字遒勁効雪庵兵衛森帖平生酷愛山水泉石佳處遊
력 태 편 유 두 류 록
歷殆遍有頭流錄

여 퇴 계 서 왈 근 견 학 자 수 부 지 쇄 소 지 절 구 담 천 리 계 욕 도 명 이 용
與退溪書曰近見學者手不知洒掃之節口談天理計欲盜名而用
이 기 인 반 위 인 소 중 이 해 급 타 인 기 비 선 생 장 자 무 유 이 회 지 고 야 퇴
以欺人反爲人所中而害及他人豈非先生長者無有以誨之故耶退
계 왈 황 여 남 명 생 병 세 이 미 여 지 상 접 상 절 모 용 금 기 기 응 소 명 우 견
溪曰滉與南冥生並世而未與之相接常切慕用今其起應召命又見
기 합 어 군 자 수 시 출 처 지 의 운
其合於君子隨時出處之義云

안 퇴 계 집 왈 계 복 당 명 단 기 설 광 탕 현 막 수 어 로 장 서 중 역 소 미 견
按退溪集曰鷄伏堂銘但其說曠蕩玄邈雖於老莊書中亦所未見
기 인 고 비 심 상 이 학 우 난 학 야 우 왈 혹 이 기 상 기 호 이 난 요 이 중 도 위
其人固非尋常而學又難學也又曰或以其尙奇好異難要以中道爲
의 자 자 고 산 림 지 사 류 다 여 차 불 여 차 부 족 위 남 명 의 약 기 절 박 기 미
疑者自古山林之士類多如此不如此不足爲南冥矣若其節拍氣味
소 종 래 유 사 자 불 가 지 처 운
所從來有些子不可知處云

한 산 록 운 선 생 상 언 남 명 실 여 장 주 일 층 소 견 림 공 훈 왈 령 자 제 등
漢山錄云先生嘗言南冥實如莊周一層所見林公薰曰令子弟等
훼 철 음 부 가 공 부 당 막 여 독 채 아 미 궐 야 선 생 왈 차 언 심 당
毁撤淫婦家恐不當莫如獨採我薇蕨也先生曰此言甚當

석 담 일 기 왈 조 식 둔 세 독 립 지 행 준 결 진 일 대 지 일 민 야 제 기 론 저
石潭日記曰曹植遯世獨立志行峻潔眞一代之逸民也第其論著
즉 어 학 문 무 실 견 소 상 장 소 역 비 경 제 지 책 수 사 행 우 세 미 필 기 능 성
則於學問無實見所上章疏亦非經濟之策雖使行于世未必其能成
치 도 야 연 종 시 완 절 벽 립 천 인 여 식 자 무 기 운
治道也然終始完節壁立千仞如植者無幾云

이 택 당 왈 남 명 여 퇴 계 동 시 이 남 명 둔 세 지 표 조 저 고 기 부 시 퇴 계
李澤堂曰南溟與退溪同時而南溟遯世之標早著固己俯視退溪
의 퇴 계 겸 충 자 수 절 부 담 인 물 장 단 시 정 득 실 유 어 벽 이 단 처 미 상 퇴
矣退溪謙冲自守絶不談人物長短時政得失惟於闢異端處未嘗退
양 견 선 배 명 유 립 언 혹 과 공 류 어 이 단 즉 필 력 가 분 석 이 절 충 지 여 서
讓見先輩名儒立言或過恐流於異端則必力加分析而折衷之如徐
화 담 박 송 당 소 학 인 불 감 경 의 이 퇴 계 변 지 불 치 지 어 회 재 수 시 일 대
花潭朴松堂所學人不敢輕議而退溪辨之不置至於晦齋雖是一代
명 신 이 부 지 기 학 지 수 퇴 계 표 이 출 지 여 한 훤 일 두 정 암 병 칭 위 사 현
名臣而不知其學之邃退溪表而出之與寒暄一蠹靜庵並稱爲四賢
당 시 학 자 심 복 퇴 계 고 불 감 이 사 국 론 정 의 지 어 남 명 퇴 계 견 기 론 의
當時學者心服退溪故不敢異辭國論定矣至於南溟退溪見其論議
기 습 불 무 후 폐 부 득 이 이 략 용 점 화 지 어 소 위 상 기 호 이 난 요 이 중 도
氣習不無後弊不得已而畧用點化之語所謂尚奇好異難要以中道
등 어 개 공 현 자 과 지 혹 류 어 타 기 이 남 명 문 인 한 강 동 강 개 종 퇴 계 문
等語盖恐賢者過之或流於他歧耳南溟門人寒崗東崗皆從退溪問
학 독 정 인 홍 강 려 호 승 적 감 어 퇴 계 소 론 량 현 지 비 니 기 동 도 향 교 종
學獨鄭仁弘剛勵好勝積憾於退溪疏論兩賢之非泥其同道鄕校從
사 자 십 여 년 기 기 극 지 론 부 족 위 량 현 지 루 이 남 명 지 학 일 전 이 지 차
祀者十餘年其忌克之論不足爲兩賢之累而南溟之學一轉而至此
즉 퇴 계 당 일 유 소 은 우 지 시 이 시 저 역 가 위 후 학 지 시 귀 의
則退溪當日有所隱憂至是而始著亦可爲後學之蓍龜矣

주해_ㅇ左柳氏(좌류씨) – 좌구명(左丘明)과 유종원(柳宗元).

ㅇ伊尹之志(이윤지지) – 요순(堯舜) 같은 임금과 요순시대의 어진 백성이 되게 하고자 한 뜻.

ㅇ顔淵之學(안연지학) – 안연은 공자의 제자로 성인을 배울 것을 목표로 학문에 힘썼다.

ㅇ惕然(척연) – 놀라 깨달은 모습.

이항(李恒)

자는 항지(恒之), 호는 일재(一齋)로 성주(星州) 사람이다. 호남의 태인현(泰仁縣)에 살았다. 굳세고 호걸스러웠는데 젊어서 의협(義俠)

한 행동을 좋아했으며 씨름과 활쏘기, 말타기가 당대의 으뜸이었다. 때로 사나운 도적이나 주인을 배반하는 종이 있게 되면 반드시 가서 제압했다. 일찍이 무과(武科) 시험을 위하여 무예(武藝)를 닦았는데 거의 30세가 되어 숙부인 판서(判書)가 불러 꾸짖었더니 공이 두려워하여 경각심을 내어 이제까지 하던 일을 그만두고 독서를 시작했다. 도봉산(道峰山) 망월암(望月庵)에 들어가 목욕한 뒤 선비 복장을 하고 무릎을 꿇고 마음을 가다듬어 도를 구했는데 빠르게 소득이 있었다. 송당(松堂) 박영(朴英)이 무술을 닦다가 도(道)에 나아갔다는 말을 듣고 걸어서 찾아가 종학(從學)했는데 모든 경전을 연구해서 통달하지 못한 것이 없었다.

명종(明宗) 때에 임금의 부름을 받아 입대(入對)하여 학문을 닦고 나라를 잘 다스리는 방법을 진달하니, 임천군수(林川郡守)로 초배(超拜)했다. 선조(宣祖) 초년에 장령(掌令)에 임명되었으나 부임하지 않았다. 76세에 졸하였다.

문절공(文節公) 유희춘(柳希春)의 《미암일기(眉巖日記)》에 이렇게 말했다.

"임금이 물으시기를, '이항이 말하기를, 사람은 사서(四書)만 연구하면 된다고 하였다는데 그런 말이 있었는가?'하자, 여러 신하들이 답하기를, '이것은 요약(要約)하는 공부를 말한 것입니다' 했다. 이항이 비록 노쇠했으나 낮잠을 자는 일이 없었으며, 지기(志氣)가 비상했는데 금년에 이미 76세인지라 노쇠하여 병들었다."

고봉(高峯) 기대승의 《논사록(論思錄)》에는 이렇게 말했다.

"이항은 무인(武人)으로서 초년에는 과거공부를 하지 않다가 만년이 되어서 학문을 알았기 때문에 그 학문이 해박하지 못했다."

퇴계가 기대승에게 답한 글에서는 이렇게 말했다.

"일재의 이름을 들은 지가 오래인데, 그 학문 공부가 어떠한지는 알지 못했소. 이제 태극에 대해서 논설한 왕복 내용을 보여주었는데,

일재공이 한적하게 은거하여 자기의 뜻을 즐겁게 하고 자신을 이처럼 스스로 독실하게 믿으니 참으로 가상하오. 그러나 그 식취(識趣)와 의논을 보면 병통이 없다고 할 수 없는데, 이는 그 자신함이 지나치고 자기 주장만을 내세워서 그런 것이오. 또 태극(太極)·음양(陰陽)·도기(道器)의 분별은 성현이 발명해놓은 것이 하늘에 있는 해와 달, 별처럼 환할 뿐만이 아닌데도 이 사람은 당초에 번거로움을 견디며 정미하게 연구하지 않고서 단지 도설(圖說)에서 한 개의 어렴풋한 모습만을 대략 보고서 몇 구절의 서론(緖論)을 엮어내어 자기의 정견(定見)으로 삼고는 '천하의 도리는 그와 같은 데 불과하다'고 한 것이오. 이는 이미 학문을 잘한 자가 아닌데 이제 또 남이 자기 주장을 공격한 데 대해 두려워하면서 스스로 반성하여 옛날의 견해를 씻어내고 새로운 지식을 발명하기를 즐겨하지 않고, 다만 전설(前說)을 힘껏 주장하면서 자기가 옳다고 강변하고 있소. 그러면서 옛사람의 말에 대해서는 다시금 사색하지 않고 다른 사람의 이야기는 한결같이 배척하여 더는 한번쯤의 양보도 하지 않고 있소. 또 마음을 비우고 뜻을 겸손하게 가지며 택선(擇善)의 이로움을 구하는 것이 무엇인지를 모르고 있소. 이러한 태도를 그대로 지켜 도(道)에 처하는 자세를 변화하지 않는다면 후생(後生)을 미혹(迷惑)시킬 것이요, 세상에 쓰인다면 나라를 해칠 것이니 작은 일이 아니오. 그가 여러 서적을 널리 보는 것을 옳지 않게 여겨 사람들에게 묵묵히 앉아서 사색하여 자득하게 하려고 하니, 그 의견이 한쪽으로 기울어져 있다는 것을 알 수가 있소."

이 항 자 항 지 호 일 재 성 주 인 거 호 남 지 태 인 현 강 의 호 매 소 호 유 협
李恒字恒之號一齋星州人居湖南之泰仁縣剛毅豪邁少好遊俠

각 저 궁 마 관 일 시 유 극 적 반 노 필 왕 제 지 조 업 무 거 년 기 삼 십 숙 부 판
角觝弓馬冠一時有劇賊反奴必往制之早業武擧年幾三十叔父判

서 공 소 이 가 지 공 구 연 경 창 절 절 독 서 입 도 봉 산 망 월 암 관 수 복 상 복
書公召而呵之公瞿然警暢折節讀書入道峰山望月庵盥水服上服

위 좌 섭 심 구 도 패 연 유 득 문 박 송 당 영 유 무 진 도 도 보 왕 종 지 연 구 제
危坐攝心求道沛然有得聞朴松堂英由武進道徒步往從之研究諸
경 무 불 관 통 명 묘 조 승 소 입 대 진 진 학 치 치 지 방 초 배 림 천 군 수 선 묘
經無不貫通明廟朝承召入對陳進學致治之方超拜林川郡守宣廟
배 장 령 불 부 이 졸 년 칠 십 륙
拜掌令不赴而卒年七十六

유 문 절 일 기 왈 상 문 리 항 이 위 인 당 지 치 사 서 유 제 신 대 왈 차 전 주
柳文節日記曰上問李恒以爲人當只治四書有諸臣對曰此專主
요 약 지 언 야 항 수 쇠 로 이 미 상 서 침 기 지 기 비 상 연 금 년 기 칠 십 륙 로
要約之言也恒雖衰老而未嘗書寢其志氣非常然今年己七十六老
쇠 병 의 운
衰病矣云

기 고 봉 론 사 록 왈 리 항 무 인 이 초 불 위 과 거 지 학 만 년 지 학 고 어 학
奇高峯論思錄曰李恒武人而初不爲科擧之學晩年知學故於學
문 불 위 해 박 운
問不爲該博云

퇴 계 답 기 명 언 서 왈 리 일 재 구 문 기 명 미 지 학 공 여 하 금 몽 시 이 론
退溪答奇明彦書曰李一齋久聞其名未知學工如何今蒙示以論
태 극 왕 복 지 설 일 재 공 은 거 락 지 독 어 자 신 여 차 성 가 가 상 연 관 기 식
太極往復之說一齋公隱居樂志篤於自信如此誠可嘉尚然觀其識
취 의 론 불 능 무 병 역 재 부 과 어 자 신 견 어 자 용 이 기 차 태 극 음 양 도 기
趣議論不能無病亦在夫過於自信堅於自用而已且太極陰陽道器
지 별 성 현 발 명 불 시 여 중 요 지 려 호 천 사 인 야 기 초 기 불 능 세 심 내 번
之別聖賢發明不啻如衆曜之麗乎天斯人也其初旣不能細心耐煩
연 정 미 밀 지 취 도 설 상 략 견 일 개 영 상 철 출 수 구 서 론 이 위 정 견 위 천
硏精微密只就圖說上畧見一個影像掇出數句緖論以爲定見謂天
하 도 리 불 과 여 차 기 비 선 위 학 자 금 야 우 불 긍 인 인 공 기 척 려 자 반 모
下道理不過如此己非善爲學者今也又不肯因人攻己惕慮自反謀
소 이 탁 거 구 견 이 발 신 지 고 내 력 주 전 설 강 변 자 시 어 고 인 언 어 불 복
所以濯去舊見以發新知顧乃力主前說强辨自是於古人言語不復
사 역 어 타 인 설 화 일 향 휘 척 갱 불 양 여 타 인 일 두 번 갱 부 지 허 심 손 지
思繹於他人說話一向揮斥更不讓與他人一頭番更不知虛心遜志
택 선 구 익 지 위 하 물 성 공 순 차 불 변 처 도 즉 혹 어 후 생 출 이 용 야 즉 해
擇善求益之爲何物誠恐循此不變處道則惑於後生出而用也則害
어 정 사 비 세 고 야 기 이 박 람 군 서 위 비 이 욕 인 묵 사 자 득 기 의 지 락 재
於政事非細故也其以博覽羣書爲非而欲人默思自得其意之落在

일변가지운
一邊可知云

기대승(奇大升)

자는 명언(明彦), 호는 고봉(高峯)으로 복재(服齋) 기준(奇遵)의 조카이다. 퇴계보다 26세가 적다. 타고난 자질이 뛰어났으며 심지가 호걸스러워 나이 겨우 15·6세에 문득 옛 성인처럼 되기를 스스로 기약했다. 경전을 널리 종합하고 묘한 곳을 정미하게 연구하는 한편, 고금의 사기(史記)를 넓고 깊게 통달하고 구류(九流)·백가(百家) 등의 이단의 학문까지도 모두 읽어 그들이 주장한 요점을 알았다. 예학(禮學)에 더욱 깊이 연구하고 산법(算法)에도 정통하여 비록 전문 대가들이라 하더라도 모두 그에게 미치지 못했다.

무오년 과거에 급제하여 춘추관과 독서당에 천거되었다. 벼슬이 대사성에 이르렀으며, 광국공신(光國功臣)에 책록(策錄)되고 덕원군(德原君)에 봉해졌다. 46세에 졸하니 시호는 문헌(文憲)이며, 다른 호는 존재(存齋)이며 퇴계의 고명한 제자이다.

그는 경연에서 매양 임금을 가까이 모셨는데 논설이 자상하고 간절하여 임금의 마음을 감동시키기에 족했고, 계획을 세워 시행하면서는 변경하는 것을 좋아하지 않았다. 퇴계와 의리를 논변했는데 처음에는 서로 저촉되어 맞지 않았으나 만년에는 퇴계도 공의 언론과 주장을 많이 따랐다. 임금이 물으시기를, "지금 학자로서 손꼽을 만한 사람이 몇이나 되는가?"하자 퇴계가 대답하기를, "기대승은 박학하고 조예가 뛰어나 두루 통달한 유학자라고 할 수 있습니다." 했다.

율곡의 《석담일기(石潭日記)》에 말했다.

"기대승은 젊어서 문학(文學)으로 세상에 이름이 났다. 널리 보고 기억을 잘했으며, 기개(氣槪)가 호걸스럽고 준걸하고 담론(談論)이 능히 한 좌석을 굴복시켰다. 과거에 급제하자 맑은 이름이 열 가지로 나타나니 사류(士類)들이 높이 추대하여 영수(領袖)로 삼았다. 기대승 또한 경륜(經綸)이 한때에 자부(自負)했으나 그 학문은 다만 널리 변론하고 크게 벌려놓을 뿐으로 실로 보존하고 몸소 행동하는 공이 없었다. 또 남을 이기는 것을 좋아하는 병통이 있어 남이 자기에게 따르는 것만을 기뻐했으므로 지조있는 선비들은 합하지 않고 아첨하는 이들만 많이 추종했다. 그의 지론(持論) 또한 예사로운 것을 따르기를 힘쓰고 개정하는 의논을 기뻐하지 않았으며, 더구나 그런 것을 취하지 않았다.

젊었을 때 조식이 보고 말하기를, '이 사람이 뜻을 얻어 세상에 나가면 반드시 일을 그르칠 것'이라 했고, 기대승 역시 조식은 유자(儒者)가 아니라고 하여 서로 허여(許與)하지 않았다. 그후 대사성이 되어서는 성균관(成均館) 제생(諸生)들의 공급을 박하게 하고는, 또 '밥 먹는 것에 배부른 것을 구하지 말아야 한다(食無求飽)'는 제목으로 글을 짓게 했으므로 제생들이 기뻐하지 않아 성균관에 나오지 않는 사람이 많았다. 경오년에 위훈(僞勳)을 의논하면서 기대승이 홀로, '을사년의 공훈은 거짓이 아니며 또 선왕이 이미 정한 것이니 이제 와서 삭제할 수 없다'고 하여 식자들이 아주 옳지 않게 여겼다. 기대승이 이미 시배(時輩)들과 뜻이 맞지 않고, 또 식자들이 좋아하지 않는데다가 임금도 예사롭게 대우하자 마음이 답답하여 뜻을 얻지 못해 벼슬을 버리고 떠났다. 전라도 고부(古阜)의 촌가에 이르러 마침내 세상을 떠나자 사람들이 그 재주를 애석해했다. 이는 대개 그가 비록 참된 재능이 있는 사람은 아니었더라도 영특한 기운은 남달랐기 때문이다."

퇴계는 말하기를, "기대승의 기특한 재주와 웅혼(雄渾)한 변론은 지금 세상에 견줄 만한 사람은 얻기가 어려우나 마음을 거두어들여 요약하는 세밀한 곳에는 끝내 힘을 쓰지 못한 것이 흠"이라 했고, 또 말하기를, "그가 비록 침착하고 치밀하지는 못했다고 하지만 그런 사람도 얻기가 쉽지 않다. 내가 그에게서 얻은 바가 많았다."고 했다.

유희춘은 《미암일기》에서 이렇게 말했다.

"기대승은 훌륭한 인재(瑚璉)요, 세상에 드문 재주이나 너무 강하게 자단(自斷)하고 말을 너무 쉽게 했으며, 원로들을 비방하여 크게는 구신(舊臣)과 당로자(當路者)들의 미움을 받았으니 아마도 날카로운 기질을 갈아 없애지 못했기 때문일 것이다."

저서에 《논사록(論思錄)》 3권이 있다.

기 대 승 자 명 언 호 고 봉 복 재 준 지 질 야 소 퇴 계 이 십 륙 세 자 품 탁 위
奇大升字明彦號高峯服齋遵之姪也少退溪二十六歲姿禀卓偉
지 기 호 매 년 재 지 학 편 이 고 성 인 자 기 박 종 경 전 정 구 미 묘 방 통 고 금
志氣豪邁年才志學便以古聖人自期博綜經典精究微妙旁通古今
사 전 구 류 백 가 이 단 지 학 역 개 범 람 구 기 지 요 우 수 어 례 학 정 어 산 법
史傳九流百家異端之學亦皆汎濫求其指要尤邃於禮學精於算法
수 전 문 명 가 개 불 능 급 무 오 등 제 천 사 관 호 당 관 지 대 사 성 록 광 국 훈
雖專門名家皆不能及戊午登第薦史官湖堂官至大司成錄光國勳
봉 덕 원 군 년 사 십 륙 졸 시 문 헌 공 우 호 존 재 퇴 계 고 제 매 닐 시 경 연 언
封德原君年四十六卒謚文憲公又號存齋退溪高弟每昵侍經筵言
론 위 곡 유 족 이 감 동 천 청 지 어 유 위 설 시 불 희 변 갱 여 퇴 계 론 변 의 리
論委曲有足以感動天聽至於猷爲設施不喜變更與退溪論辨義理
초 상 저 오 지 만 년 퇴 계 역 다 종 공 언 상 문 당 금 학 자 유 기 퇴 계 대 왈 기
初相牴牾至晩年退溪亦多從公言上問當今學者有幾退溪對曰奇
대 승 박 흡 초 예 가 위 통 유 의
大升博洽超詣可謂通儒矣

율 곡 석 담 일 기 왈 대 승 소 이 문 학 명 세 박 람 강 기 기 개 호 준 담 론 능
栗谷石潭日記曰大升少以文學名世博覽强記氣槪豪俊談論能
복 일 좌 인 기 등 제 청 명 십 저 사 류 추 중 이 위 령 수 대 승 역 이 경 륜 일 시
伏一座人旣登第淸名十著士類推重以爲領袖大升亦以經綸一時
자 부 이 기 학 지 무 변 박 굉 사 이 기 실 무 보 존 천 리 지 공 차 유 호 승 지 병
自負而其學只務辨博宏肆而已實無保存踐履之功且有好勝之病
열 인 순 이 고 개 사 불 합 이 아 도 자 다 추 언 기 지 론 역 무 순 상 이 불 희 교
悅人徇己故介士不合而阿諂者多趨焉其持論亦務循常而不喜矯
의 자 우 불 취 지 소 시 조 식 견 지 왈 차 인 득 지 필 오 사 대 승 역 이 식 위 비
議者尤不取之少時曺植見之曰此人得志必誤事大升亦以植爲非

유 자 량 불 상 허 기 위 대 사 성 야 박 제 생 지 공 차 이 식 무 구 포 위 제 제 생
儒者兩不相許其爲大司成也薄諸生之供且以食無求飽爲題諸生
불 열 다 불 취 관 경 오 년 방 론 위 훈 대 승 독 왈 을 사 지 훈 비 위 차 선 왕 기
不悅多不就舘庚午年方論僞勳大升獨曰乙巳之勳非僞且先王己
정 금 불 가 삭 식 자 파 불 위 지 대 승 기 여 류 속 불 합 우 위 식 자 소 불 취 자
定今不可削識者頗不韙之大升旣與流俗不合又爲識者所不取自
상 역 대 이 심 상 울 울 부 득 지 기 관 이 거 행 지 고 부 촌 사 경 불 기 인 다 석
上亦待以尋常鬱々不得志棄官而去行至古阜村舍竟不起人多惜
기 재 조 개 대 승 수 비 실 재 이 영 특 과 인 운
其才調盖大升雖非實才而英特過人云

퇴 계 왈 명 언 기 재 웅 변 금 세 난 득 기 비 단 어 감 약 세 밀 처 종 흠 착 력
退溪曰明彦奇才雄辯今世難得其比但於歛約細密處終欠着力
우 왈 명 언 수 불 능 심 밀 심 불 이 득 오 어 차 인 소 득 다 의
又曰明彦雖不能沈密甚不易得吾於此人所得多矣

유 문 절 일 기 왈 가 위 호 련 지 기 이 세 소 희 한 지 장 재 단 강 동 자 단 이
柳文節日記曰可謂瑚璉之器而世所稀罕之長才但剛東自斷易
기 언 어 기 초 기 로 대 유 론 사 록 삼 권
其言語譏誚耆老大有論思錄三卷

주해_ㅇ九流(구류)－유(儒)・도(道)・법(法)・명(名)・묵(墨)・잡(雜)・농(農)・음양(陰陽)・종횡가(縱橫家) 등 아홉 가지.

ㅇ湖堂(호당)－독서당. 나중의 규장각(奎章閣).

ㅇ通儒(통유)－온 나라를 통하여 훌륭한 선비, 넓게 쓸 수 있는 선비.

ㅇ瑚璉(호련)－오곡을 담아 신에게 바칠 때 쓰던 제기. 공자가 자공(子貢)을 가리켜 '호련'이라 하였다.

김인후(金麟厚)

자는 후지(厚之), 호는 하서(河西)・담재(湛齋)로 울산(蔚山) 사람이다. 호남 장성(長城)에 살았는데 아홉 살 때 복재(服齋) 기준(奇遵)이 보고서 기특하게 여겨 말하기를, "그대는 우리 세자(世子)의 신하가 될 만하다."고 했다. 조금 장성하자 항상 묵좌(默坐)했고, 강론하다가 마음이 통하는 곳에 이르면 기뻐하며 스스로 만족하여 새벽이

되도록 잠을 자지 않았다. 경자년 과거에 합격하여 독서당에 천거되었다.

인종(仁宗)이 세자궁(世子宮)에 계실 때 은애(恩愛)로 대우함이 날로 극진했으니, 가끔 몸소 당직하는 곳에 이르러 조용히 문답하며 논란하고는 특별히 서책과 묵죽(墨竹)을 내려주었다. 인종이 즉위하자 어버이를 봉양하기 위해 외직을 청하여 옥과현감(玉果縣監)이 되었다. 7월에 임금이 승하하자 부음(訃音)을 듣고 놀라 통곡하다가 인하여 병을 얻어 사임하고 돌아왔다. 이로부터 모든 제배(除拜)에 일체 나가지 않다가 경신년에 갑자기 병이 나서 죽으니 나이 51세였다. 뒤에 문정(文正)이란 시호를 내리고 문묘에 종사(從祀)했다.

그는 젊어서 나라를 다스려보려는 뜻을 두었으나 인종이 승하하자 문을 닫고 스스로 폐인을 자처하고 세상일을 돌보지 않았다. 늘 인종이 세상을 떠난 7월 1일이 되면 집 남쪽 산골짜기에 들어가 밤새도록 통곡하고 돌아왔는데, 사람들은 그런 사실을 알지 못했다. 일찍이 '임금을 사모하여 조상(弔喪)하는 여러 글'을 지었는데 뜻이 격렬하여 읽다보면 저절로 머리털이 곤두서게 하였다.

송강(松江) 정철(鄭徹)이 시를 지었다.

'우리 동방에 출처의 의리가 없더니,
오직 우리 담재 늙은이가 있었네.
해마다 7월 그날이 오면,
산골짜기 속에서 통곡했네.
(東方無出處 惟有湛齋翁 年年七月日 痛哭萬山中)'

퇴계가 기대승에게 답한 글에는 이렇게 되어 있다.

"하서 김인후는 동궁(東宮)과 홍문관에서 분주하게 서로 왕래 주선했는데, 그 사람은 세속에서 노닐었지만 마음은 물외(物外)에 있었소. 그가 처음 입문한 곳이 노장(老莊)의 학문이었기 때문에 중년에 시와 술에 마음이 상한 바가 되어 아깝게 여겼소. 만년에 이 학문에 유의 한다는 말을 들었는데 근래에 그 학문을 의논한 글을 얻어 보니 식견이 매우 정밀하였소. 그가 한가한 중에 자득한 것이 이와 같은 것을 상상하니 매우 가상하오."

안방준(安邦俊)의 《우산어록(牛山語錄)》에는 이렇게 말했다.

"하서는 맑은 물 위의 부용(芙蓉)이요, 광풍제월(光風霽月)과 같으니 출처의 정대함을 공과 견줄 사람이 없다."

사계(沙溪) 김장생(金長生)은 〈어록(語錄)〉에서 이렇게 말했다.

"하서는 경학(經學)에 정통하고 대절(大節)이 뛰어났다."

신흠(申欽)의 《상촌집(象村集)》에는 이렇게 말했다.

"을사년(乙巳年)의 명현(名賢)을 논하면서 하서를 말하지 않을 수 없는 것은 대개 그가 거센 흐름 속에서 기미를 보고 그날로 떠나 당쟁에 휘말리지 않았기 때문이다. 학문과 문장은 이미 당세에 뛰어났고, 여기(餘技)인 글씨도 안진경(顔眞卿)과 유공권(柳公權)의 유법(遺法)을 얻었으니, 하늘에서 품부받았음을 족히 볼 수가 있다."

송시열(宋時烈)이 쓴 《우암집(尤庵集)》 신도비(神道碑)에는 이렇게 말했다.

"화담 서경덕에 있어서는 그 폐해가 돈오(頓悟)의 첩경(捷徑)에 흐를까 걱정이요, 일재 이항에 있어서는 도(道)와 기(器)를 혼합하여 한 물건으로 만든 것이 병통이지만, 선생은 인심·도심을 논하면서 나정암(羅整庵)의 체용설(體用說)을 배척했다. 퇴계 이선생의 사단·칠정, 이기호발론에 이르러서는 고봉 기선생이 매우 의심하여 선생에게 질문하자 막힘없이 시원하게 답해주어 드디어 그 말로써 퇴계 선생에게 논변한 것이 거의 수만 마디였는데 세상에 전해지고 있는 〈퇴고왕복서(退高往復書)〉라는 것이 이것이다."

인종이 15세의 어린 나이로 왕위에 오르셨으므로 문정왕후(文定王后)가 수렴청정을 하였는데 인종의 건강이 좋지 않았다. 김인후가 시약(侍藥)하는 데 참여하기를 청하니, 약국(藥局)에서 그 직분이 아니라고 거절하자 김인후는 가슴을 치고 소리를 지르면서 간청했으며, 또 인종을 다른 궁전으로 옮겨 조섭하기를 청했다. 그가 한 일을 보면 모자(母子)간의 사이를 이간하려는 데에서 나온 것 같아 죄가 죽임을 용납하지 못할 것인데도 사람들이 그의 충성에 탄복하지 않은 자가 없었다. 광해군(光海君) 때 인목대비(仁穆大妃)가 위에 계시게 되자 정조(鄭造)와 윤인(尹訒)이 광해군에게 청하여 다른 곳으로 옮겼으니, 그 일의 자취를 보면 김인후와 비슷하나 그 마음은 역적이었다. 또 천문·지리와 의약·점서(占筮)·산수와 율력(律曆)에도 통달하지 않은 것이 없었으며, 필법(筆法)이 강건(剛健)하여 아름답고 공교롭게 하는 태도가 전혀 없었다.

김 린 후 자 후 지 호 하 서 우 담 재 울 산 인 거 호 남 장 성 중 종 경 오 생 구
金麟厚字厚之號河西又湛齊蔚山人居湖南長城中宗庚午生九
세 기 복 재 준 견 이 지 왈 자 당 위 아 세 자 인 묘 지 신 초 장 상 묵 좌 강 론
歲奇服齊遵見而之曰子當爲我世子(仁廟) 之臣稍長常默坐講論
도 회 처 첩 흔 연 자 득 달 서 불 침 경 자 등 제 사 가 호 당 인 묘 재 춘 궁 은 우
到會處輒欣然自得達曙不寢庚子登第賜暇湖堂仁廟在春宮恩遇
일 륭 혹 친 지 직 려 종 용 문 난 특 사 서 책 급 묵 죽 급 즉 위 걸 양 위 옥 과 현
日隆或親至直廬從容問難特賜書冊及墨竹及卽位乞養爲玉果縣
감 칠 월 상 승 하 문 계 경 통 인 사 질 해 귀 자 시 범 유 제 배 개 불 취 경 신 홀
監七月上昇遐聞計驚慟因辭疾解歸自是凡有除拜皆不就庚申忽
감 질 졸 년 오 십 일 후 시 문 정 종 사 문 묘 소 유 경 제 지 급 인 묘 선 천 두 문
感疾卒年五十一後謚文正從祀文廟少有經濟志及 仁廟宣天杜門
자 폐 병 기 인 간 사 매 치 칠 월 일 일 입 가 남 산 곡 중 통 곡 경 석 이 반 인 불
自廢屛棄人間事每値七月一日入家南山谷中慟哭竟夕而返人不
능 지 야 상 작 유 소 사 조 생 제 사 기 의 격 렬 독 지 자 연 발 수 등 정 송 강 시
能知也嘗作有所思吊 生諸詞寄意激烈讀之自然髮竪縢鄭松江詩
왈 동 방 무 출 처 유 담 재 옹 년 년 칠 월 일 통 곡 만 산 중
曰東方無出處有湛齋翁年々七月日痛哭萬山中

퇴 계 답 기 명 언 서 왈 김 하 서 망 궁 옥 당 상 여 주 선 기 인 유 어 역 중 이
退溪答奇明彦書曰金河西莽宮玉堂相與周旋其人遊於域中而
방 회 물 표 기 초 입 처 다 재 로 장 고 중 년 파 위 시 주 소 양 위 가 석 이 문 기
放懷物表其初入處多在老莊故中年頗爲詩酒所壤爲可惜而聞其

만 년 류 의 차 학 근 방 득 견 론 학 문 자 기 견 식 진 정 밀 상 기 한 중 소 득 여
晩年留意此學近方得見論學文字其見識儘精密想其閒中所得如

차 심 가 가 상
此甚可嘉尙

우 산 어 록 왈 하 서 청 수 부 용 광 풍 제 월 출 처 지 정 무 여 공 비
牛山語錄曰河西淸水芙蓉光風霽月出處之正無與公比

김 사 계 어 록 왈 하 서 경 학 정 투 이 대 절 위 연
金沙溪語錄曰河西經學精透而大節偉然

신 상 촌 집 왈 론 을 사 명 현 막 불 이 하 서 위 칭 수 개 이 견 기 어 급 류 중
申象村集曰論乙巳名賢莫不以河西爲稱首盖以見幾於急流中

불 후 종 일 이 득 위 완 우 완 인 야 학 문 문 장 기 형 출 당 세 이 한 묵 여 기 급
不俟終日而得爲完祐完人也學問文章旣逈出當世而翰墨餘技及

득 안 류 유 법 족 견 품 어 천 자 전 의
得顔柳遺法足見禀於天者全矣

송 우 암 집 신 도 비 왈 어 화 담 즉 려 기 폐 류 어 돈 오 지 첩 경 어 일 재 즉
宋尤庵集神道碑曰於花潭則慮其弊流於頓悟之捷徑於一齋則

병 기 도 기 지 혼 위 일 물 론 인 도 심 즉 출 라 씨 체 용 지 설 지 어 퇴 계 리 선
病其道器之混爲一物論人道心則黜羅氏體用之説至於退溪李先

생 유 사 단 칠 정 리 기 호 발 지 론 고 봉 기 선 생 심 의 지 질 문 어 선 생 패 연
生有四端七情理氣互發之論高峯奇先生甚疑之質問於先生沛然

무 소 의 체 수 이 론 변 어 리 선 생 태 수 만 언 세 소 전 퇴 고 왕 복 서 자 시 야
無所疑滯遂以論卞於李先生殆數萬言世所傳退高往復書者是也

인 종 즉 조 문 정 재 동 조 이 인 종 유 불 안 절 린 후 청 동 참 의 약 약 방
仁宗卽阼文定在東朝而 仁宗有不安節麟厚請同參議藥藥房

이 비 기 직 거 지 린 후 지 발 성 구 흉 이 청 지 우 청 인 종 이 어 타 궁 이 조 양
以非其職拒之麟厚至發聲扣胸以請之又請仁宗移御他宮以調養

관 기 사 즉 사 출 어 리 간 모 자 죄 불 용 주 이 인 막 불 복 기 성 충 광 해 조 인
觀其事則似出於離間母子罪不容誅而人莫不服其誠忠光海朝仁

목 대 비 재 상 정 조 윤 인 청 광 해 이 어 타 소 관 기 적 즉 여 린 후 방 불 이 기
穆大妃在上鄭造尹訒請光海移御他所觀其迹則與麟厚彷彿而其

심 즉 역 야 천 문 지 리 의 약 점 서 산 수 율 력 무 불 통 효 필 법 경 건 절 무 연
心則逆也天文地理醫藥占筮筭數律曆無不通曉筆法勁健絶無姸

미 태 운
媚態云

주해_ㅇ餘技(여기)—심심파적으로 닦은 기예.

ㅇ頓悟(돈오)-갑자기 깨닫는 방법.

김덕수(金德秀)

호는 이진(頤眞)으로 동천(東泉) 김식(金湜)의 문인이다.

유희춘(柳希春)

자는 인중(仁仲)이요, 호는 미암(眉巖)으로 선산(善山) 사람이다. 모재(慕齋) 김안국(金安國)에게 수학하여 경전(經傳)과 사기(史記)에 널리 통하였다. 시호는 문절(文節)이다.

정지운(鄭之雲)

자는 정이(靜而), 호는 추만(秋巒)이니 모재 김안국의 문인이다. 〈천명도설(天命圖說)〉을 지어 천지 조화의 이치를 깊이 밝혔으니 바로 퇴계가 칭찬한 사람이다.

이중호(李仲虎)

자는 풍후(風后), 호는 이소재(履素齋)로 전주(全州) 사람이며 서봉(西峯) 유우(柳藕)의 문인이다.

노수신(盧守愼)

자는 과회(寡悔), 호는 소재(蘇齋)로 탄수(灘叟) 이연경(李延慶)의 문인이다. 진도(珍島)에서 19년 동안 귀양살이하면서 〈숙흥야매잠해(夙興夜寐箴解)〉를 지었다. 문장과 학문이 일세에 유명했으며 선조 초년에 벼슬이 영의정에 이르렀다.

이상 여러분은 모두 유술(儒術)로 이름이 알려졌다.

김 덕 수 호 이 진 동 천 김 식 지 문 인
金德秀號頤眞東泉金湜之門人

유 문 절 희 춘 자 인 중 호 미 암 선 산 인 학 어 김 모 재 박 흡 경 사
柳文節希春字仁仲號眉巖善山人學於金慕齋博洽經史

정 지 운 자 정 이 호 추 만 역 모 재 문 인 저 천 명 도 설 동 명 조 화 지 리 즉
鄭之雲字靜而號秋巒亦慕齋門人著天命圖說洞明造化之理卽
퇴 계 소 칭 허 자 야
退溪所稱許者也

이 중 호 자 풍 후 호 리 소 재 류 서 봉 우 문 인
李仲虎字風后號履素齋柳西峯藕門人

노 수 신 자 회 과 호 소 재 리 탄 수 연 경 문 인 상 진 도 십 구 년 작 숙 흥 야
盧守愼字悔寡號蘇齋李灘叟延慶門人謫珍島十九年作夙興夜
매 잠 해 문 장 학 문 우 우 일 세 선 묘 초 관 지 상 상 이 상 제 공 개 이 유 술 현
寐箴解文章學問優于一世宣廟初官至上相以上諸公皆以儒術顯

이이(李珥)

자는 숙헌(叔獻), 호는 율곡(栗谷)으로 덕수(德水) 사람이다. 강릉부(江陵府)에서 태어났는데 말을 배우면서 바로 문자(文字)를 알았다. 7세 때 〈진복창전(陳復昌傳)〉을 지어서 말하기를, "이 사람으로 하여금 제 뜻을 얻게 했다면 후일의 우환이 어찌 끝이 있었겠는가?" 했다.

16세에 어머니 신씨(申氏)의 상을 당했는데 우연히 불서(佛書)를 보다가 사생설(死生說)에 몹시 감동했다. 이에 복상(服喪)을 마치자 금강산으로 들어가 계율(戒律)을 지키고 참선하여 굳게 계정(戒定)한 지 얼마 안되어 진리(眞理)를 어지럽히는 것을 꿰뚫어보고는 스스로 자경문(自警文)을 지어 한결같이 성현을 표준으로 삼았다. 그리고 도산(陶山)으로 퇴계를 찾아가 의리를 변론하니 퇴계가 크게 칭찬했다.

갑자년에 사마시(司馬試)와 문과에 응시하여 모두 장원으로 급제하여 초시(初試)의 장원과 아울러 '구도장원(九度壯元)'이라고 일컬었다. 홍문관에 선발되어 들어갔고, 임신년에 전한(典翰)과 직제학(直提學)을 거쳐 승지(承旨)로 승진했으며, 신사년에 대사헌에 올랐다가 곧바로 호조판서를 배명했다. 얼마 후에는 대제학을 맡았고 이조판서

와 우찬성(右贊成)에 배명되었다.

선생은 낯빛을 바로하고 조정에 서서 정무를 처리하는 데 원망을 피하지 않고 밤낮을 가리지 않았으며, 공무를 보면서는 밤중에도 의대(衣帶)를 풀지 않았다. 그래서 임금이 마음이 맞아 모든 것을 의지했다. 이를 시기하고 질투하는 자들이 교만하게 임금을 업신여긴다고 탄핵하자 선생은 상소하여 허물을 인책하니 임금은 그런 말을 한 자를 귀양보내도록 명하였다. 선생이 해주(海州)의 석담(石潭)으로 가 있다가 다시 이조판서로 부르시므로 부득이 서울로 들어와서 치사(致仕)하기를 빌었으나 허락하지 않았다. 얼마 후에 병이 나서 졸하니 향년 49세이다. 부음이 전해지자 임금의 애통하여 곡하는 소리가 밖에까지 들렸고 도성(都城)의 백성들이 골목을 메우면서 조상했다. 뒤에 문성(文成)이란 시호를 내렸으며 문묘에 종사했다.

황홍헌(黃洪憲)·왕경민(王敬民) 두 중국 사신이 왔을 때 원접사(遠接使)가 되었는데 명(明)나라 사신이 경복(敬服)하여 말하기를, "이분이 삼장(三場)에서 장원했고 〈천도책(天道策)〉을 지은 분인가?" 했다. 돌아오자 병조판서를 배명하여 군정(軍政)을 위임했는데 그 호령이 분명하고 엄숙했다.

우계(牛溪) 성혼(成渾)이 부음을 듣고 곡하면서 말하기를, "율곡은 도학에 있어서 큰 근원을 보았는데 그가 이른바 '인심이 발하는 데 두 개의 근원이 없고, 이(理)와 기(氣)는 호발(互發)할 수 없다'는 등의 말은 모두 실제로 깨달아 안 것이니 참으로 나의 스승이며 산하(山河)의 간기(間氣)요, 삼대(三代)의 인물이다." 했다.

백사(白沙) 이항복(李恒福)이 지은 신도비에는 이렇게 말했다.

"선생의 학문은 앞사람들이 발명하지 못한 것을 많이 발명하였다. 수양함이 깊고 학문을 쌓은 것이 두터웠으며, 정미한 경지에 도달하고 힘써 실천했는데, 확충하여 덕행이 되고 발(發)하여 사업이 되었으니 모두 본체를 밝히고 일용에 적당한 학문이었다. 선조(宣祖)의 지 우(知遇)를 받아 세상의 일을 담당하여 거의 예악(禮樂)이 밝아지는 것을 바랐더니 무리들이 시기하여 배척하고 헐뜯어 조정에 편안히 앉아 일할 수가 없게 되었다. 그러나 임금의 판단으로 시원하게 결정하여 돌보아 아끼심이 더욱 융숭해졌는데 선생은 이미 병이 들어 나이는 50세가 못되고 벼슬은 정승에 이르지 못한 채 졸하여 끝내 그 뜻을 펴지 못했으니 하늘이 사문(斯文)을 상한 것이 어떻다고 하겠는가?"

《퇴계집》의 〈숙헌(叔獻)에게 답한 글〉에는 이렇게 말했다.

"다만 남달리 뛰어난 자질을 가지고 있어 학문을 강해하는 데 용이합니다. 그러므로 그 언론에 나온 것이 분비(憤悱)에 말미암지 않는 것이 있고, 미루어 행함에 나타난 것이 간절하고 독실함이 부족한 것 같소. 참으로 이와같이 하기를 그만두지 않으면 마침내 세속의 풍습(風習)에 변화되지 않는다고 보장할 수 없지 않을까 염려되오."

또 이렇게 말했다.

"숙헌은 전후의 논변에서 매양 선유(先儒)의 말을 파악하면서 반드시 그 옳지 않은 곳만을 찾아내어 억지로 깎아내리고 물리쳐서 저로 하여금 더 말을 할 수 없게 한 뒤에야 그만둡니다. 그 옳은 곳을 찾아 궁구하고 명백(明白) 평실(平實)하고 정당한 도리와 질박하고 성실한 두서를 따라 학문해 나아가려고 생각하는 데 이르러서는 자못 얻은 것이 없으니, 혹 오래가고 멀리감에 있어 깊이 지견(知見)을 바르게 하고 실천을 진실되게 하는 데에 구애됨이 있을까 두려워서 망령된 말이 이에 이르게 되었소."

또 말했다.

"족하(足下)의 나이 이제 겨우 약관(弱冠)인데도 빼어나게 영특함이 이와 같으니 학문을 잃었다고 말할 수 없을 것인데도 이렇게 말하는 것은 어찌 배운 바에 잘못이 있으면 배우지 않은 것과 마찬가지라는 뜻에서 한 말이 아니겠소? 앞서의 잘못을 깨달아 허물 고치기를 생각하고, 또 이치를 궁구(窮究)하고 거경(居敬)하는 실제에 종사할 것을 알았으니, 그것만으로도 허물을 고치는 데 용맹하고, 도를 향하여 나아가는 데 급하면서도 그 방법을 잘못하지 않았다고 말할 수 있소.

옛적의 총명하고 영걸한 재주를 가진 선비들이 마침내 혼미에 빠진 자는 실로 말할 것도 못되거니와 정명도(程明道)·장횡거(張橫渠)·주회암(朱晦庵) 등 여러 선생도 처음에는 불교에 몰입(沒入)한 일이 없지 않았지만 곧바로 그것이 옳지 않은 것임을 깨달았소. 아, 족하의 큰 지혜와 용맹이 아니었더라면 누가 그 크고 거센 물결에서 벗어나서 근원으로 돌아오겠소? 지난날 사람들의 말을 듣건대 족하가 불서(佛書)를 읽어 자못 중독되었다고 하더니 저번에 나를 찾아왔을 때에 그 사실을 숨기지 않고 그 잘못을 말하였고, 이제 두 서신의 뜻을 보니 또 이와 같아서 나는 족하와 함께 도(道)에 나아갈 수 있다는 것을 알았소."

이이가 경연에서 미리 10만의 병력을 양성하여 국가의 긴급한 때에 대비해야 할 것을 청하고, 만일 그렇게 하지 않는다면 10년이 지나지 않아서 반드시 흙둑이 무너지듯 하는 화란이 있을 것이라고 했다. 이에 부제학 유성룡(柳成龍)은 말하기를, "일이 없을 때에 군사를 기르는 것은 화(禍)를 기르는 것입니다." 했다. 이이가 나가서 유성룡을 보고 말하기를, "국가의 형세가 달걀을 쌓아놓은 것처럼 위태로운데(危如累卵), 속유(俗儒)들은 시의(時宜)에 통달하지 못한 사람들이니까 실로 기대하지 않지만 그대까지 이런 말을 한단 말이오? 지금 미리 양성해 놓지 않으면 반드시 방도가 없을 것이오." 했다.

임진왜란 때 유성룡이 사람들에게 말하기를, "그 당시에 나 역시 시끄러울 것을 염려해서 그르게 여겼더니 이제 와서 보니 이문성(李文成)은 참으로 성인(聖人)이었다. 만일 그분의 계책을 썼더라면 나랏일이 어찌 이처럼 극도에 이르렀겠는가. 또 그분의 상소문 가운데에서 밝힌 국책(國策)에 대하여 사람들이 혹 비방하는 말을 하기도

했으나 이제 보니 모두 틀림없이 들어맞으니 율곡이 만약 생존했더라면 반드시 큰 일을 했을 것이다." 했다.—《월사집(月沙集)》 시장(諡狀)에 보인다.

이이가 대사간이 되었을 때 조정이 동서(東西)로 분당(分黨)되어 서인(西人)에 대한 동인(東人)의 공격이 너무 심하니 억지로라도 시비를 진정시키고자 동서 분당을 타파하여 사류(士類)를 조정하여 한마음으로 나랏일에 전념하게 하기를 청했는데 언사가 너무 과격했다. 이에 임금은 상소가 적절하지 못하다 하여 체직(遞職)시키기를 명했다. 이이는 비록 벼슬에서 물러났지만 나랏일을 생각하고 붕당(朋黨)을 근심하여 조정에 있으면서 조정하고 화합시키는 것을 자임하고자 하였다. 이때 성혼(成渾)이 이이에게 말하기를, "그대는 이미 도(道)가 행해지지 않아 물러났으니 이유없이 조정에 돌아오는 것은 의리상 준거(準據)가 없소. 예로부터 도를 아는 선비가 도가 행해지느냐, 행해지지 않느냐를 헤아리지 않고 다만 싸움을 중지시키는 것만을 능사로 여긴다는 말은 듣지 못했소."하자, 이이는 이에 그만두었다.

생각건대 이런 일은 '유교연원'에서 간섭할 것이 아니다. 그러나 유교가 분당하여 동서로 갈라진 것은 실로 이로부터 시작되었고, 율곡 선생께서 동인과 서인을 조정하는 일에 평생 심력(心力)을 바쳤으므로 특별히 여기에 싣는 것이다.

시장(諡狀)에는 이렇게 말했다.

"선생이 조정으로 돌아온 지 겨우 60일 만에 졸했다. 돌아가시기 2일 전에 서익(徐益)이 순안어사(巡按御史)의 명을 받아 북방을 안찰(按察)한다는 말을 듣고 불러서 계책을 가르쳐주려고 하자 자제들이 번갈아가면서 말렸다. 이에 선생이 말하기를, '이는 나라의 큰일인데 어찌 신병을 지나치게 걱정하여 이런 일의 기회를 놓치겠는가? 더구나 죽고 사는 것은 명이 있으니 내 어찌 이 일로 인해서 죽겠는가' 했다. 이에 부축을 받고 일어나 앉아 구술(口述)하면서 동생인 우(瑀)로 하여금 받아쓰게 했는데 모두 여섯 가지 조목으로 이것이 절필(絶筆)이 되었다. 쓰기를 마치자 숨이 있는 듯 없는 듯 거의 기진 상태이더니 병세가 마침내 위독해졌다. 죽음에 임하여 꿈속에서 말하듯 중얼거린 것이 모두가 나랏일에 관계된 것일 뿐, 한마디도 집안일에 관한 것은 없었다."

일찍이 학자들에게 이렇게 말했다.

"내가 소년시절에 망령되이 선가(禪家)의 돈오법(頓悟法)이 도에 들어가는 첩경이요, 묘한 길이라고 생각하여 '만상귀일(萬象歸一) 일귀하처(一歸何處)'를 화두(話頭)로 삼아 수년 동안을 생각했다. 그러나 마침내 깨달음을 얻지 못하고 돌이켜보고는 이에 그런 것이 아님을 알았다."

또 말했다.

"불씨(佛氏)의 말은 정(精)한 것이 있고 거친(粗) 것이 있는데, 거친 것은 윤회보응(輪廻報應)의 설(說)로 죄와 복을 받는다고 과장해서 어리석고 어두운 백성들을 위협하고 유혹하여 분주하게 불공을 드리게 할 뿐이다. 정한 것은 심성을 극론(極論)하지만 이치를 마음으로 인식하고, 마음으로 만법(萬法)의 근본을 삼으며, 마음을 성(性)으로 인식하여, 성을 보고 듣는 작용으로 만들어 적멸(寂滅)을 종주(宗主)로 삼는다. 천지 만물을 환멸(幻滅)하는 망상(妄想)으로 삼으며, 세간을 벗어나는 것으로 도를 삼고, 하늘에서 받은 떳떳한 인륜을 질곡(桎梏)으로 여긴다. 그 공부하는 요법은 문자를 세우지 않고 곧장 인심을 가리켜 견성(見性)하고, 성불(成佛)하고, 돈오(頓悟)한 뒤에 바야흐로 점수(漸修)하는 것이니 만일 상근(上根)인 사람이라면 혹 돈오 돈수(頓修)할 수 있을 것이다. 달마(達磨)가 양(梁)나라 무제(武帝) 때 중국에 들어와 비로소 도를 전했으니 이른바 선학(禪學)이라는 것이 이것이다. 당(唐)나라 때에 이르러 크게 성행하여 그 무리들이 천하에 퍼졌으니 눈썹을 치켜뜨고 눈을 깜짝이며 몽둥이로 꾸짖고 크게 웃으면서 서로 인증(印證)했다. 대개 무의(無意)를 득도(得道)하는 것으로 삼아 선악을 물론하고 만일 의사를 가지고 얻은 것은 모두 망견(妄見)이라 생각하고, 반드시 정(情)대로 내맡겨 곧장 행하고 의사를 쓰지 않은 뒤에라야 진견(眞見)이 된다는 것이다. 이에 미치지 못한 자는 반드시 한두 구절의 무의미한 화두(話頭)를 가지고 무한한 묘리를 지어내니 드디어 큰 의문이 생긴다. 마음으로 오롯하게 궁구해서 쉬지 않고 공력을 쌓으면 정정(靜定)의 극치에 이르러 대략 방불하게 상상하는 속에서 심성의 그림자를 보고서는 바로 이것을 활연대오(豁然大悟)의 경지에 비겨, 미쳐 날뛰고 스스로 방자하여 일을 마친 것으로 생각하게 된다. 송(宋)나라 초기에 그 무리들이 몹시 성하였는데 정자(程子)와 주자(周子)가 크게 숙청(肅淸)한 뒤로는 그 세력이 비로소 쇠약해지기 시작하여 지금은 선학이 거의 끊어지기에 이르렀다."

우계(牛溪) 성혼(成渾)의 어록(語錄)에는 이렇게 써있다.

"숙헌(叔獻)의 명민(明敏)함은 하늘에서 타고난 자품이다. 문자를 볼 때에 사람들과 담소하면서 대강 두루 훑어보았는데 빠를 때는 풍우가 몰아치듯 해도 이미 그 대의를 해득하여 뒤에 비록 서서히 뜻을 음미해 보아도 그 의미가 더 깊지는 않았다고 했다. 그가 스스로 말하는 것이 이러하니 지난날의 논설은 총명한 재주로 엿본 것이지 역시 힘들여 탐색해서 이른 것이 아니다. 숙헌으로 하여금 뜻을 낮추어 탐색하게 했다면 반드시 오늘날보다 훨씬 심오했을 것이며, 굳게 지키고 강명(講明)하는 공부도 아울러 진보했을 것이다. 그의 탁월함은 동류배들이 참으로 미치지 못할 바인데 오늘날 이미 저술로 자처하니 비록 일세에 큰 식견을 가진 자가 없어 그가 능히 자신(自信)하지 않을 수 없었다 하더라도 마침내 자신의 장점 때문에 곤란을 받아 함양하고 실천하는 공부는 달가워하지 않게 되었다."

백사(白沙) 이항복(李恒福)이 지은 신도비명(神道碑銘)에는 이렇게 말했다.

“나는 생각하기를, 그의 학문이 들어간 곳이 바르고 깨달은 곳이 투철하기 때문에 말할 때에 넉넉하고 말을 만들 때에 민첩하였다. 또 그가 학문을 닦아 나아간 차서는 우(禹)임금이 치수(治水)할 때에 용문(龍門)을 뚫으면서 먼저 가장 중요한 곳을 통하게 하자 여(汝)·한(漢)·제(濟)·탑(漯)의 물길이 거침없이 형세를 따라 순하게 흘러내린 것과 같았다. 그래서 사람들이 보기에는 상달(上達)한 뒤에 하학(下學)을 하는 것과 같았다. 그러나 어찌 공부를 거꾸로 할 자가 있겠는가? 일찍이 듣건대 경(經)에 이르기를, ‘맑고 밝은 것이 몸에 있고(淸明在身), 지기가 귀신과 같다(志氣如神)’고 하였고, 전(傳)에 이르기를, ‘명으로 말미암아 성한다(自明誠)’고 하였는데, 이를 해석하여 이르기를, ‘하늘이 열리고 날이 밝아지면 자연히 가려지는 것이 없는데 그 사이에 혹 영명(英明)한 기운이 남보다 지나치면 능히 형기(形氣)의 사사로움을 떨치고 일어나며 막히고 어두운 구덩이를 벗어나선 것이 마치 바다에 떠 있는 신기루(蜃氣樓)가 도끼로 깎고 먹줄을 놓은 것과 같은 흔적이 없어 그 간가(間架)가 어떤지 궁구하여 알 수 없는 것과 같다’고 했으니 아마도 이분을 말한 것이 아니겠는가?”

이 률 곡 이 자 숙 헌 덕 수 인 중 종 병 신 생 우 강 릉 부 학 어 편 지 문 자 칠
李栗谷珥字叔獻德水人中宗丙申生于江陵府學語便知文字七
세 작 진 복 창 전 왈 사 사 인 득 지 이 일 지 환 용 유 극 호 십 륙 조 모 신 부 인
歲作陳復昌傳曰使斯人得志異日之患庸有極乎十六遭母申夫人
상 우 열 석 씨 서 심 감 사 생 지 설 복 결 입 금 강 산 계 정 수 고 무 하 처 파 근
喪偶閱釋氏書深感死生之説服闋入金剛山戒定竪固無何覷破近
이 란 진 저 자 경 문 일 이 성 현 위 준 잉 알 퇴 계 우 도 산 변 론 의 리 퇴 계 대
理亂眞著自警文一以聖賢爲準仍謁退溪于陶山辨論義理退溪大
가 칭 상 갑 자 시 사 마 문 과 병 괴 초 시 칭 구 도 장 원 천 인 옥 당 임 신 유 전
加稱賞甲子試司馬文科並魁初試稱九度壯元薦人玉堂壬申由典
한 직 제 승 승 지 신 사 승 대 헌 즉 배 호 판 아 전 문 형 배 리 판 우 찬 성 선 생
翰直提陞承旨辛巳陞大憲卽拜户判俄典文衡拜吏判右贊成先生

정 색 립 조 임 원 불 피 주 즉 종 석 재 공 야 불 해 의 대 상 흡 연 의 장 모 질 자
正色立朝任怨不避晝則終夕在公夜不解衣帶上翕然倚仗媢嫉者

핵 이 교 건 만 상 선 생 진 소 인 구 상 명 찬 언 자 선 생 하 해 주 석 담 부 소 이
劾以驕蹇慢上先生陳疏引咎上命竄言者先生下海州石潭復召以

리 판 부 득 이 입 경 잉 걸 치 사 불 허 무 하 감 질 졸 년 사 십 구 부 문 상 애 통
吏判不得已入京仍乞致仕不許無何感疾卒年四十九訃聞上哀慟

곡 성 철 외 도 민 전 가 상 조 후 시 문 성 종 사 문 묘 황 왕 이 사 지 래 위 원 접
哭聲徹外都民塡街相吊後謚文成從祀文廟黃王二使之來爲遠接

사 명 사 경 복 왈 시 삼 장 장 원 작 천 도 책 자 야 환 배 본 병 실 이 군 정 위 지
使明使敬服曰是三場壯元作天道策者耶還拜本兵悉以軍政委之

호 령 명 숙 우 계 문 부 곡 왈 률 곡 어 도 학 견 대 원 기 소 위 인 심 지 발 무 이
號令明肅牛溪聞訃哭曰栗谷於道學見大原其所謂人心之發無二

원 리 기 불 가 호 발 등 어 개 실 견 득 진 오 사 성 산 하 간 기 삼 대 상 인 물
源理氣不可互發等語皆實見得眞吾師誠山河間氣三代上人物

이 백 사 집 신 도 비 왈 선 생 지 학 다 발 전 인 소 미 발 자 양 심 적 후 정 예
李白沙集神道碑曰先生之學多發前人所未發者養深積厚精詣

력 천 충 이 위 덕 행 발 이 위 사 업 개 명 체 적 용 지 학 조 우 선 묘 담 당 세 무
力踐充而爲德行發而爲事業皆明體適用之學遭遇宣廟擔當世務

서 기 례 악 군 제 중 휴 사 부 득 안 어 조 정 급 기 건 강 쾌 결 권 재 재 륭 이 선
庶幾禮樂群擠衆咻使不得安於朝廷及其乾綱快決眷在纔隆而先

생 기 병 의 년 미 반 백 위 미 태 정 경 미 능 전 포 기 지 천 상 사 문 위 지 하 재
生己病矣年未半百位未台鼎竟未能展布其志天喪斯文謂之何哉

퇴 계 집 답 숙 헌 서 왈 제 이 초 예 지 자 용 이 어 강 해 고 기 발 위 언 론 자
退溪集答叔獻書曰第以超詣之姿容易於講解故其發爲言論者

유 불 유 분 비 견 어 추 행 자 사 흠 어 간 독 성 공 약 차 불 기 미 보 기 종 불 수
有不由憤悱見於推行者似欠於懇篤誠恐若此不己未保其終不受

변 어 세 습 야 우 왈 숙 헌 전 후 론 변 매 파 선 유 설 필 선 심 기 불 시 처 륵 가
變於世習也又曰叔獻前後論辨每把先儒說必先尋其不是處勒加

폄 척 사 이 갱 부 득 용 탁 이 후 기 지 어 심 구 득 개 시 처 요 종 저 명 백 평 실
貶斥使爾更不得容啄而後己至於尋究得箇是處要從這明白平實

정 당 저 도 리 박 실 두 주 장 거 의 사 수 미 유 견 득 혹 공 구 원 심 유 애 어 정
正當底道理朴實頭做將去意思殊未有見得或恐久遠深有碍於正

지 견 실 천 리 고 망 언 급 차 운 운
知見實踐履故妄言及此云々

우 왈 족 하 행 년 보 약 관 이 영 탈 여 허 불 가 위 실 학 이 상 차 운 연 자 기
又曰足下行年甫弱冠而穎脫如許不可謂失學而尚且云然者豈

불 이 소 학 유 차 동 어 미 학 야 야 오 전 비 이 사 개 우 지 종 사 어 궁 리 거 경
不以所學有差同於未學也耶悟前非而思改又知從事於窮理居敬
지 실 가 위 용 어 개 과 급 어 향 도 이 불 미 기 방 의 고 지 총 명 재 걸 지 사 시
之實可謂勇於改過急於向道而不迷其方矣古之聰明才傑之士始
종 미 닉 자 고 부 족 론 의 정 백 자 장 횡 거 주 회 암 제 선 생 기 시 약 불 능 무
終迷溺者固不足論矣程伯子張橫渠朱晦庵諸先生其始若不能無
소 출 입 이 선 각 기 비 희 비 족 하 지 대 지 대 용 기 숙 능 탈 홍 류 이 반 기 원
少出入而旋覺其非噫非足下之大智大勇其孰能脫洪流而返其源
재 왕 문 인 언 족 하 독 석 씨 서 이 파 중 기 독 일 자 지 래 견 아 야 불 휘 기 실
哉往聞人言足下讀釋氏書而頗中其毒日者之來見我也不諱其實
이 능 언 기 비 금 견 량 서 지 지 우 여 차 오 지 족 하 지 가 여 적 도 야
而能言其非今見兩書之旨又如此吾知足下之可與適道也

이 이 어 연 중 청 예 양 십 만 병 이 비 완 급 부 즉 불 출 십 년 필 유 토 붕 지
李珥於筵中請豫養十萬兵以備緩急否則不出十年必有土崩之
화 부 학 류 성 룡 이 위 무 사 양 병 시 양 화 야 이 출 위 성 룡 왈 국 세 위 여 루
禍副學柳成龍以爲無事養兵是養禍也珥出謂成龍曰國勢危如累
란 이 속 유 부 달 시 의 타 인 고 무 망 이 견 성 룡 자 역 유 차 언 야 금 불 예
卵而俗儒不達時宜他人固無望而見(成龍字)亦有此言耶今不預
양 필 무 급 의 임 진 지 란 서 애 어 인 왈 당 시 오 역 려 기 소 요 이 비 지 도 금
養必無及矣壬辰之亂西厓語人曰當時吾亦慮其騷擾而非之到今
견 지 리 문 성 진 성 인 야 약 용 기 언 국 사 기 지 어 차 극 호 차 기 장 소 중 주
見之李文成眞聖人也若用其言國事豈至於此極乎且其章疏中籌
책 인 혹 자 의 이 금 개 착 착 부 합 률 곡 약 재 필 능 유 위 야 출 월 사 집
策人或訾議而今皆鑿々符合栗谷若在必能有爲也(出月沙集
시 장
謚狀)

이 이 위 대 사 간 동 서 분 당 이 동 인 공 서 태 심 욕 강 정 시 비 청 타 파 동
李珥爲大司諫東西分黨而東人攻西太甚欲强定是非請打破東
서 보 합 사 류 사 지 일 심 순 국 언 심 격 절 상 이 소 사 부 중 명 체 직 이 수 퇴
西保合士類使之一心徇國言甚激切上以疏辭不中命遞職珥雖退
이 권 고 국 사 매 이 붕 당 위 우 욕 재 조 임 조 제 지 책 성 혼 어 지 왈 군 기 이
而睠顧國事每以朋黨爲憂欲在朝任調劑之責成渾語之曰君旣以
도 불 행 이 거 즉 무 단 퇴 조 어 의 무 거 자 고 유 도 지 사 미 문 계 도 지 행 부
道不行而去則無端退朝於義無據自古有道之士未聞計道之行否
지 이 지 투 위 능 사 자 야 이 내 지
只以止鬪爲能事者也珥乃止

안 차 비 유 교 연 원 지 소 간 연 유 교 지 분 당 파 렬 동 서 실 자 차 시 의 이

按此非儒教淵源之所干然儒教之分黨派裂東西實自此始矣而

률 곡 선 생 이 조 정 동 서 비 진 일 생 심 력 고 특 게 우 차

栗谷先生以調停東西費盡一生心力故特揭于此

시 장 왈 선 생 환 조 재 륙 십 여 일 졸 전 이 일 문 서 익 이 순 안 어 사 수 명

諡狀曰先生還朝纔六十餘日卒前二日聞徐益以巡按御史受命

안 북 초 래 욕 수 이 방 략 자 제 교 간 선 생 왈 차 내 국 가 대 사 기 가 과 념 신

按北招來欲授以方畧子弟交諫先生曰此乃國家大事豈可過念身

병 실 차 기 사 황 생 사 유 명 오 기 인 차 이 사 내 부 기 구 호 령 제 우 서 지 범

病失此機事况生死有命吾豈因此而死乃扶起口號令弟瑀書之凡

륙 조 차 내 절 필 야 서 필 엄 엄 유 수 진 지 상 병 수 혁 림 사 순 순 여 몽 중 어

六條此乃絶筆也書畢奄々有垂盡之狀病遂革臨死諄々如夢中語

개 국 사 무 일 언 급 가

皆國事無一言及家

상 어 학 자 왈 오 소 시 망 위 선 가 돈 오 법 어 입 도 심 첩 이 묘 이 만 상 귀

嘗語學者曰吾少時妄謂禪家頓悟法於入道甚捷而妙以萬象歸

일 일 귀 하 처 위 화 두 수 년 사 지 경 미 득 오 반 이 구 지 내 지 기 비 야 우 왈

一一歸何處爲話頭數年思之竟未得悟反以求之乃知其非也又曰

불 씨 지 설 유 정 유 조 조 자 불 과 이 륜 회 보 응 지 설 광 장 죄 복 유 협 우 미

佛氏之說有精有粗粗者不過以輪迴報應之說廣張罪福誘脅愚迷

사 지 분 주 공 봉 이 기 기 정 자 즉 극 론 심 성 이 인 리 위 심 이 심 위 만 법 지

使之奔走供奉而已其精者則極論心性而認理爲心以心爲萬法之

본 인 심 위 성 이 성 위 견 문 작 용 이 적 감 위 종 이 천 지 만 물 위 환 망 이 출

本認心爲性以性爲見聞作用以寂感爲宗以天地萬物爲幻妄以出

세 위 도 이 병 이 륜 위 질 곡 기 용 공 지 요 즉 불 립 문 자 직 지 인 심 견 성 성

世爲道以秉彝倫爲桎梏其用功之要則不立文字直指人心見性成

불 돈 오 지 후 방 가 점 수 약 상 근 지 인 즉 혹 유 돈 오 돈 수 자 달 마 어 량 무

佛頓悟之後方加漸修若上根之人則或有頓悟頓修者達摩於梁武

제 시 입 중 국 시 전 기 도 소 위 선 학 자 시 야 지 당 이 대 성 기 도 편 천 하 양

帝時入中國始傳其道所謂禪學者是也至唐而大盛其徒遍天下揚

미 순 목 봉 갈 대 소 이 상 인 증 대 개 이 무 의 위 득 도 불 론 선 악 약 이 의 사

眉瞬目棒喝大笑以相印證大概以無意爲得道不論善惡若以意思

이 득 즉 개 이 위 망 견 필 야 임 정 직 행 불 용 의 사 연 후 내 이 위 진 견 미 급

而得則皆以爲妄見必也任情直行不用意思然後乃以爲眞見未及

호 차 자 즉 필 이 일 이 구 무 의 미 화 두 자 주 운 약 구 자 무 불 성 정 전 백

乎此者則必以一二句無意味話頭（自註云若狗子無佛性庭前栢

수자지류 작무한묘리간수생대의전심궁구적공불이정정지극
樹子之類) 作無限妙理看遂生大疑專心窮究積功不已靜定之極
략견심성영자어방불상상지제즉수의지계연대오창광자자위지
畧見心性影子於髣髴想像之際則遂擬之豁然大悟猖狂自恣謂之
료사송초기도유치자정주곽청지후기세시쇠우금소위선학자태
了事宋初其徒猶熾自程朱廓清之後其勢始衰于今所謂禪學者殆
지어절의
至於絶矣

우계어록왈숙헌지민득지천자범간문자여인담소이피열주람
牛溪語錄曰叔獻之敏得之天資凡看文字與人談笑而披閱周覽
략작규지질여풍우이득기대의후수가잠완의미부장거지자언여
畧綽窺之疾如風雨已得其大義後雖加潛玩意味不長渠之自言如
차전일지론공시총명재기소규이역비강탐력색지소지야사숙헌
此前日之論恐是聰明才氣所窺而亦非强探力索之所至也使叔獻
능손지어탐색즉미필불갱심어금일이지수강명지공가이병진야
能遜志於探索則未必不更深於今日而持守講明之功可以幷進也
숙헌지탁연류배고불가급이령일이이저술자처수왈일세무대견
叔獻之卓然流輩固不可及而令日已以著述自處雖曰一世無大見
식거불능불위지자신이종곤어소장불설어함양천리지공야
識渠不能不爲之自信而終困於所長不屑於涵養踐履之工也

백사찬신도비명왈여위입처정이각처투고설시유이주시민우
白沙撰神道碑銘曰余謂入處正而覺處透故說時裕而做時敏又
의기진학지서약우지착룡문야선종긍계처투여한제탑패연순세
疑其進學之序若禹之鑿龍門也先從肯綮處透汝漢濟漯沛然順勢
고견지자약상달이후하학연안유도용공부자상문경왈청명재궁
故見之者若上達而後下學然安有倒用工夫者嘗聞經曰清明在躬
지기여신전왈자명성해지왈천개일명자연무폐간유영상과인즉
志氣如神傳曰自明誠解之曰天開日明自然無蔽間有英爽過人則
능기형기지사탈거질암지구기립야유신각지부우해무근부승삭
能起形氣之私脫去窒暗之臼其立也猶蜃閣之浮于海無斤斧繩削
지흔이불가궁기간가억위시자비야
之痕而不可窮其間架抑謂是者非耶

주해_ㅇ天喪斯文(천상사문)－하늘이 사문(斯文)을 상하게 함.
ㅇ居敬(거경)－마음을 전일(專一)하게 하는 것.
ㅇ話頭(화두)－불교에서 하는 말.

성혼(成渾)

자는 호원(浩源), 호는 묵암(默庵)·우계(牛溪)로 청송(聽松) 성수침(成守琛)의 아들이다. 이이(李珥)보다 한 살 위이다. 12·3세 때 글을 읽었는데 이미 대의(大義)를 통달하였으나, 끝내 과거공부에 뜻을 두지 않고 오로지 학문에만 정진했다. 선조(宣祖) 때 유일(遺逸)로 두 번에 걸쳐 참봉을 제수받아 6품으로 승진했으나 모두 나아가지 않았으며 적성현감(積城縣監)에 제수되자 나가서 사은(謝恩)하고 바로 돌아왔다.

원근(遠近)의 학자들이 배우러 오는 자들이 날로 늘어났다. 이에 임금이 대간(臺諫)의 직책을 주어 소명(召命)하기를 10여 차례 하였지만 끝내 나아가지 않았다. 임금이 이이에게 묻기를, "성혼은 어떤 사람인가?"하니 대답하기를, "타고난 기질이 순후(淳厚)하여 선(善)을 할 수 있으니 학문에 힘쓴다고 하면 옳지만 학문이 이루어지고 덕을 이루었다고는 할 수 없는데, 나라를 경제(經濟)하는 일을 맡기는 것은 신이 감히 알지 못하겠습니다. 다만 몸이 병약하여 중직(重職)은 감당하기 어려우니 한가한 자리에 두고 경연에서 모시게 하면 반드시 성상의 덕을 도울 수 있을 것입니다." 했다.

임금이 성혼을 불러 보시고 나라 다스리는 도리를 물으시니 대답하기를, "치란(治亂)이란 일정한 것이 없고 임금의 마음 하나에 달려 있습니다. 그러나 반드시 어진 정승을 얻고 널리 준재를 구하여 여러 직위에 둔 뒤에야 치도(治道)를 이룰 수 있습니다."하고 바로 물러나 돌아왔다.

율곡이 죽은 뒤에는 더욱 세상일에 뜻이 없었다. 그리하여 연달아 상소하여 사직할 것을 빌고, 한번 나가서 배명(拜命)을 사례하고 관직을 해임하고 돌아왔는데 이후에는 부르는 명이 다시 내리지 않았다.

임진년에 왜란이 일어나 임금이 서쪽으로 파천하게 되었는데 선생이 스스로 생각하기를, "본래 산야에서 일어나 바야흐로 당인(黨人)으로 지목받아 조석간에 죄를 받게 되었다. 나라가 비록 위급하다 하더라도 의리상 가볍게 나아갈 수 없다."고 하였다. 분조(分朝)한 처음에 의주(義州)로 달려가 즉시 문안하지 못한 것으로써 대죄(待罪)하였더니 임금께서 명을 내려 변이 어떻게 해서 일어났는지를 거론하여 추궁하면서 말씀의 뜻이 준엄하므로 선생이 황공하여 감히 변명하지 못하고 허물을 인책하고 사직하고 돌아왔다.

병이 위독해지자 아들 문준(文濬)에게 이렇게 말했다.

"내가 군부(君父)에게 죄를 지었으니 마음이 께름하여 죽어도 눈을 감지 못하겠다. 내가 죽거든 베옷을 입히고 종이 이불로 염하며 띠풀을 엮어 관을 덮고 우마차로 끌어다가 장사지내면 충분하다."

뒤에 좌의정을 추증하고 문간(文簡)이라는 시호를 내렸으며 문묘에 배향되었다.

선생은 어려서부터 율곡(栗谷)과 벗으로 사귀었다. 사단(四端)·칠정(七情)·이(理)·기(氣)의 선후에 대한 논설을 왕복한 것이 수천 마디인데 선유(先儒)가 발명하지 못한 것이 많다. 율곡이 일찍이 이렇게 말했다.

"견해가 일정한 경지에 도달한 것으로 논하자면 내가 조금 낫다고 하겠지만, 마음을 잡아 확고하게 지키고 실천해 나아가는 것은 내가 미치지 못할 바이다."

노서(魯西) 윤선거(尹宣擧)의 〈잡저(雜著)〉에는 이렇게 말했다.

"임진년(壬辰年) 변란 때 문하 사람들의 의논이 모두 나아가시기를 바랐으나 선생은 끝내 나아가지를 않았다. 여러 사람들이 이유를 헤아려 알지 못하고 혹은 말하기를, '방금 대죄하고 있기 때문에 감히 나아가지 못하는 것'이라 하기도 하고, 혹은 말하기를, '뒤좇아가고자 하더라도 길이 막혀서 미치지 못할 것'이라고 하기도 했다. 그러나 선생의 뜻은 스스로 결정한 바가 있어서였으니 구산(龜山) 양시(楊

時)·화정(和靖) 윤돈(尹焞)·호문정(胡文靖) 등 삼현(三賢)이 이미 이루어놓은 법이 있으니 상고하여 알 수 있으며, 왕촉(王蠋)과 강만리(江萬里)의 일을 선생이 스스로 이끌어 비유한 것이 또한 매우 분명하다."

우암 송시열(宋時烈)은 이렇게 말했다.

"사계(沙溪) 김장생(金長生) 선생께서 일찍이 문인들과 경상(經常)과 권변(權變)의 일을 강론하면서 말하기를, '권도(權道)는 경솔하게 논의할 수 없는 것이다. 우계가 임진년의 변을 당한 이후에 국외(局外)의 사람으로 화의(和議)를 주장하여 선조께 무한한 죄책을 받았는데, 율곡 같았으면 반드시 이러한 일이 없었을 것이다'라고 하셨다. 그때 내가 묻기를, '율곡이 그런 경우를 당했으면 어떻게 했겠습니까?'라고 했더니 선생께서 말없이 한동안 생각하시다가 말하기를, '그 당시에는 별달리 기이한 계책이 없고 오직 지성으로 중국 장수에게 간청하여 철군하지 말기를 빌 따름이었을 것이다'라고 하셨으니 이에 의해서 보면 선생께서도 우계의 일이 부득이한 데에서 나온 것임을 아신 것이다."

인조(仁祖) 때 우계와 율곡 두 선생을 문묘에 배향해야 한다는 의논이 처음으로 있었는데, 한때는 반대하는 논의도 있었다. 이때 포저(浦渚) 조익(趙翼)이 상소하여 다음과 같이 변명했다.

"두 신하의 현명(賢明) 여부는 알기가 어렵지 않습니다. 당시에 이이(李珥)를 모함한 자는 정여립(鄭汝立)이요, 성혼(成渾)을 모함한 자는 정인홍(鄭仁弘)이었습니다. 두 신하의 문인 중에 저명한 사람은 조헌(趙憲)·김장생(金長生)·오윤겸(吳允謙)·황신(黃愼) 등이 있으며, 기타 행실에 법도가 있고 관직에 있는 청렴결백한 자와 시골에 은거하여 몸을 닦고 행실을 깨끗하게 하여 일생을 마친 자도 또한 적지않으니 지금 보기에 정여립과 정인홍의 말이 옳습니까, 아니면 조헌과 김장생의 말이 옳습니까? 대개 반대하는 한편의 의논은 비로 정

여립과 정인홍이 하던 여론(餘論)입니다. 영남(嶺南) 한 도(道)로 말하자면 처음에는 온 도내의 공론이 같았으나 그후로 공론이 점점 깨우쳐지는 것이 있으니 정구(鄭逑)는 두 신하를 유현(儒賢)이라 하였고, 장현광(張顯光)은 존경하고 사모하기를 유감없이 하였으며, 정경세(鄭經世)는 처음 그 지방 풍속을 따라서 양현(兩賢)을 경멸하는 것을 면치 못했으나 그후에 잘못을 깨달아 항상 존칭했으며, 신 역시 친히 그분들이 양현에 대해 존경하는 말을 들었습니다. 이로써 보건대, 그 중에 어진 이름이 있는 자들은 모두 두 신하를 사모하고 있으며, 다만 혼미에 빠진 자들만이 아직 변하지 않고 있습니다."

성혼자호원호묵암우우계청송수침자장리이일세십이삼세독
成渾字浩源號默庵又牛溪聽松守琛子長李珥一歲十二三歲讀
서기통달대의수절의과업전정학문 선묘조이유일재제참봉초승
書己通達大義遂絶意科業專精學問 宣廟朝以遺逸再除參奉超陞
륙품개불취수적성현감사은즉귀원근학자일익진소이대직자십
六品皆不就授積城縣監謝恩卽歸遠近學者日益進召以臺職者十
여종부지상문리이왈성혼하여인야대왈자질순후가이위선위지
餘終不至上問李珥曰成渾何如人也對曰姿質淳厚可以爲善謂之
면어학문즉가불가위지학성덕립야독임경제신미감지단다병불
勉於學問則可不可謂之學成德立也獨任經濟臣未敢知但多病不
감재극치지한직사시경연필능비익성덕상인견방치도대왈치란
堪在劇置之閑職使侍經筵必能裨益聖德上引見訪治道對曰治亂
무상계인주일심연필득현보상사광구준예렬우서위연후치도가
無常係人主一心然必得賢輔相使廣求俊乂列于庶位然後治道可
성잉퇴귀률곡기몰익무의세사련장걸해일출사명선직이귀자후
成仍退歸栗谷旣歿益無意世事連章乞骸一出謝命鮮職而歸自後
징명불복하임신상장서수선생자념본기산야방피구당지목조모
徵命不復下壬辰上將西狩先生自念本起山野方被鉤黨之目朝暮
차득죄국수유급의불가경진자분조초부룡만이미즉분문대죄상
且得罪國雖有急義不可輕進自分朝初赴龍灣以未卽奔問待罪上
하교추거변초생사지엄준선생황공불감변인구걸해귀질독위자
下教追擧變初生辭旨嚴峻先生惶恐不敢辨引咎乞骸歸疾篤謂子

문준왈오득죄군부심사미백사불명목의이포의렴이지금편모복
文濬曰吾得罪君父心事未白死不瞑目衣以布衣殮以紙衾編茅覆
관우차귀장족의후증좌의정시문간종사문묘선생소여률곡정우
棺牛車歸葬足矣後贈左議政謚文簡從祀文廟先生少與栗谷定友
상론사단칠정리기선후지설왕복루천언다유전유소미발자률곡
嘗論四端七情理氣先後之說往復累千言多有前儒所未發者栗谷
상왈약론견선소도오차유촌장조리돈확오소불급운
嘗曰若論見鮮所到吾差有寸長操履敦確吾所不及云

윤로서잡저왈선생어임진지변문하제의개욕기부이선생종불
尹魯西雜著曰先生於壬辰之變門下諸議皆欲其赴而先生終不
부중인미능측지혹위방대죄고불감진야혹위약장추왕이로조불
赴衆人未能測知或謂方待罪故不敢進也或謂若將追往而路阻不
급야내선생지지즉자유소정여양구산윤화정호문정삼현기성지
及也乃先生之志則自有所定如楊龜山尹和靖胡文靖三賢己成之
법가고이지야지어왕촉강만리사선생소자인유자역심저명의
法可考而知也至於王蠋江萬里事先生所自引喩者亦甚著明矣

송우암선생왈사계선사상여문인강경권사이왈권불가경의우
宋尤庵先生曰沙溪先師嘗與門人講經權事而曰權不可輕議牛
계당임진릉변이후이국외지인거주화의이수선묘무한죄책약률
溪當壬辰陵變以後以局外之人遽主和議以受宣廟無限罪責若栗
곡필무차사의시시렬문률곡당시즉당여하선사침음량구왈당시
谷必無此事矣時時烈問栗谷當時則當如何先師沈吟良久曰當時
즉별무기모이책유지성기간어천장걸물철귀기이거차즉선사역
則別無奇謀異策惟至誠祈懇於天將乞勿撤歸己耳據此則先師亦
지우계지출어부득이야
知牛溪之出於不得已也

인조조우계률곡량선생승무지론시기이일시반대지론역기우
仁祖朝牛溪栗谷兩先生升廡之論始起而一時反對之論亦起于
시포저조익상소변명
時浦渚趙翼上疏辨明

여좌왈 양신현부불난지야당시함리이자정여립야함성혼자정
如左曰 兩臣賢否不難知也當時陷李珥者鄭汝立也陷成渾者鄭
인홍야량신문인저명자조헌김장생오윤겸황신등기타행기유법
仁弘也兩臣門人著名者趙憲金長生吳允謙黃愼等其他行己有法
거관렴결자급병거전야수신결행이종언자역불소자금관지여립
居官廉潔者及屛居田野修身潔行而終焉者亦不少自今觀之汝立

인 홍 지 언 위 시 야 조 헌 김 장 생 지 언 위 시 야 개 일 변 지 론 즉 조 술 여 립
仁弘之言爲是耶趙憲金長生之言爲是耶盖一邊之論卽祖述汝立
인 홍 지 여 론 야 이 령 남 일 도 언 지 초 즉 일 도 지 론 동 연 야 기 후 공 론 초
仁弘之餘論也以嶺南一道言之初則一道之論同然也其後公論稍
초 유 개 오 자 개 정 구 즉 위 량 신 위 유 현 장 현 광 즉 존 모 무 간 연 정 경 세
々有開悟者盖鄭逑則謂兩臣爲儒賢張顯光則尊慕無間然鄭經世
초 즉 수 기 토 속 역 미 면 경 모 지 기 후 각 오 상 존 칭 지 신 역 친 문 기 존 지
初則隨其土俗亦未免輕侮之其後覺悟常尊稱之臣亦親聞其尊之
지 어 야 이 차 관 지 즉 기 중 유 현 명 자 개 모 량 신 야 특 기 미 익 지 심 자 유
之語也以此觀之則其中有賢名者皆慕兩臣也特其迷溺之甚者猶
미 변 야
未變也

정구(鄭逑)

자는 도가(道可), 호는 한강(寒岡)으로 청주(淸州) 사람이다. 퇴계보다 42세 적다. 8세에 《대학》·《논어》를 배워 대의(大義)를 통했으며 12세에 《주역》 건괘(乾卦)와 곤괘(坤卦)를 덕계(德溪) 오건(吳健)에게 배운 뒤에 퇴계 선생을 찾아가 뵙고 《심경》을 배워 학문하는 방법을 들었다. 마침내 과거공부를 그만두고 경학(經學)에 전심하면서 옛 성인처럼 되기를 기약하고 개연히 복고(復古)에 뜻을 두었다. 선조(宣祖) 계유년에 김우옹(金宇顒)이 임금께 아뢰기를, "정구라는 사람이 있는데 이황과 조식의 문하에서 배워 경학(經學)에 밝으니 포의(布衣)로 불러 치도(治道)를 물을 만합니다."하여 예빈시참봉(禮賓寺參奉)을 제수했으나 나아가지 않았다. 뒤에 창녕현감(昌寧縣監)을 제수하고 임금이 친히 인견하여 이황과 조식의 학문에 대하여 물으니 대답하기를, "이황은 덕기(德器)가 광후(廣厚)하고 독실하게 실천하며, 조식은 기국이 준걸하고 재기(才氣)가 호매합니다." 했다.

창녕현에 도착해서 제생(諸生)을 가르치고 향음주례(鄕飮酒禮)와 양로연(養老宴)을 베푸니 온 고을이 교화되었는데, 고을 사람들이 생사당을 지어주었다. 벼슬이 형조참판과 대사헌에 이르렀다. 향년

78세인데 죽던 날 가야산이 무너지고 사천(泗川)에 목가(木稼)가 있었다.

저서에 《심경발휘(心經發揮)》·《가례집람보주(家禮輯覽補註)》·《오선생예설(五先生禮說)》·《갱장록(羹墻錄)》·《성현풍범(聖賢風範)》·《고금충모(古今忠謨)》·《수사언인록(洙泗言仁錄)》·《오복연혁도(五服沿革圖)》·《심의제도(深衣制度)》·《무이지(武夷志)》·《와룡지(臥龍志)》·《역대기년(歷代紀年)》·《고금회수(古今會粹)》·《경현속록(景賢續錄)》 등이 있으며 산수(算數)·병진(兵陣)·의약(醫藥)·풍수(風水) 등 역시 그 근본에 밝았다. 젊을 때에는 포부가 매우 커서 우주 사이의 일을 모두 자기의 책임으로 여겼다. 후에 영의정에 추증되었으며 시호는 문목(文穆)이다.

임금이 《주역》의 정전(程傳)과 본의(本義) 가운데에 무엇이 먼저냐고 물으니 선생은 대답하기를, "주역의 도는 소장(消長)의 이치를 밝혀 시중(時中)을 잃지 않는 것뿐입니다. 점술 따위는 말기(末技)이니 정전을 우선으로 해야 합니다." 했다.

처음에 퇴계 선생을 찾아뵈니 선생이 극찬하기를, "한훤당 김굉필 선생의 후대에 경사가 있으니 어찌 여운(餘韻)이 없겠는가?" 했다. (정구는 김굉필의 외증손이다) 그리고 덕계 오건에게 편지를 보내어 영재(英才) 얻은 것을 하례하면서 후일 큰 인물이 될 것을 기대한다고 했다.

우계 성혼의 일기에는 이렇게 말했다.

"정구가 찾아왔다. 그 사람은 영준(英俊)하고 과단성이 있으며, 예학(禮學)에 몹시 밝고 옛것을 좋아하며 선(善)을 즐겨 실천한다. 온화하고 양순하며 남을 사랑하여 그와 함께 있으면 거칠고 사나운 기운이 얼음 녹듯이 풀리니 참으로 존경할 만한 군자이다."

신흠(申欽)의 《상촌집(象村集)》에는 이렇게 말했다.

"한강 선생이 고을을 다스리면서 가숙(家塾)의 제도를 모방하여 네 곳에 책을 베풀어놓고 재(齋)에는 훈장을 두어 날마다 교육시켰는데 매월 초하루와 보름에는 예를 행하고 명륜당에 앉아서 제생들을 불러 종일토록 강론했다."

한강 정구는 퇴계의 적파인데, 그의 문인에는 미수(眉叟) 허목(許穆)과 낙재(樂齋) 서사원(徐思遠)·후천(朽淺) 황종해(黃宗海)·모계(茅溪) 문위(文緯)·외재(畏齋) 이후경(李厚慶)·동계(桐溪) 정온(鄭蘊)·대암(大庵) 박성(朴惺) 등 제공이 있었으나 오직 미수만이 그 전통을 이어받아 유학으로 이름이 드러났다.

조선 유교계에 정씨(程氏)와 주씨(朱氏)의 성리학(性理學)이 퇴계에 이르러서 집대성되었다는 것이 선유들의 정론이다. 퇴계에게 배워서 도학과 문장, 덕행·사업으로 한 시대의 명공(名公)이 된 분이 많은데 그 중에서도 한강 정구·월천 조목·고봉 기대승·서애 유성룡·학봉 김성일·금계 황준량·분지 남치리·송암 권호문 등 제현이 세상에 이름이 알려졌다.

정 한 강 구 자 도 가 청 주 인 소 퇴 계 사 십 이 세 팔 세 수 대 학 론 어 통 대
鄭寒岡逑字道可淸州人少退溪四十二歲八歲修大學論語通大
의 십 이 수 역 건 곤 괘 어 오 덕 계 알 도 산 리 선 생 강 심 경 득 문 위 학 지 방
義十二受易乾坤卦於吳德溪謁陶山李先生講心經得聞爲學之方
수 기 거 업 전 심 경 학 이 고 성 현 자 기 개 연 유 복 고 지 지 선 묘 계 유 김
遂棄擧業專心經學以古聖賢自期慨然有復古之志 宣廟癸酉金
우 옹 백 상 왈 유 정 구 자 유 리 황 조 식 지 문 명 어 경 술 가 이 포 의 소 문 치
宇顒白上曰有鄭逑者遊李滉曹植之門明於經術可以布衣召問治
도 수 례 빈 참 봉 불 취 후 배 창 녕 현 감 상 인 견 문 리 조 학 문 기 상 대 왈 리
道授禮賓叅奉不就後拜昌寧縣監上引見問李曹學問氣像對曰李
황 덕 기 굉 후 천 리 독 실 조 식 기 국 준 정 재 기 호 매 급 도 현 훈 제 생 향 음
滉德器宏厚踐履篤實曹植器局峻整才氣豪邁及到縣訓諸生鄕飮
양 로 일 읍 풍 려 읍 인 위 립 생 사 관 지 형 조 참 판 대 사 헌 년 칠 십 팔 졸 졸
養老一邑風勵邑人爲立生祠官至刑曹叅判大司憲年七十八卒卒
지 일 가 야 출 붕 사 상 목 가 소 저 유 심 경 발 휘 가 례 집 람 보 주 오 선 생 례
之日伽倻出崩泗上木稼所著有心經發揮家禮集覽補註五先生禮

설 갱장록 성현풍범 고금충모 수사언인록 오복연혁도 심의
說 羹墻錄 聖賢風範 古今忠謨 洙泗言仁錄 五服沿革圖 深衣
제도 무이지 와룡지 역대기년 고금회수 경현속록등제서산
制度 武夷志 臥龍志 歷代紀年 古今會粹 景賢續錄等諸書筭
수병진의약풍수역효원위당기성년포부심대우주간사무불이위
數兵陣醫藥風水亦曉源委當其盛年抱負甚大宇宙間事無不以爲
기책후증령의정시문목
己責後贈領議政諡文穆

상문정전본의하선선생대왈역지도명호소장지리불실시중이
上問程傳本義何先先生對曰易之道明乎消長之理不失時中而
기도점후말야정전위선선생초알퇴계선생선생극칭왈한훤류경
己徒占候末也程傳爲先先生初謁退溪先生先生亟稱曰寒暄流慶
기무여운 한강김한훤외증손 치서오덕계하득영재망기위타일
豈無餘韻(寒岡金寒暄外曾孫) 致書吳德溪賀得英才望其爲他日
대유운
大儒云

우계일기왈정도가래방기인영과례학심박호고락선온량애인
牛溪日記曰鄭道可來訪其人英果禮學甚博好古樂善溫良愛人
여지처령추포환연빙석진가경군자야
與之處令麤暴渙然冰釋眞可敬君子也

신상촌집왈선생치현방가숙지제사경설서재치훈장일과교독
申象村集曰先生治縣倣家塾之制四境設書齋置訓長日課敎督
매삭망행례좌명륜당인제생강론종일
每朔望行禮坐明倫堂引諸生講論終日

정한강퇴도적파야기문인유허미수목서락제사원황오천종해
鄭寒崗退陶嫡派也其門人有許眉叟穆徐樂齋思遠黃朽淺宗海
문모계위리외재후경정동계온박대암성제공이유허미수승기전
文茅溪緯李畏齋厚慶鄭桐溪蘊朴大菴惺諸公而惟許眉叟承其傳
이유학저
以儒學著

조선유교계정주씨성리지학지퇴계이시집대성기유선유씨정
朝鮮儒敎界程朱氏性理之學至退溪而始集大成己有先儒氏定
론의학우퇴계이도학문장덕행사업위일세명공자심다여정한강
論矣學于退溪以道學文章德行事業爲一世名公者甚多如鄭寒岡
구조월천목기고봉대승류서애성룡김학봉성일황금계준량남분
逑趙月川穆奇高峰大升柳西厓成龍金鶴峯誠一黃錦溪俊良南貴

지 치 리 권 송 암 호 문 제 현 개 저 현 우 세
趾致利權松巖好文諸賢皆著顯于世

주해_ㅇ生祠(생사)－살아있는 사람을 위한 사당.
ㅇ本義(본의)－주자가 주해한 《주역(周易)》.

조목(趙穆)

자는 사경(士敬), 호는 월천(月川)으로 횡성(橫城) 사람이다. 퇴계보다 23세가 적다. 천성이 근엄·심후하고 행실이 단정했다. 12세에 경서를 모조리 다 읽고, 15세에 비로소 퇴계 선생에게 나아가 배웠는데 몸가짐을 단정하게 하고 예법에 맞게 하여 선생이 매우 기대하고 중하게 여겼다. 임자년 생원시에 합격했으나 곧 과거공부를 그만두고 스승의 가르침에 전념하여 게으름을 피지 않고 부지런히 하여 마침내 대유(大儒)가 되었다. 천거를 받아 전후하여 벼슬을 제수받은 것이 40여 차례에 이르렀으나 직무에 나아간 것은 몇 번 되지 않는다. 후에 공조참판이 되었으나 나아가지 않았다. 향년 83세이다. 저서에 《곤지잡록(困知雜錄)》이 있다.

퇴계의 편지에 이렇게 말했다.

"공이 비록 굳센 것으로 자부하나 굳셈을 극진히 하지는 못한다. 도리어 사납고 난폭한 병통이 많으며, 겸공(謙恭) 손순(遜順)하여 자신을 비우고 남의 뜻을 받아들이는 뜻이 적다. 그래서 덕을 해치고 물건에 방해되는 것이 금군(琴君)보다 더 심하다."

또 이렇게 말했다.

"사경(士敬)이 이제 비로소 의리로 나아가는 길을 알게 된 것 같은데, 참으로 그렇게 되기가 어려운 일이다. 다만 때로 너무 고집불통인 곳이 있는 것을 면치 못한다."

《맹자》 양혜왕 상편의 곡속(觳觫) 아래에 있는 약(若)자를 세상 사람들은 모두 아래의 무죄(無罪)에 붙여 '약무죄이취사지(若無罪而就

死地)'의 일곱 글자의 구(句)를 만드는데, 공은 위에 붙여 '곡속약(觳觫若)' 세 글자로 구를 삼으니 퇴계가 매우 옳다고 하였다. 모든 경서의 구두와 해석을 공의 질문에 의하여 고친 것이 많았다.

김시양(金時讓)의 《부계기문(涪溪紀聞)》에는 이렇게 말했다.

"월천 조목은 성질이 고집스럽고 재주가 없었다. 일찍이 합천군수(陜川郡守)가 되어 서애(西厓) 유성룡(柳成龍)에게 거취를 묻자 서애는 말하기를, '사람의 거취는 밥이 찬가 따뜻한가(寒暖)를 아는 것처럼 그 사람이 스스로 아는 것이다'라고 하니 월천이 노했다. 그러다가 서애가 벼슬에서 물러나 돌아가게 되니, 편지를 보내 말하기를, '한난(寒暖) 두 글자를 돌려보냅니다' 했다."

조 목 자 사 경 호 월 천 횡 성 인 소 퇴 계 이 십 삼 세 천 성 근 엄 심 후 천 리
趙穆字士敬號月川橫城人少退溪二十三歲天性謹嚴深厚踐履
단 실 십 이 진 독 경 서 십 오 시 취 퇴 계 종 학 무 불 관 률 신 동 이 례 선 생 심
端實十二盡讀經書十五始就退溪縱學無不觀律身動以禮先生深
기 중 지 임 자 중 생 원 잉 폐 거 전 의 사 문 불 해 익 근 수 성 대 유 용 천 사 전
器重之壬子中生員仍廢擧專意師門不懈益勤遂成大儒用薦仕前
후 제 관 지 사 십 여 차 취 직 자 무 기 후 위 공 조 참 판 불 부 졸 년 팔 십 삼 저
後除官至四十餘次就職者無幾後爲工曹叅判不赴卒年八十三著
곤 지 잡 록
困知雜錄

퇴 계 서 왈 공 수 자 부 어 강 이 부 진 위 강 선 반 다 출 어 강 려 포 한 지 병
退溪書曰公雖自負於剛而不盡爲剛善反多出於强戾暴悍之病
소 무 겸 공 손 순 허 이 수 인 지 의 기 해 덕 방 물 유 심 어 금 군 지 위 우 왈 사
少無謙恭遜順虛以受人之意其害德妨物有甚於琴君之爲又曰士
경 여 금 시 득 의 리 계 경 진 개 난 득 단 불 면 시 유 태 집 불 통 처 운
敬如今始得義理溪徑眞個難得但不免時有太執不通處云

맹 자 량 혜 왕 상 편 곡 속 하 약 자 세 개 안 하 무 죄 칠 자 위 구 공 내 상 접
孟子梁惠王上篇觳觫下若字世皆按下無罪七字爲句公乃上接
곡 속 삼 자 위 구 퇴 계 이 위 극 시 범 경 서 구 두 석 의 인 공 품 질 개 정
觳觫三字爲句退溪以爲極是凡經書句讀釋義因公禀質改正
자 다
者多

부 계 기 문 왈 조 월 천 성 집 무 재 상 위 합 천 군 수 문 거 취 어 서 애 서 애
咅溪紀聞曰趙月川性執無才嘗爲陜川郡守問去就於西厓西厓
왈 인 지 거 취 여 식 지 한 난 인 자 지 지 월 천 노 급 서 애 지 퇴 귀 야 이 서
曰人之去就如食之寒煖 人自知之月川怒及西厓之退歸也以書
역 지 왈 한 난 이 자 환 송
逆之曰寒煖二字還送

황준량(黃俊良)

자는 중거(仲擧), 호는 금계(錦溪)로, 평해(平海) 사람이다. 퇴계보다 16세가 적다. 태어나면서부터 자질이 특이하여 사람을 놀라게 하는 말을 해서 신동이라 불렸다. 사람됨이 영리하고 명민했으며 풍채가 좋고 미목(眉目)이 그림처럼 아름답고 재주가 뛰어났다. 정유년 과거에 급제하여 신녕현감(新寧縣監)이 되어 백학서원(白鶴書院)을 창건했고, 단양군수가 되어서는 역동(易東) 우탁(禹倬)을 제사했다. 성주목사(星州牧使)가 되어서는 공암서당(孔巖書堂)과 녹봉정사(鹿峰精舍)를 세워 덕계(德溪) 오건(吳健)과 함께 제자를 뽑아 네 등급으로 나누어 가르치면서 매월 한번씩 모여서 강론하고 의심나는 것을 토론했다. 그리고 그들의 부지런하고 게으른 것을 고과(考課)하여 상벌을 시행했다. 그가 죽던 날에는 홑이불이 없어서 베를 꾸어다가 염했다. 향년 41세이다.

퇴계는 이렇게 말했다.

"처음에 상산(商山) 주세붕(周世鵬)이 풍기군수로 있을 때 황준량이 후진(後進)으로 왕복하면서 그 이동(異同)과 종위(從違)를 논변한 것이 많았는데 그러는 사이에 이미 그의 식견이 고명(高明)함을 알았다. 그가 조정에 있을 때에는 문사(文詞)로만 이름이 알려졌으나 그 후 사우(師友)들과 사귀면서부터 성리학의 연원에 대한 설을 듣게 되어 비로소 학문하는 것을 알았다."

황 준 량 자 중 거 호 금 계 평 해 인 소 퇴 계 십 륙 세 생 유 이 질 출 어 경 인
黃俊良字仲擧號錦溪平海人少退溪十六歲生有異質出語驚人
이 신 동 칭 위 인 영 수 명 민 유 풍 표 미 목 여 화 재 조 화 섬 정 유 등 과 위 신
以神童稱爲人穎秀明敏有風標眉目如畫才調華贍丁酉登科爲新
녕 현 감 창 백 학 서 원 위 단 양 수 사 우 역 동 위 성 주 립 공 곡 서 당 록 봉 정
寧縣監創白鶴書院爲丹陽守祀禹易東爲星州立孔谷書堂鹿峰精
사 여 오 덕 계 건 간 취 제 자 분 사 등 교 수 매 월 일 회 강 론 난 의 의 고 기 근
舍與吳德溪健揀取弟子分四等教授每月一會講論難疑義考其勤
만 제 기 상 벌 신 사 지 일 금 주 불 구 대 포 이 렴 년 근 사 십 일
慢第其賞罰身死之日衾裯不具貸布以斂年僅四十一

퇴 계 왈 시 상 산 주 후 세 붕 위 풍 수 공 이 후 진 다 여 지 왕 복 론 변 기 이
退溪曰始商山周侯世鵬爲豊守公以後進多與之往復論卞其異
동 종 위 지 간 기 지 기 견 식 지 명 기 재 조 유 이 문 사 명 기 후 초 종 사 우 간
同從違之間已知其見識之明其在朝唯以文辭名其後稍從師友間
문 성 리 연 원 지 설 시 지 위 학
聞性理淵源之說始知爲學

남치리(南致利)

자는 의중(義中), 호는 분지당(賁趾堂) 또는 분지(賁趾)로 영해(寧海) 사람이다. 퇴계보다 42세가 적다. 8세 때 고아가 되었는데 뜻을 세워 공부에 힘써 스승의 교독(敎督)을 기다리지 않았다. 약관의 나이를 막 넘자 개연히 퇴계의 문하에 나아가 선생의 추장(推奬)을 받았다. 퇴계 선생이 돌아가신 후에는 더욱 분발하여 게으름을 피우지 않고 위기지학(爲己之學)에 전념했다. 그리하여 독서하고 궁리(窮理)하는 공부가 날로 소견이 있게 되고, 그 진취함이 예리했다. 어버이의 병환에 정성껏 시탕(侍湯)하고, 상을 당해서는 슬퍼함이 예에 지나쳐서 장례도 치르기 전에 병을 얻어 일어나지 못했다. 친구들이 보니 집안에 한 항아리의 곡식도 없었고 죽을 때에 염구(殮具)가 없어서 친구들의 수의를 갖다가 염을 했다. 향년 38세였다.

일찍이 《통서(通書)》 성하장(誠下章)의 '정무이동유(靜無而動有)' 아래에 있는 주(註)에서 인용한 주자(朱子)의 논이라는 '미발지중(未

發之中)'은 주자의 말이 아니라고 의심했다. 그러다가 후에 하의려(賀醫閭)의 언행록을 보니, 과연 주자의 이 말은 옳지 않으며 당시에 미정의 설이라고 되어 있었다. 《주자대전》을 상고해보니 이는 장경부(張敬夫)에게 준 글이었는데 주자의 주에 이르기를, '이 글은 옳지 않으나 의논하는 끝에 붙여둔다'고 되어 있었다. 그의 문자를 보는 것이 이처럼 비범했다.

남 치 리 자 의 중 호 분 지 녕 해 인 소 퇴 계 사 십 이 세 생 팔 세 이 고 능 변
南致利字義仲號賁趾寧海人少退溪四十二歲生八歲而孤能辨
지 려 업 부 대 교 독 보 유 관 개 연 등 퇴 계 문 득 선 생 장 허 선 생 몰 유 감 분
志勵業不待敎督甫踰冠慨然登退溪門得先生奬許先生歿愈感奮
불 해 익 전 심 위 기 지 학 기 어 독 서 궁 리 지 공 일 유 소 견 기 진 심 예 친 병
不懈益專心爲己之學其於讀書窮理之功日有所見其進甚銳親病
탕 약 우 췌 기 상 애 훼 과 례 미 장 환　부 권 련 불 능 기 붕 우 시 지 가 무 병
湯藥憂悴旣喪哀毁過禮未葬患○部拳攣不能起朋友視之家無甁
속 사 무 렴 구 붕 우 치 수 내 득 렴 년 재 삼 십 팔
粟死無斂具朋友致襚乃得斂年纔三十八

상 이 통 서 성 하 장 정 무 이 동 유 하 주 인 주 자 소 론 미 발 지 중 차 조 공
嘗以通書誠下章靜無而動有下註引朱子所論未發之中此條恐
비 출 어 주 자 이 위 의 후 간 하 의 려 언 행 록 과 위 주 자 차 설 불 시 당 시 미
非出於朱子以爲疑後看賀醫閭言行錄果謂朱子此說不是當是未
정 지 설 고 대 전 집 중 차 내 여 장 경 부 서 문 공 주 운 차 서 비 시 존 지 이 견
定之說考大全集中此乃與張敬夫書文公註云此書非是存之以見
의 론 지 말 기 간 문 자 불 범 여 차
議論之末其看文字不泛如此

권호문(權好文)

자는 장중(章仲), 호는 송암(松巖)으로 안동(安東) 사람이다. 퇴계보다 32세가 적다. 태어나면서부터 영리하여 말을 배우자 곧 글을 읽을 줄 알았다. 퇴계 선생에게 수업하여 학문의 나아갈 바를 알았으며 문장을 잘하였다. 나이 18세에 아버지상을 당하여 여묘(廬墓) 3년을 살면서 슬퍼함이 예보다 지나치자 퇴계 선생이 편지를 보내 이르기를,

"애써 목숨을 구하여 상을 끝내는 효를 다하라." 하였다. 상복을 벗자 청성(青城) 아래 낙강(洛江) 위에 집을 짓고 재(齋)의 이름은 '무민(无悶)'이라 하고, 헌(軒)의 이름은 '연어(鳶魚)'라 했다. 그리고 송(宋)나라 여러 현인의 초상을 모사해 놓고 새벽에 일어나 단정히 앉아서 독서에 전념했다. 자연을 사랑하여 때로 산수를 즐기는 벗들과 술을 마시다가 얼큰해지면 충정관(忠正冠)을 쓰고 소나무 우거진 산을 오르거나 안개 낀 강물 위에서 뱃놀이를 하였다. 〈청성십구곡(青城十九曲)〉이 있다.

신유년 진사시(進士試)에 합격하여 여러 차례 벼슬에 임명되었으나 나아가지 않았다. 《한거록(閑居錄)》을 지어 뜻을 보였는데, 백담(柏潭) 구봉령(具鳳齡)이 감탄하여 말하기를, "평생 산림에 살 뜻이 확고하여 고치지 않았는데, 어찌 강제로 굽히랴?" 했다. 젊을 때 친구들에게 자신의 뜻을 말하기를, "새로 지은 비단옷을 입고 백척이나 되는 높은 누각에 올라, 모든 창문을 활짝 열고 비단 안석에 기대 누워 천금같이 귀한 몸에 한 점의 티끌도 묻히지 않는 것이 내 소원이다." 했다. 죽을 때 유언하기를, "내가 죽거든 내 묘비에 '청성산인(青城山人) 권모의 무덤'이라고만 쓰라." 했다. 향년 56세였다.

퇴계 선생이 일찍이 허여(許與)하여 말하기를, "권호문은 유자(儒者)의 기상이 있다." 했고, 또 이르기를, "시원한 산림(山林)의 기풍이 있다."고 했다.

서애 유성룡 역시 칭찬하기를, "강호(江湖)의 고사(高士)이다."고 했다. 또, "그의 일생의 일을 평하건대 백가지로 뛰어난 스승이라 할 만하다(評論一生事 堪作百出師)."라는 구절이 있다.

학봉 김성일은 공의 묘지(墓誌)에서 이렇게 말했다.

"공은 은덕(隱德)이 있는 사람이다. 이름이 조정에 오르지 않았고, 행실이 세상에 알려지지 않아서 일컬어진 것이 없다. 그러나 그윽한 난초의 향기와 소나무의 푸른 절조요, 진주처럼 아름답고 옥처럼 빛나는 덕을 숨기고 있었다.”

권 호 문 자 장 중 호 송 암 안 동 인 소 퇴 계 삼 십 이 세 생 이 영 오 자 학 어
權好文字章仲號松巖安東人少退溪三十二歲生而穎悟自學語
능 독 서 수 업 어 퇴 도 선 전 기 지 추 향 지 방 문 장 발 월 년 십 팔 조 부 상 려
能讀書受業於退陶先全己知趨向之方文章發越年十八遭父喪廬
묘 삼 년 애 훼 과 례 퇴 계 기 서 왈 면 가 자 구 기 어 승 상 종 효 복 결 복 축 우
墓三年哀毁過禮退溪寄書曰勉加自救期於勝喪終孝服闋卜築于
청 성 하 락 강 상 명 기 재 왈 무 민 헌 왈 연 어 모 사 송 군 현 상 신 흥 숙 용
青城下洛江上名其齋曰无悶 軒曰鳶魚摹寫宋群賢像晨興肅容
단 좌 전 심 독 서 개 연 흠 모 춘 화 경 명 시 여 계 우 산 옹 공 작 표 배 미 훈 후
端坐湔心讀書慨然欽慕春和景明時與溪友山翁共酌飄盃微醺後
착 충 정 관 혹 등 송 단 혹 도 연 정 유 청 성 십 구 곡 신 유 등 진 사 루 제 관 불
著忠正冠或登松壇或棹煙艇有青城十九曲辛酉登進士屢除官不
취 저 한 거 록 이 견 지 구 백 담 봉 령 탄 왈 종 로 림 천 지 지 견 확 불 이 하 필
就著閑居錄以見志具柏潭鳳齡歎曰終老林泉之志堅確不移何必
강 굴 야 소 시 여 붕 우 론 지 왈 착 신 금 의 등 백 척 고 루 동 개 팔 창 빙 와 금
强屈也少時與朋友論志曰着新錦衣登百尺高樓洞開八窓憑臥錦
궤 불 사 사 소 진 애 오 천 금 지 신 림 몰 증 왈 오 사 제 오 기 왈 청 성 산 인 권
几不使些少塵埃汚千金之身臨歿證曰吾死題吾基曰青城山人權
모 지 묘 졸 년 오 십 륙 퇴 도 선 생 상 허 지 왈 장 중 유 유 자 기 상 우 왈 유 소
某之墓卒年五十六退陶先生嘗許之曰章仲有儒者氣像又曰有瀟
쇄 산 림 지 풍 서 애 역 칭 지 왈 강 호 고 사 우 유 평 론 일 생 사 감 작 백 출 사
洒山林之風西厓亦稱之曰江湖高士又有評論一生事 堪作百出師
지 구
之句

학 봉 지 공 기 왈 공 은 덕 인 야 명 부 등 조 행 부 저 세 세 고 무 득 이 칭 언
鶴峯誌公基曰公隱德人也名不登朝行不著世世固無得以稱焉
연 유 란 양 분 간 송 함 취 절 야 택 주 미 윤 산 옥 온 휘 덕 야
然幽蘭楊芬澗松含翠節也澤珠媚潤山玉蘊輝德也

남명 조식의 문인에는 덕계(德溪) 오건(吳健)·각재(覺齋) 하항(河沆)·동강(東岡) 김우옹(金宇顒)·수우당(守愚堂) 최영경(崔永慶)·대소(大笑) 조종도(趙宗道)·내암(萊庵) 정인홍(鄭仁弘) 등 제현이

모두 도학을 이어받아 명절(名節)로 드러났는데, 다만 정인홍은 인조 초에 죄를 얻어 죽었다.

오건(吳健)

자는 자강(子强), 호는 덕계(德溪)로 함양(咸陽) 사람이다. 타고난 자품이 혼후(渾厚)하고 기상이 높고 의연하였다. 천성이 효우(孝友)하여 11세에 아버지의 병환이 위독하자 날마다 뜰에 꿇어앉아 재배하고 울면서 아버지를 살려 달라고 기도하였고, 아버지가 돌아가시니 거상(居喪)하는 범절이 어른스러워 사람들이 효동(孝童)이라고 불렀다. 집이 가난하여 멀리 유학하여 스승을 구하지 못하자 집안을 뒤져서 헌 종이로 된 《중용》의 대소주해(大小註解)를 찾아내어 단정히 앉아 수백번을 읽어 음과 훈을 익히 알게 되면 다시 자의(字義)를 생각하고, 또 구절의 뜻을 사색한 다음에는 문장의 뜻을 미루어 연구했다. 편마다 이처럼 오랜 세월을 거쳐 공을 쌓은 다음에 《대학》·《논어》·《맹자》로 넘어갔다.

정수사(淨水寺)에 들어가서 10여년 동안 독서하면서는 문을 닫고 무릎을 꿇고 낮에는 무릎을 움직이지 않았고, 밤이면 눈을 붙이지 않았다. 일찍이 절의 중들과 말을 나눈 적이 없었는데 어떤 사람이 묻기를, "날마다 무릎을 꿇고 앉았으니 어떻게 그처럼 오랫동안 참고 견디는가?"하니 대답하기를, "습관이 오래되면 저절로 고통스럽지 않다."고 했다.

퇴계가 함께 《중용》과 《대학》을 강론하고 나서 감탄하여 말하기를, "이런 것은 모두 내가 사색하지 못했던 것인데, 공이 논한 것을 들으니 지극히 옳고 좋소. 다른 글은 내가 공보다 조금 더 나은 곳이 있을지 모르나 《중용》과 《대학》에 이르러서는 내가 공에게 미치지 못하는 것을 알겠소." 했다.

공이 태학(太學)에 있을 때에는 사대부 중에 경학과 도술에 밝은 자들이 상종하면서 문답했다. 벼슬에 나아간 뒤에 성주교수(星州敎授)가 되었는데 유생들을 뽑아 네 등급으로 나누어 가르쳤으며, 목사(牧使)인 금계 황준량(黃俊良)과 지기(志氣)가 통하여 주자서(朱子書)를 토론하면서 추위와 더위를 피하지 않았다.

이조정랑으로 들어가서는 일을 당하면 곧은말만 하고 굽히는 일이 없어서 원망하고 노여워하는 사람이 많아, 벼슬을 버리고 돌아와 남명(南溟)을 따라 강학(講學)하면서 평생을 마쳤다. 향년 54세이며 남명보다 20세가 적었다.

조 남 명 문 인 유 오 덕 계 건 하 각 재 항 김 동 강 자 전 최 수 우 영 경 조 대
曹南溟門人有吳德溪健河覺齋沆金東岡字顒崔守愚永慶趙大

소 종 도 정 래 암 인 홍 제 현 개 승 수 도 학 이 명 절 현 유 래 암 인 조 초 이 죄 사
笑宗道鄭萊菴仁弘諸賢皆承受道學以名節顯唯萊菴仁祖初以罪死

오 건 자 자 강 호 덕 계 함 양 인 천 자 혼 후 기 상 홍 의 천 성 효 우 십 일 세
吳健字子强號德溪咸陽人天姿渾厚氣像弘毅天性孝友十一歲

부 질 혁 일 일 궤 정 재 배 호 읍 이 도 왈 원 활 아 부 거 상 여 성 인 인 칭 효 동
父疾革日々跪庭再拜號泣而禱曰願活我父居喪如成人人稱孝童

빈 무 이 원 유 출 사 수 가 간 득 고 지 중 용 대 소 주 올 연 단 좌 독 수 백 편 음
貧無以遠遊朮師搜家間得故紙中庸大小註兀然端坐讀數百遍音

훈 기 숙 부 사 색 자 의 우 사 색 구 의 우 추 지 장 의 편 편 여 시 적 세 월 이 지
訓己熟復思索字義又思索句義又推之章義篇々如是積歲月移之

대 학 론 맹 입 정 수 사 독 서 십 여 년 폐 문 위 좌 주 부 동 슬 야 불 교 첩 미 상
大學論孟入淨水寺讀書十餘年閉門危坐晝不動膝夜不交睫未嘗

여 사 승 접 어 혹 문 련 일 위 좌 하 이 내 구 왈 재 습 구 즉 자 불 고 퇴 계 여 지
與寺僧接語或問連日危坐何以耐久曰在習久則自不苦退溪與之

강 론 용 학 차 탄 왈 차 개 오 미 사 색 자 문 공 소 론 극 시 극 호 타 서 즉 오 어
講論庸學嗟歎曰此皆吾未思索者聞公所論極是極好他書則吾於

공 용 유 일 장 처 지 어 용 학 오 지 기 불 급 어 공 유 태 학 사 대 부 유 경 술 자
公容有一長處至於庸學吾知其不及於公遊太學士大夫有經術者

상 종 힐 마 석 갈 지 후 위 성 주 교 수 간 취 유 생 분 사 등 이 훈 회 지 여 주 목
相從詰磨釋褐之後爲星州教授揀取儒生分四等而訓誨之與州牧

황 금 계 지 동 기 합 대 토 주 서 불 폐 한 서 입 위 리 조 정 랑 우 사 직 언 무 소
黃錦溪志同氣合對討朱書不廢寒暑入爲吏曹正郎遇事直言無所

회 뇨 인 다 원 노 내 기 관 귀 종 남 명 강 학 이 종 년 오 십 사 소 남 명 입 세
回撓人多怨怒乃棄官歸從南溟講學以終年五十四少南溟廿歲

주해_ㅇ字顒(자전)－우옹(宇顒)이 맞음.

최영경(崔永慶)

자는 효원(孝元), 호는 수우당(守愚堂)으로 화순(和順) 사람이다. 남명보다 27세 적다. 남명에게 수학하기를 청할 때 국상을 당했는데, 최영경이 죽순(竹筍)을 예물로 삼아 문하에 가서 절을 하자 남명이 첫눈에 기이하게 여겨 세상의 고명한 인물로 허여(許與)하였다. 성품이 지극히 효성스럽고 행실이 돈독했다. 선조(宣祖)가 불러 지평(持平)을 제수했으나 나아가지 않았고, 뒤에 사축(司畜) 벼슬을 배명하였다. 이미 당의(黨議)가 이루어진 뒤라, 기축옥사(己丑獄事)에 연루되어 옥중에서 말라죽었다. 뒤에 대사헌(大司憲)을 추증하고 그 처자에게 녹봉을 주었다.

선생은 자품이 탁월하고 기개가 높았으며, 백발과 수염, 눈썹 등이 엄한 위의가 있어 사람들이 바라보면 공경하고 두려워하게 하였다. 오성 이항복이 당시 국청(鞫廳)의 문사랑(問事郎)이었는데 한탄하면서 말하기를, "죄수를 국문하다가 큰사람을 만나게 되었다." 했고, 좌상(左相) 김명원(金命元)은 또한 칭찬하여 말하기를, "비록 옥중에 매인 몸이 되었으나 그 엄숙한 모습이 사람으로 하여금 공경하는 마음을 일으키게 한다." 했다. 죽음에 임하여 여러 제자들이 옥졸을 통하여 한마디 가르침을 청했더니 다른 대답은 없고 다만 '정(正)'자 한 자를 쓰다가 마침내 절명하여 글자가 제대로 이루어지지 못했는데, 이런 말을 들은 사람들이 슬프게 여겼다.

서애 유성룡의 수기에 이렇게 말했다.

"내가 영남의 도백이 되어 그의 집에 들렀더니 집이 대숲 속에 있는데 한 선비가 학 한 마리와 살고 있었다. 헌칠한 키에 아름다운 수

염이 드리워져 풍채가 우람하였다. 술상을 차려 대작하다가 거나해지자 말이 당세의 일에 미쳤는데 모두 사람을 놀라게 하는 것들이었다."

《석담일기》에는 이렇게 말했다.

"최영경은 청백하고 의로운 절개가 세상에서 뛰어나 의리가 아니면 한 개의 터럭도 취하지 않았다. 어버이를 섬김에 효성이 지극하였고, 어버이가 돌아가시자 가산을 기울여 장례를 치러 마침내 더욱 가난해졌다. 집이 성안에 있었지만 남과의 교제가 없어서 아는 사람이 없었다. 안민학(安敏學)이 그를 찾아가 보고 그의 말을 듣고 기이함을 알고서 성혼에게 이야기해 주었다. 성혼은 성안에 들어가 일부러 찾아가 보았더니 최영경은 포의에 해진 신을 신어 가난한 모습이 역력했는데도 그 용모는 엄중하여 범하지 못할 기상이 있었으며, 앉아서 말을 나누었는데 한점의 속된 모습이 없었다. 성혼이 몹시 기뻐하여 물러나와 백인걸(白仁傑)에게 이 일을 말하기를, '내가 최영경을 찾아가 보았는데 돌아올 때에 홀연히 맑은 바람이 소매에 가득함을 느꼈소이다' 했다. 덕계 오건이 이조정랑이 되어 최영경을 만나보고 동료 김효원(金孝元)에게 말하기를, '내가 지금 세상의 제일가는 인물을 보았다'하니 김효원이 얼른 대답하기를, '우리 최선생 어른을 만나셨군' 하였다."

우계 성혼이 송강 정철에게 준 글에서 이렇게 말했다.

"최영경이 죽었다는 말을 듣고 통탄함을 이기지 못하겠습니다. 이 사람은 만년의 절조가 잘못되어 그 본분을 지키지 못했으나, 요는 대단히 고상한 선비이니 범죄한 사실이 없으면 용서하여 놓아주는 것이 옳았습니다. 그런데 대론(臺論)이 다시 일어나 마침내 재차 옥에 갇혀 죽고 말았으니 어찌 인심을 복종시킬 수 있겠습니까?"

최영경자효원호수우당화순인소남명이십칠세 청학우남명시
崔永慶字孝元號守愚堂和順人少南溟二十七歲 請學于南溟時

정 국 휼 영 경 집 순 위 지 래 배 문 하 남 명 일 견 이 지 허 위 고 세 인 물 성 지
丁國恤永慶執笋爲贄來拜門下南溟一見異之許爲高世人物性至
효 독 행 선 조 소 배 지 평 불 취 후 배 사 축 시 당 의 기 성 련 기 축 옥 경 수 사
孝篤行宣祖召拜持平不就後拜司畜時黨議己成連己丑獄竟瘦死
옥 중 후 증 대 사 헌 름 급 기 처 자 선 생 탁 락 유 고 기 백 발 수 미 의 상 심 엄
獄中後贈大司憲廩給其妻子先生卓犖有高氣白髮鬚眉儀狀甚嚴
사 인 망 지 가 외 리 오 성 항 복 시 위 국 청 문 사 랑 책 책 왈 인 문 수 득 견 거
使人望之可畏李鰲城恒福時爲鞫廳問事郎嘖々曰因門囚得見巨
인 김 좌 상 명 원 역 칭 지 왈 수 재 류 설 지 중 응 연 사 인 기 경 운 림 종 제 제
人金左相命元亦稱之曰雖在縲絏之中凝然使人起敬云臨終諸弟
자 인 옥 졸 청 일 언 교 무 타 답 단 서 일 정 자 수 절 자 불 성 문 자 비 지
子因獄卒請一言教無他答但書一正字遂絶字不成聞者悲之

유 서 애 수 기 왈 여 위 령 백 조 기 려 려 재 만 죽 간 포 의 여 일 학 처 기 중
柳西厓手記曰予爲嶺伯造其廬々在萬竹間布衣與一鶴處其中
장 신 미 염 풍 신 위 여 야 설 주 상 대 주 감 어 급 당 세 사 경 인 운
長身美髯風神偉如也設酒相對酒酣語及當世事驚人云

석 담 일 기 영 경 청 개 절 세 비 기 의 야 일 호 불 취 사 친 심 효 친 몰 경 가
石潭日記永慶清介絶世非其義也一毫不取事親甚孝親歿傾家
자 장 수 치 빈 군 가 재 성 중 불 사 교 유 인 무 지 자 안 민 학 상 방 청 기 언 각
貲葬遂致貧窘家在城中不事交遊人無知者安敏學相訪聽其言覺
기 이 언 어 성 혼 혼 입 성 위 조 언 영 경 포 의 파 리 한 색 소 연 이 기 용 엄 중
其異言於成渾々入城委造焉永慶布衣破履寒色蕭然而其容嚴重
유 불 가 범 자 좌 이 어 무 일 점 진 태 혼 심 열 퇴 언 우 백 인 걸 왈 오 견 최 모
有不可犯者坐而語無一點塵態渾甚悅退言于白仁傑曰吾見崔某
환 시 홀 각 청 풍 만 수 의 오 덕 계 위 사 랑 견 수 우 위 동 료 김 효 원 왈 오 견
還時忽覺清風滿袖矣吳德溪爲史郎見守愚爲同僚金孝元曰吾見
당 금 제 일 인 물 효 원 거 답 왈 견 오 최 장 야
當今第一人物孝元遽答曰見吾崔丈耶

우 계 여 송 강 서 왈 문 최 지 사 불 승 상 탄 차 인 만 절 방 도 불 능 수 기 본
牛溪與松江書曰聞崔之死不勝傷歎此人晩節放倒不能守其本
분 연 요 위 고 항 지 사 기 무 정 범 즉 용 이 치 지 가 야 이 대 론 부 작 경 지 재
分然要爲高亢之士旣無情犯則容而置之可也而臺論復作竟至再
입 뢰 옥 이 사 기 가 이 복 인 심 호
入牢獄而死其可以服人心乎

김우옹(金宇顒)

자는 숙부(肅夫), 호는 동강(東岡)으로 의성(義城) 사람이다. 남명보다 31세 적다. 정묘년 과거에 급제하여 승문원에 벼슬했는데, 제공(諸公)이 시속의 희롱하는 일로 시험하자 공은 말하기를, "선비가 몸가짐을 단정히 하는 도리가 아니오."하고 따르지 않고 돌아와 〈남풍사(南風詞)〉를 지어 뜻을 나타내 보였다.

뒤에 경연에 들어갔는데 매양 강론하게 되면 경서의 뜻을 연역하여 아뢰었는데, 경(敬)·의(義) 두 글자에 힘쓰고 힘써 존심(存心)하는 요법과 천리와 인욕을 쪼개어 분별하는 기미에 대하여 하나하나 지적하여 진술하는 것이 간절하고 치밀하여 당대 제일의 강관(講官)으로 알려졌다. 임금께서 일찍이 친히 '존심양성(存心養性)'이란 네 글자를 써서 내리면서 잠(箴)을 지어 올리도록 하고 또 이르기를, "그대가 평일에 스승과 벗으로부터 들은 것과 스스로 터득한 것으로 잠을 지어 올리시오." 했다. 동강이 물러나와 육잠(六箴)을 지어 올렸으니 '정지(正志)·강학(講學)·경신(敬身)·극기(克己)·친군자(親君子)·원소인(遠小人)'이었다.

대사성이 되어 학제(學制) 7조를 초안하였으니 첫째는 학령(學令), 둘째는 독법(讀法), 셋째는 경행재(經行齋)를 둘 것, 넷째는 스승을 가릴 것, 다섯째는 생도를 선발하는 것, 여섯째는 선비를 천거하는 것, 일곱째는 선비를 취하는 것인데 오로지 덕을 닦고 가르침을 밝히며 교화를 일으키고 인재를 육성하는 것으로 근본을 삼았으나 실행되지 못했다.

기축년 옥사에 연좌되어 회령(會寧)으로 귀양갔으나 조금도 기미를 얼굴에 나타내지 않았다. 조그마한 암자를 지어 문 위에 '완재(完齋)'라는 현판을 달았으며, 퇴계가 손수 쓴 '생각에 간사함이 없다(思無邪), 경건하지 않은 것이 없다(毋不敬), 스스로를 속이지 말라(毋自欺), 홀로 있을 때를 삼가라(愼其獨)'는 12글자를 벽에 붙여놓고 날마다 그 속에서 독서했다. 《속강목(續綱目)》 15권을 찬집했다.

임진년에 비로소 풀려 의주에 있는 행재소로 곧바로 올라가 왜적을 막을 계책 7조를 올렸다. 향년 64세이다. 후에 영의정에 추증되었으며 시호는 문정(文貞)이다.

공은 한강 정구(鄭逑)와 뜻이 맞고 도가 합하여 정의가 깊었다. 공이 졸하자 한강이 제문을 지어 공의 덕업과 도의의 일을 상세히 기술했는데, 후에 여헌(旅軒) 장현광(張顯光)이 그 제문을 보고 공을 빛내 주었다고 했다.

율곡의 《석담일기》에는 이렇게 말했다.

"정언(正言) 송응형(宋應泂)이 이이가 남을 대신하여 상소문을 지은 잘못을 탄핵하려 하였으나 대간(臺諫)인 권덕여(權德輿)가 따르지 않았다. 송응형이 이에 독계(獨啓)하여 피혐(避嫌)하고, 권덕여도 동료로서 피혐했다. 김우옹이 그 당시 교리(校理)로 있었는데 큰 소리로 이르기를, '송응형은 반드시 소인이다. 이런 기회를 틈타 군자를 모함하여 해치려 하니 마땅히 탄핵하여 체직시켜야 하며 대간 이하만 남겨두는 것이 옳다'고 했다. 그러나 동료들은 이 말을 따르지 않고 논쟁하기를 정오부터 어둡도록 하자 김우옹이 극언하기를, '일을 잘못 처리하면 우리들도 장차 소인이란 누명을 입을 것인데, 어찌 송응형 한 사람 때문에 모두 소인의 지경으로 빠지겠는가?' 했다. 동료들이 송응형의 편을 많이 들어 의논이 오래도록 결정되지 못했다. 양사(兩司)가 이미 체직되었는데 새로 들어온 대간 또한 이이를 비난하기를 그치지 않았다. 집의(執義) 홍혼(洪渾)이 더욱 분기를 내어 말하기를, '어찌 송응형을 체직시켜 언로(言路)를 막겠는가?'하고 상소하여 분변하고자 했다. 김우옹이 이 말을 듣고 말하기를, '사헌부에서 만일 상소한다면 나 혼자서라도 상소하여 현인(賢人)을 모해한 죄를 탄핵하고 나 또한 물러가겠다' 했다. 이때에 동인(東人)이 반드시 이이를 해치고자 하여 괴이한 말이 수없이 나왔으나 김우옹이 정색하고 눌러 끝내 해치지 못했다."

화담 서경덕은 이수(理數)의 학문을 하여 강절(康節) 소옹(邵雍)을 따랐으므로 퇴계와 율곡 등 제선생의 학설과 차이가 있다. 그 문인에는 행촌(杏村) 민순(閔純)·토정(土亭) 이지함(李之菡)·수암(守庵) 박지화(朴枝華)·정산(鼎山) 박동(朴洞)·곤재(困齋) 정개청(鄭介淸)·사암(思庵) 박순(朴淳) 및 기타 문학과 명절(名節)로 이름이 드러난 사람이 매우 많은데, 토정과 수암은 수학(數學)으로 이름이 알려졌다.

김 우 옹 자 숙 부 호 동 강 의 성 인 소 남 명 삼 십 일 세 정 묘 등 제 시 사 괴
金宇顒字肅夫號東岡義城人少南溟三十一歲丁卯登第始仕槐
원 제 공 욕 례 시 속 희 공 이 위 비 사 자 지 신 지 도 부 종 이 귀 작 남 풍 사 이
院諸公欲例試俗戲公以爲非士子持身之道不從而歸作南風詞以
견 지 후 입 경 연 매 당 강 론 연 역 부 주 미 미 호 경 의 존 심 지 요 부 석 천 리
見志後入經筵每當講論演繹敷奏亹々乎敬義存心之要剖析天理
인 욕 지 기 지 진 개 절 일 시 추 이 강 관 제 일 상 상 하 어 서 존 심 양 성 사 자
人欲之幾指陳剴切一時推以講官第一上嘗下御書存心養性四字
령 작 잠 이 진 우 왈 이 이 평 일 소 문 어 사 우 급 소 자 득 자 작 잠 이 진 우 옹
令作箴以進又曰爾以平日所聞於師友及所自得者作箴以進宇顒
퇴 이 작 륙 잠 이 진 왈 정 지 왈 강 학 왈 경 신 왈 극 기 왈 친 군 자 왈 원 소 인
退而作六箴以進曰正志曰講學曰敬身曰克己曰親君子曰遠小人
위 대 사 성 초 학 제 칠 조 일 학 령 일 독 법 삼 치 경 행 재 사 택 사 유 오 선 생
爲大司成草學制七條一學令一讀法三置經行齋四擇師儒五選生
도 륙 공 사 칠 취 사 전 이 수 명 덕 교 흥 화 육 재 위 본 이 불 과 행 기 축 지 옥
徒六貢士七取士專以修明德教興化育才爲本而不果行己丑之獄
좌 적 회 녕 이 무 기 미 견 어 색 구 소 암 편 왈 완 재 이 퇴 계 수 서 사 무 사 무
坐謫會寧而無幾微見於色構小庵扁曰完齋以退溪手書思無邪毋
불 경 무 자 기 신 기 독 십 이 자 이 제 벽 상 일 독 서 기 중 찬 속 강 목 십 오 권
不敬毋自欺愼其獨十二字貽諸壁上日讀書其中撰續綱目十五卷
임 진 시 몽 유 직 상 의 주 행 재 진 비 어 기 무 칠 조 계 묘 졸 년 륙 십 사 후 증
壬辰始蒙宥直上義州行在進備禦機務七條癸卯卒年六十四後贈
령 의 정 시 문 정
領議政謚文貞

공 여 정 한 강 지 동 도 합 교 의 심 지 급 공 지 몰 야 한 강 위 문 제 지 비 술
公與鄭寒岡志同道合交誼深至及公之歿也寒岡爲文祭之備述
덕 업 도 의 후 여 헌 장 선 생 즉 기 제 문 공 발 휘 지 운 운
德業道義後旅軒張先生卽其祭文公發揮之云々

석 담 일 기 왈 정 언 송 응 동 욕 론 핵 리 이 대 인 제 소 지 실 대 간 권 덕 여
石潭日記曰正言宋應同欲論劾李珥代人製疏之失大諫權德輿
부 종 응 동 내 촉 계 피 혐 덕 여 역 동 료 피 혐 김 우 옹 시 위 교 리 대 언 왈 송
不從應洞乃燭啓避嫌德輿亦同僚避嫌金宇顒時爲校理大言曰宋
응 동 필 시 소 인 야 욕 승 차 기 회 함 해 군 자 당 핵 체 응 동 이 독 존 대 간 이
應同必是小人也欲乘此機會陷害君子當劾遞應洞而獨存大諫以
하 가 야 동 료 부 종 쟁 변 자 오 지 혼 우 옹 극 언 왈 처 치 실 의 즉 오 등 역 장
下可也同僚不從爭辨自午至昏宇顒極言曰處置失宜則吾等亦將
득 소 인 지 명 기 가 위 일 송 응 동 이 개 함 어 소 인 지 역 호 동 료 다 우 응 동
得小人之名豈可爲一宋應同而皆陷於小人之域乎同僚多右應洞
의 구 불 결 량 사 기 체 이 신 대 간 역 자 리 이 불 기 집 의 홍 혼 우 분 왈 기 가
議久不決兩司旣遞而新臺諫亦疵李珥不己執義洪渾尤忿曰豈可
체 응 동 이 방 언 로 호 지 욕 상 소 쟁 변 우 옹 문 지 왈 헌 부 지 소 약 상 즉 아
遞應洞以防言路乎至欲上疏爭下宇顒聞之曰憲府之疏若上則我
역 독 소 척 기 해 현 지 죄 이 아 역 퇴 거 의 시 시 동 인 필 욕 해 이 괴 론 백 출
亦獨疏斥其害賢之罪而我亦退去矣是時東人必欲害珥怪論百出
이 뢰 우 옹 정 색 절 지 고 경 불 능 해
而賴宇顒正色折之故竟不能害

서 화 담 종 시 리 수 지 학 이 추 종 소 강 절 여 퇴 률 제 선 생 학 설 차 별 기
徐花潭終是理數之學而追踵邵康節與退栗諸先生學說差別其
문 인 민 행 촌 순 리 토 정 지 함 박 수 암 지 화 박 정 산 동 정 곤 재 개 청 박 사
門人閔杏村純李土亭之菡朴守庵枝華朴鼎山洞鄭困齋介淸朴思
암 순 급 기 타 제 공 이 문 학 명 절 저 명 심 다 유 토 정 수 암 이 수 학 칭
庵淳及其他諸公以文學名節著名甚多惟土亭守庵以數學稱

주해_ㅇ存心養性(존심양성)－마음을 두고 성을 기른다.
ㅇ行在(행재)－주염계(周濂溪)의 말로 마음의 정허(靜虛)함을 말한다.

민순(閔純)

자는 경초(景初), 호는 행촌(杏村)인데 여흥(驪興) 사람이다. 화담보다 31세가 적다. 젊어서 학문에 뜻을 두었으나 그 요령을 알지 못

하여 처음에는 낙봉(駱峯) 신광한(申光漢)에게 문장을 배웠다. 뒤에 화담을 찾아뵙고 위기(爲己)·주정(主靜)의 학문을 듣고 전심하여 강습했는데 새벽에 일어나서 세수하고 머리 빗고 의관을 정제한 뒤에 방에 홀로 거처하면서 옷을 단정히 입고 마치 진흙으로 빚은 사람처럼 무릎을 꿇고 앉아 있었다. 도를 지키는 데 힘쓰면서 벼슬하지 않고, 가난을 편히 여겼으며, 욕심을 적게 하여 학자들이 존경했다. 성종 때 지평(持平)에 임명되었는데 인순왕후(仁順王后)의 국상에 백모(白帽) 3년의 제도를 개정했다.

민 순 자 경 초 호 행 촌 려 강 인 소 화 담 삼 십 일 세 소 유 지 어 학 미 지 기
閔純字景初號杏村驪江人少花潭三十一歲少有志於學未知其
요 초 종 신 락 봉 광 한 학 위 문 장 후 알 화 담 문 위 기 주 정 지 학 전 심 강 습
要初從申駱峯光漢學爲文章後謁花潭聞爲己主靜之學專心講習
신 흥 관 즐 의 관 독 처 일 실 정 금 궤 좌 여 니 소 인 수 도 불 사 안 빈 과 욕 학
晨興盥櫛衣冠獨處一室正襟跪坐如泥塑人守道不仕安貧寡慾學
자 존 지 　성 묘 조 배 지 평 　인 순 왕 후 국 휼 개 정 백 모 삼 년 지 제
者尊之 成廟朝拜持平 仁順王后國恤改定白帽三年之制

주해_ㅇ驪江(여강)－여흥(驪興)이 맞음.
ㅇ主靜(주정)－주염계(周濂溪)의 말로 마음의 정허(靜虛)함을 말한다.

이지함(李之菡)

자는 형중(馨仲)으로 한산(韓山) 사람이다. 사는 집을 흙으로 쌓았으므로 토정(土亭)이라 호하였다. 화담보다 29세가 적다. 타고난 기질과 도량이 특이했으며 효성과 우애가 또한 남달랐다.

평생 독서하는 일이 드물었으나 책을 폈다 하면 밤을 새웠으며, 경전(經傳)과 제자(諸子)·사서(史書)를 관철하지 않은 것이 없고, 붓을 들어 글을 지으면 샘물이 솟아나듯 하였다. 평생 욕심이 적었고 물질에 대하여 인색한 일이 없었다. 추위와 더위, 배고픔과 목마름을

잘 견디어 겨울철 추운 날씨에도 알몸으로 세찬 바람 속에 앉아있기도 하고, 열흘 동안 음식을 먹지 않아도 태연했으며, 빛을 감추어 속류(俗類)들 사이에 섞여도 규각(圭角)을 드러내지 않았다.

그의 학문은 주경(主敬)·궁리(窮理)와 실천을 독실하게 하는 것으로 급선무(急先務)를 삼았으며, 의리를 논하고 시비를 분변함이 광명정대하고 통달했으며, 사물을 이끌어 아주 세밀하게 분석하였다. 만년에 나라의 부르는 명에 응하여 포천(抱川)과 아산(牙山) 두 현의 현감(縣監)을 지냈다. 향년 62세이다. 뒤에 이조판서에 추증되었으며 시호는 문강(文康)이다.

공은 제가들의 술수(術數)를 통달하여 깨닫지 못한 것이 없었다. 조그만 배의 네 귀퉁이에 큰 바가지를 매달아 타고서 세 번이나 제주도를 드나들었으며, 철관(鐵冠)을 만들어 쓰고 다니다가 벗어서 밥을 지어먹고 닦아서 다시 썼으므로 스스로 철관자(鐵冠子)라고 호했다.

이 지 함 자 형 중 한 산 인 소 거 실 축 이 토 평 기 상 고 호 왈 토 정 소 화 담
李之菡字馨仲韓山人所居室築以土平其上故號曰土亭少花潭
이 십 구 세 기 도 이 상 효 우 출 인 평 생 한 독 서 개 권 필 경 귀 달 야 경 전 자
二十九歲氣度異常孝友出人平生罕讀書開卷必竟晷達夜經傳子
사 무 불 관 천 하 필 위 문 여 수 용 출 평 생 과 욕 어 물 무 린 체 능 내 한 서 기
史無不貫穿下筆爲文如水湧出平生寡欲於物無吝滯能耐寒暑飢
갈 동 일 적 신 좌 렬 풍 중 십 일 절 음 식 안 여 야 도 광 혼 속 불 로 규 각 기 위
渴冬日赤身坐烈風中十日絶飮食晏如也韜光混俗不露圭角其爲
학 이 주 경 궁 리 천 리 독 실 위 선 론 의 변 시 비 광 명 준 위 통 창 발 월 인 물
學以主敬窮理踐履篤實爲先論義卞是非光明俊偉通暢發越引物
련 류 호 분 루 석 만 응 징 벽 재 포 천 아 산 이 현 졸 년 륙 십 이 후 증 리 판 시
連類毫分縷析晩應徵辟宰抱川牙山二縣卒年六十二後贈吏判謚
문 강
文康

제 가 술 수 무 불 통 효 승 일 엽 단 사 우 계 대 포 삼 입 제 주 위 철 관 탈 이
諸家術數無不通曉乘一葉丹四隅繫大匏三入濟州爲鐵冠脫而
취 반 세 부 관 지 자 호 철 관 자
炊飯洗復冠之自號鐵冠子

장현광(張顯光)

자는 덕회(德晦), 호는 여헌(旅軒)으로 인동(仁同) 사람이다. 일찍 아버지를 여의었으나 학문에 힘써 19세에 〈우주요괄첩(宇宙要括帖)〉을 지었으며, 23세에 재주와 학문으로 천거되었다. 정구(鄭逑)가 어떤 사람에게 말하기를, "후일 우리의 스승이 될 사람은 이 사람이다." 했다. 선조(宣祖) 때 보은현감(報恩縣監)에 임명되었다. 고을의 부로(父老)들과 약속하여 매월 초하루와 보름에 모여 백성들의 폐해와 정사의 잘못을 말하게 하여 보익(補益) 규정(糾正)하고, 효도하고 우애함을 두텁게 하고 염치를 권장했더니 한 고을이 교화되었다. 인조반정 후에 성균사업을 특배했으나 부임하지 않았다.

갑자년에 변란 소식을 듣고 대궐로 달려가니 장령을 특명하였다가 곧 승지를 제배했다. 그러나 상소하여 추숭(追崇)하는 일이 예가 아님을 논했다. 병자호란에 백성들을 효유하여 근왕병(勤王兵)을 일으켜 군량과 음식 등으로 힘껏 도왔다. 남한산성의 포위가 풀렸다는 말을 듣고 입암산(立巖山)으로 들어가 나오지 않았다. 나이 84세에 졸하였는데 전날 밤에 우레가 크게 울고 비가 쏟아져 산이 무너지고 물이 넘쳤다.

선생은 천성과 기국이 침착하고 혼후(渾厚)했으며, 높고 깊으며 넓고 컸다. 저서에 《역학도설(易學圖說)》·《도서발휘(圖書發揮)》·《역괘총설(易卦總說)》·《이기경위설(理氣經緯說)》·《만학요회록(晩學要會錄)》·《의사질모계(疑俟質耄戒)》·《문집(文集)》 등 저술이 매우 많다. 벼슬이 우참찬(右參贊)에 이르렀으며, 뒤에 영의정을 증직했다. 시호는 문강(文康)이다.

서애 유성룡이 선생의 명성을 익히 듣고 여러번 조정에 천거했었는데 상견하고 나서는 아들 진(袗)에게 말하기를, "그는 사람됨이 확고하고 혼후 침착하였다. 그의 뜻은 빼앗을 수가 없고, 그 도량은 엿볼 수가 없어 상대하는 사람으로 하여금 심취(心醉)하게 하니 후일 세상에서 이름난 큰 선비가 될 것이며, 우리 유도(儒道)의 맹주(盟主)가 될 자는 바로 이 사람일 것이다."하고 그에게 나아가 배우게 했다.

간송(澗松) 조임도(趙任道)의 《취정록(就正錄)》에는 이렇게 말했다.

"선생은 힘이 남달리 세지만 몸은 입은 옷을 이기지 못하는 것처럼 하였고, 식견이 뛰어났지만 말을 하지 못하는 것처럼 하였으며, 산림(山林)에서 80년 동안을 지내면서 조정의 시비와 시정의 잘잘못이나 인물의 장단을 말하지 않고 재능을 감추고 지내서 남들이 전혀 알지 못했다."

또 이렇게 말했다.

"선생은 덕스러운 용모가 충만하고, 성긴 수염에 눈썹이 빼어났다. 풍채가 수려하고 기질이 중후했으며 목소리는 우렁차고 얼굴빛은 온화했다. 위의와 풍도가 엄연하고 태연하여 사람이 바라보면 두려워하게 하였다. 주리고 곤란한 일을 당하여도 용모가 변하지 않았으며, 종일토록 《주역》을 읽고 있으면서도 배고픈 기색이 없었다. 성품이 고요하여 안정된 것을 좋아했으며, 검약하여 뜰에는 잡화(雜花)가 없고 다만 창 옆의 매화만을 조용히 상대할 뿐이었다. 평생에 약을 복용하는 일이 없었으며, 한결같이 심성을 잘 기르고 절제와 근신을 법도로 삼았다."

《승정원일기》에는 이렇게 써 있다.

"정묘년에 금(金)나라가 침입했을 때 강홍립(姜弘立)이 묻기를, '지금 세상에 어떤 사람이 있는가?'하자 어떤 사람이 대답하기를, '정경세(鄭經世)가 이조판서이고, 장현광(張顯光)이 참찬(參贊)이다'하니 강홍립은 대답하기를, '이 두 사람이 조정에 있으면 반드시 예법에 맞지 않는 것으로 임금을 인도하지는 않을 것이다'하고 군사를 물렸다."

인조(仁祖)의 제문(祭文)에는 이렇게 말했다.

"5백년 만에 우리나라에 큰인물이 났네. 천지의 광대함과 성명(性

命)의 심오함을 연구하고 체인(體認)하였네. 환하게 통달하여 참되게 알고, 실제로 체득하여 조금도 어긋나지 않았네. 하늘이 억지로라도 남겨두지 않아 대로(大老)가 돌아갔다 하니, 조야(朝野)가 놀라고 사람이 슬퍼하네."

정조(正祖)가 친히 지은 제문은 이러하다.

"학문의 연원은 퇴계의 흐름이요, 한강(寒岡)과는 도가 맞고 뜻이 서로 합했네. 이기(理氣) 경위(經緯)의 이치를 밝혀, 저서로 말을 남겨 세상에 보여주니, 염계 주돈이의 흉금(胸襟)이며, 면재(勉齋) 황간(黃榦)의 심지이네. 나라의 풍속을 돈후 질박하게 하고 사림(士林)을 흥기시켜 주었다."

미수(眉叟) 허목(許穆)의 제문은 이러하다.

"나아가 벼슬할 만하면 나아가고, 물러나 숨을 만하면 숨으며, 부귀를 뜬구름처럼 여기고 전원에서 만족하며, 작록에 마음을 두지 않아서 비록 천사만종(千駟萬鍾)이라도 그 절개를 바꾸지 않았습니다. 그 도는 다른 것이 아니니 이는 하늘이 덮어주고 땅이 실어주고 만물이 함께 자라게 하는 소이(所以)입니다. 요순(堯舜)이 그 도를 얻어 임금이 되고, 이윤(伊尹)과 부열(傅說)이 그 도를 얻어 신하가 되고, 공자가 그 도를 얻어 시중(時中)이 되고, 백이(伯夷)·이일(夷逸)·유하혜(柳下惠)가 그 도를 얻어 일민(逸民)이 된 것입니다. 이것이 성인(聖人)과 현인(賢人)이 살아서는 일세 창생들의 소망을 짊어지고, 죽어서는 백세토록 스승이 되어 영원히 없어지지 않는 것입니다."

경와(敬窩) 김휴(金烋)가 지은 화상찬(畵像贊)은 다음과 같다.

"마음은 이치에 젖어 밝은 달이 가을물에 비친 것 같고, 덕(德)은 용모에 나타나 집안에 봄바람 가득하네. 산처럼 높이 솟아 그 높이 알 수 없고, 바다에 임하는 것 같아 그 깊이 헤아릴 수 없네. 몸가짐이 엄정하고 의리에 맞게 행동하여 주염계처럼 쇄락(灑落)하고 소강

절처럼 안락하네.”

관설(觀雪) 허후(許厚)의 만사(挽詞)에는 이렇게 말했다.

“하도낙서(河圖洛書)의 묘리는 복희(伏羲)의 뜻이요, 밝은 해석은 공자와 맹자의 마음이네. 염락(濂洛)의 원류는 해동에 통하였고, 암랑(巖廊)은 지척이나 상림(商霖)을 등졌네.”

우복(愚伏) 정경세(鄭經世)는 이렇게 말했다.

“장여헌(張旅軒)은 옛 대신의 풍도가 있다.”

우암(尤庵) 송시열(宋時烈)이 심덕승(沈德升)에게 답한 글에서 이렇게 말했다.

“장여헌의 연원은 후생들이 감히 알지 못할 것이 있다.”

여헌 장현광의 문인에는 학사(鶴沙) 김응조(金應祖)·사서(沙西) 김식(金湜)·수암(修庵) 유진(柳袗)·간송(澗松) 조임도(趙任道)·운제(雲堤) 노형필(盧亨弼)·관설(觀雪) 허후(許厚)·만회(晩悔) 장경우(張慶遇)·수암(守庵) 정사진(鄭四震)·나재(懶齋) 신열도(申悅道) 등 여러분이 있는데 모두 유학으로 이름이 드러났다.

장 여 헌 현 광 자 덕 회 인 동 인 명 종 갑 인 생 조 고 력 학 십 구 작 우 주 요
張旅軒顯光字德晦仁同人 明宗甲寅生早孤力學十九作宇宙要
괄 첩 이 십 삼 이 재 학 피 천 정 한 강 위 인 왈 타 일 위 아 사 자 차 인 야 선 묘
括帖二十三以才學被薦鄭寒岡謂人曰他日爲我師者此人也 宣廟
조 제 보 은 현 감 여 부 로 약 월 삭 월 반 지 회 령 각 언 민 막 궐 실 보 익 규 정
朝除報恩縣監與父老約月朔月半之會令各言民瘼闕失補益糾正
돈 효 제 려 렴 치 일 군 화 지 인 조 반 정 특 배 성 균 사 업 불 부 갑 자 문 변
敦孝悌勵廉耻一郡化之 仁祖反正特拜成均司業不赴甲子聞變
부 궐 배 장 령 선 배 승 지 상 소 론 추 숭 비 례 병 자 로 란 유 부 로 거 병 근 왕
赴闕拜掌令旋拜承旨上疏論追崇非禮丙子虜亂諭父老擧兵勤王
출 력 조 향 급 문 위 해 입 립 암 산 불 출 년 팔 십 사 졸 전 석 대 뢰 우 산 붕 수
出力助餉及聞圍解入立巖山不出年八十四卒前夕大雷雨山崩水
일 선 생 침 잠 혼 후 숭 심 박 대 소 저 유 역 학 도 설 도 서 발 휘 역 괘 총 설 경
溢先生沉潛渾厚崇深博大所著有易學圖説圖書發揮易卦總説經

위설 성리설 만학요회록의사질모계문집제서등저술심다관지
緯說(性理說)晩學要會錄疑俟質耄戒文集諸書等著述甚多官至
우참찬후증령의정시문강
右叅贊後贈領議政謚文康

유서애선생포문명루천우조급상견위자진왈차인응정확고혼
柳西厓先生飽聞名屢薦于朝及相見謂子袗曰此人凝定確固渾
후침잠지불가탈량불가규대지령인심취이일위명세대유주맹사
厚沉潛志不可奪量不可窺對之令人心醉異日爲名世大儒主盟斯
도자필차인야사지취학
道者必此人也使之就學

조간송임도취정록왈선생려력과인신약불승의식려초세언약
趙澗松任道就正錄曰先生膂力過人身若不勝衣識慮超世言若
불출구림거팔십년불언조정시비시정득실인물장단도회자장인
不出口林居八十年不言朝廷是非時政得失人物長短韜晦自藏人
막능지우왈선생덕용충완소염수미신채수앙기후질중성굉색화
莫能知又曰先生德容充完疎髥秀眉神彩秀盎氣厚質重聲宏色和
위의풍도응엄서태엄연인망이외지기아곤돈용모불변종일독역
威儀風度凝嚴舒泰儼然人望而畏之飢餓困頓容貌不變終日讀易
미상뇌핍성희정안검정무잡화지기서창매담연상대이기평생불
未嘗餒乏性喜靜安儉庭無雜花只丌書窓梅淡然相對而已平生不
복약이일이존양절신위도
服藥餌一以存養節愼爲度

정원일기왈정묘금병지래야강홍립문금재조자하인혹대왈정
政院日記曰丁卯金兵之來也姜弘立問今在朝者何人或對曰鄭
경세위리판장현광위참찬홍립왈차이인재조필불이비례도군수
經世爲吏判張顯光爲叅贊弘立曰此二人在朝必不以非禮道君遂
퇴병
退兵

인조치제문왈오백응기대동위기천지지대성명지오연궁체인
仁祖致祭文曰五百應期大東偉器天地之大性命之奧硏窮體認
활연통효진지실득불차규보천불은유대로운망조야경심사림
豁然通曉眞知實得不差跬步天不憖遺大老云亡朝野驚心士林
최장
摧膓

정묘친찬제문왈연원유자도산퇴수원기한강계도동지기위리
正廟親撰祭文曰淵源有自陶山退水爰曁寒岡契道同志氣緯理

경 립 언 수 시 렴 옹 흉 차 면 재 심 지 향 속 돈 박 사 림 흥 기
經立言垂示濂翁胸次勉齋心地鄕俗敦朴士林興起

허 미 수 제 문 왈 기 가 이 출 즉 출 가 이 은 즉 은 헌 여 면 여 부 운 효 효 견
許眉叟祭文曰其可以出則出可以隱則隱軒如冕如浮雲囂々畎

무 지 간 작 록 불 입 어 심 수 천 사 만 종 불 이 역 기 개 기 도 무 타 차 천 지 소
畝之間爵祿不入於心雖千駟萬鍾不以易其介其道無他此天之所

이 복 지 지 소 이 재 만 물 지 소 이 병 육 요 순 득 지 이 위 군 이 부 득 지 이 위
以覆地之所以載萬物之所以並育堯舜得之以爲君伊傅得之以爲

신 공 자 득 지 이 시 중 백 이 이 일 류 하 혜 득 지 이 일 자 야 차 성 인 현 인 지
臣孔子得之以時中伯夷々逸柳下惠得之以逸者也此聖人賢人之

소 이 생 이 부 일 세 창 생 지 망 몰 이 가 사 어 백 세 이 불 몰 자 야
所以生而負一世蒼生之望沒而可師於百世而不沒者也

김 경 와 휴 작 화 상 찬 왈 심 함 호 리 저 월 추 수 덕 발 어 용 만 실 춘 풍 여
金敬窩烋作畵像贊曰心涵乎理貯月秋水德發於容滿室春風如

악 지 교 막 지 기 고 여 해 시 림 막 측 기 심 행 장 재 이 진 퇴 유 의 렴 계 쇄 락
岳之喬莫知其高如海是臨莫測其深行莊在已進退惟義濂溪洒落

소 자 안 락 허 관 설 후 만 왈 도 서 묘 계 희 문 지 전 훈 소 융 공 맹 심 렴 락 원
邵子安樂許觀雪厚輓曰圖書玅契羲文旨傳訓昭融孔孟心濂洛源

류 통 좌 해 암 랑 지 척 부 상 림
流通左海巖廊咫尺負商霖

정 우 복 왈 장 여 헌 유 고 대 신 풍 도
鄭愚伏曰張旅軒有古大臣風度

송 우 암 답 심 덕 승 왈 장 여 헌 연 원 후 생 유 소 불 감 지 이
宋尤庵答沈德升曰張旅軒淵源後生有所不敢知耳

장 려 헌 문 인 유 김 학 사 응 조 전 사 서 식 류 수 암 진 조 간 송 임 도 로 운
張旅軒門人有金鶴沙應祖全沙西湜柳修庵袗趙澗松任道盧雲

제 형 필 허 관 설 후 장 만 회 경 우 정 수 암 사 진 신 라 재 열 도 제 공 이 개 이
堤亨弼許觀雪厚張晩悔慶遇鄭守庵四震申懶齋悅道諸公而皆以

유 학 저
儒學著

주해_ㅇ大老(대로)－덕과 지위, 연령이 높아 나라의 동량(棟梁)이 되는 사람.

ㅇ千駟萬鍾(천사만종)－천사는 천승(千乘)과 같은데 제후와 같은 벼슬이고, 1종(鍾)은 6곡(斛) 4두(斗)이다. 즉 많은 봉록을 가리킨다.

ㅇ仝沙西湜(전사서식)—전(仝)은 김(金)이 맞음.

정경세(鄭經世)

자는 경임(景任), 호는 우복(愚伏)으로 진주(晉州) 사람이다. 나면서부터 특이한 기질을 타고나 말을 하면서부터 《소학(小學)》을 읽었는데 한 권을 다 읽고 나서 그 나머지는 스스로 척척 해득했다. 책을 한번 보면 곧 외웠으며, 은미한 말이나 오묘한 뜻까지도 한번 눈을 스치면 알았다. 18세에 서애 유성룡의 문하에서 수학하였고, 24세에 과거에 급제하여 홍문관과 독서당에 천거되어 들어갔다. 오성 이항복이 매양 경연에서 나와 말하기를, "정우복은 참으로 시강을 잘하는 인재이다." 했다. 인조반정 후에 첫번째로 부제학에 임명되었는데 내수사(內需司)를 혁파하라고 청했으며, 먼저 장현광과 유진(柳袗)을 천거했다. 곧이어 훈신(勳臣)들과 불화하여 마침내 사직하고 남으로 돌아갔다.

인헌왕후(仁獻王后)의 초상에 임금이 3년의 복상을 행하려 하는 것을 공이 부장기(不杖朞)로 행하기를 청하면서 상례(喪禮) 6조(條)를 올렸다. 기사년에 이조판서에 임명되어 대제학을 겸했다. 당시 사람들이 글을 지으면서 기괴한 것을 서로 고상한 것으로 여겼는데, 공이 대제학을 맡으면서부터는 문장의 경향이 일변하여 흥아(興雅)를 숭상하게 되었다. 향년 71세이다. 저서에 《사문록(思問錄)》·《주문작해(朱文酌海)》·《상례참고(喪禮參考)》 및 문집 등이 있다. 뒤에 영의정을 추증했으며 시호는 문장(文莊)이다.

창석(蒼石) 이준(李埈)은 이렇게 말했다.

"공이 다른 사람과 말할 때는 반드시 잘 생각한 다음에 대답하여 말하는 바가 정밀하였고, 일을 행하면서는 신중하게 하여 경솔하게 처리하지 않았다. 가슴속이 명백 정대하여 은혜나 원망을 마음속에 두지 않았으며, 평일에는 다만 빼어난 자연의 경치에 흥을 두었다."

조경(趙絅)의 《용주집(龍洲集)》에 수록된 신도비(神道碑)에는 이렇게 말했다.

"공이 일찍이 옥성서원(玉城書院)에서 제생 수십명과 모여서 《가례(家禮)》를 강론했다. 그때 몹시 더워서 온몸에 땀이 흘러내려 모두 견딜 수가 없었는데 공은 종일 단정히 앉아 다리를 움직이지 않고 조금도 싫증내는 기색이 얼굴에 나타나지 않았으니 이는 지경(持敬)함이 남달라서이다."

또 이렇게 말했다.

"오리(梧里) 이원익(李元翼)이 매양 사람들에게 말하기를, '정우복이 어찌 지금 세상에서만 제일이겠는가. 옛적에도 얻기 어려운 인물이다'라고 했다. 임숙영(任叔英)이 재주가 높아 한세상을 얕잡아보았지만 공에게 대해서만은 심복(心腹)하여 조금도 소원함이 없었다. 창석 이준이 일찍이 칭찬하기를, '우복은 총명이 남보다 뛰어나고 아는 것이 지극히 정미하며 견해가 매우 높아, 비록 오현(五賢)으로 퇴계 선생 같은 분도 더러 양보해야 할 곳이 있다'고 하였는데, 사람들이 공을 잘 아는 말이라고 했다. 공의 학문은 서애 유성룡에게서 나왔고, 서애의 학문은 퇴계에게서 나왔으며, 퇴계가 평생 존경하여 믿은 이는 주자였다. 공이 읽지 않은 책이 없었지만 그 중에도 주자의 저서에 가장 정심(精深)하였으므로 만년에 《주문작해(朱文酌海)》 10책을 선집하여 《주서절요(朱書節要)》와 함께 서로 표리를 이룬다."

송준길(宋浚吉)의 《동춘당집(同春堂集)》 행장(行狀)에는 이렇게 말했다.

"장릉(章陵)에 대한 의논은 실로 천고의 변례(變禮)여서 조정에 여러 사람들의 의논이 분분하였지만, 오직 공의 말이 중시되어 이로 말미암아 위로는 임금의 뜻에 거슬리고 아래로는 당시의 재상들과 의견이 맞지 않았다. 그러나 공은 바른 도리를 곧게 지키고 자신하여 끝내 조금도 굽히지 않았다. 사계(沙溪) 김장생(金長生) 선생이 매양 칭송하기를, '우복은 질박하고 정직하며 예학에 대한 지식이 해박하여 퇴계보다도 낫다. 지금 세상에서 학문을 함께 논할 만한 사람은 이 한 사람뿐이다'라고 하였다. 공의 문장은 육경(六經)에서 나오고 성리(性理)에 근원했으며, 문장을 지으면서 어려운 말과 기이한 글자를 쓰지 않았다. 소차(疏箚)의 문장에 더욱 능숙했는데 혼후 전아하고 명백 간결하여 임금을 감동시키기에 충분했다. 그래서 논자(論者)들이 '근세의 대가로 꼽히는 여러 사람들이 그에게 미치지 못한다'고 하였다."

《우암집》의 〈정양(鄭瀁)에게 답한 글〉에는 이렇게 말했다.

"우복의 시장(諡狀)에서 예학(禮學)이 퇴계보다 나은 것 같다고 한 것은 나의 말이 아니고 바로 사계 선생의 말이다. 사계는 퇴계의 예학의 소루한 곳을 잘 알고 있었으니, 그 예로 승중(承重)한 사람의 처에 대해서 퇴계는 당연히 복(服)이 없다고 말하였기 때문에 혹 복을 입지 않은 자가 있었으나, 우복은 《주자가례(朱子家禮)》를 삼가 지켜 이러한 의논을 한 것이다."

인조 초년에 공은 경연의 자리를 10여년 동안 떠나지 않았는데, 일에 당하면 반드시 정밀하고 명백하게 아뢰어 임금을 도에 맞도록 인도하기를 기약했고, 임금 또한 자신을 겸허하게 비우고 받아들여 오히려 하루라도 공이 옆에 있지 않을까 걱정했으니, 비록 치관(絺灌)·허사(許史)의 무리라도 이간할 수가 없었다.

일찍이 임금이 하교하기를, "경(卿)의 보도(輔導)에 힘입어 분노를 징계하고 사욕을 막으며, 개과천선한 점이 많다."고 했다. 공의 부음을 듣고 동궁(東宮)이 거애(擧哀)하는 예를 행하고자 하니, 예관(禮官)이 빈객에 대하여 거애하는 예가 없다고 아뢰었다. 그러나 동궁은 이르기를, "이 사람이 가르쳐준 공이 많으니 거애하는 예를 행하는 것이 마땅하다."고 했다. 그리고 장례 때에는 동궁의 관원을 보내서 제사 지내게 하고, 장례 지내는 것을 잘 보살피게 하면서 이르기를,

"정빈객(鄭賓客)은 한평생 예관으로 있었으니 예절에 벗어나는 일이 없도록 하라."고 했다.

정 우 복 경 세 자 경 임 진 주 인 명 종 계 해 생 생 유 이 질 자 능 언 독 소 학
鄭愚伏經世字景任晉州人 明宗癸亥生生有異質自能言讀小學
일 권 재 흘 기 여 영 인 이 해 서 과 목 첩 송 미 사 오 지 일 열 령 기 취 년 십 팔
一卷纔訖其餘迎刃以解書過目輒誦微詞奧旨一閱領其趣年十八
수 학 우 류 서 애 지 문 이 십 사 등 제 천 입 옥 당 호 당 리 오 성 매 자 강 연 퇴
受學于柳西厓之門二十四登第薦入玉堂湖堂李鰲城每自講筵退
왈 정 모 진 시 강 재 야 인 조 반 정 수 배 부 제 학 청 파 내 수 사 선 천 장 현
曰鄭某眞侍講才也 仁祖反正首拜副提學請罷內需司先薦張顯
광 류 진 선 여 훈 신 불 협 걸 퇴 남 귀 인 헌 왕 후 상 상 욕 행 삼 년 복 공 청 행
光柳袗旋與勳臣不協乞退南歸仁獻王后喪上欲行三年服公請行
부 장 기 진 상 례 륙 조 기 사 배 리 판 겸 대 제 학 초 사 지 위 문 이 기 괴 상 고
不杖朞進喪禮六條己巳拜吏判兼大提學初士之爲文以奇怪相高
자 공 제 형 시 문 일 변 상 흥 아 년 칠 십 일 졸 소 저 유 사 문 록 주 문 작 해 상
自公提衡時文一變尙興雅年七十一卒所著有思問錄朱文酌海喪
참 고 급 문 집 제 서 후 증 령 의 정 시 문 장
參考及文集諸書後贈領議政諡文莊

이 창 석 준 왈 공 여 인 언 필 사 이 대 소 언 정 착 유 치 림 사 신 중 불 경 발
李蒼石埈曰公與人言必思以對所言精鑿有致臨事愼重不輕發
흉 금 탄 연 불 이 은 원 결 제 심 평 일 유 천 석 지 승 우 흥 언
胸襟坦然不以恩怨缺諸心平日惟泉石之勝寓興焉

조 용 주 집 신 도 비 왈 공 상 재 옥 성 서 원 제 생 회 자 수 십 인 제 가 례 시
趙龍洲集神道碑曰公嘗在玉城書院諸生會者數十人諸家禮時
상 하 고 혁 한 류 피 체 개 불 승 감 공 단 좌 종 일 비 부 동 요 색 무 소 권 지 경
上下敲赫汗流被體皆不勝堪公端坐終日髀不動搖色無少倦持敬
연 야 우 왈 오 리 리 문 충 매 어 인 왈 정 모 기 유 금 지 제 일 고 역 난 득 임 숙
然也又曰悟里李文忠每語人曰鄭某豈惟今之第一古亦難得任叔
영 재 고 안 공 일 세 독 어 공 심 복 미 간 창 석 리 공 상 칭 왈 우 복 총 명 절 인
英才高眼空一世獨於公心服靡間蒼石李公嘗稱曰愚伏聰明絶人
식 처 극 미 견 처 극 고 수 오 현 여 퇴 계 선 생 혹 유 소 양 처 의 인 이 위 지 언
識處極微見處極高雖五賢如退溪先生或有所讓處矣人以爲知言
공 지 학 출 어 서 애 서 애 지 학 출 어 퇴 도 선 생 퇴 도 평 생 소 존 신 자 주 회
公之學出於西厓西厓之學出於退陶先生退陶平生所尊信者朱晦

암 공 어 서 무 소 부 독 최 심 어 주 서 고 만 년 선 주 문 작 해 십 책 여 절 요 상
庵公於書無所不讀最深於朱書故晚年選朱文酌海十冊與節要相
표 리 운
表裡云

송 동 춘 집 행 장 왈 장 릉 지 의 식 시 천 고 변 례 중 의 영 정 유 자 공 일 언
宋同春集行狀曰章陵之議寔是千古變禮衆議盈庭惟藉公一言
위 중 유 시 상 불 주 의 하 여 시 재 상 오 공 직 도 자 신 종 불 소 뇨 사 계 선 생
爲重由是上咈主意下與時宰相忤公直道自信終不少撓沙溪先生
매 칭 우 복 자 시 질 직 인 례 학 엄 박 과 퇴 도 당 금 가 여 론 학 자 유 차 일 인
每稱愚伏自是質直人禮學淹博過退陶當今可與論學者惟此一人
공 문 장 출 어 륙 경 근 호 성 리 절 불 사 험 어 기 자 우 장 어 소 답 혼 후 전 아
公文章出於六經根乎性理絶不使險語奇字尤長於疏劄渾厚典雅
명 백 간 도 유 족 이 감 동 인 주 론 자 칭 근 세 대 가 수 자 미 능 급 지 운
明白簡到有足以感動人主論者稱近世大家數者未能及之云

송 우 암 집 답 정 안 숙 서 왈 우 복 시 장 례 학 승 사 퇴 계 비 우 설 내 사 계
宋尤庵集答鄭晏叔書曰愚伏諡狀禮學勝似退溪非愚說乃沙溪
선 생 설 야 사 계 파 지 퇴 계 례 학 소 루 처 여 승 중 자 지 처 퇴 계 이 위 당 무
先生說也沙溪頗知退溪禮學疎漏處如承重者之妻退溪以爲當無
복 고 인 가 혹 유 불 복 자 우 복 즉 근 수 가 례 고 차 등 의 론 운 운
服故人家或有不服者愚伏則謹守家禮故此等議論云々

인 조 초 년 공 불 리 론 사 지 자 십 여 년 범 우 사 필 정 백 론 사 요 이 인 군
仁祖初年公不離論思地者十餘年凡遇事必精白論思要以引君
당 도 상 역 허 기 이 청 유 공 공 지 일 일 부 재 측 수 치 관 허 사 지 배 막 득 문
當道上亦虛己而聽猶恐公之一日不在側雖絺灌許史之輩莫得聞
지 상 하 교 왈 뢰 경 보 도 징 질 천 개 다 의 급 부 문 동 궁 장 거 애 례 관 계 이
之嘗下敎曰賴卿輔導懲窒遷改多矣及訃聞東宮將擧哀禮官啓以
빈 객 무 거 애 례 동 궁 왈 차 인 다 교 회 지 공 거 애 위 의 급 기 장 야 견 궁 관
賓客無擧哀禮東宮曰此人多敎誨之功擧哀爲宜及其葬也遣宮官
치 제 차 령 간 장 왈 정 빈 객 반 생 끽 례 궁 관 무 실 례
致祭且令看葬曰鄭賓客半生喫禮宮官無失禮

주해_ㅇ不杖朞(부장기)－상장(喪杖)을 짚지 않고 1년을 지내는 것.
ㅇ興雅(흥아)－시체(詩體)의 한 가지.
ㅇ家禮(가례)－주자(朱子)의 저서.
ㅇ諡狀(시장)－시호를 주청(奏請)할 때 그 사람이 살아있을 때의 행적을

적어 올리는 글.
ㅇ承重(승중)−선조나 대종(大宗)을 이어받는 일.

율곡의 문인에는 사계(沙溪) 김장생(金長生)과 중봉(重峰) 조헌(趙憲), 수몽(守夢) 정엽(鄭曄) 등 제현이 있는데 그 정통을 이어받은 사람은 사계이다.

김장생(金長生)

자는 희원(希元)으로 광산(光山) 사람이다. 율곡보다 12세가 적다. 어릴 때부터 장중하여 망령된 말을 하지 않았고 희롱하거나 버릇없이 구는 일이 없었다. 처음에는 구봉(龜峯) 송익필(宋翼弼)에게서 수학하고, 장성해서는 율곡에게서 배워 도의의 요점을 두루 들었는데 율곡이 매우 중히 여겼다. 무인년에 천거되어 참봉에 임명되었으며, 신사년에는 아버지를 따라 명나라 서울에 갔다왔다. 임진년에 정산현감으로 있을 때 왜병의 난리가 한창 심하였는데 선생은 대처하는 계책과 백성을 안정시키는 일을 모두 적절하게 잘하였다.

계축년에 옥사가 일어나 서제(庶弟) 경손(慶孫) 등이 모두 고문을 받다가 죽었는데, 광해군이 친국하면서 변란을 고발한 자에게 묻기를, "김장생도 관여하여 알고 있느냐?"하니 그 사람이 대답하기를, "김장생은 현인이어서 저희들은 도리어 그분이 알까 두려워했습니다."하여 선생은 화를 면했다. 향리로 돌아와서 문을 닫고 외인(外人)들과 왕래하지 않고 오직 경전을 연구하면서 유유자적했다.

인조가 즉위하여 바로 장령(掌令)에 임명했으나 취임하지 않았다. 이에 특별히 성균사업(成均司業)에 임명하여 선비들을 가르치고, 또 원자(元子)를 보필하도록 명하자 선생은 간절히 사양했으나 뜻을 얻지 못했다. 매양 강연에 나아가서는 글의 뜻에 따라 경계하고 권면했으며 인하여 가선(嘉善)으로 승진되어 형조참판에 임명되었으나 나아가지 않았다. 향년 84세이다. 뒤에 영의정을 증직했으며 시호는 문원(文元)이요 문묘에 종사(從祀)되었다.

선생은 돈후 질박하고 순수하여 저절로 도에 가까웠다. 마음을 세우는 것이 전일 확고하고 공부가 세밀 독실했으며 사색하고 실천함이 서로 그 공을 이루었기 때문에 덕기(德器)가 혼연하고 용모가 순수했다. 그래서 사방의 선비들이 도덕을 이룬 군자를 의논함에 있어 반드시 선생을 으뜸으로 삼았다. 선생은 예학에 대한 공부가 가장 깊었는데, 고증이 정밀하고 해박하여 사람들이 변례(變禮)나 의심나는 예문(禮文)이 있으면 반드시 선생에게 질정(質正)하였다.

국가의 전례(典禮)를 논함에 있어서는 홀로 중인들의 설(說)을 배척하여 위로는 임금의 뜻에 거슬리고, 아래로는 여러 사람들의 의견과 어긋났지만 처음의 견해를 확고히 지켜 끝내 조금도 고치지 않았다고 한다. 선생은 매양 독서를 하다가 얻은 것이 있으면 기록하여 두었다. 저서에 《경서변의(經書辨疑)》 8권 · 《근사록차의(近思錄箚疑)》 2권 · 《의례문해(疑禮問解)》 8권 · 《서소잡록(書疏雜錄)》 약간 편 · 《가례집람(家禮輯覽)》 3권 · 《상례비요(喪禮備要)》 1권 등이 있다.

선생은 일찍이 이렇게 말했다.

"이(理)와 기(氣)는 혼융하여 원래 서로 분리될 수 없다. 그런데도 권양촌(權陽村)은 양쪽에서 나온다고 하고, 퇴계 이선생은 호발(互發)한다고 하였으니 모두 소견이 투철하지 못하여 두 가닥으로 나누는 잘못에 빠져든 것이다. 율곡 선생이 이르기를, '이(理)라는 것은 태극이요, 기(氣)라는 것은 음양이니, 이제 태극과 음양이 호발한다고 말하면 말이 되지 않는다'고 하였으니 이와 기가 호발한다는 것이 어찌 그르지 않겠는가? 성인이 다시 태어나더라도 이 확고한 이치는 바꾸지 못할 것이다."

또 말했다.

"김한훤당은 미세한 부문에는 이르지 못하여 분명하지 못하고, 조

정암 선생은 성명(誠明)의 학문으로 임금을 인도하고 백성을 교화하는 것으로 책무를 삼았으니 그 유풍과 여운이 족히 백세를 움직일 만하다. 퇴계 선생은 경전을 깊이 연구하여 의리를 강명(講明)한 공이 크다 하겠으나, 명백 순수하고 통철하여 찌꺼기가 없으며, 참으로 알고 실천하여 성인의 종지(宗旨)를 얻고, 언행을 상고하여 흠이 없고 사업에 베풀어 마땅하기에 이르러서는 오직 우리 율곡 선생이 있을 뿐이다."

일찍이 격물(格物)에 대하여 이렇게 말했다.

"주자가 '물리(物理)의 지극한 곳이 이르지 않은 곳이 없다'고 말한 것은 물건의 이치가 그 지극한 데에 나가서 다시 격(格)할 만한 것이 없다는 말이니 이는 모두 나의 지(知)가 극한 곳에 이르렀다는 말이다. 이와 같다면 이는 지(知)가 이른 것이지 격물(格物)한 것이 아니다. 물리(物理)로써 말하면 물격(物格)이라 말하고, 나의 마음으로써 말하면 지가 이르렀다고 말한 것이니 비록 이것이 한가지 일이나 말은 각각 해당한 것이 있다."

또 '계구근독(戒懼謹獨)'에 대해서 이렇게 논했다.

"계구(戒懼)는 동정(動靜)을 겸해서 말한 것이고, 근독(謹獨)은 동정에만 대해서 말한 것이다. 주자의 집주(集註)에서 계구에 대해서 말하기를, '항상 공경하여 두려워하는 마음을 둔다(常存敬懼)'고 한 것은 동정을 겸하여 계구하지 않을 수 없다는 말이요, '비록 보고 듣지 않는다 해도 감히 소홀히 하지 않는다'고 한 것은 비록 보고 듣는 것이 있지 않을 때라도 감히 그 계구함을 잊지 말라는 말이다. 근독에 대해서는 '이미 항상 계구한다'고 말한 것은 위의 글에서 이른바 계구한다고 한 것이 동정을 겸한 것임을 거듭 말한 것이요, '여기에 더욱 삼감을 더한다'고 한 것은 이것은 동(動)의 끝(端)에 나아가서 더욱 삼가기를 다한다는 뜻이다."

사계 김장생은 율곡의 적파인데, 그의 문인에는 신독재(愼獨齋) 김집(金集), 우암(尤菴) 송시열(宋時烈), 동춘당(同春堂) 송준길(宋浚吉), 계곡(谿谷) 장유(張維), 초려(草廬) 이유태(李惟泰) 등 제공이 있었으나 오직 신독재와 우암, 동춘당이 그 전통을 이어받아 유학으로 이름이 드러났다.

신독재 김집은 사계의 아들로 사계와 우암, 동춘당에게 사사(師事)하였고, 그의 문인에는 미촌(美村) 윤선거(尹宣擧), 시남(市南) 유계(兪棨) 등 제공이 있는데 유학으로 이름이 드러났다.

율 곡 문 인 유 김 사 계 선 생 조 중 봉 헌 정 수 몽 엽 제 현 이 승 기 적 통 자
栗谷門人有金沙溪先生趙重峰憲鄭守夢曄諸賢而承其嫡統者
사 계 야
沙溪也

김 사 계 장 생 자 희 원 광 산 인 명 종 무 신 생 소 률 곡 십 이 세 자 유 장 중
金沙溪長生字希元光山人明宗戊申生少栗谷十二歲自幼莊重
불 망 어 불 희 압 초 종 송 구 봉 학 장 유 률 곡 비 문 도 의 지 요 률 곡 심 중 지
不妄語不戲狎初從宋龜峯學長游栗谷備聞道義之要栗谷甚重之
무 인 천 제 참 봉 신 사 배 부 조 명 경 임 진 이 정 출 현 감 융 사 방 오 선 생 책
戊寅薦除叅奉辛巳陪父祖明京壬辰以定出縣監戎事旁午先生策
응 무 수 각 득 기 의 계 축 옥 기 서 제 경 손 등 병 고 략 이 사 광 해 친 국 상 변
應撫綏各得其宜癸丑獄起庶弟慶孫等並拷掠以死光海親鞫上變
인 왈 김 모 역 여 지 부 기 인 왈 김 모 현 자 모 등 유 공 기 문 지 야 선 생 획 면
人曰金某亦與知否其人曰金某賢者某等惟恐其聞知也先生獲免
환 향 병 거 불 통 외 인 유 잠 완 경 훈 이 자 적 인 묘 즉 위 즉 수 장 령 불 취
還鄉屛居不通外人惟潛玩經訓以自適 仁廟卽位卽授掌令不就
특 제 성 균 사 업 훈 적 다 사 차 명 보 원 자 선 생 간 사 불 획 매 참 강 석 수 문
特除成均司業訓迪多士且命輔元子先生懇辭不獲每叅講席隨文
규 권 잉 승 가 선 배 형 참 불 부 년 팔 십 사 이 졸 후 증 령 의 정 시 문 원 종 사
規勸仍陞嘉善拜刑叅不赴年八十四而卒後贈領議政謚文元從祀
문 묘 선 생 돈 후 박 수 자 연 근 도 기 립 심 야 전 이 확 용 력 야 밀 이 독 완 색
文廟先生敦厚朴粹自然近道其立心也專而確用力也密而篤玩索
천 리 교 치 기 공 고 덕 기 혼 성 수 면 앙 배 사 방 지 사 론 성 덕 군 자 필 이 선
踐履交致其功故德器渾成睟面盎背四方之士論成德君子必以先

생위수선생어례학용공최심고증정박인유변례의문필취정언급
生爲首先生於禮學用功最深考證精博人有變禮疑文必取正焉及
론국가전례독배중설이지상불상의하여제공저오확수초견종불
論國家典禮獨排衆說以至上咈上意下與諸公牴牾確守初見終不
소개운매독서유소득첩유답록유경서변의팔권근사록답의이권
少改云每讀書有所得輒有劄錄有經書辨疑八卷近思錄劄疑二卷
의례문해팔권서소잡록약간편가례집람삼권상례비요일권
疑禮問解八卷書疏雜錄若干編家禮集覽三卷喪禮備要一卷

선생상왈리기혼융원불상리권양촌이위량변출퇴계리선생이
先生嘗曰理氣混融元不相離權陽村以謂兩邊出退溪李先生以
위호발개견유소미투이실지이기야률곡선생운운리자태극기자
爲互發皆見有所未透而失之二岐也栗谷先生云々理者太極氣者
음양금왈태극여음양호발즉불성설화의위리기위호발자기불류
陰陽今曰太極與陰陽互發則不成說話矣謂理氣爲互發者豈不謬
재성인복기불능역자야
哉聖人復起不能易者也

우왈김한훤미언미저지도미창정암선생이성명지학립군민지
又曰金寒暄微言未著至道未暢靜庵先生以誠明之學立君民之
책기유풍여운족이용동백세퇴계선생능침잠경전강명의리지공
責其遺風餘韻足以聳動百世退溪先生能沉潛經傳講明義理之功
가위대의지명백순수통철무재진지실천득성인지종지고지언행
可謂大矣至明白純粹洞澈無滓眞知實踐得聖人之宗旨考之言行
이무하조지사업이합의유오률곡선생이기
而無瑕措之事業而合宜惟吾栗谷先生而己

상론물격왈주자위물리지극처무부도자위물지리예기극이무
嘗論物格曰朱子謂物理之極處無不到者謂物之理詣其極而無
부가격자결개이위오지지도극처약시즉시지지야비격물야이물
復可格者缺皆以爲吾之知到極處若是則是知至也非格物也以物
리언지즉위지물격이오심언지즉위지지지수시일사언각유당우
理言之則謂之物格以吾心言之則謂之知至雖是一事言各有當又
론계구근독왈계구시겸동정설근독단취동정설집주어계구왈상
論戒懼謹獨曰戒懼是兼動靜說謹獨單就動靜說集註於戒懼曰常
존경구운자시겸동정미상불계구야수불견문역불감홀운자시수
存敬懼云者是兼動靜未嘗不戒懼也雖不見聞亦不敢忽云者是雖
미유견문지가이역불감망기계구야어근독기상계구운자신언상
未有見聞之可而亦不敢忘其戒懼也於謹獨旣常戒懼云者申言上

문 소 위 계 구 자 시 겸 동 정 야 어 차 우 가 근 언 운 자 시 취 동 지 단 우 치 기
文所謂戒懼者是兼動靜也於此尤加謹焉云者是就動之端尤致其
근 야
謹也

김 사 계 률 곡 적 파 야 기 문 인 유 김 신 재 집 송 우 암 시 렬 송 동 춘 준 길
金沙溪栗谷嫡派也其門人有金愼齋集宋尤庵時烈宋同春浚吉
장 계 곡 유 리 초 려 유 태 제 공 이 유 신 독 재 송 우 암 송 동 춘 승 기 전 이 유
張谿谷維李草廬惟泰諸公而惟愼獨齋宋尤庵宋同春承其傳以儒
학 저
學著

김 신 재 사 계 지 자 야 사 계 우 암 동 춘 개 사 사 지 기 문 인 우 유 윤 미 촌
金愼齋沙溪之子也沙溪尤庵同春皆師事之其門人又有尹渼村
선 거 유 시 남 계 제 공 이 이 유 학 저
宣擧兪市南棨諸公而以儒學著

주해_ㅇ戒懼謹獨(계구근독)－군자는 보이지 않는 데와 들리지 않는 데서 경계하고 두려워하고 삼가며 근신하여 중절(中節)하게 해야 한다는 말로, 《중용》에 나온다.

조헌(趙憲)

자는 여식(汝式), 호는 중봉(重峯)으로 백천(白川) 사람이다. 율곡보다 8세가 적다. 10세에 어머니상을 당해서는 슬퍼함이 어른 같았으며, 장성하자 경전과 사서(史書)를 깊이 연구하여 침식을 잊을 정도였다. 정묘년 경과(經科)에 합격하여 파주교수가 되었고, 우계(牛溪) 성혼(成渾) 선생에게 나아가 배우기를 청했는데, 우계가 그의 학문을 시험해보고 외우(畏友)라 일컬었다.

홍문관(弘文館) 정자(正字)가 되어서는 임금이 불사(佛事)에 쓸 향을 들이라고 명한 잘못을 논하여 아뢰기를, "신은 성현의 글을 읽어 부처에게 공양(供養)할 향을 차마 들이지 못하겠습니다." 하였다가 왕의 뜻을 거슬러 삭직되었다. 그후 율곡과 토정에게 나아가 배워 학문이 날로 진보하였다.

일찍이 질정관(質正官)이 되어 중국에 다녀온 뒤에 상소하여 문묘의 위차(位次)를 논했다. 계유년과 갑술년 이후로 붕당의 의논이 어지럽게 되자 만언소(萬言疏)를 올렸다. 일찍이 감정이 격앙되어 스스로 낭송하기를, "하늘이 남자로 태어나게 한 것이 어찌 우연이겠는가?" 했다. 집안이 매우 가난하여 옷과 신이 모두 해진 채로 걸어서 스승을 찾아가 배워 풍설(風雪)을 피하지 않고 밤이 새도록 열심히 강독하기를 그치지 않았다. 《주자대전》을 가장 좋아하여 한결같이 모두 암송하였다. 우계와 율곡 문하에서 《주역》을 배워 자세히 읽고 우러러 생각하기를 늙도록 게을리하지 않았다. 그의 학문은 한결같이 실천을 위주로 하여 매양 '남의 자식이 되어서는 효도에 머물고, 신하가 되어서는 공경하는 데 머문다(爲人子止於孝 爲人臣止於敬)'는 구절을 세 번씩 반복하여 음미하지 않은 적이 없었고, 일상생활에서는 오로지 거경(居敬)을 실천하기에 힘썼으며, 홀로 있을 때는 삼가는 공부(謹獨)를 조금도 쉬지 않았다. 임진왜란 때 군사를 일으켜 왜적과 싸우다가 순절하니, 이때 나이 49세였다. 뒤에 영의정을 증직하였으며 시호는 문열(文烈)인데 문묘에 종사되었다.

공이 전라도사가 되었는데 얼마 후 송강 정철이 관찰사가 되어 부임했다. 공이 그날로 병을 핑계하고 떠나려 하니 송강이 억지로 만나기를 청하여 말하기를, "공이 나를 음흉한 소인이라고 생각했기 때문에 나를 버리고 떠나려고 한다는데 사실이오?"하자 공은 대답하기를, "그렇소." 했다. 이에 송강이 말하기를, "좀더 머물면서 같이 일을 해보다가 내가 참으로 소인인가를 알아본 뒤에 떠나도 늦지 않을 것이오." 했다. 그러나 공은 듣지 않고 끝내 떠나려 했다. 이에 송강이 우계와 율곡 두 선생에게 조헌과 함께 일하기를 원하니 도와주기를 청했다. 이리하여 함께 일하게 되었는데 이윽고 친교가 날로 깊어져서 말하기를, "처음에는 내가 밝지 못하여 하마터면 공을 잃을 뻔 했다." 고 했다.

기축년 여름에는 도끼를 짊어지고 대궐 앞에 엎드려 조정의 잘잘못과 소인들이 나라를 그르치는 죄를 극언하다가 길주(吉州)로 귀양갔다. 대개 공이 우계와 율곡 두 선생을 독실하게 신봉했으므로 두 선생을 배척하는 사람은 모두 소인으로 생각했고, 두 선생을 존경하여 높이는 사람은 모두 군자로 여겼던 것인데, 논의가 너무 격렬하여 때로는 지나쳐서 적대시하고 원망하는 사람이 많이 생기기도 했다. — 이상은 《우암집》 행장에 보인다.

율곡은 이렇게 말했다.

"조헌은 일찍이 요순의 지극한 다스림을 갑자기 실현할 수 있다고만 생각하고 끝내 변통할 줄을 몰라 시끄럽게 만드는 데까지 이르렀으니, 그는 많은 시련을 겪어 숙련되기를 기다린 뒤에야 크게 쓸 수가 있다."

석주(石洲) 권필(權韠)은 이렇게 말했다.

"선생은 난리의 형적이 나타나기 수년 전에 이미 알고 있었는데, 어찌 눈앞에 나타난 사특한 것과 정당한 것을 분변하지 못했겠는가?"

임유후(任有後)의 《휴와잡찬(休窩雜纂)》에는 이렇게 말했다.

"중봉이 말로 인해서 죄를 얻었고 마침내 의롭게 죽어 세상 사람이 모두 불쌍히 여기며 안타깝게 여긴다. 그러나 역사에 이름을 남기고 특별히 관작이 추증되고 시호를 받았으니 불행한 것만은 아니다. 세상에서 말하기를 '중봉이 충성스런 말과 아름다운 계책을 지니고 있었으나 당시에는 곤궁하게 지내면서 세월을 보냈다. 그러다가 난리가 나서 쑥밭이 된 후에야 그의 명절(名節)이 드러났으니 앞서의 그의 말이 좀더 신임을 받게 되었더라면 국가의 안위(安危)에 크게 관계되었을 것이다'라고 했다. 나는 매양 선조(宣祖)의 총명으로서도 귀에 거슬리는 말을 용납하지 못하고 심지어 상소문을 불사르기까지 하여 충직한 선비로 하여금 이처럼 고초를 겪게 한 것을 괴이하게 여겼는데, 이제 상소의 말을 보고서야 종전에 듣고 믿었던 바와 다른 것을 알았다. 비록 그가 강개한 마음을 품고 정직한 말을 과감히 하면서 그 힘을 헤아리지 않은 것은 그 뜻이야 비장하다고 하겠지만 그러나 천인(天人)의 분제(分際)를 밝히고, 재이(災異)를 진달한 것이 경방(京房)의 말과 같지 않았다. 또 깊은 생각과 특이한 계책으로 나라의 근본을 튼튼하게 할 만한 것도 없으면서 낮은 신하가 하루아침에 물리쳐 버리고자 하여 집정대신을 병아리 움켜잡듯 하여 조정을 바둑돌 놓듯이 쉽게 변역하려고 하였으니 어찌 위태롭고 어렵지 않았겠는가? 대개 그 타고난 기질이 너무 강직하고 과감하여 고개를 꼿꼿이 치켜 들고 큰 소리로 떠들어대면서 남의 잘못을 들추어내기를 그치지 않았다. 그것이 바로 편당(偏黨)에 기울어 스스로 스승의 뜻에 어긋남을 알지 못하였으니 막히고 가려진 것이 아닌가? 그렇게 하지만 않았다면 밝은 일심으로 의열(義烈)에 뿌리박았으니 참으로 옛적의 간쟁(諫諍)하는 신하가 아니었겠는가?"

공은 징후를 점치고 추측하는 일에도 통하였다. 임진년 4월에 동남쪽에서 나는 우레와 같은 소리를 듣고 놀라서 말하기를, "이는 천고(天鼓) 소리이니, 왜적이 반드시 바다를 건너올 것이다." 했다. 의병을 일으키고 나서 어느 날 밤에 천문을 보고 북쪽을 향하여 절하며 울다가 얼마 후에 또 하늘을 우러러보면서 탄식하기를, "내 생각에 화(禍)가 피난가 계신 임금께 미친 듯싶었는데 다시 살펴보니 북쪽으로 들어간 두 왕자께서 포로가 되셨는가 한다." 했다.

우산(牛山) 안방준(安邦俊)이 공의 유고를 모아《항의신편(抗義新編)》이라고 이름지었다.

조 헌 자 여 식 호 중 봉 백 천 인 중 종 갑 진 생 소 률 곡 팔 세 십 세 상 모 애
趙憲字汝式號重峰白川人中宗甲辰生少栗谷八歲十歲喪母哀

훼 여 성 인 급 장 침 잠 경 사 지 망 침 식 탁 정 묘 경 과 출 위 파 주 교 수 청 학
毁如成人及長沈潛經史至忘寢食擢丁卯經科出爲坡州教授請學

우 우 계 선 생 선 생 고 기 소 학 칭 이 외 우 위 정 자 소 론 명 입 불 향 지 비 왈
于牛溪先生先生叩其所學稱以畏友爲正字疏論命入佛香之非曰

신 구 독 성 현 지 서 진 봉 공 불 지 향 소 불 인 야 오 지 삭 직 왕 배 리 률 곡 리
臣口讀聖賢之書進封供佛之香所不忍也忤旨削職往拜李栗谷李

토 정 학 일 진 상 이 질 정 관 조 경 환 소 론 성 묘 위 차 계 갑 이 후 당 의 횡 궤
土亭學日進嘗以質正官朝京還疏論聖廟位次癸甲以後黨議橫潰

상 만 언 소 신 우 상 격 앙 자 송 왈 천 생 남 자 부 기 우 연 가 심 빈 의 구 진 폐
上萬言疏伸牛嘗激昂自誦曰天生男子夫豈偶然家甚貧衣屨盡弊

도 보 종 수 불 피 풍 설 종 석 자 자 불 철 강 독 최 호 주 자 대 전 일 개 성 송 수
徒步從師不避風雪終夕孜孜不撤講讀最好朱子大全一皆成誦受

역 어 우 률 지 문 부 독 앙 사 지 로 불 권 기 학 일 이 천 리 위 주 매 송 위 인 자
易於牛栗之門俯讀仰思至老不倦其學一以踐履爲主每誦爲人子

지 어 효 위 인 신 지 어 경 미 상 불 삼 복 완 미 일 용 행 사 전 무 거 경 착 실 근
止於孝爲人臣止於敬未嘗不三復玩味日用行事專務居敬着實謹

독 지 공 미 상 간 단 임 진 기 병 순 절 년 사 십 구 후 증 령 의 정 시 문 렬 종 사
獨之工未嘗間斷壬辰起兵殉節年四十九後贈領議政諡文烈從祀

문 묘
文廟

공 위 전 라 도 사 미 기 정 송 강 철 위 관 찰 사 공 즉 일 칭 질 장 거 송 강 고
公爲全羅都事未幾鄭松江澈爲觀察使公卽日稱疾將去松江固

청 견 왈 공 이 아 위 흉 험 소 인 고 장 기 거 신 부 공 왈 연 송 강 왈 류 여 공 사
請見曰公以我爲兇險小人故將棄去信否公曰然松江曰留與共事

견 기 위 진 소 인 연 후 거 미 만 야 공 불 청 수 결 거 송 강 내 개 어 우 률 량 선
見其爲眞小人然後去未晩也公不聽遂決去松江乃介於牛栗兩先

생 원 여 공 사 기 이 교 의 일 밀 왈 시 오 불 명 기 실 공 의 기 축 하 우 지 부 복
生願與共事旣而交義日密曰始吾不明幾失公矣己丑夏又持斧伏

궐 극 언 조 정 득 실 군 소 오 국 지 죄 적 길 주 개 공 독 신 우 률 이 선 생 지 이
闕極言朝廷得失群小誤國之罪謫吉州盖公篤信牛栗二先生只以

빈 척 이 선 생 자 진 위 소 인 이 존 숭 이 선 생 자 개 위 군 자 론 의 분 발 시 유
擯斥二先生者盡爲小人以尊崇二先生者皆爲君子論議奮發時有

부 중 이 지 수 원 도 립 운 이 상 출 우 암 집 행 장
不中以至讎怨堵立云(以上出尤庵集行狀)

율 곡 왈 여 식 상 이 위 당 우 지 치 가 졸 복 부 지 변 통 이 지 소 요 사 기 련
栗谷曰汝式嘗以爲唐虞之治可卒復不知變通以至騷擾竢其鍊

달 연 후 가 대 용 권 석 주 왈 선 생 능 견 미 형 지 란 어 수 년 지 전 독 불 판 사
達然後可大用權石洲曰先生能見未形之亂於數年之前獨不辨邪

정 어 목 전 호
正於目前乎

휴 와 잡 찬 왈 중 봉 이 언 획 죄 종 이 사 의 세 공 련 지 연 기 수 명 청 사 이
休窩雜纂曰重峰以言獲罪終以死義世共憐之然其垂名青史貤
증 이 수 역 비 불 행 야 세 언 중 봉 유 충 언 가 유 울 어 당 세 액 궁 고 고 택 반
贈異數亦非不幸也世言重峰有忠言嘉猷鬱於當世厄窮枯槁澤畔
행 음 급 지 판 탕 명 절 저 견 향 사 기 언 조 신 대 관 안 위 지 기 의 매 괴 선 조
行吟及至板蕩名節著見向使其言早信大關安危之機矣每怪 宣祖
지 성 명 불 능 용 수 역 이 심 지 분 소 이 수 령 충 경 지 사 전 패 약 시 급 관 소
之聖明不能容受逆耳甚至焚疏而遂令忠鯁之士顚沛若是及觀疏
사 내 여 이 식 지 이 수 기 회 차 강 개 악 악 감 언 불 량 기 력 기 지 유 족 비 자
辭乃與耳食之異雖其懷此慷慨諤々敢言不量其力其志有足悲者
연 기 명 천 인 분 제 지 진 재 이 비 약 경 방 지 언 우 무 심 사 이 계 족 이 공 고
然其明天人分際指陳災異非若京房之言又無深思異計足以鞏固
방 본 자 이 이 소 원 소 신 일 조 욕 이 척 퇴 집 정 대 신 여 단 고 추 변 역 조 정
邦本者而以踈遠小臣一朝欲以斥退執政大臣如摶孤雛變易朝廷
여 착 혁 기 기 불 난 차 위 재 개 기 천 자 탁 경 강 감 자 용 항 수 강 괄 알 알 불
如着奕碁豈不難且危哉盖其天姿啄鯁剛敢自用抗首强聒訐々不
이 부 지 사 어 편 당 이 자 반 어 사 지 역 기 폐 야 불 연 병 연 일 심 근 어 의 렬
已不知私於偏黨而自反於師旨亦其蔽也不然炳然一心根於義烈
진 고 지 쟁 신 자 여
眞古之諍臣者歟

공 어 점 후 추 측 지 사 역 개 방 통 임 진 사 월 문 동 남 유 성 여 뢰 경 왈 차
公於占候推測之事亦皆旁通壬辰四月聞東南有聲如雷驚曰此
천 고 야 피 병 필 도 해 급 기 병 상 야 관 천 상 북 향 배 곡 기 이 우 앙 천 탄 왈
天鼓也彼兵必渡海及起兵嘗夜觀天象北向拜哭己而又仰天歎曰
오 이 위 화 급 행 조 갱 찰 지 이 왕 자 입 북 자 기 피 로 호
吾以爲禍及行朝更察之二王子入北者其被虜乎

안 우 산 방 준 편 공 유 고 명 왈 항 의 신 편
安牛山邦俊編公遺稿名曰抗義新編

주해_ㅇ京房(경방)－한대(漢代)의 역점(易占)으로 이름난 사람.

이이(李珥)와 성혼(成渾)의 문인에는 정엽(鄭曄)·안방준(安邦俊)·신응구(申應榘)·김집(金集) 등이 있다.

정엽(鄭曄)

자는 시회(時晦)로 초계(草溪) 사람이다. 일찍이 주자서(朱子書)에 나온, '하늘에 가득하고 땅에 가득하니 잊지도 말고 돕지도 말라(盈天盈地 勿忘勿助)'는 여덟 글자를 꿈꾸고 깨어나 스스로 자부하여 써서 벽에 걸고서 수몽이라 호를 지었다. 율곡보다 15세가 적다. 3세에 문자를 배우기 시작하여 신동이라 일컬어졌다. 이지함이 공을 보고서 크게 칭찬하여 말하기를, "후일에 반드시 큰 이름을 얻을 것이다."라고 했다.

공이 송익필을 찾아가 보고 인하여 우계와 율곡의 문하에 출입하면서 호걸스러운 기습(氣習)을 닦아 몸가짐을 단정하고 엄숙하게 했다.

계미년에 처음 벼슬하여 홍문관 정자(正字)에 천거되었다. 광해군 때에 인목대비(仁穆大妃)가 거처하는 경운궁(慶運宮) 앞을 지나게 되었는데, 궁문이 폐쇄된 지 수년이어서 섬돌에 풀이 무성한 것을 보고 이정구(李廷龜)와 함께 눈물을 흘렸다. 그때 날씨가 크게 가물어서 남문을 닫았는데 공이 말하기를, "열라는 문을 닫을 필요가 없다. 만약 닫힌 문을 열면 하늘이 반드시 비를 내릴 것이다."하였더니 이이첨(李爾瞻)이 크게 노하여 장차 왕에게 고하려고 하였다. 이때 어떤 사람이 이첨에게 말하기를, "농담을 한 것 같은데, 어찌 그런 말로 사람을 죽이겠는가?"하니, 이첨이 말하기를, "농담을 한 자가 울었겠는가?" 하였다. 그러나 노기가 좀 풀려서 화를 면할 수 있었다.

인조반정 후에 광해군을 강화로 유배하려 할 때 공이 대신에게 "폐주(廢主)는 비록 스스로 천명을 어겼지만 여러 신하들은 일찍이 임금으로 섬겼으니 마땅히 곡을 해 보내야 한다."고 하여 좌우가 모두 실색(失色)하였다.

갑자년 이괄(李适)의 반란에 도성을 지키느냐, 버리고 떠나느냐 하는 문제를 의논하는데 공이 성난 목소리로 말하기를, "이 어찌 대신

이 우물쭈물 말을 하지 않을 때인가? 서울의 도성은 너무 넓고 커서 지키기가 어렵고 강화도는 바다 가운데 있으니, 남쪽 공주(公州)로 행행(行幸)하여 삼남의 병마를 모집하여 회복하기를 도모해야 한다." 고 하니 임금께서 이에 따르고 대사헌(大司憲)으로 임명했다. 향년 63세이고 시호는 문숙(文肅)이다.

공은 소년 때에 영민하여 매우 재기(才氣)를 부렸었다. 그러다가 일찍이 스승과 벗을 따르면서부터는 통렬하게 마음공부를 하여 병통을 없애고 장중하기에 힘썼다. 천성이 매우 효성스러워서 아버지상을 당하여 3년 동안 상복을 벗지 않아 등의 살이 진물렀고, 눈물을 많이 흘려 눈에 종기가 났다. 성품이 소탈하여 세상일에는 마음을 쓰지 않았으나 의리의 일에 대해서는 여러 사람의 말을 절충하여 앞사람들이 아직 발명하지 못한 것이 많이 있었다. —《월사집》의 비문에 보인다.

정 엽 자 시 회 초 계 인 상 몽 주 자 서 시 영 천 영 지 물 망 물 조 팔 자 공 오
鄭曄字時晦草溪人嘗夢朱子書示盈天盈地勿忘勿助八字公悟
이 자 부 서 지 게 벽 인 호 수 몽 생 계 해 소 률 곡 십 오 세 삼 세 학 문 자 칭 신
而自負書之揭壁因號守夢生癸亥少栗谷十五歲三歲學文字稱神
동 리 토 정 견 공 대 칭 상 왈 타 일 필 천 대 명 공 방 송 구 봉 잉 출 입 우 률 지
童李土亭見公大稱賞曰他日必擅大名公訪宋龜峰仍出入牛栗之
문 마 호 습 단 엄 자 지 계 미 석 갈 천 옥 당 남 상 광 해 시 과 경 운 궁 궁 문 쇄
門磨豪習端嚴自持癸未釋褐薦玉堂南床光海時過慶運宮宮門鎖
폐 기 수 년 초 몰 정 계 여 리 월 사 상 시 문 루 시 대 한 폐 남 문 공 왈 불 수 폐
閉己數年草沒庭階與李月沙相視抆淚時大旱閉南門公曰不須閉
개 문 약 개 폐 문 즉 천 필 우 이 첨 대 노 장 계 품 유 인 위 이 첨 왈 사 시 일 학
開門若開閉門則天必雨爾瞻大怒將啓稟有人謂爾瞻曰似是一謔
하 지 이 언 살 인 이 첨 왈 학 자 읍 호 연 노 초 해 득 면 인 조 반 정 광 해 장
何至以言殺人爾瞻曰謔者泣乎然怒稍解得免 仁祖反正 光海將
천 강 화 공 언 어 대 신 왈 폐 주 수 자 절 우 천 군 신 증 소 북 면 당 곡 송 좌 우
遷江華公言於大臣曰廢主雖自絶于天群臣曾所北面當哭送左右
실 색 갑 자 괄 란 의 수 성 거 빈 공 려 성 왈 차 기 대 신 섭 유 시 야 도 성 활 대
失色甲子适亂議守城去邠公厲聲曰此豈大臣囁嚅時耶都城濶大

난 수 강 도 재 해 중 불 약 남 행 공 주 취 삼 남 사 마 이 도 회 복 상 종 지 배 대
難守江都在海中不若南幸公州取三南士馬以圖恢復上從之拜大
헌 년 륙 십 삼 졸 증 시 문 숙 공 소 시 영 예 파 사 재 기 조 종 사 우 통 하 심 공
憲年六十三卒贈諡文肅公少時英銳頗使才氣早從師友痛下心工
절 거 병 통 무 위 장 중 성 지 효 부 상 삼 년 불 탈 최 경 배 육 개 란 루 목 성 종
絶去病痛務爲莊重性至孝父喪三年不脫衰經背肉皆爛淚目成腫
지 어 의 리 상 사 업 절 충 군 언 다 유 전 인 소 미 발 월 사 집 비
至於義理上事業折衷羣言多有前人所未發(月沙集碑)

안방준(安邦俊)

자는 사언(士彦), 호는 우산(牛山)·은봉(隱峰)으로 죽산(竹山) 사람이다. 우계의 문인으로 우계보다 38세가 적다. 나이 16세에 향시(鄕試)에 응시했으나 그 분잡함을 부끄럽게 여겨 과거공부를 그만두고 위기지학(爲己之學)에 전념했다. 남쪽에서 폐백을 가지고 파산(坡山)에 있는 우계 성혼 선생을 찾아가 뵙고 선생의 아들인 창랑(滄浪) 성문준(成文濬)과 함께 배웠다. 예법으로 몸을 검속하고 긍지에 힘쓰지 않았으며 세리(勢利)의 분화(紛華)한 것을 보면 마치 자신이 더렵혀지는 것처럼 여겼다. 스승이 무고를 당하면 기어이 물리치고야 말았다. 일찍이 성안에 들어갔더니 이이첨이 말을 전하기를, "나를 한번 만나주면 기필코 그대 스승의 억울함을 풀어주겠다." 했고, 이어서 한찬남(韓纘男)이 재차 찾아왔으나 모두 회피하고 만나지 않았다.

병자호란 때에는 의병을 일으켜 근왕(勤王)하려고 올라가다가 중도에서 남한산성의 포위가 풀렸다는 말을 듣고 해산하고 돌아왔다. 이어 상소하여 오랑캐를 불러들인 원인은 오로지 화의(和議)에 있다고 했는데 그 말이 매우 통절했다. 효종 때 포저(浦渚) 조익(趙翼)이 공을 불러다가 모범으로 삼기를 힘껏 청하여 지평으로 임명했으나 부임하지 않았으며, 뒤에 공조참의에 올랐다. 향년 82세이다. 저서에는 《항의신편(抗義新編)》·《호남의병록(湖南義兵錄)》·《삼원기사(三寃記事)》·《사우감계록(師友鑑戒錄)》·《혼정편록(混定編錄)》·《매환답

문(買還答問)》 등이 있다.

안 방 준 자 사 언 호 우 산 우 은 봉 죽 산 인 우 률 문 인 생 계 유 소 우 계 삼
安邦俊字士彦號牛山又隱峰竹山人牛栗門人生癸酉少牛溪三
십 팔 세 년 십 륙 부 향 거 치 기 분 잡 수 기 지 이 전 심 위 기 지 학 즉 자 남 방
十八歲年十六赴鄉擧恥其紛雜遂棄之而專心爲己之學卽自南方
집 지 견 우 계 어 파 산 여 선 생 지 자 창 랑 문 준 종 시 승 교 률 기 이 약 불 무
執贄見牛溪於坡山與先生之子滄浪文濬終始承教律己以約不務
긍 지 시 세 리 분 화 약 매 사 도 피 무 벽 지 내 기 상 입 성 이 첨 치 언 왈 일 견
矜持視勢利紛華若浼師道被誣闢之乃已嘗入城爾瞻致言曰一見
아 즉 당 신 사 무 찬 남 재 래 방 개 피 불 견 병 자 창 의 근 왕 지 중 로 문 위 해
我則當伸師誣纘男再來訪皆避不見丙子倡義勤王至中路聞圍解
파 환 상 소 론 치 구 지 유 전 재 화 의 언 심 통 절 효 묘 조 조 포 저 력 청 치
罷還上疏論致寇之由專在和議言甚痛切 孝廟朝趙浦渚力請致
공 위 긍 식 배 지 평 불 부 후 승 공 의 년 팔 십 이 졸 소 저 유 항 의 신 편 호 남
公爲矜式拜持平不赴後陞工議年八十二卒所著有抗義新編湖南
의 록 삼 원 기 사 사 우 감 계 록 혼 정 록 매 환 답 문 등 서
義錄三寃記事師友監戒錄混定錄買還答問等書

주해_ㅇ執贄(집지)-어른이나 선생을 처음 찾아뵐 때 하는 예.

신응구(申應榘)

자는 자방(子方), 호는 만퇴헌(晩退軒)으로 평산(平山) 사람이다. 우계 성혼의 문인인데 우계보다 18세가 적다. 나이 18세부터 우계와 율곡에게 수업했다. 학행으로 경자년에 이천부사에 임명되었으나 그때 우계가 무고로 추탈당하자 공은 벼슬을 버리고 돌아와 두문불출하면서 학문을 강론했다. 광해군 때 광주목사에 임명되어서는 상소하여 우계 선생의 무고를 신원(伸寃)해 주기를 청하였고, 인목대비(仁穆大妃)가 서궁(西宮)에 유폐되자 '강상이 끊어졌다'고 탄식하고, 남포(藍浦)의 해변에 우거했다. 인조 때 조정에 들어와 승지가 되어 학교를 일으키고 치도(治道)를 도모했는데, 오래지 않아 졸했다. 향년 71

세이다.

공은 타고난 성품이 강직하고 방정했으며 효성과 우애가 돈독했다. 정학(正學)에 종사하여 사림의 여망(輿望)이 매우 높았는데, 낮은 벼슬에 있다가 생을 마치니 사림이 애석히 여겼다. —《명재집(明齋集)》에 보인다.

대개 우계와 율곡 두 선생은 도학이 같고 덕이 비슷했으므로 문하에 와서 배운 제공 중에 정엽·조헌·신응구·연양군(延陽君) 이시백(李時白)이 두 선생의 문하에 출입한 것이 마치 퇴계와 남명의 문하와 같았다. 우계의 문인에 또 추탄(楸灘) 오윤겸(吳允謙)과 추포(秋浦) 황신(黃愼)·수은(睡隱) 강항(姜沆) 등 제공이 있었는데, 수은은 선조(宣祖) 정유년에 일본에 포로로 잡혀가 칠서(七書)를 외워서 등사하자 일본인들이 탄복하여 석방하여 돌려보냈다.

수은의 자는 태초(太初)로 진주(晉州) 사람인데 문과에 급제하여 벼슬이 좌랑에 이르렀다.

신 응 구 자 자 방 호 만 퇴 헌 평 산 인 우 계 문 인 생 계 축 소 우 계 십 팔 세
申應矩字子方號晚退軒平山人牛溪門人生癸丑少牛溪十八歲
년 십 팔 수 업 어 우 계 급 률 곡 경 자 배 리 천 부 사 시 우 계 피 무 지 어 추 탈
年十八受業於牛溪及栗谷庚子拜利川府使時牛溪被誣至於追奪
공 기 관 귀 두 문 강 학 광 해 조 배 광 주 목 사 상 소 신 사 무 급 대 비 천 서 궁
公棄官歸杜門講學光海朝拜廣州牧使上疏伸師誣及大妃遷西宮
탄 왈 강 상 절 의 류 우 람 포 해 곡 인 조 조 입 위 승 지 론 흥 학 도 치 지 도
歎曰綱常絶矣流寓藍浦海曲 仁祖朝入爲承旨論興學圖治之道
심 졸 년 칠 십 일 품 성 강 방 독 행 효 우 종 사 정 학 종 사 망 실 심 륭 서 지 하
尋卒年七十一稟性剛方篤行孝友從事正學終士望實甚隆棲遲下
위 이 종 사 림 통 석 출 명 재 집
位而終士林痛惜(出明齋集)

개 우 률 양 선 생 도 동 덕 제 고 급 문 제 공 여 정 수 몽 조 중 봉 신 만 퇴 리
蓋牛栗兩先生道同德齊故及門諸公如鄭守夢趙重峰申晚退李
연 양 개 출 입 량 선 생 지 문 여 퇴 계 남 명 지 문 야 우 계 문 인 우 유 오 추 탄
延陽皆出入兩先生之門如退溪南溟之門也牛溪門人又有吳楸灘

윤 겸 황 추 포 신 강 수 은 항 제 공 이 수 은 　선 조 정 유 피 부 어 일 본 구 송
允謙黃秋浦愼姜睡隱沆諸公而睡隱 宣祖丁酉被俘於日本口誦
칠 서 등 행 지 일 본 인 탄 복 방 환
七書謄行之日本人歎服放還

수 은 자 태 초 진 주 인 문 과 관 지 좌 랑
睡隱字太初晉州人文科官至佐郎

김집(金集)

자는 사강(士剛), 호는 신독재(愼獨齋)로 사계 김장생의 아들이다. 일찍이 중국의 서산(西山) 진덕수(眞德秀)의 이른바, '홀로 행하여도 그림자에 부끄럽지 않고, 홀로 누워도 이불에 부끄럽지 않다'는 말을 좋아하여 스스로 이렇게 호를 지은 것이다.

겨우 말을 배울 때에 손가락을 입에 세우고 이것이 '중(中)'자라고 했으며, 5, 6세 때는 글을 읽을 줄 알았고 큰 글자를 썼다. 천곡 송상현과 구봉 송익필에게 수학했으며, 아버지 사계를 따라 연산(連山)의 거상(居喪)하는 여막에 가서 제전(祭奠)을 올리는 등의 일을 도와 공손히 행하였다.

18세에 진사시에 합격했고, 경술년에 참봉에 임명되었다. 광해군 때 사직하고 연산에 은거했다. 인조 초에 부여현감에 임명되었는데, 1년여 만에 벼슬을 내놓고 돌아와 이로부터 일체의 관직 임명에 나가지 않았다. 서제(庶弟) 고(杲)가 남의 무고를 당하여 일이 장차 예측할 수 없는 지경에 이르게 되자 선생이 대궐에 나아가 명을 기다리니 임금이 말하기를, "고(杲)가 실로 망령된 말을 하였으나 그 아비와 형이 모두 어질기 때문에 특별히 용서한다."고 했다.

승지에 임명되자 경연에 입시하여 간절히 규계(規戒)한 것이 많았다. 이웃 고을에 반란을 도모한 도적이 그 무리를 보고 말하기를, "김승지의 집 근처는 지나지 말라." 했는데 임금이 이 말을 듣고 말하기를, "흉악한 무리도 현자를 두려워할 줄 아는구나." 하였다.

효종 기축년에 이조판서에 임명되었는데 그 당시 김자점(金自點)이 사림의 등용을 질시하여 청나라에, "김집(金集)과 김상헌(金尙憲)이 괴수가 되어 북벌(北伐)을 꾀한다."고 참소하니 청나라의 사신 6명이 연속하여 나오고, 또 군사를 국경에 집결시켜 위협하여 온 나라가 두려워했다. 선생은 태연히 말하기를, "이백(李白)·두보(杜甫)와 이름을 나란히 하게 되었으니 죽은들 무슨 여한이 있겠는가?" 하였는데, 임금이 친히 일을 잘 처리하고 제공들이 힘을 다하여 저들을 설득하여 드디어 일을 해결하였다. 그러나 선생은 황급히 물러나 돌아왔다.

다음해에 숭정(崇政)으로 승진하여 판중추부사(判中樞府事)가 되었다. 향년 83세이다. 특별히 문경(文敬)이란 시호를 내리고, 효종의 묘정에 배향했으며 문묘에 종사했다.

선생은 타고난 자질이 단정 자상하고 온화 순수하였다. 어버이를 기쁜 얼굴과 온순한 모습으로 섬겼으며, 조석으로 문안하면서 반드시 절을 올렸다. 아버지 사계가 출행할 때에는 반드시 부축하여 옷을 걷어잡아 말에 태워드리고 30보쯤 따라갔다가 돌아왔으며, 귀가할 때에는 말머리에서 맞이하여 절하고는 말에서 내려드리고 옷을 걷어잡고 내려드리기를 앞서처럼 하였다. 사계가 준치젓과 메밀국수를 좋아했으므로 매양 밥상에 생선젓을 마련하여 올렸고, 국수는 3일에 한번씩 올리는 것을 항식(恒式)으로 삼았는데 집이 가난하여 몸소 그물을 들고 앞 시내에서 잡아다가 봉양했다. 상사를 당해서는 예법보다 지나치게 슬퍼하여 마을 사람들이 여막을 지날 때면 눈물을 흘리지 않는 이가 없었다.

일찍이 항상 마음을 맑게 하고 말없이 단정히 앉아 있었으며 가정이 엄숙 화목했다. 해마다 덕이 더욱 높아져 학도들이 다투어 모여들어 원근의 학자들이 모두 종사로 섬겨 율곡 이래의 정통을 전해 받았다. 이에 문인들이 '신재 선생(愼齋先生)'이라고 불렀다. 세상을 떠나자 윤선거(尹宣擧) 등 제공이 상사를 주관하여 한결같이 예법대로 치

상했다.

신독재의 부인은 유씨(兪氏)인데 좌의정 유홍(兪泓)의 딸이다. 똑똑하지 못하여 이윽고 율곡의 서녀(庶女)를 소실로 삼았더니 현숙하고 여공(女工)을 잘하여 선생이 매우 편안히 여겼다. 유씨가 죽자 사계가 취처하라고 명하니 선생이 말하기를, "앞사람이 똑똑하지 못하여 한평생 고생했는데, 이제 다시 장가를 든다고 하여 반드시 전 사람보다 나을 줄을 어찌 알겠습니까?" 하였으니 대개 소실을 편하게 여겨 다른 뜻이 없었던 것이다. 사계도 역시 선생을 신임하고 사랑했으므로 굳이 강요하지 않아 종가(宗家)를 잇는 일이 마침내 이루어지지 못했다.

현석(玄石) 박세채(朴世采)가 우암 송시열과 이 일에 대하여 의논했는데 현석이 말하기를, "왜 형제의 아들을 취하여 아들로 세우지 않았습니까?"하니 우암이 이렇게 말했다. "신독재의 생각으로는 유씨와 부부의 도리를 행하지 않았으니 유씨 집안의 한 처녀에 불과하다고 여겨 죽은 뒤에 사당을 따로 하라고 유언한 것인 듯하다. 그러나 신독재가 이미 유씨를 생전에 부양하였고, 죽어서는 그를 위하여 복을 입었는데 유독 사당을 합하는 일만큼은 그렇게 하지 않았으니 혹 그럴 만한 의리가 있는지 모르겠다."

《우암집》의 신도비문에는 이렇게 말했다.

"대개 율곡 선생이 석담에서 도학을 강론하면서부터 나아가서는 군민(君民)으로 자임하여 공자와 정주의 대도(大道)가 세상에 밝아졌고, 사계 선생은 질박하고 성실한 공부에 전념하여 그 정통을 얻었으며, 신독재 선생은 또 근본 요결(要訣)을 이어받아 문로(門路)가 매우 발라서 이를 전함이 거의 폐해가 없다고 할 것이다."

선생이 일찍이 말하기를, "나는 색욕에 대한 분수가 매우 적어서 혹 색 때문에 몸을 망치는 사람이 있으면 이를 비루하게 여겨 더럽혀질 것처럼 하였다."고 하였다. 그래서 그 학문의 요점은 언행이 일치하고 은밀한 것과 드러난 것이 일치하는 데에 있었다.

신독재의 문인에는 미촌(美村) 윤선거(尹宣擧)와 시남(市南) 유계(兪棨), 초려(草廬) 이유태(李惟泰), 석호(石湖) 윤문거(尹文擧) 등 제공이 있고, 사계가 죽은 뒤에는 우암과 동춘당(同春堂)이 또한 스승의 예로 섬겼다.

김 집 자 사 강 호 신 독 재 상 애 진 서 산 독 행 불 괴 영 독 와 불 괴 금 지 어
金集字士剛號愼獨齋嘗愛眞西山獨行不愧影獨臥不愧衾之語
이 자 호 사 계 선 생 자 생 갑 무 재 학 어 이 지 수 구 왈 차 중 자 야 오 륙 세 지
以自號沙溪先生子生甲戌纔學語以指竪口曰此中字也五六歲知
독 서 작 대 자 종 송 천 곡 송 구 봉 학 종 사 계 어 련 산 수 제 지 려 궤 전 축 찬
讀書作大字從宋泉谷宋龜峯學從沙溪於連山守制之廬餽奠祝贊
무 불 각 행 십 팔 중 진 사 경 술 수 참 봉 광 해 조 감 적 련 향 인 묘 초 원 직 배
無不恪行十八中進士庚戌授叅奉光海朝斂迹連鄉仁廟初元直拜
부 여 현 감 세 여 체 귀 자 시 제 배 개 불 취 서 제 고 위 인 무 고 사 장 불 측 선
扶餘縣監歲餘遞歸自是除拜皆不就庶弟杲爲人誣告事將不測先
생 예 궐 대 명 상 왈 고 고 망 언 기 부 형 개 현 고 특 원 지 배 승 지 입 시 강 연
生詣闕待命上曰杲固妄言其父兄皆賢故特原之拜承旨入侍講筵
다 소 규 절 방 현 적 유 모 란 자 위 기 도 왈 김 승 지 려 불 가 과 상 문 지 왈 흉
多所規切傍縣賊有謀亂者謂其徒曰金承旨廬不可過上聞之曰凶
도 역 지 현 자 지 가 외 야 효 종 기 축 제 리 판 시 김 자 점 질 사 림 등 용 행 재
徒亦知賢者之可畏也孝宗己丑除吏判時金自點嫉士林登庸行纔
북 로 위 선 생 여 김 청 음 위 수 어 시 북 사 륙 인 출 래 우 이 병 압 경 거 국 진
北虜謂先生與金淸陰爲首於是北使六人出來又以兵壓境擧國震
선 생 이 연 왈 리 두 제 명 사 역 하 한 상 친 위 미 봉 제 공 갈 력 수 득 선 선 생
先生怡然曰李杜齊名死亦何恨上親爲彌縫諸公竭力遂得鮮先生
창 황 퇴 귀 익 년 초 숭 정 배 판 중 추 졸 년 팔 십 삼 특 사 시 문 경 배 향 효 종
蒼黃退歸翌年超崇政拜判中樞卒年八十三特賜謚文敬配享孝宗
묘 종 사 문 묘
廟從祀文廟

선 생 자 품 단 방 심 밀 온 아 화 수 사 친 유 색 완 용 조 석 필 배 사 계 유 출
先生姿禀端方審密溫雅和粹事親愉色惋容朝夕必拜沙溪有出
즉 필 부 등 감 의 수 행 삼 십 보 이 지 급 환 영 배 마 수 등 정 의 여 전 사 계 기
則必扶鐙斂衣隨行三十步而止及還迎拜馬首鐙整衣如前沙溪嗜

진어식해목맥면매반비성식염우접면즉삼일일진위항식이가빈
眞魚食醢木麥麵每飯備盛食鹽于楪麪則三日一進爲恒式而家貧
궁집강고어우전계이공지급상애훼과제향인과려막불류체상징
躬執綱罟漁于前溪而供之及喪哀毁過制鄕人過廬莫不流涕嘗澄
심묵좌가정숙목년덕익소학도경진원근학자흡연종사지극승리
心默坐家庭肅穆年德益卲學徒競進遠近學者洽然宗師之克承李
문성이래적전문인칭신재선생윤선거제공주상사일이례제
文成以來嫡傳門人稱愼齋先生尹宣擧諸公主喪事一以禮制

신재부인유씨좌상홍녀불혜수이리률곡서녀위소실현이차선
愼齋夫人兪氏左相泓女不慧遂以李栗谷庶女爲小室賢而且善
녀공선생심안지급유씨몰사계명첩후취선생왈전인불혜위종신
女工先生甚安之及兪氏沒沙溪命諜後娶先生曰前人不慧爲終身
지곤고금수개취안지필유전인야개안소실이무타의야사계진신
之困苦今雖改娶安知必愈前人耶盖安小室而無他意也沙溪秦信
애선생고역불강지종사수불성
愛先生故亦不强之宗事遂不成

박현석여송우암어차사현석왈하불취형제지자이자지우암왈
朴玄石與宋尤庵語此事玄石曰何不取兄弟之子而子之尤庵曰
신재의여유씨무부부지도불과위유가일처녀운유명여기각묘연
愼齋意與兪氏無夫婦之道不過爲兪家一處女云遺命與己各廟然
신재기생이양지가사이위지복독어합묘후이불연즉미지혹유기
愼齋旣生而養之家死而爲之服獨於合廟後而不然則未知或有其
의부야
義否耶

우암집신도비왈개자률곡선생강도석담출즉이군민자임수사
尤庵集神道碑曰盖自栗谷先生講道石潭出則以君民自任洙泗
락건지도대명어세로선생 지사계 전어박실두용공이득기종이
洛建之道大明於世老先生(指沙溪)專於朴實頭用功以得其宗而
선생우승지결문로심정서기전지무폐운
先生又承旨訣門路甚正庶幾傳之無弊云

선생상왈오어색욕분수심과혹유이패신자즉비지약장매언고
先生嘗曰吾於色欲分數甚寡或有以敗身者則鄙之若將浼焉故
기위학요재언행상고유현일치
其爲學要在言行相顧幽顯一致

신재지문인유윤미촌선거유시남계리초려유태윤석호문거제
愼齋之門人有尹美村宣擧兪市南棨李草廬惟泰尹石湖文擧諸

공 이 사 계 몰 후 우 암 동 춘 역 이 사 례 사 지
公而沙溪沒後尤庵同春亦以師禮事之

주해_ㅇ甲戊(갑무)－갑술(甲戌)이 맞음.
ㅇ洙泗洛建(수사락건)－수사(洙泗)는 공자의 유학이고, 낙건(洛建)은 정주학(程朱學)을 가리킨다.

서기(徐起)

자는 대가(待可), 호는 고청초로(孤青樵老)로, 이천(利川) 사람이다. 집안이 대대로 한미했는데, 어려서부터 힘써 배워 백가(百家)와 여러 가지 기예에 대한 설을 섭렵하지 않은 것이 없었으며, 특히 선학(禪學)을 사모했다. 20여세에 토정 이지함을 만나 비로소 유학이 정학(正學)임을 알고 이미 배웠던 것을 모두 버리고 이를 따랐다. 토정과 함께 두루 사방을 유람하면서 아무리 먼 데라도 가보지 않은 데가 없어 한라산까지도 올라갔다 왔다. 토정이 이소재(履素齋) 이중호(李仲虎)의 문하에 나아가 수업하게 하여 《대학》과 《중용》을 배우고는 3년 만에 고향으로 돌아왔다.

공이 고을의 풍속이 비루하고 악함을 한탄하여 여씨향약(呂氏鄕約)을 실행하려고 서당을 지었는데, 동네의 불량소년이 남몰래 그 집에 불을 질렀다. 그래서 처자를 이끌고 지리산 홍운동(紅雲洞)의 인적이 아주 드문 곳으로 들어가 집을 짓고 힘써 밭을 일구어 조석의 끼니를 이어갔는데, 그래도 춘궁기를 이을 수가 없어 산리(山梨)를 구워서 주린 배를 채웠다. 그러면서도 강학을 쉬지 않아 먼곳 사람들까지도 소문을 듣고 책을 끼고 와서 그 부근에 각각 서당을 지어 폐해가 이웃 절간까지 끼쳤다. 그래서 공은 중들의 노여움을 살까 두려워하여 4년 만에 그만두고 산에서 나왔다.

또 공주 계룡산 고청봉(孤青峰) 아래 공암(孔巖) 동네에 살게 되자 고을의 선비들이 존경하여 스승으로 삼았으며, 배우러 오는 학생이

날로 더욱 많아졌다. 제생들이 공을 위하여 집을 지으려고 주백(州伯)에게 고하여 서원(書院)을 짓겠다고 하니, 주백도 자금을 주어 도왔으므로 오래지 않아서 낙성되었다. 공이 날마다 서원에 가서 자세히 정성껏 가르치기를 18년 동안 하였는데 경사(經史)에 몰두하여 즐기느라 먹는 것도 잊었으며, 만년에 학식이 더욱 고명(高明)해졌다. 향년 69세이다.

백사 이항복이 이렇게 말했다.

"그 사람은 글을 아주 잘하고 염정(恬靜)함을 스스로 지켜 결코 속류(俗流)는 아니다."

미수(眉叟) 허목은 이렇게 말했다.

"서기는 박학하고 문장을 잘하여 사방의 선비들이 다투어 스승으로 삼았다. 지리산 연곡사(燕谷寺)에 들어가 있다가 늙은 뒤에 산에서 나와 천수를 누리고 졸하니, 호서 사람들이 서고청사(徐孤青祠)를 세웠다."

수암(守庵) 박지화(朴枝華)가 지은 묘명(墓銘)은 다음과 같다.

"아아! 대가(大家)가 우리나라에 태어나 경전(經典)을 연구하여 그 몸을 빛냈네. 한 조각의 비석이 무덤을 지키고 있는데, 강에는 달이 있고, 산에는 단풍나무가 있네."

서 기 자 대 가 호 고 청 초 로 리 천 인 중 종 계 미 생 가 루 세 한 족 자 소 력
徐起字待可號孤青樵老利川人中宗癸未生家累世寒族自少力
학 백 가 중 기 지 설 무 불 섭 렵 이 우 모 선 학 이 십 여 우 토 정 시 지 오 도 지
學百家衆技之說無不涉獵而尤慕禪學二十餘遇土亭始知吾道之
정 진 기 기 학 이 종 지 여 토 정 주 유 사 방 무 원 부 도 등 한 나 산 이 환 토 정
正盡棄其學而從之與土亭周遊四方無遠不到登漢拏山而還土亭
령 취 학 우 리 리 소 지 문 수 대 학 중 용 삼 년 시 반 우 향 공 탄 향 풍 비 악 욕
令就學于李履素之門受大學中庸三年始返于鄉公歎鄉風鄙惡欲
행 려 씨 향 약 작 강 신 서 당 리 중 악 소 잠 화 기 실 수 설 처 자 입 지 이 산 홍
行呂氏鄉約作講信書堂里中惡少潛火其室遂挈妻子入智異山紅
운 동 인 적 한 도 처 결 려 력 전 이 공 조 석 유 불 계 춘 하 지 교 자 산 리 이 충
雲洞人迹罕到處結廬力田以供朝夕猶不繼春夏之交煮山梨以充

기 강 학 불 철 원 방 지 인 문 풍 부 급 각 작 서 당 우 기 측 폐 급 린 사 공 공 치
飢講學不輟遠方之人聞風負笈各作書堂于其側弊及隣寺公恐緇

류 생 노 거 사 년 파 출 우 복 거 공 주 계 룡 산 고 청 봉 하 공 암 지 동 가 언 주
流生怒居四年罷出又卜居公州鷄龍山孤靑峯下孔巖之洞家焉州

지 사 막 부 존 사 지 래 자 일 익 중 제 생 위 공 영 구 의 소 고 주 백 작 서 원 주
之士莫不尊師之來者日益衆諸生爲公營摳衣所告州伯作書院州

백 역 출 자 이 조 불 일 이 성 공 일 지 우 원 순 순 교 회 십 팔 년 침 잠 경 사 락
伯亦出資以助不日而成公日至于院諄々敎誨十八年沈潛經史樂

이 망 식 만 년 소 득 익 고 명 년 륙 십 구 졸
而忘食晩年所得益高明年六十九卒

백 사 왈 기 위 인 파 능 문 념 정 자 수 결 비 속 류
白沙曰其爲人頗能文恬靜自守決非俗流

미 수 왈 서 기 박 학 위 문 장 사 방 사 쟁 사 지 입 남 악 연 곡 산 사 종 로 후
眉叟曰徐起博學爲文章四方士爭師之入南嶽燕谷山寺終老後

출 산 이 수 종 호 서 지 인 립 서 고 청 사
出山以壽終湖西之人立徐孤靑祠

박 수 암 명 기 묘 왈 희 대 가 생 우 동 구 분 전 분 궐 궁 일 편 석 수 유 궁 강
朴守庵銘其墓曰噫待可生于東劬墳典賁厥躬一片石守幽宮江

유 월 산 유 풍
有月山有楓

주해_ㅇ呂氏鄕約(여씨향약)－송대(宋代) 여대균(呂大鈞)이 향리인 남전(藍田)에서 실시한 규약(規約).

박지화(朴枝華)

자는 군실(君實), 호는 수암(守庵)으로 정선(旌善) 사람이다. 일찍이 서경덕(徐敬德)에게 《역》을 배웠고 도가의 수련하는 술법을 좋아하여 금강산에 들어가 7년 만에 돌아왔다. 제자들이 그 술법을 물으면 그는 말하기를, “세상을 버리고 저 혼자만 사는 선비가 혹 이런 짓을 하지만 학자의 급선무는 아니다.”라고 했다. 화담이 종일 운수를 점치고 있는데 공이 운수가 어떠냐고 묻자, 화담은 말하기를, “천하의 운수를 짚어보니 중국이 먼저 망하겠다.”고 했다.

또 묻기를 "우리나라는 어떠합니까?"하자 대답하지 않았는데 과연 3세를 지나 명나라는 숭정(崇禎) 연간에 이르러 도적이 북경을 함락시켰다. 공은 일찍이 고요한 것을 지켜 세간의 사물에 대해서 마음을 쓰지 않았으며 천성이 간결하고 문장 또한 그러했다.

공이 일찍이 이문학관(吏文學官)이 되었으나 곧바로 그만두었다. 학력이 있고 예법으로 몸을 검속했으며 모든 서적을 넓게 읽고 궁리하였는데 보는 것이 정밀하고 확실했다. 임진왜란이 일어나 춘천 땅으로 피난했는데 도적이 가까이 왔다는 말을 듣고 강물에 몸을 던져 죽었다.

택당 이식은 이렇게 말했다.

"박지화는 평민으로 널리 배우고 문장을 잘했으며, 또한 이학을 잘한다는 이름이 있었으며, 서기는 천인 신분으로도 경사(經史)에 밝아 학자들을 가르쳤다. 이 두 사람은 다같이 산수를 좋아하여 산속에 은거하였는데, 모두 화담 문하 제자들의 유풍이다. 또 괴이한 것을 아주 좋아하였으므로 세상에서 박지화는 신선이 되었다고 하니 화담의 기풍을 배운 사람들은 대개 이와 같았다."

《우계속집(牛溪續集)》에는 다음과 같이 말했다.

"수암은 시학(詩學)에 뛰어날 뿐만 아니라 학문과 견식도 거의 근대 인물이 아닙니다. 간절히 바라건대 몸소 나아가 정선(精選)하십시오. 수암 존장께서 비록 늙으셨으나 근면하시고 이미 선생과도 서로 아는 처지이니, 필시 사양하여 물리치지는 않으실 것입니다."

《미수기언(眉叟記言)》에는 이렇게 말했다.

"수암은 북창(北窓) 정렴(鄭磏)과 서로 친했는데 고옥장인(古玉丈人) 정작(鄭碏)이 스승으로 섬겼다."

또 이렇게 말했다.

"북창이 일찍이 말하기를, '성인께서 인륜을 중하게 여겼는데 노자와 석가는 수심(修心)과 견성(見性)을 말하고, 인사(人事)의 학문을 내버리는 사람들이니 노자와 석가는 대개 대동소이하다'고 하였다. 항

상 탄식하기를, '말은 믿어주는 사람을 보지 못하고, 행실은 알아주는 사람을 보지 못한다'고 하면서 '소리내어 노래를 부르고 스스로 희롱하며 방외(方外)에 놀았는데 일찍이 중인과 다른 적이 없었다. 그가 사람들과 더불어 살면서 행동이 하나라도 공자의 학술에서 나오지 않은 것이 없었는데, 이는 대개 그 깨달음은 석가의 유이고, 그 자취는 노자의 유였지만 사람을 가르침에 있어서는 한결같이 성인을 근본으로 삼았기 때문이다'라고 하였다."

상고하건대 화담의 학문은 퇴계가 이미 자세히 분변하였고, 택당 또한 확실하게 논하였다. 조선 유학의 학술은 오로지 정주학을 숭상하였으나 화담만은 특별히 기수학(氣數學)을 하여 강절(康節) 소옹을 뒤따랐기 때문에 별도로 한 파를 이루었다. 그래서 토정과 수암 같은 사람은 기수학을 전하였고, 고청(孤靑)은 또 토정에게서 배워 그 학문이 비슷하므로 택당이 그렇게 말한 것이다.

이후부터는 그 학문이 전하지 않았다.

박 지 화 자 군 실 호 수 암 정 선 인 상 수 역 어 서 화 담 호 수 련 지 술 입 금
朴枝華字君實號守庵旌善人嘗受易於徐花潭好修鍊之術入金
강 칠 년 이 반 제 자 청 문 기 술 지 화 왈 유 세 독 행 지 사 혹 위 지 비 학 자 지
剛七年而返弟子請問其術枝華曰遺世獨行之士或爲之非學者之
선 무 야 화 담 종 일 관 수 공 문 관 수 하 여 화 담 왈 천 하 수 중 국 선 수 기 패
先務也花潭終日觀數公問觀數何如花潭曰天下數中國先受其敗
우 문 동 방 하 여 부 답 력 삼 세 지 숭 정 적 함 북 경 공 상 수 정 불 이 사 물 경
又問東方何如不答歷三世至崇禎賊陷北京公嘗守靜不以事物經
심 성 간 결 문 장 역 연 공 상 위 리 문 학 관 선 기 지 유 학 력 이 례 률 신 박 극
心性簡潔文章亦然公嘗爲吏文學官旋棄之有學力以禮律身博極
군 서 소 견 정 확 피 란 춘 천 지 문 적 박 근 수 투 수 이 사
群書所見精確避亂春川地聞賊迫近遂投水而死

택 당 왈 박 지 화 서 인 야 박 학 능 문 장 역 유 리 학 지 명 서 기 천 인 야 명
澤堂曰朴枝華庶人也博學能文章亦有理學之名徐起賤人也明
경 수 도 량 인 호 산 수 은 어 명 산 개 화 담 문 제 지 류 이 역 파 호 괴 고 세 이
經授徒兩人好山水隱於名山皆花潭門弟之流而亦頗好怪故世以

박 위 선 거 문 화 담 지 풍 자 대 개 여 사
朴爲仙去聞花潭之風者大慨如斯

우 계 속 집 왈 박 수 암 존 장 비 단 시 학 심 고 학 문 견 식 태 비 근 세 인 물
牛溪續集曰朴守庵尊丈非但詩學甚高學問見識殆非近世人物

절 원 궁 예 이 정 선 여 우 장 수 로 이 권 근 기 여 선 생 상 지 필 불 사 각 의
切願躬詣而精選如右丈雖老而倦勤旣與先生相知必不辭却矣

미 수 기 언 왈 수 암 여 북 창 정 렴 교 상 선 고 옥 장 인 사 사 지 우 왈 북 창
眉叟記言曰守庵與北窓鄭磏交相善古玉丈人師事之又曰北窓

상 언 성 인 중 인 륜 로 석 개 대 동 이 소 이 상 탄 왈 언 불 견 신 행 불 견 지 방
常言聖人重人倫老釋蓋大同而小異常歎曰言不見信行不見知放

가 자 희 탁 오 유 방 지 외 이 미 상 자 이 어 중 의 기 여 인 거 무 일 불 출 어 공
歌自戲托娛遊方之外而未嘗自異於衆矣其與人居無一不出於孔

자 지 술 자 개 기 오 류 석 기 적 류 로 자 기 교 인 일 이 성 인 위 종 운 안 화 담
子之術者盖其悟類釋其迹類老子其敎人一以聖人爲宗云按花潭

지 학 퇴 계 기 변 지 상 의 택 당 역 론 지 확 의 조 선 유 학 지 술 전 상 정 주 지
之學退溪己辨之詳矣澤堂亦論之確矣朝鮮儒學之術專尚程朱之

학 이 화 담 특 이 기 수 지 학 추 종 강 절 고 별 개 일 파 여 토 정 수 암 개 이 수
學而花潭特以氣數之學追蹤康節故別開一派如土亭守庵皆以數

학 전 고 청 우 종 유 토 정 자 야 기 학 방 불 고 택 당 소 이 운 운 야 자 후 기 학
學傳孤靑又從遊土亭者也其學彷彿故澤堂所以云々也自後其學

무 전 언
無傳焉

주해_ㅇ崇禎(숭정)－명(明)나라 의종(毅宗)의 연호(年號).

조선유교연원 권2
朝鮮儒敎淵源卷二

왕양명전습록변(王陽明傳習錄辨) 상(上)

퇴계 때 왕양명(王陽明)의 학문이 비로소 조선에 들어왔는데 퇴계가 통렬히 논변(論辨)을 더하여 〈전습록변(傳習錄辨)〉을 지었으니 《전습록》이란 왕양명의 문인이 그 스승의 말들을 기록한 것인데 이제 그 내용을 들어 아래에 쓴다.

서애(徐愛)-서애의 자는 왈인(曰仁)이니 양명의 문인이다-가 묻기를, "지선(至善)을 마음에서만 구한다면 천하의 사리를 다하지 못할까 합니다."하니 양명 선생이 이르기를, "마음은 곧 이(理)이니, 천하에 어찌 또 마음 밖의 일이 있으며, 마음 밖의 이(理)가 있겠는가?" 하였다.

서애가 말하기를, "아비를 섬기는 효도나 임금을 섬기는 충성 등의 일은 그 사이에 허다한 이가 내재(內在)하고 있으니 아마도 이를 살피지 않아서는 안될까 싶습니다."하니 선생이 탄식하여 말하기를, "이러한 설의 폐단이 오래되었다. 아비를 섬기는 데는 아비에게서 효의 이를 구할 수 없는 것이요, 임금을 섬기는 데는 임금에게서 충의 이를 구할 수 없는 것이다. 모두 이 마음에 있는 것인데 마음은 바로 이인 것이다. 이 마음이 사욕에 가려지지 않는다면 이것이 곧 천리(天理)여서 밖에서 조금이라도 더 첨가할 필요가 없는 것이다. 천리의 순수한 마음을 가지고 부모를 섬기는 데다가 발하면 효도가 되고, 임금을 섬기는 데에 발하면 충성이 되니, 이 마음의 인욕을 제거하고 천리를 보존하게 하는 공용(功用)에 있을 뿐이다." 했다.

또 '지(知)와 행(行)이 합하여 하나가 된다(知行合一)'는 말에 대하여 묻기를, "사람이 부모에게는 효도해야 하고, 형에게는 공경해야 될 것을 알면서도 효도하지 못하고 공경하지 못하는 것이 있으니 이는 아는 것(知)과 행하는 것(行)이 분명 두 가지입니다." 했다. 이에 선생이 이르기를, "이는 이미 사의(私意)에 막힌 때문이지 지행의 본체는 아니다. 성현이 사람에게 지행(知行)을 가르친 것은 바로 지행의 본체로 돌아가도록 하신 것이니, 《대학》에서 '아름다운 여색을 좋아하는 것처럼 하라(如好好色)'고 하였다."

퇴계가 이에 대하여 다음과 같이 변론했다.

"양명이 말하기를, '지금 사람들이 강습하고 토론하여 참답게 알기를 기다린 뒤에야 바야흐로 행(行)에 대한 공부를 하므로 필경에는 종신토록 행하지 못하고 알지도 못한다'고 하였는데 이 말이 말학(末學)들이 한갓 입과 귀로 하는 학문(口耳之學)의 폐단을 잘 지적하여 맞힌 것이기는 하다. 그러나 이러한 폐단을 구하고자 억지로 천착하여 지행합일(知行合一)의 이론을 냈는데, 이 단락에서 비록 지극히 세밀하게 변론하였으나 말이 교묘할수록 뜻이 더욱 멀어진 것은 어찌된 까닭인가? 그 아름다운 색을 보는 것과 악취를 맡는 것을 지(知)에 붙이고, 아름다운 색을 좋아하고 악취를 싫어하는 것을 행(行)에 붙이면서 말하기를, '보고 맡을 때에 이미 좋아하고 싫어한 것이지, 본 뒤에 별도의 마음을 가지고 좋아하거나 맡을 때에 별도의 마음을 가지고 싫어하는 것이 아니다'라고 하여 이것으로 지행합일의 증거로 삼은 것은 그럴듯하다. 그러나 양명이 진정으로 생각하기를, 사람의 착한 것을 보고 좋아하는 것이 과연 아름다운 색을 보고 스스로 좋아하는 참됨과 같다고 하겠는가? 사람의 불선(不善)을 보고 미워하는 것이 과연 악취(惡臭)를 맡고 저절로 싫어하는 참됨과 같다고 하겠는가?

공자가 말씀하기를, '나는 덕을 좋아하기를 색을 좋아하듯이 하는 자를 보지 못했다'고 하셨고, 또 말씀하시기를, '나는 불인(不仁)을 미워하는 자를 아직 보지 못했다'고 하셨으니, 대개 사람의 마음이 형기(形氣)에서 발하는 것은 배우지 않아도 저절로 알고 힘쓰지 않아도 저절로 능하다. 좋고 싫은 것이 겉과 속이 한결같으므로 아름다운 색을 보자마자 바로 그 아름다움을 알아서 마음속으로 진정 좋아하고, 악취를 맡자마자 바로 그 싫은 것을 알아서 마음속으로 진정 싫어하게 되니, 비록 행이 지에 붙어 있다고 말하는 것은 그래도 괜찮다. 그렇지만 의리에 있어서는 그렇지 않아서 배우지 않으면 알지 못하고 힘쓰지 않으면 능하지 못하며, 밖에서 행하는 것이 반드시 안에서 진실한 것은 아니다. 그러므로 착한 것을 보고도 착한 줄을 알지 못하는 자가 있으며, 착한 것을 알고도 마음으로 좋아하지 않는 자가 있으니, 착한 것을 본 때에 이미 스스로 좋아했다고 말할 수 있겠는가? 불선한 것을 보고도 미워할 줄을 알지 못하는 자도 있으며, 악한 것을 알고도 마음으로 미워하지 않는 자가 있으니, 악한 것을 안 때에 이미 저절로 미워했다고 말할 수 있겠는가?

그렇기 때문에 《대학》에서 저 표리가 하나 같은 호오여일(好惡如一)을 빌려서 학자에게 '자기 자신을 속이지 말라(毋自欺)'고 권하는 것은 옳지만, 양명이 이에 저 형기(形氣)의 소위(所爲)를 인용하여 의리에 대한 지행(知行)의 설을 밝히고자 하는 것은 크게 옳지 못하다. 그러므로 의리와 지행(知行)을 합해서 말하면 진실로 서로 기다리고 함께 행하여 어느 한쪽도 빼놓을 수 없으나, 나누어서 말하면 지를 행이라고 말할 수 없는 것이 행을 지라고 말할 수 없는 것과 같으니 어찌 합하여 하나로 만들 수 있겠는가?

양명의 견해는 오로지 본심에 있어서 털끝만치라도 사물에 간섭될까 염려하는 데 있으므로 다만 본심 위에 나아가 지와 행을 하나로 인정하여 혼합하여 말하였다. 만약 그 말처럼 하여 오로지 본심만을 일삼고 사물에 간섭하지 않는다면, 마음으로 아름다운 색을 좋아하기만 하고 장가들지 않아 인륜을 폐하더라도 아름다운 색을 좋아한다고 말할 수 있으며, 마음으로 악취를 싫어하기만 하고 불결한 것을 몸에 뒤집어쓰더라도 또한 악취를 싫어한다고 할 수 있겠는가? 양명도 스스로 자기의 말이 편벽된 것을 알고 있으므로 지와 행을 나누지 않은 것을 가지고 지행의 본체로 삼고 지와 행을 나누는 것을 사의(私意)가 막는 것으로 생각했으니, 그렇다면 옛 성현이 지행에 대해서 말한 것이 모두 사의라는 말인가?"

왕 양 명 전 습 록 변 상
王陽明傳習錄辨 上

퇴 계 지 시 왕 양 명 지 학 시 입 조 선 퇴 계 통 가 론 변 작 전 습 록 변 전 습
退溪之時王陽明之學始入朝鮮退溪痛加論辨作傳習錄辨傳習
록 왕 양 명 문 인 기 기 사 설 자 금 거 기 변 론 어 좌
錄王陽明門人記其師說者今擧其辨論於左

서 애 애 자 왈 인 양 명 문 인 문 지 선 지 구 제 심 공 어 천 하 사 리 유 불
徐愛(愛字曰仁陽明門人) 問至善只求諸心恐於天下事理有不
능 진 양 명 선 생 왈 심 즉 리 야 천 하 우 유 심 외 지 사 심 외 지 리 호 애 왈 여
能盡陽明先生曰心卽理也天下又有心外之事心外之理乎愛曰如
사 부 지 효 사 군 지 충 기 간 유 허 다 리 재 공 역 불 가 불 찰 선 생 탄 왈 차 설
事父之孝事君之忠其間有許多理在恐亦不可不察先生嘆曰此說
지 폐 구 의 차 여 사 부 불 성 거 부 상 구 개 효 적 리 사 군 불 성 거 군 상 구 개
之弊久矣且如事父不成去父上求箇孝的理事君不成去君上求箇
충 적 리 도 지 재 차 심 심 즉 리 야 차 심 무 사 욕 지 폐 즉 시 천 리 불 수 외 면
忠的理都只在此心々卽理也此心無私慾之蔽卽是天理不須外面

첨 일 분 이 차 순 호 천 리 지 심 발 지 사 부 편 시 효 발 지 사 군 편 시 충 지 재
添一分以此純乎天理之心發之事父便是孝發之事君便是忠只在
차 심 거 인 욕 존 천 리 상 공 용 우 문 지 행 합 일 지 설 왈 인 유 지 부 당 효 형
此心去人欲存天理上功用又問知行合一之説曰人有知父當孝兄
당 제 자 각 불 능 효 불 능 제 시 지 여 행 분 명 시 량 건 왈 차 기 피 사 의 격 단
當弟者却不能孝不能弟是知與行分明是兩件曰此己被私意隔斷
불 시 지 행 적 본 체 료 성 현 교 인 지 행 요 복 나 본 체 대 학 설 여 호 호 색 운 운
不是知行的本體了聖賢教人知行要復那本體大學説如好々色云々

퇴 계 변 왈 양 명 위 금 인 차 강 습 토 론 대 지 득 진 료 방 주 행 적 공 부 수
退溪辯曰陽明謂今人且講習討論待知得眞了方做行的工夫遂
종 신 불 행 역 수 종 신 부 지 차 언 절 중 말 학 도 사 구 이 지 폐 연 욕 구 차 폐
終身不行亦遂終身不知此言切中末學徒事口耳之弊然欲救此弊
이 강 착 위 지 행 합 일 지 론 차 단 수 극 세 변 설 언 유 교 이 의 유 원 하 야 기
而强鑿爲知行合一之論此段雖極細辯説言愈巧而意愈遠何也其
이 견 호 색 문 악 취 속 지 호 호 색 오 악 취 속 행 견 문 시 기 자 호 오 료 불 시
以見好色聞惡臭屬知好々色惡々臭屬行見聞時己自好惡了不是
견 료 후 우 립 개 심 거 호 불 시 문 료 후 별 립 개 심 거 오 이 차 위 지 행 합 일
見了後又立箇心去好不是聞了後別立箇心去惡以此爲知行合一
지 증 자 사 의 연 이 양 명 신 이 위 인 지 견 선 이 호 지 과 능 여 견 호 색 자 능
之證者似矣然而陽明信以爲人之見善而好之果能如見好色自能
호 지 지 성 호 인 지 견 불 선 이 악 지 과 능 여 문 악 취 자 능 오 지 지 실 호 공
好之々誠乎人之見不善而惡之果能如聞惡臭自能惡之々實乎孔
자 왈 아 미 견 호 덕 여 호 색 약 자 우 왈 아 미 견 오 불 인 자 개 인 지 심 발 어
子曰我未見好德如好色若者又曰我未見惡不仁者盖人之心發於
형 기 자 즉 불 학 이 자 지 불 면 이 자 능 호 오 소 재 표 리 여 일 고 재 견 호 색
形氣者則不學而自知不勉而自能好惡所在表裡如一故才見好色
즉 지 기 호 이 심 성 호 지 재 문 악 취 즉 지 기 오 이 심 실 오 지 수 왈 행 만 어
卽知其好而心誠好之才聞惡臭卽知其惡而心實惡之雖曰行萬於
지 유 지 가 야 지 어 의 리 즉 불 연 야 불 학 즉 부 지 불 면 즉 불 능 기 행 어 외
知猶之可也至於義理則不然也不學則不知不勉則不能其行於外
자 미 필 성 어 내 고 견 선 이 부 지 선 자 유 지 지 선 이 심 불 호 자 유 지 위 지
者未必誠於内故見善而不知善者有之知善而心不好者有之謂之
견 선 시 기 자 호 가 호 견 불 선 이 부 지 악 자 유 지 지 악 이 심 불 오 자 유 지
見善時己自好可乎見不善而不知惡者有之知惡而心不惡者有之
위 지 지 악 시 기 자 오 가 호 고 대 학 차 피 표 리 여 일 지 호 오 이 근 학 자 지
謂之知惡時己自惡可乎故大學借彼表裏如一之好惡以勸學者之

무 자 기 즉 가 양 명 내 욕 인 피 형 기 지 소 위 이 명 차 의 리 지 행 지 설 즉 대
毋自欺則可陽明乃欲引彼形氣之所爲以明此義理知行之説則大
불 가 고 의 리 지 지 행 합 이 언 지 고 상 수 병 행 이 불 가 결 분 이 언 지 지 불
不可故義理之知行合而言之固相須並行而不可缺分而言之知不
가 위 지 행 유 행 불 가 위 지 지 야 기 가 합 이 위 일 호 양 명 지 견 전 재 본 심
可謂之行猶行不可謂之知也豈可合而爲一乎陽明之見專在本心
파 유 일 호 외 섭 어 사 물 고 지 취 본 심 상 인 지 행 위 일 이 곤 합 설 거 약 여
怕有一毫外涉於事物故只就本心上認知行爲一而滾合説去若如
기 설 전 사 본 심 이 불 섭 사 물 즉 심 구 호 호 색 수 불 취 폐 륜 역 가 위 호 호
其説專事本心而不涉事物則心苟好々色雖不娶廢倫亦可謂好々
색 호 심 구 오 악 취 수 불 결 몽 신 역 가 위 악 취 호 양 명 역 자 지 기 설 지 편
色乎心苟惡々臭雖不潔蒙身亦可謂惡臭乎陽明亦自知其説之偏
고 이 불 분 지 행 위 지 행 본 체 이 분 지 행 위 사 의 격 단 연 즉 고 성 현 위 지
故以不分知行爲知行本體以分知行爲私意隔斷然則古聖賢爲知
행 지 설 자 개 사 의 야
行之説者皆私意耶

왕양명전습록변(王陽明傳習錄辨) 하(下)

'아픈 것을 알면 이미 스스로 아파할 줄을 알고, 추운 것을 알면 이미 스스로 추워 하는 것이며, 굶주림을 알면 이미 배고파 한다'는 주장에 있어서는 그 말이 공교롭다 할 만하나. 그러나 아픈 것과 주림과 추운 것은 몸과 마음이 만나는 일로서 외물로 인하여 이름붙여진 것일 뿐이요, 의리상에 있어서의 지와 행을 말한 것은 아니다. 질통(疾痛)을 알아서 그 도리에 맞게 대처하여야 질통의 지와 행이라고 말할 수 있고, 기한(飢寒)을 알아서 그 도리에 맞게 대처하여야 기한의 지와 행이라고 말할 수 있다.

만약 다만 아파할 줄 아는 것을 행이라고 이른다면 행하는 것은 혈기(血氣)일 뿐 의리가 아니며, 만약 단지 주리고 추워 하는 것을 행이라고 이른다면 행하는 것은 인심일 뿐 도심(道心)은 아니다. 또 아플 때에 아파할 줄을 알고, 굶주리고 추울 때에 굶주림과 추위를 아는 것은 길가는 사람이나 걸인·금수도 모두 능하니, 이러한 것을 지·

행이라고 말한다면 학문을 소중히 여길 필요가 무엇이겠는가?

아픔과 가려움을 알고 주림과 배부름을 아는 것을 성(性)이라 한 것은, 이는 본래 고자(告子)의 '생지위성(生之爲性)'이란 말에서 나온 것인데, 양명의 소견이 여기에 익숙해 있었다. 그래서 입에서 나오는 대로 말을 내어 그 주장을 꾸며대고 있는 것이다. 그러나 그 말은 단지 형기의 욕망에만 시행될 수 있고, 의리의 지와 행에 비유할 수는 없다.

그러므로 효제(孝悌)에 대해서는, '이미 효할 줄을 알아서 스스로 효도하고 있고, 제할 줄을 알아서 스스로 제한다'고 말하지 않고, 다만 말하기를, '사람 중에 효를 일컫고 제를 일컫는 자는 반드시 이미 효도를 행하고 공경을 행한다'고 했으니 이는 앞뒤에서 말한 뜻과 서로 합치되지 못한다. 그리고 마침내는 '옛사람들이 이미 지를 말하고, 또 행을 말했다'고 한 부분에서는 다만 이전대로 두 개로 나누어서 말하는 것을 면하지 못하였으니, 아마도 도리가 본래 이와 같아서 끝내 뒤섞어서 한 덩어리로 합할 수 없었기 때문일 것이다.

또 이렇게 말했다.

"황(滉)이 삼가 상고해 보건대, 백사(白沙) 진헌장(陳獻章)과 왕양명의 학문은 모두 상산(象山) 육구연(陸九淵)에게서 나온 것으로서 본심을 종주(宗主)로 삼고 있으니, 이는 모두 선학(禪學)이다. 그러나 백사는 오히려 순수한 선학이 아니고 우리 유학과 가까운 맛이 있다. 그러므로 스스로 말하기를, '나는 학문하는 처음에는 성현의 글을 배우지 않은 것이 없었으며, 여러 해 동안 문을 닫고 궁리하였지만 나의 이 마음이 이치와 서로 융합되지 못하였다. 이에 번다한 것을 버리고 요약함을 구하여 정좌하기를 오랫동안 한 뒤에야 마음의 본체가 드러나 일상생활에서 사물을 응용할 때에 내가 하고자 하는 바를 따라서 사물의 이치를 몸소 인식하고, 이것을 성인의 가르침에서 상고해 보니, 각각 두서(頭緖)와 내력이 있는 것을 발견하게 되었다. 그래서 그후에야 비로소 분명히 스스로 믿게 되었다'고 했다.

이는 그가 경서의 가르침을 전부 폐한 것이 아니요, 사물의 이를 전부 버린 것도 아니어서 심하게 배척한 것은 아니다. 다만 그가 깨달아 들어간 곳이 마침내 선학의 방법이었으므로 비록 스스로 선학이 아니라고 말하지만, 그 말에 가끔 선어(禪語)가 분명히 드러나고 있다. 이는 나정암(羅整庵)이 이미 말하였고, 그의 고제(高弟)인 하극공(賀克恭) 또한, '우리 스승은 뜻이 너무 높다'고 하였으니, 후학들은 그 좋은 점을 따르고 그 잘못된 점은 고쳐 나가야 할 것이다.

그러나 왕양명에 이르러서는 학술이 대단히 잘못되었다. 그 마음이 강퍅하여 스스로 자기 주장을 내세워 그 말이 장황하고 현란하니 사람을 현혹시켜 사람으로 하여금 지키던 바를 잃게 한다. 인의를 해치고 천하를 어지럽힐 자는 반드시 이 사람일 것이다.

이 사람이 이에 이르게 된 까닭을 경계하자면, 그 시초에는 사물이 마음에 해가 되는 것을 싫어하여 제거하고자 하였을 뿐, 윤리를 멸하고 사물을 끊어 석씨(釋氏)의 하는 바처럼 하고자 한 것은 아니었다. 그는 이에 '마음이 곧 이이다(心卽理)'라는 학술을 창출하여 이르기를, '천하의 이치는 다만 내 마음속에 있고 사물에 있지 않으니, 학자는 오직 이 마음을 보존하려고 노력할 것이요, 털끝만큼이라도 외부의 사물에서 이(理)를 찾을 것이 없다'고 하였다. 그렇다면 이른바 사물이라는 것은 비록 오륜(五倫)처럼 중한 것이라 하더라도 있어도 되고 없어도 되어서 삭제하여 없애버려도 또한 가할 것이니, 이것이 어찌 석씨의 가르침과 다름이 있겠는가?

그는 이런 말들을 가지고 성현들의 가르침과 비교하여 합치되지 않으면, 또 경솔하게 자기 마음대로 경전의 뜻을 고치고 변경해서 자기의 옳지 못한 견해를 따랐다. 그리하여 마침내 감히 피(詖)·음(淫)·사(邪)·둔(遁)의 말을 제멋대로 하여 도를 배반하고 성인을 비난하는 등 두려워하고 꺼리는 바가 없었다. 궁리의 학문을 배척하려고 하여 주자의 학설을 '홍수(洪水)와 맹수의 피해보다 심하다'고 배척했고, 번문(繁文)의 폐단을 제거하려고 하여 '진시황(秦始皇)이 전적을 불태운 것을 공자가 시(詩)·서(書)를 산삭(刪削)한 뜻에 맞는다'고 하였다. 그 말이 이와 같은데도 스스로 광혹(狂惑)하여 본심을 잃은 사람이 아니라고 한다면 나는 믿지 않겠다. 이와 같은 사람이 만일 임금의 신임을 받아 그 뜻을 행하게 된다면 유학과 이 세상이 받는 피해가 진나라 때보다 어느 것이 더 심할지 알지 못하겠다. 사설(邪說)이 사람을 빠뜨림이 한결같이 이 지경에 이르게 되었으니 탄식하지 않을 수 있겠는가?

또 상고하건대 주자가 만년에 제자들 대부분이 문의(文義)에만 얽매이는 것을 보고는 과연 본체(本體)를 크게 지시하여 보이고 존덕성(尊德性)의 논(論)에 중점을 돌린 경우가 있었지만, 이것이 어찌 도문학(道問學)의 공부를 폐하고 사물의 이(理)를 없애 양명이 말하는 것같이 하려고 하였겠는가? 그럼에도 불구하고 양명은 이를 인용하여 스스로 주자의 학설에 붙고자 하였으니 이 또한 잘못이다. 더구나 《대학》에 들어가려는 자는 먼저 《소학》 공부를 해야 하고, 격물(格物)을 하고자 하는 자는 함양(涵養) 공부를 힘쓰라고 하였으니, 이는 진실로 주자의 본래 생각으로서 《대학혹문(大學或問)》과 오회숙(吳晦叔)에게 답한 글에 보인다. 이와 같은 유형의 말이 매우 많아 정녕하고 반복될 뿐만 아니어서 재삼 그 뜻을 지극히 강조하였다. 주자가 어찌 한번이라도 사람들로 하여금 공허한 외물을 좇아 본원을 잊게 하였는가?"

장유(張維)의 《계곡만필(谿谷漫筆)》에는 이렇게 말했다.

"중국의 학술은 갈래가 많아서 정학(正學)이 있는가 하면 선학(禪學)이 있고, 단학(丹學)이 있는가 하면 정주(程朱)를 배우는 자가 있고, 육왕(陸王)을 배우는 자도 있어 문호와 길이 하나만이 아니다. 그러나 우리나라는 유식하고 무식하고를 논할 것 없이 서책을 읽는 사람이면 누구나 정주만을 칭송할 뿐 다른 학문이 있다는 말을 듣지 못하니, 어찌 우리나라의 학술이 모두 중국의 그것보다 더 나아서 그렇겠는가? 그런 것이 아니다. 중국에는 학자가 있고 우리나라에는 학자가 없어서 그런 것이다.

대개 중국의 인재는 그 지취(志趣)가 참으로 녹록(碌碌)하지 않고, 특히 뜻있는 선비는 실심(實心)으로 학문을 하기 때문에 각자 좋아하는 바에 따라 하여, 학문이 같지 않으나 이따금 참되게 얻는 사람이 있다. 우리나라는 그렇지 못하여 악착스레 매달리거나 구속되어 지기(志氣)라고는 전혀 없이 다만 정주학이 세상에서 가장 귀중하다는 말을 듣고서 입으로 칭송하고 존경하는 모습을 짓는다. 이에서 우리 동방의 학문세계가 구속을 받고, 유학도 발전되지 못함을 볼 수 있다."

이익의 《성호사설》에는 이렇게 말했다.

"공자가 말씀하시기를, '이단을 전공하면 해로울 뿐'이라고 하였다. 이는 비록 전공하는 것을 금지했으나 엄중히 배격한 것은 아니고, 오히려 '작은 도(小道)는 볼만한 것이 있다'는 범위에 속하는 것이다. 맹자는 양주(楊朱)와 묵적(墨翟)을 배척하기를 홍수와 맹수에 비유하여, 홍수는 사람을 빠드리고 맹수는 사람을 해치므로 반드시 몰아내고야 말 것을 기필했던 것이다. 또 정·주가 불교와 도교를 배척하면서 기름이 사람의 의복을 더럽히듯 두려워한 것은, 이치에 근사하지만 참된 이치를 크게 어지럽히기 때문이다. 성왕(聖王)이 나오지 않아 승평(昇平)한 정치가 이룩되지 못하여 백성의 곤궁이 극도에 다다랐으니, 인인(仁人) 군자(君子)가 이를 구제할 방책을 강구하는 것이 목하의 급선무이나, 그 원인을 구명하여 보면 이단의 폐단만은 아닌 듯하다.

한유(韓愈)가 〈원도(原道)〉를 지어 맹자를 계승하여 도교와 불교를 배척하였다. 그 말에 이르기를, '농가(農家)는 한 집인데 식량을 먹는 집은 여섯 집이요, 공상(工商)도 모두 그러하다'고 하였는데, 이는 아마도 지엽적인 문제에 지나지 않는 듯하다. 세상이 쇠미하고 정치가 어지러워지면 편안히 앉아서 먹는 자도 있고, 위력으로 토색질하는 자도 있어 저 시골의 농부로 하여금 편안히 살지 못하게 하고, 생업에 힘쓸 수도 없게 하며, 또 힘써 얻은 곡식을 마음놓고 먹지도 못하게 하는 것이 도교와 불교와 무슨 관계가 있단 말인가? 애석하게도 한퇴지(韓退之)의 논설은 통론(通論)이 못된다.

공자는 '백성은 부유하게 한 뒤에 가르친다'고 했다. 가르치는 데는 오륜(五倫)으로 요지를 삼고, 삼물(三物)로써 흥기(興起)시키며 팔형(八刑)으로 경계하는 것이니, 여기에 어찌 알기 어려운 뜻이 있으며 이단이 어찌 이를 어지럽힐 수 있겠는가? 저 노불(老佛)의 학문은 물욕을 끊고 청정(淸淨)을 귀하게 여겨 평생 깊은 산속에서 온갖 고생을 겪으니, 보통사람이 즐길 바가 아니다. 만약 부유하게 만들어 주어 생업을 즐기게 한다면 그 일종의 수도(修道)하는 자 이외에는 모두가 유도의 범위 내에서 낳고 죽을 것이니, 어찌 도가 밝지 않음을 근심하랴?

더구나 우리나라에는 도류(道流)가 없고 오직 채식(菜食)하는 행걸승(行乞僧)이 있을 뿐인데, 이들은 모두 부세(賦稅)와 요역(徭役)을 도피하는 백성들이며, 지금 글을 읽고 도를 논하는 선비들이 장구(章句)의 사이에 분쟁을 일으키고 사소한 차이를 분석할 즈음에도 정자를 존경하고 주자를 사모하지 않는 자가 없으니, 언어와 행동에 약간의 잘못이 있더라도 이단에 미혹되는 것은 찾아볼 수가 없다. 이를 따라 공경대부의 반열에 올라 어려서 배운 바를 장성하여 실행하는데도 백성은 소생하지 못하고 나라는 다스려지지 않으니, 도의 밝고 밝지 않은 것이 이단과 무슨 관계가 있단 말인가?

군자가 승평한 시대에 처해서는 도를 밝히는 것을 소중히 여겨야 한다. 이단을 배척해야 하는 것은 도를 밝히는 까닭이다. 후세에 이르러서는 법을 세우는 것이 가장 시급한데, 법을 세우는 것은 백성을 살리기 위함이니, 《맹자》에 이른바 정형(政刑)이라는 것이 바로 이것이다."

또 이렇게 말했다.

"오곡도 익지 않으면 피만 못하다. 지금 세상에는 성인(聖人)의 도가 이미 끊어졌다고 해도 될 것이다. 벼슬아치와 학자들이 공자와 맹자를 말하면서도 실제로는 전연 털끝만큼도 지키고 받들 생각이 없다. 관을 쓰고 띠를 맨 벼슬아치들은 모두 명리와 벼슬을 이롭게 여기는 것뿐이다. 양주와 묵적의 이단설은 지금 세상에 있지 않지만 귀로 듣고 눈으로 보는 것 전부가 양주·묵적의 죄인들뿐이다. 부귀를 탐하고 형세를 살펴 비위를 맞추는 것을 양주가 본다면 반드시 눈을 감아버릴 것이며, 장물(贓物)을 토색질하고 가혹한 수탈을 일삼아 백성을 해치고 자기 자신 이외에는 돌보지 않는 것을 묵적이 듣는다면 반드시 귀를 막을 것이다. '위아(爲我)'라든가 '겸애(兼愛)'라든가 하는 것의 옳고 그른 것을 어느 겨를에 논하겠는가?

내가 보기에는 세간에서 감히 크게 간악한 짓을 하지 못하는 것은 성인의 교화에 힘입은 것이 아니라, 부처가 주는 벌을 두려워하기 때문이다. 산중에서 불경을 익히고 참선하는 무리들이 석가를 존경함은 진심과 지성이어서 죽더라도 여한이 없다. 존경할 만한 일이다. 그러나 이제 유학의 선비들은 성현에 대해서도 절박한 이해가 있다면 장차 반드시 티끌처럼 여기게 될 뿐이다."

왕 양 명 전 습 록 변 　하
王陽明傳習錄辨 下

지 여 지 통 기 자 통 지 한 기 자 한 지 기 기 자 기 기 위 설 역 가 위 교 의 연
至如知痛己自痛知寒己自寒知饑己自饑其爲說亦可謂巧矣然
통 여 기 한 내 신 심 소 치 지 사 연 경 이 득 명 자 이 비 의 리 지 행 지 칭 야 지
痛與饑寒乃身心所値之事緣境而得名者耳非義理知行之稱也知
질 통 이 처 득 기 도 방 가 위 질 통 지 지 행 지 기 한 이 처 득 기 도 방 가 위 기
疾痛而處得其道方可謂疾痛之知行知饑寒而處得其道方可謂饑

한 지 지 행 약 단 통 이 위 지 행 즉 소 행 자 혈 기 이 비 의 리 야 약 단 기 한 이
寒之知行若但痛而謂之行則所行者血氣耳非義理也若但饑寒而
위 지 행 즉 소 행 자 인 심 이 비 도 심 야 차 통 이 지 통 기 한 이 지 기 한 도 인
謂之行則所行者人心耳非道心也且痛而知痛饑寒而知饑寒途人
걸 인 여 금 수 개 능 지 약 시 이 가 위 지 지 행 하 귀 어 학 문 위 재 부 이 지 통
乞人與禽獸皆能之若是而可謂之知行何貴於學問爲哉夫以知痛
상 식 기 포 위 성 차 본 출 어 고 여 생 지 위 성 지 설 양 명 소 견 정 관 어 차 고
庠識饑飽爲性此本出於告予生之謂性之説陽明所見正慣於此故
신 구 설 출 이 식 기 변 연 이 기 설 단 가 시 어 형 기 지 욕 이 불 가 유 어 의 리
信口説出以飾其辨然而其説但可施於形氣之欲而不可喩於義理
지 지 행 고 어 효 어 제 불 왈 지 효 기 자 효 지 제 기 자 제 단 왈 인 지 칭 효 칭
之知行故於孝於弟不曰知孝己自孝知弟己自弟但曰人之稱孝稱
제 자 필 이 행 효 행 제 즉 여 전 후 어 의 불 상 낙 응 종 언 고 인 소 이 기 설 지
弟者必已行孝行弟則與前後語意不相諾應終言古人所以旣説知
우 설 행 처 미 면 지 의 구 분 작 량 개 설 개 도 리 본 여 차 종 곤 불 합 득 고 야
又説行處未免只依舊分作兩個説盖道理本如此終滾不合得故也

우 왈 황 근 안 진 백 사 왕 양 명 지 학 개 출 어 상 산 이 이 본 심 위 종 개 개
又曰滉謹按陳白沙王陽明之學皆出於象山而以本心爲宗盖皆
선 학 야 연 백 사 유 미 순 위 선 이 유 근 어 오 학 고 자 언 기 위 학 지 초 성 현
禪學也然白沙猶未純爲禪而有近於吾學故自言其爲學之初聖賢
지 서 무 소 불 강 두 문 루 년 이 오 차 심 여 차 리 미 주 박 문 합 어 시 사 번 구
之書無所不講杜門累年而吾此心與此理未湊泊脗合於是舍繁求
약 정 좌 구 지 연 후 견 심 체 정 로 일 용 응 수 수 오 소 욕 체 인 물 리 계 제 성
約靜坐久之然後見心體呈露日用應需隨吾所欲體認物理稽諸聖
훈 각 유 두 서 래 력 시 환 연 자 신 운 차 기 부 진 폐 서 훈 부 진 삭 물 리 대 개
訓各有頭緒來歷始渙然自信云此其不盡廢書訓不盡鑠物理大槪
불 심 반 거 단 기 오 입 처 종 시 탄 가 기 량 고 수 자 위 비 선 이 기 언 왕 왕 현
不甚畔去但其悟入處終是憚家伎倆故雖自謂非禪而其言往々顯
시 선 어 라 정 암 기 언 지 이 기 고 제 하 극 공 역 위 기 사 유 과 고 지 의 후 학
是禪語羅整庵己言之而其高弟賀克恭亦謂其師有過高之意後學
종 기 선 개 기 차 가 야 지 여 양 명 자 학 술 파 특 기 심 강 한 자 용 기 변 장 황
從其善改其差可也至如陽明者學術頗忒其心强狠自用其辯張皇
진 요 사 인 현 혹 이 상 기 소 수 적 인 의 란 천 하 미 필 비 차 인 야 상 기 소 이
震耀使人眩惑而喪其所守賊仁義亂天下未必非此人也詳其所以
지 차 자 역 지 위 염 사 물 지 위 심 해 이 욕 거 지 고 불 욕 멸 륜 절 물 여 석 씨
至此者亦只爲厭事物之爲心害而欲去之顧不欲滅倫絶物如釋氏

소 위 어 시 창 위 심 즉 리 야 지 설 위 천 하 지 리 지 재 어 오 내 이 부 재 어 사
所爲於是創爲心卽理也之說謂天下之理只在於吾內而不在於事
물 학 자 단 당 무 존 차 심 이 부 당 일 호 구 리 어 외 지 사 물 연 즉 소 위 사 물
物學者但當務存此心而不當一毫求理於外之事物然則所謂事物
자 수 여 오 륜 지 중 유 역 가 무 역 가 잔 이 거 지 역 가 야 시 용 유 이 어 석 씨
者雖如五倫之重有亦可無亦可剗而去之亦可也是庸有異於釋氏
지 교 호 재 지 차 이 규 제 성 현 지 훈 이 불 합 즉 우 솔 이 기 의 개 변 경 훈 이
之敎乎哉持此而揆諸聖賢之訓而不合則又率以己意改變經訓以
종 기 사 견 내 감 사 위 피 음 사 둔 지 설 반 도 비 성 무 소 외 탄 욕 배 궁 리 지
從其邪見乃敢肆爲詖淫邪遁之說畔道非聖無所畏憚欲排窮理之
학 즉 척 주 설 어 홍 수 맹 수 지 재 욕 제 번 문 지 폐 즉 이 시 황 분 서 위 득 공
學則斥朱說於洪水猛獸之災欲除繁文之弊則以始皇焚書爲得孔
자 산 술 지 의 기 언 약 시 이 자 위 비 광 혹 상 심 지 인 오 불 신 야 사 약 인 자
子刪述之意其言若是而自謂非狂惑喪心之人吾不信也使若人者
득 군 이 행 기 지 즉 사 문 사 세 지 화 미 지 기 숙 렬 어 진 야 사 설 지 함 인 일
得君而行其志則斯文斯世之禍未知其孰烈於秦也邪說之陷人一
지 어 차 가 승 탄 재
至於此可勝歎哉

우 안 주 자 만 년 견 문 제 자 다 격 요 어 문 의 과 파 지 시 본 체 이 유 귀 중
又按朱子晩年見門弟子多繳繞於文義果頗指示本體而有歸重
어 존 덕 성 지 론 연 시 기 전 폐 도 문 학 지 공 민 사 물 지 리 여 양 명 소 운 자
於尊德性之論然是豈全廢道問學之功泯事物之理如陽明所云者
재 이 양 명 내 욕 인 차 이 자 부 어 주 설 기 역 오 의 황 입 대 학 자 선 소 학 욕
哉而陽明乃欲引此以自附於朱說其亦誤矣況入大學者先小學欲
격 물 자 무 함 양 차 고 주 자 지 본 의 이 견 어 대 학 혹 문 여 답 오 회 숙 서 약
格物者務涵養此固朱子之本意而見於大學或問與答吳晦叔書若
차 류 심 다 불 시 정 녕 반 복 삼 치 의 언 하 상 사 인 축 외 이 기 본 원 재
此類甚多不啻丁寧反覆三致意焉何嘗使人逐外而忌本原哉

장 계 곡 만 필 왈 중 국 학 술 다 기 유 정 학 언 유 선 학 언 유 단 학 언 유 학
張谿谷謾筆曰中國學術多岐有正學焉有禪學焉有丹學焉有學
정 주 자 유 학 륙 왕 자 문 경 불 일 이 아 국 즉 무 론 유 식 무 식 협 협 독 서 자
程朱者有學陸王者門徑不一而我國則無論有識無識挾篋讀書者
개 칭 송 정 주 미 문 유 타 학 언 기 아 국 토 과 개 현 어 중 국 야 왈 비 연 야 중
皆稱頌程朱未聞有他學焉豈我國土果皆賢於中國耶曰非然也中
국 유 학 자 아 국 무 학 자 개 중 국 인 재 지 취 파 불 록 록 특 유 지 지 사 이 실
國有學者我國無學者蓋中國人材志趣頗不碌々特有志之士以實

심 향 학 고 수 기 소 호 이 학 부 동 연 왕 왕 각 유 실 득 아 국 즉 불 연 악 착 구
心向學故隨其所好而學不同然往々各有實得我國則不然齷齪拘
속 도 무 지 기 단 문 정 주 지 학 세 소 귀 중 구 도 이 모 존 지 어 차 가 이 견 오
束都無志氣但聞程朱之學世所貴重口道而貌尊之於此可以見吾
동 학 계 지 구 속 이 유 학 지 부 진 야
東學界之拘束而儒學之不進也

이 성 호 사 설 왈 자 왈 공 호 이 단 사 해 야 기 수 금 기 전 치 이 미 상 배 거
李星湖僿說曰子曰攻乎異端斯害也已雖禁其專治而未嘗排去
심 엄 유 재 소 도 가 관 지 내 야 맹 자 거 양 묵 즉 비 지 홍 수 맹 수 수 점 인 이
甚嚴猶在小道可觀之内也孟子距楊墨則比之洪水猛獸水墊人而
수 담 인 필 구 제 내 기 우 지 정 주 척 불 로 즉 유 구 여 지 고 지 오 인 위 기 미
獸噉人必驅除乃已又至程朱斥佛老則惟懼如脂膏之汚人爲其彌
근 리 이 대 란 진 성 왕 부 작 세 치 불 복 사 민 지 궁 액 극 의 인 인 군 자 사 소
近理而大亂眞聖王不作世治不復斯民之窮厄極矣仁人君子思所
증 구 시 위 목 하 지 급 무 구 궐 유 래 공 비 이 단 지 위 방 야 한 퇴 지 작 원 도
拯救是爲目下之急務究厥由來恐非異端之爲妨也韓退之作原道
이 계 맹 자 기 언 왈 농 가 일 이 식 속 지 가 륙 공 상 개 연 차 사 지 엽 세 쇠 정
以繼孟子其言曰農家一而食粟之家六工商皆然此似枝葉世衰政
란 안 좌 이 식 척 겁 이 탈 사 남 무 지 인 부 득 전 거 부 득 용 력 우 부 득 자 식
亂安坐而食戚㤼而奪使南畝之人不得奠居不得用力又不得自食
기 력 지 소 출 여 불 로 하 간 석 호 퇴 지 지 설 부 득 위 통 론 자 왈 부 이 후 교
其力之所出與佛老何干惜乎退之々說不得爲通論子曰富而後教
지 교 자 오 륜 위 요 삼 물 흥 동 팔 형 신 계 차 기 유 난 지 지 의 이 이 단 지 소
之教者五倫爲要三物興動八刑申戒此豈有難知之義而異端之所
능 란 자 야 피 불 로 지 학 절 기 호 귀 청 정 일 생 신 고 우 궁 산 비 상 인 지 소
能亂者也彼佛老之學絶嗜好貴清淨一生辛苦于窮山非常人之所
열 약 과 부 서 이 락 업 기 일 종 유 선 지 외 필 장 생 로 어 환 도 지 간 하 환 도
悦若果富庶而樂業其一種幽禪之外必將生老於環堵之間何患道
지 불 명 황 아 방 무 도 류 유 끽 채 행 각 지 도 막 비 도 부 역 지 맹 금 독 서 담
之不明况我邦無道流惟喫菜行脚之徒莫非逃賦役之氓今讀書談
도 지 사 분 쟁 어 구 자 지 간 변 석 어 호 망 지 제 무 비 존 정 모 주 추 추 보 보
道之士紛爭於句字之間辨析於毫芒之際無非尊程慕朱趨々步々
수 사 소 차 오 료 불 견 이 단 지 기 혹 종 차 이 등 공 등 경 연 민 불 소 이 국 불
雖些少差誤了不見異端之岐惑從此而登公登卿然民不蘇而國不
치 하 여 어 도 지 명 불 명 야 군 자 거 치 성 교 화 지 세 명 도 위 중 척 이 단 소
治何與於道之明不明耶君子居治成教化之世明道爲重斥異端所

이 명 도 야 지 후 세 즉 립 법 위 급 립 법 소 이 우 민 맹 자 소 위 정 형 시 야
以明道也至後世則立法爲急立法所以優民孟子所謂政刑是也

우 왈 오 곡 미 숙 불 여 제 패 금 세 성 인 지 도 수 위 지 기 절 가 야 진 신 학
又曰五穀未熟不如稊稗今世聖人之道雖謂之已絶可也搢紳學

사 유 담 공 맹 이 기 실 단 무 일 호 준 봉 지 의 관 신 기 거 막 비 리 명 리 작 야
士遊談孔孟而其實斷無一毫遵奉之意冠紳起㞐莫非利名利爵也

양 묵 이 설 금 무 존 자 이 령 목 시 도 도 시 양 묵 지 죄 인 야 참 탐 진 추 승 순
楊墨異說今無存者耳聆目視滔々是楊墨之罪人也饞貪進趨承順

후 기 어 형 세 지 도 자 양 견 지 필 엄 목 의 장 감 학 해 불 휼 일 이 지 외 자 묵
喉氣於形勢之塗者楊見之必掩目矣贓斂虐害不恤一己之外者墨

문 지 필 색 이 의 위 아 겸 애 해 가 론 재 여 견 려 염 지 간 불 감 위 대 간 악 자
聞之必塞耳矣爲我兼愛奚暇論哉余見閭閻之間不敢爲大奸惡者

비 성 인 지 화 다 시 외 불 명 벌 산 수 지 상 습 경 참 선 지 도 존 경 석 가 진 심
非聖人之化多是畏佛冥罰山藪之上習徑參禪之徒尊敬釋迦眞心

지 성 사 무 여 회 기 사 가 상 금 지 유 사 기 어 성 현 구 유 박 부 리 해 필 장 훼
至誠死無餘悔其事可尚今之儒士其於聖賢苟有剝膚利害必將毁

멸 여 토 개 이
滅如土芥耳

주해_ㅇ道問學(도문학)－격물치지(格物致知)의 공부. 《중용》 제27장에 나온다.

ㅇ碌碌(녹록)－구질구질하며 구차한 것.

ㅇ三物(삼물)－인재를 천거하는 세 가지 기준. 첫째가 지(智)・인(仁)・성(聖)・의(義)・충(忠)・화(和)요, 둘째는 효(孝)・우(友)・목(睦)・인(婣)・임(任)・휼(恤)이고, 예(禮)・악(樂)・사(射)・어(御)・서(書)・수(數)가 셋째이다.

ㅇ八刑(팔형)－불효(不孝)・불목(不睦)・불인(不婣)・부제(不弟)・불임(不姙)・불휼(不恤)・조언(造言)・난민(亂民) 등의 여덟 가지 조목의 형벌로 다스린 일.

ㅇ㞐(거)－거(居)의 고자(古字).

정제두(鄭齊斗)

자는 사앙(士仰), 호는 하곡(霞谷)으로 연일(延日) 사람이다. 숙종

(肅宗) 때 벼슬에 뽑혀 좌찬성(左贊成)에 이르렀다. 향년 88세이며 시호는 문강(文康)이다. 공은 포은(圃隱) 정몽주(鄭夢周)의 후손이니 문호(門戶)가 혁혁한 집안으로 인평위(寅平尉) 제현(齊賢)의 사촌동생이며 정관재(靜觀齋) 이단상(李端相)과는 인친(姻親) 관계이다.

이때 유명한 산림의 학자로 태두들이 대단히 많았고, 또 포은의 학문이 처음에 정주학을 모범으로 삼아 조선에 이르러서 법식을 이룰 때였다. 그래서 만약 학문이 조금이라도 정주학과 다른 점이 있으면 요란스럽게 떠들어 공격해 이단으로 배척했다. 공은 홀로 이런 데 마음을 쓰지 않고 전적으로 왕양명의 양지(良知)의 학문을 강구했으며, 그의 독실한 효제(孝悌)는 금옥(金玉)과 같아서 사람들이 모두 우러러 존경하였고 다른 말이 없었다. 조선의 학자 가운데 화담은 장횡거(張橫渠)의 학문을 칭술(稱述)하였고, 하곡은 양명학을 칭술하였으니 정주학 이외의 학문을 한 학자는 다만 이 두 학자가 있을 뿐이다. 집안에 문집이 전해온다.

성호 이익은 이렇게 말했다.

"송나라 이후부터 유학은 더욱 심오해지고 은미해져서 한 글자 두 글자의 뜻을 철저히 연구 토론하여 그 변설이 책상에 가득하게 되었다. 사람들은 이에 골몰하였고, 또 지식을 닦는 데에만 급하고 행하는 데에는 게을렀다. 성인께서 말씀하신, '행하고서 남은 힘이 있거든 글을 배우라'는 교훈과는 그 기상이 같지 않았다. 태극설을 읽으면서는 이미 한 구절, 즉 형체가 없지만 이치는 있다는 뜻을 알 수 있었다. 그러나 주자 이후로는 허다한 사람들이 저마다 각기 허다한 설을 내었다. 《대학》만 해도 〈장구(章句)〉가 있고, 〈혹문(或問)〉이 있고, 〈장구어류(章句語類)〉가 있고, 〈혹문어류(或問語類)〉가 있으며, 《주자대전(朱子大全)》에도 여러 학자들의 말이 있다.

그래서 학문하는 사람들이 문득 이에 대한 이동(異同)과 득실(得失)만을 철저히 궁리하여 따지느라 다른 데는 힘이 미칠 겨를이 없었으니 이 또한 세상의 가르침이 매양 발전하지 못한 까닭이다. 주자 역시 만년에는 문인들이 글의 뜻에만 얽매이는 것을 걱정하였으니, 이는 바로 우리들이 마땅히 깊이 염려해야 할 것이다. 또《대학》의 첫머리에 있는 격물(格物)·치지(致知)·성의(誠意)·정심(正心)의 뜻을 이해하기 어려운 것으로 여기고 있지만, 내 생각에는 알려고 하는 것은 장차 행하려고 하는 것이며, 행하는 것 중에는 효도보다 먼저 해야 할 것이 없다고 본다. 이제 시험삼아 효도 한 가지만을 가지고 말해보면, 그 마땅히 해야 할 효도를 격치(格致)하여 조금도 미진한 점이 없게 한 뒤에 뜻을 성실히 해야 할 것이다. 뜻을 성실히 하기를, 여색을 좋아하듯이 하면 문득 그대로 실천될 따름인데 어찌 다시 정심을 말해야만 하겠는가?

만약 이 글이 처음에 격물을 말하지 않고 다만 치지를 첫머리로 삼고, 또 정심을 버리고 성의만을 말했거나 혹 또 성심(誠心)이라고 말했다면 의(意) 역시 심(心)이니 후세 사람들이 그 가운데에 이 격물이니 정심이니 하는 두 조목이 빠졌음을 알 수 있겠는가? 또 격(格)이란 이른다는 뜻인데, 물(物)을 이르게 하면 물이 이르는 것이 마치 뜻을 성성스럽게 하면 뜻이 성성스러워지고, 그 물을 끝까지 궁구하여 이르게 하면 물이 문득 이른다는 것과 같다. 몸 가운데에 마음이 있고, 마음 가운데 지(知)가 있으니 진실로 치지를 하려면 먼저 그 물리(物理)를 궁구하는 것 또한 마땅하다. 그러나 치지란 것도 다른 길이 있지 않고 그 중 한 물을 격하고, 또 한 물을 격하여 격하지 않은 것이 없는 데 이르도록 하는 것에 지나지 않을 따름이다.

성인의 말씀이 본래 간략하니 비록 이 한 조목을 빼버린다 하더라도 치지만 하고 격물은 하지 않을까 걱정하지 않아도 된다. 또 격이란 궁구하여 이르도록 한다는 뜻이니, 다만 격물만 말했더라도 물이 이르게 되면 치지는 그 가운데 있게 될 것이다. 진실로 이렇게 했다면 혹 후학들의 서로 다투는 한 가지의 폐단은 없앨 수 있을 것이다."

또 이렇게 말했다.

“경전을 읽기란 어찌 어렵지 않겠는가? 주자 이후부터 주석이 제일 잘 갖추어진 것으로 《대학》과 《중용》의 두 책만한 것이 없다. 그 깊고 오묘한 뜻은 그만두고 논하지 않더라도 《중용》 제19장 주(註)의 ‘실제자형제지자(實弟子兄弟之子)’에서 지(之)자는 바로 제(弟)자를 잘못 쓴 것이다. 《대학》 경(經) 1장 주의 ‘지어지선지지이불천(止於至善之地而不遷)’에서 지(止)자는 바로 지(至)자를 잘못 쓴 것인데 고금의 여러 학자들이 모두 발견해내지 못하고서 다만 한 글자라도 의심을 하면 망령된 것이요, 이것저것 고증하여 대조하면 죄가 된다고 했을 뿐이다. 주자의 글도 오히려 이와 같은데 더구나 옛 경서이겠는가?

우리나라 사람의 학문은 거친 폐단을 면하기 어렵다. 중세에 회재 이언적이 《대학》의 장구(章句)를 고쳐 바꾸어 놓은 보유서(補遺書)가 있었고, 율곡 이이가 《중용》 장구의 ‘기이성형이리역부언(氣以成形而理亦賦焉)’이라는 구절이 이치에 맞지 않는다고 《성학집요(聖學輯要)》에서 말했는데, 이것이 이미 모두 간행되었거나 혹은 경연에서 진강(進講)하기도 하였다. 이로 본다면 유문(儒門)의 금고(禁錮)가 후세에 점점 더해지게 되었다.”

정 제 두 자 사 앙 호 하 곡 연 일 인 인 조 기 축 생 숙 종 시 초 선 관 지 좌
鄭齊斗字士仰號霞谷延日人 仁祖己丑生肅宗時抄選官至左
찬 성 병 신 졸 수 팔 십 팔 시 문 강 공 이 포 은 지 후 문 호 혁 석 인 평 위 제 현
贊成丙辰卒壽八十八諡文康公以圃隱之後門户赫舄寅平尉齊賢
지 제 야 정 관 재 리 단 상 지 련 인 야 시 시 산 림 학 자 명 제 산 두 자 극 다 차
之弟也靜觀齋李端相之連姻也是時山林學者名齊山斗者極多且
포 은 지 학 시 이 락 민 위 범 지 우 본 조 일 부 성 법 약 학 문 소 여 락 민 유 이
圃隱之學始以洛閩爲範至于本朝一副成法若學問少與洛閩有異
즉 화 연 척 지 위 이 단 공 독 불 이 위 의 전 이 강 구 어 요 강 량 지 지 학 이 기
則譁然斥之爲異端公獨不以爲意專以講究於姚江良知之學以其
독 행 효 제 여 금 여 옥 인 개 앙 지 무 이 사 언 조 선 학 자 지 내 화 담 칭 횡 거
篤行孝悌如金如玉人皆仰之無異辭焉朝鮮學者之内花潭稱横渠

학 하 곡 칭 양 명 학 지 차 이 가 이 기 야 유 문 집 장 우 가
學霞谷稱陽明學只此二家而己也有文集藏于家

성 호 유 언 왈 자 송 이 환 유 학 전 심 전 은 일 자 량 자 지 의 심 구 극 토 변
星湖有言曰自宋以還儒學轉深轉隱一字兩字之義深究極討辨
설 영 협 인 편 골 골 몰 몰 우 불 면 급 어 지 이 완 어 행 여 성 인 행 유 여 력 즉
說盈篋人便汩々沒々又不免急於知而緩於行與聖人行有餘力則
이 학 문 지 교 기 상 불 모 의 여 독 태 극 설 기 지 저 일 구 위 무 형 유 리 지 의
以學文之教氣象不侔矣如讀太極說旣知這一句爲無形有理之義
연 이 후 주 자 허 다 인 필 각 유 허 다 설 여 대 학 유 장 구 유 혹 문 유 장 구 어
然而後朱子許多人必各有許多說如大學有章句有或問有章句語
류 유 혹 문 어 류 유 대 전 제 자 설 인 각 거 궁 힐 어 동 이 득 실 이 무 가 호 급
類有或問語類有大全諸子說人却去窮詰於同異得失而無暇乎及
타 역 세 교 소 이 매 하 야 주 자 만 년 역 이 문 인 지 격 요 문 의 위 우 차 정 오
他亦世教所以每下也朱子晚年亦以門人之繳繞文義爲憂此正吾
배 당 심 려 차 대 학 일 서 벽 약 두 이 격 치 성 정 위 난 효 여 위 지 자 림 욕 행
輩當深慮且大學一書劈礿頭以格致誠正爲難曉余謂知者臨欲行
지 야 행 막 선 어 효 시 이 효 지 일 사 언 지 격 치 기 당 효 무 복 여 온 연 후 성
之也行莫先於孝試以孝之一事言之格致其當孝無復餘蘊然後誠
의 이 성 의 여 호 호 색 즉 각 거 행 지 이 기 하 필 언 심 부 정 야 여 차 서 초 불
意而誠意如好々色則却去行之而己何必言心復正耶如此書初不
언 격 물 지 이 치 지 위 수 우 거 정 심 지 언 성 의 차 운 성 심 즉 의 역 심 야 후
言格物只以致知爲首又去正心只言誠意且云誠心則意亦心也後
인 기 능 취 기 중 인 기 궐 각 이 조 목 야 차 격 지 야 격 물 이 물 격 여 성 의 이
人其能就其中認其闕却二條目耶且格至也格物而物格如誠意而
의 성 궁 지 기 물 물 편 궁 지 의 신 중 유 심 심 중 유 지 구 욕 치 지 선 극 기 물
意誠窮至其物物便窮至矣身中有心心中有知苟欲致知先極其物
리 역 선 연 연 치 비 유 타 로 불 과 격 기 일 물 이 물 지 어 무 불 격 이 기 성 인
理亦宣然然致非有他路不過格其一物二物至於無不格而己聖人
언 간 수 거 차 일 조 역 불 우 치 지 지 불 격 물 야 우 격 궁 지 야 지 언 격 물 이
言簡雖去此一條亦不憂致知之不格物也又格窮至也只言格物而
물 격 즉 치 지 재 기 중 구 사 여 차 혹 제 후 학 지 일 단 쟁 경
物格則致知在其中苟使如此或除後學之一段爭競

우 왈 간 경 기 불 난 호 주 자 이 후 전 석 지 비 구 막 여 용 학 이 서 기 심 의
又曰看經豈不難乎朱子以後箋釋之備具莫如庸學二書其深義
오 결 치 불 론 중 용 십 구 장 주 실 제 자 형 제 지 자 차 지 자 즉 제 자 지 오 대
奧訣置不論中庸十九章註實弟子兄弟之子此之字卽弟字之誤大

학 경 일 장 주 지 어 지 선 지 지 이 불 천 차 지 자 즉 지 자 지 오 금 고 제 유 개
學經一章註止於至善之地而不遷此止字卽至字之誤今古諸儒皆
불 능 간 득 출 야 단 왈 일 자 치 의 즉 망 야 고 교 참 호 즉 죄 야 주 자 지 문 상
不能看得出也但曰一字致疑則妄也考較參互則罪也朱子之文尚
여 차 황 고 경 호 동 인 지 학 수 면 로 망 의 중 세 리 회 재 개 환 대 학 장 구 유
如此況古經乎東人之學雖免魯莽矣中世李晦齋改換大學章句有
보 유 서 리 률 곡 위 중 용 장 구 기 이 성 형 이 리 역 부 언 유 병 유 성 학 집 요
補遺書李栗谷謂中庸章句氣以成形而理亦賦焉有病有聖學輯要
개 기 간 행 혹 위 진 강 연 즉 유 문 금 고 후 래 전 급 의
皆己刊行或爲進講然則儒門禁錮後來轉急矣

주해_ o抄選(초선) - 경연관(經筵官)으로 선발되는 것.

허목(許穆)

자는 화보(和父), 호는 미수(眉叟), 태령노인(台嶺老人), 석호장인(石戶丈人)으로 양천(陽川) 사람이다. 효종(孝宗) 때 참봉으로 천거되었으나 나아가지 않았는데 후에 장령(掌令)에 임명되었다. 경자년에 복제(服制)에 대한 상소로 인하여 삼척부사(三陟府使)로 출보(黜補)되었다. 그때 동해(東海)의 수해가 걱정거리였는데 〈동해송(東海頌)〉을 지었더니 물이 물러가 다시는 폐해를 주지 않았다. 숙종 초기에 대사헌에 특배(特拜)되어 〈심학도(心學圖)〉와 〈요순우전수심법도(堯舜禹傳授心法圖)〉를 바쳤고, 또 《서경(書經)》의 〈고요모(皐陶謨)〉와 〈익직(益稷)〉 등 3편을 전자(篆字)로 써서 바쳤다. 벼슬은 우의정까지 올랐고 향년 88세이다. 시호는 문정(文正)이다.

공은 나면서부터 눈썹이 길어서 호를 미수(眉叟)라 하였고, 손에는 문(文)자 모양의 무늬가 있었으며, 발에는 정(正)자 모양의 무늬가 있었다. 어렸을 때 유모가 업고 저자에 나갔더니 한 중국 사람이 어루만지면서 탄식하기를, "작은 나라에 이러한 대인이 탄생하였구나." 하였다. 전자체(篆字體)는 신우비(神禹碑)의 힘찬 고법(古法)을 배워 동방의 제1인자가 되었다. 저서에 《기언(記言)》 50권이 있다.

허 미 수 목 자 화 보 양 천 인 선 조 을 미 생 효 종 조 천 제 참 봉 불 취 후
許眉叟穆字和父陽川人 宣祖乙未生 孝宗朝薦除衆奉不就後

배 장 령 경 자 이 복 제 소 출 보 삼 척 부 사 동 해 유 수 위 환 찬 동 해 송 수 위
拜掌令庚子以服制疏黜輔三陟府使東海有水爲患撰東海頌水爲

지 각 불 부 위 해 숙 종 초 특 배 대 사 헌 진 심 학 도 급 요 순 우 전 수 심 법 도
之却不復爲害肅宗初特拜大司憲進心學圖及堯舜禹傳授心法圖

우 전 진 고 요 모 익 직 삼 편 승 배 우 의 정 임 술 졸 수 팔 십 팔 시 문 정 생 유
又篆進皐陶謨益稷三篇陞拜右議政壬戌卒壽八十八謚文正生有

장 미 고 호 미 수 우 왈 태 령 로 인 석 호 장 인 유 문 재 수 왈 문 재 족 왈 정 유
長眉故號眉叟又曰台嶺老人石户丈人有文在手曰文在足曰正幼

시 유 온 부 왕 시 일 화 인 무 지 탄 왈 소 국 내 생 차 대 인 전 체 학 신 우 비 창
時乳媪負往市一華人撫之歎曰小國乃生此大人篆體學神禹碑蒼

경 고 법 위 동 방 제 일 소 저 유 기 언 오 십 권
勁古法爲東方第一所著有記言五十卷

송시열(宋時烈)

자는 영보(英甫), 호는 우암(尤庵)으로 은진(恩津) 사람이다. 계유년 사마시(司馬試)에 장원으로 급제하여 경릉참봉을 배명하였고, 얼마 후에는 대군(大君)의 사부가 되었다. 효종 초에 예조참판으로 부름을 받았고, 바로 이조참판으로 승직되어 온 나라의 정사를 모두 청리(聽理)함으로써 세상에서 소열제(昭烈帝)와 제갈공명의 사이에 비유하였는데 효종이 승하하자 마침내 향리로 돌아왔다.

숙종 초에 예론(禮論)으로 말미암아 장기(長鬐)로 귀양갔다가 뒤에 거제(巨濟)로 옮겨 경신년에 풀려 돌아왔고, 기사년에 다시 제주에 위리안치(圍籬安置)되었다가 마침내 사사(賜死)되었다. 갑술년에 관직을 회복하여 우의정으로 올렸으며, 시호는 문정(文正)인데 문묘에 배향되었다. 저서로는 문집 1백여편이 전해지고 있으며, 또 《주자대전차의(朱子大全箚疑)》·《이정서분류(二程書分類)》·《어류소분(語類小分)》·《문의통고(問議通攷)》 등의 저서가 있다. 졸한 뒤에 문인 권상하(權尙夏) 등이 선생의 유언에 따라 화양동(華陽洞)에 만동묘(萬

東廟)를 세웠다.

일찍이 말하기를, "퇴계의 '이발(理發)'이라는 한 구절은 크게 잘못된 것이다. 이(理)는 정이 없고 운용이나 조작함이 없는 물건이다. 이(理)가 기(氣) 가운데에 있기 때문에 기가 능히 운용하고 작위(作爲)함에 이 또한 품부되는 것이다." 했다.

또 말하기를, "성(性)은 작위함이 없는 물건이요, 심(心)은 운용하는 물건이며, 정은 모르는 사이에 튀어나와서 사람의 생각하여 헤아리는 것을 말미암지 않는 것이요, 의(意)는 비교하고 헤아리며 모책하는 물건이다." 하였다.

상고하건대 우암의 학문은 오로지 기(氣)를 주로 하고 이(理)를 주로 하지 않았다. 그래서 그 말에 이르기를, "심(心)은 이요, 성은 기이다. 기는 바로 음양이요, 이는 바로 태극"이라고 했다. 또 말하기를, "대개 성(性)은 작위함이 없는 물건이요, 심(心)은 운용하는 물(物)이며, 성은 부지불각에 튀어나와 사람의 상량(商量)을 경유하지 않는 물이요, 의(意)는 비교하고 따지며 꾀하는 물이다." 했으며, 또 말하기를, "여기에서의 심(心)은 기(器)요, 성은 그릇 가운데의 물이요, 정(情)은 이것이 쏟아져 나온 것"이라 했다.

송 우 암 시 렬 자 영 보 은 진 인 선 조 정 미 생 계 유 괴 사 마 배 경 릉 참
宋尤庵時烈字英甫恩津人 宣祖丁未生癸酉魁司馬拜敬陵叅
봉 심 위 대 군 사 전 효 묘 초 소 이 례 조 참 판 선 승 리 판 거 국 이 청 지 세 이
奉尋爲大君師傳孝廟初召以禮曹叅判旋陞吏判擧國而聽之世以
소 렬 공 명 의 지 상 승 하 수 반 초 복 숙 종 초 인 례 론 안 치 장 기 후 이 거
昭烈孔明擬之上昇遐遂反初服 肅宗初因禮論安置長鬐後移巨
제 경 신 사 환 기 사 부 천 극 제 주 경 사 사 갑 술 복 관 우 의 정 시 문 정 배 형
濟庚申赦還己巳復栫棘濟州竟賜死甲戌復官右議政謚文正配亨
문 묘 소 저 문 집 백 여 권 행 우 세 우 유 주 자 대 전 답 의 이 정 서 분 류 어 류
文廟所著文集百餘卷行于世又有朱子大全劄疑二程書分類語類
소 분 문 의 통 고 제 서 몰 후 문 인 권 상 하 등 이 유 교 건 만 동 묘 우 화 양 동
小分問議通攷諸書歿後門人權尚夏等以遺敎建萬東廟于華陽洞

상 왈 퇴 계 리 발 일 구 대 오 리 시 무 정 무 운 용 조 작 지 물 리 재 기 중 고
嘗曰退溪理發一句大誤理是無情無運用造作之物理在氣中故
기 능 운 용 작 위 이 리 역 부 언 우 왈 성 시 무 작 위 저 물 심 시 운 용 저 물 정
氣能運用作爲而理亦賦焉又曰性是無作爲底物心是運用底物情
시 부 지 불 각 틈 연 출 래 불 유 인 상 량 저 물 의 시 교 계 모 위 저 물 안 우 암
是不知不覺闖然出來不由人商量底物意是較計謀爲底物按尤庵
지 학 전 주 기 이 미 상 주 리 고 기 언 왈 심 시 리 이 성 시 기 기 즉 음 양 이 리
之學專主氣而美嘗主理故其言曰心是理而性是氣氣卽陰陽而理
즉 태 극 야 우 왈 대 개 성 시 무 작 위 저 물 심 시 운 용 저 물 정 시 부 지 불 각
卽太極也又曰大槪性是無作爲底物心是運用底物情是不知不覺
틈 연 출 래 불 유 인 상 량 저 물 의 시 교 계 모 위 저 물 우 왈 차 지 심 기 야 성
闖然出來不由人商量底物意是較計謀爲底物又曰此之心器也性
기 중 지 수 야 정 시 차 지 사 출 자 야
器中之水也情是此之瀉出者也

주해_ㅇ栫棘(천극)-가시 울타리로 막는 것.
ㅇ萬東廟(만동묘)-명(明)나라 신종(神宗)과 의종(毅宗) 황제를 받들어 모신 사당. 임진왜란 때 도와준 감사의 뜻으로 세웠다.

송준길(宋浚吉)

자는 명보(明甫), 호는 동춘당(同春堂)으로 은신(恩津) 사람이다. 어려서부터 남달리 총명하였다. 독서하기를 즐기고 글씨쓰기를 좋아했는데 열 살이 채 되지 않아서였다. 죽창(竹窓) 이시직(李時稷)이 본래 글씨를 잘 썼는데 그의 글씨를 보고 말하기를, "네가 이미 나보다 잘 쓴다."고 했다.

갑자년에 사마양시(司馬兩試)에 합격했고, 임신년에 교관(敎官)에 임명되었다. 효종 초년에 먼저 공을 불러 계속하여 장령(掌令)과 진선(進善)을 제수하고, 승지(承旨)와 찬선(贊善)으로 승진시켰다. 기해년에는 병조판서와 이조판서, 우참찬에 특배되었는데, 이때 〈태극도설〉을 올렸다. 향년 67세이다. 시호는 문정(文正)으로 문묘에 배향되었으며 문집이 전한다.

우암 송시열은 다음과 같이 말했다.

“공은 타고난 자질이 뛰어나게 특이하고 정명(精明) 온수(溫粹)하며 맑고 밝아서 흠이 없었다. 얼굴빛이 태연하고 기운이 화평하였다. 선유 가운데 이연평(李延平)의 질박하고 성실함을 가장 사모하였고, 우리나라에서는 퇴계 이황 선생을 평생의 스승으로 삼아 본받았다. 그러므로 꿈에 보았다는 작품이 있으니, 아마 정신이 감통해서 그런 것이 아닐까?”

송 동 춘 준 길 자 명 보 은 진 인 선 조 병 오 생 유 총 영 절 인 희 독 서 호
宋同春浚吉字明甫恩津人 宣祖丙午生幼聰穎絶人喜讀書好
습 자 미 십 세 리 죽 창 시 직 소 선 서 견 지 왈 여 기 승 아 의 갑 자 중 사 마 량
習字未十歲李竹窓時稷素善書見之曰汝己勝我矣甲子中司馬兩
시 임 신 배 교 관 효 종 초 수 선 소 공 련 제 장 령 진 선 폐 승 지 찬 선 기 해 특
試壬申拜敎官孝宗初首先召公連除掌令進善陞承旨贊善己亥特
배 병 리 판 우 참 찬 진 태 극 도 설 임 자 졸 수 륙 십 칠 시 문 정 종 사 문 묘
拜兵吏判右叅贊進太極圖說壬子卒壽六十七謚文正 從祀文廟
유 문 집 행 우 세
有文集行于世

우 암 왈 공 천 자 절 이 정 명 온 수 형 철 무 하 색 이 기 화 어 선 유 최 모 리
尤庵曰公天資絶異精明溫粹瑩澈無瑕色夷氣和於先儒最慕李
연 평 지 질 각 어 본 조 즉 이 리 퇴 계 위 종 신 사 법 지 지 고 유 몽 견 지 작 기
延平之質慤於本朝則以李退溪爲終身師法之地故有夢見之作豈
정 신 감 통 이 연 여
精神感通而然歟

윤선거(尹宣擧)

자는 길보(吉甫), 호는 미촌(美村)으로 파평(坡平) 사람이다. 계유년에 사마양시(司馬兩試)에 합격하였으며 병자년에 소(疏)를 올려 청나라의 사신을 참하라고 청하고, 정축년 후에는 향리에 은거했다. 이로부터 연달아 벼슬에 임명되었으나 모두 나가지 않으면서 오직 강화도에서 난리에 임하여 죽지 못했음을 자책하고 지냈다. 효종이 진선

(進善)으로 부르자 대궐에 나아가 네 번 상소하여 사정을 아뢰고 사양했더니, 임금이 사복(士服)으로 입대(入對)하라고 명했으나 상소문만 남기고 물러나 돌아왔다. 현종 초에 불러서 집의를 제수하자 대궐에 달려가 효종의 장례를 모신 뒤에 돌아왔다. 향년 60세이다. 뒤에 문경(文敬)이란 시호를 받았으며, 유고(遺稿) 10권이 전한다.

윤 미 촌 선 거 자 길 보 파 평 인 광 해 경 술 생 계 유 중 사 마 량 시 병 자 항
尹美村宣擧字吉甫坡平人光海庚戌生癸酉中司馬兩試丙子抗
소 청 참 로 사 정 축 후 병 거 향 곡 자 시 련 제 관 개 불 취 인 강 도 림 란 불 사
疏請斬虜使丁丑後屛居鄕曲自是連除官皆不就引江都臨亂不死
이 자 구 효 종 명 이 진 선 예 궐 하 사 소 진 정 이 사 명 이 사 복 입 대 류 소 퇴
以自咎孝宗名以進善詣闕下四疏陳情以辭命以士服入對留疏退
귀 현 종 초 소 배 집 의 부 곡 관 하 과 대 장 이 귀 기 유 졸 수 륙 십 후 시 문 경
歸顯宗初召拜執義赴哭闕下過大葬而歸己酉卒壽六十後諡文敬
유 유 고 십 권
有遺稿十卷

주해_ㅇ江都(강도)-강화도. 임금이 피한 곳이라 이렇게 말했다.

이유태(李惟泰)

자는 태지(泰之), 호는 초려(草廬)로 경주(慶州) 사람이다. 유일(遺逸)로 벼슬이 대사헌(大司憲)에 이르렀다. 향년 70세이다.

유계(兪棨)

자는 무중(武仲), 호는 시남(市南)이니 기계(杞溪) 사람이다. 계유년 문과에 급제했다. 병자년에 화의(和議)를 배척한 죄로 임천(林川)으로 귀양갔으며, 인조가 승하했을 때 시호 문제로 해서 다시 온성(穩城)으로 귀양갔는데 후에 벼슬이 이조판서에 이르렀다. 향년 57세이며, 시호는 문충(文忠)이다.

정구(鄭逑)와 장현광(張顯光)의 문인들에는 허후(許厚) · 조임도(趙任道) · 신열도(申悅道) · 김응조(金應祖) · 이후경(李厚慶) · 이도자(李道孜) 등 제공이 있다.

이 초 려 유 태 자 태 지 경 주 인 선 조 정 미 생 이 유 일 관 지 대 사 헌 수
李草廬惟泰字泰之慶州人 宣祖丁未生以遺逸官至大司憲壽
칠 십 졸
七十卒

유 시 남 계 자 무 중 기 계 인 선 조 정 미 생 계 유 문 과 병 자 이 척 화 죄 편
兪市南棨字武仲杞溪人宣朝丁未生癸酉文科丙子以斥和罪編
배 림 천 인 조 승 하 이 시 호 사 찬 온 성 후 관 지 리 참 졸 년 오 십 칠 시 문 충
配林川 仁祖昇遐以謚號事竄穩城後官至吏叅卒年五十七謚文忠

허후(許厚)

자는 중경(重卿), 호는 관설(觀雪)로 양천(陽川) 사람이다. 효종이 특별히 지평(持平)을 제수하면서 이르기를, "그대의 강직함과 방정(方正)함을 들은 지 오래이나 조정에서 등용하지 못한지라, 이제 특별히 이 관직을 준다."고 하였다. 또 다른 호로 소암(素巖) · 성재(惺齋) · 둔계(遯溪)가 있다. 향년 73세이다. 《대학구결(大學口訣)》을 저술했으며 예의 · 전부(田賦) · 병률(兵律) · 산수(算數) · 천문 · 지리 등을 연구하지 않은 것이 없었다고 한다.

허 관 설 후 자 중 경 양 천 인 선 조 무 자 생 효 종 특 제 지 평 왈 강 방 정
許觀雪厚字重卿陽川人 宣祖戊子生 孝宗特除持平曰剛方正
직 문 지 구 의 조 정 불 용 고 특 제 운 우 호 소 암 우 성 재 우 둔 계 년 칠 십 삼
直聞之久矣朝廷不用故特除云又號素巖又惺齋又遯溪年七十三
졸 저 대 학 구 결 례 의 전 부 병 률 산 수 천 문 지 리 무 소 불 구 운
卒著大學口訣禮義田賦兵律算數天文地理無所不究云

조임도(趙任道)

자는 덕용(德勇), 호는 간송당(澗松堂)으로 함안(咸安) 사람이다.

40년 동안 학문에 종사하여 정주학(程朱學)에 마음을 쏟아 연구하였다. 몸가짐을 매우 엄격하게 하였으며 상중(喪中)에 효성을 극진히 하여 〈풍수음(風樹吟)〉과 〈유모가(孺慕歌)〉를 지었다.

광해군 때 정인홍이 각 고을의 유생들을 시켜 상소문을 만들어 퇴계를 공격하고 배척하자 공이 봉몽(逄蒙)과 유공지사(庾公之斯)의 일을 인용하여 엄하게 배척했다. 이 일로 인하여 정인홍의 미움을 받게 되자 칠원(漆原) 땅으로 피하여 살면서 강에서 몸소 물고기를 잡아 어버이를 봉양하였다. 향년 80세이다. 벼슬은 대군(大君)의 사부(師傅)에 이르렀다.

신열도(申悅道)

자는 진보(晋甫), 호는 나재(懶齋)인데 아주(鵝州) 사람이다. 10여세에 경사(經史) 백가(百家)를 통했다. 갑자년 문과에 급제했으며 벼슬이 목사(牧使)에 이르렀다. 향년 71세이다. 저서에《조천록(朝天錄)》·《선사지(仙槎志)》·《문소지(聞韶志)》등이 있다.

김응조(金應祖)

자는 효징(孝徵), 호는 학사(鶴沙)인데 풍산(豊山) 사람이다. 계해년 문과에 급제하여 벼슬이 대사간에 이르렀다. 향년 81세이다.

이후경(李厚慶)

자는 여무(汝懋), 호는 외재(畏齋)인데 벽진(碧珍) 사람이다. 형의 아들인 도자(道孜)와 함께 한강(寒岡) 정구(鄭逑)에게 수학했는데 한강이 말하기를, "그대는 나의 외우(畏友)이다."하고 인하여 호를 외재라고 지어주었다. 인조 정묘년에 음성현감(陰城縣監)에 임명되었다. 향년 73세이다.

이도자(李道孜)

자는 지지(至之), 호는 복재(復齋)로 이후경(李厚慶)의 조카이다. 여러번 과거에 응시했으나 급제하지 못하자 탄식하기를, "어찌 나에게 있는 단맛의 복숭아를 버리고 산과 들을 헤매면서 시큼한 배를 찾겠는가?" 했다.

난리를 겪으면서 집안 살림이 더욱 가난하게 되었지만 비록 노는 땅이 있어도 분수 밖의 것을 탐하지 않아 경영하지 않았다. 겨우 초가 삼간을 지어 거처했지만 정결하고 시원하여 진세(塵世)와 인연을 끊고 종일 정좌하여 글을 읽었다. 손님이 오면 동자를 시켜 술을 따르게 하기도 하고, 혹은 누런 관을 쓰고 야인 차림으로 산나물을 캐고 낚시질을 하면서 유유자적했다. 향년 84세이다.

조 간 송 임 도 자 덕 용 함 안 인 선 조 을 유 생 종 학 사 십 년 잠 심 락 건 지
趙澗松任道字德勇咸安人宣祖乙酉生從學四十年潛心洛建之
업 자 치 심 엄 거 상 지 효 유 풍 수 음 유 모 가 광 해 시 정 인 홍 주 렬 읍 생
業自治甚嚴居喪至孝有風樹吟孺慕歌 光海時鄭仁弘嗾列邑生
장 소 공 척 퇴 도 공 인 봉 몽 유 공 지 사 거 지 심 확 위 소 오 피 지 칠 원 강 상
張疏攻斥退陶公引逢蒙庾公之斯距之甚確爲所惡避地柒原江上
궁 어 이 양 친 년 팔 십 졸 관 지 대 군 사 전
躬漁以養親年八十卒官至大君師傳

신 라 재 열 도 자 진 보 아 주 인 선 조 기 축 생 십 여 세 통 경 사 백 가 갑
申懶齋悅道字晋甫鵞州人 宣祖己丑生十餘歲通經史百家甲
자 문 과 관 지 목 사 년 칠 십 일 졸 유 조 천 록 선 사 지 문 소 지
子文科官至牧使年七十一卒有朝天錄仙槎志聞韶志

김 학 사 응 조 자 효 징 풍 산 인 선 조 정 해 생 계 해 문 과 관 지 대 사 간 년
金鶴沙應祖字孝徵豊山人宣朝丁亥生癸亥文科官至大史諫年
팔 십 일 졸
八十一卒

이 외 재 후 경 자 여 무 벽 진 인 명 종 무 오 생 여 형 자 도 자 종 한 강 선
李畏齋厚慶字汝懋碧珍人 明宗戊午生與兄子道孜從寒岡先

생 학 한 강 왈 자 오 지 외 우 야 잉 명 이 외 재 인 조 정 묘 배 음 성 현 감 경
生學寒岡曰子吾之畏友也仍命以畏齋 仁祖丁卯拜陰城縣監庚
오 년 칠 십 삼
午年七十三

종 자 도 자 자 지 지 호 복 재 명 종 기 미 생 루 거 부 제 탄 왈 기 가 사 이
從子道孜字至之號復齋 明宗己未生屢擧不第歎曰豈可捨己
담 도 순 산 멱 산 리 경 란 래 가 계 익 락 락 이 한 전 광 토 부 증 분 외 영 점 초
甜桃巡山覓酸梨經亂來家計益落々而閑田曠土不曾分外營占草
옥 삼 간 소 쇄 절 진 종 일 정 좌 서 간 객 지 즉 호 동 명 작 혹 황 관 야 복 채 산
屋三間瀟洒絶塵終日靜坐書看客至則呼童命酌或黃冠野服採山
조 수 이 자 적 년 팔 십 사 졸
釣水以自適年八十四卒

주해_ㅇ風樹吟(풍수음)－효도를 다하지 못한 채 부모를 여읜 자식의 슬픔을 한탄하여 읊은 것.

ㅇ孺慕歌(유모가)－돌아가신 부모를 사모하는 노래.

ㅇ逢蒙庾公之斯(봉몽유공지사)－봉몽은 스승인 예(羿)를 죽여 궁(窮)을 찬탈하였다. 유공지사는 위(衛)나라의 명궁(名弓)으로 정(鄭)나라를 침공한 자탁유자(子濯孺子)를 추격하였다. 유공지사는 유자가 스승인 윤공지타(尹公之他)의 스승임을 생각하여 선생의 도를 생각하여 유자를 살려주었다.

ㅇ黃冠(황관)－야인(野人)이 쓰던 관.

윤휴(尹鑴)

자는 희중(希仲), 호는 백호(白湖)로 남원(南原) 사람이다. 효종 때 여러 차례 벼슬을 제수하였지만 모두 고명(誥命)을 봉해서 반납했다.

송시열이 이유태에게 주는 글에서 말하기를, “여공(驪公)이 고명을 봉해서 반납하였소. 그의 고매함이 이와 같으니 한 세상을 애벌레를 보듯이 하시(下視)할 것이오.” 했다.

민정중(閔鼎重)·유중(維重) 형제가 만나볼 때마다 반드시 심복(心服)하였는데, 어떤 사람이 그 까닭을 물었더니 대답하기를, “그 사람

의 기상과 형모는 온화하여 자리에 봄바람이 부는 듯하고, 그 언론은 경전(經傳)을 연구하여 고금을 관통하여 사람으로 하여금 순종하여 싫증이 나지 않게 하니 내가 어찌 심복하지 않겠는가?" 했다.

윤휴가 일찍이 경연에서 아뢰기를, "경전의 주해가 대단히 방대하여 만기(萬機)를 살피시는 임금의 몸으로 빠짐없이 두루 보시지는 못할 것입니다. 그러므로 경문(經文)의 요점만 공부하시는 것이 좋을 듯합니다." 하였다. 숙종 경신년에 사사(賜死)되니 향년 64세였다. 벼슬은 찬성(贊成)에 이르렀다.

몽예(夢囈) 남극관(南克寬)의 《회서(懷書)》에는 이렇게 말했다.

"윤휴가 경연에서 주자(朱子)의 주해를 보지 말라고 하였다."

또 이렇게 말했다.

"윤휴가 근일에 정주(程朱)를 배척하고 자신을 우임금에 비겨, 대우(大禹)가 홍수(洪水)를 다스린 공적을 낮추어 말하였다. 그를 탄핵하는 논의가 바야흐로 한창이던 날에도 공은 사복시제조(司僕寺提調)로 각 도 목장의 일을 수행하고 있었다. 어떤 사람이 그만두라고 하였더니 대답하기를, '북방을 정벌하려는 때에 마정(馬政)이 가장 급한데 내가 재직하고 있는 한 어찌 감히 하루라도 책임을 다하지 않겠는가?' 하였다.

고문(古文)과 육경(六經)을 어려움 없이 허물고 고쳤는데 이는 증자와 자사를 하찮게 여긴 것으로 이윤이 말한 십건(十愆) 중에 하나인 '성인을 모독한 것(侮聖言)'인가 한다. 그가 죽음에 임하여 탄식하기를, '조정에서 유현(儒賢)을 등용하지 않으면 그만이지 어찌하여 죽이기까지 하는가?'라고 말하였다. 사람들이 역적으로 죄를 얽어서 죽이려 하는데도 오히려 유현으로 자처하고 있었으니 그의 오활함이 이러하였고, 또한 그의 말이 비창(悲愴)하다고 하겠다. 그에 대한 죄안(罪案)에는 다만 '자성(慈聖)의 동정을 살펴 단속하고(照管慈聖), 체찰부(體察府)를 다시 설치하기를 청했다'는 것인데, '조관자성'이라는 말은 바로 한기(韓琦)의 말을 사용한 것이다.

저들이 이를 해석하여 말하기를, '조(照)는 조감(照勘)이라는 뜻이고, 관(管)은 관속(管束)이라는 뜻'이라고 말했다. 두 차례 형신(刑訊)하고 사약을 내려 죽였다."

우암 송시열의 편지글에는 이렇게 말했다.

"대개 그 사람은 타고난 자질이 아름답고 행동이 고상하며, 논의가 기묘하여 한 세상으로 하여금 바람에 풀이 쏠리듯 성심으로 복종하게 했다."

미수 허목이 윤휴가 논한 《중용》과 〈홍범〉에 대해 답한 글에서 이렇게 말했다.

"《서경》〈순전(舜典)〉의 '깊고 지혜롭고 빛나고 밝으시며, 온화하고 공손하며, 성실하고 독실하시다(濬哲文明 溫恭允塞)'라고 한 말은 위작(僞作)한 자가 할 수 있는 말이 아니다. 그런데도 이제 위서(僞書)라 하여 없애고, 스스로 이제야 경문이 바르게 되었다고 하면서, '정자와 주자가 고문에 따라 이전(二典)을 잘못 훼손시켰으므로 경문을 고쳐놓았다'고 하였다.

이러한 말 역시 옛적에 들어보지 못한 말이니 이와 같이 하기를 그만두지 않는다면 육경은 온전한 경이 없을 것이고, 고문도 온전한 글이 없게 될 것이다. 경문이 해를 당한 것으로 말하자면 첫째는 불살라 없앤 것이요, 둘째는 내용을 파괴한 것이니 어찌 크게 두려워할 일이 아니겠는가? 또 이뿐만이 아니라 이미 한번 성인의 말씀을 모욕하였다. 공자의 세 가지 경계 중 하나가 성인의 말씀을 두려워하라는 것이었는데 이에 스스로 말하기를, '경서를 널리 보았다'고 하면서 폄론(貶論)하는 것은 성인의 말씀이요, 파괴하는 것은 성인의 글이다. 알지 못하겠거니와 이것이 성인의 말씀을 두려워하는 것인가? 아니면 모욕하는 것인가?"

공은 대왕대비가 효종을 위하여 마땅히 참최복(斬衰服)을 입어 임금을 높이는 의리를 중히 해야 한다고 건의하면서 위진(魏晋) 시대의 고사를 인용하여 말하였다. 그러자 미수가 답하기를, "대개 상복에 있어서 천왕(天王)을 위하여 참최복을 입는다는 것이지 부모까지 아울러서 거론한 것은 아니다. 어머니가 사군(嗣君)을 위해 참복(斬服)을 입는 것은 위진의 고사이지 주공(周公)의 예는 아니다. 어머니가 신하들과 마찬가지로 참최복을 입는다는 것은 그렇지 않을 듯하다. 어머니는 신하가 되고, 자식은 어머니를 신하로 삼게 되니 큰 윤리가 어지러워지지 않겠는가?" 했다.

우암 송시열이 권시(權諰)에게 답한 글에서 이렇게 말했다.

"윤휴는 그 이기설(理氣說)이 깊은 뜻을 초월함이 뛰어나서 전인들이 도달하지 못한 곳까지 깊이 엿보았으니, 돌려보아 잘못된 곳을 깨우치기를 바랍니다."

또 이유태(李惟泰)에게 답한 글에서는 이렇게 말했다.

"대개 윤휴의 무리가 말한 바 역시 또한 실사(實事)가 있는 것입니다. 문하 이외에는 윤휴를 그럴 만한 실상이 없는 사람이라고 여기는데 어찌 한탄하겠습니까? 저만은 유독 그가 자립한 것을 좋게 여겨 힘써 중론을 물리치고 단지 그 사람의 거취만을 가지고 다투는 것입니다."

윤휴가 《대학해설(大學解說)》을 지었는데 다음과 같다.

"《대학》은 《중용》과 서로 표리가 된다. 《중용》에서 이미 도의 시종과 체용을 논하면서 다만 그 차서를 밝히지 않았기 때문에 다시 《대학》을 지어서 이를 보충한 것이니, 그렇게 한 뒤에야 성인의 도를 환히 상고할 수가 있어 다시 더 미진한 것이 없게 되었다. 이 두 책은 한마디로 서로 답습한 것이 없으니, 이로써 한 사람의 손에서 나온 것이 아니라면 반드시 자리를 함께했던 사람이 지은 것임을 알겠으며, 또 《중용》이 먼저 지어졌고 대학이 뒤에 나왔음도 알겠다. 그 말은 모두 옳고 분명하며 근거가 확실하다. 실지가 없는 것을 억지로 말하여 근거 없고 의심되는 것을 말한 것이 아니니, 성인이 아니라면 누가 이를 지었겠는가? 아! 성인이란 별다른 사람이겠는가? 그렇지 않다."

또 〈중용서설(中庸序說)〉을 지었는데 다음과 같다.

"기(氣)의 시생(始生)을 태극(太極)이라 하고, 음양으로 나뉜 것을 양의(兩儀)라 하고, 기(氣)가 합하여 형상을 이룬 것을 사상(四象)이라 한다. 태극은 생의 근본이요, 음양은 양의이니, 태양(太陽)·소음(少陰)·소양(少陽)·태음(太陰)으로 나누어지고, 사상은 양과 음을 합하고 체용을 겸한 것이다. 태극은 기(氣)요, 기는 성(性)을 생한다. 성은 둘이니 이해(利害)가 나뉘어 양의의 성이 되고, 이해가 합하여 일기(一氣)의 성이 된다. 사단(四端)은 사상의 심(心)이 되고, 이심(二心)은 인심(人心)과 도심(道心)이 되며, 정(情)은 희(喜)·노(怒)·애(哀)·낙(樂)으로 사단이 된다. 심(心)은 기가 형체를 구성한 것이요, 정(情)이란 심(心)이 물에 교접된 것이다."

《중용》을 해석하여 이렇게 말했다.

"용(庸)은 겸(謙)이다. 중화(中和)는 겸과 용이 상부(相附)하여 병행하는 것이다. 충서(忠恕)를 인(仁)이라고 하는데 도의 근본이 된다. 예(禮)로 절문(節文)하는 것이요, 의(義)로 재제(裁制)하는 것이니, 예의는 중용이 되는 까닭이다."

'하늘이 명한 것을 성(性)이라 하고, 성을 따르는 것을 도(道)라 하고, 도를 닦는 것을 교(敎)라고 한다. 도는 잠깐도 떠날 수가 없는 것이니, 떠날 수 있는 것이라면 도가 아니다(天命之謂性 率性之謂道 修道之謂敎 道也者不可須臾離也 可離非道也)'라는 구절을 이렇게 해석했다.

"사람은 천지의 기를 품부받아 생기며, 천지의 성을 닮았으므로 천명이라 하고, 충서(忠恕)로써 거느리고 예의로써 절문(節文) 재제(裁制)하며, 지신(知信)으로 재행(裁行)하니 이를 사덕(四德)이라 한다.

사덕은 어디에서 오는가? 하늘은 자기에게 없는 것으로 사람에게 명할 수 없고, 사람은 무(無)에서 유(有)를 생(生)하여 도로 삼을 수 없다. 천지에서 품부받아 천명의 성을 삼는 것은 하늘에 태극이 있는 것과 같으며, 오행의 기를 품부받아 심성으로 삼는 것은 태극이 사상(四象)을 생하는 것과 같다. 사상이란 기가 형에 교접한 것이요, 심성이란 것 또한 기가 형에 교접한 것이다.

그러므로 사단은 사상의 수(數)와 같으니 이것을 도심(道心)이라 한다. 토(土)는 형의 극(極)이 되어 사행(四行)에 붙이고, 신(信)은 심의 극이 되어 두루 사단의 기본이 되기 때문에 사단만을 말하는 것이다. 목(木)의 기는 유선(柔善) 자애(慈愛)하여 인(仁)의 단서가 되고, 화(火)의 기는 선저(宣著) 한절(限節)하여 예(禮)의 단서가 되고, 금(金)의 기는 숙살(肅殺) 재단(裁斷)하여 의(義)의 단서가 되고, 수(水)의 기는 유행(流行) 통달(通達)하여 지(智)의 단서가 되니, 이것이 바로 심성(心性)이 본래부터 선한 것이다. 사람이 이 네 가지의 지각을 가지고 있는데도 형질에 가려져 비추지 못하게 되면 이것이 인심이다. 도심을 길러 인심을 채워 나가면 확충하여 사덕이 될 수 있고, 사덕이 이루어지면 중용이 그 가운데에 있게 된다.

그러므로 성을 따르는 것을 도라 하고, 이것을 닦아 다스리는 것을 교(敎)라고 한다. 도는 길이요, 교는 행하는 것인데 이는 모두 성에서 나오고 밖에서 말미암은 것이 아니어서 떠날 수가 없다. 대체로 도심은 양(陽)의 사상(四象)이어서 가릴 수는 있어도 없앨 수는 없다. 그러므로 심성(心性)이라 한다. 인심은 극치(克治)하여 멸할 수 있어도 음(陰)의 사상과 같으므로 성이라 말하지 않는다. 그것을 기질지성(氣質之性)이라고 말하는 것은 잘못이다.

대개 사람은 양은 성(性)이 되고, 음은 지(志)가 되며, 음양이 교접(交接)된 것을 심이라고 한다. 그러므로 성은 변할 수 없고, 지는 변할 수 있다. 성은 동(動)하고 지는 정(靜)하다. 치우쳐 매인 데가 없는 것을 동(動)이라 하고, 전주(專主)하는 것이 있는 것을 정(情)이라 한다. 이는 심성을 말한 것으로 《예기》 〈악기(樂記)〉에서 말한 '사람이 생함에 고요하다(人生而靜)'는 말과는 같지 않은데, 대개 〈악기〉에서는 천명지성을 말한 것이기 때문이라고 했다."

윤휴가 또 《중용》에 이른바 '희·노·애·락이 아직 발하지 않은 것을 중이라 하고, 발하여 모두 절도에 맞는 것을 화라고 한다(喜怒哀樂之未發謂之中 發而皆中節謂之和)'의 장(章)을 이렇게 해설했다.

"사단은 심의 극(極)으로서 인심에 대하여 의칙(儀則)이 되는 것이요, 정은 심이 물에 교접되어 심의 사상(四象)이 된 것이다. 욕(欲)은 토가 자신만의 위치가 없는 것과 같다. 희·노·애·락은 사행의 수와 같은 것이다. 희·노·애·락이 아직 발하지 않았을 때는 편착(偏着)됨이 없고, 이미 발했을 때도 발하지 않았을 때와 같아서 심에 뿌리하지 않으며, 심이 평정(平靜)하여 동하지 않으니 이를 일러 중(中)이라고 한다. 그러므로 그 사물의 마땅히 발해야 할 때를 따라 발하여 모두 그 절도에 맞아 어긋나는 잘못이 없는 것을 화(和)라고 한다.

군자의 학문은 반드시 정(情)으로부터 힘을 써야 하니 칠정(七情)이 절도에 맞으면 중정(中正)함이 마음에 서게 되고, 시(視)·청(聽)·언(言)·동(動)이 예(禮)에 맞으면 중정함이 몸에 서게 되니 이것이 정심(正心) 수신(修身)의 공부이다. 정이 감히 제멋대로 발동하지 않고 오래도록 계속하면 사심(邪心)이 없어지고 도심만이 온전하게 되니, 도가(道家)의 연형(煉形) 같은 것이 이것이다. 마음이 바르면 몸이 수양되니, 그 중을 세워 널리 사방에 응할 수 있으므로 대본(大本)이라 하고, 천하와 화합하여 통행할 수 있으므로 달도(達道)라 한다. 희·노·애·락이 아직 발하지 않은 것을 중(中)이라 하고, 발하여 모두 절도에 맞는 것을 화(和)라고 하니, 중이 밖에서 행하여 이루어진 것이다. 중이라 하고 화라고 한 것은 문자를 상대하여 놓은 것으로 중이 바로 화인 것이다."

또 '군자의 도는 비하고 은하다(君子之道 費而隱)'의 장(章)을 이렇게 해석했다.

"비(費)는 광대한 것이요, 은(隱)은 약소한 것이다. 부부가 서로 더불어 알고 능히 행하는 것이 은(隱)이요, 성인도 알지 못하고 능히 행하지 못하는 것은 비이다. 비록 성인이라 하더라도 부부와는 더불어 도를 한가지로 하며, 비록 성인이라 하더라도 혼자서는 천하의 일을 알지 못하고, 천하의 공(功)을 행하지 못한다. 성인의 능한 바는 부부의 능한 것에 불과하고, 성인 또한 부부의 능한 것마저 다 알지 못할 것이 있지만, 다만 스스로 자기가 능하다고 하여 자기의 것만을 쓰지 않고, 부부에게서 취하여 천하 만세의 부부를 가지고 천하 만세의 부부를 다스린다. 그러므로 천하로 더불어 광대함을 한가지로 하니, 성인이 보통 부부보다 훌륭한 점은 능히 부부에게서 취하기 때문이다.

천지의 상서나 재앙은 사람으로 인하여 생기니 항상 잘 다스려지고 항상 편안할 수는 없는 것이다. 그러므로 사람에게 유감되는 바가 있으나 이것이 바로 천지가 천지된 까닭이다. 이와는 달리 만약 천지로 하여금 만물의 밖에서 하는 일이 별도로 있게 한다면 또한 이는 한 물건이 될 뿐이니 어찌 능히 만물을 하나로 꿰어 포괄하여 무궁할 수 있겠는가? 성인도 이와 같아서 부부의 밖에 별도로 능한 것이 있는 것이 아니고, 부부의 지(知)와 능(能)도 또한 알지 못하는 것과 능하지 못한 것을 일반 부부에게서 취하기 때문에 광대함이 천하 만세와 한가지이니 이것이 바로 성인이 성인된 까닭이다. 이런 까닭에 그 큰 것으로 말하면 천지로 더불어 함께하지만 작은 것으로 말하면 부부의 능한 것도 또한 능히 하지 못하는 것이 있다. 아래로는 부부로 더불어 한가지이므로 깨뜨릴 수 없고, 위로는 천지로 더불어 참립(參立)하므로 능히 싣지 못한다."

또 《중용》과 《대학》을 통론하여 이렇게 말했다.

"《중용》과 《대학》은 성인의 글이니 마땅히 《주역》과 참조하여 보아야 한다. 만약 이 글을 정밀하게 궁리하여 미루어 실행해 나간다면 천하 만세에 쓰더라도 무궁하여 다함이 없을 것이며, 비록 방술(方術)이나 소기(小技)라 할지라도 이것으로 미루어 궁구하여 얻을 수가 있을 것이다. 이치에는 두 가지 이치가 없다. 만약 장구(章句)나 욀 뿐 세상의 움직임을 미루어 행동으로 옮기지 못한다면 이는 아무 맛도 없는 말이 될 것이니 어찌 슬픈 일이 아니겠는가? 이 책은 한 글자도 가감할 수 없는 것으로서 《주역》이나 《춘추》의 엄정(嚴精)한 것과 다름이 없다. 소자(小子)들은 이에서 성인의 도가 지극히 크고 지극히 정미하며, 성인의 재능이 헤아릴 수 없다는 것을 알 수 있을 것이다.”

또 이렇게 말했다.

“중용이라는 것은 사람의 떳떳한 도인데 천지 만물의 정(情)은 떳떳함을 편안하게 여긴다. 떳떳하기 때문에 계속될 수가 있고, 계속되므로 크게 될 수 있고, 크게 될 수 있으므로 오래 할 수가 있는 것이다. 크게 할 수 있는 것은 덕이요, 오래 할 수 있는 것은 업(業)이다.”

이밖에 《논어주해》·《맹자원안침폄(孟子源安針砭)》·《주역》·《시전》·《상서》 〈홍범〉의 설과 《예기》·《가어》·《효경》 등 여러 경전의 주해를 지었는데, 주자의 설과는 큰 차이가 있기 때문에 우암 송시열이 사문난적(斯文亂賊)이라고 배척했다. 또 《존요록(尊堯錄)》을 지었으며, 유고 약간이 있다.

윤백호전자희중남원인 광해정사생 효종조제배개봉환고명
尹白湖鐫字希仲南原人 光海丁巳生 孝宗朝除拜皆封還誥命
송우암여리태지서왈려공봉환힐명기고약차의기하시일세여양
宋尤庵與李泰之書曰驪公封還詰命其高若此宜其下視一世如壤
충야민려양형제매견필경도인혹문기고왈기인관기기모즉좌상
虫也閔驪陽兄弟每見必傾倒人或問其故曰其人觀其氣貌則座上
춘풍야소기언론즉출입경전관천금고사인미미불염오하위불경
春風也所其言論則出入經傳貫穿今古使人娓々不厭吾何爲不傾
도전상어경연진언왈경전주해심호한인주만기불가편람불여전
倒鐫嘗於經筵進言曰經傳註解甚浩汗人主萬機不可遍覽不如專

의 어 경 문 지 간 요 이 기 숙 묘 경 신 사 약 사 년 륙 십 사 관 지 찬 성
意於經文之簡要而己 肅廟庚申賜藥死年六十四官至贊成

남 몽 예 왈 회 서 왈 전 어 경 연 물 람 주 자 주 우 왈 전 근 일 배 척 정 주 자
南夢囈曰懷書曰鑴於經筵勿覽朱子註又曰鑴近日排斥程朱自

차 어 대 우 억 홍 수 지 공
此於大禹抑洪水之功

기 재 론 핵 방 장 지 일 이 사 복 조 상 감 제 도 목 장 공 사 인 혹 지 지 즉 왈
其在論劾方張之日以司僕調尚勘諸道牧場公事人或止之則曰

정 북 지 일 마 정 최 급 오 일 일 재 직 안 감 부 진 일 일 지 책 이 륙 경 고 문 훼
征北之日馬政最急吾一日在職安敢不盡一日之責以六經古文毁

개 무 난 즉 기 시 증 자 자 사 고 기 천 선 의 이 윤 십 건 기 호 급 기 림 사 탄 왈
改無難則其視曾子子思固己淺尠矣伊尹十愆其乎及其臨死歎曰

조 정 불 용 유 현 즉 기 하 지 어 살 호 인 이 적 구 살 지 이 유 이 유 현 자 거 유
朝廷不用儒賢則己何至於殺乎人以賊搆殺之而猶以儒賢自居有

시 재 오 야 기 언 역 족 비 호 재 기 죄 안 지 시 조 관 자 성 부 설 체 부 야 조 관
是哉迂也其言亦足悲乎哉其罪案只是照管慈聖復設體府也照管

자 성 내 용 한 기 어 야 피 배 석 지 왈 조 조 감 야 관 관 속 신 야 형 이 차 사 약
慈聖乃用韓琦語也彼輩釋之曰照照勘也管管束訊也刑二次賜藥

사 우 암 유 서 왈 개 기 인 자 질 지 미 제 행 지 고 립 론 지 묘 능 사 일 세 풍 미
死尤庵有書曰盖其人姿質之美制行之高立論之妙能使一世風靡

복 주 심 열 성 복 운 허 미 수 답 윤 전 론 중 용 홍 범 서 왈 순 전 준 철 문 명 온
輻湊心悅誠服云許眉叟答尹鑴論中庸洪範書曰舜典濬哲文明溫

공 윤 색 비 위 작 자 소 능 언 금 이 위 위 서 이 거 지 자 이 위 경 문 기 정 정 주
恭允塞非僞作者所能言今以爲僞書而去之自以爲經文己正程朱

씨 종 고 문 이 전 위 오 소 훼 개 경 문 개 역 고 지 미 문 여 차 불 기 즉 륙 경 무
氏從古文二典爲誤所毁改經文盖亦古之未聞如此不己則六經無

전 경 고 문 무 전 문 경 문 지 해 분 멸 일 야 파 괴 이 야 기 부 대 가 구 야 우 부
全經古文無全文經文之害焚滅一也破壞二也豈不大可懼也又不

독 차 야 기 일 모 성 언 공 자 삼 계 기 일 외 성 언 자 이 위 경 술 박 람 이 기 폄
獨此也旣一侮聖言孔子三戒其一畏聖言自以爲經術博覽而其貶

론 즉 성 언 훼 괴 즉 성 서 절 부 지 차 모 성 언 자 호 외 성 언 자 호
論則聖言毁壞則聖書竊不知此侮聖言者乎畏聖言者乎

공 건 의 대 왕 대 비 위 효 묘 당 복 헌 이 중 존 군 지 의 인 위 진 고 사 위
公建議大王大妃爲 孝廟當服軒以重尊君之義引魏晉故事爲

언 미 수 답 왈 범 상 복 위 천 왕 참 비 병 거 부 모 이 언 야 모 위 사 군 참 차 위
言眉叟答曰凡喪服爲天王斬非並擧父母而言也母爲嗣君斬此魏

진 고 사 비 주 공 지 례 야 무 여 군 신 동 참 공 불 연 무 위 신 자 신 관 이 대 륜
晉故事非周公之禮也毋與群臣同斬恐不然毋爲臣子臣毋而大倫
불 란 호
不亂乎

송 우 암 답 권 사 성 서 왈 희 중 기 리 기 설 유 초 예 영 탈 통 규 전 인 소 미
宋尤庵答權思誠書曰希仲其理氣說有超詣穎脫洞窺前人所未
도 처 행 걸 전 시 이 파 혼 류 우 답 리 태 지 서 왈 대 개 기 어 려 도 소 언 역 유
到處幸乞轉示以破昏謬又答李泰之書曰大槪起於驪徒所言亦有
실 사 자 문 하 이 외 이 희 중 위 무 연 상 자 하 한 제 독 이 기 자 수 립 가 애 고
實事自門下以外以希仲爲無然狀者何恨弟獨以其自樹立可愛故
력 배 중 의 지 이 거 취 쟁 지 운
力排衆議只以去就爭之云

윤 전 작 대 학 해 설 왈 대 학 여 중 용 상 위 표 리 중 용 기 론 도 지 시 종 체
尹鐫作大學解說曰大學與中庸相爲表裏中庸己論道之始終體
용 이 독 부 저 기 차 서 고 부 저 대 학 이 족 지 연 후 성 인 지 도 찬 연 가 고 갱
用而獨不著其次序故復著大學而足之然後聖人之道燦然可考更
무 여 온 의 차 이 서 무 일 언 상 습 이 시 지 불 출 어 일 인 지 수 즉 필 작 어 동
無餘蘊矣且二書無一言相襲以是知不出於一人之手則必作於同
석 지 인 의 차 지 중 용 선 작 이 대 학 후 출 의 기 언 개 착 착 중 관 가 거 이 적
席之人矣且知中庸先作而大學後出矣其言皆着々中窾可據而的
야 비 여 무 실 이 강 언 부 랑 매 의 자 야 비 성 인 숙 능 찬 지 오 호 이 위 성 인
也非如無實而强言浮浪枚疑者也非聖人孰能撰之嗚呼以爲聖人
유 타 호 재 무 타 야 우 작 중 용 서 설 왈 기 지 시 생 왈 태 극 음 양 분 왈 량 의
有他乎哉無他也又作中庸序說曰氣之始生曰太極陰陽分曰兩儀
기 합 구 형 왈 사 상 태 극 생 지 주 음 양 량 의 분 태 양 소 음 소 양 태 음 사 상
氣合構形曰四象太極生之主陰陽兩儀分太陽小陰少陽太陰四象
합 양 음 겸 체 용 태 극 위 기 기 생 성 성 유 이 언 리 해 분 위 량 의 지 성 리 해
合陽陰兼體用太極爲氣氣生性性有二焉利害分爲兩儀之性利害
합 일 기 지 성 사 단 위 사 상 지 심 이 심 위 인 도 지 심 정 희 노 애 락 위 사 단
合一氣之性四端爲四象之心二心爲人道之心情喜怒哀樂爲四端
심 자 기 지 구 형 야 정 자 심 지 교 우 물 야
心者氣之構形也情者心之交于物也

기 석 중 용 왈 용 겸 야 중 화 겸 용 상 부 이 병 행 자 야 충 서 왈 인 위 도 지
其釋中庸曰庸謙也中和謙庸相附而並行者也忠恕曰仁爲道之
본 례 이 절 문 지 의 이 재 제 지 례 의 자 소 이 위 중 용 야
本禮以節文之義以裁制之禮義者所以爲中庸也

천 명 지 위 성 솔 성 지 위 도 수 도 지 위 교 도 야 자 불 가 수 유 리 야 가 리
天命之謂性率性之謂道修道之謂教道也者不可須臾離也可離
비 도 야
非道也

석 왈 인 품 천 지 지 기 이 생 이 초 기 성 고 왈 천 명 충 서 이 솔 지 례 의 이
釋曰人禀天地之氣以生而肖其性故曰天命忠恕以率之禮義以
절 문 재 제 지 지 신 이 재 행 지 시 위 사 덕 사 덕 자 하 처 득 래 야 천 불 능 이
節文裁制之知信以裁行之是謂四德四德者何處得來耶天不能以
기 소 무 명 인 불 능 무 중 생 유 이 위 도 품 호 천 지 이 위 천 명 지 성 자 여 천
其所無命人不能無中生有以爲道禀乎天地而爲天命之性者如天
지 유 태 극 야 품 오 행 지 기 이 위 심 성 자 여 태 극 지 생 사 상 사 상 자 기 지
之有太極也禀五行之氣而爲心性者如太極之生四象四象者氣之
교 우 형 야 심 성 자 역 기 지 교 우 형 야 고 사 단 여 사 상 지 수 언 차 위 도 심
交于形也心性者亦氣之交于形也故四端如四象之數焉此謂道心
야 토 위 형 지 극 이 기 치 어 사 행 신 위 심 지 극 이 편 위 사 단 지 기 고 지 언
也土爲形之極而寄治於四行信爲心之極而徧爲四端之基故只言
사 단 언 목 지 기 유 선 자 애 이 위 인 지 단 화 지 기 선 저 한 절 이 위 의 지 단
四端焉木之氣柔善慈愛而爲仁之端火之氣宣著限節而爲義之端
금 지 기 숙 살 단 이 위 의 지 단 수 지 기 류 행 통 달 이 위 지 지 단 시 심 성 지
金之氣肅殺斷而爲義之端水之氣流行通達而爲智之端是心性之
본 선 야 인 유 차 사 자 지 지 각 이 기 폐 우 형 질 이 유 소 부 조 자 위 인 심 양
本善也人有此四者之知覺而其蔽于形質而有所不照者爲人心養
기 도 심 이 충 기 인 심 즉 가 이 확 충 이 위 사 덕 사 덕 성 이 중 용 재 기 중 의
其道心而充其人心則可以擴充而爲四德四德成而中庸在其中矣
이 시 솔 성 왈 도 수 치 호 시 왈 교 도 도 야 교 행 야 출 호 성 이 불 유 호 외 고
以是率性曰道修治乎是曰教道道也教行也出乎性而不由乎外故
불 가 리 야 범 도 심 양 지 사 상 야 가 폐 이 불 가 멸 고 왈 심 성 인 심 가 극 이
不可離也凡道心陽之四象也可蔽而不可滅故曰心性人心可克而
멸 언 여 음 지 사 상 야 고 불 위 지 성 기 운 기 질 지 성 비 야 부 인 양 위 성 이
滅焉如陰之四象也故不謂之性其云氣質之性非也夫人陽爲性而
음 위 지 음 양 지 교 왈 심 고 성 불 가 변 이 지 가 역 성 동 이 지 정 무 소 편 계
陰爲志陰陽之交曰心故性不可變而志可易性動而志靜無所偏係
왈 동 유 소 전 주 왈 정 차 언 심 성 야 여 기 왈 인 생 이 정 자 부 동 개 기 위 천
曰動有所專主曰靜此言心性也與記曰人生而靜者不同盖記謂天
명 지 성 야
命之性也

윤 전 우 석 중 용 희 노 애 락 지 미 발 위 지 중 발 이 개 중 절 위 지 화 장 왈
尹鐫又釋中庸喜怒哀樂之未發謂之中發而皆中節謂之和章曰

사 단 심 지 극 이 대 인 심 위 의 이 정 자 심 지 교 우 물 이 위 심 지 사 상 자 야
四端心之極而對人心爲儀而情者心之交于物而爲心之四象者也

욕 자 여 토 지 무 전 위 야 희 노 애 락 여 사 행 지 수 언 희 노 애 락 미 발 무 소
欲者如土之無專位也喜怒哀樂如四行之數焉喜怒哀樂未發無所

편 착 이 발 여 미 발 지 시 불 근 어 심 심 평 이 부 동 위 지 중 야 소 이 능 인 기
偏着已發如未發之時不根於心心平而不動謂之中也所以能因其

사 물 지 당 발 이 발 언 개 중 기 절 이 무 괴 려 지 실 위 지 화 군 자 지 학 필 자
事物之當發而發焉皆中其節而無乖戾之失謂之和君子之學必自

정 용 력 칠 정 중 절 즉 중 정 립 우 심 의 시 청 언 동 중 례 즉 중 정 립 우 신 의
情用力七情中節則中正立于心矣視聽言動中禮則中正立于身矣

차 시 정 심 수 신 지 공 야 정 불 감 망 발 즉 구 이 사 심 멸 이 도 심 독 전 여 도
此是正心修身之工也情不敢妄發則久而邪心滅而道心獨全如道

가 지 련 형 시 야 심 정 즉 신 수 의 립 기 중 이 범 응 호 사 방 고 왈 대 본 화 합
家之煉形是也心正則身修矣立其中而泛應乎四方故曰大本和合

우 천 하 이 통 행 언 고 왈 달 도 희 노 애 락 지 미 발 위 지 중 소 이 위 중 자 발
于天下而通行焉故曰達道喜怒哀樂之未發謂之中所以爲中者發

이 개 중 절 위 지 화 중 지 행 우 외 이 성 야 왈 중 왈 화 문 지 호 야 중 즉 화 야
而皆中節謂之和中之行于外而成也曰中曰和文之互也中卽和也

우 석 군 자 지 도 비 이 은 장 왈 비 광 대 야 은 약 소 야 부 부 지 여 지 능 행
又釋君子之道費而隱章曰費廣大也隱約小也夫婦之與知能行

은 야 성 인 지 부 지 불 능 비 야 수 성 인 여 부 부 동 도 수 성 인 불 능 독 지 천
隱也聖人之不知不能費也雖聖人與夫婦同道雖聖人不能獨知天

하 지 사 독 능 천 하 지 공 성 인 지 소 능 불 과 부 부 인 지 소 능 성 인 역 유 불
下之事獨能天下之功聖人之所能不過夫婦人之所能聖人亦有不

능 진 지 부 부 지 능 이 유 기 부 자 용 이 취 어 부 부 이 천 하 만 세 지 부 부 치
能盡知夫婦之能而惟其不自用而取於夫婦以天下萬世之夫婦治

천 하 만 세 지 부 부 야 고 여 천 하 동 대 기 소 이 과 어 부 부 자 이 기 능 취 어
天下萬世之夫婦也故與天下同大其所以過於夫婦者以其能取於

부 부 야 천 치 지 지 휴 징 재 여 인 인 이 생 이 불 능 상 치 상 안 고 인 유 유 소
夫婦也天治地之休徵災沴因人以生而不能常治常安故人惟有所

감 이 차 내 천 지 지 소 이 위 천 지 야 약 령 천 지 별 유 소 위 어 만 물 지 외 즉
憾而此乃天地之所以爲天地也若令天地別有所爲於萬物之外則

역 시 위 일 물 의 하 능 관 포 만 물 이 위 무 궁 호 성 인 비 별 유 소 능 어 부 부
亦是爲一物矣何能貫包萬物而爲無窮乎聖人非別有所能於夫婦

지 외 이 부 부 지 지 능 역 유 소 부 지 불 능 취 어 부 부 고 대 동 어 천 하 만 세
之外而夫婦之知能亦有所不知不能取於夫婦故大同於天下萬世
차 내 성 인 지 소 이 위 성 인 야 시 이 어 기 대 즉 여 천 지 모 이 어 기 소 즉 부
此乃聖人之所以爲聖人也是以語其大則與天地侔而語其小則夫
부 지 소 능 역 유 불 능 자 의 하 여 부 부 동 고 불 가 파 상 여 천 지 참 고 막 능 재
婦之所能亦有不能者矣下與夫婦同故不可破上與天地叅故莫能載

우 통 론 용 학 왈 용 학 성 인 지 서 야 당 여 주 역 참 간 약 능 정 구 차 서 이
又統論庸學曰庸學聖人之書也當與周易叅看若能精究此書而
추 과 조 행 즉 용 지 천 하 용 지 만 세 진 무 궁 야 수 지 방 술 소 기 역 가 이 차
推科措行則用之天下用之萬世儘無窮也雖至方術少技亦可以此
추 구 득 지 리 무 이 치 야 약 단 송 장 구 이 불 능 추 이 조 행 즉 내 일 장 무 미
推究得之理無二致也若但誦章句而不能推移措行則乃一場無味
설 화 기 불 비 재 가 감 차 일 서 일 자 구 불 가 득 무 이 어 역 춘 추 지 엄 정 야
說話豈不悲哉加減此一書一字具不可得無異於易春秋之嚴精也
소 자 내 어 시 호 성 인 지 도 지 대 지 정 성 인 지 재 불 가 량 야
小子乃於是乎聖人之道至大至精聖人之才不可量也

우 왈 중 용 자 인 지 상 도 야 천 지 만 물 지 정 안 어 상 이 기 의 상 고 가 계
又曰中庸者人之常道也天地萬物之情安於常而己矣常故可繼
가 계 고 가 대 가 대 고 가 구 가 대 자 덕 야 가 구 자 업 야
可繼故可大可大故可久可大者德也可久者業也

우 작 론 어 주 해 맹 자 원 안 침 폄 주 역 시 전 상 서 홍 범 설 례 기 가 어 효
又作論語註解孟子源安針砭周易詩傳尚書洪範說禮記家語孝
경 제 경 전 주 해 여 주 자 설 파 유 이 동 고 송 우 암 척 지 이 사 문 란 적 우 저
經諸經傳註解與朱子說頗有異同故宋尤庵斥之以斯文亂賊又著
존 요 록 유 유 고 약 간 권
尊堯錄有遺稿若干卷

주해_ㅇ伊尹十愆(이윤십건)－이윤이 관부(官府)의 형(刑)을 말하는 데 있어 3풍(三風)·10건을 들었다. 무(舞)·가(歌)·화(貨)·색(色)·유(游)·전(畋)·회성언(侮聖言)·역충직(逆忠直)·원기덕(遠耆德)·비완동(比頑童)이다.

ㅇ韓琦(한기)－송(宋)나라 영종(英宗) 때의 신하.

ㅇ煉形(연형)－도가(道家)의 수련(修煉).

박세당(朴世堂)

자는 계긍(季肯), 호는 서계(西溪)로, 반남(潘南) 사람이다. 현종 경자년 문과에 급제하여 벼슬이 판중추부사(判中樞府事)에 이르렀으나 천성이 담박하여 벼슬에서 물러나기를 좋아하였으므로 만년에는 한번도 벼슬에 나가지 않았다. 기사(耆社)에 들어가 치사(致仕)하고 졸하니, 향년 75세이다. 시호는 문정(文貞)이다. 《사변록(思辨錄)》을 지었는데 이것은 《논어》와 《맹자》 등의 경전을 주소(註疏)한 것으로 정주설(程朱說)과는 다른 점이 아주 많다.

박 서 계 세 당 자 계 긍 반 남 인 인 조 기 사 생 현 종 경 자 문 과 관 지 판
朴西溪世堂字季肯潘南人 仁祖己巳生 顯宗庚子文科官至判
중 추 부 사 성 념 퇴 일 불 출 입 기 사 치 사 졸 년 칠 십 오 시 문 정 저 사 변 록
中樞府事性恬退一不出入耆社致仕卒年七十五諡文貞著思辨錄
범 론 맹 경 전 주 소 여 정 주 설 파 유 이 향
凡論孟經傳註疏與程朱説頗有異向

주해_ㅇ耆社(기사)−70세 이상의 관리를 우대하던 곳.

조익(趙翼)

자는 비경(飛卿), 호는 포저(浦渚)인데 풍양(豊壤) 사람이다. 3세 때에 바둑돌을 배열하여 괘(卦) 모양을 만들었으며, 5세 때에는 이웃 노인이 옷을 벗어놓고 보아달라고 하였더니 해가 저물도록 지키고 떠나지 않았다. 부모를 지극한 효성으로 섬겼다. 아버지 첨추공(僉樞公)이 상배(喪配)하고 홀로 사셨지만 90세가 넘도록 수를 하였고, 공 또한 늙은 나이로 정승에 올랐지만 주야로 아버지 곁을 떠나지 않으면서 음식과 잠자리와 대소변 수발을 모두 손수 하였다.

상을 당해서는 3일 동안 물 한 모금도 입에 넣지 않았고, 미음을 끓여 마시고 수저를 들지 않은 것이 3개월이었으며, 3년 동안 상복을

벗지 않고 눈물을 흘려 베개와 자리가 젖어서 모두 썩었다.

학문은 사승(師承)하지 않고 한결같이 성현으로 모범을 삼았다. 독서하다가 의문이 있으면 그때그때 기록하여 책을 이루었다. 저서는 《용학곤득(庸學困得)》·《논맹서경천설(論孟書經淺說)》·《역상개략(易象槪略)》·《거업록(居業錄)》·《개혹천어(開惑淺語)》·《도촌잡록(道村雜錄)》·《가례향의(家禮鄕宜)》·《이락정요(伊洛精要)》·《주서요류(朱書要類)》·《주서요초(朱書要抄)》 등이 전해지고 있다. 임인년 과거에 급제하여 벼슬이 우의정에 이르렀고, 향년 79세이다. 시호는 문효(文孝)이다.

조 포 저 익 자 비 경 풍 양 인 선 조 기 묘 생 삼 세 배 기 성 괘 오 세 린 로 해
趙浦渚翼字飛卿豊壤人宣祖己卯生三歲排棊成卦五歲隣老解
의 령 수 시 일 모 유 수 불 거 사 부 모 지 효 부 첨 추 공 상 배 독 거 수 과 구 질
衣令守視日暮猶守不去事父母至孝父僉樞公喪配獨居壽過九耋
공 역 기 수 위 등 태 사 주 야 불 리 측 음 식 좌 와 편 선 지 소 개 수 자 부 지 정
公亦耆首位登台司晝夜不離側飮食坐臥便旋之所皆手自扶持丁
우 수 장 불 입 구 자 삼 일 위 미 이 부 집 시 자 삼 월 삼 년 불 탈 최 체 루 소 지
憂水漿不入口者三日爲糜而不執匙者三月三年不脱縗涕淚所漬
침 석 개 부 위 학 불 계 사 승 일 이 성 현 위 법 독 서 유 의 첩 성 답 기 유 용 학
枕席皆腐爲學不階師承一以聖賢爲法讀書有疑輒成劄記有庸學
곤 득 론 맹 서 경 천 설 역 상 개 략 거 업 록 개 혹 천 어 도 촌 잡 록 가 례 향 의
困得論孟書經淺説易象槪畧居業錄開惑淺語道村雜錄家禮鄕宜
이 락 정 요 주 서 요 류 주 서 요 초 등 서 행 우 세 임 인 탁 제 관 지 우 의 정 년
伊洛精要朱書要類朱書要抄等書行于世壬寅擢第官至右議政年
칠 십 구 졸 시 문 효
七十九卒謚文孝

권시(權諰)

자는 사성(思誠), 호는 탄옹(炭翁)으로 안동(安東) 사람이다. 나면서부터 총명하고 영특함이 남달라서 사람들이 안자(顔子)에 비유했으며, 20세 전후에 이름이 크게 알려졌다. 병자년에 천거되어 대군사부

(大君師傅)에 임명되었고, 이어서 자의(諮議)·진선(進善)·승지(承旨) 등에 임명되었으나 모두 병으로 사퇴했다. 현종 초에 불러서 한성우윤을 제수했는데, 상소하여 시사(時事)를 논한 것이 당시의 의논에 거슬려 파직되어 돌아왔다. 이때 동춘당 송준길이 임금에게 아뢰기를, "권시는 임금을 사랑하고 나라를 근심함이 늙어갈수록 더욱 독실하니 끝까지 버려둘 수 없습니다."하여 마침내 다시 좌윤(左尹)에 임명했다. 향년 69세이다. 임금이 특별히 좌참찬(左參贊)을 증직했다. 그는 잠야(潛冶) 박지계(朴知誡)의 문하에서 놀았다. 예는 반드시 근본이 있고 실제적인 것을 귀하게 여겼으며, 도는 반드시 효제(孝悌)로부터 미루어 나갔다. 그래서 그의 학문은 오로지 내면에 마음을 쓰고 진실을 바탕으로 공부했다. 만년에는 마음과 이치가 회통(會通)하여 본말이 상응하고 표리가 하나로 된 경지에 도달하였다고 한다.

명재(明齋) 윤증(尹拯)이 초려(草廬) 이유태(李惟泰)에게 준 글에서 이렇게 말했다.

"탄옹의 일은 그 본심이 결코 윤선도(尹善道)를 위하여 말을 한 것이 아니요, 실로 위로는 나라를 위하고 아래로는 친구를 위한 지성에서 나온 것일 뿐입니다. 그는 매양 임금과 신하 사이에 정의가 돈독하게 되면 마땅히 나의 허물을 말하는 사람으로 하여금 날마다 내 앞에서 마음대로 말을 할 수 있게 하고, 그런 뒤에라야 바야흐로 천하의 선(善)을 다할 수 있어, 천하를 다스림이 넉넉하게 될 것이라고 생각하였습니다. 이원외(李員外)의 상소에서 그를 극렬하게 공격하고 문하에서 진대(進對)하여 말씀을 올림에 미쳐 비로소 크게 놀라고 두려워 이를 우암과 동춘당 두 어른에게 질의하였더니 말하기를, '남을 참소하여 뜻을 얻고, 선비들을 해치는 것은 남곤(南袞)과 심정(沈貞) 같은 소행이다. 탄옹은 반드시 그 당이 된 것이 아니고 사림(士林)을 구하려다가 한가지로 죄를 입었으니, 이는 의심할 바가 없다'고 하였습니다."

권 탄 옹 시 자 사 성 안 동 인 선 조 갑 진 생 유 총 명 영 오 절 이 어 인 인
權炭翁諰字思誠安東人 宣祖甲辰生有聰明穎悟絶異於人人
이 비 안 자 약 관 기 유 성 명 병 자 생 천 배 대 군 사 부 련 제 자 의 진 선 승 지
以比顔子弱冠己有盛名丙子生薦拜大君師傅連除諮議進善承旨
개 사 병 면 현 종 표 소 배 한 성 우 윤 상 소 언 사 오 시 의 파 귀 동 춘 송 공 언
皆辭病免顯宗杓召拜漢城右尹上疏言事忤時議罷歸仝春宋公言
어 상 왈 모 애 군 우 국 로 이 미 독 불 가 종 기 수 복 배 좌 윤 임 자 졸 년 륙 십
於上曰某愛君憂國老而彌篤不可終棄遂復拜左尹壬子卒年六十
구 상 특 증 좌 참 찬 종 박 잠 야 지 계 유 례 필 이 목 실 위 귀 도 필 이 효 제 이
九上特贈左叅贊從朴潛冶知誡遊禮必以木實爲貴道必以孝悌而
추 시 이 기 학 전 용 심 어 내 종 진 실 지 착 공 부 만 년 소 조 심 여 리 회 본 말
推是以其學專用心於內從眞實地着工夫晩年所造心與理會本末
상 응 표 리 여 일 운
相應表裡如一云

윤 명 재 여 리 초 려 서 왈 탄 옹 사 기 본 심 즉 결 비 위 윤 선 도 유 설 야 고
尹明齋與李草廬書曰炭翁事其本心則決非爲尹善道遊說也固
이 위 상 위 국 가 하 위 붕 우 지 성 지 발 이 매 이 위 군 신 지 간 정 의 교 부 즉
以爲上爲國家下爲朋友至誠之發耳每以爲君臣之間情義交孚則
당 사 언 오 과 실 자 일 진 어 전 연 후 방 가 이 진 천 하 지 선 이 유 유 어 천 하
當使言吾過失者日陳於前然後方可以盡天下之善而有裕於天下
의 지 어 리 원 외 지 소 극 기 공 격 이 문 하 진 대 설 화 시 대 경 구 봉 질 어 우
矣至於李員外之疏極其攻擊而門下進對說話始大驚懼奉質於尤
춘 이 장 즉 왈 참 인 득 지 장 해 사 류 여 곤 정 지 위 탄 옹 필 불 위 기 당 이 장
春二丈則曰讒人得志戕害士類如袞貞之爲炭翁必不爲其黨而將
반 구 사 림 동 피 기 죄 무 의 야
反救 士林同被其罪無疑也

박세채(朴世采)

자는 화숙(和叔), 호는 현석(玄石)·남계(南溪)로서 반남(潘南) 사람이다. 청음(淸陰) 김상헌(金尙憲)에게 수학했는데 박문(博聞) 독행(篤行)했다. 조야가 추증하여 유학의 종사(宗師)로 삼았다. 신묘년 진사시에 급제하여 유일(遺逸)로 벼슬이 좌의정에 이르렀으며 향년 65세이다. 시호는 문순(文純)이다. 숙종의 묘정에 배향되고 문묘에 향사

(享祀)되었다.

저서에 《남계예설(南溪禮說)》 20권 · 《육례의집(六禮疑輯)》 30여 권 · 《범학전편(範學全編)》 6권 · 《춘추보편(春秋補編)》 등이 있다. 《범학전편》은 고금의 홍범(洪範)에 대한 제가의 주석을 수집하고 간혹 자기의 의견을 참고하여 홍범의 학문적 뜻을 발명하고, 또 하도낙서(河圖洛書)의 황극내외편(皇極內外篇) 및 기자(箕子)의 전기와 사적을 붙여 천명한 것으로 범학에 대한 공이 크다. 또 《남계외집(南溪外集)》 · 《심경표제(心經標題)》 · 《심학지결(心學旨訣)》 · 《독서기(讀書記)》 · 《주자대전습유(朱子大全拾遺)》 등이 있다.

직암(直庵) 신경(申暻), 경암(敬庵) 이행태(李行泰), 지암(志庵) 강석붕(姜錫朋)은 모두 현석 박세채의 문인이다.

박 현 석 세 채 자 화 숙 반 남 인 　인 조 신 미 생 종 김 청 음 학 박 문 독 행
朴玄石世采字和叔潘南人 仁祖辛未生從金淸陰學博聞篤行
조 야 추 중 시 위 유 종 신 묘 진 사 이 유 일 사 지 좌 상 년 륙 십 오 졸 시 문 순
朝野推重視爲儒宗辛卯進士以遺逸仕至左相年六十五卒諡文純
배 향 　숙 종 묘 정 향 사 문 묘
配享 肅宗廟庭享祀文廟

우 호 남 계 소 저 유 남 계 례 설 이 십 권 륙 도 의 집 삼 십 여 권 범 학 전 편
又號南溪所著有南溪禮說二十卷六禱疑輯三十餘卷範學全編
륙 권 춘 추 보 편 제 서 기 범 학 집 고 금 홍 범 주 석 제 가 지 설 혹 간 참 이 기
六卷春秋補編諸書其範學集古今洪範註釋諸家之說或間叅以己
견 발 명 홍 범 지 학 의 우 부 이 하 도 락 서 황 극 내 외 편 급 기 자 전 기 사 적
見發明洪範之學義又附以河圖洛書皇極內外篇及箕子傳記事蹟
이 천 명 지 유 공 어 범 학 대 의 우 유 남 계 외 집 심 경 표 제 심 학 지 결 독 서
以闡明之有功於範學大矣又有南溪外集心經標題心學至訣讀書
기 주 자 대 전 습 유 등 제 서
記朱子大全拾遺等諸書

신 직 암 경 리 경 암 행 태 강 지 암 석 붕 병 박 현 석 문 인
申直庵暻李敬庵行泰姜志庵錫朋並朴玄石門人

정시한(丁時翰)

자는 군익(君翼), 호는 우담(愚潭)으로 나주(羅州) 사람이다. 원성(原城)에 은거하며 성리학을 연구했으며, 벼슬살이를 좋아하지 않고 농사를 지어먹고 살았다. 은일(隱逸)로 여러 차례 부름을 받아 진선(進善)에 이르렀으나 모두 나아가지 않았다. 매양 개골산(皆骨山)에 들어가 몇 달이 지나도록 돌아올 줄을 몰랐다. 절의 중들이 그의 풍채와 위의를 사모하여 지상의 신선이라고 일컬었다. 기사년에 상소하여 폐후(廢后)인 인현왕후(仁顯王后)의 일을 말하였고, 갑술년에는 또 집의(執義)로서 수천 마디의 상소를 올려 옥정(獄情)이 너무 지나치다고 했다. 또 장희빈(張禧嬪)의 일을 말하여 아뢰기를, "왕비의 복위와 희빈의 호칭을 낮추는 일은, 나라에 두 왕비가 있을 수 없다는 의리로 이치나 형세가 그러합니다. 그러나 6년 동안이나 국모로 지낸 존귀한 분을 다시 빈어(嬪御)로 삼아 일반 후궁의 반열에 있는 자들과 차별을 두지 않는다는 것은 옛날에도 징험할 수가 없고, 예법으로도 근거할 만한 것이 없습니다. 만약 물러난 뒤에 공궤(供饋)하여 받드는 절차를 전대의 상고할 만한 예에서 강구하고 널리 물어 의논하여 정해서 의리에 합당하도록 힘쓴다면 어찌 동등하게 높이는 혐의가 있겠습니까? 그런데 지금 그렇지 못하고 도리어 이 일을 나라의 금법으로 삼아 말을 하지 못하게 하니 신은 왜 그러는지 모르겠습니다." 하였다. 저서에 《사칠이기변(四七理氣辨)》이 있다.

정 우 담 시 한 자 군 익 라 주 인 은 거 원 성 담 성 리 지 학 불 요 사 환 과 농
丁愚潭時翰字君翼羅州人隱居原城談性理之學不樂仕宦課農
이 자 식 이 유 일 루 징 지 진 선 개 불 취 매 입 개 골 산 첩 수 월 망 반 석 자 배
以自食以遺逸累徵至進善皆不就每入皆骨山輒數月忘返釋子輩
모 기 풍 의 칭 위 지 선 기 사 상 소 진 폐 후 사 갑 술 우 이 집 의 상 봉 사 수 천
慕其風儀稱爲地仙己巳上疏陳廢后事甲戌又以執義上封事數千

언 옥 정 태 람 우 언 희 빈 사 왈 곤 성 지 복 위 희 빈 지 강 호 출 어 국 무 이 존
言獄情太濫又言禧嬪事曰坤聖之復位禧嬪之降號出於國無二尊
지 의 리 세 연 의 제 이 륙 년 모 림 지 존 환 위 빈 어 무 소 차 별 어 후 궁 지 렬
之義理勢然矣第以六年母臨之尊還爲嬪御無所差別於後宮之列
자 재 고 무 징 어 례 무 거 약 어 퇴 처 지 후 기 소 공 봉 지 절 강 구 전 대 가 고
者在古無徵於禮無據若於退處之後其所供奉之節講求前代可攷
지 례 박 순 의 정 무 귀 득 중 즉 유 하 필 존 지 혐 이 금 내 불 연 반 이 차 작 위
之禮博詢議定務歸得中則有何匹尊之嫌而今乃不然反以此作爲
방 금 휘 언 기 사 신 미 지 기 하 야 소 저 유 사 칠 리 기 변
邦禁諱言其事臣未知其何也所著有四七理氣辨

이현일(李玄逸)

자는 익승(翼升), 호는 갈암(葛庵)이니 재령(載寧) 사람이다. 두 살 때 부엌 여종이 수저를 잃고 찾자 걸어가 쇠꼴 속에서 찾아주었고, 여섯 살 때에는 사람의 양미간이 나뉜 것이 곤괘(坤卦)와 같다는 말을 했다. 아홉 살 때 비로소 글을 지었는데 문득 사람을 놀라게 했다. 일찍이 동네 아이들을 데리고 높은 언덕에 올라가 단(壇)을 만들고 단풍나무를 꺾어서 기를 만들어 팔진(八陣)의 형세를 베풀었다. 여러 아이들이 그 놀이가 우습다면서 순응하지 않자 거듭 명령을 내려 대장을 매질하니 여러 대원들이 떨면서 호령에 복종했다.

숙종 정사년에 불러서 장악원주부(掌樂院主簿)를 제수하고, 뒤이어 지평을 제수했다. 기사년에는 성균사업(成均司業)으로 발탁되고, 특별히 이조참의와 예조참판을 제수했다. 대사헌(大司憲)으로 천직(遷職)되었다가 계유년에는 우참찬에 올랐으며, 이어서 이조판서를 배명했다. 갑술년에 종성(鐘城)으로 귀양갔다가 기묘년 정월에 풀려서 돌아왔다. 향년 78세이다. 저서에 《율곡사칠서변(栗谷四七書辨)》·《수주관규록(愁州管窺錄)》·《홍범연의(洪範衍義)》·《존주록(尊周錄)》·《신편팔진도설(新編八陣圖說)》·《영모록(永慕錄)》·《갈암집(葛庵集)》 등이 있다.

기사년에 재이(災異)로 인하여 시사(時事)를 언급한 상소에서 말하기를, "폐비 민씨(閔氏)는 왕비로서의 예의를 따르지 않아서 스스로 임금과 인연을 끊은(自絶于天) 것이라 하겠습니다. 그러나 육례(六禮)를 갖추어 중궁(中宮)에 계신 지 거의 10년이 되었는데, 이제 폐위시켜 내쫓아 여염집에 안치하고 식량까지 끊어버리는 것은 적당하지 못합니다. 청컨대 중국 송나라 인종(仁宗)이 곽후(郭后)에게 한 것처럼 이궁(離宮)에 거처하게 하며, 방위(防衛)를 두어 잘 살펴 금하고(謹糾禁), 곡식을 지급하여 이에 힘입어 생활할 수 있게 하면, 그 변례(變禮)에 대처함이 사리에 합당하겠습니다." 하였다.

갑술년에 장령 안세징(安世徵)이 '스스로 끊었다'는 말과 '살피고 금한다'는 말을 지적하여 붙잡아다 문초하기를 계청(啓請)하였다. 이에 이현일이 사정을 하소연하여 이르기를, "전하는 바로 중궁(中宮)의 하늘이므로 스스로 하늘에 끊어졌다고 하는 등의 말은 완곡하게 돌려서 한 것입니다." 하였다. 위관(委官) 남구만(南九萬)과 윤지선(尹趾善) 등이 본래의 정상을 보아 왕비를 모해하려 한 것 같지는 않다고 하여 영북(嶺北)에 위리안치(圍籬安置)하였다. 신사년에 최석정(崔錫鼎)이 아뢰기를, "이현일은 결코 왕비를 모해한 것이 아닙니다." 하여 임금이 석방하였다.

하당(荷塘) 권두인(權斗寅)이 지은 행장에는 이렇게 말했다.

"안세징(安世徵)이 일찍이 사람들에게 말하기를, '처음에 내가 남의 말을 잘못 듣고 논의를 하여 이현일을 체직시키기를 청하였는데 그의 용모와 언사를 보니 정직하고 망령되지 않아 참으로 도가 있는 군자였다. 그래서 내가 사실을 잘못 알았다고 스스로 탄핵하여 외직으로 전보되었지만 조금도 한스럽지 않다'고 하였는데, 마침내 오래지 않아 유배지에서 죽었다."

영조 정사년에 그의 문인 김성탁(金聖鐸)이 상소하여 시사를 논하면서 붕당의 해독에 대해서 언급하였다. 그러자 신헌(申𨬟) 등이 번

갈아 상소하여 배척하니, 김성탁이 상소하기를, "이현일이 영북(嶺北)으로 귀양갔던 일은 실로 성모(聖母)를 위하여 위안하는 도리를 다했던 것입니다. 그러므로 기묘년에 풀어주어 돌아오게 하였고, 신사년에는 완전히 풀어주었으니 그 본래의 마음에 다른 뜻이 없었음을 여기에서 알 수 있습니다. 신이 전하께서 기사년의 일들에 대하여 지나간 일에 붙여두시려는 것을 알고 있지만 적이 절통한 것은 신의 일 때문에 욕됨이 스승에게까지 미치는 것입니다." 하였다. 상소문이 당로자의 손에 들어가자 '지나간 일에 붙인다'는 말을 지적하여 이로써 임금의 분노를 격발시키고, 국청(鞫廳)을 열어 반드시 죽이려고 하였다. 이에 조현명(趙顯命)이 상소하여 논하기를, "조정에서 역적을 다스리는 법률로 이현일을 죄주지 않았는데 역적을 보호했다는 이름으로 김성탁을 단죄하는 것은 무죄한 백성을 속여서 얽어넣는 데 가깝지 않습니까? 심지어 '지나간 일에 붙인다'는 말에 어찌 별다른 숨은 뜻이 있기에 기필코 죽기를 한정하여 국문해야 하겠습니까? 조정의 명론(名論)이 너무 심하다고 생각합니다."하니, 삼사(三司)에서 '조현명은 명의(名義)의 죄인'이라고 공격하여 아울러 먼곳으로 귀양보냈다. 김성탁의 자는 진백(振伯), 호는 제산(霽山)으로 의성(義城) 사람이다. 문과에 급제하여 벼슬이 교리(校理)에 이르렀다. 정사년에 죄를 입어 제주로 귀양가다가 광양에 이르러 죽었다.

이공의 어머니는 가정에서 학문을 전수하여, 행실이 훌륭했는데 바로 경당(敬堂) 장흥효(張興孝)의 딸이다. 장공은 학봉 김성일과 서애 유성룡의 학풍을 이어받았으니 공의 학문은 경당에게서 근본한 것이다. 공의 아들 이재(李栽)의 자는 유재(幼材), 호는 밀암(密庵)이다. 유일(遺逸)로 주부(主簿) 벼슬을 했는데, 궁행(躬行) 독학(篤學)했다. 종형인 고재(顧齋) 이만〔벼슬은 참봉이다〕과 함께 가정의 교훈을 받았으며, 저서에 《예설(禮說)》이 있다. 밀암의 외손(外孫)인 대산(大山) 이상정(李象靖)과 소산(小山) 이광정(李光靖) 형제는 다같이 한 시대의 명유(名儒)가 되었다.

이 현 일 자 익 승 호 갈 용 재 녕 인 인 조 정 묘 생 이 세 시 주 비 실 시 능 보
李玄逸字翼升號葛庸載寧人仁祖丁卯生二歲時廚婢失匙能步
지 좌 추 간 수 출 여 지 륙 세 시 우 언 인 량 미 분 탁 정 사 곤 괘 구 세 시 속 구
至莝蒭間搜出與之六歲時偶言人兩眉分坼正似坤卦九歲始屬句
어 첩 경 인 상 구 속 리 중 군 아 등 고 위 단 절 단 풍 위 기 포 팔 진 세 군 아 위
語輒驚人嘗駈束里中群兒登高爲壇折丹楓爲旗布八陣勢羣兒謂
기 희 소 불 응 신 령 삼 구 안 태 대 장 중 대 접 복 호 령 숙 종 정 사 초 수 장
其戲笑不應申令三駈按笞隊長衆隊摺伏號令 肅宗丁巳招授掌
악 주 부 선 배 지 평 기 사 탁 위 성 균 사 업 특 제 리 조 참 의 례 조 참 판 천 대
樂主簿旋拜持平己巳擢爲成均司業特除吏曹叅議禮曹叅判遷大
사 헌 계 유 승 우 참 찬 심 배 리 판 갑 술 찬 종 성 기 묘 정 월 방 귀 갑 신 졸 년
司憲癸酉陞右叅贊尋拜吏判甲戌竄鍾城己卯正月放歸甲申卒年
칠 십 팔 소 저 유 률 곡 사 칠 서 변 수 주 관 규 록 홍 범 연 의 존 주 록 신 편 팔
七十八所著有栗谷四七書辨愁州管窺錄洪範衍義尊周錄新編八
진 도 설 영 모 록 갈 암 집 등 제 서
陣圖說永慕錄葛庵集等諸書

기 사 인 재 이 언 사 소 왈 폐 비 민 씨 불 순 호 의 자 절 우 천 연 륙 례 소 빙
己巳因災異言事疏曰廢妃閔氏不循壺儀自絶于天然六禮所聘
정 위 중 궁 태 장 십 년 금 폐 출 지 치 려 가 절 기 름 식 미 극 적 당 청 의 송 인
定位中宮殆將十年今廢黜至置閭家絶其廩食未克適當請依宋仁
종 곽 후 사 처 지 리 궁 위 지 설 방 위 근 규 금 급 름 료 사 용 소 뢰 즉 기 어 처
宗郭后事處之離宮爲之設防衛謹糾禁給廩料使用所賴則其於處
변 곡 진 운 갑 술 장 령 안 세 징 념 출 자 절 규 금 등 어 계 청 나 문 기 원 정 왈
變曲盡云甲戌掌令安世徵拈出自絶糾禁等語啓請拿問其原情曰
성 상 즉 중 궁 지 소 천 고 자 절 우 천 등 어 치 완 전 위 곡 지 의 위 관 남 구 만
聖上卽中宮之所天故自絶于天等語致宛轉委曲之意委官南九萬
윤 지 선 등 이 위 본 정 사 비 모 해 천 극 령 북 신 사 최 석 정 왈 현 일 결 비 모
尹址善等以爲本情似非謀害荐棘嶺北辛巳崔錫鼎曰玄逸決非謀
해 상 방 지
害上放之

권 하 당 두 인 찬 행 장 왈 안 세 징 상 어 인 왈 시 오 오 문 인 언 발 론 청 체
權荷塘斗寅撰行狀曰安世徵嘗語人曰始吾誤聞人言發論請逮
급 관 기 용 모 사 기 비 직 무 망 진 유 도 군 자 오 수 이 상 실 자 핵 좌 시 보 외
及觀其容貌辭氣匪直无妄眞有道君子吾遂以爽實自劾坐是補外

연 불 한 야 수 몰 어 상
然不恨也遂歿於謫

영 종 정 사 기 문 인 김 성 탁 상 소 론 사 이 급 붕 당 지 해 어 시 신 헌 등 교
英宗丁巳其門人金聖鐸上疏論事以及朋黨之害於是申𨯶等交
장 제 척 성 탁 상 소 왈 령 적 실 위 성 모 치 위 안 지 도 고 기 묘 사 환 신 사 전
章擠斥聖鐸上疏曰嶺籍實爲聖母致慰安之道故己卯賜還辛巳全
석 기 본 정 지 무 타 어 차 가 견 신 지 전 하 어 기 사 등 사 부 지 선 천 이 절 통
釋其本情之無他於此可見臣知殿下於己巳等事付之先天而竊慟
이 신 지 고 욕 급 사 문 소 입 당 로 적 결 부 지 선 천 등 어 이 격 천 노 설 국 정
以臣之故辱及師門疏入當路摘抉付之先天等語以激天怒設鞫庭
필 욕 살 지 조 현 명 소 론 이 위 조 정 불 이 역 률 감 현 일 이 이 호 역 죄 성 탁
必欲殺之趙顯命疏論以爲朝廷不以逆律勘玄逸而以護逆罪聖鐸
불 기 어 망 민 호 지 선 천 지 설 기 유 별 반 은 정 가 이 한 사 국 문 자 호 조 정
不幾於罔民乎至先天之說豈有別般隱情可以限死鞫問者乎朝廷
지 명 론 태 승 어 시 삼 사 공 현 명 위 명 의 죄 인 병 원 찬 성 탁 자 진 백 호 제
之名論太勝於是三司攻顯命爲名義罪人並遠竄聖鐸字振伯號霽
산 의 성 인 문 과 관 지 교 리 정 사 국 배 제 주 도 광 양 졸
山義城人文科官至校理丁巳鞫配濟州到光陽卒

공 지 모 부 인 수 학 어 가 정 유 녀 사 지 행 즉 경 당 장 공 흥 효 지 녀 야 장
公之母夫人受學於家庭有女士之行卽敬堂張公興孝之女也張
공 즉 학 봉 서 애 지 연 원 즉 공 지 학 문 본 어 경 당 야 공 지 자 재 자 유 재 호
公卽鶴峰西崖之淵源則公之學問本於敬堂也公之子栽字幼材號
밀 암 일 사 주 부 궁 행 독 학 여 종 형 고 재 관 참 봉 동 수 가 정 지 훈 저 유
密庵逸仕主簿躬行篤學與從兄顧齋(官叅奉)同受家庭之訓著有
례 설 밀 암 외 손 리 대 산 상 정 소 산 광 정 형 제 병 위 일 세 명 유
禮說密庵外孫李大山象靖小山光靖兄弟並爲一世名儒

주해_ㅇ八陣(팔진)－옛 병법(兵法)의 포진(布陣)의 하나.

윤증(尹拯)

자는 자인(子仁), 호는 명재(明齋)로 파평(坡平) 사람이다. 미촌(美村) 윤선거(尹宣擧)의 아들로 어려서는 시남(市南) 유계(兪棨)에게 배웠고, 자라서는 송시열의 문하에서 수학했으나 비문의 일로 인하여 절교하였다.

호란(胡亂) 당시 어머니 이씨(李氏)가 강화도에서 순절하였다. 그래서 평생 과거에 응시하지 않았고, 벼슬에도 나아가지 않았다. 현종 신해년에 진선(進善)을 제수하고 연달아 대사헌·이조판서·좌참찬을 제수했고, 기축년에는 우의정이 되었으나 모두 사양하고 나아가지 않았다. 향년 86세이며, 시호는 문성(文成)이다. 유언으로 명정에 징사(徵士)로만 쓰라고 했다.

우암 송시열이 지은 윤선거의 묘갈에는 말하기를, "생각하건대 현석(玄石) 박세채(朴世采)의 행장에 빠짐없이 수록되어 있으므로 그에 의거해서 말하자면……" 하였고 또 이르기를, "진실하다 현석이여! 더 없이 찬양하였으니 내 이 말을 기술할 뿐 더 보태어 싣지는 않고 이 갈명(碣銘)의 글에 게재한다." 하였다. 그래서 윤증이 우암에게 글을 보내어 말하기를, "삼가 이 비문의 글을 살펴보건대 전편이 총론으로 주장을 삼았습니다. 아버지께서 선생님에게 의탁하여 의리를 강론하고 연구한 것이 40년 간이었으니 그 본말에 대해 서로 알지 못하는 것이 없을 것입니다. 그런데 이제 말하기를, '나는 아는 것이 없고 현석의 말이 이와 같으니……'라고 하셨으니 인정에 멀지 않겠습니까? 아버님의 평생 논의와 출처에 대하여 선생님과 서로 맞지 않는 것이 있어서 이제 그러한 사실을 숨기고자 하지 않으신다면 곧바로 무슨 일과 무슨 일은 서로 맞지 않는다고 하셔도 돌아가신 분이나 생존하신 분 사이의 정의에 해로울 것이 없을 것입니다. 그런데 이제 '나는 공에게 비하면 고니와 애벌레처럼 현격한 차이가 있다(黃鵠壤蟲)' 하고, '그의 깊은 학문을 엿보기에 부족하다'는 등의 말로 드러내놓고 멀리하셨습니다. 이는 다만 제가 부탁 올린 뜻이 마침내 허망한 데로 돌아가고 말 뿐이 아니라 후세에 혹시라도 선생님 학문의 천심(淺深)에 대한 물의가 있게 될까 염려됩니다." 하였다.

또 이렇게 말했다.

"이제 평생 동안의 옛 친구에 대하여 한마디도 자기의 의견을 나타내지 않고, 도리어 후학의 말을 기술하여 처음부터 조금도 서로 알지 못하는 사람인 것처럼 하셨습니다. 이와 같이 할 뿐이라면 박우(朴友)의 행장으로 충분할 것이니 어찌 선생님께 은혜를 구할 필요가 있었겠습니까?"

윤증의 〈신유의서(辛酉擬書)〉에는 이렇게 말했다.

"삼가 보건대 선생님께서는 주자의 도로써 자임하여 대의명분을 스스로 세워 주장함이 너무 지나쳤기 때문에 마음을 비우고 남의 조언을 받아들이지 못하였고, 자기를 이끌기를 너무 높게 하였기 때문에 남들이 의문을 말하거나 논란을 할 수 없게 합니다. 그러므로 찬동하는 자는 친하게 대하고, 반대하는 자는 소원하게 여기며, 바로잡거나 거스르는 자는 후환이 있고, 받들어 순종하는 자는 탈이 없게 됩니다.

이렇게 하여 큰 이름이 세상을 압도하되 실덕(實德)은 내심 병든 것으로 이는 그의 행실에서 나온 것입니다. 일찍이 가르침을 받았는데 이르기를, '퇴계의 학문은 하나같이 주자를 모방만 하였는데 강의(剛毅)하고 준절(峻截)함은 끝내 부족한 듯하다'고 하였습니다. 이렇게 퇴계를 병통으로 여기면서도 자기의 처신이 편벽되게 너무 강의하고 준절한 데로 흐른 것을 깨닫지 못합니다. 자기 사욕을 스스로 이기는 용기가 강(剛)인데 이제 남을 꾸짖기를 사납게 하는 것으로써 강(剛)을 삼으며, 천리가 인욕을 이기는 것이 강인데도 이제 힘으로 남을 굴복시키는 것으로 강을 삼습니다.

이러므로 수작(酬酌)하는 사이에 나타난 것이, 자기 사욕을 이겨 몸소 행하고 실지로 용공(用功)하는 곳에는 드물게 미치고, 비방하여 꾸짖고 헐뜯고 억양(抑揚)하고 여탈(與奪)하는 뜻은 입과 붓으로 통렬하고 심각하게 하며, 남을 공격하여 이기려는 말이 입에서 끊어지지 않고 나오며, 혹 한마디 말이라도 자신과 같지 않거나 한가지 일이 조금만 틀려도 분석하고 분석하여 평생의 정의를 내동댕이치고 은혜를 베풀 줄 모르는 것이 신불해(申不害)나 한비자(韓非子)의 무리와 같으니 이것이 남을 대하는 태도입니다."

이 글을 이미 다 쓰고 나자 명재의 동생인 농와(農窩) 추(推)가 힘껏 말리므로 다시 박세채(朴世采)와 명촌(明村) 나양좌(羅良佐)에게 물었더니 모두 제지하여 마침내 그만두었다.

송시열과 윤증의 일이 이로부터 시작되고 노론(老論)과 소론(少論)이 이로부터 일어나게 되었다. 송시열을 편드는 자는 노론이 되었으니 청성부원군(淸城府院君) 김석주(金錫胄)·광남(光南) 김익훈(金益勳)·퇴우당(退憂堂) 김수흥(金壽興)·광성부원군(光城府院君) 김만기(金萬基)·문곡(文谷) 김수항(金壽恒)·노봉(老峯) 민정중(閔鼎重)·외재(畏齋) 이단하(李端夏)·서하(西河) 이민서(李敏敍) 등은 노론을 주장하였고, 윤증의 편을 든 자는 소론이 되었으니 약천(藥泉) 남구만(南九萬)·서파(西坡) 오도일(吳道一)·시와(是窩) 한태동(韓泰東)·우재(迂齋) 조지겸(趙持謙)·현석(玄石) 박세채(朴世采)·동산(東山) 윤지완(尹趾完)·명곡(明谷) 최석정(崔錫鼎)·백석(白石) 박태유(朴泰維) 등은 소론을 주장했다. 이로부터 유학계가 정당의 분쟁터로 변하여 수백년을 지나 지금까지 내려와 마침내 구제하기 어려운 고질이 되었으니 어찌 개탄함을 이길 수 있겠는가?

윤 명 재 증 자 자 인 파 평 인 미 촌 선 거 자 인 조 기 사 생 유 학 우 유 시
尹明齋拯字子仁坡平人美村宣擧子 仁祖己巳生幼學于兪市
남 계 급 장 종 송 우 암 학 인 사 절 지 정 축 란 모 리 씨 순 절 강 도 고 평 생 불
南棨及長從宋尤庵學因事絶之丁丑亂母李氏殉節江都故平生不
부 거 역 불 취 사 현 종 신 해 제 진 선 련 배 대 헌 리 판 좌 참 찬 기 축 위 우
赴擧亦不就仕 顯宗辛亥除進善連拜大憲吏判左叅贊己丑爲右
의 정 개 변 불 출 년 팔 십 륙 졸 시 문 성 이 유 명 명 정 단 서 이 징 사
議政皆辯不出年八十六卒謚文成以遺命銘旌但書以徵士

송 우 암 찬 윤 미 촌 묘 갈 유 왈 유 현 석 박 화 숙 지 장 해 관 편 포 거 이 위
宋尤庵撰尹美村墓碣有曰惟玄石朴和叔之狀該貫遍包據以爲
설 운 우 왈 윤 의 현 석 극 기 유 양 아 술 부 작 게 차 명 장 운 고 명 재 여 우 암
說云又曰允矣玄石極其揄揚我述不作揭此銘章云故明齋與尤庵

서 왈 절 관 차 등 문 자 전 이 총 론 위 주 선 인 지 어 문 하 득 탁 이 강 마 지 의
書曰窃觀此等文字全以總論爲主先人之於門下得托以講劘之義
자 사 십 년 의 평 생 본 말 의 무 불 상 실 자 금 내 왈 오 즉 부 지 이 박 모 지 언
者四十年矣平生本末宜無不相失者今乃曰吾則不知而朴某之言
여 차 운 운 기 비 원 어 인 정 야 선 인 평 일 론 의 출 처 여 문 하 진 유 부 진 상
如此云々豈非遠於人情耶先人平日論議出處與門下儘有不盡相
합 자 금 욕 불 몰 기 실 즉 이 위 모 사 모 사 불 상 합 어 유 명 정 의 각 무 소 방
合者今欲不沒其實則以爲某事某事不相合於幽明情義却無所妨
금 이 황 곡 양 충 규 틈 벽 오 등 어 외 이 소 지 부 단 불 초 봉 탁 불 오 지 의 경
今以黃鵠壤虫窺闖闢奧等語外而踈之不但不肖奉托不朽之意竟
귀 락 막 억 공 사 후 세 혹 득 이 의 문 하 지 천 심 우 왈 금 어 평 생 고 구 불 이
歸落莫抑恐使後世或得以議門下之淺深又曰今於平生故舊不以
일 언 반 사 자 견 기 의 이 반 술 후 학 지 어 초 약 불 상 지 자 연 약 여 차 이 기
一言半辭自見其意而反述後學之語初若不相知者然若如此而己
즉 박 우 지 장 족 의 갱 하 이 요 전 어 문 하 야 운 운 명 재 신 유 의 서 운 절 관
則朴友之狀足矣更何以徼惠於門下耶云々明齋辛酉擬書云窃觀
문 하 이 회 옹 지 도 자 임 이 대 의 지 명 자 수 주 장 태 과 고 기 불 능 허 심 이
門下以晦翁之道自任而大義之名自樹主張太過故己不能虛心而
수 익 자 인 태 고 고 인 부 득 헌 의 이 발 난 어 시 상 동 자 견 친 이 체 부 자 피
受益自引太高故人不得獻疑而發難於是尚同者見親而替否者被
소 광 불 자 유 환 이 장 순 자 무 재 차 소 이 대 명 압 세 이 실 덕 내 구 자 야 차
踈匡拂者有患而將順者無災此所以大名壓世而實德内疚者也此
즉 발 어 행 기 자 야 상 승 교 이 위 퇴 도 지 학 일 모 회 옹 이 기 강 의 준 절 처
則發於行己者也嘗承教以爲退陶之學一摸晦翁而其剛毅峻截處
종 사 흠 궐 이 차 병 퇴 도 이 자 처 즉 우 불 각 편 어 강 준 일 변 자 극 용 자 위
終似欠闕以此病退陶而自處則又不覺偏於剛峻一邊自克勇者爲
강 이 금 이 책 인 맹 위 강 리 승 욕 자 위 강 이 금 이 력 복 인 위 강 시 이 견 어
剛而今以責人猛爲剛理勝慾者爲剛而今以力服人爲剛是以見於
수 초 지 간 자 기 어 극 기 궁 행 실 지 용 공 지 처 선 혹 급 지 이 기 초 풍 절 억
酬酢之間者其於克己躬行實地用功之處鮮或及之而譏誚諷切抑
양 여 탈 지 의 즉 개 구 사 필 통 절 심 각 공 인 승 인 지 어 부 절 어 어 지 어 인
揚與奪之意則開口肆筆痛切深刻攻人勝人之語不絕於語至於引
승 종 원 어 일 언 지 동 이 일 사 지 차 호 분 지 우 분 석 지 우 석 평 생 정 의 기
繩從違於一言之同異一事之差互分之又分析之又析平生精義棄
지 여 유 즉 우 류 어 소 은 지 신 한 차 즉 발 어 접 물 자 야 운 차 서 기 성 명 재
之如遺則又類於少恩之申韓此則發於接物者也云此書旣成明齋

제 농 와 추 력 만 지 갱 문 어 박 현 석 라 명 촌 이 개 지 지 고 수 침 지 회 우
弟農窩推力挽之更問於朴玄石羅明村而皆止之故遂寢之懷(尤
암 거 회 덕 고 왈 회 니 명 재 거 니 산 고 왈 니 회 니 지 사 자 차 시 의 로
庵居懷德故曰懷)尼(明齋居尼山故曰尼) 懷尼之事自此始矣老
소 지 론 자 차 기 의 우 송 자 위 로 론 김 청 성 석 위 김 광 남 익 훈 김 퇴 우 수
少之論自此起矣右宋者爲老論金淸城錫胄金光南益勳金退憂壽
홍 김 광 성 만 기 김 문 곡 수 항 민 로 봉 정 중 리 외 재 단 하 리 서 하 민 서 제
興金光城萬基金文谷壽恒閔老峯鼎重李畏齋端夏李西河敏敍諸
씨 주 로 론·우 윤 자 위 소 론 남 약 천 구 만 오 서 파 도 일 한 시 와 태 동 조 우
氏主老論右尹者爲少論南藥泉九萬吳西坡道一韓時窩泰東趙迂
재 지 겸 박 현 석 세 채 윤 동 산 지 완 최 명 곡 석 정 박 백 석 태 유 제 씨 주 소
齋持謙朴玄石世采尹東山趾完崔明谷錫鼎朴白石泰維諸氏主少
론 자 시 유 학 지 계 이 위 정 당 지 분 쟁 력 수 백 년 이 지 우 금 수 위 난 구 지
論自始儒學之界移爲政黨之紛爭歷數百年而至于今遂爲難救之
고 폐 갈 승 개 재
痼弊曷勝慨哉

주해_ ㅇ徵士(징사)－왕이 관직을 주어 불렀어도 벼슬을 하지 않은 선비.
ㅇ墓碣(묘갈)－죽은 사람의 사적을 새겨 묘 앞에 세우는 비문(碑文)의 하나.
ㅇ申韓(신한)－신불해(申不害)와 한비자(韓非子).

권상하(權尙夏)

자는 치도(致道), 호는 수암(遂庵)·한수재(寒水齋)로 안동(安東) 사람이다. 송시열의 고제(高弟)로 현종(顯宗) 임인년 진사시에 급제하고, 후에 유일로 천거되어 우의정에 이르렀다. 시호는 문순(文純)이다.

우암이 그의 집을 '수암(遂庵)'이라고 이름지어 주었으니, 이는 명(明)나라의 학자 문청공(文淸公) 설선(薛瑄)의 말을 취한 것이고, '한수재'라 이름한 것은 대개 주자의 감흥시(感興詩)에 나오는 '가을달이 찬 물에 비친다(秋月照寒水)'는 구절의 뜻을 취한 것이다. 우암이 사약을 받고 죽게 되었을 때 공이 도중에 맞아 뵈었다. 우암이 그의 손을 잡고 말하기를, "학문은 마땅히 주자를 주로 해야 하고, 사업은 마

땅히 효종(孝宗)의 대의(大義)를 주로 해야 한다."고 했다.

우암이 일찍이 명나라 신종(神宗)과 의종(毅宗)의 사당을 세워 제사를 지내려고 마음먹고 있던 차, 제주도에 유배되어 있을 때 이 일을 공에게 부탁했다. 그래서 의종이 순국한 해인 갑신년 정월에 만동묘(萬東廟)를 청주의 화양동(華陽洞)에 세웠다. 숙종이 또 서울에 사당을 세우고자 하여 물었을 때 공이 힘써 도와서 일을 이루었으니 지금의 대보단(大報壇)이 이것이다.

저술에 〈태극도설(太極圖說)〉·〈음양오행설(陰陽五行說)〉·〈사칠이기변(四七理氣辨)〉·〈초산어록(楚山語錄)〉·〈화양어록(華陽語錄)〉 등이 있다.

권 수 암 상 하 자 치 도 안 동 인 우 호 한 수 재 인 조 신 사 생 송 우 암 고
權遂菴尚夏字致道安東人又號寒水齋 仁祖辛巳生宋尤菴高
제 현 종 임 인 진 사 후 이 유 일 관 지 우 의 정 시 문 순
弟顯宗壬寅進士後以遺逸官至右議政諡文純

우 암 제 기 거 실 왈 수 암 취 설 문 청 어 야 우 명 지 왈 한 수 재 개 용 주 자
尤菴題其居室曰遂菴取薛文清語也又命之曰寒水齋盖用朱子
감 흥 시 추 월 조 한 수 지 구 의 야 급 우 암 수 말 명 야 공 왕 영 중 로 우 암 악
感興詩秋月照寒水之句意也及尤菴受末命也公往迎中路尤菴握
수 왈 학 문 당 주 주 자 사 업 당 주 효 종 대 의 우 암 상 유 의 어 사 향 명 신 종
手曰學問當主朱子事業當主孝宗大義尤菴嘗有意於祠享明神宗
의 종 재 제 주 이 차 탁 공 고 이 의 종 순 국 세 갑 신 정 월 건 만 동 묘 어 청 주
毅宗在濟州以此托公故以毅宗殉國歲甲申正月建萬東廟於清州
화 양 동 숙 종 우 욕 묘 사 국 중 이 문 공 력 찬 지 금 대 보 단 시 야 소 저 유
華陽洞 肅宗又欲廟祠國中以問公力贊之今大報壇是也所著有
태 극 설 음 양 오 행 설 사 칠 리 기 변 초 산 어 록 화 양 어 록 등 제 서
太極說陰陽五行說四七理氣辨楚山語錄華陽語錄等諸書

주해_ ㅇ薛文清(설문청)－명(明)나라 학자로 정주학(程朱學)을 근본으로 삼았다.

김창협(金昌協)

자는 중화(仲和), 호는 농암(農巖)으로 문곡(文谷) 김수항(金壽恒)의 아들이다. 우암 송시열의 문인으로 기유년 진사시에 합격했고, 임술년 문과에 장원했다. 벼슬이 대제학·예조판서에 이르렀다. 향년 58세이다. 시호는 문간(文簡)이다.

일찍이 장인인 정관재(靜觀齋) 이단상(李端相)에게 수업했다. 공은 타고난 자질이 영특하며 학문이 고명하고 문장이 순후·전아(典雅)했다. 동생 삼연(三淵) 김창흡(金昌翕)과 더불어 도학과 문장으로 이름이 나란했는데, 삼연은 시를 더 잘했다. 저서에 《강도충렬록(江都忠烈錄)》·《농암집(農巖集)》 등이 있다.

기원(杞園) 어유봉(魚有鳳), 정암(正庵) 이현익(李顯益), 백연(白淵) 신무일(申無逸)은 모두 농암 김창협의 문인이다.

김창흡(金昌翕)

자는 자익(子益), 호는 삼연(三淵)으로 김창협(金昌協)의 동생이다. 형과 더불어 도학과 문장으로 세상에 이름이 드러났다. 벼슬이 진선(進善)에 이르렀으나 아버지의 억울한 죽음을 원통하게 여겨 벼슬에 한번도 나아가지 않고 강호(江湖)에서 일생을 마쳤다. 향년 70세로 시호는 문강(文康)이다. 문집 36권이 있다.

김 농 암 창 협 자 중 화 문 곡 수 항 자 송 우 암 문 인 효 종 신 묘 생 기 유
金農巖昌協字仲和文谷壽恒子宋尤庵門人 孝宗辛卯生己酉
진 사 임 술 괴 문 과 관 지 대 제 학 례 판 무 자 졸 시 문 간 상 수 업 어 처 부 정
進士壬戌魁文科官至大提學禮判戊子卒謚文簡嘗受業於妻父靜
관 재 리 단 상 천 자 영 오 학 문 고 명 문 장 순 아 여 제 삼 연 창 흡 제 명 이 삼
觀齋李端相天姿穎悟學問高明文章醇雅與弟三淵昌翕齊名而三
연 이 시 승 소 저 유 강 도 충 렬 록 농 암 집 제 서
淵以詩勝所著有江都忠烈錄農巖集諸書

어 기 원 유 봉 리 정 암 현 익 신 백 연 무 일 병 김 농 암 문 인
魚杞園有鳳李正庵顯益申白淵無逸幷金農巖門人
제 창 흡 자 자 익 호 삼 연 형 제 구 이 도 학 문 장 유 대 명 어 세 공 관 지 진
弟昌翕字子益號三淵兄弟俱以道學文章有大名於世公官至進
선 통 부 비 명 일 불 출 사 종 로 강 호 효 종 계 사 생 경 종 임 인 졸 수 칠 십
善痛父非命一不出仕終老江湖孝宗癸巳生 景宗壬寅卒壽七十
시 문 강 유 문 집 삼 십 륙 권
謚文康有文集三十六卷

이기홍(李箕弘)

자는 여구(汝九), 호는 직재(直齋)로 전주(全州) 사람이다. 우암의 문인이다. 유일로 천거되어 벼슬이 집의(執義)에 이르렀는데, 숙종 계사년에 우암을 위하여 상소하여 변호하다가 회령(會寧)으로 유배되었다. 향년 68세이다.

이희조(李喜朝)

자는 동보(同甫), 호는 지촌(芝村)으로 연안(延安) 사람이다. 정관재(靜觀齋) 이단상의 아들이며 우암의 문인이다. 숙종 초에 유일로 천거되어 벼슬이 좨주(祭酒)에 이르렀다. 향년 70세이며, 시호는 문간(文簡)이다. 문집 32권이 있다.

정호(鄭澔)

자는 중순(仲淳), 호는 장암(丈巖)으로 연일(延日) 사람이다. 송강(松江) 정철의 현손(玄孫)이요, 우암의 문인이다. 갑자년 문과에 급제하여 벼슬이 영의정에 이르렀으며 시호는 문경(文敬)이다.

경종(景宗) 임인년에 일로 인하여 초산(楚山)으로 귀양갔다가 풀려났으나 몽와(夢窩) 김창집(金昌集)의 제문(祭文)으로 인해 다시 신지도(薪智島)로 귀양갔고, 영조 때 방면되어 정승을 지내다가 정미년에 또다시 일에 연좌되어 영천(榮川)으로 귀양갔다. 후에 기사(耆社)에

들어갔으며 향년 89세이다.

김간(金榦)

자는 직경(直卿), 호는 후재(厚齋)로 청풍(淸風) 사람이다. 현석(玄石) 박세채(朴世采)의 문인으로 학행으로 천거되어 자의(咨議)·찬선(贊善)·우참찬(右參贊) 등을 역임했다. 향년 87세이다.

이 직 재 기 홍 자 여 구 전 주 인 인 조 신 사 생 송 우 암 문 인 이 유 일 관
李直齋箕弘字汝九全州人 仁祖辛巳生宋尤庵門人以遺逸官
지 집 의 숙 종 계 사 위 우 암 소 변 적 부 녕 년 륙 십 팔 졸
至執義肅宗癸巳爲尤庵疏辨謫富寧年六十八卒

이 지 촌 희 조 자 동 보 연 안 인 효 종 을 미 생 정 관 재 단 상 자 송 우 암 문
李芝村喜朝字同甫延安人孝宗乙未生靜觀齋端相子宋尤庵門
인 숙 종 초 이 유 일 관 지 좨 주 경 종 갑 신 졸 년 칠 십 시 문 간 유 문 집 삼 십
人肅宗初以遺逸官至祭酒景宗甲辰卒年七十謚文簡有文集三十
이 권
二卷

정 장 암 호 자 중 순 연 일 인 인 조 무 자 생 송 강 철 현 손 송 우 암 문 인
鄭丈巖澔字仲淳延日人 仁祖戊子生松江澈玄孫宋尤庵門人
갑 자 문 과 관 지 령 의 정 시 문 경 경 종 임 인 이 사 적 초 산 우 방 환 제 몽
甲子文科官至領議政謚文敬 景宗壬寅以事謫楚山又放還祭夢
와 김 창 집 문 부 상 신 지 도 영 조 조 방 환 배 상 정 미 우 좌 사 찬 영 천 후
窩金昌集文復謫薪智島 英祖朝放還拜相丁未又坐事竄榮川後
입 기 사 년 팔 십 구 졸
入耆社年八十九卒

김 후 재 간 자 직 경 청 풍 인 박 현 석 문 인 인 조 병 술 생 이 학 행 천 사 자
金厚齋榦字直卿清風人朴玄石門人仁祖丙戌生以學行薦仕諮
의 찬 선 우 참 찬 임 자 졸 년 팔 십 칠
議贊善右參贊壬子卒年八十七

남당(南塘) 한원진(韓元震)·외암(巍巖) 이간(李柬)·병계(屛溪) 윤봉구(尹鳳九)·봉암(鳳巖) 채지홍(蔡之洪)·화암(華巖) 이이근(李

頤根)·관봉(冠峯) 현상벽(玄尙璧)·매봉(梅峰) 최징후(崔徵厚)·추담(秋潭) 성만징(成萬徵)을 '강문팔학(江門八學)'이라고 부르는데, 호락(湖洛)의 논의가 이에서 일어났다.

한남당원진리외암간윤병계봉구채봉암지홍리화암이근현관
韓南塘元震李巍巖柬尹屛溪鳳九蔡鳳巖之洪李華巖頤根玄冠
봉상벽최매봉징후성추담만징이상제인호칭강문팔학호락지론
峯尙璧崔梅峰徵厚成秋潭晩徵以上諸人號稱江門八學湖洛之論
어시기의
於是起矣

호락학파(湖洛學派)의 분열

호론(湖論)은 수암 권상하에게서 시작되어 남당 한원진이 계승하였고, 낙론(洛論)은 농암 김창협에게서 시작되어 도암(陶庵) 이재(李縡)가 지켜나갔다. 삼연 김창흡, 도암 이재, 여호(黎湖) 박필주(朴弼周) 등이 낙하(洛下)에 살았으므로 낙론이라 하고, 남당 한원진, 병계 윤봉구는 호서(湖西)에 살았기 때문에 호론이라고 일컬었는데 문호가 분열되어 거의 당론을 이루게 되었다. 그리고 외암 이간, 관봉 현상벽은 호서 사람이었지만 그 논설은 낙론과 동일했다.

대산(臺山) 김매순(金邁淳)의 《궐여산필(闕餘散筆)》에는 다음과 같이 말했다.

"남당은 《맹자》가 일컬은 개·소·사람의 성품을 가지고 천명본연지성(天命本然之性)으로 삼았다. 주자와 우암의 정론이 분명하여 책에 나와 있는데도 마음으로 순종하지 않을 뿐만 아니라, 완강히 논하면서 그런 말이 없다고 하기도 하고, 기(氣)를 성(性)이라고도 하였다.

이는 바로 고자(告子)의 오류이니, 맹자도 그 오류를 답습하여 기질지성(氣質之性)으로 대하지 않았을 것이다. 생각하건대 기를 논하는 데는 네 갈래가 있으니 '이는 같으면서 기는 다르다(理同而氣異)'는 것은 편전(偏全)과 통색(通塞)으로 말한 것이니 이와는 유가 다른 것이다. '기가 비록 서로 가깝다 하지만(氣雖相近)'이라고 한 것은 지각 운동으로 말한 것이니 유는 다르지만 같은 것이다. 《대학》의 서문에 이른바 '기질의 품부가 혹 고르지 못하다(氣質之稟或不能齊)'는 것은 어둡고 밝고 강하고 약함을 말한 것이니 유는 같지만 다른 것이다.

동류(同類)와 이류(異類)를 겸하여 통틀어서 다른 것을 말한 것으로는 《중용》 장구의 이른바 '기품이 혹 다르다(氣稟或異)'고 한 것이 이것이다. 고자(告子)가 '종류는 다르지만 같다'고 한 것은 곧바로 성(性)을 말한 것이기 때문에 맹자가 유가 다른 것을 예로 들어서 꺾은 것이니, 기를 논한 것은 한 가지이지만 좇아서 말한 바는 실로 서로 전연 같지 않은 것이다. 그런데도 남당이 여기에 착오를 일으켜 한갓 기가 이가 아닌 것만 알고 그 이면에 조리가 분명하여 혼동할 수 없는 것이 있는 것을 알지 못한 것이다. 이는 이(理)를 본 것이 자세하지 못할 뿐만 아니라 기 역시 정밀하게 보지 못하였다고 하겠다.

혹자가 말하기를, '사람의 성이라는 성(性)과 성선(性善)의 성(性)이 동일하지 않은가?'하니 같다고 대답하고, '성선의 선은 본연의 성이 아닌가?'하니, '본연의 성'이라고 하였다. 말하기를, '그대가 개·소·사람의 성을 기질의 성이라 하고, 성선을 본연의 성이 아닌가 하고 또 그것이 같다고 말한 것은 어찌된 것인가?'하니 대답하기를 '단순히 사람을 말할 때는 본연이요, 개와 소처럼 형상으로 말하면 기질'이라고 하였다.

본연이라는 것은 '이지일(理之一)'일 따름이요, 편전한 것은 사람과 물의 형기에 따라 균제하지 못하는 것이 있는 것이요, 미악(美惡)한 것은 편전한 가운데에서도 제 스스로 균제하지 않은 것이 있는 것이다. 미악은 변화할 수 있는 것이지만 편전은 변화하지 못한다. 편전과 미악은 비록 양자가 변할 수 있는 것과 없는 것의 분별이 있다 하여도, 그 기질이 되는 것은 마찬가지이다. 그 기질이 됨은 한가지이지만 가리키는 바는 같지 않은데, 호중(湖中) 사람은 편전과 본연을 혼합하여 말한 것이니 이와 기를 혼합한 것이요, 낙중(洛中) 사람은 한쪽으로 치우친 이론으로 편전과 미악을 뒤섞어 말하였으니 기와 기를 혼합한 것이다. 기와 기를 혼합한 것은 작은 착오요, 이와 기를 혼합한 것은 큰 착오다."

처음에 우암이 주자가 서원빙(徐元聘)에게 답한 글을 정론으로 삼아서 농암에게 가르쳤고, 농암이 또 도암에게 가르쳐 주었으니 이것이 바로 낙론의 종지(宗旨)이다. 그 글은 다음과 같다.

"보여준 인물(人物)의 성(性)이 같으냐 다르냐에 대한 설은 마땅히 강구해야 할 것인데, 고증하고 정정(正訂)한 것이 정밀하고 상세하며 지의(志意)가 쇠하지 않은 것을 보겠으니 마음이 위로되어 다행스럽습니다. 내가 듣건대 인물의 성(性)은 본래 동일하지 않음이 없고 기품은 다르지 않을 수 없습니다. 정자의 이른바 '솔성(率性)이란 인과 물을 겸하여 말한 것'이라고 한 것이 그것입니다. 또 '비단 사람뿐만이 아니라 만물도 모두 그렇다'는 것은 성이 다같이 그렇다는 것을 말한 것입니다.

이른바 '사람은 천지의 정기(正氣)를 받아 만물과 더불어 같지 않다'는 것이나, 또 '물은 능히 미루어 나가지 못하고 사람만이 능히 미루어 나간다'고 한 것은 기품이 다르므로 말한 것입니다. 그러므로 또 말하기를, '성을 논함에 있어 기를 논하지 않으면 갖추어지지 못하고, 기를 논하고 성을 논하지 않으면 분명하지 못하니, 그것을 둘로 만들면 옳지 못하다'고 하였으니 이 말을 잘 음미하면 선생의 뜻을 볼 수 있습니다. 어찌 석씨(釋氏)의 말과 같다고 하겠습니까? 말씀하신 호씨(胡氏)의 《지언(知言)》은 정히 이 말과 같으나 성은 다만 이(理)입니다. 생각하건대 이와 같이 쪼개어 나누기는 어려울 듯합니다. 다만 기질을 따라 품수한 것이 동일하지 않기 때문에 혹 가려지는 바가 있어 능히 밝지 못할 따름이지, 이(理)는 처음부터 둘이 있는 것이 아닙니다. 맹자의 말을 인용한 것에 이르러서는, 이에 맹자의 말로 인하여 다만 사람의 분수상의 도리를 말한 것일 뿐이요, 자사(子思)의 뜻은 본래 인물을 겸하여 말한 것입니다. '성(性)은 같으나 기는 다르다(性同氣異)'는 이 네 글자는 무한한 도리를 포함하고 있으니 바라건대 시험삼아 생각해 보십시오. 만약 이를 확실히 이해한다면 성현의 말씀에 대하여 막혀 장애됨이 없을 것입니다."

호락학파분렬
湖洛學派分裂

호학시어권수암이한남당계지락학원어김농암이리도암수지
湖學始於權遂庵而韓南塘繼之洛學原於金農巖而李陶庵守之
김삼연창흡리도암재박려호필주거락하고위지락론한남당원진
金三淵昌翕李陶庵縡朴黎湖弼周居洛下故謂之洛論韓南塘元震
윤병계봉구가호서고칭이호론문호분렬기성당론이리외암간현
尹屛溪鳳九家湖西故稱以湖論門户分裂幾成黨論而李巍巖柬玄
관봉상벽이호서인기론여락하동
冠峯尙壁以湖西人其論與洛下同

대산김매순궐여산필왈남당이맹자소칭견우인성위천명본연
臺山金邁淳闕餘散筆曰南塘以孟子所稱犬牛人性爲天命本然
지성주자우암정론명명사재책자상이비단불긍종우경론왈무기
之性朱子尤庵定論明々寫在册子上而非但不肯從又硬論曰無其
언왈이기설성정고자미류처맹자불응반습기류복이기질지성대
言曰以氣說性正告子迷謬處孟子不應反襲其謬復以氣質之性對
지야절위론기유사반리동이기이자이편전통색이언야류지소이
之也竊謂論氣有四般理同而氣異者以偏全通塞而言也類之所以
이자야기수상근자이지각운동이언야이류이동자대학서소위기
異者也氣雖相近者以知覺運動而言也異類而同者大學序所謂氣
질지품혹불능제자이혼명강약이언야동류이이자야겸동류여이
質之稟或不能齊者以昏明强弱而言也同類而異者也兼同類與異
류이총언기이자중용장구소위기품혹이시야고자이이류이동자
類而總言其異者中庸章句所謂氣稟或異是也告子以異類而同者

직위지성고맹자거류지소이이자이절지론기즉일야소종언지실
直謂之性故孟子擧類之所以異者以折之論氣則一也所從言之實
상연월남당소영호차도지기지비리이부지리면조관종종유불가
相燕越南塘所瑩乎此徒知氣之非理而不知裡面條貫種々有不可
혼자비단견리구상견기역미가위정야
混者非但見理久詳見氣亦未可謂精也

혹왈인지성지성여성선지성부동여왈동성선지성비본연지성
或曰人之性之性與性善之性不同歟曰同性善之性非本然之性
여왈본연지성왈자이견우인지성위기질지성이성선위본연지성
歟曰本然之性曰子以犬牛人之性爲氣質之性以性善爲本然之性
이우언기동하야왈단설인즉본연야여견우상형즉기질야
而又言其同何也曰單說人則本然也與犬牛相形則氣質也

본연자리지일이기편전자수인물지형기이유부재야미악자편
本然者理之一而己偏全者隨人物之形氣而有不齋也美惡者偏
전지중각자유부제야미악가변편전불가변편전미악수유가변불
全之中各自有不齊也美惡可變偏全不可變偏全美惡雖有可變不
가변지분이기위기질즉일야기위기질즉일이소지즉부동호중이
可變之分而其爲氣質則一也其爲氣質則一而所指則不同湖中以
편전본연혼이언지리여기혼자야락중일편지론이편전미악혼이
偏全本然混而言之理與氣混者也洛中一偏之論以偏全美惡混而
언지기여기혼자야기여기혼소착야리여기혼대착야
言之氣與氣混者也氣與氣混小錯也理與氣混大錯也

초송우암이주자답서원빙서위정론수농암농암수지도암즉락
初宋尤庵以朱子答徐元聘書爲定論授農巖々々授之陶庵卽洛
론지종지야
論之宗旨也

기서왈승유인물지성동이지설차정소당강자이고정정상우견
其書曰承喩人物之性同異之說此正所當講者而考訂精詳又見
지의지불쇠야위행행행모문지인물지성본무부동이기품즉불능
志意之不衰也慰幸々々某聞之人物之性本無不同而氣禀則不能
무이이정자소위솔성지위겸인물이언우운부독인이만물개연자
無異耳程子所謂率性之謂兼人物而言又云不獨人爾萬物皆然者
이성지동연자이언야소위인수천지지정기여만물부동우운지시
以性之同然者而言也所謂人受天地之正氣與萬物不同又云只是
물불능추인즉능추지자이기품지이이언야고우왈론성불론기불
物不能推人則能推之者以氣禀之異而言也故又曰論性不論氣不

비 론 기 불 론 성 불 명 이 지 편 불 시 숙 미 차 언 가 견 선 생 지 의 기 약 석 씨
備論氣不論性不明二之便不是熟味此言可見先生之意豈若釋氏

지 운 재 승 유 운 운 호 씨 지 언 정 여 차 설 연 성 지 시 리 공 난 여 차 분 렬 지
之云哉承喩云々胡氏知言正如此說然性只是理恐難如此分裂只

시 수 기 질 소 부 지 부 동 고 혹 유 소 폐 불 능 명 이 리 즉 초 무 이 야 지 맹 자
是隨氣質所賦之不同故或有所蔽不能明耳理則初無二也至孟子

설 중 소 인 내 인 맹 자 지 언 지 설 인 분 상 도 리 약 자 사 지 의 즉 본 겸 인 물
說中所引乃因孟子之言只說人分上道理若子思之意則本兼人物

이 언 지 야 성 동 기 이 지 차 사 자 포 함 무 한 도 리 행 시 사 지 약 어 차 견 득
而言之也性同氣異只此四字包含無限道理幸試思之若於此見得

즉 어 성 현 지 언 도 무 질 애 의
卽於聖賢之言都無窒碍矣

한원진(韓元震)

자는 덕소(德昭), 호는 남당(南塘)으로 청주(淸州) 사람이다. 8세에 처음 입학하였는데 글을 읽는 것이 몹시 둔했으나 몇 년이 지나자 문리(文理)가 트여 말을 해주면 곧 깨달았으며, 한번 보면 그대로 외웠다. 아버지가 한가하게 놀지 못하게 하려고 글 1백여 줄을 더 가르치고 곧바로 돌아앉아 외우도록 하였더니 한 글자도 틀리지 않았다. 또 여러 책 중에서 아이들이 알기 어려운 것을 가려내어 시험하였더니 알지 못하는 것이 없어 크게 기특하게 여기고, "우리 가문을 창성하게 할 자는 이 아이이다." 했다.

공이 18세에 과거공부를 하려고 먼저 《대학》을 읽었는데, 세상의 경학을 하는 자들이 문의(文義)를 알지 못하는 것을 병통으로 여기고 세밀하게 경서의 뜻을 연구하였다. 이에 번연히 깨닫고 스스로 기뻐하여 말하기를, "배워서 익히고 격물궁리(格物窮理)하는 공부는 이에 있을 뿐이다."하고 즉시 과거공부를 그만두고 성현의 학문을 하기로 기약하였으니, 공이 학문에 뜻을 세운 것은 실로 이에서 비롯하였다. 공은 재주와 지혜가 뛰어나고 식견이 밝고 투철했으며 《역경》과 《시경》, 《서경》과 사자서(四子書)를 깊이 연구하였다. 또 《태

극도설》과 《통서(通書)》·《역학계몽(易學啓蒙)》·경세(經世), 율려(律呂) 등의 글에 대해서도 막히는 것이 없었으며, 천문 지리와 병가(兵家)와 산수(算數) 등도 유학자로서 알지 못하면 안된다 하여 널리 제가서를 독파하여 그 강령을 모조리 해득하였다. 마침내 권상하의 문하에서 배우다가 농암과 삼연을 두루 찾아뵈었는데 농암이 말하기를, "그대는 총명이 부족할까 걱정되지는 않지만 발휘하여 얻은 것이 너무 이르다."고 했다.

숙종 정유년에 영릉참봉에 임명되었고, 경종 신축년에는 부수(副率)가 되었으며 영조가 서연관(書筵官)으로 소견(召見)하였다. 후에 《맹자》의 '신하가 임금보기를 원수같이 한다(臣視君如寇讎)'는 장(章)을 강의하자 이를 삭제하라는 명이 있었다. 찬선 박필주(朴弼周)가 임금에게 아뢰어 장령(掌令)이 되었다. 공이 일찍이 수암 권상하의 행장을 지었는데 총론에서 이기설로 주의를 삼고 결론하여 이르기를, "주자가 죽은 후에는 우리 도가 동방으로 왔으니, 그 도를 전하는 책임을 담당하는 사람으로는 오직 율곡과 우암 두 선생께서 가장 현저하다."고 하였다. 이 '가장 현저하다(最著)'는 두 글자는 주자의 행장에서 유래한 말이었는데 사계 김장생의 후손들이 사계가 도를 전한 사람 중에 빠졌다고 하여 비방하고 꾸짖기를 몹시 심하게 하였고, 심지어 상소하여 그 죄를 성토하기에 이르렀다. 향년 69세이다. 판서를 증직하였으며, 시호는 문순(文純)이다.

외암 이간(李柬)은 살기는 비록 호서 지방에서 살았으나 낙론(洛論)을 주장하여, "금수도 모두 오상(五常)의 성을 품부받았다."고 하였다. 이에 대하여 한원진은, "대체로 성(性)이라고 하는 것은 모두 기질을 인하여 이름한 것이다. 성은 이가 기 가운데에서 떨어진 이후의 이름이니, 금수와 사람이 어찌 그 완전한 것을 한가지로 품부받았다고 하겠는가?" 하였다.

이간이 또 말하기를, "사람과 물(物)은 오행(五行)의 이를 균등하게 품부받았다. 이제 기의 편전한 분수에 대하여 논하는 것은 되지만 오상 가운데 하나는 있고, 하나는 없다고 하는 것은 불가하다. 대개 풀 하나, 나무 하나까지도 사덕(四德) 중의 물(物)이 아닌 것이 없는데, 더구나 초목보다 훨씬 신령스러운 금수가 어찌 오상의 이를 모조리 품부받지 못하였겠는가?" 하였다. 이에 공이 또 말하기를, "천명은 형기를 초월하여 일컬은 것이요, 오상은 기질을 인하여 이름붙여진 것이다. 사람이 금수와 다른 것은 그 형기가 달라서 그런 것이 아니라 그 성(性)이 다른 데에 있다. 지각 운동은 사람과 물이 비록 같다고 하지만 인·의·예·지를 품부받은 것은 사람과 물이 동일하지 않은데, 어찌 우리 사람의 지극히 귀한 성을 낮추어서 금수의 무리와 동등하게 하여 더불어 분수(分數)의 많고 적음을 비교해서 이것으로써 사람과 금수의 분별을 삼으려 하겠는가?" 하였다.

남당의 저서에는 《경의기문록(經義記聞錄)》·《주자언론동이고(朱子言論同異考)》·《퇴계집소석(退溪集疏釋)》·《의례보(儀禮補)》·《장자변해(莊子辨解)》·《선학통변(禪學通辨)》·《양명집변(陽明集辨)》·《거관록(居觀錄)》·《한씨부훈(韓氏婦訓)》·《가례소의(家禮疏義)》·《약론(籥論)》·《가례원류의록(家禮源流疑錄)》·《근사록주설(近思錄註說)》·《이락연원록(伊洛淵源錄)》·《심경부주차기(心經附註箚記)》·《춘추별전(春秋別傳)》·《고사편람(古事便覽)》과 문집 30권이 있다.

남당이 최성중(崔成仲)에게 답한 글에서 이렇게 말했다.

"이(理)로 말하자면 인(人)과 물(物)의 성(性)이 온전하지 않은 것이 없고, 기(氣)로 말하자면 사람의 성은 온전하고 물의 성은 온전하지 못합니다. 그러므로 주자는 말하기를, '만물의 일원(一原)을 논하자면, 이는 같고 기는 다르며, 만물의 이체(異體)를 보면 기는 오히려 서로 가까운 것 같지만 이는 절대로 같지 않다'고 하였습니다. 율곡은 말하기를, '천지의 성은 사람과 물이 동일하다'고 하였고, 또 말하기를, '만물은 성이 전덕(全德)을 품수하지 못했다'고 하였으니, 대개 이(理) 위에 나아가서 보면 이는 같지 않은 것이 없고, 기(氣) 위에 나아가서 보면 이는 절대로 같지 않습니다. 그러나 사실은 같은 것도 다른 것에서 벗어나지 않고, 다른 것도 같은 것에서 떠나지 않습니다. 만약 기에서 보아 초목과 금수가 모두 인의예지의 덕을 온전하게 품수받아 사람과 한가지로 같다면 주자는 어찌하여 이는 절대로 같지 않다고 하였겠으며, 율곡은 어찌하여 물은 전덕(全德)을 품수받지 못했다고 했겠습니까? 오행(五行)의 기는 하나라도 빠지면 물을 생할 수 없으므로, 만물이 비록 모두 오행의 기를 균등하게 받는다 하여도 물이 받는 것은 지극히 어둡고 탁하여 그 이가 혼탁한 이를 행할 따름인데, 어찌 이것을 인(仁)·지(智)의 수연(粹然)한 것과 함께 논하겠습니까?"

한남당원진자덕소청주인숙종임술생팔세시입학구독심둔과수
韓南塘元震字德昭清州人肅宗壬戌生八歲始入學口讀甚鈍過數
년문리대진응구영오일람첩송부욕금기한유갱교백여행즉사배
年文理大進應口穎悟一覽輒誦父欲禁其閑遊更教百餘行卽使背
송불착일자우추제서중소아난해자이시지무불통효대기지왈창
誦不錯一字又抽諸書中小兒難解者以試之無不通曉大奇之曰昌
오문자차아야공십팔욕치응거선독대학병세지치경자불식문의
吾門者此兒也公十八欲治應擧先讀大學病世之治經者不識文義
세구경지잉번연자희왈학문궁격지공불과재시즉폐학구업편탈
細究經旨仍翻然自喜曰學問窮格之工不過在是卽廢學究業便脫
연이성현지학자기공지지학실시어차공재지초예식해명투심구
然以聖賢之學自期公之志學實始於此公才智超詣識解明透深究
역시서사자서지여태극도설통서계몽경세률려제문자무소애체
易詩書四子書至如太極圖說通書啓蒙經世律呂諸文字無所碍滯
우지리병가산수유자역불가부지범람제가진득강령수종유황강
又地理兵家筭數儒者亦不可不知汎濫諸家盡得綱領遂從遊黃江
지문력배김농암어삼연농암왈군총명불환부족단발득태조
之門歷拜金農巖於三淵農巖曰君聰明不患不足但發得太早

숙종정유제녕릉참봉 경종신축제부수영조초년이서연관소
肅宗丁酉除寧陵參奉 景宗辛丑除副率英祖初年以書筵官召
견후인맹자신시군여구수장강의지유삭일지명박찬선필주언호
見後因孟子臣視君如仇讎章講義至有削逸之命朴贊善弼周言乎
상시제장령공증찬수암행장총론이리기설위주의이결지왈주자
上始除掌令公曾撰遂庵行狀總論以理氣說爲主意而結之曰朱子
몰오도동의기임전도지책자유률곡우암량선생위최저운최저이
歿吾道東矣其任傳道之責者惟栗谷尤庵兩先生爲最著云最著二
자원어주자행장이사계후손이위사계견발어전도지중군매중진
字原於朱子行狀而沙溪後孫以爲沙溪見拔於傳道之中群罵衆嗔
무복고자지어진장성죄년륙십구졸증판서시문순
無復顧藉至於陳章聲罪年六十九卒贈判書諡文純

이외암거수재호주락론이위금수품득진오상지성공이위범언
李巍巖居雖在湖主洛論以爲禽獸禀得盡五常之性公以爲凡言
성자개인기질이명지성시리타재기중이후지명즉금수여인안능
性者皆因氣質而名之性是理墮在氣中以後之名則禽獸與人安能
동기전호외암우언인물균수오행지리금론기지유편전분수즉가
同其全乎巍巖又言人物均受五行之理今論氣之有偏全分數則可
오자지중위일유일무즉불가항일초일목초비사덕중물야황교령
五者之中謂一有一無則不可亢一草一木草非四德中物也况較靈
어초목자녕유부진품오자지리기재공우왈천명초형기이칭지오
於草木者寧有不盡禀五者之理氣哉公又曰天命超形器而稱之五
상인기질이명지인지소이이어금수자비이기형지수내재어기형
常因氣質而名之人之所以異於禽獸者非以其形之殊乃在於其形
지수지각운동지소위인여물수동인의례지지소부인여물부동하
之殊知覺運動之所爲人與物雖同仁義禮智之所賦人與物不同何
가이오인지귀지성강동어금수류이여교분수다과욕이시위인수
可以吾人至貴之性降同於禽獸類而與較分數多寡欲以是爲人獸
지별재
之別哉

한남당소저유경의기문록주서동이고퇴계집소소석의례보장
韓南塘所著有經義記聞錄朱書同異考退溪集所疏釋儀禮補莊
자변해선학통변양명집변거관록한씨부훈가례소의약론가례원
子辨解禪學通辨陽明集辨居觀錄韓氏婦訓家禮疏義籥論家禮源
류의소록근사록주설이락연원록심경부주차기춘추별전고사편
流疑所錄近思錄註說伊洛淵源錄心經附註箚記春秋別傳古事便

람 문 집 삼 십 권
覽文集三十卷

기 답 최 성 중 서 왈 이 리 언 지 즉 인 물 지 성 무 부 전 의 이 기 언 지 즉 인
其答崔成仲書曰以理言之則人物之性無不全矣以氣言之則人
성 전 이 물 성 불 능 전 의 고 주 자 왈 론 만 물 지 일 원 즉 리 동 이 기 이 관 만
性全而物性不能全矣故朱子曰論萬物之一原則理同而氣異觀萬
물 지 이 체 즉 기 유 상 근 이 리 절 부 동 률 곡 왈 천 지 지 성 인 여 물 일 야 우
物之異體則氣猶相近而理絶不同栗谷曰天地之性人與物一也又
왈 만 물 즉 성 불 능 품 전 덕 개 취 리 상 간 즉 리 무 부 동 취 기 상 간 즉 리 절
曰萬物則性不能稟全德蓋就理上看則理無不同就氣上看則理絶
부 동 이 실 즉 동 자 불 외 어 이 자 자 자 불 리 어 동 자 의 약 기 상 간 이 초 목
不同而實則同者不外於異者々々不離於同者矣若氣上看而草木
금 수 개 품 진 인 의 례 지 지 덕 이 여 인 일 동 즉 주 자 하 이 왈 리 절 부 동 률
禽獸皆稟盡仁義禮智之德而與人一同則朱子何以曰理絶不同栗
곡 하 이 왈 물 불 능 품 전 덕 호 오 행 지 기 궐 일 즉 부 득 생 물 고 만 물 수 개
谷何以曰物不能稟全德乎五行之氣闕一則不得生物故萬物雖皆
균 수 오 행 지 기 물 지 소 수 극 기 혼 탁 기 리 지 행 혼 탁 지 리 이 기 기 가 이
均受五行之氣物之所受極其昏濁其理只行昏濁之理而己豈可以
차 이 여 론 어 인 지 지 수 연 재
此而與論於仁智之粹然哉

주해_ ㅇ四子書(사자서) — 《대학》 · 《논어》 · 《맹자》 · 《중용》.

ㅇ臣視君如仇讎(신시군여구수) — 《맹자》 이루(離婁) 하(下)에 나오는 말. 구(仇)가 구(寇)로 되어 있다.

ㅇ五常之性(오상지성) — 인의예지신(仁義禮智信)의 성(性).

이간(李柬)

자는 공거(公擧), 호는 외암(巍巖)으로 예안(禮安) 사람이다. 황강(黃江)에서 수암 권상하를 스승으로 섬겼으니 바로 강문팔학(江門八學)의 한 사람이다. 나이 34세에 참봉에 임명되었으나 나아가지 않았으며, 뒤에 자의(諮議)에 임명되고 회덕현감(懷德縣監)으로 나아갔으나 얼마 안되어 벼슬을 버리고 돌아왔다. 향년 51세로 시호는 문정

(文正)이다.

공의 학문은 호학(湖學)과 의논이 맞지 않아 남당 한원진과 여러 차례 서신으로 논변하였는데 이르기를, "본연이란 것은 일원(一原)이요, 기질(氣質)이라는 것은 이체(異體)이다. 일원으로 말하면 천명(天命)과 오상(五常)이 모두 형기(形氣)를 초월하는 것이어서 사람이나 물(物)을 막론하고 편벽되거나 온전한 것의 다름이 없으니 이것이 이른바 본연의 성이다. 이체로서 말하면 천명과 오상은 기질로 인한 것이어서 비단 사람과 물 사이에만 편벽되고, 온전한 것의 다름이 있을 뿐 아니라, 성인과 범인의 사이에도 천만 갈래의 계급 차이가 있어서, 편벽된 곳에는 성명이 함께 편벽되고, 온전한 곳에는 성명이 함께 온전하니 이것이 이른바 기질의 성이다."라고 했다.

이에 남당이 답하여 말하기를, "태극은 더할 것도 없고 상대할 것도 없다는 것은 일원으로 이가 같은 것(理同)이요, 일(一)이 나뉘어 이(二)와 오(五)가 되면 이는 이체(異體)로서 이(理)가 같지 않은 것이 되는 것이요, 태극의 이치가 음양을 타면 건순(健順)의 덕이 되고, 오행을 타면 오상(五常)의 덕이 된다. 그 형기(形氣)를 초월하여 이(二)·오(五)가 된다고 하면 이는 건순이 음양이 없는 곳에 갖추어지는 것이 되니, 그 성을 말하는 것이 너무 허망하지 않은가? '성을 따르는 것을 도라고 한다'는 말은 사람과 물(物)을 통틀어 말한 것이지만, 물의 성이 이미 사람의 성과 같다고 한다면, 또 반드시 이를 따라서 사람의 도와 같음이 있은 뒤에야 바야흐로 '성대로 따른다'고 할 수 있을 것이다. 그런데 이제 사람의 성과 같다고 하면서도 사람의 도와 같은 것을 보지 못한다면 어찌 그 성대로 따르는 것이 되겠는가? 성대로 따르는 도가 같지 않으면 그 '따르는 바 성(所率之性)'이 원래 스스로 같지 않은 것을 여기에서 볼 수 있다."고 했다.

공이 말하기를, "남당은 심(心)을 알지 못하므로 성을 알지 못한다. 생각건대 사람은 음양오행의 바르고 통한 기를 얻어 만물보다 신령하고 귀한 것이다. 명덕(明德)의 본체에 나아가서는 실로 성인이나 범인이나 같이 얻는 것이다. 다만 그 바르고 통한 큰 구분 속에 또 청탁수박(淸濁粹駁)의 다른 점이 없지 못하니 이것은 바로 혈기가 전신에 충만한 것으로 이른바 기품이 이것이다. 대개 본연과 기질로 성을 논해야만 성리(性理)가 실로 분명해진다. 심 또한 반드시 이 둘을 갖추어서 말해야만 심체(心體)의 실상이 거의 밝혀져 남는 것이 없게 되니 허령불매(虛靈不昧)한 것은 본연의 심(本然之心)이요, 기품에 구애받으면 기질(氣質)의 심(心)이다. 이른바 대본(大本)의 성(性)이란 그 본연의 심(心)에 나아가 하나만 지적한 것이요, 기질의 성이란 그 기질의 심에 나아가서 겸하여 지적한 것이다. 비록 동일한 마음이지만 스스로 경계와 분별이 있는데, 어찌 분별을 하지 않고 겸하여 지적한 것과 하나만 지적한 것을 섞어서 하나로 말하겠는가?" 하였다.

남당이 드디어 〈변설(辨說)〉이란 글을 지었는데 대략 다음과 같다.

"《대학혹문(大學或問)》에 이르기를, '오직 사람만이 나면서 바르고, 또 통달한 것을 품부받아 그 성이 가장 귀한 것이다. 그렇기 때문에 마음이 허령(虛靈)하고 통철(洞澈)하여 만가지 이치가 다 갖추어졌으니 이것이 이른바 명덕(明德)이라는 것이다' 하였고, 그 아래에서 곧장 바르고 통한 것에도 청탁과 미악이 없을 수 없음을 말하였으며, 또 청탁·미악이 지(智)·우(愚)·현(賢)·불초(不肖)의 분별이 됨을 말하였습니다. 그 지·우·현·불초의 같지 않은 것이 있는 것은 실로 심과 기의 청탁과 미악의 구분을 말미암은 것입니다.

그런데 고명(高明)께서 본연과 기질로 상대하여 심을 논하는 것을 가지고 스스로 '이것은 다른 사람들이 발명하지 못한 것을 발명한 것'이라고 여기고 있지만 견해의 차이는 실로 여기에 있습니다. 성을 이렇게 두 가지로 대하여 말한 것은 다만 성과 기의 분리와 합일을 가지고 말하여 이런 두 명칭이 있게 된 것이니, 비록 두 가지 이름이 있더라도 일체가 되는 데에는 해로울 것이 없습니다. 고명께서 이른바 이심(二心)은 바로 허령과 기품을 나누어 이심으로 만들었으니, 이는 모두 기로써 말한 것입니다. 또 계분(界分)과 부오(部伍)가 같지 않은 것을 힘껏 주장하여 반드시 상대해서 기질은 밖에 있고 허령은 안에 있다고 하니, 이는 심 위에 심을 두고 심으로써 심을 싼 것이니 과연 두 마음이 아니며, 두 마음의 갖춘바 성은 또 성이 아닙니까?"

남당이 전후하여 논설한 것이 수천 마디였는데, 모두 스승의 말을 전한 것으로서 주자의 주장이 아니면 바로 율곡과 우암의 뜻이었다. 이로부터 두 분의 변론이 세상에 행해져 세상의 학문하는 사람치고 심성의 분변을 말하지 않는 이가 없었지만, 사람들의 견해가 같지 않아 하나로 귀결되는 설이 나오지 않았다.

李巍巖柬字公擧禮安人 肅宗丁巳生歸事權遂庵尚夏于黃江之上卽江門八學之一也年三十四拜參奉不起後拜諮議懷德縣監未幾棄官歸年五十一卒謚文正

公與湖學議不合與韓南塘屢書論辨曰本然者一原也氣質者異體也以一原言則天命五常具可超形氣而人與物無偏全之殊是所謂本然之性也以異體言則天命五常具可因氣質而不獨人與物有偏全聖與凡之間又是千階萬級也偏全性命俱偏全處性命俱全是所謂氣質之性也

南塘曰太極無加無對者爲一原而理同也自一而分爲二五則是爲異體而理不同矣太極之理乘陰陽則爲健順之德乘五行則爲五常之德其曰超形氣而爲二五則是健矣順具於無陰陽之地其言性

야 불 역 현 공 가 허 지 심 호 솔 성 지 위 도 차 통 인 물 이 언 야 물 기 차 차 동
也不亦懸空駕虛之甚乎率性之謂道此通人物而言也物旣此此同
인 지 성 즉 우 필 순 지 이 유 동 인 지 도 연 후 방 가 위 솔 성 야 금 위 유 동 인
人之性則又必循之而有同人之道然後方可謂率性也今謂有同人
지 성 이 미 견 유 동 인 지 도 즉 오 재 기 솔 성 호 솔 성 지 도 부 동 즉 기 소 솔
之性而未見有同人之道則惡在其率性乎率性之道不同則其所率
지 성 원 자 부 동 차 이 가 견 의
之性元自不同此已可見矣

공 위 남 당 불 식 심 고 불 식 성 야 이 위 인 득 이 오 정 통 지 기 령 귀 어 만
公謂南塘不識心故不識性也以爲人得二五正通之氣靈貴於萬
물 즉 명 덕 본 체 실 성 범 지 소 동 득 자 야 단 기 정 통 대 분 우 불 무 청 탁 수
物卽明德本體實聖凡之所同得者也但其正通大分又不無淸濁粹
박 지 이 차 즉 혈 기 지 충 어 백 체 자 소 위 기 품 시 야 개 이 본 연 기 질 대 대
駁之異此則血氣之充於百體者所謂氣稟是也盖以本然氣質對待
론 성 이 성 리 실 명 의 심 역 필 이 시 이 자 비 언 지 심 체 지 실 서 무 여 온 허
論性而性理實明矣心亦必以是二者備言之心體之實庶務餘蘊虛
령 불 매 본 연 지 심 야 기 품 소 구 기 질 지 심 야 소 위 대 본 지 성 취 기 본 연
靈不昧本然之心也氣稟所拘氣質之心也所謂大本之性就其本然
지 심 단 지 자 기 질 지 성 취 기 기 질 지 심 겸 지 자 야 수 동 일 방 촌 이 계 분
之心單指者氣質之性就其氣質之心兼指者也雖同一方寸而界分
자 재 안 가 도 무 분 별 이 지 이 겸 지 단 지 곤 설 일 처 호
自在安可都無分別而只以兼指單指滾說一處乎

남 당 수 작 변 설 일 서 략 왈 대 학 혹 문 왈 유 인 지 생 득 기 정 차 통 자 이
南塘遂作辨說一書略曰大學或問曰惟人之生得其正且通者而
기 성 위 최 귀 고 기 방 촌 지 간 허 령 통 철 만 리 함 비 차 소 위 명 덕 야 기 하
其性爲最貴故其方寸之間虛靈洞澈萬里咸備此所謂明德也其下
즉 언 정 통 지 불 능 무 청 탁 미 악 이 우 언 청 유 탁 미 악 위 지 우 현 불 초 지
卽言正通之不能無淸濁美惡而又言淸有濁美惡爲智愚賢不肖之
별 기 유 지 우 현 불 초 지 부 동 자 실 유 어 심 지 기 지 청 탁 미 악 지 분 야 고
別其有智愚賢不肖之不同者實由於心之氣之淸濁美惡之分也高
명 이 본 연 기 질 대 대 론 심 자 위 발 전 인 래 발 이 소 견 지 차 실 재 어 차 성
明以本然氣質對待論心自謂發前人來發而所見之差實在於此性
지 이 시 이 자 대 언 자 지 이 성 여 기 리 합 설 이 유 시 이 명 수 유 이 명 무 해
之以是二者對言者只以性與氣離合說而有是二名雖有二名無害
어 위 일 체 야 고 명 소 위 이 심 즉 이 허 령 기 품 분 작 이 심 개 이 기 언 우 력
於爲一體也高明所謂二心則以虛靈氣稟分作二心皆以氣言又力

주 계 분 부 오 지 부 동 필 상 대 이 언 기 질 거 외 이 허 령 거 내 심 상 안 심 이
主界分部伍之不同必相對而言氣質居外而虛靈居內心上安心以
심 포 심 차 과 비 이 심 호 이 심 소 구 지 성 우 과 비 이 성 호 남 당 전 후 론 설
心包心此果非二心乎二心所具之性又果非二性乎南塘前後論說
불 시 루 수 천 언 개 전 습 사 론 이 비 주 자 지 언 즉 률 우 지 지 야 자 시 이 공
不啻屢數千言皆傳習師論而非朱子之言卽栗尤之旨也自是二公
변 론 행 어 세 세 지 위 학 자 미 불 언 심 성 지 변 이 인 견 부 동 미 유 귀 일 지 론
辨論行於世々之爲學者靡不言心性之辨而人見不同未有歸一之論

주해_ㅇ虛靈不昧(허령불매)－허하고 신령하며 어둡지 않은 것.
ㅇ大學或問(대학혹문)－주자(朱子)의 저서.

이재(李縡)

자는 희경(熙卿), 호는 도암(陶庵)으로, 우봉(牛峯) 사람이다. 임오년 문과에 올랐고, 정해년 중시(重試)에 합격하여 독서당에 뽑혔으며 대제학을 거쳐 벼슬이 이조판서에 이르렀다. 향년 67세이고 시호는 문정(文正)이다. 저서에 《주형(宙衡)》·《사례편람(四禮便覽)》·《검신록(檢身錄)》·《근사심원(近思尋源)》·《오선생휘언(五先生徽言)》·《삼관기(三官紀)》·《존양록(尊攘錄)》 등과 유집 50권이 있다.

공은 일찍이 젊은 나이에 과거에 오른 것을 불행하게 여겨 화전동(花田洞) 집으로 물러나 늙을 때까지 독서하였는데, 새벽에 일어나서 글을 외우고 사색하였다. 일찍이 말하기를, "정암(靜菴)과 율곡은 나의 스승이다." 하였다. 《중용》을 강설하기를, "《혹문(或問)》에 인물이 나면서 비록 천지의 이기(理氣)를 품수하지만 기품이 같지 않으므로 성(性)에 편벽되고 온전한 차이가 있다고 하였다. 그래서 율곡은 말하기를, '저 만물의 경우는 성(性)에 온전한 덕을 품수하지 못했다'고 하였다. 이제 〈중용장구(中庸章句)〉에 이르기를, '인물이 생함에 각각 그 품부한 바 이(理)를 얻어 건순(健順) 오상(五常)의 덕으로 삼는다'

고 하였으니 여기에서는 인·물의 분별을 나누지 않은 것 같으니 그렇다면 율곡의 말은 옳지 않겠는가?" 하였다.

도암은 말하기를, "〈장구〉에서는 자사(子思)의 본지(本旨)에 나아가서 통체(統體)를 널리 논한 것이다. 율곡은 그 속에 나아가서 세목으로 구분해서 표현한 것이니 비록 같지 않은 것 같지만 실은 서로 배치되지는 않는다."고 했다.

병계(屛溪) 윤봉구(尹鳳九)가 〈심설(心說)〉에서 말하기를, "심(心)은 전적(專的)으로 말하자면 성정을 통솔하는 것이고, 단적으로 말하면 기입니다. 비록 품수한 바 정영(精英)한 것이 마음속에 갖추어져 있다 하더라도 기는 균제(均齊)하지 못한 것이니, 품수한 바의 균제하지 못한 것에 따라 각각 청탁이 있습니다. 그렇기 때문에 성인이나 범인이 동일한 성을 소유하지만 범인은 성인처럼 곧장 이루어지지 못하는데, 이것은 다만 청탁에 구애되어 서로 다르지 않을 수 없기 때문입니다. 그러므로 반드시 충분히 변화의 공력을 들여 조금의 찌꺼기도 없이 청명(淸明)하고 순수한 데 이른 뒤에야 그 성을 다할 수 있으며, 바로 성인으로 더불어 하나가 되는 것이니 이것이 일설입니다. 성인이나 범인이나 같은 것은 성뿐만 아니요, 심 역시 같은 것입니다. 심의 본체는 담연(湛然) 허명(虛明)하여 처음부터 성인이니 범부(凡夫)니 청탁이니 하여 말할 만한 것이 없습니다. 그 같지 않은 것은 신체와 혈기에 청(淸)·탁(濁)·수(粹)·박(駁)의 같지 않은 것이 있어서 탁박한 것이 가려서 본체의 담연한 것이 발현하지 못하므로 비로소 성인과 범인의 차이가 있게 되니 이것이 또 일설입니다. 글의 뜻과 훈고(訓詁)의 이동(異同)을 따지는 것은 실로 심학의 근원과 관계되는 것이어서 한번쯤 분변하여 밝히지 않을 수 없는 것이요, 더구나 그 각각 주장하는 것이 또 한두 사람의 유치한 학자들이 우연히 발설해낸 것이 아닌 만큼, 후생들이 그런 말을 따르느냐 따르지 않느냐 하는 도에 있어서는 또한 마땅히 그 어지럽게 갈래가 나누어지는 대로 일임할 수는 없습니다." 하였다.

도암이 대답하여 이르기를, "생각하건대 심은 본디 기입니다. 그러나 반드시 성과 기를 합해서 말해야 그 뜻이 갖추어지는데, 예로부터 심을 말함에 있어서 오로지 기로만 단정하지는 않았습니다. 그러나 만약 그 속에 나아가 단순히 기만 가리켜 말한다면 이(理)는 하나요, 기는 둘이며 성인과 중인의 심이 가지런하지 못함이 있을 수 있습니다. 그러나 기라고 하는 것은 비록 청·탁·수·박의 같지 않음이 있다 하더라도 그 근본은 담일(湛一)할 따름이며, 심은 또 기(氣)의 정상(精爽)이지만, 또 이를 합해서 말한 것이니, 한 개의 기자만을 붙일 수는 없습니다. 그러므로 그 본체의 담연(湛然)함은 성인과 중인이 한가지입니다." 했다.

병계가 또 묻기를, "심은 기이지만 그 이는 성이요, 그 발한 것은 정입니다. 구분해서 말하자면 심·성·정이 각각 가리킨 것이 있으며, 통합해서 말하면 성과 정은 심 속에 포괄되어 있으니 맹자의 이른바 '인의(仁義)의 양심(良心)'이며 장자(張子)의 이른바 '성과 지각(知覺)을 합하면 심이라는 이름이 있게 된다'는 것입니다. 예로부터 성현이 심을 논함에 있어서 흔히 통틀어 말하고 나누어 말한 것은 과연 말씀하신 대로입니다. 다만 오늘날에 논하는 것은 그 나누어 말하는 데에 나아가 단순히 '기(氣)의 심(心)'만을 지적하여 그 기에 청탁이 있느냐 없느냐 하는 것과 성인과 범인이 같으냐 같지 않으냐 하는 구별일 뿐입니다.

대개 기라고 하는 것은 균제하지 않은 것이니 음양 오행을 품수하는 처음을 구명해보면 청·탁·수·박이 천만 가지로 같지 않습니다. 성인이 품수한 것은 음양 오행이 적당하게 고르고 순수하게 맑고 아름다우며, 그 심은 바로 적당하게 고르고 맑고 아름다운 것 중에서도 정상한 것이므로 유독 청명 순수합니다. 중인이 품수한 것은 음양 오행이 고루 적당하지 못하고 청탁이 서로 섞여서 그 심이 곧 고르지 못하고 서로 섞인 것에서 나타나는 정상한 것이므로 강(剛)·유(柔)·혼(昏)·명(明)이 각각 스스로 같지 않습니다. 만물 가운데에서 사람의 품수한 것이 그 빼어난 것을 얻었으므로 그 심이 신령합니다. 사람 가운데에서 성인의 품수한 것은 그 빼어난 것을 얻었으므로 그 심이 가장 신령합니다. 이 말은 이미 채씨(蔡氏)의 전(傳)에 자세히 실려 있습니다." 했다.

병계가 또 말하기를, "그러므로 최상의 성인은 순수하고 청명한 마음으로써 그 하고자 하는 바에 따라도 천리가 그대로 흘러나와 법도를 넘지 않습니다. 여기에서 한 등급을 내려가면 반드시 맑게 만드는 공력에 힘써 탁하고 더러운 것이 점점 소멸되고 청명함이 날로 승화되어야 그 성을 회복하게 됩니다. 대개 중인의 서로 뒤섞인 마음은 비록 성인의 정수(精粹)한 데에는 미치지 못한다 해도, 오직 정상하기 때문에 본래 스스로 활발하게 변화하여 저 간장(肝臟)이나 신장(腎臟)이나 폐장(肺臟)이나 비장(脾臟) 등의 기가 한쪽으로만 치우쳐 변할 수 없는 것과는 같지 않습니다. 그래서 만약 정밀하게 살피고 방법에 맞게 바로잡는다면 탁한 것이 변하여 청한 것이 되고, 잡박한 것이 변하여 순수한 것이 되며, 유약한 것이 강해지고, 어두운 것이 밝아지게 되어 이른바 기질을 변화시키는 것을 여기에서 말할 수 있습니다. 저 단순히 기(氣)의 심(心)만을 말한 것을 가지고서 성인과 범인이 별다른 것이 없다 하고 청·탁·수·박은 신체 혈기로 옮겨붙이고, 나아가 '심은 본래 선하다'는 말을 위로 맹자의 성선설(性善說)의 공(功)에 견주려고까지 합니다. 과연 이처럼 말할 수 있다면 맹자는 무슨 까닭으로 유독 성선(性善)만을 말하고 심선(心善)에는 한마디 말도 미치지 않았으며, 정자와 주자는 또 무슨 까닭으로 '청탁기품이 균제하지 않다'는 말만을 하여 '심은 본래 선하다'는 설에 상반되는 말을 했겠습니까? 심은 일신의 주재(主宰)이니 이렇듯이 주장하는 것은 오로지 이 마음에 있는 것입니다. 성이 본래 한가지로 선한 것이고, 심이 또 아무런 구별이 없는 것이라면 중인이 성인에게 미치지 못하는 것은 어째서입니까? 만약 성인과 범인의 구별이 전적으로 신체 혈기의 청탁의 나뉨에만 있다고 한다면 이는 중요함이 혈기에 있고 심은 도리어 일삼을 만한 것이 없는 것이 될 것이니 그래도 되겠습니까?" 하였다.

도암이 답하여 말하기를, "〈심설(心說)〉은 잘 보았습니다. 그 의리의 중요한 부분에 있어서는 아직도 완전하게 합치되지 못한 것이 있습니다. 심은 본래 기(氣)에 속한 것이지만 예로부터 성현들이 심을 말할 때에는 반드시 성과 합하여 말하였지 기(氣)자만을 말한 적은 없으며, 그 지극히 허(虛)하고 지극히 밝으며 신묘하여 측량할 수 없는 곳을 말함에 있어서는 일찍이 성인과 범인을 나누어 말하지 않았으니 그 뜻이 대개 우연한 것이 아닙니다. 이제 분석해서 말하자면 심은 기입니다. 그리고 기는 균제하지 않은 것이니 품부한 것으로 말하면 성인과 중인이 어찌 한결같이 똑같을 이치가 있겠습니까? 그러나 이 기는 이(理)와 대칭하여 말하면 진실로 둘이지만 그 근본은 역시 하나일 따름이며, 중인의 품수한 바에 비록 청·탁·수·박의 균제하지 않은 것이 있다고 해도 그 잡박하고 탁한 속에서도 본체의 담연(湛然)한 것은 존재하지 않음이 없습니다. 더구나 기라고 하는 것은 변동하는 것이 끝이 없어서 형상이나 기질이 한번 국한되어 변할 수 없는 것과는 같지 않습니다. 그러므로 진실로 맑게 다스리는 힘을 들이면 탁한 것을 청하게 할 수 있고, 잡박한 것을 순수하게 할 수 있는 것이 아니겠습니까? 스스로 그렇게 하지 않는 것이라면 기질을 변화하는 공부를 어떻게 실행하겠습니까? 다만 그 타고난 기질에 구애되고 물욕에 가려지게 되면 담일한 본체가 쉽게 드러나지 않고, 오직 미발시(未發時)에만 대략 볼 수 있을 것입니다.

내가 《중용》 수장(首章)에 대해, 매양 미발시에는 '기질'이란 두 글자를 붙일 수 없다고 하였는데, 지금 이 논설 역시 보내주신 글에서 이른바, '심은 성을 떠날 수 없다'는 한 단락과 같지 않을 따름입니다. 기질과 본연의 성은 앞의 글에서 이미 '이 두 가지 설은 정히 이와 같다'고 하였는데 이것은 저것을 인용해서 이것을 밝힌 것에 지나지 않을 뿐입니다.

그러나 보내주신 글에서 '성인의 성 또한 어찌 일찍이 기질을 떠났겠는가마는 단지 편벽되고 잡박하다고 말할 만한 것이 없으므로 기질에 대한 말은 오로지 중인에게 해당하는 말'이라고 하였으니, 심에 나아가 단순히 하나로 말한 것도 또한 이와 같은 것이거든, 하물며 미발시의 담연한 체는 성인과 중인이 이미 한 가지인데도 중인은 본연의 마음이 없다고 말하는 것이 옳겠습니까? 제가 듣건대 호중(湖中)의 사우(士友)들 가운데 '명덕(明德)에는 분수가 있다'는 말을 주장하는 이가 많다고 하여 마음속으로 근심하고 탄식한 지 오래입니다. 보내주신 편지에는 그런 말이 없으나 어찌 전한 사람이 잘못한 것이겠습니까? 그러나 명덕(明德)은 본심입니다. 고명의 견해가 이미 심상(心上)에서 기자를 주장함이 너무 지나쳐서 비록 덕(德)을 오로지 성(性)에 붙이고자 하더라도 성이 심에서 떠나지 못할 것이니, 마침내 분수가 있음을 면하지 못할까 두렵습니다." 하였다.

도암이 또 말하기를, "대개 일찍이 망령되이 생각하기를, '천지 사이에 이와 기가 있어서 비록 서로 떨어지지 아니하지만 또한 서로 혼잡하지 않은 것이다. 기가 이를 이기면 어지럽게 되고, 이가 기를 이기면 잘 다스려지게 된다. 요컨대 성현의 천만 마디의 말씀은 모두 이가 기의 주장이 된다(理爲氣主)는 넉자에서 벗어나지 않으며, 맹자의 공덕은 성의 선함을 이른다(道性善)는 한마디 말씀보다 더 큰 것이 없다'고 하였습니다. 대개 기질 가운데서 성(性)자를 뽑아내어 사람들에게 중인과 요순이 본래 서로 다른 두 가지 성이 없다는 것을 알게 한 것인데, 이제 고명의 논설은 오로지 기를 주로 삼아서 지극히 정결한 이를 완전히 기의 굴 속으로 빠뜨려 버리니, 이것이 사람의 몸과 마음에 어찌 도움이 되겠습니까? 참으로 이와 같이 하면 맹자께서 고생하며 어렵게 얻은 하나의 성(性)자의 뜻이 이에 이르러서 다시 어두운 데로 가고 말 것입니다." 하였다.

이 도 암 재 자 희 치 우 봉 인 숙 종 경 신 생 임 오 등 문 과 정 해 중 중 시
李陶庵縡字熙致牛峯人 肅宗庚申生壬午等文科丁亥中重試
선 호 당 전 문 형 관 지 리 판 영 조 병 인 졸 년 륙 십 칠 시 문 정 소 저 유 주 형
選湖堂典文衡官至吏判英祖丙寅卒年六十七謚文正所著有宙衡
사 례 편 람 검 신 록 근 사 심 원 오 선 생 휘 언 삼 관 기 존 양 록 유 집 오 십 권
四禮便覽檢身錄近思尋源五先生徽言三官紀尊攘錄遺集五十卷

공 상 이 조 년 등 과 위 불 행 퇴 수 화 전 동 려 지 로 독 서 계 욕 명 즉 첩 기
公嘗以早年登科爲不幸退修花田洞廬至老讀書鷄欲鳴則輒起
송 념 상 왈 정 암 률 곡 아 사 야 기 중 용 강 설 왈 혹 문 인 물 지 생 수 인 품 천
誦念嘗曰靜庵栗谷我師也其中庸講說曰或問人物之生雖因稟天
지 지 리 기 이 기 품 부 동 성 유 편 전 지 이 고 률 곡 왈 약 만 물 즉 성 불 품 전
地之理氣而氣稟不同性有偏全之異故栗谷曰若萬物則性不稟全
덕 금 차 장 구 왈 인 물 지 생 각 득 기 소 품 지 리 이 위 건 순 오 상 지 덕 차 즉
德今此章句曰人物之生各得其所稟之理以爲健順五常之德此則
사 불 분 인 물 지 분 연 즉 률 곡 지 설 불 시 야 도 암 왈 장 구 즉 취 자 사 본 지
似不分人物之分然則栗谷之說不是耶陶庵曰章句則就子思本旨
범 론 통 체 률 곡 취 기 중 세 분 별 출 래 수 사 부 동 이 실 미 상 패 야
泛論統體栗谷就其中細分別出來雖似不同而實未相悖也

윤 병 계 심 설 문 심 왈 전 언 즉 통 성 정 이 단 언 즉 기 야 시 기 야 수 소 품
尹屏溪心說問心曰專言則統性情而單言則氣也是氣也雖所稟
지 정 영 해 저 어 방 촌 자 기 자 부 제 야 수 소 품 지 부 제 각 유 청 탁 고 이 성
之精英該貯於方寸者氣者不齊也隨所稟之不齊各有清濁故以聖
범 소 동 지 성 이 범 인 지 불 능 여 성 인 지 직 수 자 지 위 청 탁 소 구 이 불 능
凡所同之性而凡人之不能如聖人之直遂者只爲清濁所拘而不能
불 이 야 필 능 가 변 화 지 공 무 사 자 사 택 지 어 청 명 순 수 연 후 가 이 진 기
不異也必能加變化之工無些子查滓至於清明純粹然後可以盡其
성 즉 여 성 인 일 야 차 일 설 야 성 범 소 동 부 정 심 역 동 야 심 지 본 체 담 연
性卽與聖人一也此一說也聖凡所同不正心亦同也心之本體湛然
허 명 초 무 성 범 청 탁 지 가 언 기 소 부 동 자 구 각 혈 기 유 청 탁 수 박 지 부
虛明初無聖凡清濁之可言其所不同者軀殼血氣有清濁粹駁之不

동 탁 박 지 엄 본 체 지 담 연 자 불 능 발 견 시 유 성 범 지 이 야 차 우 일 설 야
同濁駁之掩本體之湛然者不能發見始有聖凡之異也此又一說也
시 비 문 의 훈 고 지 이 동 실 계 심 학 원 두 불 가 불 일 하 변 명 황 기 각 소 주
是非文義訓詁之異同實係心學源頭不可不一下辨明況其各所主
장 자 우 불 시 일 이 몽 학 우 연 설 출 자 즉 재 후 생 종 위 지 도 역 불 의 일 임
張者又不是一二蒙學偶然說出者則在後生從違之道亦不宜一任
기 분 기 도 암 답 왈 절 위 심 고 기 야 연 필 합 성 여 기 언 지 기 의 내 비 고 종
其紛岐陶庵答曰竊謂心固氣也然必合性與氣言之其義乃備故從
고 언 심 미 상 전 이 기 단 지 연 약 취 기 중 단 지 기 언 지 즉 리 일 야 기 이 야
古言心未嘗專以氣斷之然若就其中單指氣言之則理一也氣二也
성 인 중 인 지 심 용 유 부 제 자 연 기 지 위 물 수 유 청 탁 수 박 지 부 동 기 본
聖人衆人之心容有不齊者然氣之爲物雖有清濁粹駁之不同其本
즉 담 일 이 기 의 심 우 기 지 정 상 이 우 합 리 언 지 즉 불 가 전 저 일 기 자 고
則湛一而已矣心又氣之精爽而又合理言之則不可專著一氣字故
기 본 체 지 담 연 즉 성 인 중 인 일 야
其本體之湛然則聖人衆人一也

병 계 우 문 왈 심 시 기 야 기 리 즉 성 야 기 발 즉 정 야 분 이 언 지 심 여 성
屛溪又問曰心是氣也其理則性也其發則情也分而言之心與性
여 정 야 각 유 소 지 통 이 언 지 학 심 이 성 정 포 재 의 이 맹 자 소 위 인 의 지
與情也各有所指統而言之學心而性情包在矣以孟子所謂仁義之
량 심 야 장 자 소 위 합 성 여 지 각 유 심 지 명 야 종 고 성 현 론 심 다 재 차 통
良心也張子所謂合性與知覺有心之名也從古聖賢論心多在此統
언 분 언 상 차 즉 래 교 성 연 의 제 금 일 소 론 취 기 분 언 지 중 지 지 단 언 기
言分言上此則來敎誠然矣第今日所論就其分言之中只指單言氣
지 심 이 기 기 지 청 탁 유 무 성 범 동 부 동 지 별 의 개 기 자 부 제 야 원 이 오
之心而其氣之清濁有無聖凡同不同之別矣盖氣者不齊也原二五
품 부 지 초 즉 청 탁 수 박 천 만 부 동 성 인 소 품 이 오 균 정 순 청 순 미 기 심
稟賦之初則清濁粹駁千萬不同聖人所稟二五均停純清純美其心
즉 균 정 청 미 자 지 정 상 고 독 능 청 명 순 수 중 인 소 품 이 오 불 균 청 탁 상
卽均停清美者之精爽故獨能清明純粹衆人所稟二五不均清濁相
잡 기 심 즉 불 균 상 잡 자 지 정 상 고 강 유 혼 명 각 자 부 동 만 물 지 중 인 지
雜其心卽不均相雜者之精爽故剛柔昏明各自不同萬物之中人之
소 품 득 기 수 이 기 심 령 언 오 인 지 중 성 인 지 품 우 득 기 최 수 이 기 심 최
所稟得其秀而其心靈焉吾人之中聖人之稟又得其最秀而其心最
령 차 설 기 상 어 채 씨 지 전 의
靈此說已詳於蔡氏之傳矣

병 계 우 왈 시 이 상 성 순 수 청 명 지 심 종 기 소 욕 이 천 리 직 수 불 유 규
屛溪又曰是以上聖純粹清明之心從其所欲而天理直遂不踰規
언 하 차 일 등 즉 필 가 징 치 지 공 사 탁 예 점 소 청 명 일 승 이 복 기 성 언 개
焉下此一等則必加澄治之工使濁穢漸消清明日昇而復其性焉盖
중 인 상 잡 지 심 수 불 급 성 인 지 정 수 유 기 정 상 지 고 본 자 활 화 불 여 간
衆人相雜之心雖不及聖人之精粹惟其精爽之故本自活化不如肝
신 폐 비 지 기 일 어 편 이 불 가 변 의 약 능 찰 지 정 이 유 지 유 방 즉 탁 화 위
腎肺脾之氣一於偏而不可變矣若能察之精而揉之有方則濁化爲
청 박 변 위 수 유 이 능 강 혼 이 능 명 소 위 변 화 기 질 어 차 가 언 의 피 이 단
清駁變爲粹柔而能强昏而能明所謂變化氣質於此可言矣彼以單
언 기 지 심 위 무 성 범 지 별 이 청 탁 수 박 즉 이 고 어 구 각 혈 기 지 이 심 본
言氣之心謂無聖凡之別而清濁粹駁則移靠於軀殼血氣至以心本
선 지 설 유 약 상 배 어 맹 씨 성 선 지 공 과 여 시 설 자 맹 자 하 고 이 독 언 성
善之說有若上配於孟氏性善之功果如是說者孟子何故而獨言性
선 이 무 일 언 급 어 심 선 정 주 우 하 고 이 지 유 재 유 청 탁 기 품 부 제 지 론
善而無一言及於心善程朱又何故而至有纔有清濁氣稟不齊之論
상 반 어 심 본 선 지 설 야 심 자 일 신 지 주 재 야 임 지 주 장 전 재 어 차 심 성
相反於心本善之說耶心者一身之主宰也恁地主張專在於此心性
본 동 선 이 심 우 무 별 즉 중 인 지 불 급 성 인 하 야 약 이 성 범 지 별 단 재 어
本同善而心又無別則衆人之不及聖人何也若以聖凡之別亶在於
구 각 혈 기 청 탁 지 분 운 즉 시 중 재 어 혈 기 이 심 반 무 소 사 의 기 가 호 재
軀殼血氣清濁之分云則是重在於血氣而心反無所事矣其可乎哉

도 암 답 왈 심 설 득 하 개 시 기 어 의 리 두 뇌 상 유 미 진 계 자 심 고 속 기
陶庵答曰心說得荷開示其於義理頭腦尚有未盡契者心固屬氣
이 종 고 성 현 언 심 필 합 성 이 언 지 미 상 전 언 기 자 기 언 지 허 지 명 신 묘
而從古聖賢言心必合性而言之未嘗專言氣字其言至虛至明神妙
불 측 처 역 미 상 분 성 인 중 인 이 위 언 기 의 개 불 우 연 금 욕 탁 이 언 지 즉
不測處亦未嘗分聖人衆人而爲言其意盖不偶然今欲析而言之則
심 시 기 야 이 기 즉 부 제 취 품 부 상 언 즉 성 인 중 인 기 유 일 제 지 리 호 연
心是氣也而氣則不齊就稟賦上言則聖人衆人豈有一齊之理乎然
시 기 야 대 리 이 언 즉 고 이 야 기 본 즉 역 일 이 기 의 중 인 소 품 수 유 탁 청
是氣也對理而言則固二也其本則亦一而己矣衆人所稟雖有濁清
수 박 지 부 제 어 기 박 탁 지 중 본 체 지 담 연 즉 개 미 상 부 재 우 황 기 지 위
粹駁之不齊於其駁濁之中本體之湛然則盖未嘗不在又況氣之爲
물 변 동 불 궁 비 여 형 질 지 일 유 국 정 이 불 가 역 자 고 구 가 징 치 지 력 즉
物變動不窮非如形質之一有局定而不可易者故苟加澄治之力則

탁 자 가 청 박 자 가 수 자 비 연 자 변 화 기 질 지 공 안 소 시 야 단 기 품 질 소
濁者可清駁者可粹自非然者變化氣質之功安所施也但其禀質所
구 물 욕 소 폐 담 일 지 체 미 이 정 로 유 어 미 발 시 작 략 가 견 의 우 어 중 용
拘物欲所蔽湛一之體未易呈露惟於未發時綽略可見矣愚於中庸
수 장 매 위 미 발 시 불 가 착 기 질 이 자 금 자 지 론 역 부 단 여 래 교 소 위 심
首章每謂未發時不可着氣質二字今茲之論亦不但如來教所謂心
불 가 리 호 성 일 단 이 기 의 기 질 본 연 지 성 전 서 기 왈 차 량 언 정 여 차 운
不可離乎性一段而已矣氣質本然之性前書旣曰此兩言正如此云
운 즉 시 불 과 차 피 명 차 이 연 이 래 교 론 지 성 인 지 성 역 하 상 리 호 기 질
々則是不過借彼明此耳然以來教論之聖人之性亦何嘗離乎氣質
이 고 무 편 박 지 가 언 고 기 질 지 설 전 위 중 인 설 취 심 상 단 언 역 유 시 야
而顧無偏駁之可言故氣質之說專爲衆人說就心上單言亦猶是也
황 미 발 시 담 연 지 체 성 인 중 인 기 일 야 즉 위 중 인 무 본 연 지 심 자 기 가
况未發時湛然之體聖人衆人旣一也則謂衆人無本然之心者其可
호 절 문 호 중 사 우 다 주 명 덕 분 수 지 설 심 절 우 탄 구 의 래 교 즉 불 연 기
乎竊聞湖中士友多主明德分數之說心竊憂歎久矣來教則不然豈
전 자 과 야 연 명 덕 시 본 심 야 고 명 지 견 기 어 심 상 주 장 기 자 태 과 즉 수
傳者過耶然明德是本心也高明之見旣於心上主張氣字太過則雖
욕 전 이 덕 속 성 성 역 불 리 어 심 의 종 공 불 면 유 분 수 야
欲專以德屬性々亦不離於心矣終恐不免有分數也

도 암 우 왈 개 상 망 위 천 지 지 간 유 리 유 기 수 불 상 옹 역 불 상 잡 이 기
陶庵又曰蓋嘗妄謂天地之間有理有氣雖不相雍亦不相雜而氣
승 리 즉 란 리 승 기 즉 치 요 지 성 현 천 언 만 어 도 불 외 어 리 위 기 주 사 자
勝理則亂理勝氣則治要之聖賢千言萬語都不外於理爲氣主四字
의 맹 자 지 공 막 대 어 도 성 선 일 언 개 어 기 질 지 중 념 출 성 자 사 인 지 인
矣孟子之功莫大於道性善一言盖於氣質之中拈出性字使人知人
여 요 순 지 본 무 이 성 금 고 명 지 론 즉 전 이 기 위 주 사 지 정 지 결 지 리 전
與堯舜之本無二性今高明之論則專以氣爲主使至淨至潔之理全
연 타 재 기 와 중 거 료 차 어 인 신 심 상 유 하 소 보 구 여 시 즉 맹 자 지 신 근
然墮在氣窩中去了此於人身心上有何所補苟如是則孟子之辛勤
도 득 일 성 자 지 의 지 시 이 환 부 알 매 의
道得一性字之意至是而還復黖昧矣

윤봉구(尹鳳九)

자는 서응(瑞膺), 호는 병계(屛溪)·구암(久庵)으로 파평(坡平) 사

람이다. 숙종(肅宗) 계해년에 출생하였는데, 어머니 이씨의 꿈에 한 여인이 와서 말하기를, "나는 바로 이 집 주인의 전실(前室)이다. 이전에 계실(繼室)이 내 아들을 매우 야비하게 대하고, 선대의 제사를 받드는 데 성의가 없어 내가 의지할 곳이 없었다. 이제 그대의 아름다운 덕이 유명(幽明)을 감동하게 하니, 반드시 귀한 아들 형제를 두게 되리라." 하였다. 뒤에 과연 아들 둘을 낳으니 큰아들이 봉구(鳳九)이다. 유일로 천거되어 벼슬이 판서에 이르렀으며 시호는 문헌(文憲)이다. 작은아들은 봉오(鳳五)인데 문과에 급제하여 벼슬이 대사헌에 이르렀다.

공이 덕산(德山) 가야산 옥병계(玉屛溪) 위에 집을 짓고 학자들과 함께 도학을 강론하고 학문을 닦았다. 그때 남당 한원진이 〈태극도〉의 '미발선악(未發善惡)·인물오상(人物五常)'이란 말을 외암 이간(李柬)과 강론하여 의견의 차이가 생겼는데, 이간의 편을 든 사람들은 모두 낙하(洛下)의 제공(諸公)들이다. 한원진은 호서의 결성(結城)에 살고 있었는데, 그 논의를 구성한 사람들이 모두 호중(湖中)에 있었으므로 호학(湖學)이라고 하였다. 이것이 호락(湖洛)의 원류가 갈라진 시초이며, 윤봉구는 실로 그 논의를 주장한 한 사람이다. 문인에 김규오(金奎五)와 안정척(安鼎坧)이 제일 저명하다.

그의 학설 중에 홍장해(洪章海)에게 답한 글에 다음과 같이 말했다.

"일원(一原)의 이(理)는 같고 기(氣)는 다른 것은 대개 이기(理氣)의 본체를 말한 것입니다. 이체(異體)의 기는 오히려 가까운데도 이가 같지 않다는 것은 성(性)이 이루어진 뒤에 말한 것입니다. 이제 인·물의 오상이 같으냐 같지 않으냐 하는 것은 그후 이체가 이루어진 뒤를 기준으로 말한 것이겠습니까? 형(形)이 이루어지기 이전을 가지고 말한 것이겠습니까? 자서(字書)에서 심(心)자와 생(生)자를 합쳐서 성(性)자를 만들었고, 주자는 말하기를 '성(性)이라고 막 말할 때에는 바로 이 이(理)가 이미 형기(形氣) 가운데에 떨어져 있다'고 하였으며, 율곡은 이르기를, '이가 기 가운데 있는 것을 성이라고 한다. 만약 기 가운데 있지 않으면 마땅히 이라고 할지언정 성이라고 말하는 것은 옳지 않다'고 하였습니다. 이로써 논한다면 본연이니 기질이니 할 것 없이 이미 성이라고 하면 그것은 이가 형기에 있는 것이 되니, 형기가 갖추어짐에 각각 이를 품수하면 이것은 이체상(異體上)의 이가 되어 절대로 같지 않은 것임을 알 수 있습니다.

이제 형기에 나아가 단순히 그 성을 가리켜 '이것은 무슨 물건인가?'라고 한다면 답하기를, '바로 이(理)이다'라고 할 것이고, 또 이르기를, '이 물(物)과 물의 이는 같은가?' 한다면 답하기를, '이는 이미 이체의 이에 매였으니 절대로 같지 않음을 면치 못한다'고 할 것입니다. 또 이르기를, '그러면 일원이동(一原理同)의 이와 더불어 별도로 한 이가 되어 각각 스스로 같지 않은 것인가?' 한다면, '그렇지 않다. 바로 한가지로 일원의 이이다'라고 답할 것이며 이르기를, '어찌하여 같지 않은 것을 가지고 같은 것과 더불어 서로 같다고 하는가?' 하면 답하기를, '천하의 이가 어찌 다르겠는가? 다만 그 지두(地頭)로 인하여 주장하여 말하는 것에 서로 다름이 있을 뿐이다'라고 할 것이니, 그 같다고 하는 것은 이의 통체(統體)로서 나뉘지 않은 것을 지적하여 말한 것이기 때문이요, 그 같지 않다고 하는 것은 형질(形質)의 지위가 각각 다른 데 따라서 말한 것이기 때문입니다. 그러나 이제 같지 않은 것을 가지고서 근본이 같지 않다고 말하는 것은 옳지 않으며, 또 그 근본이 같다고 하여 각각 물건에 따라 현재한 것을 지적하여 같다고 하는 것도 옳지 않으니, 이것이 이른바 같은 속에서 다른 것을 보고, 다른 속에서 같은 것을 살핀다는 것입니다.

대개 '천명지성(天命之性)'에 대하여 〈장구(章句)〉에 이미 이르기를, '기(氣)로써 형을 이룸에 이 또한 품부되었다'고 하였으니, 그 이체의 이가 되는 것이 명백하고 정녕합니다. 그런데 이제 말하기를, '성은 바로 일원(一原)의 같은 것'이라고 하니 이는 무엇을 말합니까? 하늘로부터 말하면 하늘에 있어 아직 부여되지 않은 이를 일원이라고 하므로 바로 일본(一本)이며, 그 만물에 부여되어 성이 된 것을 이체라고 하니 바로 만수(萬殊)입니다. 그 형기를 따라 성을 이루는 것은 비록 이것이 이체상의 '절대로 같지 않은 것(絶不同者)'이지만, 또한 각각 단언한 것이므로 이것을 본연 순선(純善)의 성이라고 합니다. 말씀하시기를, '비록 단언한 이라고 하더라도 이미 편전(偏全)을 말하였으니 바로 이미 기의 부림을 받은 것이므로 본연의 성이 아니고 기질의 성'이라고 하였는데, 이는 귀하께서 만물 일원으로 본연의 성을 삼고 인물 이체의 이로 기질의 성을 삼았기 때문입니다.

《주자어류》에서 선생이 《중용》의 건순(健順) 오상(五常)의 성을 논하여 이르기를, '소의 성은 순(順)하고 말의 성은 건(健)하니 바로 건순의 성이요, 범과 이리의 성은 어질고, 벌과 개미의 성은 의로우니 바로 오상의 성이지만, 단지 품득하여 얻은 것이 적어서 사람이 전부를 품수한 것과 같지 않다'고 하였습니다. 또 《맹자》의 '견(犬)·우(牛)·인(人)의 성(性)'의 집주(集註)에서 이르기를, '인·의·예·지의 품수를 어찌 물이 온전히 얻을 수 있는 것이겠는가?' 하였으니, 이는 모두 본연의 성을 논한 것이어서 그 편전을 문제 삼지 않은 것입니다.

그런데 하물며 근래 물건마다 모두 건순 오상의 덕을 갖추었다고 하는 사람들이 모두 주자의 이 장구로 증거하는 문안(文案)을 삼으면서도, 주자가 스스로 해석한 장구의 뜻에서 혹 건하고, 혹 순하며, 이것은 어질고 저것은 의롭다는 것으로 말한 것이 이처럼 확실한데도 오히려 이것을 믿지 않는 것은 어째서입니까?

기질의 성에 이르러서는 이 성이 이미 형기에 떨어져 있으므로 기가 혹 용사(用事)하면 바로 본연의 순선한 성 또한 기가 엄습하는 것을 면치 못하여 도리어 선악이 서로 섞이게 되므로 '기질성(氣質性)'이란 명칭이 있는 것입니다. 주자는 '성은 서로 가깝다(性相近)'는 것을 말한 주석에서 말하기를, '이것은 이른바 기질을 겸하고 선악이 있는 것'이라고 한 것입니다. 이로써 보건대 본연과 기질의 두 성은 원래 한 개의 성으로, 그 달라진 까닭은 단지 이만을 말한 것인가, 기를 겸하여 말한 것인가 하는 것과, 순선한가, 선악을 모두 가지고 있는가의 차이에 있을 뿐입니다.

그런데도 반드시 이루어진 성(成性)이 비록 같지 않지만, 순선만을 말한 것을 가지고 한결같이 선악을 겸하여 있다는 것과 함께 동일한 과(科)로 논하는 것은 또 어째서입니까? 이는 선현들의 정론을 생각하지 않고 다만 자기 뜻대로 주장하고 큰소리를 치는 것이니 진실로 한탄스럽습니다. 귀하가 뛰어난 재주와 젊은 나이로 정로(正路)를 향해 처음으로 길을 떠났는데, 하찮은 나의 생각으로는 오직 첫길이 조금이라도 잘못되면 마침내는 천리나 어긋나게 될까 염려됩니다. 모름지기 자기 주장을 고집하지 말고 선인들을 애호하고 선현들이 이미 정해놓은 설에 의하여 한결같이 곧장 앞으로 나아가기를 깊이 바랍니다."

또 백강(伯剛)에게 답한 글에서 이렇게 말했다.

"기국(氣局)은 바로 기국의 이(理)이니 이진의 말에서 상고할 수 있을까 합니다. 다만 '이는 통하고 기는 국한된다(理通氣局)'는 네 글자로 말하면 이통이란 하나의 이가 어느 물건에나 있지 않은 곳이 없으므로 이것을 통이라 하고, 기국이란 기는 본래 다른 것으로서 각각 형체를 이루기 때문에 국이라고 말합니다. 성과 이로 나누어 말하자면 이는 바로 이통의 이요, 성은 바로 기국의 이입니다.

율곡이 이미 말하기를, '사람의 이가 바로 물(物)의 이라고 한 것은 이의 통한 것이요, 사람의 성은 물의 성이 아니라고 한 것은 기의 국(局)'이라고 하였습니다. 또 '이일분수(理一分殊)'와 '이통기국(理通氣局)'을 상대하여 말하자면 이일은 바로 이통(理通)이요, 분수는 바로 기국의 이입니다. 기국상의 이는 본래 이통의 이이니 어찌 다름이 있겠습니까? 이미 기국에 나아가 논하면 각각 그 형기에 따라서 스스로 다른 이가 되는 것이니, 이 이통의 이와는 그 주장하여 말한 것이 다른 것일 뿐입니다. 이는 마치 이체상(異體上)의 이는 원래 일원의 이이지만 이체상의 같지 않은 이를 말함에 이르러서는 일원의 같은 것과는 분별이 없다고 말할 수 없는 것과 같습니다. 기를 범하지 않았으므로 본연의 성이라고 하는데, 말씀하신 바가 진실로 옳습니다. 다만 이것은 이통상의 것을 말한 것이 아니고, 기국상에 있어서 기를 겸하지 않고 단독으로 말한 것이니 모름지기 살펴야 합니다."

또 이렇게 말했다.

"이는 본래 일반적인 것이지만, 이미 각 물체상에 산재하여 있으면 바로 그 이체로 인하여 이가 절대로 같지 않습니다. 그러므로 성인이 부득이 그 같지 않은 것으로 인하여 별도로 이름을 붙였으니, 봄에서는 원(元)을 일컫고, 여름에서는 형(亨)을 일컫고, 목(木)에서는 인(仁)을 일컫고, 금(金)에서는 의(義)를 일컬었습니다. 이는 주자의 이른바 '사덕(四德)은 기(氣)의 위에서 이름을 붙인 것이다'란 것입니다. 처음부터 춘하추동의 기가 없으면 이(理)라는 한 글자만을 말해도 좋을 것인데 어찌 반드시 원(元)·형(亨)·이(利)·정(貞) 네 글자로 나누어서 이름하겠습니까? 성 역시 그러하니 심의 정상(精爽)이 처음부터 목(木)·화(火)·금(金)·수(水)의 정상이 아니었다면, 또 어찌 인(仁)·의(義)·예(禮)·지(智)로 분별하여 일컫는 일이 있겠습니까?

이제 건(健)에 대해서 각각 건순과 오상을 갖추었다 하고, 순(順)도 각각 건순 오상을 갖추었다 하며, 인과 의 또한 각각 인의예지를 갖추었다고 말하는데, 그렇다면 이는 바로 건순과 인의가 원래부터 각기 해당되는 뜻이 없고 한덩어리로 분별됨이 없는 것이니, 성인이 어찌하여 많은 글자를 가지고 어지럽게 이름을 세웠습니까? 대개 음양오행이 만물을 화육(化育)하므로 만물 또한 음양오행의 기를 갖추지 않고 생긴 것은 없습니다. 기가 있으면 이가 있으니 비록 곤충이나 초목 같은 미물이라 하더라도 어느 것이 음양오행의 기를 품수하지 않고 형을 이루었겠으며, 음양오행의 이를 품수하지 않고 성을 삼았겠습니까? 인의예지에 이르러서는 명칭이 스스로 다른데 사람만이 천지의 바르고 통한 기를 받아서 출생하였으므로 이미 금수 초목의 횡생(橫生)하고 도생(倒生)한 것과는 형기가 아주 다릅니다. 더구나 심(心)은 정통한 기의 정상함을 받아서 마음에 갖추고 저장하여 신령스럽고 밝아 능히 지각(知覺)하고 능히 운용하는 것입니다.

생각하건대 이 정상은 바로 오기(五氣)의 정상이므로 그 오기의 정상으로 인하여 인·의·예·지·신의 명칭이 세워진 것입니다. 한(漢)나라의 유학자들이 목(木)의 신(神)을 인(仁)이라 하고, 금(金)의 신(神)을 의(義)라고 운운한 것을 주자가 《논어혹문(論語或問)》에서 인용했습니다. 면재(勉齋) 황간(黃幹)은 말하기를, '금목(金木)은 기요, 신(神)은 영(靈)이며, 인의(仁義)는 이라' 하니 인의예지는 다만 이 신령스럽고 밝고 신명상(神明上)에 있는 이의 이름이니 범연하게 목기(木氣)의 이를 모두 인이라 하거나 금기(金氣)의 이를 모두 의라고 할 수는 없습니다. 그러므로 눈과 간(肝)은 다같이 목기(木氣)이며, 코와 폐(肺)는 다같이 금기(金氣)로서 모두 인신상의 오행의 기이지만, 눈이나 간, 코나 폐 등의 이를 원래 인의라고 일컫는 일은 없고 반드시 심기상(心氣上)에서만 일컬었으니 그 뜻을 알 수 있습니다. 주자가 인의예지로써 사람 성품의 강령을 삼아 천도(天道)의 원·형·이·정으로 더불어 대칭하여 말했습니다.

그것은 대개 사람이 만물의 영장이 되어 천지로 더불어 참립(參立)하여 삼재(三才)가 되므로 성인이 별도로 그 성의 조목을 일컬어 말한 것이요, 금수 초목은 각각 그 성을 소유하지 않은 것이 없지만 성인이 그 각각의 성을 모두 다 이름 붙이지 못하고 다만 소의 성과 말의 성만을 말했을 따름입니다. 그런데도 반드시 인·의·예·지의 순수한 것을 가지고 한데 뒤섞어서 곤충 초목의 성과 아울러 같이 호칭하려고 하니 이 무슨 뜻입니까? 범과 이리의 인이라든지, 벌과 개미의 의리를 운운한 것 또한 유래가 있습니다.

사람과 물의 이는 본래 일리(一理)이니 하늘이 사람에게 품부한 것은 기이하고 특별한 이로써 하고, 물에게 품부하면서는 대수롭지 않은 이로 한 것은 아닌데, 다만 물에는 사람의 신령하고 밝은 기가 없으므로 그 성을 인의라고 일컫지 못하는 것뿐입니다. 비록 범이나 이리가 품수한 것에는 목기(木氣)의 한 점 통명(通明)한 것이 있어서 그 부자(父子)의 성이 사람의 성품 가운데 인과 방불하기 때문에 인이라 일컬은 것이고, 벌이나 개미의 품수한 것에는 금기(金氣)의 한 점 통명한 것이 있어서 그 군신(君臣)의 성이 사람의 성품 가운데 의와 방불하기 때문에 의로 일컬은 것이며, 또한 범과 이리며, 벌과 개미에 대하여 사사로이 인과 의를 준 것은 아닙니다.

원래 일반의 이이지만 각각 일단의 통명한 기로 인하여 방불한 것을 소유하고 있으므로 이에 이름을 붙인 것이요, 물이 처음부터 조금도 통명한 기운이 없는 것은 그 방불한 것마저도 또한 이름을 붙일 수 없는 것입니다. 주자가 말하기를, '인의예지의 품수를 어찌 물이 얻어서 온전하게 할 수 있겠는가?' 하였고, 또 말하기를, '인의예지의 순수함은 물에는 없다'고 하였습니다. 이제 만물을 통틀어 말하자면 통명한 기가 없는 것이 이미 많고, 그 중에서 혹시 일컬은 것 또한 사람의 성품과 방불한 것을 말하여 이(理)가 같다는 사실을 밝혔을 뿐입니다. 어찌 완전히 사람이 극기복례(克己復禮)하여 인을 행하는 것이라든지, 선을 좋아하고 악을 미워하여 의로운 일을 하는 것과 같겠습니까? 또 인으로써 의를 만들 수 없으며, 의로써 인을 만들 수 없는 것은 본연의 성이 아닙니다. 대체적으로 말하면 부자의 친함은 인을 주로 하고, 군신의 충(忠)은 의를 주로 하지만, 부자 사이에도 의가 발하는 것이 없지 않고, 군신 사이에도 인이 발하는 것이 없지 않습니다.

그러나 그 인 가운데의 의와, 의 가운데의 인은 또한 본래의 인과 본래의 의가 일을 따라 서로 발하는 것이요, 인으로써 의를 겸하거나 의로써 인을 겸한 것은 아니니, 실로 인은 스스로 인이고, 의는 스스로 의입니다. 범이나 이리의 인과, 벌이나 개미의 의는 그 기가 편벽되기 때문에 방불하게 볼 수 있는 것이라고는 인과 의뿐입니다. 오행의 이를 갖추었으므로 능히 살기를 좋아하고 죽기를 싫어하며, 주리면 먹고 목마르면 마십니다. 각자 한계와 절도가 없지 못한 것 또한 모두 수(水)·화(火)의 이치가 있어서 그러한 것입니다. 그러나 성인이 처음부터 이것을 가지고 예(禮)·지(智)의 성이라고 말하지 않고 다만 범의 인과 벌의 의로 편벽하게 말하였는데도 이제 반드시 범에 대하여 의리를 겸하여 말하고, 벌에 대하여 인을 겸하여 말하려고 한다면, 그것이 그럴듯하여 말이 되겠습니까? 이러한 의리는 정히 자기의 소견을 믿지 말고 스승의 말씀을 믿는 것이 좋을 뿐입니다. 정자와 주자가 어찌 백세(百世)의 스승이 아니겠습니까? 결코 스스로 자기 의견만을 쓰거나 잘못 천착하거나 엉뚱하게 끌어대지 말고 한결같이 정자와 주자의 말을 따르면 허물이 적을 것입니다."

윤 병 계 봉 구 자 서 응 우 호 구 암 파 평 인 숙 종 계 해 생 모 리 씨 몽 견 일
尹屛溪鳳九字瑞應又號久庵坡平人肅宗癸亥生母李氏夢見一
녀 자 래 어 왈 오 내 가 옹 전 실 야 전 자 계 실 대 오 아 심 부 봉 선 무 성 고 오
女子來語曰吾乃家翁前室也前者繼室待吾兒甚簿奉先無誠故吾
무 고 처 지 금 군 의 덕 감 호 유 명 필 생 귀 자 이 인 기 후 과 생 이 자 장 봉 구
無考處之今君懿德感乎幽明必生貴子二人其後果生二子長鳳九
이 유 일 관 지 판 서 시 문 헌 차 봉 오 문 과 관 지 대 사 헌
以遺逸官至判書謚文憲次鳳五文科官至大司憲

공 복 축 우 덕 산 가 야 산 중 옥 병 계 상 여 학 자 강 도 수 학 시 남 당 한 원
公卜築于德山加耶山中玉屛溪上與學者講道修學時南塘韓元
진 이 태 극 도 미 발 선 악 인 물 오 상 설 여 외 암 리 간 강 론 모 순 우 간 자 개
震以太極圖未發善惡人物五常說與巍巖李柬講論矛盾右柬者皆
락 하 제 공 이 원 진 거 호 서 결 성 주 기 의 자 개 재 호 중 고 위 지 호 학 차 호
洛下諸公而元震居湖西結城主其議者皆在湖中故謂之湖學此湖

락 분 원 지 시 이 봉 구 실 기 주 론 지 일 야 문 인 김 규 오 안 정 척 최 저 운
洛分源之始而鳳九實其主論之一也門人金奎五安鼎坧最著云

기 학 설 답 홍 장 해 서 왈 일 원 지 리 동 기 이 자 개 언 리 기 지 본 체 야
其學說(答洪章海書)曰一原之理同氣異者槪言理氣之本體也

이 체 지 기 유 근 이 리 부 동 자 종 성 성 후 언 지 야 금 자 인 물 오 상 지 동 부
異體之氣猶近而理不同者從成性後言之也今者人物五常之同不

동 기 후 장 이 이 체 후 언 지 야 이 미 성 형 전 언 지 야 자 서 종 심 생 성 주 자
同其後將以異體後言之耶以未成形前言之耶字書從心生性朱子

언 재 설 성 시 편 시 차 리 기 타 재 형 기 중 자 야 률 곡 이 위 리 재 기 중 자 위
言纔說性時便是此理己墮在形氣中者也栗谷以爲理在氣中者謂

지 성 약 부 재 기 중 당 위 지 리 부 당 위 지 성 이 차 론 지 불 론 본 연 기 질 기
之性若不在氣中當謂之理不當謂之性以此論之不論本然氣質旣

왈 성 즉 기 위 리 지 재 형 기 자 야 형 기 구 이 각 품 차 리 즉 차 위 이 체 상 리
曰性則其爲理之在形氣者也形氣具而各稟此理則此爲異體上理

이 기 절 부 동 가 지 야 금 취 형 기 상 단 지 기 성 왈 차 하 물 야 왈 즉 리 야 우
而其絶不同可知也今就形氣上單指其性曰此何物也曰卽理也又

왈 차 물 물 지 리 동 야 이 야 왈 차 기 계 이 체 지 리 불 능 면 기 절 부 동 야 왈
曰此物々之理同耶異耶曰此旣係異體之理不能免其絶不同也曰

연 즉 여 일 원 리 동 지 리 별 위 일 리 이 각 자 부 동 야 왈 불 연 즉 동 시 일 원
然則與一原理同之理別爲一理而各自不同耶曰不然卽同是一原

지 리 야 왈 여 하 이 이 부 동 자 여 동 자 이 위 지 동 야 왈 천 하 지 리 하 상 이
之理也曰如何而以不同者與同者而謂之同也曰天下之理何嘗異

야 지 시 인 기 지 두 소 주 이 언 자 유 이 이 기 왈 동 자 지 리 지 통 체 미 분 이
也只是因其地頭所主而言者有異耳其曰同者指理之統體未分而

언 고 위 지 동 기 왈 부 동 자 수 기 형 질 지 위 각 수 이 언 고 위 지 부 동 야 연
言故謂之同其曰不同者隨其形質之位各殊而言故謂之不同也然

불 가 이 기 견 재 지 부 동 자 이 위 본 부 동 야 우 불 가 이 기 본 동 야 이 지 수
不可以其見在之不同者而謂本不同也又不可以其本同也而指隨

물 견 재 자 병 위 지 동 야 차 소 위 동 중 견 기 이 이 중 찰 기 동 자 개 천 명 지
物見在者並謂之同也此所謂同中見其異々中察其同者盖天命之

성 장 구 기 왈 기 이 성 형 리 역 부 언 운 즉 기 위 이 체 지 리 자 명 백 정 녕 금
性章句旣曰氣以成形理亦賦焉云則其爲異體之理者明白丁寧今

언 성 즉 일 원 지 동 야 차 하 위 야 자 천 언 지 재 천 이 미 급 부 여 지 리 위 지
言性卽一原之同也此何謂也自天言之在天而未及賦與之理謂之

일 원 야 즉 일 본 야 기 부 여 만 물 이 위 성 지 자 성 위 지 이 체 야 즉 만 수 야
一原也卽一本也其賦與萬物而爲成之者性謂之異體也卽萬殊也

기 수 형 기 성 성 지 성 수 시 이 체 상 절 부 동 자 이 역 각 기 단 언 자 고 차 위
其隨形氣成性之性雖是異體上絶不同者而亦各其單言者故此謂

본 연 순 선 지 성 야 래 교 운 수 왈 단 언 리 기 언 편 전 즉 기 위 기 소 사 비 본
本然純善之性也來敎云雖曰單言理旣言偏全則己爲氣所使非本

연 지 성 이 내 기 질 지 성 차 좌 우 이 만 물 일 원 위 본 연 지 성 인 물 이 체 상
然之性而乃氣質之性此左右以萬物一原爲本然之性人物異體上

리 위 기 질 지 성 고 야 어 류 선 생 론 중 용 건 순 오 상 지 성 왈 우 지 성 순 마
理爲氣質之性故也語類先生論中庸健順五常之性曰牛之性順馬

지 성 건 즉 건 순 지 성 호 랑 지 성 인 봉 의 지 성 의 즉 오 상 지 성 단 품 득 래
之性健卽健順之性虎狼之性仁蜂蟻之性義卽五常之性但稟得來

소 불 여 인 품 득 전 우 어 맹 자 견 우 인 성 집 주 이 위 인 의 례 지 지 품 기 물
少不如人稟得全又於孟子犬牛人性集註以爲仁義禮智之稟豈物

지 소 득 이 전 재 차 개 론 본 연 지 성 이 불 혐 기 편 전 야 황 장 래 위 물 개 구
之所得以全哉此皆論本然之性而不嫌其偏全也況匠來謂物皆具

건 순 오 상 지 덕 자 막 불 이 주 자 차 장 구 위 대 증 안 이 주 자 자 석 장 구 지
建順五常之德者莫不以朱子此章句爲大證案而朱子自釋章句之

의 이 혹 건 혹 순 차 인 피 의 언 지 자 여 차 기 적 실 이 유 차 지 불 신 하 야 지
意以或健或順此仁彼義言之者如此其的實而猶此之不信何也至

어 기 질 지 성 차 성 기 수 재 형 기 야 기 혹 용 사 즉 본 연 순 선 지 성 역 불 면
於氣質之性此性旣隨在形氣也氣或用事則本然純善之性亦不免

엄 취 이 반 유 선 악 지 상 잡 고 유 차 기 질 성 지 별 칭 주 자 론 성 상 근 주 이
揜取而反有善惡之相雜故有此氣質性之別稱朱子論性相近註以

위 차 소 위 겸 기 질 유 선 악 자 야 유 차 관 지 본 연 기 질 량 성 원 래 일 개 성
爲此所謂兼氣質有善惡者也由此觀之本然氣質兩性元來一箇性

이 기 소 이 이 자 지 재 어 단 언 리 겸 언 기 여 순 선 유 선 악 지 부 동 야 이 필
而其所以異者只在於單言理兼言氣與純善有善惡之不同也而必

이 성 성 지 수 불 능 동 이 단 언 지 순 선 자 일 례 흥 겸 언 지 유 선 악 자 동 과
以成性之雖不能同而單言之純善者一例與兼言之有善惡者同科

이 론 역 하 야 차 불 고 전 현 정 론 지 쾌 기 의 강 권 찰 거 대 언 호 론 야 성 가
而論亦何也此不顧前賢定論只快己意扛券擦去大言胡論也誠可

탄 야 좌 우 고 재 묘 년 발 인 정 로 구 구 지 기 여 정 중 유 공 초 정 지 혹 차 이
歎也左右高才妙年發軔正路區々之期與鄭重惟恐初程之或差而

종 류 천 리 야 수 물 경 집 기 견 애 호 선 인 순 의 선 현 기 정 지 설 일 직 전 왕
終謬千里也須勿硬執己見愛護先人循依先賢己定之說一直前往

심 기 망
深冀望

우 답 백 강 서 왈 기 국 즉 기 국 지 리 자 유 전 언 가 고 야 지 언 리 통 기 국
又答伯剛書曰氣局卽氣局之理者有前言可考耶只言理通氣局
사 자 즉 리 통 자 일 리 무 물 부 재 고 시 위 지 통 기 국 자 기 본 이 이 각 성 형
四字則理通者一理無物不在故是謂之通氣局者氣本異而各成形
체 고 위 지 국 야 약 언 성 리 지 분 리 즉 리 통 지 리 야 성 즉 기 국 상 리 야 률
體故謂之局也若言性理之分理卽理通之理也性卽氣局上理也栗
곡 기 왈 인 지 리 즉 물 지 리 자 리 지 통 야 인 지 성 비 물 지 성 자 기 지 국 야
谷旣曰人之理卽物之理者理之通也人之性非物之性者氣之局也
우 이 리 일 분 수 여 리 통 기 국 대 언 지 리 일 내 리 통 야 분 수 내 기 국 상 리
又以理一分殊與理通氣局對言之理一乃理通也分殊乃氣局上理
야 기 국 상 리 본 동 래 리 통 지 리 야 갈 상 유 이 기 취 기 국 상 론 지 각 수 기
也氣局上理本同來理通之理也曷嘗有異旣就氣局上論之各隨其
형 기 자 위 부 지 리 야 지 시 여 리 통 지 리 기 소 주 이 언 자 이 야 여 이 체 상
形氣自爲不之理也只是與理通之理其所主而言者異也如異體上
리 원 시 일 원 지 리 이 지 왈 이 체 상 부 동 지 리 즉 여 일 원 지 동 자 불 가 위
理元是一原之理而至曰異體上不同之理則與一原之同者不可謂
무 소 분 별 불 범 기 기 고 위 본 연 지 성 자 래 설 성 연 단 차 비 리 통 상 언 자
無所分別不犯其氣故謂本然之性者來說誠然但此非理通上言者
야 재 기 국 상 불 겸 기 이 단 언 자 야 수 육 지 야
也在氣局上不兼氣而單言者也須育之也

우 왈 리 본 일 반 이 기 산 재 각 체 상 즉 인 기 이 체 이 리 절 부 동 고 성 인
又曰理本一般而旣散在各體上則因其異體而理絶不同故聖人
부 득 기 인 기 부 동 자 이 별 입 명 칭 어 춘 이 왈 형 목 상 칭 인 금 상 칭 의 차
不得己因其不同者而別立名稱於春而曰亨木上稱仁金上稱義此
주 자 소 위 사 덕 기 상 표 명 자 야 초 무 춘 하 추 동 지 기 위 지 리 일 자 가 의
朱子所謂四德氣上標名者也初無春夏秋冬之氣謂之理一字可矣
하 필 이 원 형 리 정 사 자 지 분 칭 야 성 역 연 의 심 지 정 상 초 비 목 화 금 수
何必以元亨利貞四字之分稱也性亦然矣心之精爽初非木火金水
지 정 상 즉 우 하 유 인 의 례 지 지 분 칭 야 금 언 건 각 구 건 순 오 상 순 각 구
之精爽則又何有仁義禮智之分稱耶今言健各具健順五常順各具
건 순 오 상 인 여 의 역 각 구 인 의 례 지 연 즉 건 순 인 의 원 무 각 해 지 의 이
健順五常仁與義亦各具仁義禮智然則健順仁義元無各該之義而
혼 연 무 별 의 성 인 하 이 다 소 자 분 운 립 명 야 개 음 양 오 행 화 육 만 물 고
渾然無別矣聖人何以多小字紛紜立名耶盖陰陽五行化育萬物故
만 물 역 막 불 비 음 양 오 행 지 기 이 생 언 유 기 즉 유 리 수 곤 충 초 목 지 미
萬物亦莫不備陰陽五行之氣而生焉有氣則有理雖昆虫草木之微

부 숙 불 품 음 양 오 행 지 기 이 성 형 품 음 양 오 행 지 리 이 위 성 야 지 어 인
夫孰不禀陰陽五行之氣以成形禀陰陽五行之理以爲性也至於仁
의 례 지 즉 명 칭 자 별 유 인 수 천 지 정 통 지 기 이 생 기 여 금 수 초 목 지 횡
義禮智則名稱自別惟人受天地正通之氣以生己與禽獸草木之橫
도 자 형 기 기 별 이 황 심 시 소 원 어 하 이 왈 품 정 통 지 기 지 정 상 해 저 방
倒者形氣己別而況心是所元於夏而曰禀正通之氣之精爽該貯方
촌 령 령 소 소 능 지 각 능 운 용 의 고 차 정 상 즉 오 기 지 정 상 고 인 기 오 기
寸靈々昭々能知覺能運用矣顧此精爽卽五氣之精爽故因其五氣
지 정 상 이 인 의 례 지 신 지 칭 립 언 한 유 목 지 신 왈 인 금 지 신 왈 의 운 자
之精爽而仁義禮智信之稱立焉漢孺木之神曰仁金之神曰義云者
주 자 인 지 어 론 어 혹 문 이 면 재 이 위 금 목 기 야 신 령 야 인 의 리 야 인 의
朱子引之於論語或問而勉齋以爲金木氣也神靈也仁義理也仁義
례 지 특 시 령 소 신 명 상 소 유 지 리 명 야 불 가 이 범 언 목 기 지 리 개 위 지
禮智特是靈昭神明上所有之理名也不可以凡言木氣之理皆謂之
인 금 기 지 리 개 위 지 의 시 이 목 여 간 구 시 목 기 비 여 폐 구 시 금 기 도 시
仁金氣之理皆謂之義是以目與肝俱是木氣鼻與肺俱是金氣都是
인 신 상 오 행 지 기 이 목 간 비 폐 지 리 원 무 이 인 의 칭 지 필 어 심 기 상 칭
人身上五行之氣而目肝鼻肺之理元無以仁義稱之必於心氣上稱
지 자 기 의 가 지 야 주 자 이 인 의 례 지 위 인 성 지 강 이 여 천 도 지 원 형 리
之者其意可知也朱子以仁義禮智爲人性之綱而與天道之元亨利
정 대 대 언 지 개 인 위 만 물 지 령 이 여 천 지 참 위 삼 재 성 인 별 칭 기 성 지
貞對待言之盖人爲萬物之靈而與天地叅爲三才聖人別稱其性之
목 이 언 지 야 금 수 초 목 비 불 각 유 기 성 이 성 인 불 승 기 각 명 기 성 지 언
目以言之也禽獸草木非不各有其性而聖人不勝其各名其性只言
우 지 성 마 지 성 이 기 필 욕 이 인 의 례 지 지 수 연 자 혼 연 병 칭 어 곤 충 초
牛之性馬之性而己必欲以仁義禮智之粹然者混然幷稱於昆虫草
목 지 성 차 하 의 야 약 호 랑 지 인 봉 의 지 의 운 운 역 유 유 언 인 물 지 리 본
木之性此何義也若虎狼之仁蜂蟻之義云々亦有由焉人物之理本
일 리 야 비 천 지 부 인 이 기 특 저 리 부 물 이 등 한 저 리 야 지 시 물 무 인 령
一理也非天之賦人以奇特底理賦物以等閑底理也只是物無人靈
소 지 기 기 성 부 득 이 칭 인 의 야 수 호 랑 지 품 유 목 기 지 일 점 자 통 명 이
昭之氣其性不得以稱仁義也雖虎狼之禀有木氣之一點子通明而
기 부 자 지 성 방 불 어 인 성 지 인 고 잉 이 인 칭 지 봉 의 지 품 유 금 기 지 일
其父子之性彷彿於人性之仁故仍以仁稱之蜂蟻之禀有金氣之一
점 자 통 명 이 기 군 신 지 성 방 불 어 인 성 지 의 고 잉 이 의 칭 지 역 비 어 호
點子通明而其君臣之性彷彿於人性之義故仍以義稱之亦非於虎

랑 봉 의 이 사 여 지 인 의 야 원 래 일 반 지 리 각 인 일 단 통 명 지 기 이 능 유
狼蜂蟻而私與之仁義也元來一般之理各因一段通明之氣而能有
차 방 불 자 고 소 이 명 지 야 물 지 초 무 사 자 통 명 자 즉 병 여 기 방 불 자 이
此彷彿者故所以名之也物之初無些子通明者則幷與其彷彿者而
역 불 가 득 이 칭 언 주 자 위 인 의 례 지 지 품 기 물 지 소 득 이 전 재 우 왈 인
亦不可得以稱焉朱子謂仁義禮智之禀豈物之所得而全哉又曰仁
의 례 지 지 수 연 자 물 즉 무 지 금 통 만 물 이 언 지 즉 기 무 자 기 다 기 혹 칭
義禮智之粹然者物則無之今通萬物而言之則其無者旣多其或稱
지 자 역 방 불 어 인 성 자 이 언 지 이 명 리 동 지 실 이 기 역 기 진 여 인 지 극
之者亦彷彿於人性者而言之以明理同之實而已亦豈盡如人之克
기 복 례 이 위 인 선 선 악 악 이 위 의 야 차 이 인 주 의 부 득 의 주 인 부 득 위
己復禮以爲仁善々惡々以爲義耶且以仁做義不得義做仁不得爲
비 본 연 지 성 이 대 체 언 지 즉 부 자 지 친 주 인 군 신 지 충 주 의 부 자 지 간
非本然之性以大體言之則父子之親主仁君臣之忠主義父子之間
역 불 무 의 소 발 자 군 신 지 제 역 불 무 인 소 발 자 연 기 인 중 지 의 의 중 지
亦不無義所發者君臣之際亦不無仁所發者然其仁中之義々中之
인 역 본 인 본 의 수 사 호 발 비 인 이 겸 의 의 이 겸 인 고 인 자 인 이 의 자 의
仁亦本仁本義隨事互發非仁而兼義々而兼仁固仁自仁而義自義
야 호 랑 지 인 봉 의 지 의 이 기 기 편 고 방 불 이 가 견 자 지 시 인 여 의 야 이
也虎狼之仁蜂蟻之義以其氣偏故彷彿而可見者只是仁與義也以
기 구 오 행 지 리 고 기 능 호 생 오 사 이 기 식 갈 음 각 불 무 한 절 자 역 개 유
其具五行之理故其能好生惡死而飢食渴飮各不無限節者亦皆有
수 화 지 리 이 연 야 연 성 인 초 불 이 차 위 기 례 지 지 성 이 직 이 호 인 봉 의
水火之理而然也然聖人初不以此謂其禮智之性而直以虎仁蜂義
편 언 지 금 필 욕 어 호 이 겸 주 의 언 어 봉 이 겸 주 인 언 지 기 가 방 불 이 성
偏言之今必欲於虎而兼做義言於蜂而兼做仁言之其可彷彿而成
설 호 차 등 의 리 정 호 불 신 기 견 신 사 언 이 이 정 주 기 비 백 세 지 사 호 절
説乎此等義理政好不信己見信師言而已程朱豈非百世之師乎切
물 자 용 기 의 천 착 전 회 일 순 정 주 지 설 사 가 위 과 과 의
勿自用己意穿鑿傳會一循程朱之説斯可爲寡過矣

주해_ㅇ成之者性(성지자성)－《역경》 계사전(繫辭傳)에 나오는 말.

채지홍(蔡之洪)

자는 군범(君範), 호는 봉암(鳳巖)·삼환재(三患齋)로 인천(仁川)

사람이다. 유일(遺逸)로 벼슬이 자의(諮議)에 이르렀다. 영조(英祖)가 특별히 부여현감(扶餘縣監)을 제수하였으나 한달 남짓하여 벼슬을 내놓고 돌아와 식구들을 데리고 구운산(九雲山)으로 들어가 후진을 지도했다. 향년 58세이다. 저서에 유집 17권 및 잡저, 《역학십이도해(易學十二圖解)》·《독서전보(讀書塡補)》·《성리관규(性理管窺)》 등이 있다.

현상벽(玄尚壁)

자는 언명(彦明), 호는 관봉(冠峰)으로 영주(寧州) 사람이다. 벼슬이 세마(洗馬)에 이르렀고, 예학(禮學)에 정밀하였으며 유집 10권이 있다.

채 봉 암 지 홍 자 군 범 우 호 삼 환 재 인 천 인 숙 종 계 해 생 일 사 지 자 의
蔡鳳巖之洪字君範又號三患齋仁川人肅宗癸亥生逸仕至諮議
영 조 특 제 부 여 현 감 유 월 기 귀 설 가 입 구 운 산 중 이 유 액 후 진 위 기 임
英祖特除扶餘縣監踰月棄歸挈家入九雲山中以誘掖後進爲己任
년 오 십 팔 졸 유 유 집 십 칠 급 잡 저 역 학 십 이 도 해 독 서 전 보 성 리 관 규
年五十八卒有遺集十七及雜著易學十二圖解讀書塡補性理管窺
등 제 서
等諸書

현 관 봉 상 벽 자 언 명 녕 주 인 관 지 세 마 정 어 례 학 유 유 집 십 권
玄冠峰尚壁字彦明寧州人官至洗馬精於禮學有遺集十卷

유숙기(兪肅基)

자는 자공(子恭), 호는 겸산(兼山)으로 기계(杞溪) 사람이다. 삼연 김창흡(金昌翕)의 문인이다. 음사(蔭仕)로 벼슬이 판관(判官)에 이르렀고, 유집 20권이 있다.

민우수(閔遇洙)

자는 사원(士元), 호는 정암(貞庵)·섬촌(蟾村)이다. 지재(趾齋) 민

진후(閔鎭厚)의 아들로 농암(農巖) 김창협(金昌協)의 문인이다. 만년에 여주(驪州)의 강가에서 도학을 강론했는데, 유일(遺逸)로 여러 차례 불렀으나 나아가지 않았다. 나중에 벼슬이 대사헌에 이르렀으며 시호는 문원(文元)이다.

유겸산숙기자자공기계인김삼연문인음사관지판관유유집이십권
兪兼山肅其字子恭杞溪人金三淵門人蔭仕官至判官有遺集二十卷

민정암우수자사원우호섬촌지재진후자숙종갑술생김농암문인만년강도우려주강상이유일루징불기관지대사헌시문원
閔貞庵遇洙字士元又號蟾村趾齋鎭厚子肅宗甲戌生金農巖門人晩年講道于驪州江上以遺逸屢徵不起官至大司憲謚文元

주해_ㅇ蔭仕(음사)－선조의 공으로 벼슬을 하는 것.

증소(橧巢) 김신겸(金信謙), 숙야(夙夜) 민익수(閔翼洙), 정좌(靜坐) 심조(沈潮) 등 제공(諸公)은 모두 은거(隱居)하여 도를 닦아 유학으로 이름이 드러났다.

우유김로소신겸민숙야익수심정좌조제공개은구수도이유학저
又有金魯巢信謙閔夙夜翼洙沈靜坐潮諸公皆隱求修道以儒學著

권진응(權震應)

한원진(韓元震)의 문인에는 산수헌(山水軒) 권진응이 있는데 수암 권상하의 증손으로 자는 형숙(亨叔)이다.

김근행(金謹行)

자는 경보(敬甫), 호는 용재(庸齋)로 안동(安東) 사람이다.

송능상(宋能相)

자는 사능(士能), 호는 운평(雲坪). 은진(恩津) 사람으로, 우암 송시열의 현손이다. 영조 때 유일로 벼슬이 장령에 이르렀으며, 문집 10권이 있다.

김한록(金漢祿)

자는 여수(汝綏), 호는 한간(寒澗)으로 경주(慶州) 사람이다.

한 남 당 지 문 인 유 권 산 수 헌 진 응 수 암 지 증 손 자 형 숙 김 용 재 근 행
韓南塘之門人有權山水軒震應遂庵之曾孫字亨叔金庸齋謹行
자 상 부 안 동 인 송 운 평 능 상 자 사 능 은 진 인 송 우 암 현 손 숙 종 경 인 생
字常夫安東人宋雲坪能相字士能恩津人宋尤庵玄孫肅宗庚寅生
영 조 시 이 유 일 관 지 장 령 유 문 집 십 권 김 한 간 한 록 자 여 수 청 풍 인
英祖時以遺逸官止掌令有文集十卷金寒澗漢祿字汝綏清風人

이재의 문인에는 박성원 · 임성주 · 유언집 · 양응수 제공(諸公)이 있다.

박성원(朴聖源)

자는 사수(士洙), 호는 겸재(謙齋)로 밀양(密陽) 사람이다.

임성주(任聖周)

자는 중사(仲思), 호는 녹문(鹿門)으로 풍천(豊川) 사람이다. 막내동생 운호(雲湖) 정주(靖周)와 매제 윤지당(允摯堂)과 함께 학문으로 이름이 있었다. 타고난 자질이 빼어났고 학문이 순수하고 독실했다.

유언집(兪彦鏶)

자는 사호(士鎬), 호는 대재(大齋)로 기계(杞溪) 사람이다. 유일로

벼슬이 지평에 이르렀다.

양응수(楊應秀)

호는 백수(白水)이다. 유행(儒行)으로 일컬어졌다.

이 도 암 지 문 인 유 박 겸 재 성 원 자 사 수 반 남 인 임 록 문 성 주 자 중 사
李陶庵之門人有朴謙齋聖源字士洙潘南人任鹿門聖周字仲思
풍 천 인 숙 종 신 묘 생 여 계 제 운 호 정 주 매 제 윤 지 당 공 유 문 명 천 질 고
豊川人肅宗辛卯生與季弟雲湖靖周妹弟允摯堂共有文名天質高
명 학 문 순 독 유 대 재 언 집 자 사 호 기 계 인 이 은 일 관 지 지 평 양 백 수 응
明學問醇篤兪大齋彦鏶字士鎬杞溪人以隱逸官至持平楊白水應
수 역 이 유 행 칭
秀亦以孺行稱

윤봉구의 문인에는 김명휘·김지행·박준흠·김규오 등 제공이 있다.

김명휘(金明輝)

호는 강촌(剛村)이다.

김지행(金砥行)

자는 유도(幼道), 호는 밀암(密庵)으로 안동(安東) 사람이다.

박준흠(朴峻欽)

자는 덕여(德汝), 호는 입암(立庵)으로 월성(月城) 사람이다. 도암 이재·여호(黎湖) 박필주(朴弼周)와 더불어 강론했으며, 병계(屛溪) 윤봉구의 문하에 만학(晩學)했다. 스승의 말을 독실히 믿고 도학을 전하기를 게을리하지 않아 병계가 기뻐하여 말하기를, "그의 식견과 의리를 행하는 것이 이 세상에 쉽게 볼 수 없으니, 사제(師弟)의 예로

대할 처지가 아니니다." 하였다.

늘그막에 안성(安城)의 산중에 우거하여 대재(大齋) 유언집(兪彦鏶)과 함께 학문을 강마했다.

김규오(金奎五)

자는 경휴(景休), 호는 최와(最窩)이다.

이상은 모두 호락(湖洛)의 여러 파(派)이다.

윤 병 계 문 인 유 김 강 촌 명 휘 김 밀 암 지 행 자 유 도 안 동 인 박 립 암 준
尹屛溪門人有金剛村明輝金密庵砥行字幼道安東人朴立巖峻
흠 자 덕 여 음 성 인 여 리 도 암 재 박 려 호 필 주 상 여 강 론 만 학 우 윤 병 계
欽字德汝陰城人與李陶庵縡朴黎湖弼周相與講論晩學于尹屛溪
문 독 신 사 설 전 습 불 해 병 계 희 왈 견 식 행 의 즉 차 세 미 이 도 불 가 대 이
門篤信師說傳習不懈屛溪喜曰見識行義卽此世未易覩不可待以
사 제 지 례 모 년 우 거 안 성 산 중 여 유 대 재 언 집 강 마 김 최 와 규 오 자 경
師弟之禮暮年寓居安城山中與兪大齋彦鏶講磨金最窩奎五字景
휴 이 상 병 호 락 제 파 야
休以上幷湖洛諸派也

이밖에도 추담(秋潭) 성만징(成萬徵), 매봉(梅峰) 최징후(崔徵厚), 화암(華巖) 이이근(李頤根) 등이 있는데 이상은 모두 이른바 강문팔학(江門八學)에 속하는 사람들이다. '강문'이란 권상하가 청풍(淸風)의 황강(黃江)에 살았으므로 붙여진 이름이다.

이들과 같은 때에 또 한정당(閑靜堂) 송문흠(宋文欽)과 설천(雪川) 이봉상(李鳳祥), 가주(可洲) 안중관(安重觀), 추담(秋潭) 김위재(金偉材) 등 제씨가 있었는데, 혹은 벼슬길에 나아가 부침(浮沈)하기도 하고, 혹은 문장에 종사하기도 했으나 자기를 완성하고 남을 이루어주는 전체대용(全體大用)의 학문에는 이렇다 할 사람이 없었다.

윤증의 문인에는 남평(南坪) 성지선(成至善), 상촌(橡村) 한영기(韓永箕), 정재(定齋) 박태보(朴泰輔), 송음(松陰) 윤주익(尹周翊), 성재(誠齋) 민이승(閔以升), 일암(一庵) 윤동원(尹東源), 낙재(樂齋) 이세형(李世珩), 훈수 정만양, 지수 정규양 등 제공이 있는데 박태보는 충절이 일세에 드러났다.

기 타 여 성 추 담 만 징 최 매 봉 징 후 리 화 암 이 근 이 상 병 개 소 위 강 문
其他如成秋潭晚徵崔梅峯徵厚李華巖頤根以上幷皆所謂江門
팔 학 야 강 문 자 권 수 암 상 하 거 주 청 풍 황 강 고 칭 왈 강 문 야
八學也江門者權遂庵尚夏居住清風黃江故稱曰江門也
기 동 시 우 유 송 한 정 당 문 흠 리 설 천 봉 상 안 가 주 중 관 김 추 담 위 재
其同時又有宋閑靜堂文欽李雪川鳳祥安可洲重觀金秋潭偉材
제 씨 이 혹 부 침 록 사 혹 종 사 문 장 성 기 성 물 전 체 대 용 지 학 선 능 구 의
諸氏而或浮沉祿仕或從事文章成己成物全體大用之學鮮能久矣
윤 명 재 문 인 유 성 남 평 지 선 한 어 촌 영 기 박 정 재 태 보 윤 송 음 주 익
尹明齋門人有成南平至善韓漁村永箕朴定齋泰補尹松陰周翊
민 성 재 이 승 윤 일 암 동 원 이 락 재 세 형 정 훈 수 만 양 정 호 수 규 양 제 씨
閔誠齋以升尹一庵東源李樂齋世珩鄭塤叟萬陽鄭篪叟葵陽諸氏
박 정 재 이 충 절 현 우 일 세
朴定齋以忠節顯于一世

정만양(鄭萬陽)

자는 경순(景醇), 호는 훈수(塤叟)로 연일(延日) 사람이다. 동생 규양(葵陽)〔자는 숙향(叔向)인데 현종 정미년에 태어났고 참봉 벼슬을 하였다〕과 함께 보현산(普賢山) 속에 들어가 마음을 집중하여 천인성명(天人性命)의 근원과 예악문물(禮樂文物)에 대하여 깊이 연구했다. 형제가 화락하여 뜻을 같이하고 도가 합하여 모든 저작은 반드시 함께 엮어 《훈지록(塤篪錄)》·《훈지기보(塤篪器譜)》라 하였다. 저서에 《곤지록(困知錄)》·《상지록(尙志錄)》·《모현록(慕賢錄)》 등이 있다. 갑진년에 순릉참봉(順陵參奉)을 제수하였으나 나아가지 않았다. 향년 67세이다.

그의 동생 지수(篪叟) 규양은 타고난 자질이 영민하여 성동(成童)이 되자 경사(經史)를 두루 읽었다. 형 만양과 함께 일찍부터 과거공부를 그만두고 학문을 돈독히 믿고 좋아하여 대업(大業)을 강구했는데, 그 규모가 매우 넓고 심법이 엄밀했다. 형제끼리 화락하게 지내며 학문을 강마하였다. 향년 66세이다.

정 훈 수 만 양 자 경 순 연 일 인 현 종 갑 진 생 여 제 규 양 자 숙 향 현 종
鄭塤叟萬陽字景醇延日人顯宗甲辰生與弟葵陽(字叔向顯宗
정 미 생 관 참 봉 입 보 현 산 중 잠 심 강 구 천 인 성 명 지 원 례 악 문 물 지
丁未生官叅奉)入普賢山中潛心講究天人性命之源禮樂文物之
저 형 제 환 연 지 동 도 합 범 유 저 작 필 사 련 편 호 훈 호 록 작 훈 호 기 보 소
著兄弟驩然志同道合凡有著作必使聯編號塤箎錄作塤箎器譜所
저 유 곤 지 록 상 지 록 모 현 록 등 서 갑 진 제 순 릉 참 봉 불 부 년 륙 십 칠 졸
著有困知錄尚志錄慕賢錄等書甲辰除順陵叅奉不赴年六十七卒
제 호 수 채 양 천 자 영 민 보 성 동 편 독 경 사 여 형 훈 수 조 사 장 옥 독 신
弟箎叟蔡陽天姿英敏甫成童遍讀經史與兄塤叟早謝場屋篤信
호 학 강 구 대 업 규 모 굉 박 심 법 엄 밀 갱 창 질 화 상 마 호 익 년 륙 십 륙 졸
好學講究大業規模宏博心法嚴密更唱迭和相磨互益年六十六卒

주해_ㅇ成童(성동)－15세의 어린 나이.

이익(李瀷)

자는 자신(子新), 호는 성호(星湖)로 여강(驪江) 사람이다. 어려서부터 총명함이 남달랐고 많은 책을 널리 보았다. 중형인 섬계(剡溪) 잠(潛)이 당쟁에 연루되자 세상에 뜻이 없어 과거 공부를 버리고 형 옥동(玉洞) 이서(李漵)와 학문을 함께하며 개연히 도를 구할 뜻을 두었다. 감역을 제수하였으나 나아가지 않았다. 향년 83세이다.

저술에 〈치수변(治水辨)〉·〈홍범설(洪範說)〉·〈삭망명백(朔望明魄)〉·〈후천도설(後天圖說)〉·〈시괘고(蓍卦考)〉·〈계몽익전(啓蒙翼傳)〉 등이 있으며, 일월식(日月蝕)·황적도(黃赤道)·조석(潮汐)·역

일(曆日)·세차(歲差)·율준(律準)·양형(量衡)·공거(貢擧)·선거(選擧)·학제(學制)·용인(用人)·붕당(朋黨)·균전(均田)·전제(田制)·수리(水利)·부세(賦稅)·호구(戶口)·조적(糶糴)·병제(兵制)·노비(奴婢)·석교(釋敎)·전폐(錢幣)·정치경장(政治更張) 등에 대한 설이 있는데, 옛 제도를 개혁하는 데 힘을 다하여 남김이 없었다. 또 퇴계선생을 존모하여 《도동록(道東錄)》·《이선생예설(李先生禮說)》·《사칠신편(四七新編)》·사서삼경(四書三經)과 《심경(心經)》·《근사록(近思錄)》·《가례(家禮)》·《소학》에 대한 〈질서(疾書)〉·《곽우록(藿憂錄)》·《사설(僿說)》·《도보(稻譜)》·《향거요람(鄕居要覽)》과 유집(遺集) 등이 전한다.

공이 일찍이 말하기를, "백세가 지나도록 훌륭한 정치가 없는 것은 세가지 병통이 있어서이다. 임금을 높이고 신하를 억제하는 것은 진(秦)나라로부터 시작되었는데 한(漢)나라가 이것을 개혁하지 못했고, 인재를 등용하는 데 있어 문벌을 숭상한 것은 위(魏)나라로부터 시작되었는데 진(晉)나라가 개혁하지 못했으며, 문사(文詞)를 일삼는 과거제도는 수양제(隋煬帝)로부터 시작되었는데 당(唐)나라가 개혁하지 못했다. 이 세가지 병통을 제거하지 않으면 훌륭한 정치를 말할 수 없는데, 그 중에서도 과거제도가 특히 해롭다."고 했다.

그는 흉년이 들면 콩죽 한 그릇과 콩장 한 종지, 콩나물 한 접시를 차려놓고 가족들과 한 해를 보내면서 즐겼는데, 이를 삼두회(三豆會)라고 이름하였다. 천문(天文)·성산(星算)·율력(律曆)에도 정통하지 않은 것이 없었으며, 정전법(井田法)이 〈홍범(洪範)〉의 낙서(洛書)와 상통하는 뜻을 고찰하였고, 문인 순암 안정복에게 명하여 《동사강목(東史綱目)》을 찬집하게 하였다.

번암 채제공이 말했다.

"일찍이 내가 경기 지방을 순찰하면서 군현(郡縣)을 돌아보다가 선생의 집을 방문했다. 그때 선생의 연세가 81세였는데 추녀가 낮은 초

라한 집에 앉아 계셨는데도 눈에서 광채가 나서 사람을 쏘아보는 것 같았으며, 성긴 수염이 늘어져 허리에 닿았다. 절을 마치기도 전에 숙연해져서 공경심이 일었다. 가까이 나아가 말씀을 들으니, 화락하고 평이하고 너그러우셨으며, 경전을 말씀하시고, 고금의 일을 널리 알고 계셨다. 대개 퇴계는 우리 동방의 부자(夫子)이신데, 도를 한강 정구에게 전했고, 한강은 이를 미수 허목에게 전했고, 미수로부터 이공에게 이어졌다."

또 그의 묘지명에는 이렇게 말했다.

"도를 지니고도 은택을 베풀지 못한 것은 한 세상의 불행이요, 글을 써서 후대에 아름다운 혜택을 남기는 것은 백세의 행복이니, 하늘의 뜻이 여기에 있는 것이 아니겠는가?"

그의 학설에 이르기를, "'타고난 것을 성이라 한다(生之謂性)'는 말은 고자(告子)에게서 나와 이미 확실한 비판을 받은 터이지만, 정자(程子)가 만일 도체(道體)를 정확히 보지 못했다면 감히 이를 다시 말하지 못하였을 것이다. 그때에 맹자는 이(理)를 주장하였고, 고자(告子)는 기(氣)를 주장하였다. 생은 이와 기가 합친 것이니 주리설(主理說)도 되고 주기설(主氣說)도 되지만, 맹자가 특별히 꾸짖어 물리친 것은 주장하여 말한 것이 옳지 않아서였다. 정자가 이미 이르기를, '생을 성이라 한다'하고 이어 말하기를, '사람이 생함에 기를 품수하며, 이에는 선악이 있다'고 하였으니, 이 이(理)자는 바로 합(合)자의 뜻이다. 이에 어찌 악이 있겠는가? 선악이 있다고 말한 것이니, 만약 천리에 선악이 있다고 한다면 온당하지 않다. 그렇기 때문에 주자가 이천(伊川)에 대하여 말이 매우 극진하지 못했다고 한 것이다. 대개 성은 기품 이후의 일인데도 이천이 또 이르기를, '성이라고 말하고 나면 이미 이는 성이 아니다' 하였으니, 이천이 어찌 알지 못하고 망령된 말을 하였겠는가?

이미 이런 정론(定論)이 있는 것을 보건대 마땅히 달리 밝힌 것이 있을 것이다. 후일에 주자가 또 말하기를, '정선생도 또한 고자의 말이 옳지 않은 것을 인정하여, 과연 이와 같다면 맹자는 어찌 반드시 배척하였겠는가?' 하였으니 그 본지를 볼 수 있다. 《역》에 이르기를, '일음일양(一陰一陽)을 도라고 하니, 이를 이은 것은 선(善)하고 이룬 것은 성이다' 하였다. 이은 것이 비록 선하다고 하나 이룬 것은 어찌 음양 가운데의 일이 아니겠는가? 알고 나면 횡설도 통하고 수설도 통하며, 해득하지 못하면 이(理)를 말하는 것도 그르고, 기를 말하는 것도 그르다."고 하였다.

이 성 호 익 자 자 신 려 강 인 숙 종 신 유 생 유 총 영 절 인 박 람 군 서 급 중
李星湖瀷字子新驪江人肅宗辛酉生幼聰穎絶人博覽群書及仲
형 섬 계 잠 리 화 무 의 어 세 기 거 업 종 형 옥 동 유 개 연 유 구 도 지 지 제 감
兄剡溪潛罹禍無意於世棄擧業從兄玉洞遊慨然有求道之志除監
역 불 취 년 팔 십 삼 졸 소 저 유 치 수 변 홍 범 설 삭 망 명 백 후 천 도 설 시 괘
役不就年八十三卒所著有治水辨洪範說朔望明魄後天圖說蓍卦
고 계 몽 익 전 일 월 식 황 적 도 조 석 력 일 세 차 률 준 량 형 공 거 선 거 학 제
考啓蒙翼傳日月蝕黃赤道潮汐曆日歲差律準量衡貢擧選擧學制
용 인 붕 당 균 전 전 제 수 리 부 세 호 구 조 적 병 제 노 비 석 방 전 폐 정 치 경
用人朋黨均田田制水利賦稅户口糶糴兵制奴婢釋放錢幣政治更
장 등 설 범 어 개 혁 구 제 무 유 여 력 우 존 모 퇴 계 선 생 편 도 동 록 리 선 생
張等說凡於改革舊制無有餘力又尊慕退溪先生編道東錄李先生
례 설 사 칠 신 편 사 서 삼 경 심 근 가 례 소 학 질 서 급 곽 우 록 사 설 도
禮說四七新編四書三經心近家禮小學疾書及藿憂錄, 僿說, 稻
보 향 거 요 람 병 유 집 등 제 서
譜, 鄉居要覽, 並遺集等諸書

공 상 왈 백 세 무 선 치 유 어 삼 얼 존 군 억 신 자 영 정 치 한 불 능 혁 용 인
公嘗曰百世無善治由於三孽尊君抑臣自嬴政治漢不能革用人
상 벌 자 위 만 시 진 불 능 혁 문 사 과 식 자 양 광 시 당 불 능 혁 삼 얼 불 거 부
尚閥自魏瞞始晉不能革文辭科式自楊廣始唐不能革三孽不去不
족 이 언 치 삼 자 지 중 과 거 우 해 세 기 즉 설 두 죽 일 우 두 장 일 배 황 권 저
足以言治三者之中科擧尤害歲飢則設豆粥一盂豆漿一盃黃卷菹
일 완 여 족 인 종 세 환 연 명 왈 삼 두 회 천 문 성 산 률 력 무 부 정 통 개 정 전
一椀與族人終歲歡然名曰三豆會天文星筭律曆無不精通改井田

법 여 홍 범 락 서 상 통 지 의 명 문 인 안 순 암 정 복 찬 동 사 강 목
法與洪範洛書相通之義命門人安順庵鼎福撰東史綱目

채 번 암 제 공 왈 상 안 기 보 행 부 군 현 력 배 선 생 어 제 선 생 시 년 팔 십
蔡樊巖濟恭曰嘗按畿輔行部郡縣歷拜先生於第先生時年八十

일 단 좌 왜 첨 폐 옥 하 안 채 형 연 욕 사 소 염 하 수 지 대 말 배 기 숙 연 기 경
一端坐矮簷敝屋下眼彩炯然欲射踈髯下垂至帶末拜己肅然起敬

즉 지 즉 락 이 관 광 담 설 경 전 양 포 금 고 개 퇴 계 아 동 부 자 야 전 지 한 강
卽之則樂易寬廣談說經傳揚抱今古盖退溪我東夫子也傳之寒崗

한 강 전 지 미 수 이 접 퇴 계 지 서 우 묘 명 왈 포 도 이 막 능 치 택 일 세 지 불
寒崗傳之眉叟以接退溪之緖又墓銘曰抱道而莫能致澤一世之不

행 저 서 이 역 족 가 혜 백 세 지 행 천 지 의 무 내 재 시 여
幸著書而亦足嘉惠百世之幸天之意無乃在是歟

기 학 설 왈 생 지 위 성 출 어 고 자 기 경 감 파 정 자 약 부 적 견 도 체 고 불
其學說曰生之謂性出於告子己經勘破程子若不的見道體固不

감 부 도 차 야 당 피 시 맹 자 주 리 고 자 주 기 생 즉 리 여 기 합 주 리 설 역 득
敢復道此也當彼時孟子主理告子主氣生則理與氣合主理說亦得

주 기 설 역 득 맹 자 특 척 소 주 언 자 불 시 야 정 자 기 운 생 지 위 성 계 지 운
主氣說亦得孟子特斥所主言者不是也程子旣云生之謂性繼之云

인 생 기 품 리 유 선 악 차 리 자 즉 합 자 의 리 하 유 악 위 당 유 선 악 야 약 왈
人生氣禀理有善惡此理字卽合字意理何有惡謂當有善惡也若曰

천 리 유 선 악 즉 미 온 고 주 자 위 이 천 득 역 미 심 진 개 성 시 기 품 이 후
天理有善惡則未穩故朱子謂伊川 得亦未甚盡盖性是氣禀以後

사 이 천 우 운 재 설 성 시 편 기 불 시 성 이 천 기 부 지 이 망 언 기 유 차 정 론
事伊川又云才說性時便己不是性伊川豈不知而妄言旣有此定論

즉 의 역 유 별 백 타 일 주 자 우 왈 정 선 생 역 시 인 고 자 어 맥 부 저 과 여 차
則宜亦有別白他日朱子又曰程先生亦是認告子語脉不著果如此

맹 자 하 필 배 지 기 본 지 가 견 역 왈 일 음 일 양 지 위 도 계 지 자 선 성 지 자
孟子何必排之其本旨可見易曰一陰一陽之謂道繼之者善成之者

성 계 지 수 선 성 지 기 불 시 음 양 중 사 여 식 득 즉 횡 설 역 득 수 설 역 득 부
性繼之雖善成之豈不是陰陽中事歟識得則橫說亦得竪說亦得不

득 즉 설 리 역 비 설 기 역 비 야
得則說理亦非說氣亦非也

성호 이익의 〈홍범설(洪範說)〉

"홍수가 나던 세상에 요·순은 위에서 다스리고, 대우(大禹)는 명

을 받아 홍수를 다스렸다. 황천(皇天)이 돌보아 홍범구주(洪範九疇)를 주셨으니, 구주란 낙서(洛書)를 말한다. 하늘이 이미 이것을 내려 주셨으니 어찌 다시 더 내려줄 구주가 있겠는가? 무엇으로 이를 증명하겠는가? 낙서의 위(位)에서 생수(生數)인 이(二)와 성수(成數)인 팔(八)은 분명히 서로 교역하고, 홍범의 두 번째인 오사(五事)의 숙(肅)·예(乂)·철(哲)·모(謀)·성(聖)은 여덟번째인 서징(庶徵)의 숙·예·철·모·성과 또한 서로 응하였으니 홍범과 낙서가 처음부터 두 물건이 아님을 알 수 있다.

공자가 말씀하시기를, '하수에서 도(圖)가 나오고, 낙수에서 서가 나왔는데 성인이 이를 본받았다'고 하였다. 하늘이 사람에게 내려주는 것은 사람이 입과 귀로 전하는 것과 같지 않다. 하수에서 도가 나오자 복희(伏羲)가 미루어 연역해서 괘(卦)를 만든 것이 바로 이것이며, 낙서로 범(範)을 만든 것도 또한 이와 같다. 그러니 낙서의 1로부터 9에 이르는 것은 바로 낙서의 본문이요, 홍범 첫머리의 '일왈(一曰)'로부터 '위용육극(威用六極)'에 이르는 합계 65자는 이에 대우가 연출한 것으로 실은 한가지 일이다. 홍범의 배열과 위차는 낙서에 의해서 만든 것에 불과하다. 그 2와 8을 서로 바꾼 유(類)는 분명히 맥락을 찾을 수 있으니 이 어찌 우연히 그러한 것이겠는가? 어떤 사람은 대우의 홍범이 당시에는 나타나지 않았다가 은(殷)을 지나 주(周)에 이르러 기자(箕子)로 말미암아 비로소 밝혀진 것이라 하여 의심하기도 한다. 그러나 《서경(書經)》〈순전(舜典)〉에 이르기를, '힘써 일하여 임금의 일을 빛낼 사람이 있겠소? 백규(百揆)의 자리에 머물면서 여러 가지 일을 돕고 처리하게 하고 싶소'하니 모두 말하기를, '백우(伯禹)를 사공(司空)으로 삼으소서' 하였다. 이에 제(帝)가 이르기를, '좋소. 우여! 그대는 물과 흙을 다스리는 데 힘을 다하여 주오' 하였는데, 여기에 나온 '혜주(惠疇)'란 바로 하늘이 주신 구주(九疇)이다. 드디어 수토를 다스린 공으로 인하여 사공을 삼아 백규의 지위에 앉게 하고, 후직(后稷)에게 명하여 백곡을 파종하게 하였으니, 이는 식화(食貨)의 직임이요, 설(契)에게 명하여 오륜(五倫)의 가르침을 펴게 한 것은 사도(司徒)의 직임이요, 고요(皐陶)에게 명하여 사(士)를 삼아 형정을 밝게 한 것은 사구(司寇)의 직임이니, 이것은 구주 가운데서 말한 팔정(八政)의 개요이다.

성왕(聖王)이 좌우의 백성들에게 재물을 이루게 하고 도와서 바로 잡음이 이와 같았으니, 나머지 주(疇)의 규모도 어찌 다른 예외가 있겠는가? 그러므로 요순시대에 홍범의 자취가 없었다고 하는 말은 단연코 그럴 이치가 없다. 이로부터 이후로 하나라와 은나라가 다같이 이렇게 해서 항시 이를 실행하기를 배고플 때 먹고, 목마를 때 물을 마시듯 하였지만 다만 드러내지 않았을 뿐이다. 은나라의 도가 쇠퇴하여 천하가 어지러워졌으나, 오직 철인(哲人) 군자(君子)들만이 이를 지켜 잃지 않았으니, 실로 기자가 한번 발명하지 않았더라면 이 도가 거의 없어지게 되었을 것이다. 문왕(文王)과 무왕(武王)이 비록 성인의 자질을 타고났지만 서이(西夷)에서 처음으로 나라를 열었으므로 전하여 들은 것이 자세하지 못하였으니, 어찌 하나하나 착오가 없었겠는가?

천하를 얻은 처음에 먼저 기자를 방문하여 그 요령을 얻게 되었고, 실천하기를 한결같이 하여 은나라 때처럼 하였다. 그렇다면 이것을 어떻게 증명할 것인가? 《시경》 소민(小旻)의 시는 주(周)나라 말기에 지어진 것인데, 거기에 '혹 성(聖)하고, 혹 철(哲)하고, 혹 모(謀)하고, 혹 숙(肅)하고, 혹 예(艾)한다'고 하여 한결같이 홍범의 본문을 인용하였고, 예로부터 전해오던 것이 없어지는 것을 탄식하였으니, 주나라에서도 항상 행하고 있었던 예를 볼 수 있다.

이른바 대유(大猷)란 바로 홍범이요, 선민(先民)이라고 한 것은 바로 기자를 말한 것이니, 무왕이 어찌 진하고 실행하지 않았겠으며, 기자가 어찌 말만 하고서 스스로 폐하였겠는가? 이제 역사책에 나타난 것은 없고 다만 우리나라 역사책의 기록에서는 8조(條)만을 말하고 있다. 그래서 그 다섯 조항을 잃어 후세 사람이 찾아보았지만 발견하지 못하고, 억지로 오륜(五倫)을 이끌어댔지만 그것은 아니다. 홍범이 천하에서는 끊어지고 우리나라에서 행해진 것은 기자로부터 시작된 것이니 기자가 어찌 그 선후의 차례를 몰랐겠는가? 오행(五行)과 오사(五事) 이외에 첫째로 시행해야 할 것은 팔정(八政)이며, 팔정 중에서 가장 급하게 행해야 할 것은 사구(司寇)의 직임이 아니겠는가? 우리나라 세속에 전해오는 3조목은 이에 불과한데도 우리나라 사람들은 팔정 이외에 달리 팔교(八教)라는 것이 있다고 생각하여 잘못 전해지고 있지만 아무도 분변한 사람이 없었다.

그 뒤에 장량(張良)이 이를 얻어 한(漢)나라를 창업하는 제도로 삼았으니, 생각건대 전대(前代)에 나라를 세우고 어지러움을 안정시킬 때의 규모가 이와 같았고, 이것은 바로 기자가 논술한 것이었다. 기자 자신이 홍범을 베풀어 놓았으니 어느 것인들 구비하지 않았겠는가? 이로부터 우리나라의 세속에 서로 전하여 내려와 아직도 징험할 만한 것이 있으니, 평양(平壤) 남쪽의 전제(田制)는 확실히 은나라의 제도이며, 또 온 나라가 흰옷을 애용하여 예로부터 변하지 않았으니, 천자가 실관(失官)하였지만 학문은 서이(西夷)에 있다고 한 것이 헛말이 아니다.

혼례가 만들어진 것은 은왕 때부터 시작되었다. 그러므로 귀매(歸妹)의 육오(六五)에 이르기를, '제을(帝乙)이 귀매한다' 하였고, 태괘(泰卦)의 호체(互體)가 귀매가 되므로 태괘의 육오(六五)에 말하기를, '제을귀매'라고 하였으니, 그 정녕하게 후인을 인도해준 것이 이와 같았다. 은나라 제도는 백색을 숭상하였으므로 비괘(賁卦)의 육사(六四)에 이르기를, '꾸민 듯도 하고 흰 듯도 하다. 백마를 타고 나는 듯이 온다. 도둑이 아니고 혼인을 청하는 것이다(賁如皤如 白馬翰如 匪寇婚媾)'라고 하였으니, 혼인에 백마를 사용하는 것은 은나라로부터 시작된 것이다.

《고려사(高麗史)》를 상고해보건대 충선왕(忠宣王)이 원나라 공주에게 장가들면서 폐백으로 백마 81필을 쓰고, 찬(饌)으로는 본국의 유밀과(油蜜菓)를 썼다. 이는 모두 혼인의 상례(常例)인데 지금도 여염의 혼인에 반드시 백마를 사용하여 옛 풍속을 폐하지 않는 것은 홍범의 팔정에 의거한 것이며, 이것은 곧 사도의 일인 것이다. 이로써 보면 실로 기자 당시의 유교(遺敎)가 아니라면 이러한 풍속이 어디로부터 왔겠는가? 이 또한 중화에서 예를 잃었을 때 야인(野人)에게서 찾는다는 한 증거이다."

성 호 소 저 홍 범 설 여 좌
星湖所著洪範說如左

홍 수 지 세 요 순 림 하 대 우 수 명 치 지 황 천 권 고 석 이 홍 범 구 주 구 주
洪水之世堯舜臨下大禹受命治之皇天眷顧錫以洪範九疇々々
자 락 서 야 천 기 이 차 석 지 기 갱 유 가 석 지 구 수 야 하 이 위 증 락 서 지 위
者洛書也天旣以此錫之豈更有可錫之九數耶何以爲證洛書之位
생 수 지 이 여 성 수 지 팔 분 명 상 역 이 홍 범 이 오 사 지 숙 우 철 모 성 여 팔
生數之二與成數之八分明相易而洪範二五事之肅又哲謀聖與八
서 징 지 숙 우 철 모 성 역 위 상 응 범 여 서 지 초 비 량 물 가 지 야 공 자 왈 하
庶徵之肅又哲謀聖亦爲相應範與書之初非兩物可知也孔子曰河
출 도 락 출 서 성 인 즉 지 천 지 석 인 비 여 인 지 구 이 상 전 여 하 지 출 도 복
出圖洛出書聖人則之天之錫人非如人之口耳相傳如河之出圖伏
희 연 지 위 괘 차 편 시 저 물 락 지 위 범 역 유 시 야 연 즉 락 서 자 일 지 구 범
羲演之爲卦此便是這物洛之爲範亦猶是也然則洛書自一至九凡
구 자 즉 락 서 본 문 홍 범 지 자 초 일 왈 지 위 용 륙 극 합 륙 십 오 자 내 대 우
九字卽洛書本文洪範之自初一曰至威用六極合六十五字乃大禹
연 출 자 기 실 일 사 야 범 지 배 렬 위 차 불 과 의 락 서 이 위 지 기 이 인 호 역
演出者其實一事也範之排列位次不過依洛書而爲之其二人互易
지 류 명 유 맥 락 가 심 차 기 우 연 이 연 자 야 혹 의 대 우 홍 범 불 견 당 시 이
之類明有脉絡可尋此豈偶然而然者耶或疑大禹洪範不見當時而
력 은 지 주 인 기 자 이 시 천 연 제 전 왈 유 능 분 용 희 제 지 재 사 택 백 규 량
歷殷至周因箕子而始闡然帝典曰有能奮庸熙帝之載使宅百揆亮
채 혜 주 첨 왈 백 우 작 사 공 제 왈 유 우 여 평 수 토 유 시 무 재 혜 주 즉 천 석
采惠疇僉曰伯禹作司空帝曰兪禹汝平水土惟時懋哉惠疇卽天錫

지 구 주 야 수 인 평 수 지 공 명 위 사 공 사 택 백 규 명 직 파 곡 식 화 지 임 야
之九疇也遂因平水之功命爲司空使宅百揆命稷播穀食貨之任也

명 설 부 교 사 도 지 임 야 명 고 위 사 사 구 지 임 야 차 구 주 지 중 팔 정 지 개
命契敷敎司徒之任也命皐爲士司寇之任也此九疇之中八政之槪

야 성 왕 지 재 성 보 상 이 좌 우 민 자 여 차 여 주 규 모 기 유 타 례 약 왈 당 우
也聖王之財成輔相以左右民者如此餘疇規模豈有他例若曰唐虞

지 제 홍 범 무 적 단 무 시 리 의 자 자 이 강 하 은 동 연 이 기 시 행 여 기 식 갈
之際洪範無跡斷無是理矣自玆以降夏殷同然以其時行如飢食渴

음 이 불 위 지 특 저 야 은 도 지 쇠 천 하 무 란 유 철 인 군 자 수 이 불 실 구 비
飮而不爲之特著也殷道之衰天下貿亂惟哲人君子守而不失苟非

기 자 지 일 착 차 도 기 호 민 의 문 무 수 유 성 질 서 이 초 창 소 전 문 불 상 여
箕子之一着此道幾乎泯矣文武雖有聖質西夷草創所傳聞不詳如

하 능 일 일 불 특 호 급 수 선 방 문 득 기 요 이 복 행 일 여 하 은 지 세 야 이 하
何能一々不忒乎及首先訪問得其要而服行一如夏殷之世也以何

위 증 소 민 지 시 작 어 주 말 기 혹 성 혹 철 혹 모 혹 숙 혹 예 일 용 홍 범 본 문
爲證小旻之詩作於周末其或聖或哲或謀或肅或乂一用洪範本文

차 탄 기 구 전 지 인 폐 즉 주 가 상 행 지 례 가 견 소 위 대 헌 즉 홍 범 야 선 민
嗟歎其舊傳之堙廢則周家常行之例可見所謂大獻卽洪範也先民

즉 기 자 야 무 왕 기 전 지 이 불 행 기 자 역 일 기 어 언 이 자 폐 지 야 금 사 전
卽箕子也武王豈傳之而不行箕子亦一豈語焉而自廢之耶今史傳

무 소 표 견 단 동 사 소 록 지 거 팔 조 이 우 실 기 오 후 인 모 색 불 착 강 이 오
無所表見但東史所錄只擧八條而又失其五後人模索不着强以五

륜 당 지 비 야 홍 범 지 절 어 천 하 행 어 동 국 자 기 자 시 기 자 기 불 능 효 기
倫當之非也洪範之絶於天下行於東國自箕子始箕子豈不能曉其

선 후 지 서 야 오 행 오 사 지 외 수 선 당 시 자 팔 정 야 팔 정 지 급 선 당 설 자
先後之序耶五行五事之外首先當施者八政也八政之急先當設者

비 사 구 지 임 야 동 속 소 전 삼 조 불 과 여 차 동 인 이 위 팔 정 지 외 별 유 팔
非司寇之任耶東俗所傳三條不過如此東人以爲八政之外別有八

교 자 와 전 이 무 인 변 득 출 야 후 장 량 득 지 위 한 가 초 창 지 제 의 자 전 대
敎者訛傳而無人辨得出也後張良得之爲漢家草創之制意者前代

수 국 정 란 지 시 규 모 여 차 이 기 자 술 지 야 이 기 자 이 설 홍 범 하 물 불 비
樹國定亂之時規模如此而箕子述之也以箕子而設洪範何物不備

사 차 동 속 상 전 상 유 가 험 여 평 양 사 구 지 전 적 시 은 제 이 통 국 백 의 긍
自此東俗相傳尙有可驗如平壤四區之田的是殷制而通國白衣亘

고 불 변 천 자 실 관 학 재 서 이 비 허 어 야 혼 례 지 작 자 은 왕 시 고 귀 매 지
古不變天子失官學在西夷非虛語也婚禮之作自殷王始故歸妹之

륙 오 왈 제 을 귀 매 태 지 호 체 위 귀 매 고 태 지 륙 오 역 왈 제 을 귀 매 기 정
六五曰帝乙歸妹泰之互體爲歸妹故泰之六五亦曰帝乙歸妹其丁
녕 유 후 여 차 은 제 상 백 고 비 지 륙 사 왈 비 여 파 여 백 마 한 여 비 구 혼 구
寧牖後如此般制尚白故賁之六四曰賁如皤如白馬翰如匪寇婚媾
혼 구 백 마 자 은 시 야 안 려 사 충 선 왕 상 원 공 주 반 용 백 마 팔 십 일 필 찬
々々白馬自般始也按麗史忠宣王尚元公主幣用白馬八十一匹饌
용 본 국 유 밀 과 개 혼 구 지 상 례 금 려 리 지 혼 필 용 백 마 고 속 불 폐 거 홍
用本國油蜜果皆婚媾之常例今閭里之婚必用白馬古俗不廢據洪
범 팔 정 차 구 사 도 지 직 야 이 차 구 지 구 비 기 자 당 시 유 교 차 속 하 종 이
範八政此久司徒之職也以此求之苟非箕子當時遺教此俗何從而
유 호 차 역 례 실 구 야 지 일 증 야
有乎此亦禮失求野之一證也

주해_ㅇ生數(생수)－1~5까지의 수.
ㅇ成數(성수)－6~10까지의 수.
ㅇ威用六極(위용륙극)－위엄으로 경계하여 육극을 사용한다는 말. 흉단절(凶短折)·질(疾)·우(憂)·빈(貧)·악(惡)·약(弱)의 여섯 가지 재화(災火).
ㅇ司空(사공)－물과 땅을 다스리는 직분을 맡은 관리의 장(長).
ㅇ司徒(사도)－교육을 맡은 관리의 장(長).
ㅇ司寇(사구)－형금(刑禁)을 맡은 관리의 장(長).

후천은 하도를 조종으로 하였다는 설(後天祖河圖說)

《성호사설(星湖僿說)》에서 역상(易象)을 논한 것 가운데 후천은 하도를 근본으로 삼았다는 한 편은 그 학문의 일면을 엿볼 수 있다. 그 내용은 다음과 같다.

“북에서 동에 이르기까지는 양방(陽方)이므로 생수(生數)가 있어서 차례대로 내려져 동남방 모퉁이에 와서 그치게 되고, 남에서 서에 이르기까지는 음방(陰方)이므로 성수(成數)가 있어서 거꾸로 올라가 남방에 와서 그치게 된다. 음과 양이 조화된 후에 만물이 생겨나기 때문에 동북의 2가 서남의 8과 더불어 서로 뒤바뀌게 되고, 천도(天道)

와 인사(人事)가 감응하여 반드시 서로 통해지는 까닭에 팔서징(八庶徵)에서 말한 숙(肅)·예(乂)·철(哲)·모(謀)·성(聖)이 바로 이오사(二五事)의 숙·예·철·모·성이다. 이에 그 분명한 징험을 가지고 스스로 천고의 비밀을 얻었다고 자부하였다.

그러다가 나중에 노재(魯齋) 왕백(王柏)의 학설을 보니 내가 발명한 점과 서로 참조할 만하였다. 그 말에 이르기를, '복희는 하도로써 팔괘(八卦)를 그렸고, 문왕(文王)은 팔괘를 미루어서 하도에 부합시켰는데, 이 하도란 것은 선천(先天)과 후천(後天)의 조종(祖宗)이다. 하도는 이 위치에 따라서 기수(奇數)와 우수(偶數)가 서로 사귀게 되고, 후천은 이 전체를 합쳐서 기수와 우수가 상교(相交)한다. 오직 생수는 움직이지 않고, 성수인 6과 7이 서로 바뀌어짐으로써 위는 우(偶)가 되고 아래는 기(奇)가 되니, 이는 모두 자연히 그렇게 이루어지는 것이다. 이는 대개 말하자면 천일수(天一水), 지이화(地二火), 천삼목(天三木), 지사금(地四金)이란 것으로 스스로 움직이지 않는데, 이는 바로 감(坎)·이(離)·진(震)·태(兌)의 4괘이다. 9는 서북에 있고 6은 서남에 있으며, 7은 동북에 있고, 8은 동남에 있는데, 건(乾)·곤(坤)은 바로 9와 6이요, 간(艮)과 손(巽)은 바로 7과 8이라는 것이다' 하였다.

이 설은 대개 얻음이 있다. 그 숫자가 혹 아래에도 있고, 혹 위에도 있게 됨이 반드시 그만한 이유가 있어서이나 다만 위가 우(偶), 아래가 기(奇)로 된다는 것으로서 자연이라고 할 수는 없을 것이다. 하도로써 말하자면 원(圓)이 변해서 방(方)으로 되니, 네 성수는 사봉(四縫)에 있어야 한다. 6은 동북에 있고 8은 동남에 있으며, 7은 서남에 있고 9는 서북에 있으니, 그것은 그 형세가 바로 그렇게 되기 때문이다.

동북은 하늘이 낳고 땅이 이루어주며, 서남은 땅이 낳고 하늘이 이루어준다. 하늘과 땅도 어울리지 않으면 만물을 생성시키지 못하는 까닭에 오직 동북에 있는 6이 서남에 있는 7과 더불어 서로 바뀌게 되고 그 나머지 6위(位)는 움직이지 않으니, 이것이 또 홍범의 '오사(五事)와 서징(庶徵)이 서로 바뀌어 느낌에 따라 통해진다'는 뜻이다.

이것이 후천의 괘(卦) 역시 하도에 근본했다는 증거이다. 선천은 기우(奇偶)에 해당하는 수이고, 후천은 배합(配合)에 해당하는 수이며, 낙서(洛書)는 생성(生成)에 해당하는 수인데, 하도와 낙서와 팔괘와 홍범이 서로 안팎인 것 또한 징험할 수가 있다. 그러나 왕씨(王氏)는 선현이 하도에 근본했다는 것을 이야기하지 않았으니, 이는 구설에 의거한 때문이었다. 구설에는 다만 1에서부터 9에 이르는 숫자에만 의거했기 때문에 하도의 위차와는 서로 다른 점이 있는데, 왕씨도 아마 이것을 미처 생각하지 못한 듯하다.

내 생각에는 후천은 1·6과 2·7과 3·8과 4·9로 배열해 놓은 것이고, 홍범은 1·2·3·4·5·6·7·8·9로 배열해 놓은 것이며, 선천은 1·3·7·9와 2·4·6·8로 배열된 것이니 여기에는 각각 의의가 있다. 후천은 음양(陰陽)·노소(老少)로 주장을 삼았는데, 건구(乾九)와 곤륙(坤六)의 유(類)가 그것이다.

그리고 선천은 수의 나소로써 주장을 삼은 까닭에 1·2는 진(震)과 손(巽)이 되고, 3·4는 감(坎)과 이(離)가 되고, 6·7은 태(兌)와 간(艮)이 되고, 8·9는 곤(坤)과 건(乾)이 되는데, 이 곤과 건이 세 차례를 거쳐 여섯 아들을 얻었으니, 이는 그 형세가 자연 그렇게 되었다는 것이다. 하도에 있어서 양수(陽數)는 북으로부터 서에까지 이르렀는데, 그 봉(縫)이 서북에 있고 음수(陰數)는 남으로부터 동까지 이르렀는데, 그 봉은 동남에 있어서 안팎이 서로 연결되었으니 이것이 태극의 권자(圈子)이다.

이 태극이 나뉘어서 양의(兩儀)가 되면 서북에 있던 봉이 물러나 동남에 와서 있게 되고, 동남에 있던 봉이 물러나 서북에 와서 있게 된다. 이러므로 진·감·간·건·손·이·태·곤이라는 질서가 생긴다. 진은 동북에 있어서 양치(陽穉)가 되고, 건은 남에 있어 양장(陽長)이 되며, 손은 서북에 있어 음치(陰穉)가 되고, 곤은 북에 있어 음장(陰長)이 된다. 그리고 사상(四象)에 이르면 양 속에 음이 포함되고, 음 속에 양이 포함되기 때문에 감과 이가 서로 바뀌고, 간과 태가 서로 바뀌어서 선천(先天)의 위치가 된다. 이 역시 또 선유가 발명하지 못했던 것이다."

후천조하도설
後天祖河圖說

성호사설론역상후천조하도일편가이규기학문지일반의기설
星湖僿說論易象後天祖河圖一篇可以窺其學問之一班矣其說
자북이동양방야생수거지순수이지어동남우자남이서음방야성
自北而東陽方也生數居之順數而至於東南隅自南以西陰方也成
수거지역수이지어남방음양교이후만물생고동북지이여서남지
數居之逆數而至於南方陰陽交而後萬物生故東北之二與西南之
팔상역천도인사감응필통고팔서징지숙우모철성즉이오사지숙
八相易天道人事感應必通故八庶徵之肅又謀哲聖卽二五事之肅
우모철성내기명험자득천고지비야급견로제왕씨설가이상발기
又謀哲聖乃其明驗自得千古之秘也及見魯齊王氏說可以相發其
언왈복희즉하도이화팔괘문왕추팔괘이합하도하도자선천후천
言曰伏羲則河圖以畫八卦文王推八卦以合河圖々々者先天後天
지조종야하도시축위기우지교후천시통체기우지교유생수부동
之祖宗也河圖是逐位奇偶之交後天是統體奇偶之交惟生數不動
이성수지륙여칠상역이상우하기막비자연기의개위천일수지이
以成數之六與七相易而上偶下奇莫非自然其意盖謂天一水地二
화천삼목지사금자시부동직감리진태사괘구거서북륙거서남칠
火天三木地四金自是不動直坎离震兌四卦九居西北六居西南七
거동북팔거동남건곤직구륙간손직칠팔의차설대개유득기혹하
居東北八居東南乾坤直九六艮巽直七八矣此說大概有得其或下
혹상필유기의불가단이상우하기위자연야이하도언도교위방즉
或上必有其義不可但以上偶下奇爲自然也以河圖言圖交爲方則
사성수의거사봉륙거동북팔거동남칠거서남구거서북기세즉연
四成數宜居四維六居東北八居東南七居西南九居西北其勢卽然

야 동 북 천 생 이 지 　성 서 남 지 생 이 천 성 천 지 불 교 만 물 불 성 고 추 동
也東北天生而地 成西南地生而天成天地不交萬物不成故推東

북 지 륙 여 서 남 지 칠 상 역 이 기 여 륙 위 부 동 차 우 홍 범 지 오 사 서 징 상
北之六與西南之七相易而其餘六位不動此又洪範之五事庶徵相

역 감 통 지 의 야 차 후 천 지 괘 역 본 어 하 도 지 증 선 천 기 우 지 수 후 천 배
易感通之義也此後天之卦亦本於河圖之證先天奇偶之數後天配

합 지 수 락 서 생 성 지 수 이 하 락 괘 범 상 위 표 리 역 가 험 의 연 왕 씨 지 불
合之數洛書生成之數而河洛卦範相爲表裡亦可驗矣然王氏之不

언 선 천 지 소 이 조 하 도 즉 이 구 설 위 거 야 구 설 지 거 자 일 지 구 지 수 이
言先天之所以祖河圖則以舊說爲據也舊說只據自一至九之數而

여 하 도 위 차 불 견 유 저 락 왕 씨 개 역 미 급 야 여 즉 위 후 천 이 일 륙 이 칠
與河圖位次不見有著落王氏盖亦未及也余則謂後天以一六二七

삼 팔 사 구 배 렬 홍 범 이 일 이 삼 사 오 륙 칠 팔 구 배 렬 선 천 이 일 삼 칠 구
三八四九排列洪範以一二三四五六七八九排列先天以一三七九

이 사 륙 팔 배 렬 각 유 기 의 후 천 이 음 양 소 로 위 주 건 구 곤 륙 지 류 시 야
二四六八排列各有其義後天以陰陽少老爲主乾九坤六之類是也

선 천 이 수 지 다 소 위 주 고 일 이 위 진 손 삼 사 위 감 리 륙 칠 위 태 간 팔 구
先天以數之多小爲主故一二爲震巽三四爲坎离六七爲兌艮八九

위 건 곤 건 곤 삼 색 이 득 륙 자 즉 기 세 의 연 재 하 도 즉 양 수 자 북 이 지 어
爲乾坤々々三索而得六字則其勢宜然在河圖則陽數自北而至於

서 기 봉 재 서 북 음 수 자 남 이 지 어 동 기 봉 재 동 남 내 외 교 결 차 태 극 권
西其縫在西北陰數自南而至於東其縫在東南內外交結此太極圈

자 야 분 이 위 량 의 즉 봉 재 서 북 자 퇴 거 동 남 봉 재 동 남 자 송 거 서 북 고
子也分以爲兩儀則縫在西北者退居東南縫在東南者送居西北故

위 진 감 간 건 손 리 태 곤 지 서 진 거 동 북 위 양 치 건 거 남 위 양 장 손 거 서
爲震坎艮乾巽离兌坤之序震居東北爲陽稚乾居南爲陽長巽居西

북 위 음 치 곤 거 북 위 물 장 지 어 사 상 즉 양 중 포 음 음 중 포 양 고 감 여 리
北爲陰稚坤居北爲物長至於四象則陽中包陰々中包陽故坎與离

상 역 간 여 태 상 역 위 선 천 지 위 차 우 선 유 지 미 발 자 야
相易艮與兌相易爲先天之位此又先儒之未發者也

주해_ㅇ先天後天(선천후천)－복희(伏羲)의 팔괘는 역(易)의 체(體)를 세운 것으로 선천이라 하고, 문왕(文王) 팔괘는 역의 용(用)을 나타낸 것으로 후천이라 함.

ㅇ四縫(사봉)－사유(四維).

ㅇ四象(사상)－태양(太陽)・소음(少陰)・소양(少陽)・태음(太陰).

이상정(李象靖)

자는 경문(景文), 호는 대산(大山)으로 한산(韓山) 사람이다. 밀암(密菴) 이재(李栽)의 외손이다. 타고난 자질이 영특하고 슬기로워 문장과 학문을 일찍 성취하였다. 을묘년 대과・소과에 급제하였으며, 뒤에 연일현감과 형조참의를 배수하였다. 향년 70세이다.

공은 밀암에게서 학문하는 방법을 배웠다. 장성하여서는 더욱 분발하여 명리(名利)에 뜻을 끊고 문을 닫은 채 글을 읽었다. 항상 말하기를, "하늘이 진리를 내리고 사람이 이를 받아 출생하였으니 한결같이 천리를 따르면 사람 또한 하늘이 되는 것이다. 이 이치를 학문사변(學問思辨)하는 데서 궁구하고, 이 마음을 단장정일(端莊精一)한 데에 두며, 경(敬)에 주일(主一)하고 의(義)를 정밀하게 하며, 창졸간에도 체험하고 함양하기를 오래 하여 실천을 독실하게 하며, 정자와 주자, 퇴계의 학문을 발휘하여 요점을 잡아 이끌어 나가면 그 오묘함을 다하게 된다."고 하였다. 대석산(大夕山) 아래에 살았기 때문에 서당의 편액을 대산서당(大山書堂)이라 하였다.

이 대 산 상 정 자 경 문 한 산 인 리 밀 암 재 외 손 숙 종 신 묘 생 천 자 영 예
李大山象靖字景文韓山人李密菴栽外孫肅宗辛卯生天姿英睿

사 학 숙 취 을 묘 중 대 소 과 후 배 연 일 현 감 형 조 참 의 년 칠 십 졸
詞學夙就乙卯中大小科後拜延日縣監刑曹叅議年七十卒

공 종 밀 암 득 문 위 학 지 방 급 장 익 자 분 려 폐 절 의 명 리 문 독 서 상 왈
公從密菴得聞爲學之方及長益自奮勵閉絶意名利門讀書常曰

천 지 강 충 인 수 지 생 약 일 순 천 리 즉 인 역 천 야 궁 차 리 어 학 문 사 변 존
天之降衷人受之生若一循天理則人亦天也窮此理於學問思辨存

차 심 어 단 장 정 일 주 경 정 의 조 차 체 험 함 양 구 숙 천 리 독 빈 발 휘 락 건
此心於端莊精一主敬精義造次體驗涵養久熟踐履篤實發揮洛建

퇴 도 지 결 제 강 설 령 극 기 요 묘 거 대 석 산 하 고 편 왈 대 산 서 당
退陶旨訣提綱挈領極其要妙居大夕山下故扁曰大山書堂

이광정(李光庭)

자는 천상(天祥), 호는 눌은(訥隱)으로 원주(原州) 사람이다. 숙종 을묘년에 출생하여 기묘년 진사시에 급제하였다. 영조 갑인년에 감사 조현명(趙顯命)이 예를 갖추어 공을 안동의 도훈장(都訓長)으로 삼고 성리서(性理書)를 강론하게 하였다. 조현명이 그를 효렴(孝廉)으로 천거하면서 이르기를, "문학과 행실이 남도에서 제일입니다." 하였더니 임금이 이르기를, "남쪽은 우리나라의 추로지향(鄒魯之鄕)이다. 이미 남방에서 제일가는 사람이라면 바로 지금 세상에서 제일인 사람이라고 해도 옳을 것이다." 했다.

뒤에 정승 김재로(金在魯)가 영남의 도백이 되었을 때 다시 공을 천거하자 임금이 특별히 후릉참봉을 제수하였는데, 공이 부임한 뒤 곧바로 화담 서경덕과 청송 성수침이 후릉참봉에 제수되었을 때 부임하지 않았다는 사실을 알고는 이에 시 한 수를 읊기를,

'두 노인의 높은 기상 따를 수 없어
흰 머리 외로운 자리에 얼굴 부끄럽네.
내일 아침에 이 자리 사양하고 동남으로 떠나면,
강가의 가을바람 소매 가득히 차가우리.

二老高標不可攀 白頭孤直愧生顔
明朝掛席東南去 江海秋風滿袖寒'

하고는 마침내 병을 핑계하여 사임하고 돌아갔다. 이 뒤로부터 연달아 벼슬을 제수했으나 나아가지 않았다. 향년 83세이다.

금씨(琴氏) 성을 가진 여자가 봉성(鳳城) 쪽에 살고 있었는데 공의 집으로부터 20리 거리였다. 공이 항상 그 집을 왕래했는데 그럴 때면 집에서 기르는 개가 꼭 따라다녔다. 어느 날 어버이를 봉양할 식량이 떨어졌는데 마침 병이 났다. 심부름을 시킬 만한 사람도 없어 그 개에게, "네가 내 글을 그 집에 전할 수 있겠느냐?" 하였더니, 개는 알

아들은 듯 꼬리를 저으며 앞으로 다가왔다. 그래서 글을 써서 목에 걸어주었더니 개는 곧바로 금씨 집으로 달려갔다. 이에 금씨가 그 편지를 보고 양식을 보내어 구제해 주었다. —《번암집(樊巖集)》에 보인다.

이 눌 은 광 정 자 천 상 원 주 인 숙 종 을 묘 생 기 묘 진 사 영 조 갑 인 조 감
李訥隱光庭字天祥原州人肅宗乙卯生己卯進士英祖甲寅趙監
사 현 명 례 치 공 위 안 동 도 훈 장 강 론 성 리 서 이 효 렴 천 왈 문 학 행 의 산
司顯命禮致公爲安東都訓長講論性理書以孝廉薦曰文學行誼山
남 제 일 상 왈 남 국 시 아 추 로 기 시 남 국 일 인 즉 위 지 금 세 제 일 인 가 야
南第一上曰南國是我鄒魯旣是南國一人則謂之今世第一人可也
후 김 상 재 로 이 령 백 환 천 공 상 특 제 후 릉 참 봉 공 부 직 견 서 화 담 성 청
後金相在魯以嶺伯還薦公上特除厚陵參奉公赴直見徐花潭成聽
송 역 제 시 사 불 부 음 일 시 왈 이 로 고 표 불 가 반 백 두 고 직 괴 생 안 명 조
松亦除是仕不赴吟一詩曰二老高標不可攀白頭孤直愧生顔明朝
괘 석 동 남 거 강 해 추 풍 만 수 한 수 사 병 귀 자 후 련 제 직 불 취 년 팔 십
掛席東南去江海秋風滿袖寒遂謝病歸自後連除職不就年八十
삼 졸
三卒

금 씨 고 재 봉 성 차 거 가 이 십 리 공 상 왕 래 유 일 구 수 지 일 일 친 량 불
琴氏姑在鳳城此距家二十里公常往來有一狗隨之一日親糧不
계 이 신 적 병 무 동 가 사 어 기 구 왈 이 능 전 오 서 부 구 요 미 이 전 약 해 의
繼而身適病無僮可使語其狗曰爾能傳吾書否狗搖尾而前若解意
자 수 위 서 계 기 경 구 직 주 금 씨 가 금 씨 득 서 함 치 량 이 제 출 번 암 집
者遂爲書係其頸狗直走琴氏家琴氏得書函致糧以濟(出樊巖集)

주해_ ○孝廉(효렴)－효도하는 사람과 청렴한 사람.
○鄒魯(추로)－맹자와 공자의 고향.

이광정(李光靖)

자는 휴문(休文), 호는 소산(小山)으로 이상정의 동생이다. 경술(經術)로 천거되어 온릉참봉(溫陵參奉)에 제수되고, 뒤에 사포서별제(司

圃署別提)를 지냈다. 향년 76세이다.

타고난 재질이 매우 높고 재주가 남들보다 뛰어났다. 젊었을 적에는 백가서(百家書)를 두루 보았는데 밀암 이재에게 배워 학문하는 방법을 듣고 나서는 집안에 있으면서 남들과 시비와 곡직을 다투지 않고 한결같이 은의(恩義)를 위주로 하였다. 저서에 《우성전서(虞聖全書)》와 《목은연보(牧隱年譜)》가 있다.

제 광 정 자 휴 문 호 소 산 숙 종 갑 오 생 이 경 술 천 제 온 릉 참 봉 후 제 사
弟光靖字休文號小山肅宗甲午生以經術薦除溫陵叅奉後除司
포 서 별 제 년 칠 십 륙 졸
圃署別提年七十六卒

소 산 공 천 분 심 고 재 성 과 인 소 파 류 의 고 작 자 범 람 백 가 어 급 수 업
小山公天分甚高才性過人少頗留意古作者氾濫百家語及受業
어 밀 암 득 문 위 학 대 방 처 가 미 상 쟁 교 곡 직 일 이 은 의 위 주 저 우 성 전
於密庵得聞爲學大方處家未嘗爭較曲直一以恩義爲主著虞聖全
서 목 은 년 보
書牧隱年譜

최흥원(崔興遠)

자는 태초(太初)·여호(汝浩), 호는 백불암(百弗庵)으로 월성(月城) 사람이다. 은거하면서 학문을 독실히 하여 동남 지방의 유생들이 기꺼이 스승으로 존경하면서 칠계선생(漆溪先生)이라 불렀다. 정조 무술년에 장릉랑(莊陵郎)에 임명되었고, 특명으로 사서(四書)를 인쇄하여 주었다. 좌익찬(左翊贊)에 뽑혔으며, 향년 82세이다. 효행으로 정려(旌閭)를 내렸다.

공이 60세에 친상을 당하였는데, 장례 전 여섯 달 동안을 밤낮으로 관 옆에 엎드려서 죽만 마시면서 곡을 하였으며, 장례 후에는 아침 저녁으로 무덤에 참례하였는데 때로는 호랑이를 만나기도 하였으며, 눈이 쌓여 무릎까지 빠져도 그만두지 않았다. 집에 삼고(三庫)가 있었는데 팔공산(八公山) 속에 있었다. 또 여씨향약(呂氏鄕約)을 실시

하니 백성들이 모두 자기 일에 부지런하여 한 해가 다 가도록 관리를 보지 못하였으며, 예를 지켜 사양하는 아름다운 풍속을 이루어 삼대(三代)의 유풍이 있는 듯하였다. 일찍이 경(敬)자를 패에 새겨서 벽에 걸어놓고 반성하였으며, 주자의 '백불지(百弗知)·백불능(百弗能)'이란 말을 취하여 호로 삼았다. 아들 주진(周鎭)의 자는 공보(公甫), 호는 동계(東溪)로 대산 이상정의 문인이다.

최 백 불 암 흥 원 자 태 초 우 왈 여 호 월 성 인 숙 종 을 유 생 은 거 독 학 동
崔百弗庵興遠字太初又曰汝浩月城人肅宗乙酉生隱居篤學東
남 유 사 흡 연 사 존 지 칭 위 칠 계 선 생 정 종 무 술 제 장 릉 랑 특 명 인 급 사
南儒士翕然師尊之稱爲漆溪先生正宗戊戌除莊陵郎特命印給四
서 선 위 좌 익 찬 년 팔 십 이 졸 이 효 행 정 려
書選爲左翊贊年八十二卒以孝行旌閭

공 륙 십 거 우 장 전 범 륙 삭 주 야 복 구 방 철 죽 이 곡 조 석 배 모 유 시 호
公六十居憂葬前凡六朔晝夜伏柩傍啜粥以哭朝夕拜墓有時虎
교 적 설 몰 슬 이 부 지 폐 가 유 삼 고 재 팔 공 산 중 우 설 려 씨 향 약 민 개 권
交迹雪沒膝而不之廢家有三庫在八公山中又設呂氏鄕約民皆勸
업 종 세 불 견 리 례 의 성 속 완 연 유 삼 대 유 풍 상 각 경 자 패 게 벽 관 성 취
業終歲不見吏禮儀成俗完然有三代遺風嘗刻敬字牌揭壁觀省取
주 자 백 불 지 백 불 능 호 언 자 주 진 자 공 보 호 동 계 리 대 산 문 인
朱子百弗知百弗能號焉子周鎭子公甫號東溪李大山門人

주해_ㅇ百弗能(백불능)—백번 노력하는 뜻.

박손경(朴遜慶)

자는 효유(孝有), 호는 남야(南野)로 함양(咸陽) 사람이다. 어렸을 때 행동이 어른스러워서, 새로 과거에 급제한 사람이 집안 뜰로 광대를 데리고 와서 광대놀이를 하는데도 단정히 앉아서 보이지 않는 것처럼 했다. 고학(古學)에 전념하여 학식이 더욱 넓고 새로워져서 마을 선배들이 모두 그를 따르지 못하겠다고 하였다. 젊어서는 문사(文詞)를 즐겨하였는데 그 격조가 높아 옛사람에게 뒤지지 않았다. 그러나

후에 말하기를, "이런 일이 나에게 무슨 이익이 되겠는가?"하고서 지난날의 공부를 모두 버리고 날마다 심성(心性)에 관한 글을 음미하며 내면의 공부를 하였다. 대개 공의 도는 한마디로 효제(孝悌)일 뿐이라고 할 수 있으니, 현달했더라면 천하에 쓰고도 남았을 것이다. 특별히 영릉참봉(英陵參奉)을 제수하였으나 나아가지 않았다. 향년 70세이다.

순암 안정복의 《상헌수필(橡軒隨筆)》에 이렇게 말했다.

"진사 이중장(李仲章)이 찾아가 문안하였는데 박손경이 시골집에 우거하여 밭에 가서 서속의 뿌리를 뽑아다가 어버이 방에 불을 지피면서도 다른 사람의 밭에 있는 것은 하나도 건드리지 않았다고 하니 이야말로 과연 후한(後漢)시대의 효렴(孝廉)을 독실하게 행한 선비라고 하겠다. 동생 박민경(朴民慶)은 신을 삼고 자리 짜는 일을 해서 형의 가난한 살림을 도와주었으며, 삼으로 삼은 미투리를 매달 형에게 대주었다. 형은 이를 딱하게 여겨 삼미투리가 딱딱하여 짚신만큼 편하지 않다고 하면서 항상 짚신을 신고 다녔다."

박 남 야 손 경 자 효 유 함 양 인 숙 종 계 사 생 유 시 동 지 약 성 인 유 신 은
朴南野遜慶字孝有咸陽人肅宗癸巳生幼時動止若成人有新恩
협 우 지 위 희 어 정 공 단 좌 약 무 도 전 정 고 학 식 익 박 이 일 익 신 제 선 진
挾優至爲戱於庭公端坐若無覩專精故學識益博而一益新諸先進
개 추 위 불 가 급 소 호 위 문 사 이 준 기 격 불 욕 출 고 작 자 하 이 기 왈 시 성
皆推爲不可及少好爲文辭而峻其格不欲出古作者下而已曰是誠
하 유 어 아 재 수 진 기 거 일 완 심 성 서 위 향 리 지 공 개 공 지 도 일 언 폐 왈
何有於我哉遂盡棄去日玩心性書爲向裡之工蓋公之道一言蔽曰
효 제 이 기 달 지 즉 가 이 우 천 하 의 특 제 영 릉 참 봉 불 취 년 칠 십 졸
孝悌而已達之則可以優天下矣特除英陵叅奉不就年七十卒
안 순 암 상 헌 수 필 왈 리 진 사 중 장 왕 후 지 손 경 우 촌 사 왕 기 전 채 속
安順庵橡軒隨筆曰李進士仲章往候之遜慶寓村舍往其田採粟
근 장 욕 위 촌 친 실 지 지 이 타 인 지 전 일 불 범 수 차 과 시 동 한 독 행 효 렴
根將欲爲爨親室之地而他人之田一不犯手此果是東漢篤行孝廉
지 사 야 제 민 경 이 곤 구 직 석 이 공 형 지 빈 구 형 소 리 마 리 필 계 지 형 민
之士也弟民慶以捆屨織席以供兄之貧寠兄所履麻履必繼之兄憫

지 이 위 마 구 견 경 불 여 고 구 지 편 상 착 고 구 이 행 지
之以爲麻屨堅硬不如藁屨之便常着藁屨以行之

안정복(安鼎福)

자는 백순(百順), 호는 순암(順庵)으로 광주(廣州) 사람이다. 성호 이익에게 수학하여 유림의 사표로 세상에 이름이 알려졌다. 유일로 천거되어 선공감감역(繕工監監役)이 되었다. 영조 임진년에 병조판서 채제공이 천거하여 익찬(翊贊)이 되었고, 갑오년에 다시 위수(衛率)에 제수되고, 병신년에는 목천현감(木川縣監)을 배명하였다. 향년 75세이다. 좌참찬에 추증되고 광성군(廣成君)에 추봉되었다. 시호는 문헌(文憲)이다.

공이 익위사(翊衛司)에 있을 때 아뢰기를, "대개 제왕의 학문은 실로 문사(文詞)에 힘을 쓰지 말고 반드시 제왕의 문장에 힘을 써야 합니다. 《역》에 이르기를, '인문(人文)을 살펴 천하를 화성(化成)한다'고 하였는데 예악(禮樂)과 형정(刑政)이 문장의 일이 아닌 것이 없습니다." 하였다. 강론을 마친 후 동궁(東宮)이 묻기를, "《송감(宋鑑)》에서 제병(帝昺)이 바다 가운데로 도피한 지가 이미 오래되었는데도 사관(史官)이 이를 정통(正統)으로 돌린 것은 왜 그런가?"하니 공이 아뢰기를, "정통이란 뜻은 토지의 크고 작음이나 나라를 누린 기간의 길고 짧은 것을 가지고 따지는 것이 아니요, 선왕의 계통이 끊어지지 않으면 그 계통이 있는 것입니다. 그러므로 비록 이렇다 하게 일컬을 만한 한 자의 땅도 없더라도 조씨(趙氏)의 한 맥이 아직 남아 있으므로 정통이 된 것입니다. 제병이 죽어서 조씨를 계승할 자가 없게 된 뒤에야 원(元)나라가 비로소 정통을 잇게 되니, 이것이 사가(史家)의 예(例)입니다." 했다.

이에 동궁이, "그렇다면 홍광(弘光) 이후로 정통이 끊어지지 않은 것이 분명하다." 하였다. 동궁이 또 묻기를, "퇴계와 율곡의 이기설

(理氣說)이 같지 않은데 그대는 어느 학설을 따르는가?"하니 대답하기를, "성리(性理)의 원두(源頭)는 감히 우열을 말할 수 없습니다. 그러나 율곡이 스스로 터득한 견해가 좋기는 하지만 퇴계의 학설은《주자어류(朱子語類)》의 보광(輔廣)이 기록한 것에 근본한 것입니다. 보씨(輔氏)는 주자 문하의 고제(高弟)이니, 반드시 잘못 기록하지 않았을 것입니다. 퇴계의 주장은 근원한 내력이 있는 것이므로 신은 일찍부터 퇴계의 설을 따랐습니다." 하였다.

저서에《하학지남(下學指南)》·《독사상절(讀史詳節)》·《가례주해(家禮註解)》·《가례익(家禮翼)》·《상헌수필(橡軒隨筆)》·《동사강목(東史綱目)》·《열조통기(列朝通記)》·《천학고(天學考)》·《혼례작의(婚禮酌宜)》·《이자수어(李子粹語)》및 유집 50권이 있다.

안 순 암 정 복 자 원 진 광 주 인 숙 종 임 진 생 수 업 우 리 성 호 지 문 이 유
安順庵鼎福字元鎭廣州人肅宗壬辰生受業于李星湖之門以孺
림 사 표 현 우 세 일 천 선 공 감 역 영 조 임 진 병 판 채 제 공 천 제 익 찬 갑 오
林師表顯于世逸薦繕工監役英祖壬辰兵判蔡濟恭薦除翊贊甲午
부 제 위 수 병 신 배 목 천 현 감 년 칠 십 오 졸 증 좌 참 찬 추 봉 광 성 군 시
復除衛率丙申拜木川縣監年七十五卒贈左叅贊追封廣成君謚
문 헌
文憲

공 재 계 방 주 왈 개 제 왕 지 학 고 불 이 문 사 위 귀 필 용 력 어 제 왕 지 문
公在桂坊奏曰盖帝王之學固不以文辭爲貴必用力於帝王之文
장 역 왈 관 호 인 문 이 화 성 천 하 례 악 형 정 무 비 문 장 지 구 야 강 파 동 궁
章易曰觀乎人文以化成天下禮樂刑政無非文章之具也講罷東宮
문 송 감 제 병 항 해 기 구 이 사 가 필 이 정 통 귀 지 자 하 야 공 왈 정 통 지 의
問宋鑑帝昺航海己久而史家必以正統歸之者何也公曰正統之義
불 이 토 지 지 대 소 형 국 지 구 근 이 선 왕 지 통 서 부 절 즉 기 통 유 재 야 시
不以土地之大小亨國之久近而先王之統緖不絶則其統猶在也是
이 수 무 척 토 지 가 언 이 조 씨 지 일 맥 유 존 고 정 통 귀 언 필 야 제 병 사 이
以雖無尺上之可言而趙氏之一脉猶存故正統歸焉必也帝昺死而
조 씨 무 계 속 자 연 후 원 씨 시 승 정 통 차 사 가 지 례 야 동 궁 왈 연 홍 광 이
趙氏無系屬者然後元氏始承正統此史家之例也東宮曰然弘光以

후 정 통 지 부 절 명 의 동 궁 우 문 왈 퇴 계 률 곡 리 기 설 각 부 동 군 종 하 설
後正統之不絶明矣東宮又問曰退溪栗谷理氣說各不同君從何說

대 왈 성 리 원 두 불 감 론 렬 이 단 률 곡 자 득 지 견 수 호 퇴 계 지 설 본 어 주
對曰性理源頭不敢論列而但栗谷自得之見雖好退溪之說本於朱

자 어 류 보 광 소 기 보 씨 시 주 문 고 제 필 불 오 록 퇴 계 설 유 래 력 원 위 고
子語類輔廣所記輔氏是朱門高弟必不誤錄退溪說有來歷源委故

신 상 종 퇴 계 설 소 저 유 하 학 지 남 독 사 상 절 가 례 주 해 가 례 익 상 헌 수
臣嘗從退溪說所著有下學指南讀史詳節家禮註解家禮翼橡軒隨

필 동 사 강 목 렬 조 통 기 천 학 고 혼 례 작 의 리 자 수 어 급 유 집 오 십 권
筆東史綱目列朝通記天學考婚禮酌宜李子粹語及遺集五十卷

주해_ㅇ追封(추봉)—죽은 후에 봉(封)하는 것.
ㅇ桂坊(계방)—세자의 시위(侍衛)를 맡아보던 관청. 익위사(翊衛司).

신후담(愼後聃)

자는 이로(耳老), 호는 하빈(河濱)·돈와(遯窩)인데 거창(居昌) 사람이다. 어머니가 검은 말이 방에 들어온 꿈을 꾸고 태기가 있었다. 5·6세 때부터 병들어 죽을 때까지의 60평생 동안 독서한 숫자를 기록하여 어린 손자에게 남기면서 이르기를, "내가 《중용》을 제일 많이 읽었는데, 만번 이후로는 세어보지 않아서 모르겠고, 《서경》과 《주역》은 각각 수천번씩을 읽었으며, 《시경》·《논어》·《맹자》는 각각 천여번을 읽었고, 《소학》은 백여번을 읽었으며, 《예기》와 《춘추좌씨전》은 각각 50번을 읽었고, 삼전(三傳)은 이의 반을 읽었다. 《주례》·《의례》·《효경》은 각각 수십번을 읽었으며, 《이정전서(二程全書)》와 《주자대전(朱子大傳)》·《심경(心經)》·《근사록(近思錄)》·《성리대전(性理大傳)》은 평생 동안 보았다. 심씨(沈氏)가 찬집한 《백가유찬(百家類纂)》은 수십번을 읽었는데 그 중에서 《도덕경(道德經)》·《음부경(陰符經)》·《남화경(南華經)》·《참동계(參同契)》는 수백번을 읽었으며, 한위총서(漢魏叢書) 중의 《대대례(大戴禮)》·《왕씨역례(王氏易例)》·초씨(焦氏)와 경씨(京氏)의 역문(易文), 신공(申

公)의 시설(詩說)의 유는 각각 수십번씩 읽었고,《사기(史記)》·《창려집초(昌黎集抄)》는 혹 백번이나 혹 수십번씩 읽었으며, 그 외에 단편이나 작은 글로 수십번을 읽지 못한 것은 이루 다 기억하지 못하겠다."고 했다.

일찍이 말하기를, "성현의 책은 만번을 읽지 않으면 뜻을 알지 못한다. 비유하건대 백 아름드리 나무를 베려면 반드시 큰 도끼로 찍어 넘긴 다음에야 손을 쓸 수 있는 것과 같으니, 성현의 말씀이야 그 뜻의 심오함이 어찌 큰 나무에 비교할 수 있겠는가? 반드시 많이 읽은 다음에라야 대략이나마 그 뜻을 알 수가 있는 것."이라고 하였다.

공은 좌상 신수근(愼守勤)의 8세손이다. 여러 책을 널리 보아 나이 13·14세 무렵에 도가(道家)며 불서(佛書)·병서(兵書) 등을 깊이 연구하였다. 20세에 진사에 올랐으나 마침내 과거공부를 그만두고 성인의 책에만 전념하여 정진하였다. 저서에《상사신편(象辭新編)》·《역통의(易通義)》·《서학변(西學辨)》등 수백여권이 있다. 성호 이익의 고제이다.

신 하 빈 후 담 자 이 로 우 호 왈 돈 와 거 창 인 영 조 경 신 생 모 몽 려 마 입
愼河濱後聃字耳老又號曰遯窩居昌人英祖庚申生母夢驪馬入
실 이 유 신 자 오 륙 세 독 서 지 륙 십 병 차 사 기 평 생 독 서 지 수 이 시 유 손
室而有身自五六歲讀書至六十病且死記平生讀書之數以示幼孫
왈 여 독 중 용 최 다 만 후 불 계 수 서 여 역 각 수 천 독 시 론 어 맹 자 각 천 여
曰余讀中庸最多萬後不計數書與易各數千讀詩論語孟子各千餘
독 소 학 백 여 독 례 기 춘 추 좌 씨 전 각 오 십 독 삼 전 반 지 주 례 의 례 효 경
讀小學百餘讀禮記春秋左氏傳各五十讀三傳半之周禮儀禮孝經
각 수 십 독 이 정 전 서 주 자 대 전 심 경 근 사 록 성 리 대 전 종 신 소 열 심 씨
各數十讀二程全書朱子大全心經近思錄性理大全終身所閱沈氏
소 찬 백 가 류 찬 수 십 독 이 기 중 도 덕 경 음 부 남 화 참 동 즉 독 지 수 백 한
所撰百家類纂數十讀而其中道德經陰符南華叅同則讀至數百漢
위 총 서 중 여 대 대 례 왕 씨 역 례 초 씨 경 씨 역 문 신 공 시 설 지 류 각 수 십
魏叢書中如大戴禮王氏易例焦氏京氏易文申公詩說之類各數十

독 사 기 창 려 집 초 독 혹 백 편 혹 수 십 편 기 외 단 편 소 문 독 불 급 수 십 자
讀史記昌黎集抄讀或百遍或數十遍其外單編小文讀不及數十者
불 기 상 왈 성 현 지 서 부 독 만 편 부 지 기 의 비 여 욕 벌 백 위 목 필 수 대 부
不記嘗曰聖賢之書不讀萬遍不知其義譬如欲伐百圍木必須大斧
파 지 연 후 가 이 하 수 성 현 지 어 기 의 리 지 심 오 기 가 이 대 목 교 지 재 필
破之然後可以下手聖賢之語其義理之深奥豈可以大木較之哉必
수 다 독 연 후 략 지 기 의 운
須多讀然後畧知其義云

공 좌 상 수 근 팔 세 손 박 람 군 서 년 십 삼 사 여 도 가 불 사 병 서 무 불 탐
公左相守勤八世孫博覽群書年十三四如道家佛事兵書無不探
색 이 십 등 진 사 수 폐 학 업 전 정 성 인 서 소 저 유 상 사 신 편 역 통 의 서 학
賾二十登進士遂廢學業專精聖人書所著有象辭新編易通義西學
변 등 수 백 여 권 개 성 호 지 고 제 야
辨等數百餘卷盖星湖之高弟也

김양행(金亮行)

호는 지암(止庵)이며 안동(安東) 사람이다. 섬촌(蟾村) 민우수(閔遇洙)의 문인인데 유일로 천거되어 벼슬이 찬선(贊善)에 이르렀으며 시호는 문원(文元)이다.

송환기(宋煥箕)

자는 자동(子東), 호는 성담(性潭)으로 은진(恩津) 사람이다. 우암 송시열의 5대손인데 유일로 천거되어 벼슬이 찬선에 이르렀다.

김 정 암 량 행 안 동 인 민 섬 촌 우 수 문 인 이 유 일 관 지 찬 선 시 문 원
金正庵亮行安東人閔蟾村遇洙門人以遺逸官至贊善謚文元
송 성 담 환 기 자 자 동 은 진 인 우 암 오 대 손 이 유 일 관 지 찬 선
宋性潭煥箕字子東恩津人尤庵五代孫以遺逸官至贊善

김이안(金履安)

자는 원례(元禮), 호는 삼산재(三山齋)이며 안동(安東) 사람이다. 미호(渼湖) 김원행(金元行)의 아들인데 유일로 천거되어 벼슬이 찬선

에 이르렀다.

박윤원(朴胤源)

자는 영숙(永叔), 호는 근재(近齋)로 반남(潘南) 사람이다. 남달리 총명하여 글을 읽으면 한꺼번에 수십줄을 내리 읽을 정도였다. 순암(醇庵) 오재순(吳載純)이 공과 심정진(沈定鎭)을 조정에 천거하였더니 임금이 김종수(金鍾秀)에게 어떤 사람인가 물으셨다. 이에 대답하기를, "박윤원은 경학으로 이름이 높은데 가난하여 사는 집이 비바람을 가리지 못하고 항상 오윤상(吳允常)과 함께 강론하였습니다." 했다. 선공감감역을 제수하였으나 나아가지 않았다.

심정진(沈定鎭)

자는 일지(一之), 호는 제헌(霽軒)으로 청송(靑松) 사람이다. 타고난 자품이 뛰어났으며 신기(神氣)가 맑고 깨끗하였는데 육경과 제자백가를 널리 읽었다. 17세에 위기지학(爲己之學)에 뜻을 두고 여호 박필주를 찾아가 학문의 요점을 물었다. 무인년에 참봉을 제수하고 부수(副率)에 천거되었다. 그때 정조(正祖)가 동궁으로 계셨는데 그를 매우 공경하고 중히 여겼으며 경학이 고명함을 칭찬하여 강설(講說)이 매우 좋다고 했다. 회덕현감(懷德縣監)을 지내고 뒤에 첨지중추부사(僉知中樞府事)에 올랐다.

김 삼 산 리 안 안 동 인 미 호 원 행 자 이 유 일 관 지 찬 선
金三山履安々東人渼湖元行子以遺逸官至贊善

박 근 재 윤 원 자 영 숙 반 남 인 총 영 절 인 일 독 하 수 십 행 시 오 순 암 재
朴近齋胤源字永叔潘南人聰穎絶人一讀下數十行時吳醇庵載

순 이 공 급 심 정 진 천 우 조 상 문 어 김 종 수 대 왈 윤 원 이 경 학 문 어 세 빈
純以公及沈定鎭薦于朝上問於金鍾秀對曰胤源以經學聞於世貧

심 소 거 불 폐 풍 우 상 여 오 윤 상 강 마 배 선 공 감 역 불 사
甚所居不蔽風雨常與吳允常講磨拜繕工監役不仕

심 제 헌 정 진 자 일 지 청 송 인 천 자 수 결 신 기 청 형 박 관 륙 경 제 자 백
沈霽軒定鎭字一之青松人天姿秀潔神氣清瀅博觀六經諸子百
가 년 십 칠 유 지 위 기 지 학 왕 배 려 주 박 필 주 문 위 학 지 결 무 인 제 참 봉
家年十七有志爲己之學往拜黎洲朴弼周問爲學旨訣戊寅除叅奉
천 배 부 수 시 정 조 재 동 궁 심 경 중 지 극 칭 경 학 고 명 왈 강 설 심 호 관 지
薦拜副率時正祖在東宮甚敬重之亟稱經學高明曰講説甚好官至
회 덕 현 감 후 승 첨 지
懷德縣監後陞僉知

주해_ㅇ朴近齋(박근재)·沈霽軒(심제헌)－근재 박윤원은 585페이지에, 제헌 심정진은 546페이지에 중복되어 나온다.

송치규(宋穉圭)

자는 기옥(奇玉), 호는 강재(剛齋)로 은진(恩津) 사람이며 우암의 6세손이다. 안동(安東)의 구담(九潭)에서 출생했는데, 귀가 남달리 크고 콧대가 길어 타고난 자질이 도(道) 있는 사람과 가까웠다. 과재(過齋) 김정묵(金正默)의 문하에서 학문을 닦았다. 벼슬이 형조판서에 이르렀고 시호는 문간(文簡)이다.

이우(李瑀)

자는 치춘(穉春), 호는 면암(俛庵)이며 한산(韓山) 사람으로 소산 이광정의 아들이다. 선산(善山) 성곡(省谷)의 외가에서 출생했다. 자품과 용모가 단정하고 고결하였으며, 성품이 장난을 좋아하지 않았다. 학문을 배우게 되자 총명 민첩하고 기억력이 뛰어나 10여세에 벌써 장편의 대론(大論)을 지었다. 임자년 여름에 영남의 유생 만여명이 모년(某年)의 대의(大義)를 거듭 밝히려고 일제히 궁궐 문에서 부르짖으면서 공을 추대하여 소수(疏首)로 삼았다.

임금이 희정당(熙政堂)에 납시어 들어오라고 명하시니, 공이 나아가 엎드렸다. 이에 임금은 벼슬아치와 유생 몇 사람을 함께 입시하라

고 명하였다. 그들이 모인 자리에서 임금이 이르시기를, "내가 슬픔을 머금고 통한을 참아온 지 이미 30년이 되었으니, 그동안 허구한 세월에 어느 날인들 슬프지 않은 날이 있었겠는가? 그러나 감히 의리로써 분명하게 말하지 못하고, 또 능히 형벌로 쾌히 다스리지도 못했다. 이는 비록 대순(大舜)이나 주공(周公)으로 하여금 이러한 처지를 당하게 한다 하여도 곧 어떻게 해야 할지 몰랐을 것이다. 나의 식견으로는 역시 평소 강구하여 정한 바에서 벗어날 수 없다."고 하였다.

순조 을축년에 우상(右相) 김달순(金達淳)이 임자년의 소수(疏首)를 섬으로 귀양보낼 일을 청하였다. 영상(領相) 서매수(徐邁修) 등도 서로 번갈아 청하니 병인년 봄 고금도(古今島)로 귀양보내라는 명이 내렸다. 온 집안사람들이 놀라 당황하였지만 공은 태연하게 말하기를, "화복(禍福)은 스스로 정해진 분수가 있는데 천명을 깨달아 알고 나면 험한 길도 탄탄대로와 다를 바가 없다."고 하였다.

섬에 들어간 뒤 거처하는 집이 좁고 찌는 듯이 무더워서 사람들이 괴로움을 견디지 못하였다. 그러나 공은 이런 데에 마음을 쓰지 않고 날마다 과정을 세워서 《심경》을 읽었다. 이미 임금께서 김달순이 의리를 막아 어지럽힌 것을 살펴 알고서 신지도(新智島)로 귀양보냈다. 이에 우윤(右尹) 최헌중(崔獻重)이 상소하여 공의 억울함을 아뢰니 임금이 이르기를, "이우의 일은 어찌 그대가 말하기를 기다려 알겠는가?"하고 특명으로 집에 돌아가게 하였다. 향년 72세로 세상을 떠났다. 죽음에 임하여 절구(絶句) 한 수를 지었다.

나이 부족함은 알지 못하겠으나
앞길이 먼 것만은 깨닫겠네.
알고 행하기를 날로 부지런히 하여
관 뚜껑 덮고 나서야 그만두리.
不知年不足 但覺前路悠

俛焉日孜孜 蓋棺事乃休

송강재치규자기옥은진인우암륙세손생우안동지구담대이수
宋剛齋穉圭字奇玉恩津人尤庵六世孫生于安東之九潭大耳脩

준천자근도수업우김과재정묵지문관지형조판서시문간
準天姿近道受業于金過齋正默之門官至刑曹判書謚文簡

이면암우자치춘한산인소산광정지자영조기미생우선산성곡
李俛庵瑀字穉春韓山人小山光靖之子英祖己未生于善山省谷

외제자모단결성불호롱보수학총민절기십여세주장편대론임자
外第姿貌端潔性不好弄甫受學聰敏絶記十餘歲做長編大論壬子

하령토장보만여인장신명모년대의제성규혼추공위소수상어희
夏嶺土章甫萬餘人將申明某年大義齊聲叫閽推公爲疏首上御熙

정당명입시공진복상명진신장보수삼인동위입시상왈여지함애
政堂命入侍公進伏上命縉紳章甫數三人同爲入侍上曰予之含哀

인통자기경삼십상허다일월하일비함애지일이불감이의리명언
忍痛者已經三十霜許多日月何日非含哀之日而不敢以義理明言

지우불능형정쾌시수사대순주공당차즉미지여하이이여식견역
之又不能刑政快施雖使大舜周公當此卽未知如何而以予識見亦

불외호소소강정야
不外乎素所講定也

순조을축우상김달순청임자소수도배지전령상서매수등교구
純祖乙丑右相金達淳請壬子疏首島配之典領相徐邁修等交口

청지병인춘유고금도지명거가경황공이연왈화복자유정분약구
請之丙寅春有古今嶋之命擧家驚惶公怡然曰禍福自有定分若究

득명시여원도일반입도후소거추액증온인불감고이공불이위의
得命時與垣道一般入島後所居湫阨蒸溫人不堪苦而公不以爲意

독심경일유정과기이상찰달순무란의리상찬극신지도어시우윤
讀心經日有程課旣而上察達淳貿亂義理狀竄極薪智島於是右尹

최헌중상소송공원상왈리우사기대경언이지특명환가년칠십이
崔獻重上疏頌公寃上曰李瑀事豈待卿言而知特命還家年七十二

졸졸시유일절왈부지년부족단각전로유면언일자자개관사내휴
卒卒時有一絶曰不知年不足但覺前路悠俛焉日孜々盖棺事乃休

주해_○宋剛齋(송강재)－강재 송치규는 590페이지에 중복되어 나온다.
○疏首(소수)－연명(連名)으로 상소할 때의 우두머리.

유도원(柳道源)

자는 숙문(叔文), 호는 노애(蘆厓)이며 전주(全州) 사람이다. 대산 이상정의 문인이다. 4세 때 글자를 알았으며 글을 배우면서는 말을 하면 사람들을 놀라게 하였다. 나이 13세에 백운시(百韻詩)에 차운하였는데 매우 교묘하였다. 일찍이 벼슬에 나아가는 것을 좋지 않게 여기고 도학을 중시하는 뜻을 두었다. 비록 마지못해서 과거에 응시하여 사마시(司馬試)에 합격하였으나 마음속으로 좋아한 것은 아니었다. 당시의 재상이 그 명성을 듣고 만나보기를 원하였지만 공은 이에 응하지 않았다. 영조 무신년에 아버지 참의공(參議公)의 창의(倡義)한 공으로 증직하면서 임금이 이르기를, "유도원은 학행(學行)이 있어서 여러 차례 도천(道薦)에 올랐었다."고 하시고 특별히 명릉참봉(明陵參奉)을 제수하였다. 공은 달려가 숙배(肅拜)하고 직에 나아갔으나 3일 만에 돌아오고 말았다. 벼슬이 첨지중추부사(僉知中樞府事)에 이르렀다. 향년 71세이다. 저술에 《십계(十戒)》·《삼잠(三箴)》과 유집 수십 권이 있다.

유 로 애 도 원 자 숙 문 전 주 인 경 종 신 축 생 리 대 산 문 인 사 세 식 자 보
柳蘆厓道源字叔文全州人景宗辛丑生李大山門人四歲識字甫
수 서 출 어 경 인 년 십 삼 차 백 운 시 심 공 이 상 유 박 진 취 중 도 학 지 의 수
受書出語驚人年十三次百韻詩甚工而嘗有薄進取重道學之意雖
민 면 응 거 중 사 마 비 기 호 야 시 재 문 기 명 이 견 공 불 응 영 조 무 신 용 참
黽勉應擧中司馬非其好也時宰聞其名頤見公不應英祖戊申用叅
의 공 창 의 공 특 증 질 하 교 왈 류 모 유 학 행 루 등 도 섬 특 제 명 릉 참 봉 공
議公倡義功特贈秩下教曰柳某有學行屢登道剡特除明陵叅奉公
치 숙 명 취 직 삼 일 즉 귀 관 지 첨 중 추 년 칠 십 일 졸 소 저 유 십 계 삼 잠 급
馳肅命就職三日卽歸官至僉中樞年七十一卒所著有十戒三箴及
유 집 수 십 권
遺集數十卷

정종로(鄭宗魯)

자는 사앙(士仰), 호는 입재(立齋)로 진주(晉州) 사람이며 우복 정경세의 6세손이다. 문학과 행의(行誼)로 여러 차례 조정에 천거되어 장령(掌令)을 지냈다. 저서에 《소대명신언행록(昭代名臣言行錄)》과 유집 50여권이 있다. 그의 문인 강엄(康儼)의 자는 사언(思彦), 호는 근암(謹庵)으로 진사시에 합격하였다. 저서에 《관서수록(觀書隨錄)》 25권이 있다.

남한조(南漢朝)

자는 종백(宗伯), 호는 손재(損齋)·저옹(樗翁)으로 의령(宜寧) 사람이다. 9세 때 아버지를 여의고 외숙 소암(素庵) 김진동(金鎭東)에게 글을 배웠는데 총명하고 기억력이 좋아 열 줄의 글을 한꺼번에 읽었으며, 여러 경전과 자사(子史)류의 서적을 두루 읽어 통하였다. 항상 소탈하고 활달하여 물외(物外)에 놀더니 어느 날 홀연히 탄식하기를, "사람이 도학을 미루어 군자가 되지 못하는 것은 습관이 해치기 때문이다."하고 잘못된 습성을 없애는 글을 지어서 경계하였다. 대산 이상정 선생을 찾아뵙고 돌아와서는 송나라 네분 선생의 성리학을 연구하여 순수한 정도로 들어갔다. 향년 66세이다. 공은 어려서부터 도량이 넓고 굳세고 영리했으며, 담략이 크고 기개와 절조가 있었다.

정 립 재 종 로 자 사 앙 진 주 인 우 복 경 세 륙 세 손 이 문 학 행 의 루 천 우
鄭立齋宗魯字士仰晉州人愚伏經世六世孫以文學行誼屢薦于

조 관 지 장 령 소 저 유 소 대 명 신 언 행 록 급 유 집 오 십 권 기 문 인 강 엄 자
朝官至掌令所著有昭代名臣言行錄及遺集五十卷其門人康儼字

사 언 호 근 암 진 사 소 저 유 관 서 수 록 이 십 오 권
思彦號謹庵進士所著有觀書隨錄二十五卷

남 손 재 한 조 자 종 백 우 호 저 옹 의 녕 인 영 조 갑 자 생 구 세 고 종 구 씨
南損齋漢朝字宗伯又號樗翁宜寧人英祖甲子生九歲孤從舅氏

김 소 암 진 동 학 총 명 강 기 십 행 구 하 편 통 제 경 자 사 상 탈 략 소 광 유 물

金素庵鎭東學聰明强記十行具下編通諸經子史常脫畧疏廣遊物

지 표 일 일 홀 위 연 왈 인 지 불 능 유 위 습 해 지 야 작 거 습 이 자 경 견 리 대

之表一日忽喟然曰人之不能有爲習害之也作祛習以自警見李大

산 선 생 귀 이 사 자 락 민 서 일 발 편 전 수 연 일 추 어 정 년 륙 십 륙 졸 공 자

山先生歸以四子洛閩書一撥便轉粹然一趨於正年六十六卒公自

소 홍 의 영 달 유 담 략 척 당 다 대 절

小弘毅英達有膽畧倜儻多大節

남경희(南景羲)

자는 중은(仲殷), 호는 치암(癡庵)이며 영양(英陽) 사람으로 이상정의 문인이다. 어느 날 글을 보는데 부인이 양식이 떨어졌으니 어떻게 하느냐고 물었지만 아무 대꾸도 하지 않았다. 또 집안일을 말했지만 일체 응대하지 않고 여전히 글만 보고 있자 다섯 살난 어린 딸이 옆에 있다가 "어머니는 왜 바보와 말을 하느냐."고 하였다. 공은 자신도 모르는 사이에 실소(失笑)하면서 책을 던지고 일어나 말하기를, "내 이름으로 삼기에 합당한 이름이다."하고는 자신의 호를 치암이라고 했다. 문과에 급제하여 벼슬이 정언(正言)에 이르렀다.

남 치 암 경 희 자 중 은 영 양 인 리 대 산 문 인 일 일 방 간 서 부 인 고 량 절

南痴庵景羲字仲殷英陽人李大山門人一日方看書夫人告糧絶

불 응 우 어 급 가 사 불 응 간 서 여 고 치 녀 방 오 세 재 방 왈 모 씨 하 고 여 치

不應又語及家事不應看書如故穉女方五歲在傍曰母氏何苦與痴

인 어 공 불 각 실 소 투 권 이 기 왈 명 아 고 당 인 자 호 치 암 문 과 관 지 정 언

人語公不覺失笑投卷而起曰名我固當因自號痴庵文科官至正言

황덕길(黃德吉)

자는 이길(耳吉), 호는 하려(下廬)로 창원(昌原) 사람이다. 유복자로 출생하였는데 20세에 좌우명(座右銘)을 지었다. 형 공백당(拱白堂) 황덕일(黃德一)과 함께 순암 안정복을 스승으로 섬겼다. 순암이 정수(精粹)한 말로써 교수해주니 부지런히 마음에 새겼으며 위

기(爲己)의 학문에 더욱 힘썼다. 향년 78세이다. 저서에 《동현학칙(東賢學則)》·《도학원류찬언(道學源流纂言)》 17편과 《사례요의(四禮要儀)》·《동유예설(東儒禮說)》·《염민문수(濂閩文粹)》·《이단변설(異端辨說)》·《사서집록(四書輯錄)》·《도동연원록(道東淵源錄)》 및 유집 등이 있다.

공백당 황덕일의 자는 췌수(萃叟)로 영조 무진년에 출생하였다. 일찍이 과거공부를 그만두고 학문에만 전념하여 뜻을 돈독히 하고 힘써 행하였다. 향년 55세이다. 유집 8권이 있다.

운가(雲稼) 심기택(沈琦澤)의 《도학원류설(道學源流說)》에 이렇게 말했다.

"당시에 또 한정당(閑靜堂) 송문흠(宋文欽)·설천(雪川) 이봉상(李鳳祥)·가주(可洲) 안중관(安重觀)·추담(秋潭) 김위재(金偉材) 등이 있었는데 혹 벼슬길에 나가 부침(浮沈)하기도 하고, 혹은 문장에 종사하기도 하였으나 성기성물(成己成物)하는 전체대용(全體大用)의 학문을 오래한 사람은 적었다. 정조께서 굉심(宏深)한 덕을 지니시고 임금으로서 스승을 겸하여 백성들을 교화 육성하였는데 송덕상(宋德相)·홍계희(洪啓禧)·한익(韓翼)·홍양해(洪量海) 등은 유학의 이름이 있었으나 전후하여 죄를 입어 죽었고, 본암(本庵) 김종후(金鍾厚)는 권세있는 간신을 유임시키기를 청하여 청의(淸議)에 버림을 받았다. 과재(過齋) 김정묵(金正默)은 근래 일어난 흉역(凶逆)에 연좌되어 유선(儒選)에서 삭제되었다. 그래서 사대부들이 한결같이 학문으로써 이름세우기를 부끄럽게 여겨 유학이 건잡을 수 없이 유속(流俗)으로 빠지게 되었다."

황하려덕길자이길증산인영조경오이유복생이십작좌우명여
黃下盧德吉字而吉橧山人英祖庚午以遺腹生二十作座右銘與

형공백당덕일사사안순암순암수이수어복응권권익면위기지학
兄拱白堂德一師事安順庵順庵授以粹語服膺眷々益勉爲己之學

년 칠 십 팔 졸 소 저 유 동 현 학 칙 도 학 원 류 찬 언 십 칠 편 사 례 요 의 동 유
年七十八卒所著有東賢學則道學源流纂言十七編四禮要儀東儒
례 설 렴 민 문 수 이 단 변 설 사 서 집 록 도 동 연 원 록 급 유 집 등 서
禮說濂閩文粹異端辨說四書輯錄道東淵源錄及遺集等書

공 백 당 덕 일 자 신 수 영 조 무 진 생 조 세 기 거 업 전 정 학 문 독 지 력 행
拱白堂德一字莘叟英祖戊辰生早歲棄擧業專精學問篤志力行
년 오 십 오 졸 유 유 집 팔 권
年五十五卒有遺集八卷

안 심 운 가 도 학 원 류 설 왈 당 시 우 유 송 한 정 문 흠 리 설 천 봉 상 안 가
按沈雲稼道學源流說曰當時又有宋閑靜文欽李雪川鳳祥安可
주 중 관 김 추 담 위 재 이 혹 부 침 록 사 혹 종 사 문 장 성 기 성 물 전 체 대 용
洲重觀金秋潭偉材而或浮沉祿仕或從事文章成己成物全體大用
지 학 선 능 구 의 정 묘 재 유 이 군 겸 사 작 성 화 육 이 송 덕 상 홍 계 능 한 익
之學鮮能久矣正廟在宥以君兼師作成化育而宋德相洪啓能韓翼
홍 량 해 유 유 명 이 전 후 죄 사 김 본 암 종 후 이 원 류 권 간 견 기 청 의 김 과
洪量海有儒名而前後罪死金本庵鍾厚以願留權奸見棄淸議金果
재 두 묵 이 근 출 흉 역 좌 삭 유 선 사 대 부 일 치 이 학 문 명 침 침 연 입 어 류
齋斗默以近出凶逆坐削儒選士大夫一恥以學問名駸々然入於流
속 의
俗矣

경제학(經濟學)을 검한 유학사로는 유형원(柳馨遠)·정약용(丁若鏞)·박지원(朴趾源)·홍대용(洪大容)·이덕무(李德懋) 등 제공이 있다.

유형원(柳馨遠)

인조(仁祖) 시대에 유학과 경제를 겸한 학자들이 따로 한 파(派)를 이루고 있었으니 반계 유형원이 바로 이러한 학자이다. 공의 자는 덕부(德夫)이며 문화(文化) 사람으로 유관(柳寬)의 후손이다. 두 살 때 상을 당하였는데 슬피 울부짖고 애모하였으며, 고기를 먹지 않았다. 3·4세 때에는 일용 사물에 대하여 반드시 그 본말을 따져 물어서 자세히 다 알고 난 뒤에 그만두었고, 초목·금수와 곤충까지지도 차마 해

치지 못하였으며, 5세 때에는 산수를 할 줄 알았다.

큰외삼촌인 감사 이원진과 고모부인 판서 김세렴(金世濂)에게서 글을 배웠는데 한번 읽으면 곧 외웠다. 7세 때에 《서경(書經)》〈우공(禹貢)〉을 읽으면서 '기주(冀州)' 부분에 이르러 갑자기 일어나 춤을 추었다. 까닭을 물었더니 대답하기를, "이 두 글자의 높고 중함이 이에 이를 줄을 생각하지 못하였다."고 하였다. 10세 때에 글을 잘 짓고 경전과 제자백가에 통달하였으며, 논란함이 다른 사람의 의표(意表)를 찔렀다. 이원진·김세렴 두 분이 감탄하기를, "이런 재주가 옛적에도 혹 있었던가?" 하였다. 13·14세에 개연히 성현을 사모하는 뜻을 두어 위기지학에 전념하면서 과거공부를 좋아하지 않았다.

병자년에 오랑캐의 난리를 피하여 조부모와 어머니, 그리고 두 고모를 모시고 떠나가야만 했다. 조부의 연세가 많아 세 집안 식구들이 공(公) 한 사람에게 의지했다. 이때 공의 나이 15세였는데 강도가 산골짜기에서 나와 길을 막아서니, 일행이 모두 두려워하였다. 공이 나서서 말하기를, "사람이면 누구인들 부모가 없겠는가? 너희는 우리 부모를 놀라게 하지 말고 보따리만 가지고 가거라."하니 도적들은 그 말에 감동되어 흩어져 갔다. 21세에 탄식하기를, "선비가 도에 뜻을 두고도 자립하지 못하는 것은 뜻이 혈기로 말미암아 게을러지는 잘못 때문이다."하고, 잠언(箴言) 네 구를 지어 스스로를 경계했다.

서울 장안에 명성이 자자하여 한때의 명사들이 모두 사귀기를 원하였는데 현귀(顯貴)한 자들이 한번 보기를 원하여도 만날 수 없었다. 독서할 때에는 침식을 잊을 정도였는데, 어느 날 말을 타고 가면서 깊이 생각에 잠겨 말이 다른 길로 가는 것을 알지 못했다. 갑신년 이후로 연속하여 상을 당했기 때문에 남쪽 부안현(扶安縣) 우반동(愚磻洞)으로 돌아가 거주했다. 공이 학문에 뜻을 세운 것이 아주 일렀고, 또 명나라가 멸망한 뒤에는 세상에 초연하여 오로지 학문에만 정진하기로 마음먹고 뜻을 세워 밤낮없이 깊이 사색하였는데, 잠자리에서도 깨달은 것이 있으면 3경이나 4경에라도 일어나 촛불을 밝히고 빨리 기록하였다. 매일 해가 저물면 말하기를, "오늘도 헛되이 하루를 보냈구나. 의리는 한이 없고 세월은 한정이 있는데, 옛사람은 어떤 성심과 힘을 가졌기에 성취한 바가 저와 같았을까?"라고 하였다.

매일 새벽에 일어나서 세수하고 의관을 정제한 뒤 사당에 참배하고 물러나와 서재에 앉았는데, 언제나 반드시 일정한 장소가 있었다. 서재는 대숲 속에 있었고 1만 권의 서적을 간직하였다. 대나무 사립문은 항시 닫혀 있었고 대낮에도 사슴이 왕래하였다. 공이 돌아보고 즐거워하기를, "옛사람이 이르기를 '고요한 뒤라야 편안하고 사색도 할 수 있다'고 하였는데 그 말에 뜻이 있다."고 하였다. 매양 달밝은 밤이면 거문고를 타면서 노래하였는데, 노래는 주시(周詩)를 썼고 음은 한어(漢語)를 썼다. 노래의 음률이 금석(金石)에서 나오는 것 같았으며, 옷깃에 풍기는 음률이 조금도 속된 기운이 없었으니 참으로 천하의 높은 선비였다.

정미년에 중국의 배가 제주도에 표류하여 닿았는데 모두 복건(福建) 사람으로 머리를 깎지 않고 있었다. 공이 가서 보고 중국말로 중국 조정의 일을 물어보았는데, 그 중에서 글을 할 수 있는 사람 정희(鄭喜)와 증승(曾勝) 등이 눈물을 흘리면서 말하기를, "영력제(永曆帝)가 남방의 사성(四省)을 차지하고 있는데, 지금 영력 21년이 된다."고 하면서 행장 속에서 책력을 꺼내어 보여주었는데 과연 그 말대로여서 공이 슬프고 기쁜 나머지 시를 지었다.

공은 천성이 산수를 사랑하여 발자취가 우리나라의 명승지에 두루 미쳤다. 일찍이 말하기를, "예나 지금이나 똑같은 천지요 인물이니, 선왕의 어진 정치를 실행하지 못할 이유가 하나도 없다. 군자가 천하를 위함이 본디 천리가 이와 같다."고 하였다. 또 말하기를, "천하를 다스리려면 공전(公田)을 하지 않거나 공거(貢擧)의 법을 하지 않으면 구차하게 되니, 비록 선정(善政)을 한다 하여도 그것은 한갓 허사 일 뿐이다."라고 하였다.

저서에 《수록(隨錄)》 40여권이 있으며, 또 《정음지남(正音指南)》·《무경사서(武經四書)》·《여지전지(輿地全誌)》·《군현제(郡縣制)》·《이기총론(理氣總論)》·《논학물리(論學物理)》·《경설문답(經說問答)》·《기행일록(記行日錄)》·《속강목의보(續綱目疑補)》·《동국사강목(東國史綱目)》·《동국역사(東國歷史)》·《동국가고(東國可攷)》·《주자찬요(朱子纂要)》·《동국문헌(東國文獻)》·《기효신서절요(紀效新書節要)》·《서설서법(書說書法)》·《참동계초(參同契抄)》·《지리군서(地理群書)》 등이 있는데 이는 모두 나라를 다스리고 백성을 구제하는 글들이다.

오광운(吳光運)의 《약산집(藥山集)》에는 이렇게 말했다.

"그 분야(分野)에 대한 설에 경기 이북을 기미(箕尾)로 삼고 이남을 기두(箕斗)로 삼은 것은 공 이전 1천5백년 동안에 일찍이 이런 말을 한 사람이 있었다. 여양부원군(驪陽府院君) 민유중(閔維重) 형제는 공의 종숙인데 벼슬에 천거하고자 하니, 공이 정색하고 말하기를, '아저씨는 저를 잘 알지 못합니다'라고 하여 마침내 천거하지 않았다. 뒤에 여러 재상들이 공을 천거하기를, '의리에 잠심(潛心)하였으며 효도와 우애의 행실은 하늘이 낸 것이다'라고 하였다. 그러나 공은 즐거워하지 않고, '내가 지금의 재상을 알지 못하는데 재상이 어찌 나를 알겠는가?'라고 하였다.

공은 얼굴이 크고 이마가 넓었으며, 키가 크고 골격이 준수하였다. 음성이 크고 맑았으며 수염이 아름답고 두 눈은 광채가 빛나 사람을 꿰뚫어보는 듯하여 그 위의와 행동이 다른 사람과 크게 달랐다. 젊었을 때 과시장(科試場)에 나갔더니 그를 만나본 사람들이 마음이 쏠려 시권(試券)을 버리고 따르는 자도 있었다. 미수 허목이 제왕을 보좌할 인재를 꼽을 때 첫 번째로 허여한 것은 정확한 의논이다."

홍계희가 지은 전(傳)에는 이렇게 말했다.

"그는 해변에 거주하면서 큰 배 4·5척을 항상 준비해 부리기 편리하도록 해놓았다. 또 좋은 말을 길렀는데 하루에 4백 리를 달릴 수 있었으며, 좋은 활과 화살, 조총 수십 자루를 비치해 두고 집의 하인과 시골 백성을 가르쳤다. 그래서 지금까지도 우반리에는 총을 잘 쏘기로 이름난 사람이 많다. 일찍이 수로조천기(水路朝天記) 및 표해인(漂海人)들이 기록한 것들을 모아 편집하여 첩(帖)마다 아무 곳은 평탄하고, 아무 데는 험난하다고 표기해 놓았는데 역력하여 손바닥을 가리키는 것 같았다.

문예(文藝)·사장(詞章)·병모(兵謀)·사률(師律)·음양(陰陽)·율려(律呂)·천문(天文)·지리(地理)·의약(醫藥)·복서(卜筮)·산계(算計)·방역(方譯) 등에 두루 통하였으며, 천하 산천의 험이(險易), 도로의 통색(通塞), 해외 만이(蠻夷)의 풍속에 대해서까지 두루 알지 못하는 것이 없었다. 비록 도교나 석씨(釋氏) 등 이단의 학설일지라도 반드시 연구하여 그 시비를 분별하였다. 괴질에 걸려 10년 동안을 고생하다가 졸하였다. 향년 52세이다. 이때 흰 기운이 하늘에 뻗쳐 보는 사람들이 이상하게 여겼다. 특별히 집의(執義)를 추증하였다."

상공 이미(李瀰)가 쓴 《수록(隨錄)》의 서문에는 이렇게 말했다.

"한번 과거에 응하여 진사에 합격한 것은 할아버지의 명을 따른 것이었다. 혜성을 보고서 신해년에 큰 흉년이 들 것을 알고 식량을 절약하여 비축했다가 빈궁한 사람들을 구휼하였으므로 친척과 인근 마을 사람들이 이에 많이 힘입었다. 영조 갑술년에 진사 노사효(盧思孝) 등이 상소하면서 《수록》을 올렸고, 경인년에 벼슬아치들이 의논하여 여러번 임금께 아뢰었다. 임금께서 《수록》의 원고를 보고 크게 칭찬하고 출판해서 널리 보급하라고 명하였다. 불초한 내가 마침 그때 영남을 안찰(按察)하고 있었으므로 그 명하신 일을 주관하였다."

《반계수록(磻溪隨錄)》 26권이 이제 세상에 행해지고 있는데 영조 13년 그의 손자 유훈(柳薰)이 출판한 것이다. 《반계수록》은 전제(田

制)・전제후록(田制後錄)・전제고설(田制攷說)・전제후록고설(田制後錄攷說)・교선지제(敎選之制)・교선고설(敎選攷說)・임관지제(任官之制)・임관고설(任官攷說)・직관지제(職官之制)・직관고설(職官攷說)・녹제(祿制)・녹제고설(祿制攷說)・병제(兵制)・병제후록(兵制後錄)・병제후록고설(兵制後錄攷說)・속편(續編) 등으로 구성되어 있다.

월 재 인 조 지 세 유 이 유 학 겸 경 제 지 학 자 별 유 일 파 류 반 계 형 원 시
粤在仁祖之世有以儒學兼經濟之學者別有一派柳磻溪馨遠是
기 공 자 덕 부 문 화 인 관 지 후 광 해 임 술 생 공 생 재 이 세 능 비 애 호 모 불
己公字德夫文化人寬之後光海壬戌生公生纔二歲能悲哀號慕不
식 육 삼 사 세 범 우 일 용 사 물 필 문 본 말 지 기 극 처 초 목 금 충 개 불 인 상
食肉三四歲凡遇日用事物必問本末至其極處草木禽虫皆不忍傷
해 오 세 통 산 수 취 학 어 백 구 리 감 사 원 진 고 부 김 판 서 세 렴 일 독 첩 송
害五歲通算數就學於伯舅李監司元鎭姑夫金判書世濂一讀輒誦
칠 세 독 우 공 지 기 주 번 연 기 무 문 지 대 왈 부 도 이 자 지 존 중 지 어 차 야
七歲讀禹貢至冀州翻然起舞問之對曰不圖二字之尊重至於此也
십 세 선 속 문 통 경 전 백 가 론 난 출 인 의 표 리 김 이 공 탄 왈 차 등 재 고 혹
十歲善屬文通經傳百家論難出人意表李金二公歎曰此等才古或
유 지 야 십 삼 사 세 개 연 유 모 성 현 지 지 전 심 위 기 지 학 어 거 업 불 설 야
有之耶十三四歲慨然有慕聖賢之志專心爲己之學於擧業不屑也

병 자 피 로 란 장 왕 부 모 모 부 인 급 량 고 이 행 왕 부 년 로 삼 가 가 속 장
丙子避虜亂將王父母母夫人及兩姑以行王父年老三家々屬仗
공 일 정 남 시 년 십 오 유 강 도 출 산 곡 란 도 일 행 구 공 정 신 왈 인 숙 무 부
公一丁男時年十五有强盜出山谷攔道一行懼公挺身曰人孰無父
모 이 무 진 경 아 부 모 행 장 종 여 취 거 도 감 기 언 산 거 이 십 일 세 탄 왈 사
母爾無震驚我父母行裝從汝取去盜感其言散去二十一歲歎曰士
지 어 도 이 미 능 립 자 지 위 기 타 지 죄 야 작 잠 사 이 자 경 재 경 명 예 울 연
志於道而未能立者志爲氣惰之罪也作箴四以自警在京名譽蔚然
일 시 명 사 개 원 여 지 교 약 귀 요 자 구 일 견 부 득 야 독 서 망 침 식 마 상 상
一時名士皆願與之交若貴要者求一見不得也讀書忘寢食馬上嘗
침 사 마 혹 종 타 도 불 각 야 갑 신 이 후 련 조 상 고 남 귀 우 부 안 현 우 반 동
沈思馬或從他塗不覺也甲申以後連遭喪故南歸于扶安縣愚磻洞
거 언 공 기 지 학 심 조 우 자 신 주 륙 침 초 연 하 거 전 정 어 학 문 각 의 담 사
居焉公旣志學甚早又自神州陸沉超然遐擧專精於學問刻意覃思

야 이 계 일 침 상 유 묘 계 자 야 삼 사 기 취 촉 이 질 서 지 매 일 모 왈 금 일 우
夜以繼日枕上有妙契者夜三四起取燭而疾書之每日暮曰今日又
허 도 의 의 리 무 궁 세 월 유 한 고 지 인 이 하 성 력 소 성 취 여 피
虛度矣義理無窮歲月有限古之人以何誠力所成就如彼

매 일 매 상 이 기 관 세 의 관 알 가 묘 퇴 좌 서 실 필 유 상 처 실 재 송 대 하
每日昧爽而起盥洗衣冠謁家廟退坐書室必有常處室在松臺下
죽 림 중 장 만 권 서 죽 비 상 엄 미 록 주 행 공 고 이 락 지 왈 고 인 운 정 이 후
竹林中藏萬卷書竹扉常掩麋鹿晝行公顧而樂之曰古人云靜而後
능 안 능 려 지 재 언 호 매 월 야 탄 금 이 가 가 용 주 시 음 용 한 어 성 률 약 출
能安能慮旨哉言乎每月夜彈琴而歌々用周詩音用漢語聲律若出
금 석 기 금 운 표 쇄 진 천 하 지 고 사 야
金石其衿韵飄洒眞天下之高士也

정 미 유 당 선 표 박 탐 라 개 복 건 인 불 치 발 공 왕 견 조 한 음 문 중 조 사
丁未有唐船漂泊耽羅皆福建人不薙髮公往見操漢音問中朝事
유 능 문 자 정 희 증 승 등 류 체 언 영 력 제 보 유 남 방 사 성 금 위 영 력 이 십
有能文者鄭喜曾勝等流涕言永曆帝保有南方四省今爲永曆二十
일 년 운 취 장 중 력 서 시 지 과 연 공 비 희 작 시 성 애 산 수 족 적 태 편 동 방
一年云取裝中曆書示之果然公悲喜作詩性愛山水足迹殆徧東方
명 승 상 왈 고 금 차 천 지 차 인 물 선 왕 지 정 무 일 불 가 행 자 군 자 지 위 천
名勝嘗曰古今此天地此人物先王之政無一不可行者君子之爲天
하 자 시 천 리 합 여 차 우 왈 치 천 하 불 공 전 불 공 거 개 구 이 기 수 위 선 정
下自是天理合如此又曰治天下不公田不貢擧皆苟而已雖爲善政
도 위 허 야
徒爲虛也

유 반 계 소 저 유 수 록 사 십 여 권 우 유 정 음 지 남 무 경 사 서 여 지 전 지
柳磻溪所著有隨錄四十餘卷又有正音指南武經四書輿地全誌
군 현 제 리 기 총 론 론 학 물 리 경 설 문 답 기 행 일 록 속 강 목 의 보 동 사 강
郡縣制理氣總論々學物理經說問答記行日錄續綱目疑補東史綱
목 조 례 동 국 력 사 동 국 가 고 주 자 찬 요 동 국 문 헌 기 효 신 서 절 요 서 설
目條例東國歷史東國可攷朱子纂要東國文獻紀效新書節要書說
서 법 참 동 계 초 지 리 군 서 등 제 서 개 경 국 제 민 지 서 야
書法參同契抄地理羣書等諸書皆經國濟民之書也

오 약 산 집 왈 기 분 야 지 설 경 기 이 북 위 미 기 이 남 위 기 두 자 전 공 천
旲藥山集曰其分野之說京畿以北爲尾箕以南爲箕斗者前公千
백 년 미 상 유 도 차 자 민 려 양 형 제 어 공 위 종 숙 욕 천 행 의 공 정 색 왈 숙
百年未嘗有道此者閔驪陽兄弟於公爲從叔欲薦行誼公正色曰叔

비 지 아 자 야 수 불 과 천 후 수 삼 재 신 천 공 왈 잠 심 의 리 효 우 출 천 공 불
非知我者也遂不果薦後數三宰臣薦公曰潛心義理孝友出天公不
락 왈 아 부 지 시 재 재 기 지 아 야 공 괴 안 광 상 신 장 골 수 성 음 굉 량 미 수
樂曰我不知時宰々豈知我也公魁顔廣顙身長骨秀聲音宏亮美鬚
염 안 광 영 인 위 의 동 지 절 이 어 인 소 일 입 장 옥 해 후 자 심 취 지 유 기 시
髥眼光映人威儀動止絶異於人少日入場屋邂逅者心醉至有棄試
권 이 상 취 자 허 미 수 수 허 이 왕 좌 재 확 론 야
券而相就者許眉叟首許以王佐才確論也

홍 계 희 작 전 왈 거 최 빈 해 상 치 대 선 사 오 제 극 편 의 축 준 마 일 가 행
洪啓禧作傳曰居最濱海常置大船四五制極便宜畜駿馬日可行
사 백 리 장 량 궁 미 전 조 총 수 십 이 교 가 동 급 촌 맹 지 금 우 반 일 리 다 유
四百里藏良弓美箭鳥銃數十以敎家僮及村氓至今愚磻一里多有
이 선 포 명 자 상 부 취 수 로 조 천 기 급 표 해 인 소 록 이 기 제 첩 모 처 이 험
以善砲名者嘗裒聚水路朝天記及漂海人所錄以記諸帖某處夷險
력 력 여 지 장 지 어 문 예 사 장 병 모 사 률 음 양 률 려 천 문 지 리 의 약 복 서
歷々如指掌至於文藝詞章兵謀師律陰陽律呂天文地理醫藥卜筮
산 계 방 역 지 류 역 개 방 통 이 천 하 산 천 지 험 이 도 로 지 통 색 해 외 만 이
算計方譯之類亦皆旁通而天下山川之險易道路之通塞海外蠻夷
지 속 무 부 주 지 수 도 석 이 단 지 설 역 필 심 구 이 별 기 시 비 십 년 고 괴 기
之俗無不周知雖道釋異端之說亦必深究而別其是非十年苦愧己
영 기 질 계 축 춘 졸 년 오 십 이 유 백 기 긍 천 견 자 이 지 특 증 집 의
嬰奇疾癸丑春卒年五十二有白氣亘天見者異之特贈執義

이 상 공 미 작 수 록 서 왈 문 일 부 거 성 진 사 용 왕 부 명 야 견 혜 성 지 신
李相公瀰作隨錄序曰問一赴擧成進士用王父命也見慧星知辛
해 필 대 기 절 식 축 곡 이 주 구 궁 핍 친 척 린 리 다 뢰 지 영 묘 갑 술 진 사 로
亥必大饑節食畜穀以賙救窮乏親戚鄰里多賴之英廟甲戌進士盧
사 효 등 소 진 수 록 지 경 인 진 신 의 공 상 계 문 우 조 상 징 기 고 람 지 대 가
思孝等疏進隨錄至庚寅縉紳議公相繼聞于朝上徵其稿覽之大加
가 상 명 침 재 광 포 불 녕 적 안 절 령 남 장 기 령 역
嘉賞命鋟梓廣布不佞適按節嶺南掌其令役

반 계 수 록 이 십 륙 권 금 행 우 세 영 조 십 삼 년 기 손 류 훈 지 소 간 행 자
磻溪隨錄二十六卷今行于世英祖十三年其孫柳薰之所刊行者
기 수 필 대 개 전 제 전 제 후 록 전 제 고 설 전 제 후 록 고 설 선 지 제 교 선 고
其隨筆大槪田制田制後錄田制攷說田制後錄攷說選之制敎選攷
설 임 관 지 제 임 관 고 설 직 관 지 제 직 관 고 설 록 제 록 고 설 병 제 병 제 후
說任官之制任官攷說職官之制職官攷說祿制祿攷說兵制兵制後

록 제 병 록 고 설 속 편 제 서
錄制兵錄攷說續編諸書

주해_ㅇ冀州(기주)－요(堯)임금의 도읍지.
ㅇ箴(잠)－경계하는 말.
ㅇ永曆(영력)－명(明)나라의 망명한 왕.
ㅇ分野之說(분야지설)－28수(宿)로 나라를 구분한 천문가의 말.
ㅇ師律(사률)－군사의 법.

반계 유형원 이후에 유학과 경제로 이름이 드러난 사람으로는 다산 정약용이 있다.

정약용(丁若鏞)

자는 미용(美鏞), 호는 사암(俟菴)·열모(洌耄)·철마산초(鐵馬山樵)로 나주(羅州) 사람이다. 정조 기유년 생원 문과에 급제하였다. 초계문신(抄啓文臣)으로 경술년에 김이교(金履喬)와 함께 한림(翰林)에 천거되었으나 최경악(崔景岳)의 대소(臺疏)로 인해서 시험에 나아가지 않았다. 그후 소시(召試)에 응하였으나 직무를 수행하지 않았다 하여 호소(湖沼)로 귀양갔다가 바로 방면되었다. 임자년 정월에 한치응(韓致應)과 함께 본관록(本館錄)에 들었고, 이듬해에 동부승지에 올랐으나 형 약종(若鍾)과 같이 서학서(西學書)를 본 일로 인하여 을묘년 7월에 금정찰방(金井察訪)으로 좌천되었다가 방면되어 돌아왔다.

곧 곡산부사에 제배되고, 정사년에 다시 승지를 제수받았는데 서학의 일로 인하여 상소하여 자신을 변명하기를, "신은 유년(幼年)에서 장년(壯年)에 이르고, 천한 사람으로 귀하게 되도록 6년 동안 반궁(泮宮)에서 시험했고, 3년 동안 내각(內閣)에서 각과(閣課)하여 학사(學士)로 선발되었으며, 대부(大夫)의 품계에 특진하였습니다. 신이 아무리 목석같이 어리석은 사람일지라도 차마 이 은혜를 저버리겠습니까? 스스로 생각하기를, 평생의 큰 은혜가 금정으로 보내주신 것보다 더한 것이 없사온데, 바로 해도 바뀌지 않아서 특별하신 은혜로 용서를 받고 살아서 한강을 넘어와 편안하게 성안에서 살게 되었습니다. 그래서 거듭 대궐에 들어가 교정(校正)하는 일에 참여하게 되었습니다."하니 임금이 우악한 비답(批答)을 내리시기를, "착한 마음의 싹이 마치 봄바람에 만물이 자라는 것과 같다."고 하였다.

정조가 승하하고 순조 신유년에 형 약종의 옥사(獄事)에 연좌되어 강진(康津)으로 유배되었다가 무인년에 풀려 돌아왔다. 귀양살이한 것이 19년 동안이었다. 향년 75세이다. 이조판서에 추증되고 시호는 문도(文度)이다.

공은 고금을 통하여 박식하였고 뜻을 백성과 나라에 두었다. 무릇 명물(名物), 도수(度數), 백가(百家)의 기예에 통하지 않은 것이 없었다. 문장과 경학에도 세상 사람들보다 뛰어나 참으로 세상에 둘도 없는 위대한 인재요, 고금에 보기 드문 큰선비였는데 세상을 잘못 만나 19년 동안이나 귀양살이를 하였다. 저서가 매우 많아 제경강의(諸經講義)와 《여유당집(與猶堂集)》·《아방강역고(我邦疆域考)》·《목민심서(牧民心書)》·《흠흠신서(欽欽新書)》·《아언각비(雅言覺非)》·《물명고(物名考)》·《의학요감(醫學要鑑)》 등 수백 권이 있는데 모두 나라를 경영하고 백성을 구제하는 방책으로서, 지극한 말과 요긴한 방도가 실려 있다.

공이 곡산부사로 있을 때 모든 포(布)를 관청의 뜰에서 납부하도록 했다. 백성이 포를 가지고 오자 아전이 자를 가지고 왔다. 공이 그 양쪽 끝에 있는 낙인을 살펴보고 무슨 자인가를 물으니 아전이 포정사(布政司)에서 나누어준 것이라고 대답하였다. 공이 교노(校奴)에게, 《오례의(五禮儀)》의 포백척도(布帛尺圖)를 찾아오라고 하여 비교해 보았더니 그 자는 두 치가 더 길었다. 이에 아전에게 따져 묻기를, "삼군

(三軍)에서 사용하는 유척(鍮尺)은 바로 《오례의》의 자인데 너의 낙척(烙尺)은 어디에서 나온 것인가?"하니 아전이 머리를 조아리며 자백하였다. 이에 《오례의》에 준하여 자를 만들어 포를 재어보니 43척이었다. 그 양쪽 끝을 맞추어보니 7척이 남기에 이를 잘라서 돌려주었다.

가경(嘉慶) 기미년 봄에 칙사 장승훈(張承勛)이 황주(黃州)에 이르러서 감사에게 말하기를, "나의 장인이 일찍이 황주에 있을 때 당시의 감사가 토산물인 주반(朱槃) 다섯 벌을 주기에 돌아와서 딸에게 주었는데, 해가 오래되어 모두 파손되어 쓰지 못하게 되었습니다. 마침 내가 이번에 여기 오게 된 것을 알고서 아내가 구해 달라고 하였으니, 감히 부탁하는 바입니다." 하였다.

감사가 후일의 폐단이 될까 두려워 거절하였더니, 임금께서 이 말을 들으시고 밤을 새워 만들어 그가 돌아오는 길에 주도록 하라고 하였다. 이에 감사가 곡산부로 하여금 급히 만들어 올리라고 하였는데, 이때 칙사가 돌아올 기일이 3일밖에 남지 않았으며, 부에서 나무가 생산되는 곳까지는 3백여리나 되었다. 그래서 감리(監吏)가 슬피 울부짖으며 자살하려고까지 하였나. 이에 공이 몰래 사람을 서울에 보내어 주반을 사다가 바치니, 접반사(接伴使) 김사목(金思穆)과 감사 조윤대(曺允大)가 깜짝 놀라면서 그 신속함을 칭송하고, 그것이 서울에서 사온 것임을 알지 못하였다.

유 반 계 후 이 유 학 경 제 천 자 유 정 다 산 약 용 공 자 미 용 라 주 인 영 조
柳磻溪後以儒學經濟闡者有丁茶山若鏞公字美庸羅州人英祖
임 오 생 우 호 사 암 우 호 별 초 정 조 기 유 생 원 문 과 이 초 계 문 신 경 술 여
壬午生又號俟菴又號別樵正祖己酉生員文科以抄啓文臣庚戌與
김 리 교 동 천 한 림 인 최 경 악 대 소 불 부 시 후 응 소 시 우 불 공 직 배 호 소
金履喬同薦翰林因崔景岳臺疏不赴試後膺召試又不供職配湖沼
선 방 임 자 정 월 여 한 보 산 치 응 동 탁 본 관 록 명 년 폐 동 부 승 지 우 이 형
旋放壬子正月與韓寶山致應同擢本舘錄明年陞同副承旨又以兄

약 종 공 간 서 학 사 을 묘 칠 월 좌 천 금 정 찰 방 방 귀 즉 제 곡 산 부 사 정 사
若鍾共看西學事乙卯七月左遷金井察訪放歸卽除谷山府使丁巳

부 제 승 지 인 상 소 자 명 운 신 유 이 지 장 천 이 지 귀 륙 년 어 반 궁 지 시 삼
復除承旨因上疏自明云臣幼而至壯賤而至貴六年於泮宮之試三

년 어 내 각 지 과 점 학 사 지 선 렵 대 부 지 자 신 수 목 석 인 부 시 은 자 위 생
年於內閣之課玷學士之選躐大夫之資臣雖木石忍負是恩自謂生

평 대 은 무 유 어 금 정 일 행 이 증 미 개 세 이 모 은 유 생 천 강 한 온 처 성 인
平大恩無踰於金井一行而曾未改歲已蒙恩宥生賤江漢穩處城闉

중 팔 수 문 비 여 고 교 지 역 상 하 우 비 왈 맹 선 단 지 맹 여 춘 허 물 줄 급 정
重八脩門俾與考校之役上下優批曰萌善端之萌如春噓物茁及正

조 승 하 순 조 신 유 좌 형 약 종 서 학 옥 피 적 강 진 무 인 방 환 범 십 구 년 병
祖昇遐純祖辛酉坐兄若鍾西學獄被謫康津戊寅放還凡十九年丙

신 몰 년 칠 십 오 증 리 판 시 문 도 공 식 박 고 금 지 존 민 국 범 명 물 도 수 백
申歿年七十五贈吏判謚文度公識博古今志存民國凡名物度數百

가 기 예 무 부 정 통 문 장 경 학 역 초 절 세 륜 진 광 세 지 위 재 고 래 한 도 지
家技藝無不精通文章經學亦迢絶世倫眞曠世之偉才古來罕睹之

석 유 조 세 둔 전 재 적 수 십 년 소 저 서 심 부 유 저 경 강 의 여 유 당 집 강 역
碩儒遭世迍邅在謫數十年所著書甚富有著經講義與猶堂集彊域

고 목 민 심 서 흠 흠 심 서 아 언 각 비 물 명 고 의 학 요 감 등 수 백 권 개 경 국
考牧民心書欽々心書雅言覺非物名考醫學要鑑等數百卷皆經國

제 민 지 술 지 언 요 도 지 유 재 야
濟民之術至言要道之攸在也

공 위 곡 산 부 사 시 범 납 포 자 납 우 관 정 맹 포 포 지 리 진 궐 척 시 기 량
公爲谷山府使時凡納布者納于官庭氓抱布至吏進厥尺視其兩

단 명 낙 인 문 왈 차 하 척 리 왈 포 정 사 소 반 야 공 촉 소 교 노 색 오 례 의 포
端明烙印問曰此何尺吏曰布政司所頒也公促召校奴索五禮儀布

백 척 도 교 지 차 척 척 가 장 이 촌 어 시 사 이 힐 지 왈 삼 군 망 유 척 즉 오 례
帛尺圖較之此尺々加長二寸於是使吏詰之曰三軍罔鍮尺卽五禮

의 지 척 야 여 지 낙 척 출 하 처 리 고 두 자 복 어 시 준 오 례 의 작 척 척 기 포
儀之尺也汝之烙尺出何處吏叩頭自服於是準五禮儀作尺々其布

포 위 사 십 삼 척 야 제 기 량 단 여 재 칠 척 단 이 환 지
々爲四十三尺也齊其兩端餘在七尺斷而還之

가 경 기 미 춘 칙 사 장 승 훈 도 황 주 어 감 사 운 엄 처 부 증 도 황 주 기 시
嘉慶己未春勅使張承勛到黃州語監司云俺妻父曾到黃州其時

관 찰 증 이 토 물 주 반 오 합 귀 유 기 녀 세 구 괴 손 적 엄 작 차 행 실 인 유 구
觀察贈以土物朱槃五合歸遺其女歲久壞損適俺作此行室人有求

감 이 상 혼 감 사 공 기 위 후 폐 사 거 지 상 문 지 령 강 야 조 취 기 귀 로 급 지
敢以箱溷監司恐其爲後弊辭拒之上聞之令岡夜造趣其歸路給之
어 시 감 사 령 곡 산 성 화 마 조 이 칙 사 지 귀 지 격 삼 일 참 거 부 산 목 처 삼
於是監司令谷山星火磨造而敕使之歸只隔三日站距府産木處三
백 여 리 감 리 애 호 장 욕 자 진 공 밀 견 인 지 경 무 주 반 래 납 지 반 사 김 사
百餘里監吏哀呼將欲自盡公密遣人至京貿朱槃來納之伴使金思
목 감 사 조 윤 대 조 연 칭 신 불 오 기 경 무 야
穆監司曹允大懆然稱神不悟其京貿也

주해_ㅇ抄啓文臣(초계문신)－하급 문신 가운데에서 선발하여 임금에게 아뢰던 일.
ㅇ召試(소시)－임금 앞에서 시험보는 것.
ㅇ韓覅山(한보산)－한치응(韓致應).

박지원(朴趾源)

자는 중미(仲美), 호는 연암(燕巖)으로 반남(潘南) 사람이다. 어릴 때 아버지를 여의었다. 할아버지 지돈녕부사 필균(弼均)이 불쌍히 여겨 글을 가르치지 않았다. 할아버지가 돌아가시고 나서 16세에 장가를 들었더니, 부인 이씨의 삼촌인 교리공(校理公)이 학문할 시기를 잃은 것을 알고 경계하기를, "사대부로서 어찌 글을 배우지 않은 자가 있겠는가?"하니 공이 배우겠다고 대답하였다. 교리공이 책상에 꽂혀 있는 〈신릉군전(信陵君傳)〉을 뽑아내어 구두(句讀)를 가르쳐주자 공이 받아가지고 물러나와서는 곧 논설 수백 마디를 지었으므로 교리공이 크게 경탄하였다.

이로부터 분발하여 힘써 배우고 3년 동안 문밖에 나가지 않았다. 백가의 글을 두루 읽고 경서를 절충하여 연구하였는데, 병사(兵事), 농사(農事), 전곡(錢穀) 등 일체의 경세(經世) 시무를 연구하지 않은 것이 없었고, 한편으로 천문과 지리도 연구하였다. 또 홍대용(洪大容)과 함께 서양의 지구설(地球說)을 연구하여 지구가 한번 돌면 하루가 된다고 하였다. 당시의 문학하는 영재들인 이덕무(李德懋)·유득공

(柳得恭)·박제가(朴齊家) 및 재상 이서구(李書九) 등이 모두 마음으로 존경하여 사우(師友)로 삼았다.

공은 용모가 우람하고 의기가 활달하였으며 친하게 하지 못할 일이 없다고 여겼다. 그러나 녹록(碌碌)하게 시문(時文)을 하여 유사(有司)들에게 잘보이는 것은 좋아하지 않았다. 술이 얼큰하게 취하면 당로자(當路者)나 귀척(貴戚)들과 거짓 학문으로 세상을 속이는 무리를 거침없이 비방하고 배척하여 조금도 용납하지 않았다. 그래서 오래도록 불우하게 지냈다. 정조 초에 홍국영(洪國榮)이 권력을 잡고 용사(用事)하였다. 이보다 앞서 재상 홍낙성(洪樂性)이 공을 중히 여겼는데, 홍국영이 홍낙성을 해치려고 하면서 공 또한 그의 당인(黨人)으로 여겨 장차 죄를 입히려고 하였다. 친구 백영숙(白永叔)이 이런 기미를 알아차리고 밤에 공을 찾아와서 빨리 피하라고 하였다. 공이 일찍이 집안이 가난하여 금천(金川) 연암협(燕巖峽)에 살았으므로 친구들이 호를 연암이라 하였다. 이에 성문을 나와 달아나 먼저 개성에 잠복하여 거처하고 뒤에 연암에 이르렀다. 홍국영의 계획은 끝내 이루어지지 못하여 무사할 수 있었으나 곤궁함은 극도에 이르렀다.

유언호(兪彦鎬)는 공과 친한 사람으로 그때 외직으로 나가게 되었는데 공의 정상을 듣고 탄식하기를, "어찌 우리 중미(仲美)로 하여금 이 지경에 이르게 한단 말인가?"하고서 개성 유수로 나아가 공을 구해 주었으니, 개성과 연암은 거리가 서로 가까웠기 때문이다. 몇년 뒤에 공의 삼종형 금성위 박명원(朴明源)이 사신으로 열하(熱河)에 가면서 함께 가기를 요청하자 공은 선뜻 응낙하였다. 열하에 이르러 태학(太學)에서 홍려시(鴻臚寺)의 소경(少卿) 조광련(趙光連)과 선비 왕민호(王民皞) 등과 담론하고 돌아오니 이때는 정조 4년이었다. 그 후 6년에 선공감감역에 임명되어 점차 승진하여 안의현감(安義縣監)이 되었는데, 정사가 청렴하고 자애로웠다. 사형수를 여러 차례 잘 다스리니 사람들이 그 밝은 것을 칭송하였다.

공이 열하로부터 돌아와 일기 수십 권을 지었다. 그 내용은 해학으로 자신의 분개하는 심정을 드러냈는데 정조께서 이를 보게 되었다. 이때에 이르러 정조가 규장각 직각 남공철(南公轍)의 문장이 기괴하다 하여 벌을 정하여 속(贖)을 바치게 하고서 인하여 이르기를, "이는 모두 박지원의 죄이다." 하였다. 그리고 남공에게 명하여 순정(醇正)한 글을 지어 올려서 그 죄를 속하게 하니 남공이 답서를 지어 사죄하였다. 수년 후 공이 면천군수로 있을 때 마침 정조께서 중외에 영을 내려 농서(農書)를 구하였다. 공이 전에 지은, 농사를 상세히 기록한 《과농소초(課農小抄)》란 책에 안설(按說)을 달고, 〈한민명전의(限民名田議)〉 한 편을 부록하여 올렸는데 논설한 바가 모두 정밀하고 명확하였으니, 이는 대개 스스로 속죄하는 것으로 삼았던 것이다. 정조께서 보고 가상히 여겼다. 얼마 안되어 정조께서 승하하고 공도 또한 이미 늙었다. 양양부사(襄陽府使)에 올랐으나 얼마 후 늙은 것을 이유로 스스로 사임하고 돌아왔다. 향년 69세이다. 뒤에 판서에 추증되었으며 시호는 문도(文度)이다. 유집 6권과 속집 3권이 세상에 전한다.

박 연 암 지 원 자 중 미 반 남 인 영 조 정 사 생 재 초 이 고 대 부 지 돈 녕 공
朴燕巖趾源字仲美潘南人英祖丁巳生纔髫而孤大父知敦寧公
련 불 수 서 공 기 몰 십 륙 취 부 리 부 숙 교 리 군 지 공 실 학 계 왈 언 유 사 부
憐不授書公旣歿十六娶婦李婦叔敎理君知公失學戒曰焉有士夫
이 불 학 자 호 공 왈 낙 교 리 군 추 안 상 신 릉 군 전 수 지 구 독 공 수 이 퇴 첩
而不學者乎公曰諾校理君抽案上信陵君傳授之句讀公受而退輒
작 론 설 수 백 언 교 리 군 위 지 대 경 자 시 발 분 력 학 삼 년 불 출 문 주 류 백
作論說數百言校理君爲之大驚自是發憤力學三年不出門周流百
가 지 서 이 탁 리 어 경 병 농 전 곡 일 체 경 세 지 무 무 불 강 구 방 급 우 천 문
家之書而托裏於經兵農錢穀一切經世之務無不講究旁及于天文
지 리 여 홍 대 용 연 태 서 지 구 지 설 이 위 지 일 전 위 일 일 일 시 문 학 지 영
地理與洪大容演泰西地球之說以爲地一轉爲一日一時文學之英
여 리 덕 무 류 득 공 박 제 가 급 리 상 서 구 지 륜 개 경 모 이 사 우 지 공 괴 안
如李德懋柳得恭朴齊家及李相書九之倫皆傾慕而師友之公魁顔

모 의 기 헌 활 뢰 락 시 천 하 무 불 가 위 연 불 긍 록 록 위 시 문 이 우 유 사 주
貌意氣軒豁磊落視天下無不可爲然不肯碌々爲時文以于有司酒

감 이 열 역 혹 종 담 기 척 당 도 귀 인 급 위 학 기 세 지 류 불 소 용 이 고 구 무
酣耳熱亦或縱談譏斥當塗貴人及僞學欺世之流不少容以故久無

소 우 정 조 초 홍 국 영 용 사 선 시 공 위 홍 상 락 성 소 중 국 영 도 홍 상 의 공
所偶正祖初洪國榮用事先是公爲洪相樂性所重國榮圖洪相疑公

위 기 당 장 중 이 화 유 고 인 백 영 숙 자 각 지 야 견 공 고 이 고 왈 자 기 은 호
爲其黨將中以禍有故人白永叔者覺之夜見公告以故曰子其隱乎

공 구 상 이 가 빈 영 거 우 금 천 연 암 지 래 고 인 이 연 암 호 지 내 치 출 국 문
公舊嘗以家貧營居于金川燕岩之峽故人以燕岩號之乃馳出國門

선 잠 우 개 성 연 후 지 연 암 이 국 영 계 졸 역 불 수 수 득 무 사 연 곤 돈 초 췌
先潛寓開城然後至燕岩而國榮計卒亦不售遂得無事然困頓憔瘁

극 의 유 공 언 호 공 지 소 선 야 시 당 득 외 임 문 공 상 탄 왈 기 가 사 오 중 미
極矣兪公彦鎬公之所善也時當得外壬聞公狀歎曰豈可使吾仲美

지 어 사 야 내 위 구 득 개 성 유 수 이 진 지 개 어 연 암 지 상 비 야 거 수 세 공
至於斯耶乃爲求得開城留守以振之開於燕岩地相比也居數歲公

시 형 금 성 위 명 원 이 사 부 열 하 요 공 여 구 공 개 연 낙 지 지 열 하 관 어 태
緦兄錦城尉明源以使赴熱河要公與具公概然諾之至熱河舘於太

학 여 홍 려 시 소 향 조 광 련 포 의 왕 민 호 등 담 론 질 암 이 귀 시 정 조 사 년
學與鴻臚寺小卿趙光連布衣王民皥等談論跌岩而歸時正祖四年

야 후 륙 년 제 선 공 감 역 루 관 출 위 안 의 현 감 위 정 청 자 루 리 사 수 인 칭
也後六年除繕工監役累官出爲安義縣監爲政清慈屢理死囚人稱

기 명 초 공 지 귀 자 집 하 야 작 일 기 수 십 권 파 이 해 학 설 기 감 분 정 조 득
其明初公之歸自執河也作日記數十卷頗以諧謔洩其感憤正祖得

이 람 지 지 시 정 조 견 규 장 각 남 공 공 철 문 병 기 체 기 정 벌 수 속 잉 왈 시
而覽之至是正祖見奎章閣南公々轍文病其体奇定罰收贖仍曰是

개 박 지 원 지 죄 야 령 남 작 서 보 공 사 저 진 일 부 순 정 문 이 자 속 공 답 서
皆朴趾源之罪也令南作書報公使著進一部醇正文以自贖公答書

사 지 후 수 세 개 수 면 천 군 회 정 조 하 교 중 외 구 농 서 공 구 유 과 농 소 초
謝之後數歲改守沔川郡會正祖下敎中外求農書公舊有課農小抄

일 서 상 기 농 사 내 취 계 안 설 부 이 한 민 명 전 의 일 편 이 진 소 론 개 정 절
一書詳記農事乃就繫按說附以限民名田議一篇以進所論皆精切

명 확 개 이 자 속 야 정 조 람 이 가 지 망 하 정 조 붕 이 공 역 로 의 승 양 양 부
明確盖以自贖也正祖覽而嘉之亡何正祖崩而公亦老矣陞襄陽府

사 미 기 이 로 자 핵 이 귀 년 륙 십 구 졸 후 증 판 서 시 문 도 유 유 집 륙 권 속
使未幾以老自劾而歸年六十九卒後贈判書謚文度有遺集六卷續

集三卷行于世
(집 삼 권 행 우 세)

홍대용(洪大容)

자는 덕보(德保), 호는 담헌(湛軒)으로 남양(南陽) 사람이다. 정조 때 음사(蔭仕)로 영천군수가 되었다. 경사(經史)에 널리 통하고 또 율력에도 정통하였다. 처음에 서양 사람들이 지구를 논하면서 땅이 돈다는 것은 말하지 않았는데 홍대용이 말하기를, "지구가 한번 돌면 하루가 된다."고 하였다. 일찍이 과거공부를 그만두고 명리에 관한 뜻을 끊었다. 숙부 홍억(洪檍)이 사신이 되어 북경으로 가게 되자 수행원으로 따라가 중국의 유연한 선비를 찾아 교유하였는데, 그 중에서 육비(陸飛)·엄성(嚴誠)·반정균(潘庭筠)이 모두 그를 추중(推重)하여 받들었다.

이덕무(李德懋)

자는 무관(懋官), 호는 형암(炯庵)·아정(雅亭)·청장관(青莊館)이다. 어렸을 때 남달리 총명하였다. 정조 기해년에 규장각 검서(檢書)에 선임되었고 벼슬이 적성현감(積城縣監)에 이르렀다. 항상 검서 직함을 띠고 있었으므로 박제가·유득공·서이수(徐理修)와 함께 사검서(四檢書)라고 일컬었다. 저서에 《영처고(嬰處稿)》·《청장관고(青莊館稿)》·《이목구심서(耳目口心書)》·《사소절(士小節)》·《유훈(遺訓)》·《청비록(淸脾錄)》·《청령국지기(蜻蛉國誌記)》·《앙엽기(盎葉記)》·《한죽당섭필(寒竹堂涉筆)》·《예기억(禮記臆)》·《송사전(宋史筌)》·《뇌뢰낙락서(磊磊落落書)》 및 《아정유고(雅亭遺稿)》 8권이 있다. 죽은 뒤 3년 후에 정조께서 그 아들 이광규(李光葵)에게 명을 내려 유고를 가져오게 하여 보시고 내탕금(內帑金)을 내려 출판하게 하였다.

이상 유형원·정약용·박지원·홍대용·이덕무 등 제공은 특히 유교에 경제와 고증의 학을 겸했으니 실로 한(漢)나라 때의 유가의 학술이다.

홍 담 헌 대 용 자 덕 보 남 양 인 정 조 조 음 사 보 영 천 군 수 박 통 경 사 우
洪湛軒大容字德保南陽人正祖朝蔭仕補榮川郡守博通經史又
정 어 률 력 시 태 서 인 론 지 구 이 불 언 지 전 대 용 왈 지 일 전 위 일 일 조 자
精於律曆始泰西人論地球而不言地轉大容曰地一轉爲一日早自
폐 거 절 의 명 리 수 숙 부 억 봉 사 여 연 지 행 교 유 해 내 지 명 지 사 여 륙 비
廢擧絶意名利隨叔父檍奉使如燕之行交遊海內知名之士如陸飛
엄 성 반 정 균 함 추 복 언
嚴誠潘庭筠咸推服焉

이 형 암 덕 무 자 무 관 우 호 아 정 영 조 신 유 생 유 영 이 절 인 정 조 기 해
李炯庵德懋字懋官又號雅亭英祖辛酉生幼穎異絶人正祖己亥
선 배 규 장 각 검 서 관 관 지 적 성 현 감 상 대 검 서 지 함 여 박 제 가 류 득 공
選拜奎章閣檢書官々至積城縣監常帶檢書之啣與朴齊家柳得恭
서 리 수 세 칭 사 검 서 소 저 유 영 처 고 청 장 관 고 이 목 구 심 서 사 소 절 유
徐理修世稱四檢書所著有嬰處稿靑莊舘稿耳目口心書士小節遺
훈 청 비 록 청 령 국 지 기 앙 엽 기 한 죽 당 섭 필 례 기 억 석 송 사 보 전 뢰 뢰
訓淸脾錄蜻蛉國誌記盎葉記寒竹堂涉筆禮記臆釋宋史補傳磊々
락 락 서 급 아 정 유 고 팔 권 몰 후 삼 년 병 진 정 조 령 전 지 어 고 자 광 채 징
落々書及雅亭遺稿八卷歿後三年丙辰正祖令傳旨於孤子光蔡徵
기 유 고 하 내 탕 간 행
其遺稿下內帑刊行

이 상 자 류 반 계 정 다 산 박 연 암 홍 담 헌 리 아 정 제 공 특 이 유 교 겸 경
以上自柳磻溪丁茶山朴燕岩洪湛軒李雅亭諸公特以儒敎兼經
제 고 거 지 학 실 한 유 학 술 야
濟考據之學實漢儒學術也

개성 지방의 유학자에는 조유선(趙有善)·김헌기(金憲基) 등이 있다.

조유선(趙有善)

자는 자순(子淳), 호는 나산(蘿山)으로 직산(稷山) 사람이다. 개성에 살았으며 송촌(松村) 조익주(趙翼周)의 증손이다. 정조 무신년에 경학과 행의(行誼)로 참봉에 천거되어 벼슬이 군수에 이르렀다. 향년 79세이다. 미호 김원행(金元行)의 문인으로 화담 서경덕 이후 가장 훌륭한 경학가로 추중되었다. 《나산집(蘿山集)》 12권이 있다.

김헌기(金憲基)

자는 치도(穉度), 호는 초암(初庵)으로 웅천(熊川) 사람이다. 개성에 거주하였으며 좌랑(佐郎) 김취행(金就行)의 아들이다. 헌종(憲宗) 기해년에 교관(教官)을 제수하였으나 나아가지 않았다. 학문이 아주 고명하여 세상에서 화담 이후 제1인자라고 칭송하였다. 문집 14권이 있으며 뒤에 승지(承旨)에 추증되었다.

조 라 산 유 선 자 자 순 직 산 인 거 개 성 송 촌 익 주 증 손 영 조 신 해 생 정
趙蘿山有善字子淳稷山人居開城松村翼周曾孫英祖辛亥生正
조 무 신 이 경 행 천 배 참 봉 관 지 군 수 순 조 기 사 몰 미 호 김 원 행 문 인 서
祖戊申以經行薦拜參奉官至郡守純祖己巳沒渼湖金元行門人徐
화 담 이 후 최 이 경 학 가 추 중 유 라 산 집 십 이 권
花潭以後最以經學家推重有蘿山集十二卷

김 초 암 헌 기 자 치 도 웅 천 인 거 개 성 좌 랑 취 행 자 영 조 갑 오 생 헌 종
金初庵憲基字穉度熊川人居開城佐郎就行子英祖甲午生憲宗
기 해 수 교 관 불 사 임 인 몰 학 문 최 고 세 칭 화 담 후 일 인 유 문 집 십 사 권
己亥授教官不仕壬寅歿學問最高世稱花潭後一人有文集十四卷
후 증 승 지
後贈承旨

조선유교연원 권3
朝鮮儒教淵源卷三

관서(關西) 지방의 유학계에 돈암 선우협이 있는데 기자(箕子)의 후손이다.

선우협(鮮于浹)

자는 중윤(仲潤), 호는 돈암(遯庵)으로 태원(太原) 사람이다. 젊어서 향리선생인 박자수(朴子守) 김태좌(金台佐)에게서 《시경》·《서경》·《역경》·《춘추》를 배웠고, 장성하여서는 《대학》·《논어》·《맹자》·《중용》 등의 사서를 반복하여 연구하면서 한편으로는 염(濂)·낙(洛)·관(關)·민(閩)의 글을 보아 그 심성이기(心性理氣)의 설을 연구하였다.

용악산(龍岳山)에 들어가 수십년 동안 강론하면서 홍범의 남긴 뜻을 이어받고 이학(理學)의 연원을 발명하였는데, 관서 지방의 선비들이 유학이 무엇인가를 알게 된 것은 실로 그의 힘이었다. 조정에서 여러 차례 관직을 주어 불렀으나 나아가지 않았다. 효종 때 다시 성균사업(成均司業)으로 예를 갖추어 돈소(敦召)하니 비로소 상소하여 사양하면서 마음을 다스리고 이치를 궁구하는 요점을 진달하고, 인하여 어진 인재를 등용하는 데 있어서 지방을 가리지 말아야 하는 도리를 청하였다. 임금이 모두 좋은 말이라고 여겨 가상히 받아들이시고, 재촉하여 올라오라고 명하셨다. 이에 대궐에 나아가 사은하고 곧 돌아왔는데, 임금이 그가 돌아간 것을 아뢰지 않았다고 승정원을 꾸짖었다.

여헌 장현광과 신독재 김집의 문하에 종유하였다. 관서의 이학이 실로 공으로부터 시작되었으므로 세상에서 모두 그를 '관서부자(關西夫子)'라고 일컬었으며 시남(市南) 유계(兪棨)와 백헌(白軒) 이경석(李景奭)이 모두 공경하고 추중(推重)하였다. 향년 66세이다. 저서에 《태극변해(太極辨解)》·《태극문답(太極問答)》·《성리서(性理書)》·《역학설(易學說)》 등이 있다.

관서유계유선우돈암협기자후예야
關西儒界有鮮于遯庵浹箕子後裔也

자중윤태원인선조무자생소종향선생박자수김태좌수시서역
字仲潤太原人宣祖戊子生少從鄉先生朴子守金台佐授詩書易
춘추급장온심사자급렴락관민제서구기심성리기지설입룡악산
春秋及長溫尋四子及濂洛關閩諸書求其心性理氣之說入龍岳山
강담수십년극소홍범지유서계발리학지연원관서사자능지사학
講談數十年克紹洪範之遺緖啓發理學之淵源關西士子能知斯學
자실기력야조정루소이직이불기지효묘조부제성균사업이례돈
者實其力也朝廷屢召以職而不起至孝廟朝復除成均司業以禮敦
소시상소사사이극진치심궁리지요인청립현무방지도상병가납
召始上疏辭謝而極陳治心窮理之要因請立賢無方之道上並嘉納
잉촉령상래내예궐사은즉환상책후사이불이기거상문야종유어
仍促令上來乃詣闕謝恩卽還上責喉司以不以其去上聞也從遊於
장여헌김신독재지문수창관서지리학실자공시야세개칭관서부
張旅軒金愼獨齋之門首倡關西之理學實自公始也世皆稱關西夫
자유시남계리백헌경석개경중지계사몰년륙십륙소저유태극변
子兪市南棨李白軒景奭皆敬重之癸巳歿年六十六所著有太極辨
해태극문답성리서역학설제서
解太極問答性理書易學說諸書

장세량(張世良)

호는 화암(和庵)이며 안동(安東) 사람이다. 희천군수(熙川郡守)로 있으면서 평양 성밖에 집터를 정하여 살았고, 자손들도 대대로 이곳에 살았다. 공은 선우협의 문하에서 학문을 배웠는데 용악산 아래에 있던 선우협의 집 문밖에는 항상 호랑이 한 마리가 와서 지키면서 주야로 떠나지 않았으므로 선우협이 집의 개처럼 길렀다.

공은 의리가 정밀하고 무르익었으며 조예가 탁월하고, 또 역리(易理)에 밝아서 사람들이 역동(易東) 우탁(禹倬)에 비유했다. 일찍이 집에 돌아와 아버지를 뵈오니 책망하기를, "문무(文武)의 학업을 마쳤으면 집안과 나라를 영화롭게 하는 것이 자식된 도리이다. 성리학만을 전공하고 과거에 응시하지 않는 것을 나는 마땅치 않게 여긴다." 하였다. 공이 머리를 숙여 명을 받들고 이튿날 돈암을 찾아가 실상을 고하였다. 그래서 마침내 과거에 응시, 문과에 급제하여 여러 고을을 다스렸는데 가는 곳마다 모두 치적이 있었다.

장 화 암 세 량 안 동 인 이 희 천 군 수 거 복 우 평 양 외 성 자 손 세 거 공 수
張和庵世良安東人以熙川郡守居卜于平壤外城子孫世居公受
업 어 선 우 돈 암 문 학 습 우 룡 악 산 하 상 유 일 호 래 직 어 문 외 주 야 불 리
業於鮮于遯菴門學習于龍岳山下常有一虎來直於門外晝夜不離
돈 암 이 가 견 축 지 공 의 리 정 숙 조 예 탁 월 우 명 어 역 리 인 비 지 우 역 동
遯庵以家犬畜之公義理精熟造詣卓越又明於易理人比之禹易東
상 환 가 근 친 부 책 지 왈 졸 업 문 무 이 영 가 국 가 위 인 자 전 무 성 리 불 사
嘗還家覲親父責之曰卒業文武以榮家國可爲人子全務性理不事
거 업 아 불 취 야 공 부 수 봉 명 익 일 알 돈 암 고 이 정 수 부 거 등 문 과 루 전
擧業我不取也公俯首奉命翌日謁遯庵告以情遂赴擧登文科累典
주 군 소 지 개 유 성 적
州郡所至皆有成績

황순승(黃順承)

자는 득운(得運), 호는 집암(執庵)으로 황주(黃州) 사람이다. 어렸을 때 사람들이 처음 나온 과일을 주면 문득 사양하며 받지 않고 말하기를, "사당에 아직 올리지 않았고, 부모님도 아직 맛을 보지 않으셨으니 내가 먼저 먹을 수 없다."고 하였다. 장성하여 수암 권상하에게 수학하였다. 어버이를 효도로써 극진히 섬겨 똥을 맛보기도 하고, 손가락을 끊어 피를 흘려넣기도 했다. 과일나무를 심어 맛있는 과일을 올렸고, 잣나무를 심어 선산(先山)을 보호하였다.

밤중에 도적을 만나 도적이 그 말을 빼앗자 공이 채찍을 주면서 말하기를, "말이 몹시 여위어 채찍질을 하지 않으면 가지 않는다."고 하니, 도적들은 서로 말하기를, "이는 반드시 황고집일테니 빼앗을 수 없다."하고 길을 가르쳐 주고 호송해 주었다. 만년에 경릉참봉(敬陵參奉)이 되었는데 능에 송충이가 생기자 공이 묵묵히 빌었더니 갑자기 까치 수천 마리가 몰려와서 모두 쪼아먹었다. 능에 제사를 지낼 때 어떤 부랑한 사람이 속이기를, "쓰고 남은 음식을 주시면 늙은 어머니를 공양하겠다."고 하였다. 공이 친히 음식을 주면서 말하기를, "그대가 늙은 어머니를 이처럼 위하니 참으로 존경할 만하나."고 하였다. 그 사람이 눈물을 흘리고 울면서 갔는데, 이때부터 마침내 착한 사람이 되었다.

또 일찍이 일이 있어 서울에 갔다가 친구가 죽었다는 소식을 들었다. 옆사람이 조문하러 가자고 권하니 공은 말하기를, "내가 다른 일로 서울에 왔다가 친구를 조상하는 것은 성의가 아니다."하고는 돌아갔다가 다시 올라와 조문하였으니, 그의 고집이 대개 이와 같았다.

황 집 암 순 승 자 득 운 제 안 인 유 시 인 궤 이 신 과 첩 사 불 수 왈 묘 기 미
黃執庵順承字得運齊安人幼時人饋以新果輒辭不受曰廟旣未

천 친 역 미 상 오 불 가 선 식 급 장 수 업 우 권 수 암 사 친 지 효 상 분 단 지 송
薦親亦未嘗吾不可先食及長受業于權遂庵事親至孝嘗糞斷指種

과 공 자 미 식 백 호 선 롱 중 야 우 도 도 탈 기 마 공 증 이 편 왈 마 심 피 비 편
果供滋味植栢護先壟中夜遇盗盗奪其馬公贈以鞭曰馬甚疲非鞭
불 거 적 상 여 위 왈 차 필 황 고 집 불 가 범 야 수 지 로 호 송 만 년 위 경 릉 참
不去賊相與謂曰此必黃固執不可犯也遂指路護送晩年爲敬陵叅
봉 릉 유 송 충 공 묵 도 홀 유 작 천 백 위 군 집 탁 이 진 릉 제 시 유 부 랑 인 사
奉陵有松虫公默禱忽有鵲千百爲群集啄而盡陵祭時有浮浪人詐
왈 원 득 준 여 이 공 로 모 공 친 수 왈 군 유 로 모 성 가 귀 기 인 읍 이 거 자 시
曰願得餕餘以供老母公親授曰君有老母誠可貴其人泣而去自是
수 위 선 인 상 인 사 래 경 문 친 우 유 상 방 인 권 기 조 문 공 왈 오 이 타 사 래
遂爲善人嘗因事來京聞親友有喪傍人勸其吊問公曰吾以他事來
경 조 문 친 우 비 정 실 야 수 하 거 갱 래 조 문 기 고 집 개 여 시 야
京吊問親友非情實也遂下去更來吊問其固執盖如是也

주해_ㅇ嘗糞斷指(상분단지)—상분은 똥을 맛보아 맛이 달면 죽는다는 말이고, 단지는 병이 위독할 때 무명지에서 피를 내어 입에 흘려 넣는 것.

관북 지방의 유학자에는 최신(崔愼)·이재형(李載亨)·한몽린(韓夢麟)·이원배(李元培)·유여호(劉汝豪) 제공이 있다.

최신(崔愼)

자는 자경(子敬), 호는 학암(鶴菴)으로 회령(會寧) 사람이다. 노봉(老峰) 민정중(閔鼎重)이 함경감사가 되어 지방을 두루 순찰할 때에 처음 보고서 기특히 여겨 우암 송시열의 문하에 가서 수학하게 하였는데, 마침내 유학자가 되고 벼슬이 현감에 이르렀다. 스승이 무고를 당하게 되자 변명하다가 유필명(柳弼明)과 함께 조옥(詔獄)에 갇혀 형신(刑訊)을 받고 사천(泗川)으로 귀양갔다가 경신년에 석방되었으며, 또 김몽양(金夢陽)의 탄핵을 받아 광양(光陽)으로 귀양갔다가 갑술년에 석방되어 회령으로부터 남쪽으로 이사했다. 일찍이 단독으로 상소하여 이옥(李沃)의 죄를 다스리라고 청하였다가 체포되어 함께 국문을 당한 뒤에 장형을 받고 경흥으로 귀양갔다.

관 북 유 계 유 최 학 암 신 자 자 경 회 녕 인 민 로 봉 정 중 위 함 경 감 사 순
關北儒界有崔鶴庵愼字子敬會寧人閔老峯鼎重爲咸鏡監司巡
력 시 일 견 기 지 권 신 취 학 송 우 암 문 수 성 유 자 관 지 현 감 위 사 변 무 여
歷時一見奇之勸愼就學宋尤庵門遂成儒者官至縣監爲師辯誣與
류 필 명 동 피 조 옥 형 신 류 사 천 경 신 견 석 우 위 김 몽 양 탄 핵 류 광 양 갑
柳弼明同被詔獄刑訊流泗川庚申見釋又爲金夢陽彈劾流光陽甲
술 방 자 회 녕 이 거 남 방 상 독 상 소 청 리 옥 지 죄 피 체 동 국 장 류 경 흥
戌放自會寧移居南方嘗獨上疏請李沃之罪被逮同鞫杖流慶興

이재형(李載亨)

자는 가회(嘉會), 호는 송암(松巖)으로 정종(定宗)의 별자(別子)인 덕천군(德泉君) 이후생(李厚生)의 후손이다. 7대조 이세량(李世良)이 어떤 사건에 연좌되어 경성(鏡城)으로 귀양온 뒤부터 자손들이 거주하기 시작했다. 어려서부터 사람됨이 침착 중후하고 행동에 법도가 있었다. 20세가 되자 농암 김창협이 평사(評事)로서 북쪽에 왔다는 말을 듣고 찾아가 수학(受學)하였다. 농암이 《근사록》과 《퇴계집》을 주면서, "학문하는 길이 여기에 있다."하니 이로부터 더욱 분발하여 힘쓰면서 독실히 몸을 가지는 지침으로 삼았다. 만년에는 또 《주자대전》과 《주자어류》를 얻어 날마다 부지런히 공부하여 밤이면 새끼에 불을 붙여 글자를 비춰가면서 글을 읽었는데, 그가 종신토록 수용한 것이 대개 여기에 있었다. 일찍이 학자들에게 말하기를, "학문을 함에 있어서 귀중한 것은 뜻을 독실히 하는 데 있다. 뜻이 독실하지 않으면 독서한 것이 비록 많더라도 의리가 끝내 마음에 흡족히 배어들지 못한다." 하였다.

삼연 김창흡이 일찍이 북쪽에서 노닐 때 공을 찾아보고 물러나와 감탄하기를, "이른바 지(知)와 행(行)을 똑같이 행하는 사람은 참으로 이 사람이니, 우리 중씨(仲氏)의 도가 북쪽에 있는 듯싶다."고 하였다.

숙종 병신년에 몽와 김창집이 대신이 되어 천거하여 남부참봉을 삼았고 이어 교관과 부수를 역임하였다. 영조 정미년에 비로소 부르는

명을 내리시고 몇해 뒤에는 주부(主簿)로 승진시켜 관찰사 박문수(朴文秀)에게 유시, 친히 가서 나오도록 권고하라고 하였다. 이때 박문수가 치계(馳啓)하기를, "이재형은 한때의 중망(重望)을 가지고 있습니다. 만약 당론(黨論)만을 일삼는다면 한 지방의 인심을 무너뜨릴까 염려됩니다만, 나오도록 여러번 번거롭게 사람을 보내지 않아도 될 듯합니다." 하였다. 그러나 임금의 마음은 오히려 잊지 못하여 경신년에 특별히 지평을 제수했으나 부임하지 않았다.

이 송 암 재 형 자 가 회 정 종 별 자 덕 천 군 후 생 지 후 칠 대 조 세 량 좌 사
李松巖載亨字嘉會定宗別子德泉君厚生之後七代祖世良坐事
적 경 성 자 손 수 거 언 공 현 종 기 사 생 자 유 침 잠 중 후 동 지 유 법 재 약 관
謫鏡城子孫遂居焉公顯宗己巳生自幼沉潛重厚動止有法纔弱冠
문 김 농 암 창 협 이 평 사 도 북 공 수 왕 학 농 암 수 이 근 사 록 급 퇴 계 집 왈
聞金農巖昌協以評事到北公遂往學農巖授以近思錄及退溪集曰
위 학 문 로 재 시 자 시 익 분 려 전 독 이 위 지 신 지 부 만 우 득 주 자 대 전 어
爲學門路在是自是益奮勵專篤以爲持身之符晩又得朱子大全語
류 일 이 자 자 야 즉 설 승 조 자 독 지 기 종 신 수 용 자 개 재 차 상 어 학 자 왈
類日以孶々夜則爇繩照字讀之其終身受用者盖在此嘗語學者曰
위 학 귀 재 독 지 지 부 독 독 서 수 다 의 리 종 불 협 흡 어 오 심 김 삼 연 창 흡
爲學貴在篤志志不篤讀書雖多義理終不浹洽於吾心金三淵昌翕
상 북 유 방 견 퇴 이 탄 왈 소 위 지 행 병 진 자 진 사 인 야 오 중 씨 지 도 기 재
嘗北遊訪見退而歎曰所謂知行幷進者眞斯人也吾仲氏之道其在
북 호 숙 종 병 신 김 몽 와 창 집 이 대 신 시 거 지 위 남 부 참 봉 력 교 관 부 수
北乎肅宗丙申金夢窩昌集以大臣始擧之爲南部叅奉歷敎官副率
영 조 정 미 시 하 소 지 거 수 세 승 주 부 유 도 신 박 문 수 친 왕 권 기 문 수 치
英祖丁未始下召旨居數歲陞主簿諭道臣朴文秀親往勸起文秀馳
주 언 리 모 부 일 시 중 망 전 사 당 론 공 괴 일 방 인 심 부 족 번 돈 견 연 상 심
奏言李某負一時重望專事黨論恐壞一方人心不足煩敦遣然上心
유 미 망 경 신 특 수 지 평 부 지
猶未忘庚申特授持平不至

주해_ㅇ別子(별자)－별궁 소실 등이 낳은 아들.

한몽린(韓夢麟)

자는 태서(泰瑞), 호는 봉암(鳳巖)으로 청주(淸州) 사람이다. 대대로 종성(鐘城)에 살았다. 학문이 매우 고명하여 송암 이재형(李載亨)과 함께 유사(儒師)로 일컬어졌으며 북쪽 지방의 과거 합격자는 대부분 그 문하에서 나왔다. 유일(遺逸)로 천거되어 참봉을 제수하였으나 나아가지 않고 산림에서 독서하여 경전(經傳)과 정주전집(程朱全集)을 강구하였다. 향년 79세이다. 저서에 《봉암집(鳳巖集)》 5권과 《시문학칙(詩文學則)》·《성명이기설(性命理氣說)》 등이 있다.

한 봉 암 몽 린 자 태 서 청 주 인 세 거 종 성 숙 종 갑 자 생 학 문 심 고 여 송
韓鳳巖夢麟字泰瑞淸州人世居鍾城肅宗甲子生學問甚高與松
암 리 재 형 병 칭 유 사 북 방 과 제 다 출 기 문 이 유 일 천 배 참 봉 불 취 독 서
庵李載亨並稱儒師北方科弟多出其門以遺逸薦拜叅奉不就讀書
산 림 강 구 경 전 급 정 주 전 서 영 조 임 오 몰 년 칠 십 구 소 저 유 봉 암 집 오
山林講究經傳及程朱全書英祖壬午歿年七十九所著有鳳巖集五
권 시 문 학 칙 성 명 리 기 설 등
卷詩文學則性命理氣說等

이원배(李元培)

자는 여달(汝達), 호는 구암(龜巖)으로 공주(公州) 사람이다. 11대조 이겸(李謙)이 사건에 연좌되어 귀양왔다가 경성에 살게 되어 북쪽 지방의 대족(大族)이 되었다.

공은 천품이 총명하고 경전에 널리 통하였으며 백가(百家)의 말을 섭렵하여 통달하지 않은 것이 없었다. 정조 무오년에 임금이 구경(九經) 가운데에서 의심나는 곳 62조목을 물으니 응지(應旨)하여 해석하여 포상을 받았다. 순조 신유년에 의금부도사(義禁府都事)를 제수받았으며, 상의원별제(尙衣院別提)·장릉령(莊陵令)으로 옮겼다. 그의 문인 현익수(玄翊洙) 등이 편집하여 간행한 유집 16권이 있다.

이 구 암 원 배 자 여 달 경 성 인 영 조 을 축 생 기 선 공 주 인 십 일 대 조 겸
李龜巖元培字汝達鏡城人英祖乙丑生其先公州人十一代祖謙
좌 사 피 적 인 거 경 성 세 위 북 로 대 족 공 천 자 총 영 관 천 경 전 섭 렵 백 가
坐事被謫因居鏡城世爲北路大族公天姿聰穎貫穿經傳涉獵百家
무 불 구 통 정 조 무 오 상 문 구 경 의 의 륙 십 이 조 응 지 석 명 잉 수 포 상 순
無不究通正祖戊午上問九經疑義六十二條應旨釋明仍受褒賞純
조 신 유 제 의 금 부 도 사 이 상 의 별 제 장 릉 령 익 년 임 술 몰 유 유 집 십 륙
祖辛酉除義禁府都事移尚衣別提莊陵令翌年壬戌歿有遺集十六
권 기 문 인 현 익 수 등 집 간
卷其門人玄翊洙等輯刊

유여호(劉汝豪)

자는 도열(道悅)이며 강릉(江陵) 사람이다. 대대로 북청(北靑)에 거주하였으며 도암 이재의 문하에서 수학하였다. 무신년에 난리가 나자 제자들이 모두 황급하게 도망하여 달아났다. 도암이 집으로 돌아가기를 권고하였는데, 유여호가 말하기를, "북쪽은 도적의 난리가 미치지 않을 것이니 저희 부모는 무사하여 염려할 것이 없습니다. 저는 다만 의리에 따라 죽을 뿐입니다." 하였다. 도암이 분문(奔問)하기 위하여 서울에 올라갈 때 여호가 칼을 잡고 시종하여 잠시도 곁을 떠나지 않았고, 난리가 평정되어서야 그 스승을 따라 귀향하였다. 몇달 후에 도암이 횡역(橫逆)에 걸려 장차 깊은 산중으로 들어가게 되니, 유여호가 울며 작별하기를, "뒤에 남고자 함이 아닙니다. 감히 그렇게 할 수 없습니다." 하였다. 이에 도암이 시를 지어 송별하였는데 그 시는 이러하다.

골짜기에서 나온 저 꾀꼬리는 그칠 곳을 알고
봄이 되면 기러기도 돌아갈 줄을 아네.
김맬 때에도 《소학》을 몸에 지니고 다녀서
잠시도 몸에서 떠나지 말게 하라.
出谷鶯知止 乘春雁識歸
鋤時帶小學 造次莫相違

임종칠(林宗七) 또한 유림으로서 이름이 드러났다.

유 여 호 자 도 열 강 릉 인 세 거 북 청 종 학 우 리 도 암 재 무 신 란 작 제 자
劉汝豪字道悅江陵人世居北青從學于李陶庵縡戊申亂作弟子
개 창 황 분 도 도 암 권 지 귀 여 호 왈 북 로 즉 구 난 불 급 오 부 모 가 보 무 우
皆倉皇奔逃陶庵勸之歸汝豪曰北路則寇難不及吾父母可保無虞
오 즉 지 지 유 소 재 치 사 지 의 급 도 암 분 문 입 경 여 호 장 검 종 지 수 유 불
吾則只知有所在致死之義及陶庵奔問入京汝豪杖劍從之須臾不
리 측 란 정 수 기 사 귀 향 기 수 월 도 암 조 리 횡 역 장 입 궁 산 여 호 읍 사 왈
離側亂定隨其師歸鄕旣數月陶庵遭罹橫逆將入窮山汝豪泣辭曰
비 욕 후 야 불 감 야 도 암 송 이 시 왈 출 곡 앵 지 지 승 춘 안 식 귀 서 시 대 소
非欲後也不敢也陶庵送以詩曰出谷鶯知止乘春雁識歸鋤時帶小
학 조 차 막 상 위 림 종 칠 역 이 유 림 저 명
學造次莫相違林宗七亦以儒林著名

홍이우(洪理禹) · 홍이호(洪理鎬)

홍이우의 호는 만백(晩柏)이며, 종제 홍이호의 호는 송서(松墅)이다. 두 사람 모두 매산(梅山) 홍직필(洪直弼)의 연원으로 중망(重望)이 있었으며, 고산(鼓山) 임헌회(林憲晦) · 숙재(肅齋) 조병덕(趙秉悳)이 외우(畏友)로 대했다. 고산이 손수 '우리 도는 북에 있다(吾道北)'는 세 글자를 써주었다. 홍이호가 일찍이 말하기를, "선비는 마땅히 제갈량(諸葛亮)과 도연명(陶淵明)을 본받아야 된다."고 하였다. 졸하자 복을 입은 사람이 백여 명이나 되었다. 유집이 있다.

홍 리 우 호 만 백 여 종 제 리 호 호 송 서 개 매 산 연 원 유 중 망 이 고 산 임
洪理禹號晩柏與從弟理鎬號松墅皆梅山淵源有重望而鼓山任
헌 회 숙 재 조 병 덕 처 이 외 우 고 산 수 서 오 도 북 삼 자 이 기 지 리 호 상 왈
憲晦肅齋趙秉悳處以畏友鼓山手書吾道北三字以寄之理鎬嘗曰
사 당 이 공 명 연 명 위 법 급 몰 가 마 자 백 여 인 유 유 집
士當以孔明淵明爲法及歿加麻者百餘人有遺集

호남(湖南) 지방의 유학은 일재 이항, 하서 김인후 이후로 곤재 정

개청이 있다.

정개청(鄭介淸)

자는 의백(義伯), 호는 곤재(困齋)로 고성(固城) 사람이다. 옛 법을 좋아하고 독실히 행하였으며 은거하여 학생을 가르쳤다. 여러 제자들을 인솔하고 향음주(鄕飮酒)의 예절을 대안학사(大安學舍)에서 행하였는데 이때 공은 나주교수(羅州教授)로 있었다. 목사 유몽정(柳夢鼎)이 가서 보고 감탄하기를, "3대의 예가 여기에 있구나. 이 고을은 인재의 고장이라고 일컬어지지만 한갓 문사에만 힘써왔다. 이제 모름지기 선생의 가르침을 받아 선비들의 풍습을 변화시켜야 한다."고 하고, 드디어 상소를 올렸다. 임금이 들으시고 공에게 고을의 훈도(訓導)를 제수하셨는데 사양하였으나 받아들여지지 않아 억지로 부임하였다. 옛사람이 행한 사제(師弟)간의 예법을 엄히 지켜 교육을 실시하였는데 《소학》 및 여씨향약(呂氏鄕約), 그리고 성경현전(聖經賢傳)으로부터 《성리대전》·《심경》·《근사록》에 이르기까지 가르쳤으며, 그 사이에 《가례》·《의례》·《예기》 등의 여러 책을 자상하게 가르쳤다. 이렇게 1년 남짓 행하자 효제(孝悌)와 예의의 풍속이 향당(鄕黨)에서 날로 자라게 되었다.

당시의 문인(文人) 재사(才士)들이 한갓 문사만으로 스스로 높은 체 하면서 둘러앉아 비웃고 희롱하였는데, 그 중에 교생(校生) 홍천경(洪千璟)이란 자는 스스로 문장과 서한을 잘한다고 뽐내어 한번도 학교에 들어오지 않았다. 공이 목사에게 보고하여 벌을 내렸더니 마침내 분을 품기에 이르렀다. 얼마 후 유목사가 체직되어 떠나자 공도 사임하고 집으로 돌아왔다. 김성일이 목사로 대신 와서 후한 예로써 나오기를 청하였으나 공은 굳게 사양하고 나아가지 않았다.

선조가 여러 차례 불렀지만 나아가지 않다가 전생서주부(典牲署主簿)를 제수하니 상소하여 도덕으로 근본을 세우는 교화를 행해야 한다고 아뢰었다. 임금이 가상히 여기시고 곡성현감(谷城縣監)을 제수하였는데, 공은 반년 만에 사임하고 돌아왔다.

당시 난리가 있어 임금이 근심하여 누구에게 장수의 책임을 맡겨야 하는가를 물으니 영의정 박순(朴淳)이 그를 천거하여 아뢰기를, "정개청은 유학으로 이름이 알려졌지만 실은 장수의 재목이니 그 사람에게 참으로 장수직을 맡길 만합니다." 하였다. 박공의 집에 본래 서적이 많았는데 공이 일찍이 책을 열람하기를 청했더니, 그때부터 박공이 마음속으로 어질게 여겨 객례(客禮)로 대우했다.

공이 본디 정철(鄭澈)의 사람됨을 허여하지 않았는데 어떤 사람이 말하기를, "정철은 청백한 지조를 지녔다."고 하였다. 공이 대답하지 않고 다만, "그 사람은 인정(人情)을 꾸미고 행실을 가장하니 바른 사람은 아니다."라고 하였는데, 정철이 이 말을 듣고 깊이 분개하였다. 얼마 안되어 정여립(鄭汝立)의 변란이 보고되자 정철이 군읍(郡邑)으로 하여금 죄인의 당류들을 조사하게 하였더니 나주(羅州) 사람 5·6명이 공과 죄인이 서로 통하였다고 글을 올려 고발하였다. 그러나 공은 죄인과는 처음부터 전연 얼굴을 알지 못하였고, 경의(經義)를 교정할 때 겨우 서로 접촉한 일이 있었을 뿐인데, 정철의 문객인 정약수(丁若壽)와 홍천경 등이 공모해서 얽은 것이라고 하였다. 죄상을 조사하기에 이르러서 모두 그런 사실이 없어 임금의 의심이 비로소 풀렸다. 그런데 정철이 아뢰기를, "정개청이 비록 스스로 관련되지 않았다고 하나 일찍이 〈배절의론(排節義論)〉을 지어서 신하된 사람들을 혹란시켜 그 해독이 홍수나 맹수보다도 심하니, 조사하여 물어야 합니다." 했다.

〈배절의론〉이란 남방의 풍속이 협기(俠氣)를 좋아하여 법도를 지키지 않는 것을 고상하게 여기므로 공이 〈동한절의(東漢節義)와 진송청담(晋宋清談)〉이란 글을 지어서 풍속을 경계한 것인데, 정철이 이것으로써 임금을 격동시킨 것이다. 처음에는 위원(渭原)에 귀양갔는데 정철이 경원(慶原)으로 바꾸게 했다. 6월 하산보(河山堡)에 이르러 졸하니 향년 61세이다. 뒤에 정승 유성룡(柳成龍)이 임금에게 아뢰기를, "정개청은 평생 동안 스스로 경학에 힘썼는데 우연히 한 권의 저술로 인하여 마침내 죽기에 이르렀습니다." 하였다. 저서에 《수수기(隨手記)》 9권 · 《우득록(愚得錄)》 3권이 있다. 그가 지은 〈동한절의와 진송청담〉의 설은 다음과 같다.

"동한절의를 공명(功名)을 숭상하는 것과 비교하여 보면 그 고상함이 오히려 퇴태(頹怠)한 기습을 격동하여 일으킬 만하고, 진송(晋宋)의 청담을 모리(謀利)하는 것과 비교하여 보면 그 높은 기개가 또한 넉넉히 인정(人情)을 바로잡고 물욕을 진정시킬 수 있을 것이다. 알지 못하겠거니와, 성인의 학문에 종사하면서도 의리를 따를 줄을 알지 못하고 장황한 의리만을 내세워 나라가 망하기에 이르러도 그 잘못된 것을 모른다. 그러니 세상을 교화하는 데에 도움이 되지 못함이 분명하다."

호 남 유 학 자 리 일 재 김 하 서 이 후 유 정 곤 재 개 청 자 의 백 철 원 인 중
湖南儒學自李一齋金河西以後有鄭困齋介清字義伯鐵原人中

종 기 축 생 독 신 호 고 은 거 교 수 솔 제 제 자 행 향 음 주 지 례 어 대 안 학 사
宗己丑生篤信好古隱居教授率諸弟子行鄉飮酒之禮於大安學舍

시 공 위 라 주 교 수 주 목 류 몽 정 왕 관 탄 왈 삼 대 지 례 재 차 차 주 지 인 인
時公爲羅州教授州牧柳夢鼎往觀歎曰三代之禮在此此州之人人

재 지 부 고 이 도 무 사 장 수 득 선 생 가 이 변 화 사 풍 수 봉 소 상 문 제 공 위
材之府庫而徒務詞章須得先生可以變化士風遂封疏上聞除公爲

주 훈 도 사 불 획 강 기 부 임 엄 고 인 사 제 자 지 례 이 시 교 자 소 학 급 려 씨
州訓導辭不獲強起赴任嚴古人師弟子之禮而施教自小學及呂氏

향 약 성 경 현 전 이 지 성 리 대 전 심 경 근 사 간 이 가 례 의 례 례 기 제 서 순
鄉約聖經賢傳以至性理大全心經近思間以家禮儀禮禮記諸書諄

순 교 도 행 지 세 여 효 제 례 의 지 풍 일 장 어 향 당 일 시 문 인 재 자 도 이 사
々教導行之歲餘孝悌禮義之風日長於鄉黨一時文人才子徒以詞

화 자 고 자 환 취 이 조 희 지 유 교 생 홍 천 경 자 자 긍 문 한 일 불 입 교 공 고
華自高者環聚而嘲戲之有校生洪千璟者自矜文翰一不入校公告

우 목 백 시 벌 수 치 함 분 미 발 류 목 체 거 공 역 사 귀 가 김 성 일 래 대 이 례
于牧伯施罰遂致含憤未發柳牧遞去公亦辭歸家金誠一來代以禮
돈 청 공 뢰 사 부 지
敦請公牢辭不至

선 조 루 징 불 기 배 전 생 주 부 상 소 언 도 덕 립 본 지 교 상 가 지 제 곡 성
宣祖累徵不起拜典牲主簿上疏言道德立本之敎上嘉之際谷城
현 감 반 년 사 귀 시 유 난 상 우 지 문 수 가 임 장 자 령 상 박 순 천 왈 정 개 청
縣監半年辭歸時有難上憂之問誰可任將者領相朴淳薦曰鄭介清
기 이 유 술 치 명 이 실 유 장 수 재 기 인 진 가 임 장 박 공 가 소 다 서 공 상 구
旣以儒術致名而實有將帥材其人眞可任將朴公家素多書公嘗求
관 서 박 공 심 현 지 대 이 객 례 공 소 불 여 정 철 지 위 인 혹 언 기 유 청 백 조
觀書朴公心賢之待以客禮公素不與鄭澈之爲人或言其有清白操
공 부 답 단 왈 기 인 식 정 위 행 비 정 인 야 철 문 지 심 노 지 미 기 유 정 여 립
公不答但曰其人飾情僞行非正人也澈聞之深怒之未幾有鄭汝立
상 변 사 철 령 군 읍 렴 문 죄 인 당 여 라 주 인 오 륙 배 유 발 고 공 여 죄 인 통
上變事澈令郡邑廉問罪人黨與羅州人五六輩有發告公與罪人通
장 공 여 죄 인 초 불 식 면 이 교 정 경 의 시 득 상 접 이 기 철 객 정 약 수 홍 천
狀公與罪人初不識面而校正經義時得相接而己澈客丁若壽洪千
경 등 공 위 라 직 운 급 안 문 개 무 실 상 의 시 해 철 왈 개 청 수 자 언 무 구 상
璟等共爲羅織云及按問皆無實上意始解澈曰介清雖自言無究嘗
저 배 절 의 론 혹 란 인 신 기 유 지 해 심 어 홍 수 맹 수 고 문 지 남 방 지 속 호
著排節議論惑亂人臣其流之害甚於洪水猛獸考問之南方之俗好
기 임 협 불 순 법 도 위 고 공 작 동 한 절 의 진 송 청 담 이 경 속 철 이 차 격 상
氣任俠不循法度爲高公作東漢節義晉宋清談以警俗澈以此激上
야 초 배 위 원 철 개 경 원 유 월 지 하 산 보 졸 년 륙 십 일 후 류 상 공 성 룡 백
也初配渭原澈改慶源六月至河山堡卒年六十一後柳相公成龍白
상 왈 정 모 평 생 이 경 술 자 려 우 연 인 일 저 론 졸 지 멸 신 운 소 저 유 수 수
上曰鄭某平生以經術自勵偶然因一著論卒至滅身云所著有隨手
기 구 권 우 득 록 삼 권 소 저 동 한 절 의 진 송 청 담 설 략 왈 동 한 절 의 교 이
記九卷愚得錄三卷所著東漢節義晉宋清談說畧曰東漢節義較以
공 명 즉 기 고 상 유 가 이 격 퇴 기 라 진 송 청 담 시 지 모 리 즉 기 기 안 역 족
功名則其高尚猶可以激頹起懶晉宋清談視之謀利則其氣岸亦足
이 교 정 진 물 기 미 지 종 사 어 성 문 이 불 순 의 리 지 안 장 황 의 리 지 발 이
以矯情鎭物其未知從事於聖門而不循義理之安張皇義理之發以
지 어 망 인 지 국 이 부 자 지 기 위 비 야 즉 역 무 소 보 어 세 교 야 교 연 의
至於亡人之國而不自知其爲非也則亦無所補於世敎也較然矣

주해_ㅇ三代(삼대)－하(夏)·은(殷)·주(周) 세 나라.

기정진(奇正鎭)

근세 호남의 유학자로는 기정진이 있는데, 자는 대중(大中), 호는 노사(蘆沙)로 행주(幸州) 사람이다. 진사시에 합격하였으며, 임진년에 천거되어 강릉참봉(康陵參奉)에 제수되었으나 나아가지 않았다. 벼슬이 참판에 이르렀으며 유집 수십 권이 있다.

그의 《납량사의(納涼私議)》에 이렇게 말했다.

"제가(諸家)들이 말한 인물(人物)의 성(性)에 대한 논의는 그 귀결(歸結)은 비록 다르나, 생각하건대 그 폐(蔽)는 한가지이다. 왜 폐가 한가지라고 말하는가? 그 폐는 이(理)와 분(分)이 서로 떨어졌다(理分相離)는 데에 있다. 왜 이분상리라고 말하는가? 제가(諸家)의 뜻을 상고해보면 하나같이 모두 이를 나뉨이 없는 물건으로 삼고, 분(分)을 기(氣)로 인하여서만 있다고 하여 이일(理一)을 형기(形氣)와 관련이 없는 것으로 한정하고, 분수(分殊)는 형기에 떨어진 뒤로 국한하였다. 그래서 이(理)는 스스로 이이고, 분(分)은 스스로 분이어서 성명(性命)이 횡결(橫決)되고, 성명이 횡결됨에 성을 논한 것이 비로소 천하에 분열을 가져오게 된 것이다. 나의 천박한 소견으로 볼 때 분(分)이라는 것은 이일 가운데서 세분되는 조리(條理)이며, 이분(理分)은 층절(層節)이 있음을 용납하지 않으니, 분은 이의 대(對)가 아니요, 분수 두 글자만이 바로 일(一)의 대이다. 이(理)는 만수(萬殊)를 포함하고 있으므로 일이라고 말하는 것이니, 실은 일물(一物)이라는 말과 같은 것이요, 수(殊)는 진짜 다른 것이 아니므로 분수(分殊)라고 말한 것이다. 그러므로 분수라고 하는 것은 다른 것이 다만 분한(分限)뿐이라는 뜻이다. 한 구절 두 가지 말을 상수(相須)하는 뜻으로 삼은 것이다. 어떤 한가지 말을 빼버릴 수도 없으므로 이일(理一)을 말할 때에 분(分)이 이미 포함된 것을 알 수 있으며, 분수를 말할 때에 이

미 일(一)이 자재(自在)함을 볼 수 있다. 처음부터 이(理)를 따라서 어떤 한 자료를 첨가해서 비로소 분을 이루는 것이 아니며, 이 분을 소급하여 올라가 한걸음을 뛰어넘어 비로소 이라고 말한 것은 아니다. 주자가 이 두 구절에 대해 아주 분명하고 깨닫기 쉽게 말한 것이 있으니, 이르되 '태극이라는 것은 상(象)·수(數)는 아직 나타나지 않았어도 그 이는 이미 구비되어 있는 이름이요, 형(形)·기(器)가 이미 구비되어 있어도 그 이는 조짐이 없는 조목이다'라고 한 것이다. 대개 상·수가 아직 나타나지 않은 것은 아직 나누어지지 않은 일(一)이지만 그 이는 이미 구비되었으니 분이 이미 포함된 것이 아니겠는가? 형기(形器)가 이미 구비된 것은 이미 정해진 분이지만 그 이는 조짐이 없으니 일이 자재한 것이 아니겠는가? 형기에서 초연할 수 있는 것은 아니로되 그 형기에 섞이지 않는 것을 잘 보는 사람은 그 형기에 나아가서 얻는 것도 해로울 것이 없으니, 이것을 이른바 태극의 본체라고 한다. 여기에 보는 바가 없다면 바로 이와 분은 서로 대치하여 방해되는 물건이 아니어서, 이기(二氣)·오행·남녀·만물이 각각 그 성(性)을 하나로 하는 것, 이것이 바로 한 태극의 본색임은 분변하여 말하지 않아도 스스로 밝혀질 것이다. 진실로 이와 분으로 쪼개어 두 가지로 만들면 일(一)과 수(殊)가 방해되어 상반됨이 빙탄(氷炭)과 같고, 그 멀리 떨어짐이 하늘과 연못과 같으니, 층급이 마구 생겨 각각 한 지위를 점령하고 본래부터 그렇다고 여겨 서로 같으냐 다르냐의 논의가 분분하게 일어나게 될 것이다. 이러한 뜻을 믿을진대, 일(一)은 텅 비어 물(物)이 없어서 일원(一原)이 될 수 없으며, 분(分) 역시 그때그때 안배하여 정해져서 본분이 될 수 없을까 염려된다. 그렇게 되면 같으냐 다르냐 하는 것은 오히려 둘째 문제요 그 실체에 있어서 어떠하겠는가? 이것이 바로 제가의 성을 논한 것이 하나하나 추구하여 보매 끝내 따르기 어려운 까닭이다.

상수(象數)가 아직 드러나지 않았다는 한 구절은 미(微)를 말한 것이요, 형기를 갖추었다는 한 구절은 현(顯)을 말한 것이다. 이렇게 양절(兩節)이 있는 것 같지만 물은 스스로 시종(始終)이 있고, 이(理)는 본래 성괴(成壞)가 없는 것이니 실은 두 가지 일이 있는 것이 아니다. 천하에 기를 떠나 독립된 이는 없으니 분수 밖에 어찌 달리 이른바 이일(理一)이라는 것이 있겠는가? 모름지기 이 분수가 바로 이일처(理一處)요, 분수가 일리(一理)로 되는 것 역시 그다지 알기 어려운 것이 아님을 알아야 한다. 마치 굴신(屈伸) 번복(翻覆)하는 것이 한 손에서 나온 것과 같고, 가고 머물며 앉고 눕는 것은 한 몸에서 나온 것과 같다. 그런데 굴신할 때의 것이 한 손이요, 번복할 때 또 다른 한 손이 있어 두 손이 있다고 하면 옳겠으며, 가고 머무는 것이 한 몸이요, 앉고 눕는 데 다른 한 몸이 있어 두 몸이 있다고 하면 옳겠는가? 이일(理一)이 분수 밖의 것이 아님도 이와 같으며, 분수가 일찍부터 이일에 포함되어 있다는 것 역시 여기에 말미암은 것에 불과한데 한번 뒤집어 말한 것일 뿐이다. 설사 이 물건이 처음부터 있지 아니하고 반드시 먼저 이 물건의 이(理)가 있다고 하더라도, 만물이 시초부터 있지 않은 것도 일물(一物)과 같고, 만리(萬理)가 반드시 먼저 있는 것도 일리와 같다. 이것은 반드시 한 손이 있어서 굴신과 번복을 하는 것이며, 한 몸이 있어서 가고 오며 앉고 눕는 것을 하는 것이다. 만일 그렇지 않다고 하면 정자(程子)의 이른바 '만상(萬象)이 충막(沖漠)하다'는 말과 주자의 이른바 '이미 갖추어져 있다(已具)'느니, '먼저 있다(先有)'느니 말한 곳이 한두 번에 그치지 않았으니 이는 모두 무엇을 말한 것이겠는가? 이 또한 원두(源頭)의 일리(一理)가 분(分)이 없지 않음을 여기서 볼 수 있다."

그의 《납량사의속(納涼私議續)》에는 이렇게 말했다.

"다시 한가지 평범한 일을 가지고 비유하여 보겠다. 이제 한 덩어리의 동철(銅鐵)이 있으니 이는 일태극(一太極)이다. 그릇을 만들 수 있고, 칼을 만들 수 있음은 바로 분수가 일(一)에 함유된 것이니 이른바 찬연한 것이다. 동쪽에서 그릇을 만들 수 있고, 서쪽에서 칼을 만들 수 있는 것이 아닌 것은 혼연한 것이다. 그릇을 만드는 노(爐)에 들어가면 그릇이 되고, 칼을 만드는 노 속에 들어가면 칼이 되는 것은 각각 그 본분의 하나를 얻었기 때문이다. 노는 기화(氣化)요, 각각 그 일분(一分)을 얻은 것은 각각 그 성의 하나를 이룬 분수이다. 이 분이라는 것은 별도로 그때에 당하여 안배하여 정해진 것이 아닌 본연이다. 비록 그릇이나 칼로 만들어져서 혹 예전의 동철이 아니라 하더라도 동과 철의 기량(伎倆)은 전의 그대로 이 분수 중에 자재하는 것이다. 이것이 분수 중의 이일(理一)이니 본래부터 그릇이나 칼 이외에 별달리 한 덩어리의 동철이 있는 것은 아니다. 이는 하나의 태극이 다만 분수 중에 있는 것이다. 오직 이만은 대(對)가 없으니 어찌 꼭 들어맞는 비유가 있겠는가? 다만 그 일과 수(殊)가 서로 떨어지지 않는 것이 대개 이와 같아서 일이지만, 일찍이 분이 없지 못하고 수(殊)이지만 일에 대하여 해롭지 않다. 그 묘함이 대개 이와 같으니 어찌 나누임이 없는 일이 먼저 존재하고 뒤에 기의 나누임이 생겨서 이는 이, 분수는 분수로 갈라져서 제가들이 주장하는 뜻과 같겠는가?

공자는 말하기를, '백성은 날로 쓰면서도 알지 못한다'고 하였다. 그것은 대개 날로 쓰는 형기는 이 이가 있지 아니한 것이 없지만 백성들은 생각하는 것이 천박하여 보는 것이 단지 형기뿐이요, 형기의 위에 또 일단의 일(事)이 있음을 보지 못한다는 것이다. 성인이 이를 조심하여 상하를 분별하여 사람들에게 보게 하셨으니 도(道)와 기(器)란 말이 이에서 일어난 것이다. 그러나 상도(上道)·하기(下器)를 모두 형으로 말하신 것은 일형(一形)에 일리(一理)니, 바로 이른바 분수인 것이다. 만수(萬殊)와 일리(一理)의 말을 성인이 당초에 대단스럽게 말씀하시지 않으신 것은 어째서일까? 그것은 이라는 것은 일(一)을 기약하지 않아도 스스로 일(一)하지 않음이 없고, 다만 만수처(萬殊處)에서 도와 기를 분명하게 나누어 자를 수 있다면 이가 일

(一)하지 못할까 하는 근심할 바가 아니기 때문이다. 그러므로 학자가 평생 동안 해야 하는 '널리 글을 배우고 예로 거두어 요약한다(博文約禮)'는 것은 모두 분수상의 공부요, 이일처(理一處)에 이르러서는 '하나로 꿰었다(一以貫之)'는 한 구절로도 이미 충분하다.

《역(易)》에서의 괘효(卦爻)와 단상(彖象)은 모두 분수상의 말이요, 이일처에 이르러서는, '태극이 양의를 생한다(太極生兩儀)'는 한마디로 이미 많은 것이다. 후세에 이르러서 사람들의 식견과 생각하는 것이 더욱 떨어졌음에도 후현(後賢)들의 사람을 위하는 뜻이 더욱 간절하여 반드시 분수가 밝아져서 이가 자연히 일(一)하기를 기다린다면, 대개 아득하여 한도가 없게 된다. 또 이(理)는 원만한데도 말은 막히고, 이는 넓지만 말이 협착하여 그 형세가 어느 한 구절을 가지고 양단(兩端)을 충분히 다 설명할 수 없게 되었다. 이에 부득이 이일・분수를 취하여 항상 쌍관(雙關)으로 설명하여 나아가고, 혹은 이기를 나누어 쌍관으로 하고, 혹은 천명과 품수를 나누어 쌍관으로 하기도 하고, 일원(一原)・이체(異體)로 나누어 매양 동일한 일변은 상도(上道)의 한 단위에 분속시키고, 상이한 일변은 하기(下器)의 한 단위에 분속시켰다. 대개 위의 일단은 바로 공자의 태극(太極)・일관(一貫)의 뜻이요, 아래 일단은 바로 공자의 형이상하(形而上下)의 말이다. 공자가 두 곳에서 말씀하신 것을 후세의 현인들이 일시에 아울러 들어서 말한 것은, 아마도 학자들로 하여금 그 원위(原委)가 피차 서로 형(形)하여 가고 또 가고, 오고 또 오는 속에 본체가 생동함을 알고자 한 것이리라. 그런데도 후학들은 도리어 두루 포괄하지 못하고, 말에만 얽매여 본지를 미혹시킴으로써 이따금 이(理)에 대해 두각(頭脚)이나 착실함이 없는 한 물건이 어둡고 막막한 허공 사이에 매달려 있다가 중도에서 어떤 힘있는 자에게 사역(使役)되어 창졸간에 배정되어 만수(萬殊)로 나오게 되는 것이라고 하니, 또한 잘못이 아니겠는가? 어처구니없는 것은 근세의 현유들이 성(性)을 논하는 것 또한 이에 가깝다는 것이다. 대개 이미 분(分)이 없는 것으로 일(一)을 삼는다면 별도로 한층의 본연을 본연의 위에 세워 만물의 일원(一原)으로 삼은 것도 괴이할 것이 없고, 또 그 인·의·예·지를 가지고 기를 인하여 각각 가리키는 성으로 삼았으니 인(人)·물(物)의 성이 다르다는 논설이 있게 된 것도 괴이할 것이 없으며, 이미 분(分)을 가지고 기를 인하여 있는 것이라고 하였으니, 그 인(人)과 물(物)이 오상(五常)을 한가지로 타고난 것을 가지고 본연의 성을 삼고 편전(偏全)의 성은 본연이 아니라고 하였으니, 인물의 성이 같다는 의논이 있게 된 것도 괴이할 것이 없다.

아! 성이 다르다고 하는 것을 내가 옳지 않다고 말하는 것이 아니다. 다른 곳(異處)이 바로 오상(五常)이 기를 띠고 있다는 것이 있으면 대본(大本)에 밝지 못한 바가 있으므로 달리 일원(一原)을 세우지 않을 수 없으니, 이렇게 되면 이것은 이(理) 밖에 분(分)이 있는 것이 된다. 그리하여 드디어 다른 것을 주(主)로 삼고 같은 것을 폐해 버리면 '성은 이이다(性卽理)'라는 한 구절은 허망한 말이 될 것이다. 성이 같다고 하는 것을 내가 그렇지 않다고 말하는 것이 아니다. 편전의 성을 본연의 성이 아닌 것으로 삼으면 바로 이는 바로 분 밖에 이가 있는 것이 되어서, 마침내 같은 것을 주로 삼아 다른 것을 폐해 버리게 되니, 성이 체(體)만 있고 용(用)이 없는 폐물이 되고 말 것이다. 이(理)라는 것은 하나이나 실지는 만분(萬分)이니 다르면 다를수록 더욱 같아지는 것이다. 그래서 하나가 나뉘어진 것이니 실제로 다른 것이 하나요, 다르면서도 같으니 참으로 같은 것이다. 양가(兩家)에서 동이(同異)를 말함에 동과 이로써 서로 용납할 수 없음이 이와 같다. 대개 다르다고 말한 것은 실로 다른 것이요, 같다고 한 것은 참으로 같은 것이 아니다."

또 이렇게 말했다.

"오상(五常)이 사람에게 있는데 또 어찌 형상(形象)과 성취(聲臭)

가 있겠는가? 용(用)에 인하여 미루어 나가는 것에 불과할 따름인데, 천지에 있어서는 이와 달라 유독 용에 인하여 미루어 나갈 수 없겠는가? 그러므로 태극의 본연인 성취가 없는 신묘한 것도 깊이 탐구하여 보면, 오상의 이(理)에 불과하다. 태극이 오상의 이인데도 오상이 도리어 기를 인한 성이라고 하는 것이 옳겠는가? 본연이라고 말하는 것은 지금에 대하여 비로소 그러하다는 말이니, 오상의 덕은 이제 말하는 지금이 아니고 본래 이미 그러한 것이며, 그래서 본연이라고 말한 것이다. 만약에 먼저 분(分)이 없는 일(一)이 있고, 뒤에 기로 인해 분이 생긴다고 하면 이는 바로 본래는 그렇지 않던 것이 이제 와서 그런 것이라고 하는 것이다. 그런데도 오히려 오상(五常)을 본연으로 삼는 것은 어째서인가? 천명을 본연으로 삼고 오상을 기질로 삼는 것 역시 일관되게 주장되어 왔다.

하늘이 인물에게 명한 것은 오상 이외에 다른 것이 없는데, 오상이 기질에 점령되고 말면 천명이란 빈 껍데기가 되니, 비록 본연이라는 미칭(美稱)으로 부른다 하더라도 결국 이것이 무슨 물건이 되겠는가? 천명을 성으로 삼지 않으므로 점(占)한 바가 기질로 떨어지지 않을 수 없으니, 이것은 갑(甲) 쪽의 의논을 따르기 어려운 이유이다. 을(乙) 쪽에서 오상을 한가지로 하여 본연이라고 말하는데, 이것은 확실한 일원(一員)에 부착한 것이어서 갑 쪽에서 오상을 초월하여 일원을 공허한 자리에 세우는 것과 비교되지 않는다. 그러므로 끝에 가서 층절(層節)의 분잡한 모양이 갑 쪽처럼 심하기에 이르지는 않았지만, 편전(偏全)은 본연이 아니라고 하는 말로 보건대 도리어 오상을 한가지로 한다(同五常)는 동(同)자는 이미 스스로 병통을 띠고 있다. 어찌 같다고 말하겠는가? 단지 오상이 함께 처하고 있는 것뿐이다.

오상이 물을 따라 편전을 이루는 것은 바로 이 이(理)의 본분이니 어찌 같을 수 있겠는가? 이와 같이 편전이 같지 않은데도 오히려 본연이 같다고 하는 것은, 비유하건대 반우(盤盂)와 도검(刀劍)이 다같이 동철(銅鐵)이 되는 점에 있어서 같다는 것이요, 반우와 도검의 구별없이 혼동하여 같다고 말한 것은 아니다. 편전의 성은 본연이 아니라고 하는 것은 반우와 도검을 떠나서 동철을 구하는 말이다. 편전은 형이하의 것이요, 편전의 성은 형이상의 것인데 형이상의 것을 본연으로 삼을 수 없다고 한다면, 주자가 말한 형이상의 도는 다만 기질 한 쪽만을 말한 것이라고 하겠는가? 그러므로 한 개의 성이로되 그 분(分)이 일(一)에 해롭지 않기 때문에 오상을 한 가지로 한다고 말하는 것은 옳으며, 그 일이 분에서 벗어나지 않는다는 점에서 편전의 성이라고 하는 것도 또한 옳다. 비록 이름붙여 말하는 사이에 억양하는 기세가 있는 것 같지만 실은 한폭의 포백(布帛) 가운데 어떤 것은 날줄이 되고 어떤 것은 씨줄이 되며, 한 사람의 신상에 이름이 있고 자(字)가 있는 것과 같으니, 편전의 상층에 다시 오상을 한가지로 하는 한 지위가 있는 것은 아니다. 이제 저기에서는 본연이 되고, 여기에서는 기질이 된다고 하면 이것은 날줄은 포백이라 하고 씨줄은 관괴(菅蒯)가 되며, 이름은 귀인(貴人)이라 부르고, 자는 노예(奴隷)라고 하는 것이니 어찌 옳겠는가?

천하의 성은 온전하지 않으면 편벽된 것이다. 참으로 온전하지 않고, 또 편벽되지 않은 성은 있지 않다. 편전이 모두 본연이 아니라면 그것은 바로 천하에 어떤 한 물건도 능히 그 본연의 성을 성으로 삼을 수 없게 되어, 본연의 성은 영원히 공중에 뜬 허망한 지위가 되고 말 것이니 어찌 저 성을 성으로 쓰겠는가? 이에 대해 질언(質言)하지 않을 수 없으니, 본연의 성이란 어찌 명덕(明德) 속에 갖추어진 것이겠는가? 이같은 도리는 참으로 칠성(七聖)도 모두 미혹되는 곳이라 하겠다. 정통(正通)을 존귀하게 여기는 것은 본연이 온전함을 얻었기 때문인데, 만약 편색자(偏塞者)와 더불어 그 본연이 아닌 것으로 하기를 장곡(臧穀)의 망양(亡羊)처럼 한다면 정통을 왜 존귀하다고 하겠는가? 대개 분수(分殊)가 없는 것으로 일(一)을 삼으면 그 폐단이 반드시 여기에 이르게 된다. 그 각기 받은 바른 성(各正之性)을 분수에 떨어지고 형기를 범한 것이라고 하여 일원으로 삼지 못하겠다고 하는 것은 갑 쪽의 논의와 다름이 없을까 염려되니, 이 역시 따르기 어려운 것이다. 총론하자면 이일(理一)과 분수를 서로 떨어지게 한 폐단이 아니겠는가?

편전은 선일변(善一邊)을 지적해서 말한 것이다. 선일변이라는 것은 마치 공간은 크고 작음이 있어도 달빛은 본래 그대로이며, 그릇은 비록 방원(方圓)이 있어도 물의 본성은 아무렇지도 않은 것과 같으니 이와 같은 것이 어찌 본연이 아니겠는가? 기질은 선악을 겸한 것인데 선악을 겸했다는 것은 마치 진흙과 화합한 물이 덜 맑고, 창호(窓戶)를 사이에 둔 달빛의 명암(明暗)이 여러 가지인 것과 같으니, 편전의 성을 가지고 기질로 삼는 것이 어찌 편전에 떨어지는 것이 아니겠는가? 기질의 성을 군자는 성으로 여기지 않는다고 하지만, 인물편전(人物偏全)의 성에 대해서도 군자가 또한 성으로 여기지 않는다는 것인가?

혹자가 이를 힐난하여 말하기를, '강문(江門)의 학자들이 분수(分殊)를 논하면서 인기(因氣)다, 각지(各指)다 하는 의논이 일어난 이래로 여러 선생들의 논설이 오히려 적잖이 갈라져서 서로 합하지 못하고 있다. 이제 그대가 바로 일원(一原) 속에 이미 분수를 함유하고 있다고 하여 이른바 깊은 물을 더욱 깊게 하듯이 복잡하게 하고 있는데, 어찌하여 이런 말을 가지고서 도리어 구론(舊論)을 의심하겠는가? 반드시 죄를 얻는 것이 많을 것'이라고 한다.

나는 이렇게 대답한다. 일(一)이면서 일찍이 분(分)이 없지 못하고, 수(殊)하되 일에 해가 되지 않는 것은 바로 이(理)의 자연이다. 명령하여 쉼이 없도록 하는 것과 참되게 하여 하나도 빠뜨림이 없도록 한 까닭은 나의 한때의 말로 바꿀 수 있는 것은 아니다. 죄가 되는 것을 안다는 한 항목은 내가 감히 말할 바가 아니거니와, 나의 망령된 의

논이 구론과 서로 반대되는 것은 어지러움을 더욱 깊게 한 것은 아니다. 나의 말 같으면 이일과 분수가 원융(圓融)한 것이니 이른바 체용일원(體融一源) 현미무간(顯微無間)한 것이다. 같은 가운데 다름이 있고, 다른 가운데 같은 것이 있어 동이(同異)를 말할 필요조차 없지만 구론의 뜻과 같으면 이일(理一)과 분수(分殊)가 서로 막히고 단절된 것이다. 그러니 이는 체용이 이본(二本)이고 현미(顯微)에 간격이 있어서, 같은 것은 스스로 같고 다른 것은 스스로 달라 끝내 회통(會通)할 기약이 없는 것이다. 각지(各指)·단지(單指)라는 한마디의 말에 힘입어 겨우 이일과 분수의 그 층절(層節)을 배정한 것이니, 각지·단지에 이 이가 없는 것이 아니다. 또한 이것은 속이 없이 겉으로만 한 설인데 주석자들이 앞사람이 이루어놓은 말을 자세히 분석한 하나의 방법인 것이다. 예컨대 천지의 성은 오로지 이로써 말한 것이요, 기질의 성은 이와 기를 섞어서 말한 것이라고 한 것이 이것이다. 이면에 이 이의 실체가 붙어 있다는 점에 있어서는 각가(各家)들이 의논하기 이전의 일이다. 그 같음과 다름이 반드시 자연스러운 체단(體段)이 있는데 어찌 반드시 다른 사람이 지적한 것을 따라서 높이고 낮추겠는가? 참람한 말이 이에 이르니 더욱 죄를 피할 바가 없다고 하겠다.

주자가 인물성(人物性)에 대하여 논한 것이 실로 많으나 그 중에서도 사서의 주석은 손수 다듬은 것이어서 와전되기 쉬운 기록이나 급하게 쓴 서소(書疏) 따위에 비교할 것이 아닌데, 그 주석에서 인물의 오상(五常)을 말한 것이 세 곳 있다. 그 하나인, 인물이 생함에 반드시 이 이를 얻어서 건순인의예지(健順仁義禮智)의 성을 삼는다고 한 것은《대학혹문》에 있는 말이요, 또 인물이 생함에 각각 그 품부한 이를 얻어서 건순 오상의 덕으로 삼는다고 한 것은《중용장구》에 있는 말이다. 두 조목은 모두 인물을 구분하지 않고 일례로 설명하였으니, 약간 문리(文理)를 아는 사람이면 조금도 분변하기 어려운 것이 아니며, 또 얻어서 성으로 삼는다거나, 얻어서 덕으로 삼는다고 한 것은 모두 성성(成性) 이하에 속하고, 계선(繼善) 이상의 일이 아니므로 주자의 뜻이 인물의 성은 다같이 오상을 갖추고 있는 것이라고 한 것이 분명하다. 어찌 다시 다른 설이 있겠는가? 다만 《맹자》의 생지위성장(生之謂性章) 집주(集註)에서 '이(理)로 말하면 인의예지의 순수한 것을 어찌 사람이 아닌 물(物)이 얻어서 온전히 할 수 있겠는가?'라고 하였으니 이는 사람과 만물을 구분한 곳이다. 그렇지만 말하기를, '물이 어찌 얻어서 온전히 할 수 있는 것이겠는가'라고만 하고, 물은 함께 얻을 수 없는 것이라고는 말하지 않았으니 이 또한 인물이 오상을 한가지로 소유한다는 말이 된다. 생각하건대 본디 옛사람들이 말을 처음 만들어서 물건에 이름을 붙일 때는 각각 본지(本旨)가 있으니 인·의·예·지 넉자의 본지는 분명히 사람을 인해서 이름한 것이다. 예컨대 사람의 도를 세우면서 인과 의라 말하고, 인이라는 것은 인(人)이니 인은 인심(人心)이라 하였으며, 의는 사람이 걸어야 할 길이라고 한 것과 같은 것이다. 이러한 인(人)을 만약 만물(萬物)이란 글자로 대치한다면 제격에 딱 들어맞지 않으니, 이에서 네 글자의 본지는 사람을 인하여 이름붙여진 것임을 알 수 있다.

그리고 건괘(乾卦)의 문언(文言)과 무망괘(无妄卦)의 대상(大象)과 《중용》의 진성(盡性) 1장은 모두 물(物)과 사람이 한 이(理)라는 뜻을 볼 수가 있다. 그런데도 오히려 물성(物性)에서는 일찍이 오상이라고 확실히 말을 하지 않았다. 이는 이 이가 없다고 하는 것이 아니라 사람에 대해서는 자세히 말하고, 물은 간략하게 다룬 것은 본래 그 분수가 진실로 그렇기 때문이다.

〈태극도설(太極圖說)〉의 이오묘합(二五妙合)의 한 단락에 이르러서 비로소 그 단서를 조금 말하였고, 정자의 무독유대(無獨有對)라는 말과 소강절의 '사편관물(四片觀物)'의 법에 미쳐서 감춰졌던 것이 완전히 드러났으며, 주자에 이르러서 비로소 오상을 가지고 분명히 말하였는데, 주자가 이렇게 말한 것이 어찌 새로운 말을 지어내 인도(人道)를 물(物)과 같게 하기를 기뻐해서였겠는가? 비록 그러하나 일(一)일 뿐 분(分)이 없으면 내가 말한바 일이라는 것이 아니다. 그렇기 때문에 《중용》과 《대학혹문》에서 곧바로 말하기를, '조수 초목이 생을 받음에 있어서는 겨우 형기(形氣)의 편벽됨을 얻고 전체를 관통(貫通)하여 완전히 소유하지 못하니, 저 천하게 만물이 된 것들은 형기의 편벽되고 막힌 데에 얽매여서 그 본체인 이의 온전한 것을 충족하지 못한다'고 하였다. 이는 인물의 성이 비록 이 일리(一理)를 한 가지로 소유했다 하더라도 이(理) 가운데는 다시 그 분한이 없을 수 없는 것임을 말한 것이다. 기(氣)는 이 이를 싣고 있는 것이므로 비록 형기를 떠나서 분(分)을 말하지 못한다 하더라도 나누어서 하나로 하면 일에는 일찍이 분이 없을 수 없음을 알 수 있다.

또 이르기를, '물아(物我)가 오상을 균등하게 소유하고 있는 것은 이(理)의 일(一)이요, 오상에 편전이 있는 것은 일 가운데의 분(分)이다. 대개 통체일태극(統體一太極)으로부터 일과 분이 원융(圓融)하여 사이가 없으므로 그 만물에 있어서 성성(成性)한 것도 이와 같다. 그러므로 선각자들이 성을 논함에 이동(理同)을 말한 이도 있고, 이부동(理不同)을 말한 이도 있는데, 이는 서로 어긋난 것이 아니라, 주로 삼아 말한 바가 같지 않을 뿐이다. 어째서 그 주로 삼은 바가 같지 않을까? 범연하게 그 묘(妙)를 논하면 도출(挑出)해서 말하는 것이 되고, 실답게 그 체(體)를 지적하면 기에 나아가서 밝힌 것이 된다. 도출하면 이는 본래 하나이기 때문에 이일(理一)이 주가 되어 만수(萬殊)를 그 가운데 포함하게 되고, 기에 나아가면 기가 이미 나누어진 것이므로 분수(分殊)가 주가 되고 이일이 그 사이에 있게 된다. 이로부터 말이 두 가지로 달라진 것이지 어찌 성에 층절이 많아서 그렇겠는가?

제가(諸家)들이 선각자들의 성을 논설한 데에 대하여 자세히 강론하지 않은 것이 아니었다. 다만 이(理)와 분(分)이 일체(一體)되는 곳에 착안(着眼)하지 못해서 이기가 서로 싫어하고, 동이(同異)가 서로 빼앗아 이(異)를 말하면 오상(五常)을 혼자서만 차지하려 하고, 동(同)을 말하면 이에 편전(偏全)을 낮추어보는 데 이르고 말아, 처음에는 차이가 조금 나던 것이 나중에는 천리나 어긋나게 된 것이다.

일리(一理)가 있으면 오리(五理)가 있기 때문에 일기(一氣)가 있으면 오기(五氣)가 있게 된다. 일은 총체를 말한 것이요, 오는 그 속에 온축된 것을 말한 것이니 옛날에는 일이던 것이 지금 와서 오가 된 것은 아니다. 일만 있고 오가 없으면 사지(四肢) 백체(百體)가 없어도 사람은 있다는 말이니 오상만을 말하면 옳겠는가? 일로써 오와 비교해보면 오란 것은 동일하고, 오로써 서로 비교해보면 분(分)이 이에 있으니 비록 산수(散殊)가 무궁하다 하여도 모두 본분(本分) 가운데의 일인데 편전을 낮추어 보려고 하면 되겠는가? 《역》이라는 책은 바로 이러한 이치를 그려낸 것이다. 세상에 어찌 불쑥 나타나 조화의 요점이 되고 만물의 근저가 되는 것이 있겠는가?

심(心)을 논해도 역시 그러하다. 심이 비록 기의 분(分)의 일이지만 갖추고 있는 것은 성(性)이다. 심이 성을 갖춘 것에 있어서는 나의 심이 성인의 심과 같고, 심이 성을 다하지 못하게 되면 나의 심이 성인의 심과 다르니, 그 같거나 다른 것의 중요 원인이 성에 달려 있는 것이다. 대개 그 체단(體段)은 같되 작용이 다른 것은 실로 기품의 미악(美惡)이 그 사이에서 용사(用事)하고 있기 때문이다. 그러나 성인이 이에 대하여 항상 그 같음을 주로 삼고, 다른 것은 억제해서 기품을 큰일로 간주하지 않기 때문에, 비록 어리석으나 반드시 밝아지고, 비록 유약하나 반드시 강해진다고 하였고, 또 미친 사람도 사념(私念)을 다스려 이기면 성인이 될 수 있다고 하였다. 이런데도 남당 한원진은 같은 것을 망각하고 그 다른 것만을 주장하여 성인과 범인의 마음이 다르다는 설만을 법문(法門)으로 삼았으니 역시 성인의 뜻에 모

순되었다. 그리고 남당과 함께 논변한 사람들 또한 그 주로 한 바가 있음은 말하지 않고, 구차하게 광명한 분수(分數)만을 비교하여 이로써 성인과 범인의 심이 같다고 하여 요점에는 도달하지 못했다. 또 혹 천지의 묘용(妙用) 양능(良能)이 사람에게 내려 심이 된 것이요, 사람의 기질이 한번 정해진 뒤에 비로소 취합(聚合)하여 심이 된 것은 아니라고 한 말은 더욱 사리에 맞지 않아 오활하다. '심은 본디 선하다'는 말에 이르러서는 담일(湛一)은 기의 본연이라는 것과, 희·노·애·락이 아직 발하지 않았을 때 어찌 불선(不善)하겠는가 하는 등의 말을 가지고 단안한 것은 참된 말이다. 다만 남당이 반드시 선악의 종자가 미발(未發)한 즈음에도 간직되고 있는 것으로 생각하여, 장차 발한 뒤의 근저로 삼으려고 하니 역시 어떨지 모르겠다.

위의 호락(湖洛) 제현(諸賢)의 논변은 납득되지 않는 것이 많은데, 매양 스스로 그 심한 폐단을 해석해놓지 못함을 한스럽게 여겼다. 이제 병중에 조금 서늘한 틈을 타서 대충 의심나는 것을 기록한다. 내 의도는 대개 고열(考閱)하여 부족함을 채우려는 것이요, 겨우 일설을 얻었다고 해서 종신토록 고치지 않으려는 것은 아니며, 또 감히 당세의 전문가들과 더불어 논쟁하려는 것도 아니다. 이밖에도 오히려 의문될 만한 것이 많이 있지만 심력(心力)이 도저히 미치지 못하겠으니, 뜻이 같은 자가 있으면 함께 집안에서 의논하여 결정할 것을 사양하지 않겠다고 생각해 왔는데 파지(破紙) 속에서 녹문(鹿門) 임씨(任氏)의 한 의논을 얻었다. 거기에 이르기를, '참으로 이(異)를 말하면 비단 성(性)만이 다른 것이 아니라 명(命) 또한 다르며, 참으로 동(同)을 말한다면 비단 성(性)만 같은 것이 아니라, 도(道) 또한 같다'고 하였다. 이 말이 얼른 보기에는 사슴 옆에 있는 것이 노루요, 노루 옆에 있는 것이 사슴이라는 것처럼 모호하나, 그 실지 내용은 도리의 근본을 조금도 부족함이 없도록 설파한 것이다. 이천(伊川)의 '이일분수(理一分殊)'란 네 글자가 이 분에 힘입어서 일맥이 이어져 우리나라에서 이어지게 되었는가 싶다. 한스러운 것은 그 전서(全書)를 얻어서 연구하지 못한 일이다."

그의 〈외필(猥筆)〉에는 이렇게 말했다.

"기가 이에 순(順)하여 발한 것을 기발(氣發)이라 하니, 즉 이발(理發)이요, 이를 따라 행하는 것이 기행(氣行)이니 즉 이행(理行)이다. 이는 조작하거나 스스로 준동(蠢動)하는 것이 아니니, 발하고 행하는 것이 분명히 기가 하는 것인데도 이발(理發), 이행(理行)이라고 하는 것은 어째서인가? 기가 발하고 행하는 것은 실로 이에게서 명을 받은 것이니, 명하는 자는 주인이 되고, 명을 받는 자는 종이 된다. 종은 그 노역을 담당하고 주인은 그 공로를 차지하는 것은 천지의 떳떳한 의리이다. 그래서 '서자여사(逝者如斯)'란 말을 할 때에는 곧바로 서자(逝者)를 말하고, '승기여사(乘氣如斯)'라 말하지 않은 것이며, 건도변화(乾道變化)를 말할 때 곧바로 건도(乾道)를 말하고, '승기변화(乘氣變化)'라 말하지 않으며, '태극생양의(太極生兩儀)'를 말할 때에도 역시 그러하며, '성자물지종시(誠者物之終始)'를 말할 때에도 그렇다. 염계 주돈이의 〈태극도설〉은 이러한 법을 본받아 여기에 전하였다.

그래서 첫머리에 '태극이 동하여 양을 생하고, 정하여 음을 생한다(太極動而生陽 靜而生陰)'고 말할 때에도 하나의 기(氣)자도 보이지 않는다. 이는 기기(氣機)를 빼어버린 것이 아니라 주인이 가는 곳에 종이 따라가지 않을 수 없기 때문에 그런 것이다. 그 말은 이처럼 광명직절(光明直截)하여 의심할 것이 없다. 그러나 과불급한 곳에 이르러서는 부득이 기를 말할 때가 있다. '궐자추자기야(蹶者趨者氣也)'가 이것이다. 대개 과불급이 비록 이(理)에 근본한 것이지만 말류에 가서는 이에 해로운 것이어서 구별이 없을 수 없는 것이다.

우리나라 근세의 이기설(理氣說)은 왜 이렇게 막힌 것일까? 그 말이 대개 한 덩어리로 뭉뚱그려져서, 가고 안가는 것도 없고, 주장하는 것이 없는 것을 이로 여기기 때문에 이발(理發)이라는 두 글자는 오늘날 학자들이 크게 금기하여 피하는 말이 되어서 조금씩 단락이 보이거나 변화를 행하거나 조리를 이루는 것을 보면 바로 기라고 말한다. 그러나 무엇이 이 기를 주재하는가 하고 물으면, 기(機)가 제 스스로 그러할 뿐, 그렇게 되도록 하는 것은 있지 않다고 말한다.

이른바 이라는 것은 어느 곳에 붙어 있는 것이냐고 물으면 탈(乘) 따름이라고 말한다. 그렇다면 처음부터 이미 그렇게 되도록 하는 묘리도 없고, 나중에도 조종하는 힘이 있지 않으면서 그저 붙어서 탈 뿐이니 무슨 일을 하겠는가? 있어도 도움될 것이 없고, 없어도 부족한 것이 없어 살에 붙은 혹이나 천리마에 붙어다니는 파리 따위에 불과하니 가련하다 하겠다. 그 까닭을 따져보면 탄다는 승(乘)자가 그 본뜻을 잃어버린 데 근원하여 점점 내달아 이는 가볍고, 기는 소중한 것으로 귀착되게 한 때문이다. 그래서 곧장 기가 이의 자리를 빼앗아서 만사의 본령을 삼고야 마는 데 이르렀다. 한 글자의 본뜻을 잃은 화(禍)가 마침내 이에 이르게 되었는가?

기와 이를 함께 거론해서 이기라고 부른 것은 언제 시작되었을까? 내 생각으로는 이것은 성인의 말씀이 아닐 것이다. 왜 그렇게 말하는가 하면, 이(理)는 존귀하기가 상대가 없는데 어찌 기를 이와 함께 짝지어 말하겠는가? 그 넓음이 상대가 없으니, 기 또한 이 가운데의 일이다. 바로 이가 유행할 때의 팔다리일 뿐으로, 이에 대하여 본래 대적함이 없다. 짝도 아니고 대적하지도 못하는 것을 대거(對擧)하는 것은 어째서인가? 본원을 알맞게 말한 사람으로는 공자 같은 분이 없고, 공자의 본원을 말한 것으로는 《주역》의 말보다 나은 것이 없다. 이를 말할 때면 반드시 이로써 기를 거느리고, 기를 말할 때면 바로 거기에 나아가 이를 밝혔다.

'한번 음이 되고, 한번 양이 되게 하는 것을 도라고 한다(一陰一陽之謂道)'는 말이나, '태극이 양의를 생한다(太極生兩儀)'고 한 말이 이런 것이다. 이처럼 십분 합당하여 빠짐이 없으니 어찌 일찍이 한곳에 대치시켜 둘을 같이 거론한 것을 보겠는가? 형이상(形而上)과 형이하(形而下)는 대거가 아닌가 하지만 이 구절은 주안점이 상과 하란 글자에 있으니, 상하는 바로 적대(的對)한 것이다. 천만세에 도기(道器)의 문호(門戶)를 열어 분별할 때 그 말이 부득이 그렇게 된 것뿐이다. 비록 그러나 이상(而上) 이하(而下)의 위에 형(形)자가 있어서 스스로 분개(分開)할 수 없는 뜻이 그 속에 담겨 있다. 어찌 일찍이 지금처럼 각각 소굴(巢窟)을 세우고 각자 두뇌(頭腦)가 되는 것과 같겠는가? 지금 사람들은 이자를 보자마자 반드시 기자를 찾아내어 짝을 만든다. 그래서 이가 유행하는 하나의 큰일을 기자가 모두 떼어다가 자기 것으로 삼아, 남은 것이라고는 혼륜(混淪)이다 충막(沖漠)이다 하는 것뿐이다. 이것이 두 갈래로 갈라진 본령(雙本領)의 첫 단초이니 슬프다.

승(乘)자를 본래의 탄다는 뜻으로 보지 않고, 붙는 데 따라 문득 타는 것으로 보면 주인을 객으로 삼을 뿐만이 아니니, 이(理)에는 준동함이 없다는 뜻이 어디 있겠는가? 큰 의미를 이미 잃었다. 또 승자는 스스로 내력이 있으니 대개 형이상하(形而上下)의 상하 두 자로부터 의미를 되새겨보면 분개하지 못할 곳에 분개한다는 이야기를 내놓은 것이다. 지금 사람들이 붙는 데 따라 문득 타는 것으로 보는 것은 바로 본래 이체(二體)인 것을 하나로 합치는 것이어서 본뜻과는 거리가 멀다."

근 세 호 남 유 학 유 기 로 사 정 진 자 대 중 행 주 인 정 조 무 오 생 중 진 사
近世湖南儒學有奇蘆沙正鎭字大中幸洲人正祖戊午生中進士
임 진 천 수 강 릉 참 봉 불 취 관 지 참 판 유 유 집 수 십 권
壬辰薦授康陵叅奉不就官至叅判有遺集數十卷
기 납 량 사 의 왈 제 가 언 인 물 지 성 기 귀 수 수 절 의 기 폐 일 야 갈 언 폐
其納凉私議曰諸家言人物之性其歸雖殊竊意其蔽一也曷言蔽
지 일 폐 재 리 분 상 리 갈 언 리 분 상 리 상 제 가 지 의 일 시 개 이 리 위 무 분
之一蔽在理分相離曷言理分相離詳諸家之意一是皆以理爲無分

지 물 분 위 인 기 이 유 한 리 일 어 리 형 기 지 지 국 분 수 어 타 형 기 지 후 어
之物分爲因氣而有限理一於離形氣之地局分殊於墮形氣之後於
시 리 자 리 분 자 분 이 성 명 횡 결 의 성 명 횡 결 이 론 성 시 위 천 하 렬 의 이
是理自理分自分而性命橫決矣性命橫決而論性始爲天下裂矣以
부 천 소 문 분 야 자 리 일 중 세 조 리 리 분 불 용 유 층 절 분 비 리 지 대 분 수
膚淺所聞分也者理一中細條理理分不容有層節分非理之對分殊
이 자 내 대 일 자 야 리 함 만 수 고 왈 일 유 언 기 실 일 물 야 수 비 진 수 고 왈
二字乃對一者也理涵萬殊故曰一猶言其實一物也殊非眞殊故曰
분 수 언 소 수 자 특 기 분 한 이 일 구 량 어 상 수 위 의 제 일 개 부 득 고 설 리
分殊言所殊者特其分限耳一句兩語相須爲義除一箇不得故說理
일 시 가 지 분 지 기 함 설 분 수 시 기 견 일 지 자 재 초 비 연 리 이 하 첨 일 료
一時可知分之己涵說分殊時己見一之自在初非沿理而下添一料
이 방 성 분 소 분 이 상 초 일 보 이 방 칭 리 지 위 야 유 주 자 량 구 어 최 분 명
而方成分溯分而上超一步而方稱理之謂也有朱子兩句語最分明
이 효 왈 태 극 자 상 수 미 형 이 기 리 기 구 지 칭 형 기 기 구 이 기 리 무 짐 지
易曉曰太極者象數未形而其理己具之稱形器己具而其理無眹之
목 부 상 수 미 형 즉 미 파 지 일 의 이 기 리 기 구 즉 비 분 지 기 함 호 형 기 기
目夫象數未形則未破之一矣而其理己具則非分之己涵乎形器己
구 즉 기 정 지 분 의 이 기 리 무 짐 즉 비 일 지 자 재 호 비 유 이 리 호 형 기 이
具則旣定之分矣而其理無眹則非一之自在乎非有以離乎形器而
기 부 잡 호 형 기 자 선 관 자 불 방 기 즉 형 기 이 득 지 야 차 소 위 태 극 지 본
其不雜乎形器者善觀者不妨其卽形器而得之也此所謂太極之本
체 유 견 호 차 즉 리 분 비 대 치 상 애 지 물 이 이 기 오 행 남 녀 만 물 지 각 일
體有見乎此則理分非對峙相碍之物而二氣五行男女萬物之各一
기 성 자 내 일 태 극 지 본 색 자 부 대 변 설 이 자 명 의 구 이 리 분 위 량 절 사
其性玆乃一太極之本色者不待辨說而自明矣苟以理分爲兩截事
즉 일 애 여 수 지 상 반 약 빙 탄 기 료 절 약 천 연 층 급 횡 생 각 점 일 위 이 위
則一碍與殊之相反若冰炭其遼絶若天淵層級橫生各占一位以爲
본 연 이 동 이 지 론 분 연 이 기 신 사 의 야 오 구 일 시 롱 동 무 물 이 부 족 위
本然而同異之論紛然而起信斯義也吾懼一是儱侗無物而不足爲
일 원 분 역 림 시 배 정 이 부 득 위 본 분 동 이 유 속 제 이 건 사 기 어 실 체 하
一原分亦臨時排定而不得爲本分同異猶屬第二件事其於實體何
여 야 차 소 이 제 가 론 성 절 절 추 거 종 다 난 종 자 야
如也此所以諸家論性節々推去終多難從者也

상 수 미 형 일 구 이 언 호 미 야 형 기 기 구 일 구 이 언 호 현 야 약 유 량 절
象數未形一句以言乎微也形器己具一句以言乎顯也若有兩節

의 연 물 자 유 시 종 리 본 무 성 괴 실 비 유 량 사 야 천 하 무 리 기 독 립 지 리
矣然物自有始終理本無成壞實非有兩事也天下無離氣獨立之理
분 수 지 외 갈 상 별 유 소 위 리 일 자 야 수 지 지 차 분 수 편 시 리 일 처 분 수
分殊之外曷嘗別有所謂理一者耶須知只此分殊便是理一處分殊
지 위 일 리 역 무 심 난 효 자 여 굴 신 번 복 일 수 야 행 주 좌 와 일 신 야 굴 신
之爲一理亦無甚難曉者如屈伸翻覆一手也行住坐臥一身也屈伸
시 일 수 번 복 우 일 수 이 위 유 량 수 가 호 행 주 처 일 신 좌 와 처 우 일 신 이
時一手翻覆又一手而謂有兩手可乎行住處一身坐臥處又一身而
위 유 량 신 가 호 리 일 지 불 외 어 분 수 자 연 야 분 수 지 조 함 어 리 일 역 불
謂有兩身可乎理一之不外於分殊者然也分殊之早涵於理一亦不
과 유 차 이 일 번 간 이 설 언 차 물 지 미 시 유 이 필 선 유 차 물 지 리 만 물 지
過由此而一翻看耳設言此物之未始有而必先有此物之理萬物之
미 시 유 여 일 물 야 만 리 지 필 선 유 여 일 물 야 시 필 유 일 수 이 장 굴 신 번
未始有如一物也萬理之必先有如一物也是必有一手而藏屈伸翻
복 자 의 일 신 이 함 행 주 좌 와 자 의 여 왈 불 연 즉 정 자 소 위 충 막 만 상 주
覆者矣一身而含行住坐臥者矣如曰不然則程子所謂冲漠萬象朱
자 소 언 기 구 선 유 처 부 지 일 재 시 개 하 위 야 차 우 가 견 원 두 일 리 비 무
子所言己具先有處不止一再是皆何謂耶此又可見原頭一理非無
분 지 위 야
分之謂也

기 로 사 납 량 사 의 속 왈 청 복 이 일 천 사 유 지 금 유 일 괴 동 철 시 일 태
奇蘆沙納凉私議續曰請復以一淺事喩之今有一塊銅鐵是一太
극 가 이 위 반 우 가 이 위 도 검 시 분 수 지 함 어 일 소 위 찬 연 자 비 동 변 가
極可以爲盤盂可以爲刀劒是分殊之涵於一所謂粲然者非東邊可
위 반 우 서 변 가 위 도 검 즉 혼 연 급 기 입 반 우 로 이 위 반 우 입 도 검 로 이
爲盤盂西邊可爲刀劒則渾然及其入盤盂爐而爲盤盂入刀劒爐而
위 도 일 각 득 기 본 분 지 일 로 시 기 화 각 득 기 일 분 시 각 일 기 성 지 분 수
爲刀釰各得其本分之一爐是氣化各得其一分是各一其性之分殊
시 분 야 비 림 시 배 정 시 본 연 수 위 반 우 도 검 이 탈 부 득 구 시 동 철 동 철
是分也非臨時排定是本然雖爲盤盂刀劒而脫不得舊時銅鐵銅鐵
기 량 의 구 자 재 시 분 수 중 리 일 초 비 반 우 도 검 지 외 별 유 일 괴 동 철 시
伎倆依舊自在是分殊中理一初非盤盂刀劒之外別有一塊銅鐵是
일 태 극 지 재 분 수 중 야 유 리 무 대 기 유 절 비 단 기 일 여 수 미 상 상 리 대
一太極只在分殊中也惟理無對豈有切譬但其一與殊未嘗相離大
개 여 차 일 이 미 상 무 분 수 이 불 해 어 일 기 묘 개 여 차 시 기 선 유 무 분 지
概如此一而未嘗無分殊而不害於一其妙盖如此是豈先有無分之

일 후 생 인 기 지 분 리 자 리 분 자 분 여 제 가 지 의 야 공 자 왈 백 성 일 용 이
一後生因氣之分理自理分自分如諸家之意耶孔子曰百姓日用而
부 지 개 일 용 형 기 막 비 차 리 지 소 우 이 백 성 지 려 상 천 안 중 단 견 형 기
不知盖日用形器莫非此理之所寓而百姓識慮相淺眼中但見形器
갱 불 견 형 기 상 면 유 일 단 사 성 인 유 우 지 분 별 개 상 하 여 인 간 도 기 지
更不見形器上面有一段事聖人有憂之分別箇上下與人看道器之
설 어 시 흥 언 연 상 도 하 기 개 이 형 이 언 지 일 형 일 리 즉 소 위 분 수 자 만
說於是興焉然上道下器皆以形而言之一形一理卽所謂分殊者萬
수 일 리 지 설 성 인 초 불 수 수 연 하 즉 리 야 자 불 기 일 이 자 무 불 일 자 야
殊一理之說聖人初不數々然何則理也者不期一而自無不一者也
단 능 어 만 수 처 절 단 득 도 기 분 명 즉 리 지 불 일 비 소 우 야 시 이 학 자 평
但能於萬殊處截斷得道器分明則理之不一非所憂也是以學者平
생 박 문 약 례 개 시 분 수 상 공 부 이 지 어 리 일 처 일 이 관 지 일 구 기 시 다
生博文約禮皆是分殊上工夫而至於理一處一以貫之一句己是多
역 지 괘 효 단 상 개 시 분 수 상 설 화 이 지 어 리 일 처 태 극 생 량 의 일 어 기
易之卦爻彖象皆是分殊上說話而至於理一處太極生兩儀一語己
시 다 급 지 후 세 인 지 식 려 익 하 이 후 현 위 인 지 의 전 긴 필 대 분 수 명 이
是多及至後世人之識慮益下而後賢爲人之意轉緊必待分殊明而
리 자 일 즉 개 둔 호 유 무 한 극 의 차 리 원 이 어 체 리 활 이 어 착 세 불 가 이
理自一則盖遯乎有無限極矣且理圓而語滯理濶而語窄勢不可以
당 구 갈 진 량 단 내 취 리 일 분 수 상 상 쌍 관 설 거 혹 이 리 기 분 쌍 관 혹 이
當句竭盡兩端乃取理一分殊常々雙關說去或以理氣分雙關或以
천 명 품 수 분 쌍 관 혹 이 일 원 이 체 분 쌍 관 매 동 일 변 속 지 상 일 단 이 일
天命禀受分雙關或以一原異體分雙關每同一邊屬之上一段異一
변 속 지 하 일 단 개 상 일 단 내 부 자 태 극 일 관 지 지 야 하 일 단 즉 부 자 형
邊屬之下一段盖上一段乃夫子太極一貫之旨也下一段卽夫子形
이 상 하 지 설 야 부 자 지 소 량 처 언 지 자 후 현 일 시 병 거 개 욕 학 자 식 기
而上下之說也夫子之所兩處言之者後賢一時並擧盖欲學者識其
원 위 피 차 상 형 거 거 래 래 본 체 약 여 야 후 학 내 반 포 라 부 주 집 언 미 지
原委彼此相形去々來來本體躍如也後學乃反包羅不周執言迷旨
왕 왕 이 리 위 무 두 각 몰 착 락 지 일 물 현 재 명 막 지 간 이 중 도 피 유 력 자
往々以理爲無頭脚沒着落之一物懸在冥漠之間而中道被有力者
구 사 창 졸 배 정 성 출 만 수 래 불 역 오 재 불 위 근 세 현 유 지 론 성 역 복 근
驅使倉卒排定成出萬殊來不亦誤哉不謂近世賢儒之論性亦復近
어 차 야 개 기 이 무 분 위 일 즉 무 괴 기 별 립 일 층 본 연 어 본 연 지 상 이 위
於此也盖旣以無分爲一則無怪其別立一層本然於本然之上以爲

만 물 지 일 원 무 괴 기 이 인 의 례 지 위 인 기 각 지 지 성 이 유 인 물 성 이 지
萬物之一原無怪其以仁義禮智爲因氣各指之性而有人物性異之

론 기 이 분 위 인 기 이 유 즉 무 괴 기 이 인 물 동 오 상 위 본 연 지 성 이 편 전
論旣以分爲因氣而有則無怪其以人物同五常爲本然之性而偏全

지 성 위 비 본 연 유 인 물 성 동 지 론 희 성 이 자 오 비 왈 불 가 이 이 처 내 재
之性爲非本然有人物性同之論噫性異者吾非曰不可而異處乃在

오 상 지 대 기 즉 대 본 유 소 불 명 의 부 득 불 별 립 일 원 즉 시 리 외 유 분 야
五常之帶氣則大本有所不明矣不得不別立一原則是理外有分也

수 주 이 이 폐 동 즉 성 즉 리 야 일 구 위 허 어 의 성 동 자 오 불 왈 불 연 이 이
遂主異以廢同則性卽理也一句爲虛語矣性同者吾不曰不然而以

편 전 지 성 위 비 본 연 즉 시 분 외 유 리 야 수 주 동 이 폐 이 즉 성 위 유 체 무
偏全之性爲非本然則是分外有理也遂主同而廢異則性爲有體無

용 지 장 물 의 리 자 일 실 만 분 유 이 이 유 동 자 야 일 이 분 비 실 리 야 이 이
用之長物矣理者一實萬分愈異而愈同者也一以分非實理也異而

동 내 진 동 야 량 가 지 언 동 이 동 이 불 상 용 약 차 개 기 소 언 이 자 이 시 실
同乃眞同也兩家之言同異同異不相容若此盖其所言異者而是實

이 동 자 비 진 동 야
異同者非眞同也

기 로 사 납 량 사 의 우 왈 오 상 지 재 인 역 하 상 유 형 상 성 취 불 과 인 용
奇蘆沙納凉私議又曰五常之在人亦何嘗有形象聲臭不過因用

이 추 지 이 기 재 천 지 독 불 가 인 용 이 추 지 호 시 고 태 극 지 본 연 무 성 취
而推之耳其在天地獨不可因用而推之乎是故太極之本然無聲臭

지 묘 심 탐 이 구 언 지 즉 불 과 오 상 지 리 야 태 극 시 오 상 지 리 이 오 상 반
之妙深探而究言之則不過五常之理也太極是五常之理而五常反

위 인 기 지 성 가 호 본 연 운 자 대 금 시 연 지 사 오 상 지 덕 비 금 사 금 본 래
爲因氣之性可乎本然云者對今始然之辭五常之德匪今斯今本來

기 연 고 위 지 본 연 약 선 유 무 분 지 일 후 생 인 기 지 분 즉 내 본 불 연 이 금
己然故謂之本然若先有無分之一後生因氣之分則乃本不然而今

연 자 야 유 복 이 오 상 위 본 연 자 하 야 천 명 위 본 연 이 오 상 위 기 질 역 일
然者也猶復以五常爲本然者何也天命爲本然而五常爲氣質亦一

관 관 래 설 불 거 처 천 지 소 이 명 인 물 오 상 지 외 무 타 언 오 상 피 기 질 소
串貫來說不去處天之所以命人物五常之外無他焉五常被氣質所

점 즉 천 명 내 허 각 자 야 수 가 이 본 연 지 미 칭 필 경 과 시 하 물 호 천 명 불
占則天命乃虛殼子也雖加以本然之美稱畢竟果是何物乎天命不

가 거 이 위 성 고 소 점 부 득 불 락 재 기 질 차 갑 변 의 론 소 이 난 종 야 지 약
可據以爲性故所占不得不落在氣質此甲邊議論所以難從也至若

을 변 동 오 상 이 설 본 연 시 착 실 적 일 원 불 비 갑 변 초 오 상 이 립 일 원 어
乙邊同五常而説本然是着實的一原不比甲邊超五常而立一原於

공 탕 탕 지 고 하 초 층 절 지 외 양 부 지 여 갑 변 지 심 이 단 이 편 전 비 본 연
空蕩々地故下梢層節之猥穰不至如甲邊之甚而但以偏全非本然

지 설 관 지 각 공 동 오 성 지 동 자 기 자 대 병 료 갈 위 지 동 지 오 상 편 시 동
之説觀之却恐同五性之同字己自帶病了曷謂之同只五常便是同

처 오 상 지 수 물 이 편 전 내 차 리 지 본 분 하 가 동 야 편 전 부 동 이 유 위 지
處五常之隨物而偏全乃此理之本分何可同也偏全不同而猶謂之

동 자 여 반 우 도 검 위 동 철 즉 동 지 동 비 이 혼 동 무 반 우 도 검 이 위 지 동
同者如盤盂刀劒爲銅鐵則同之同非以混同無盤盂刀劒而謂之同

야 편 전 지 성 비 본 연 리 반 우 도 검 이 구 동 철 지 설 야 편 전 형 이 하 자 편
也偏全之性非本然離盤盂刀劒而求銅鐵之説也偏全形而下者偏

전 지 성 형 이 상 자 형 이 상 자 부 득 위 본 연 즉 부 자 소 언 형 상 지 도 지 설
全之性形而上者形而上者不得爲本然則夫子所言形上之道只説

득 기 질 일 변 야 고 일 개 성 야 자 기 분 지 불 해 어 일 이 위 지 동 오 상 가 야
得氣質一邊耶故一箇性也自其分之不害於一而謂之同五常可也

자 기 일 지 불 외 어 분 이 위 지 편 전 지 성 역 가 야 수 기 명 언 지 간 약 유 억
自其一之不外於分而謂之偏全之性亦可也雖其名言之間若有抑

양 지 세 이 실 여 일 폭 포 중 혹 경 혹 위 일 인 신 상 유 명 유 자 초 비 편 전 지
揚之勢而實如一幅布中或經或緯一人身上有名有字初非偏全之

상 갱 유 동 오 상 지 일 위 야 금 일 피 위 본 연 이 차 위 기 질 즉 시 경 칭 포 백
上更有同五常之一位也今日彼爲本然而此爲氣質則是經稱布帛

이 위 가 관 괴 명 호 귀 인 이 자 왈 급 례 야 하 가 재 천 하 지 성 부 전 즉 편 고
而緯可菅蒯名呼貴人而字曰皂隷也何可哉天下之性不全則偏固

미 유 부 전 우 불 편 지 성 야 편 전 개 비 본 연 즉 천 하 무 일 물 능 성 기 본 연
未有不全又不偏之性也偏全皆非本然則天下無一物能性其本然

지 성 자 이 본 연 지 성 영 무 현 공 지 허 위 즉 장 안 용 피 성 의 어 시 부 득 부
之性者而本然之性永無懸空之虛位卽將安用彼性矣於是不得不

질 언 지 왈 본 연 지 성 기 명 덕 지 소 구 야 사 차 도 리 진 칠 성 개 미 지 지 소
質言之曰本然之性豈明德之所具也似此道理眞七聖皆迷之地所

귀 호 정 통 자 이 기 득 본 연 지 전 야 약 여 편 색 자 균 지 위 비 기 본 연 여 장
貴乎正通者以其得本然之全也若與偏塞者均之爲非其本然如藏

곡 지 망 양 즉 하 정 통 지 족 귀 호 개 이 무 분 위 일 기 폐 필 지 어 차 기 이 각
穀之亡羊則何正通之足貴乎盖以無分爲一其弊必至於此其以各

정 지 성 위 락 분 수 범 형 기 부 족 이 위 일 원 여 갑 변 지 의 공 무 이 동 자 우
正之性爲落分殊犯形器不足以爲一原與甲邊之議恐無異同玆又

난 종 자 야 총 이 언 지 기 비 리 분 상 리 지 폐 야
難從者也總而言之豈非理分相離之蔽耶

편 전 지 선 일 변 이 언 선 일 변 야 자 여 공 극 수 유 대 소 이 월 광 자 약 반
偏全指善一邊而言善一邊也者如孔隙雖有大小而月光自若盤
우 수 유 방 원 이 수 성 무 양 약 차 자 기 불 시 본 연 기 질 시 겸 선 악 이 언 겸
盂雖有方圓而水性無恙若此者豈不是本然氣質是兼善惡而言兼
선 악 야 자 여 화 니 지 수 초 청 격 창 지 월 명 암 다 반 이 편 전 위 기 질 기 부
善惡也者如和泥之水稍清隔窓之月明暗多般以偏全爲氣質豈不
저 함 료 편 전 기 질 지 성 군 자 유 불 성 자 전 언 인 물 편 지 성 군 자 역 유 불
低陷了偏全氣質之性君子有不性者全焉人物偏之性君子亦有不
성 자 언 호
性者焉乎

우 왈 혹 유 난 지 자 왈 강 문 론 분 수 자 인 기 각 지 이 하 제 선 생 지 론 유
又曰或有難之者曰江門論分殊自因氣各指以下諸先生之論猶
혹 기 이 불 합 금 자 내 언 일 원 지 중 기 함 분 수 소 위 여 수 익 심 하 내 이 시
或岐而不合今子乃言一原之中己涵分殊所謂如水益深何乃以是
이 반 의 구 론 재 기 득 죄 야 필 다 의 왈 일 이 미 상 무 분 수 이 불 해 어 일 자
而反疑舊論哉其得罪也必多矣曰一而未嘗無分殊而不害於一者
내 리 지 자 연 명 지 소 이 불 식 이 성 지 소 이 불 유 비 오 지 일 시 협 설 소 능
乃理之自然命之所以不息而誠之所以不遺非吾之一時頰舌所能
이 역 야 지 죄 일 관 비 오 감 지 약 소 망 론 기 어 구 론 내 상 반 비 익 심 야 여
移易也知罪一欵非吾敢知若所妄論其於舊論乃相反非益深也如
오 지 설 즉 리 분 원 융 소 위 체 용 일 원 현 미 무 간 자 동 중 유 이 이 중 유 동
吾之説則理分圓瀜所謂體用一原顯微無間者同中有異異中有同
동 이 불 수 론 야 지 구 론 지 의 즉 리 분 격 단 내 시 체 용 이 본 현 미 유 간 동
同異不須論也知舊論之意則理分隔斷乃是體用二本顯微有間同
자 자 동 이 자 자 이 종 무 회 통 지 기 의 뢰 각 지 단 지 일 화 두 근 득 배 정 기
者自同異者自異終無會通之期矣賴各指單指一話頭僅得排定其
층 절 각 지 단 지 비 무 차 리 역 시 피 면 설 자 내 주 석 가 분 소 전 인 견 성 설
層節各指單指非無此理亦是皮面説玆乃註釋家分疏前人見成説
화 지 법 여 왈 천 지 지 성 전 이 리 언 기 질 지 성 리 여 기 잡 이 언 지 시 야 지
話之法如曰天地之性專以理言氣質之性理與氣雜而言之是也至
약 리 면 일 착 차 리 지 실 체 내 각 가 의 론 이 전 사 기 동 기 이 필 유 천 연 자
若裡面一着此理之實體乃各家議論以前事其同其異必有天然自
유 체 단 기 필 수 인 지 두 이 위 지 저 앙 호 참 론 지 차 우 무 소 도 죄 야
有體段豈必隨人指頭而爲之低仰乎僭論至此尤無所逃罪也

주 자 지 론 인 물 성 고 다 의 기 견 어 사 자 주 설 자 즉 수 필 칭 정 비 기 록
朱子之論人物性固多矣其見於四子註說者則手筆稱停非記錄
이 와 서 소 창 졸 지 비 기 언 인 물 오 상 범 유 삼 처 왈 인 물 지 생 필 득 시 리
易訛書疏倉卒之比其言人物五常凡有三處曰人物之生必得是理
연 후 유 이 위 건 순 인 의 례 지 지 성 자 대 학 혹 문 야 인 물 지 생 각 득 기 소
然後有以爲健順仁義禮智之性者大學或問也人物之生各得其所
부 지 리 이 위 건 순 오 상 지 덕 자 중 용 장 구 야 차 이 조 개 불 구 분 인 물 일
賦之理以爲健順五常之德者中庸章句也此二條皆不區分人物一
례 설 거 조 통 문 리 자 초 불 난 변 차 득 이 위 성 득 이 위 덕 지 운 개 속 성 성
例說去粗通文理者初不難辨且得以爲性得以爲德之云皆屬成性
이 하 이 비 계 선 이 상 사 즉 주 자 지 의 명 이 인 물 지 위 동 차 오 상 의 기 부
以下而非繼善以上事則朱子之意明以人物之爲同此五常矣豈復
유 타 설 재 독 어 맹 자 생 지 위 성 장 집 주 이 리 언 지 즉 인 의 례 지 지 수 연
有他說哉獨於孟子生之謂性章集註以理言之則仁義禮智之粹然
자 기 물 지 소 득 이 전 재 차 위 구 분 인 물 처 연 이 지 왈 물 기 득 전 불 언 물
者豈物之所得以全哉此爲區分人物處然而只曰物豈得全不言物
막 득 여 즉 차 역 인 물 동 오 상 지 설 야 절 상 사 지 고 인 지 창 어 명 물 각 유
莫得與則此亦人物同五常之說也竊嘗思之古人之刱語命物各有
본 지 인 의 례 지 사 자 본 지 분 명 시 인 인 이 명 여 립 인 지 도 왈 인 여 의 인
本旨仁義禮智四字本旨分明是因人而名如立人之道曰仁與義仁
야 자 인 야 인 인 심 야 의 인 로 야 차 등 인 자 약 대 만 물 자 즉 편 불 친 첩 차
也者人也仁人心也義人路也此等人字若代萬物字則便不襯貼此
가 견 사 자 본 지 인 인 이 명 야 약 건 괘 문 언 무 망 대 상 중 용 진 성 일 장 개
可見四字本旨因人而名也若乾卦文言无妄大象中庸盡性一章皆
가 견 물 아 일 리 지 의 이 유 어 물 성 미 상 타 파 립 설 비 위 무 차 리 야 상 인
可見物我一理之意而猶於物性未嘗打破立說非謂無此理也詳人
어 략 물 　 분 고 이 지 도 설 이 오 묘 합 일 단 시 미 기 단 급 호 정 자 무 독 유
於畧物　分固爾至圖說二五妙合一段始微其端及乎程子無獨有
대 지 어 강 절 사 편 관 물 지 법 이 와 장 필 로 의 지 주 자 시 이 오 상 명 언 지
對之語康節四片觀物之法而窩藏畢路矣至朱子始以五常明言之
주 자 지 위 차 설 기 희 위 창 신 지 론 이 동 인 도 어 서 류 재 수 연 일 이 무 분
朱子之爲此說豈喜爲刱新之論以同人道於庶類哉雖然一而無分
비 오 소 위 일 야 고 용 학 혹 문 즉 언 조 수 초 목 지 생 근 득 형 기 지 편 이 불
非吾所謂一也故庸學或問卽言鳥獸草木之生僅得形氣之偏而不
능 유 이 통 관 호 전 체 피 천 이 위 물 자 고 어 형 기 지 편 색 이 무 이 충 기 본
能有以通貫乎全體彼賤而爲物者梏於形氣之偏塞而無以充其本

체 지 전 차 언 인 물 지 성 수 동 차 일 리 이 리 중 지 분 한 불 능 무 야 기 소 이
體之全此言人物之性雖同此一理而理中之分限不能無也氣所以
승 재 차 리 고 불 리 형 기 이 언 분 이 일 지 미 상 무 분 어 차 고 가 견 의
承載此理故不離形氣而言分而一之未嘗無分於此固可見矣

우 왈 물 아 균 오 상 자 리 지 일 야 오 상 유 편 전 자 일 중 지 분 야 개 자 통
又曰物我均五常者理之一也五常有偏全者一中之分也盖自統
체 일 극 리 분 원 융 이 무 간 고 기 성 성 어 만 물 자 우 여 차 시 고 선 각 론 성
體一極理分圓融而無間故其成性於萬物者又如此是故先覺論性
유 언 리 동 자 유 언 리 부 동 자 비 상 려 야 소 주 이 언 지 자 부 동 갈 위 유 차
有言理同者有言理不同者非相戾也所主而言之者不同曷爲有此
소 주 지 부 동 공 공 이 론 기 묘 즉 도 출 이 언 지 진 적 이 지 기 체 즉 즉 기 이
所主之不同共公以論其妙則挑出而言之眞的以指其體則卽氣而
명 지 도 출 즉 리 본 일 고 리 일 위 주 이 만 수 함 어 기 중 즉 기 즉 기 기 분 고
明之挑出則理本一故理一爲主而萬殊涵於其中卽氣則氣己分故
분 수 위 주 이 리 일 존 호 기 간 자 시 화 유 량 반 하 증 성 유 다 층 제 가 어 선
分殊爲主而理一存乎其間自是話有兩般何曾性有多層諸家於先
각 론 성 처 비 강 관 상 밀 이 특 연 리 분 일 체 처 미 심 착 안 이 치 리 기 상 투
覺論性處非講貫詳密而特緣理分一體處未甚着眼以致理氣相妬
동 이 상 양 설 이 즉 욕 독 천 오 상 설 동 즉 내 저 시 편 전 차 지 호 리 실 지 천
同異相攘說異則欲獨擅五常說同則乃低視偏全差之毫釐失之千
리 기 불 신 재
里豈不信哉

유 일 리 편 유 오 리 고 유 일 기 편 유 오 기 일 언 호 기 총 야 오 언 호 기 온
有一理便有五理故有一氣便有五氣一言乎其總也五言乎其蘊
야 비 석 일 금 오 지 위 야 유 일 이 무 오 즉 무 사 지 백 체 이 유 인 지 설 야 욕
也非昔一今五之謂也有一而無五則無四肢百體而有人之說也欲
독 천 오 상 가 호 이 일 시 오 오 자 동 일 이 오 상 시 분 어 시 존 수 산 수 지 무
獨擅五常可乎以一視五五者同一以五相視分於是存雖散殊之無
궁 개 본 분 중 사 욕 저 시 편 전 가 호 일 부 역 정 시 화 출 차 리 세 기 유 골 돌
窮皆本分中事欲低視偏全可乎一部易正是畫出此理世豈有鶻突
일 괴 가 이 추 뉴 조 화 근 시 품 휘 자 호
一塊可以樞紐造化根柢品彙者乎

논 심 역 연 심 수 기 분 사 이 내 소 구 즉 성 야 심 구 성 오 지 심 여 성 인 지
論心亦然心雖氣分事而乃所具則性也心具性吾之心與聖人之
심 동 심 불 능 진 성 오 지 심 여 성 인 지 심 이 기 동 기 이 기 소 중 재 성 야 부
心同心不能盡性吾之心與聖人之心異其同其異其所重在性也夫

기 체 단 즉 동 이 작 용 즉 이 자 고 연 기 품 지 미 악 용 사 어 기 간 연 성 인 지
其體段則同而作用則異者固緣氣禀之美惡用事於其間然聖人之
어 차 상 주 기 동 자 출 기 이 자 불 파 기 품 작 대 사 간 고 왈 수 우 필 명 수 유
於此常主其同者絀其異者不把氣禀作大事看故曰雖憂必明雖柔
필 강 왈 유 광 극 념 작 성 남 당 내 망 각 기 동 자 주 장 기 이 자 이 성 범 이 심
必强曰惟狂克念作聖南塘乃忘却其同者主張其異者以聖凡異心
설 위 법 문 기 역 모 순 어 성 인 의 의 여 남 당 변 자 역 불 언 기 소 중 지 유 재
說爲法門其亦矛盾於聖人意矣與南塘辨者亦不言其所重之有在
구 구 교 기 광 명 지 분 수 욕 이 차 위 동 성 범 지 심 미 위 답 착 용 처 이 우 혹
區々較其光明之分數欲以此爲同聖凡之心未爲劄着庸處而又或
이 위 천 지 지 묘 용 량 능 강 어 인 이 위 심 비 인 생 기 질 일 정 지 후 시 취 이
以爲天地之妙用良能降於人而爲心非人生氣質一定之後始聚而
위 심 자 우 오 원 의 지 약 심 본 선 지 설 이 담 일 기 지 본 희 노 애 락 미 발 하
爲心者尤迂遠矣至若心本善之說以湛一氣之本喜怒哀樂未發何
상 불 선 등 설 단 지 편 자 진 적 단 남 당 필 욕 장 숙 닉 종 자 어 미 발 이 위 발
嘗不善等說斷之便自眞的但南塘必欲藏淑匿種子於未發以爲發
후 지 근 저 즉 역 말 여 지 하 의
後之根柢則亦末如之何矣

우 호 락 제 현 지 론 다 유 불 가 효 자 매 자 한 기 폐 고 지 심 이 막 지 해 야
右湖洛諸賢之論多有不可曉者每自恨其蔽痼之甚而莫之解也
병 중 납 량 략 초 소 의 개 비 고 열 이 구 궐 비 욕 재 득 일 설 종 신 불 개 야 우
病中納涼畧草所疑盖備考閱以求闕非欲纔得一說終身不改也又
비 감 여 당 세 전 문 쟁 시 비 야 차 외 상 유 불 승 기 가 의 자 이 심 력 유 소 불
非敢與當世專門爭是非也此外尙有不勝其可疑者而心力有所不
능 급 언 구 유 동 지 자 불 사 여 지 옥 하 상 확 운 쇄 지 중 득 록 문 임 씨 일 단
能及焉苟有同志者不辭與之屋下商確云碎紙中得鹿門任氏一段
의 론 구 언 이 즉 비 단 성 이 명 역 이 야 구 언 동 즉 비 단 성 동 도 역 동 야 차
議論苟言異則非但性異命亦異也苟言同則非但性同道亦同也此
언 취 간 외 면 태 약 록 변 자 장 장 변 자 록 이 기 실 설 득 도 리 원 두 무 유 삼
言驟看外面殆若鹿邊者獐獐邊者鹿而其實說得道理源頭無有滲
루 이 천 리 일 분 수 사 자 뢰 차 공 이 일 맥 불 추 어 동 방 여 한 부 득 기 전 서
漏伊川理一分殊四字賴此公而一脉不墜於東方歟恨不得其全書
이 고 열 야
而攷閱也

기 로 사 외 필 왈 기 지 순 리 이 발 자 기 발 즉 리 발 야 순 리 이 행 자 기 행
奇蘆沙猥筆曰氣之順理而發者氣發卽理發也循理而行者氣行

즉 리 행 야 리 비 유 조 작 자 준 동 기 행 명 시 기 위 이 위 지 리 발 리 행 하 여
卽理行也理非有造作自蠢動其行明是氣爲而謂之理發理行何歟

기 지 발 행 실 수 명 어 리 명 자 위 주 이 수 명 자 위 복 복 임 기 로 이 주 거 기
氣之發行實受命於理命者爲主而受命者爲僕僕任其勞而主居其

공 천 지 경 지 지 의 시 이 언 서 자 여 사 시 직 언 서 자 미 상 언 승 기 여 사 언
功天之經地之義是以言逝者如斯時直言逝者未嘗言乘氣如斯言

건 도 변 화 시 직 언 건 도 미 상 언 승 기 변 화 언 태 극 생 량 의 시 역 연 언 성
乾道變化時直言乾道未嘗言乘氣變化言太極生兩儀時亦然言誠

자 물 지 종 시 시 역 연 렴 계 도 설 전 법 어 차 고 벽 두 언 태 극 동 이 생 양 정
者物之終始時亦然濂溪圖說傳法於此故劈頭言太極動而生陽靜

이 생 음 불 견 일 기 자 비 유 각 기 기 야 주 지 소 향 복 기 유 불 령 자 호 기 언
而生陰不見一氣字非遺却氣機也主之所向僕豈有不逞者乎其言

광 명 직 절 무 가 의 이 이 도 과 불 급 처 부 득 기 이 유 설 기 시 궐 자 추 자 기
光明直截無可疑貳而到過不及處不得已而有說氣時蹶者趨者氣

야 시 야 개 과 불 급 수 역 본 어 리 이 말 류 해 어 리 즉 불 가 무 구 별 이 아 동
也是也蓋過不及雖亦本於理而末流害於理則不可無區別耳我東

방 근 세 설 리 설 기 하 기 체 야 기 언 대 개 이 혼 륜 일 괴 무 적 막 몰 주 장 자
方近世說理說氣何其滯也其言大槪以混淪一塊無適莫沒主張者

위 리 고 리 발 이 자 위 금 일 학 사 가 일 대 금 피 어 이 재 견 유 단 락 행 변 화
爲理故理發二字爲今日學士家一大禁避語而纔見有段落行變化

성 조 리 자 즉 왈 기 야 문 숙 주 장 시 즉 왈 기 기 자 이 비 유 사 지 자 문 소 위
成條理者則曰氣也問孰主張是則曰其機自爾非有使之者問所謂

리 자 락 재 하 방 왈 승 지 의 초 기 무 사 지 연 지 묘 말 우 비 유 조 종 지 력 기
理者落在何方曰乘之矣初旣無使之然之妙末又非有操縱之力寄

우 래 승 주 득 심 사 유 무 지 무 소 보 무 지 미 소 궐 불 과 위 부 육 지 우 수 기
寓來乘做得甚事有無之無所補無之靡所闕不過爲附肉之疣隨驥

지 승 오 호 가 련 의 구 궐 단 유 원 어 승 자 실 기 본 지 침 침 치 득 리 경 이 기
之蠅嗚呼可憐矣究厥端由原於乘字失其本旨駸々致得理輕而氣

중 직 지 기 탈 리 위 위 만 사 본 령 이 후 기 일 자 지 실 기 화 내 지 어 차 호
重直至氣奪理位爲萬事本領而後已一字之失其禍乃至於此乎

파 기 여 리 대 거 환 작 리 기 시 어 하 시 우 의 차 필 비 성 인 지 언 하 이 언
把氣與理對擧喚作理氣始於何時愚意此必非聖人之言何以言

지 리 지 존 무 대 기 하 가 여 지 대 우 기 활 무 대 기 역 리 중 사 내 차 리 류 행
之理之尊無對氣何可與之對偶其濶無對氣亦理中事乃此理流行

지 수 각 기 어 리 본 무 대 적 비 우 비 적 이 대 거 지 하 재 설 본 원 의 막 여 공
之手脚其於理本無對敵非偶非敵而對擧之何哉說本原宜莫如孔

자 공 자 지 설 의 막 여 대 역 언 리 시 필 리 이 솔 기 설 기 시 편 즉 이 명 리 왈
子孔子之說宜莫如大易言理時必理以率氣說氣時便卽以明理曰
일 음 일 양 지 위 도 왈 태 극 생 량 의 시 야 십 분 정 당 망 유 삼 루 갈 상 견 일
一陰一陽之謂道曰太極生兩儀是也十分停當罔有滲漏曷嘗見一
처 대 치 이 쌍 거 자 호 형 이 상 하 비 대 거 호 왈 차 절 안 재 상 하 자 상 하 내
處對峙而雙擧者乎形而上下非對擧乎曰此節眼在上下字上下乃
적 대 야 욕 위 천 만 세 개 분 별 도 기 지 문 호 기 언 부 득 불 이 수 연 이 상 이
的對也欲爲千萬世開分別道器之門戶其言不得不爾雖然而上而
하 이 형 자 위 모 두 불 가 분 개 지 의 자 재 하 상 여 금 각 립 과 굴 각 자 두 뇌
下以形字爲冒頭不可分開之意自在何嘗如今各立窠窟各自頭腦
야 금 인 재 견 리 자 필 멱 기 래 작 대 우 어 시 리 지 유 행 일 대 사 진 피 기 자
耶今人纔見理字必覓氣來作對偶於是理之流行一大事盡被氣字
대 거 작 가 계 소 여 자 지 혼 륜 야 충 막 야 차 쌍 본 령 지 리 상 야 비 부
帶去作家計所餘者只混淪也冲漠也此雙本領之履霜也悲夫

승 자 부 작 원 래 소 승 간 이 작 수 우 첩 승 간 불 유 인 주 위 객 안 재 기 리
乘字不作元來所乘看而作隨寓輒乘看不惟認主爲客安在其理
무 준 동 호 대 지 기 실 차 승 자 자 유 래 력 개 자 형 이 상 하 지 상 하 이 자 저
無蠢動乎大旨己失且乘字自有來歷盖自形而上下之上下二字咀
작 래 내 출 불 가 분 개 처 분 개 저 설 화 금 인 작 수 우 첩 승 간 즉 내 본 시 이
嚼來乃出不可分開處分開底說話今人作隨寓輒乘看則乃本是二
체 이 합 일 저 설 화 어 본 지 연 월 의
體而合一底說話於本旨燕越矣

주해_ㅇ儱侗(농동)−충막하여 텅 빈 것.

ㅇ藏穀之亡羊(장곡지망양)−맡은 바 일을 등한히 하여 다같이 손실을 입은 것을 가리킴. 《장자(張子)》에 나온다.

ㅇ各正之性(각정지성)−인물(人物)이 각각 천명(天命)을 받아 분수지성(分殊之性)을 바로했다는 말.

ㅇ江門(강문)−강문팔학사(江門八學士)라고 하는데 권수암(權遂庵)의 문인을 가리킨다.

ㅇ圓融(원융)−혼원융석하여 하나로 모두 포함한 것.

ㅇ繼善(계선)−성성(成性) 이전의 도의 유행의 선을 말한 것으로 성성은 이 도가 유행하여 물(物)이 받아 갖춘 것. 《역경》 계사전에 나온다.

ㅇ康節(강절)−송(宋)나라 소옹(邵雍).

- 法門(법문)－신조·주장·방법 등.
- 逝者如斯(서자여사)－공자가 쉬지 않고 흐르는 물을 보고 대도(大道)의 흐름이 이같음을 탄식한 말. 《논어》 자한(子罕)편에 나온다.
- 乾道變化(건도변화)－천도(天道)가 변화하여 각각 성명을 바로한다는 것. 《역경》 건괘(乾卦) 상사(象辭)에 나온다.
- 太極生兩儀(태극생양의)－태극이 음양 양의를 생한다는 말. 《역경》 대전(大傳)에 나온다.
- 過不及(과불급)－중(中)에서 지나치거나 부족한 것.
- 駸駸(침침)－끊임없이 달려가는 모양.

경기(京畿) 지방의 유학자에는 홍직필, 이항로, 김평묵, 유중교, 유신환, 서응순 등 제공이 있다.

홍직필(洪直弼)

자는 백응(伯應), 호는 매산(梅山)으로 남양(南陽) 사람이다. 태어나면서부터 특이한 자질이 있어 함부로 울거나 웃지 않았다. 형체가 우람하고 이마가 넓고 얼굴이 길었으며, 음성이 종소리처럼 우렁찼다. 어려서부터 장난치기를 좋아하지 않고 우뚝하여 거인의 풍도가 있었다. 그래서 덕 있는 선배들이 머리를 쓰다듬으며 걸출한 인물이 될 것으로 기대하였다.

네 살 때에 막내 외숙인 자각(紫閣) 박성한(朴聲漢)에게 《천자문(千字文)》을 수학하였는데 박공이 말하기를, "내가 너에게 《천자문》을 가르친 지 한달이 못되어서 끝냈는데, 그후에도 잘 알아서 막히는 곳이 없구나."라고 하였다. 남들이 돈을 주면 받지 않았지만 어른이 남에게 돈을 주라고 하면 그릇에다 담아서 주고 손으로 직접 주지 않았다. 어려서부터 악을 미워함이 보통 정도를 지나쳤는데, 한번은 행랑 아래에서 비석을 다듬는 것을 보고 그것이 정순붕(鄭順朋)의 무덤에 세우기 위한 것임을 알고 난 뒤 아버지 판서공에게 고하기를, "소인의 비석을 어찌 우리집 행랑에서 만듭니까? 청컨대 내쫓으소서." 하였다. 공이 비록 지나치게 준엄함을 책망하였으나 마음속으로 더욱 기특하게 여겼다. 또 세도가 한 사람이 이웃에 살았는데, 공이 후원의 높은 곳에 가서 그 자의 이름을 부르면서 그 죄를 헤아려 따졌다. 그 사람이 크게 분노하여 판서공이 시켜서 한 일이라고 무고하여 화를 예측할 수 없게 되었으나 정조의 밝으신 판단에 힘입어 무사할 수 있었다.

나이 17세에 비로소 학문에 뜻을 두어 근재(近齋) 박윤원(朴胤源)의 문하에서 수학하였는데 각고면려해서 겨울에도 따뜻한 방에 거처하지 않고, 배가 고프면 솔잎을 먹으며 걸상에 꿇어앉아 학업을 닦았다. 경오년에 돈녕부참봉(敦寧府參奉)에 제수되었으나 취임하지 않았다. 갑술년에 세마(洗馬)에 제수되자 상경하여 숙배하였으나 바로 체직되었다. 기해년에 황해도사 및 주부와 군자감정(軍資監正)에 제수되었다. 신축년에 정승 조인영(趙寅永)이 아뢰어 경연관(經筵官)으로 천거하였고, 잇달아 지평과 집의를 제수하였다. 계묘년 3월에 순조가 용양봉저정(龍驤鳳翥亭)으로 불러 보시고, 을사년에 성균관좨주(成均館祭酒)를 특명하였다. 철종 신해년에 대사헌을 특배하고, 그 이듬해에 지돈녕부사, 형조판서를 특명하였다. 향년 77세이다. 시호는 문경(文敬)이며, 유집 56권이 있다.

공의 아들 홍일순(洪一純)이 다음과 같이 〈총론〉을 지었다.

"부군(府君)은 세상에 드문 영매하고 호탕한 자질로 일찍부터 도학이 높은 선생을 스승으로 삼아 연원이 분명하였다. 성인은 반드시 배울 수 있으며, 유학의 태도는 반드시 들을 수 있다고 여겨 정밀하게 생각하고 힘써 실천함으로써 세월의 부족함을 알지 못하였다. 이(理)는 천인(天人)을 관통하였지만 오히려 소견이 이르지 못함이 있는가 염려하였고, 나라를 빛낼 만한 문장을 지니고도 스스로 잘하는 것으로 여기지 않으셨으며, 세상을 다스릴 재주를 간직하고도 드러내기를 바라지 않으셨다. 곤궁하게 누항(陋巷)의 한미한 선비로 지내면서도 근심하는 빛을 드러내지 않았으며, 벼슬이 조정의 빈사(賓師) 자리에 올랐어도 그 교만함을 보지 못했다. 도를 지키기에는 용맹하고, 사악한 것을 물리치는 데는 엄숙하여, 반드시 한 세상의 모든 사람이 함께 대도(大道)에 다다라 천리(天理)가 온 나라를 밝아지도록 하고 백성을 선량하게 하려 하였으니, 이것이 일생 동안 고혈(苦血)을 기울인 일이다.

아아! 부군이 생존시에 사방의 인사들이 존경하지 않은 사람이 없어서 뜻을 달리하는 자까지도 반대하는 말이 없었고, 그 풍도를 듣고서 마음으로 기꺼이 복종하였으며, 덕을 보고 깊이 심취했다."

공은 항상 세상을 버리고 은거하려는 뜻을 가지고 있었다. 이에 이르러 오히려 시정(市井)이 멀지 않다고 하여 산림 속의 한 구역을 자리잡고 만년에 숨어지내려고 하였으나 뜻을 이루지 못하였다. 거처하는 집을 노의정사(蘆漪精舍)라 이름하고, 실(室)의 이름을 박후(博厚), 누(樓)의 이름을 고명(高明)이라 하였다. 서재 하나를 고명루 동쪽에 세우고 열락(悅樂)이라고 이름붙여 수학하러 오는 사람들이 그곳에서 학업을 닦게 하였다.

공이 용양봉저정에서 임금을 뵈올 때 임금께서 학문의 요점을 물으니 대답하기를, "학문의 요점은 다만 거경(居敬)으로 근본을 세우고 궁리(窮理)하여 지(知)를 극진한 데 이르게 하며, 몸에 돌이켜 실천하는 이 세가지뿐입니다. 주자도 말하기를, '학문의 도는 독서와 궁리를 먼저 해야 하고, 독서와 궁리는 차서를 따라 정밀함을 다해야 하며 정밀함을 다하기를 구하는 것은, 또 거경하여 뜻을 갖는 데에 있다'고 하였으니 이것이 학문을 하는 절도가 되는 것입니다." 하였다.

홍 매 산 직 필 자 백 응 당 성 인 정 조 병 신 생 공 생 유 이 질 불 망 제 소 의
洪梅山直弼字伯應唐城人正祖丙申生公生有異質不妄啼笑儀

형 괴 위 활 상 장 면 성 여 홍 종 자 유 불 호 희 희 흘 연 유 거 인 도 선 배 장 덕
形魁偉濶顙長面聲如洪鍾自幼不好嬉戲屹然有巨人度先輩長德

무 정 칭 상 이 인 걸 기 지 사 세 수 천 자 문 어 계 구 자 각 박 공 성 한 박 공 상
撫頂稱賞以人傑期之四歲受千字文於季舅紫閣朴公聲漢朴公嘗
왈 오 효 이 천 자 미 일 월 이 필 후 능 료 연 무 애 색 처 인 여 전 즉 불 수 장 자
曰吾斅爾千字未一月而畢後能了然無碍塞處人予錢則不受長者
령 여 인 전 즉 승 지 이 기 이 불 이 수 자 유 질 악 과 인 상 견 랑 하 유 마 비 역
令予人錢則承之以器而不以手自幼疾惡過人嘗見廊下有磨碑役
지 기 위 정 순 붕 묘 소 수 고 기 고 판 서 공 왈 소 인 지 비 호 위 호 오 가 지 랑
知其爲鄭順朋墓所竪告其考判書公曰小人之碑胡爲乎吾家之廊
청 축 지 공 수 책 기 과 준 심 익 기 지 우 유 권 행 가 재 비 린 공 왕 후 원 고 처
請逐之公雖責其過峻心益奇之又有權倖家在比隣公往後園高處
호 기 명 이 수 죄 기 인 대 에 무 고 이 판 서 공 지 사 화 기 불 측 뢰 정 묘 성 명
呼其名而數罪其人大恚誣告以判書公指使禍幾不測賴正廟聖明
득 이 무 사 년 십 칠 시 지 우 학 수 학 우 박 근 재 윤 원 지 문 각 고 하 공 동 불
得以無事年十七始志于學受學于朴近齋胤源之門刻苦下工冬不
처 온 실 기 즉 찬 송 엽 위 좌 일 탑 학 업 일 수 경 오 제 돈 녕 참 봉 불 취 갑 술
處溫室飢則餐松葉危坐一榻學業日修庚午除敦寧叅奉不就甲戌
제 세 마 상 경 숙 사 선 체 기 해 제 황 해 도 사 급 주 부 군 자 감 정 신 축 조 상
除洗馬上京肅謝旋遞己亥除黃海都事及主簿軍資監正辛丑趙相
인 영 주 천 경 연 관 선 제 지 평 집 의 계 묘 삼 월 순 조 소 견 우 룡 양 봉 저 정
寅永奏薦經筵官旋除持平執義癸卯三月純祖召見于龍驤鳳翥亭
을 사 특 배 성 균 관 좨 주 철 종 신 해 특 배 대 사 헌 명 년 특 배 지 돈 녕 형 조
乙巳特拜成均舘祭酒哲宗辛亥特拜大司憲明年特拜知敦寧刑曹
판 서 졸 년 칠 십 칠 시 문 경 유 유 집 오 십 륙 권
判書卒年七十七謚文敬有遺集五十六卷

공 자 일 순 찬 기 총 론 왈 부 군 이 간 세 영 호 지 자 조 사 유 도 연 원 단 적
公子一純撰其總論曰府君以間世英豪之姿早師有道淵源端的
위 성 인 필 가 학 위 사 도 필 가 문 정 사 력 천 부 지 년 수 지 부 족 리 관 호 천
謂聖人必可學謂斯道必可聞精思力踐不知年數之不足理貫乎天
인 이 유 공 견 유 미 지 유 화 국 지 조 이 불 이 자 다 온 경 세 지 재 이 불 요 개
人而猶恐見有未至有華國之藻而不以自多蘊經世之才而不要概
견 궁 작 루 항 위 포 이 불 견 기 척 위 제 희 조 지 빈 사 이 불 견 기 태 용 어 위
見窮作陋巷韋布而不見其戚位躋熙朝之賓師而不見其泰勇於衛
도 엄 어 벽 사 필 욕 거 일 세 해 저 대 도 사 천 리 명 중 국 존 사 민 숙 차 기 일
道嚴於闢邪必欲擧一世偕底大道使天理明中國尊斯民淑此其一
생 고 혈 소 존 야 오 호 당 부 군 지 시 사 방 인 사 막 부 종 앙 이 지 이 취 자 역
生苦血所存也嗚呼當府君之時四方人士莫不宗仰以至異趣者亦

무 이 사 문 풍 이 열 복 적 덕 이 심 취 운 공 상 유 유 세 독 왕 지 지 지 시 유 이
無異辭聞風而悅服覿德而心醉云公常有遺世獨往之志至是猶以
시 효 불 원 의 복 림 학 일 구 만 년 장 수 지 소 이 미 급 취 명 소 거 옥 왈 로 의
市囂不遠擬卜林壑一區晩年藏修之所以未及就名所居屋曰蘆漪
정 사 실 왈 박 후 루 왈 고 명 우 설 일 서 재 우 고 명 루 지 동 명 지 왈 열 락 사
精舍室曰博厚樓曰高明又設一書齋于高明樓之東名之曰悅樂使
래 학 자 례 업 기 중
來學者隷業其中

공 등 대 우 룡 양 봉 저 정 시 상 문 학 문 지 요 대 왈 학 문 지 요 기 시 거 경
公登對于龍驤鳳翥亭時上問學問之要對曰學問之要祇是居敬
이 립 기 본 궁 리 이 치 기 지 반 궁 이 천 기 실 삼 자 이 기 주 자 역 운 학 문 지
以立其本窮理以致其知反躬以踐其實三者而己朱子亦云學問之
도 막 선 호 독 서 궁 리 독 서 궁 리 막 귀 호 순 서 이 치 정 치 정 지 구 우 재 어
道莫先乎讀書窮理讀書窮理莫貴乎循序而致精致精之求又在於
거 경 이 지 지 시 위 위 학 지 절 도 야
居敬而持志是爲爲學之節度也

주해_ㅇ權倖家(권행가)－권모(權謀) 등으로 왕의 은총을 얻는 세도가.

이항로(李恒老)

초명(初名)은 광로(光老), 자는 이술(而述), 호는 화서(華西)로, 벽진(碧珍) 사람이다. 대대로 양근(楊根) 벽계리(蘗溪里)에 거주하였는데, 동네가 청화산(靑華山) 서쪽에 있어서 화서라고 호하였다. 우록헌(友鹿軒) 이회장(李晦章)의 아들이다. 3세에 《천자문》을 통하고 6세에 《십구사략(十九史略)》을 배우면서 〈천황지황변(天皇地皇辨)〉을 지었다. 당시의 학문과 행실이 있는 선비로서 화옥(華玉) 신기녕(辛耆寧), 설하(雪下) 남기제(南紀濟), 백석(白石) 이정유(李正儒), 화개(華盖) 이정인(李正仁) 같은 분들이 오면 매양 주안상을 차려놓고 경사(經史)를 담론하였는데 그럴 때면 우록헌이 공에게 옆에 모시고 듣도록 했다. 하루는 남기제 공이 와서 불쑥 말하기를, "천지간의 만사는 다만 하나의 기(氣)일 따름이다." 하였다.

공이 앞으로 나아가 말하기를, “생각하건대 하나의 이(理)일 뿐인가 합니다.” 하였다. 이에 남공이 웃으면서 말하기를, “아직 네가 알 일이 아니다. 천지에 가득한 것은 기일 따름이지 다시 무엇이 또 있겠는가?” 하였다. 이에 공이 말하기를, “한결같이 기를 주장하시면 문하에서 길거리를 막고 사람을 때리는 자가 있을까 염려됩니다.” 하였다. 그 평생 동안의 주리(主理) 견해는 대개 9세 때에 벌써 뿌리를 내리고 있었던 것이다. 12세에 신기녕 공에게서 《상서》를 수학했는데 ‘기삼백(朞三百)’이란 대문의 전(傳)에 이르러서 신공이 잘 알지 못한다면서 사양하고 강론을 하지 않았다. 공이 이에 물러나와 조용한 방에 들어앉아 마음을 집중하여 연구하였는데 밤낮으로 쉬지 않았다. 밤이면 반드시 문에 자리를 쳐서 불빛을 가렸는데 이는 대개 아버지가 아들이 병이 날까 근심하실 것을 염려한 것이다. 이와 같이 하기를 10여일 만에 그 수(數)를 모두 환히 알았다.

한번은 학질을 앓았는데 병이 나면서부터 날마다 머리를 빗고 세수하고 의관을 정제하고 방에 단정히 앉아 힘을 내어 책을 보았다. 공부에 힘을 쓸수록 병세가 더욱 심해져서 거의 몸을 지탱할 수 없을 지경에 이르렀으나 중간에 그 뜻을 고지려 하지 않아 2백일을 계속 앓게 되었지만 하루도 게을리하여 눕지 않았으니, 그 뜻을 분발하여 게을리하지 않은 것이 이와 같았다.

유년에 과거공부를 하여 17세에 반시(泮試)에 응시하여 명성을 크게 떨쳤다. 이때 당시의 재상이 사람을 보내 만나보기를 청했으나 공은 불쾌히 여겨 그날로 행장을 꾸려 돌아오고 말았다. 이듬해 서울에 들어가 영서(穎西) 임로(任魯)를 찾아뵈었다. 20세가 되자 지평(砥平)에 가서 죽촌(竹村) 이우신(李友信)을 찾아뵈었다. 죽촌이 그의 학업을 시험해보고 크게 경탄하여, “나의 외우(畏友)이다.” 하였다. 마침내 마음을 기울여 담론하였는데 집이 매우 가난하여 밤에 불을 켤 수 없어서 제사 때 쓰는 초를 찾아서 불을 밝히고 말하기를, “조상

받드는 일이 중요하지만 외우와 함께 하룻밤 동안 강론하는 것도 중요하다."고 하였다. 공이 이로부터 더욱 의리의 요점을 듣고 그 문하에 자주 드나들었다.

관찰사가 바야흐로 선비들을 천거하게 되자 죽촌이 공의 현명함을 알렸다. 공이 이런 말을 듣고 깜짝 놀라 감히 다시 찾아가지 못하였다. 순조 병자년 이후에 연달아 부모의 상을 당했다. 복상을 마친 다음에는 속학(俗學)을 전부 버리고 인(仁)을 구하고 자기 자신을 수양하는 학문에 전념하였다. 그러자 고을 선비들이 모두 공을 존경하였으며, 군의 학교에서 강좌를 베풀고 공을 스승으로 맞아들이려 하였으나 공이 애써 사양하니, 장로(長老)가 편지를 보내 굳이 청하기를, "선생이 나오지 않으면 후학들이 어떻게 하겠습니까?" 했다. 나이 30세가 되자 사방의 선비들이 소문을 듣고 모여들어 서사(書舍)가 좁아서 항상 자리가 없었다. 헌종 경자년에 경행지사(經行之士)를 특별히 천거하게 되어 이조에서 열사람을 보고하였는데 그 가운데 공이 첫자리를 차지했다. 휘경원참봉(徽慶園參奉)을 제수하였으나 취임하지 않았다.

날마다 학자들과 함께 경서와 예(禮)를 강론하고 실천하였다. 일찍이 학규(學規)를 제정하자 모이는 사람이 항상 1백여명이나 되었다. 또 강계(講戒) 한통을 지어서 매양 강을 마칠 때마다 잘 읽는 사람을 시켜서 한번 읽게 하였다. 봄가을로 향리의 노성(老成)한 선비들과 함께 향음주례(鄉飮酒禮)를 행하였는데, 수옹(睡翁) 남계래(南啓來), 율리(栗里) 유영오(柳榮五), 순계(醇溪) 이정리(李正履), 구암(龜巖) 권희(權曦) 등 제공이 번갈아 왕래하면서 빈주(賓主)가 되니 선비들이 이를 보고 마음을 일으킨 사람이 많았다.

평소에 산수를 좋아했는데, 사는 곳 벽계는 사암(思庵) 박순(朴淳)과 삼연(三淵) 김창흡이 예전에 살던 곳이었다. 도시와 멀리 떨어져 있고 깨끗한 물과 높은 산으로 둘러싸여 깊숙하고 조용하며 낙지암

(樂志巖)·분설담(噴雪潭)·명옥정(鳴玉亭)·제월대(霽月臺) 등의 명승이 있다. 꽃 피고 버들가지 우거지는 아름다운 절기가 되면 2·3명의 학생을 이끌고 배회하며 즐김으로써 완연히 기수(沂水)에서 목욕하던 뜻을 두었으며, 또 필마로 풍악산(楓嶽山)과 설악산(雪嶽山)이 있는 사군(四郡)을 다니며 삼신산(三神山) 등의 여러 명산을 두루 구경하였다.

임술년 7월에 역옥(逆獄)이 일어났는데, 공의 이름이 난적의 공초(供招) 속에 들어 있었다. 포졸들이 집을 포위하고 금오랑(禁吾郞)이 이르게 되어 자손과 문인들이 모두 통곡하니, 공이 웃으면서 말하기를, "독서하는 사람이 어찌 비루하게 행동하겠는가? 죄가 있으면 마땅히 죽을 것이고 죄가 없으면 면하게 될 것이니, 마땅히 천명(天命)을 순수히 받아들일 뿐이다." 하였다. 포졸이 죄가 없음을 알고 들어가 가묘(家廟)에 하직하고 나오기를 권하였는데 공은 주자가, 진요옹(陳了翁)이 귀양가라는 명을 받은 즉시 출발한 것을 훌륭하게 여기고, 정이천(程伊川)이 숙모를 뵙고 가라는 청을 뿌리치지 못한 것에 불만을 표시했던 고사에 따라 하직하지 않고 포박을 받았다. 국청에 나아가서는 공술하여 답함이 명백하고, 말하고 웃는 것이 의젓하여 제공이 주목하고 칭찬하였다. 무죄로 석방될 무렵에 부중(府中)에서 임금의 윤허를 받을 줄 알고 병졸을 시켜 칼을 벗기게 하니, 공은 윤허하신 명문을 보지 못했다고 고집하면서 벗지 않았다. 이렇게 하기를 미시(未時)에서 술시(戌時)까지 하다가 명문이 부중에 들어온 뒤에야 칼을 벗었으니, 그가 곤액(困厄)에 대처함에 정대하여 구차스럽지 않음이 이와 같았다. 석방되어 돌아오니 문인 유중교(柳重敎)가, "위태로움에 임하여 마음을 움직이지 않는 방법이 있습니까?"하고 물으니 대답하기를, "지금 사람들은 평상시에 마음을 방일하게 갖기 때문에 위태로움에 임하면 문득 마음이 움직이게 된다. 항상 경외(敬畏)하는 마음을 둔다면 편안할 때나 위태로울 때나 한가지가 된다." 하였다.

갑자년에 고종이 즉위하자 좌상 조두순(趙斗淳)이 경연에서 공의 행의(行義)를 아뢰어, 장원서별제로부터 전라도사로 전임되었으나 나아가지 않다가 겨울에 체직되었다. 병인년에 동부승지를 특별히 제수하였다.

이때 서양의 선박이 갑자기 서강(西江)에 들어왔는데 공이 이런 변을 듣고는 즉시 병든 몸을 이끌고 분문하려 하였다. 공의 나이가 이미 75세요, 또 병이 심한데다가 섣달 그믐인지라 어떤 사람이 어렵다고 하니 공이 말하기를, "유자(儒者)는 일명(一命) 이상이면 평시에는 의당 물러나 사양하는 것이 의리이지만, 혹시라도 국가에 변란이 있게 되면 마땅히 달려가 구하는 것을 의리로 삼아야 한다. 이러한 의리를 죽촌 선생에게서 들었다."고 하였는데 배가 떠나갔다는 말을 듣고서야 그만두었다.

이때 재상 김병학(金炳學)이 공을 부르니 공이 병을 무릅쓰고 즉시 길을 떠났다. 어떤 사람이 묻기를, "이번에 올라가시면 난리를 평정할 수 있겠습니까?"하니 공이 서글피 말하기를, "내 성심이 얕고 병은 위독하니 어찌 평정하기를 바라겠는가? 다만 분문하는 예를 실천할 따름이요, 만일 불행한 일이 있으면 따라 죽을 뿐이다." 하였다. 대궐밖에 당도하자 상소하여 사직하고, 소회를 진달하였는데 이르기를, "지금 국론이 둘로 나뉘어 서로 싸우는데 서양의 적은 공격하여 물리쳐야 한다는 말은 나라를 위하는 사람의 말이요, 서양의 적과 화해해야 한다는 말은 적의 편을 드는 사람의 말입니다. 알지 못하겠습니다만 성상께서는 과연 오랑캐를 토벌하시겠습니까? 싸워 지키느냐, 도성을 버리느냐 하는 말에 이르러서는 싸워 지키는 것은 상경(常經)의 일이요, 도성을 버리는 것은 달권(達權)의 일입니다. 상경은 사람마다 모두 지킬 수 있지만 달권은 성인이 아니면 하지 못합니다. 신은 원하옵건대 전하께서는 만약에 사변이 생기거든 차라리 상경을 지킬지언정 성인이나 할 수 있는 도성을 버리는 일은 하지 마시옵소서." 하였다.

임금이 우악(優渥)한 비답(批答)을 내리시고 체직시키지 않았다.

공이 이에 숙배하고 등대하였으나 병세가 더욱 심해졌다. 대궐에 들어가서는 정신이 혼미하여 임금이 물으시는 말에 응대하지 못하고 소매 속에서 조그마한 차문(箚文)을 올렸는데, 임금에게 학문을 힘써 마음을 바로하고 대본(大本) 세우기를 청하고, 조정에서 장수(將帥)를 절제(節制)하는 잘못을 논하였다. 얼마 후 공조참판으로 승진시키고 인하여 경연에 입시하라고 명하였는데 재차 상소하여 사양하였다. 체직된 뒤로는 입을 다물고 시사(時事)를 말하지 않았다. 얼마 후 또 동의금(同義禁)을 제수하였으나 상소하여 병들었음을 아뢰고, 또 토목 공사가 백성에게 해독이 됨과 과다한 세금을 징수하는 정책을 폐지할 것을 아뢰었는데 말이 수천 마디에 이르렀다. 난이 평정되자 상소문을 올리고 곧바로 성문을 나와 벽계로 돌아왔다. 그리고 정부에 금오(禁吾)의 직명을 면지시켜 달라 하고 이어서 만동묘의 중건을 청하니, 마침내 체직시켜 호군(護軍)에 임명하였다.

이보다 앞서 대원군(大院君)이 사람을 보내 경계하기를, "다시는 토목 공사나 세금 징수에 관한 것, 만동묘 중건을 청하는 등의 말을 하지 말라."며 화를 내이 꾸짖기를 더욱 심하게 하였는데 들은 사람들이 공을 위하여 걱정하였으며, 공이 조정을 떠나자 탄식하지 않는 사람이 없었다.

정묘년에 경연특진관(經筵特進官)에 임명한 일이 있었다. 향년 77세이다. 그가 졸할 때 큰 별이 동남쪽에 떨어져 붉은 광채가 하늘에 뻗치고 땅을 밝히다가 한참 후에 없어졌다. 저서에 《송원화동사합편강목(宋元華東史合編綱目)》 60권 · 《벽계아언(蘗溪雅言)》 12권 · 문집 60여권 · 《주자대전차의집보(朱子大全箚疑輯補)》가 있다. 또 명하여 번잡한 것을 깎고 요긴한 것에 대하여 안설(按說)을 보충하여 별도로 《집차(集箚)》 1부를 만들었으며, 또 문인 김평묵(金平默)에게 명하여 《이정전서주해(二程全書註解)》 수십권을 만들어 《집의(集

疑)》라고 이름하였고, 아들 준(埈)과 문인 임규직(任圭直)에게 명하여 《차의(箚疑)》를 처음으로 만들고, 《송자절요(宋子節要)》를 편집하였다. 이밖에 《문인어록(門人語錄)》 8권, 《주역석의(周易釋義)》·《벽사록변(闢邪錄辨)》 등이 있다. 시호는 문경(文敬)이다.

무진년 겨울에 화서의 문인 최익현(崔益鉉)이 상소하여 토목 공사의 중지와 가혹한 징세의 중지, 당백전(當百錢)의 개혁과 문세(門稅)의 징수를 금지할 것을 청하였는데, 그 말이 매우 과격하였다. 그래서 사간(司諫) 권종록(權鍾祿)이 논죄하면서 《춘추》의 무장(無將)과 한(漢)나라의 불경법(不敬法)을 공에게까지 소급시켜 이르기를, "연전에 궁궐 짓는 일을 정지하라고 청한 것은 헤아리지 못한 것이 심하였고, 또한 이름을 낚고 명예를 얻으려는 계획이었습니다. 최익현은 이항로의 문도로서 그의 지도를 받은 지가 오래되었으므로 모르는 사이에 화응하여 나온 것입니다."라고 하였다. 이에 최공이 돈녕도정(敦寧都正)을 사임하고 무고당함을 변명하여 말하기를, "신의 스승인 이항로는 한 세대를 담당할 만한 현인으로 양적(洋賊)이 창궐하는 때를 당하여 병을 무릅쓰고 상소하였으니, 그 지성(至誠) 측달(惻怛)함과 선을 진달하고 사특한 것을 막고자 한 것은 옛 역사에 질정해보고 백세 후를 기다려보아도 의심할 것이 없습니다. 간관(諫官)이 이른바 명예를 낚았다는 것은 어찌 촉(蜀) 땅의 개가 해를 보고 짖고, 월(越) 땅의 삽살개가 눈(雪)을 보고 짖는 것이 아니겠습니까?" 하였다.

공의 학문은 《소학》과 《가례》로 근본을 삼고 《대학》·《논어》·《맹자》·《중용》으로 주장을 삼았으며, 그런 뒤에 경사(經史)를 순서대로 보았다. 그는 마음을 전일하게 하고 뜻을 다함에 있어 음식의 맛을 알지 못하였고, 의복의 두껍고 얇음을 알지 못하였으며, 거처하는 방의 차고 더움을 알지 못하였다. 밤이 깊어서 잠자리에 들고, 새벽에 일어나 부지런히 학문에 힘써서 늙는 것도 알지 못하였다. 어버이를 섬김에 효성이 독실하여 어버이의 병환에 한달 동안 잠을 자지 못하였으며, 회복 후에는 무시로 안부를 살피느라고 옷을 벗고 편안히 잠자리에 든 적이 없었다. 상을 당해서는 애통함과 공경함이 지극하였고 잡다한 예절까지도 반드시 삼갔다. 집안일을 당해서는 날이 새려고 먼동이 틀 무렵에 반드시 가묘에 배알하고, 물러나와 방에 이르러 부인과 서로 읍(揖)하고, 나란히 앉으면 자제와 집안 식구들이 앞에 나와 절하여 뵈었다. 그러면 각각 맡은 일을 수행하도록 명하였는데, 남자는 글을 읽고 여자는 길쌈을 하며 아침부터 밤까지 부지런히 하고 한 사람도 놀거나 게으름 피우는 자가 없게 하였다. 제사에는 성의를 다하고 고기와 과일, 채소, 기명(器皿)과 병풍·자리 등을 모두 책임을 나누어 정하여 미리 한결같게 조치하였으며, 사철마다 반드시 제사를 지내고 정월·동지·초하루·보름은 물론 때아닌 집안 잔치에는 자제들이 반드시 헌수(獻壽)하였다. 관례(冠禮)는 반드시 삼가례(三加禮)를 행하였고, 혼인에는 반드시 친영(親迎)을 하였으며, 손님과 오랜 친구들을 접대하고 어진이를 예로써 접대하는 데는 각각 그 정리에 맞게 하였다.

뜻을 돈독히 가져 향학열은 있으나 가난하여 끼니를 잇지 못하는 사람에게는 죽을 나누어 먹이고 의복을 주었으며, 혹은 집을 마련하여 가족들을 접대해 그 뜻을 이루도록 해주었다. 남이 상을 당하면 반드시 부의(賻儀)를 두터이 하였으며, 종족에 대해서는 두루 구제해주되 전답을 떼어주고 집을 지어주었으며 세시(歲時)와 제사에는 차등을 두어 물자를 주었다. 향리 사람들이 식량이 떨어져 농사를 짓지 못할까 걱정하여 사창(社倉)을 설치하여 구제하였으며, 또 부역이 너무 많아서 파산하고 떠도는 사람이 있으면 마을에 돈을 내어 관청에 바치는 데 쓰게 하였다. 하인들의 집에는 농토를 고루 나누어 주었는데 추수 후에도 도지(賭地)를 받지 않았다. 스승 신기녕이 죽은 후 2세에 이르러 후손이 끊어지게 되었는데, 자신의 재산을 나누어 위토(位土)를 마련하여 그의 묘소를 수호하였고, 신씨(辛氏) 종중과 의논하여 후손을 세우는 데 힘을 다했다.

임금에게 아뢰는 예절에 있어서는 시속을 따라서 범연하게 지나치지 않았고, 교육하여 성취시키는 데는 철저하게 본말(本末)이 있었다. 자신의 생활은 질박하고 검소하여 다른 사람들은 감내하지 못할 정도지만 태연히 그렇게 하였다. 대개 그의 입신 처세의 숨음과 드러남, 섬세함과 큼, 평탄함과 험함은 항상 변하여 이루 다 기록하지 못하겠지만, 그 말미암은 것과 편안하게 여긴 것을 살펴보면 밝고 밝아서 티끌만큼도 의심할 만한 것이 없었다. 이것이 그가 힘써 행한 일의 대략이다. 매일 새벽에 일어나서 반드시 〈억시(抑詩)〉와 〈경재잠(敬齋箴)〉을 외우는 것을 일상의 일과로 삼았다. 젊어서 일찍이 여러 사람들을 따라 담배를 피우고 차를 마셨으나 나중에는 그것이 일 없이 편안히 거처할 때 엄약사(儼若思)하는 공부에 해롭다는 것을 깨닫고 다시는 피우지 않았다. 글자를 쓰면서는 획 하나라도 감히 방심하지 않았으며, 비록 바쁜 가운데 쓰는 짧은 편지일망정 반드시 정신을 쏟고 힘을 쏟기를 큰일을 하는 것처럼 하였다.

공의 〈변명덕설(辨明德說)〉에는 이렇게 말했다.

"율곡 선생의 《성학집요》에 노씨(盧氏)의 말을 기재하여 이르기를, '명덕(明德)은 본심(本心)이다' 하였는데 본심이란 이른바 인의지심(仁義之心)이다. 우암 선생은 말하기를, '명덕은 심(心)과 성정(性情)의 총칭이지만 심과 성정은 빈주(賓主)의 분수가 있다'고 하였으니 이는 바로 장자(張子)의 '심이 성정을 통섭한다'는 말이다. 우암이 또 말하기를, '심에는 이(理)로써 말한 것이 있고 기(氣)로써 말한 것이 있다'고 하였으니, 이는 천고(千古)에 심을 논한 단안(斷案)이다. 그러나 '심은 이로써 말한 것이 있다'는 것 또한 우암의 말만은 아니다. 정자의 설인 '심이다 성(性)이다 천(天)이다 하는 것은 일리(一理)이다'라고 한 것과 《역학계몽》에서 말한, '심은 태극이다'라고 한 것, 《통서》에서 '인심을 해설하면서, 인심은 태극의 지극히 영(靈)한 것'이라고 말한 것과 같은 것이니 이러한 비유의 말은 하나뿐만이 아니다.

이른바 '본심은 심·성·정의 총칭이다'라고 말한 것은 바로 이(理)로써 말한 심이니, 대개 심은 성(性)을 통섭하지만, 성은 심을 통섭하지 못하고, 심은 성을 다하지만(盡性) 성은 심을 검찰(檢察)하지 못한다. 그렇다고 해서 만약 '심은 기일 따름이다'라고 하면 이것은 기가 도리어 이를 통재(統宰)하고 이가 도리어 부림을 받는 것이니, 이른바 이라는 것이 어찌 천지 조화의 요추(要樞)가 될 수 있겠는가? 심이란 사람의 신명(神明)이니 이기를 합하고 동정(動靜)을 포괄한 것이다. 성은 심의 체(體)로써 이가 기를 타서 정(靜)한 것이요, 정(情)은 심의 용(用)으로서 이가 기를 타서 동(動)한 것이다. 이(理)로써 말하면 심은 태극이 사덕(四德)을 통섭하는 것과 같으며, 성은 이정(利貞)과 같고 정(情)은 원형(元亨)과 같다. 기로써 말하면 심은 원기가 사시(四時)를 통섭한 것과 같고, 성은 추동(秋冬)과 같고, 정은 춘하(春夏)와 같다."

또 말하였다. "나누어 말하면 심은 만리(萬理)의 총회(總會)로 주재자요, 성이란 고요히 동하지 않으면서도 모든 이가 다 갖추어진 것이요, 정이란 감동하여 모든 이가 발용(發用)한 것이니 각각 지적한 바가 있어 혼동할 수가 없다. 합쳐 말하자면 심·성·정이라고 하는 것은 일리(一理)이다. 혼연하여 피차 내외(內外)·종시(終始)·본말(本末)의 사이가 없으니, 이것이 이의 전체이다. 이(理)로써 말하면 성인과 범인의 심이 하나요, 순(舜)임금과 도척(盜跖)의 심이 하나이며, 요(堯)와 걸(桀)의 정이 같으니 이것은 이가 같기 때문이다. 기로써 말하면 천하의 심이 1만가지로 서로 같지 않고, 천하의 성이 1만가지로 같지 않으며, 천하의 정이 1만가지로 같지 않음이 있으니 기가 다르기 때문이다."

또 말하기를, "심과 성과 정은 소재(所載)한 것으로부터 말하면 이(理)이고, 소승(所乘)한 것으로부터 말하면 기이다. 그러므로 심은 인

심과 도심의 나뉨이 있고, 성은 본연과 기질의 나뉨이 있으며, 정은 천리와 인욕의 나뉨이 있다." 하였다.

또 말하기를, "역(易)은 도(道)와 기(器)를 합하여 이름붙인 것이다. 단순히 도 한쪽만을 지적하여 말하면 태극이라 한다. 심이란 이와 기를 합하여 붙인 이름이니, 단순히 이 한쪽만을 지적하여 말하면 본심(本心)이라 한다. 도심(道心)이니 주재(主宰)니 천군(天君)이니 기수(氣帥)니 하는 것과, 명덕(明德)이니 본원(本原)이니 본체(本體)니 천지지심(天地之心)이니 하는 유는 모두 이 한쪽만을 지적하여 말한 것이다." 하였다.

또 말하기를, "심은 '형기신리(形氣神理)' 4자를 포괄하고 있는데, 형은 음(陰)이요, 기는 양(陽)이니 형이하(形而下)의 기(器)요, 이(理)는 체(體)요 신은 용(用)이니 형이상(形而上)의 도(道)이다. 형은 심이 깃드는 집이요, 기는 심이 타는 바이며, 신은 심의 묘용(妙用)이요, 이는 심의 실체(實體)이다. 물(物)은 모두 이와 같아서 심이 요점이 된다. 그렇기 때문에 형·기·신·이에 있어서 모두 심이라고 말할 수 있다. 다만 이선기후(理先氣後)·이통기국(理通氣局)·이수기후(理帥氣後)의 분수는 잠깐이라도 어지럽힐 수 없으니, 이것들은 털끝을 다투는 것이다." 하였다.

공은 호락(湖洛)에 대하여 조금도 편벽된 주장을 한 것이 없으나 다만 그 논설을 보면 낙론과 합치되는 것이 많고, 호설에 합치되는 것이 적다. 예를 들자면, "편전(偏全)이란 말은 편승(偏勝)한 것을 가리켜 말했을 따름이다. 천(天)은 순덕(順德)이 없는 것은 아니지만 건(健)이 주가 되기 때문에 건(乾)이라 하고, 지(地)는 건덕(健德)이 없는 것이 아니지만 순(順)이 주가 되기 때문에 곤(坤)이라고 하는 것과 같다. 만약 하늘이 건의 성만을 얻고 땅이 순의 성만을 갖추고 있다고 한다면 어찌 도를 아는 말이라 하겠는가? 인물의 성이 같지 않다고 말하는 것 또한 이와 같다."고 말한 것 같은 것이다. 이것은 사람과 물이 비록 같지 않다고 하더라도 이(理)는 일찍이 같지 않음이 없다는 말이니 바로 낙론이다.

또 말하기를, "온전하다고 하면 온전하지 않은 것이 없고, 편벽하다고 하면 편벽하지 않은 것이 없다. 그 편벽한 것으로부터 보면 음은 양이 아니고, 양은 음이 아니며, 그 온전한 것으로부터 보면 물물(物物)이 각각 하나의 태극을 갖추었다."고 하였으니 이 또한 낙론이다.

또 말하기를, "건(乾)을 건(健)이라 하고 곤(坤)을 순(順)이라고 하니, 이른바 편(偏)한 것임을 미루어 알 수 있고, 건은 원형이정(元亨利貞)이라 하고 곤(坤) 또한 원형이정이라고 하니, 이른바 편한 것 또한 각각 천명이 전체를 갖추고 있음을 미루어 알 수 있다. 오직 편한 중에 그 전함을 알고 전한 중에 그 편함을 안다."고 하였으니 이 또한 낙론이다.

또 말하기를, "단순히 이를 가리키면 온전하지 않은 것이 없고, 기를 겸해서 지적하면 편하지 않은 것이 없다."고 하였으니 이 또한 낙론이다.

그는 말하기를, "사람의 물은 본래 일리(一理)이며 일기(一氣)이다. 이(理)만 그럴 뿐 아니라 기도 만수(萬殊)가 없을 수 없으니, 기가 이미 같지 않은 것이 있으면 바로 이 기에 있는 이도 또한 따라서 같지 않다."고 하였으니 이것은 호론(湖論)이다.

〈화서아언(華西雅言)〉에는 이렇게 말했다.

"이(理)로부터 물(物)을 보면 이가 이와 같으므로 신(神) 또한 이와 같고, 신이 이와 같으므로 기(氣) 또한 이와 같으며, 기가 이와 같으므로 형 또한 이와 같다. 물에 나아가서 이를 보면 형이 이루어진 것이므로 기가 모이고, 기가 모이므로 신이 모이고, 신이 모이므로 이가 갖추어진다. 대개 성색(聲色)과 모상(貌象)이 있어 천지 사이에 가득 찬 것은 모두 기이다. 사람에게 존재한 것으로부터 말하면 일동일정(一動一靜)과 일어일묵(一語一默)이 기가 아님이 없다. 만약 이것을 가지고 변증하여 이것이 기라고 한다면 이 말이 적당하지 않은 것이 아니며 분명하지 않은 것도 아니다. 그러나 비록 그렇다고 하더라도 만약 이와 같을 따름이라면 성인의 이른바 미(微)이다, 은(隱)이다, 무성무취(無聲無臭)이다, 형이상(形而上)이다, 태극이무극(太極而無極)이다, 견문(見聞)이 미칠 바 아니다라고 한 것은 과연 무슨 일일까? 이것은 이른바 이(理)이다. 이것은 비록 무형이지만 실은 유형의 주가 되며, 비록 지극히 미(微)하지만 실은 지극히 현(顯)한 것의 체(體)가 되며, 비록 무위(無爲)이지만 실은 만사만화(萬事萬化)의 근본이 된다.

지금 사람들이 이 기를 말하면서 하나의 물에 나아가 나누어 보는 것이 아니고, 하나의 물을 하나의 물 밖에서 찾아내어 이이다, 기이다라고 하려고 한다. 천하에 본래 이 물이 없으면 홀로 이자를 빼내지 못할 뿐 아니라 기자 또한 빼내지 못할 것이다. 이기의 나뉨은 두가지 형태가 있으니, 이의 본체로써 말하면 이는 기를 통제하는 주가 되고 기는 이를 싣는 기(器)가 되니 이것은 떨어질 수 없다는 말이요, 기의 만수로써 말하면 이는 지선(至善) 지중(至中)한 준칙(準則)이 되고, 기는 편의(偏倚)하고 과불급하는 연유가 되니, 이것은 뒤섞일 수 없다는 말이다. 이는 하나요 둘이 아니며, 물(物)을 명령하고 물에게 명령받지 않으며, 주인이 되고 객은 되지 않는다. 기는 둘이고 하나가 아니며, 물에게 명령을 받고 물을 명령하지 못하며, 객이 되고 주는 되지 못한다. 이러므로 하늘에 있어서 물을 명령하는 주를 말하자면 천이다, 제(帝)이다 하고, 사람에 있어서 물을 명하는 주를 말하자면 심이다, 천군(天君)이다 하고, 물에 있어서 물을 명하는 주를 말하자면 신이다, 신명(神明)이다 하지만 사실은 일리(一理)이다."

공이 또 〈여숙강규(閭塾講規)〉를 지어 학도들에게 지키게 하였는데 그 강규는 다음과 같다.

一. 함께 강학하는 사람은 인원수나 갖추고 입으로 강론하는 것을 일삼지 말고, 반드시 자기 몸에 돌이켜 체험하여 마음으로 그 묘처(妙處)를 통하며, 몸소 그 일을 행할 것을 생각해야 한다.

一. 강서(講書)는 한결같이 주자의 독서하는 차례를 따라 지키되 율곡과 한천(寒泉)이 남긴 규정을 참작하여야 한다.

一. 집에서는 일찍 일어나 세수하고 머리 빗고 의관을 정제하여 절하여 부모를 뵙되, 조부모가 계시면 당연히 먼저 뵈어야 한다. 아버지가 안계시면 사당의 사판(祠版)에 배알해야 하고, 서당(書堂)에 나가서는 스승과 어른을 위의 예처럼 섬겨야 한다.

一. 함께 강학하는 사람끼리 만날 때에는 반드시 서로 배읍(拜揖)하되, 자신을 낮추고 남을 높이는 것으로써 법풍을 삼아야 한다.

一. 일체의 성색(聲色) 취미(臭味)에 대한 욕심과 부귀·영화에 대한 생각은 전연 마음속에 싹트게 하지 말아야 한다.

一. 도의를 강마하여 밝히고 효제충신(孝悌忠信)을 돈독히 실행하는 것으로써 종신의 준적(準的)을 삼아야 한다.

一. 인성(人性)이란 본래 선하며, 그 조목은 인·의·예·지·신일 뿐이다. 사람은 나면서부터 인륜(人倫)이 있는데 그 조목은 부자·군신·부부·장유·붕우일 따름이다. 그 이(理)가 나에게 있어 지극히 실(實)하고 망령되지 않으며, 그 일이 나에게 있어 매우 가깝고 또 절실하여, 구하면 반드시 얻지 못할 이치가 없고, 행하면 반드시 도달하지 못할 이치가 없다.

또 말하기를, "머슴은 남을 위하여 밭을 갈고 김을 매지만 구하는 것은 세 사발의 밥에 불과하다. 달아오른 땅은 가마솥처럼 뜨겁고 햇볕이 등을 지져도 감히 뜨겁다는 말을 하지 못하며, 가시가 다리를 찔러 할퀴고 장딴지를 진흙에 파묻고 일을 하면서도 감히 힘들다고 말하지 못하며, 반드시 하루 일을 다해야만 비로소 그만둔다. 그렇게 하지 않으면 내쫓겨 품팔이를 못하게 되니, 이런 때에는 죽기를 한정하지 않으면 안된다." 하였다.

또 이르기를, "주자가 일찍이 제가의 성설(性說)을 변론하여 말하기를, '선(善)도 없고 불선(不善)도 없다는 말이 가장 나쁘다'고 하였다. 이는 대개 선도 없고 불선도 없다고 하면 바로 공적(空寂)에 빠지게 되니 도리어 골자(骨子)가 있는 성악설(性惡說)만도 못하다는 것이다. 그렇다면 동정(動靜)이 없다고 하는 것 역시 어찌 이와 다르겠는가? 노자(老子)는 현묘하고 또 현묘한 것으로써 중묘(衆妙)의 현문(玄門)으로 삼아, 인·의·예·지·신이 중묘의 문이 됨을 알지 못하였고, 화담은 일기(一氣)를 지목하여 묘하고 묘하며, 기(奇)하고 기하다고 찬미하면서 태극의 이치가 지극히 묘한 근본임을 몰랐다. 이는 모두 아는 것이 지나친 잘못이다. 주자는 '이와 기는 결단코 두가지 물건'이라고 하였으니 이는 성현들이 서로 정한 결안(決案)이다. 그런데 정암(整庵) 나흠순(羅欽順)이 이를 의심한 것은 무슨 까닭인가? 대개 이는 하나요 기는 둘이며, 이는 선하지 않은 것이 없고, 기는 선한 것과 선하지 못한 것이 있는데, 일과 이, 선과 불선을 어찌 합하여 하나로 만들 수 있겠는가?" 하였다.

이 화 서 항 로 초 명 광 로 자 이 술 벽 진 인 세 거 양 근 지 벽 계 리 재 청 화
李華西恒老初名光老字而述碧珍人世居楊根之檗溪里在青華
산 서 고 칭 화 서 우 록 헌 회 장 자 정 조 임 자 생 삼 세 통 천 자 문 륙 세 수 십
山西故稱華西友鹿軒晦章子正祖壬子生三歲通千字文六歲受十
구 사 략 저 천 황 지 황 변 당 시 문 행 지 사 여 신 화 옥 기 녕 남 설 하 기 제 리
九史畧著天皇地皇辨當時文行之士如辛華玉耆寧南雪下紀濟李
백 석 정 유 리 화 개 정 인 매 지 첩 치 주 담 경 사 우 록 령 공 시 측 이 청 지 일
白石正儒李華盖正仁每至輒置酒談經史友鹿令公侍側而聽之一
일 남 공 지 홀 왈 천 지 간 만 사 지 일 개 기 이 기 공 진 전 왈 공 시 일 개 리 이
日南公至忽曰天地間萬事只一箇氣而己公進前曰恐是一箇理而
기 남 공 소 왈 비 이 소 급 야 영 어 천 지 자 기 이 이 복 유 하 사 공 왈 일 향 주
己南公笑曰非爾所及也盈於天地者氣而已復有何事公曰一向主
기 절 공 각 하 유 당 가 타 인 자 기 평 생 주 리 지 견 개 기 근 저 어 구 세 의 십
氣竊恐脚下有當街打人者其平生主理之見盖己根柢於九歲矣十

이 세 수 상 서 어 신 공 지 기 삼 백 전 신 공 사 이 미 강 공 내 퇴 처 정 실 잠 심
二歲受尚書於辛公至朞三百傳辛公辭以未講公乃退處靜室潛心

추 구 궁 주 야 불 식 야 필 괘 석 우 호 차 기 등 광 개 공 우 록 공 우 기 생 질 야
推究窮晝夜不息夜必掛席于户遮其燈光盖恐友鹿公憂其生疾也

여 시 십 여 일 실 통 기 수 상 환 학 자 시 질 매 일 관 즐 정 의 관 위 좌 일 실 자
如是十餘日悉通其數嘗患瘧自始疾每日盥櫛正衣冠危坐一室自

력 간 서 자 력 유 맹 이 병 유 독 기 불 가 지 오 연 불 욕 중 변 기 지 수 미 이 백
力看書自力愈猛而病愈篤幾不可支吾然不欲中變其志首尾二百

직 미 상 일 일 비 와 기 려 지 불 해 여 차 유 치 거 업 십 칠 부 반 시 성 예 대 진
直未嘗一日憊臥其勵志不懈如此幼治擧業十七赴泮試聲譽大振

유 시 재 사 인 상 요 공 불 열 즉 일 속 장 동 환 명 년 입 한 사 알 영 서 임 공 로
有時宰使人相要公不悅卽日束裝東還明年入漢師謁潁西任公魯

기 승 관 입 지 평 배 리 죽 촌 우 신 죽 촌 고 기 학 업 대 경 왈 오 외 우 야 수 전
旣勝冠入砥平拜李竹村友信竹村叩其學業大驚曰吾畏友也遂顚

도 담 론 가 심 빈 야 부 득 계 귀 수 제 용 황 랍 촉 설 지 왈 봉 선 고 중 여 외 우
倒談論家甚貧夜不得繼晷搜祭用黃蠟蠋爇之曰奉先固重與畏友

일 야 강 론 소 계 역 불 경 의 공 자 차 익 문 의 리 지 요 족 적 수 급 기 문 도 신
一夜講論所係亦不輕矣公自此益聞義理之要足跡數及其門道臣

방 천 사 죽 촌 위 송 공 지 현 공 문 지 악 연 불 감 부 왕 순 묘 병 자 이 후 련 조
方薦士竹村爲誦公之賢公聞之愕然不敢復往純廟丙子以後連遭

내 외 간 복 결 진 기 속 학 구 인 위 기 용 지 불 분 향 사 흡 연 존 지 군 학 설 강
內外艱服闋盡棄俗學求仁爲己用志不分鄕士翕然尊之郡學設講

좌 요 지 위 사 공 력 사 장 로 이 서 고 청 왈 선 생 불 기 기 여 후 학 하 년 장 삼
座邀之爲師公力辭長老以書固請曰先生不起其如後學何年長三

십 사 방 지 사 문 풍 이 지 서 사 상 불 능 용 헌 묘 경 자 별 천 경 행 지 사 리 조
十四方之士聞風而至書舍常不能容憲廟庚子別薦經行之士吏曹

계 십 인 이 공 위 수 수 휘 경 원 참 봉 불 취 일 여 학 자 강 복 경 례 상 정 학 규
啓十人而公爲首授徽慶園叅奉不就日與學者講服經禮嘗定學規

회 자 상 백 여 인 우 저 강 계 일 통 매 강 흘 령 선 독 자 항 독 자 일 편 춘 추 여
會者常百餘人又著講戒一通每講訖令善讀者抗讀者一遍春秋與

향 당 로 성 행 향 음 등 례 여 남 수 옹 계 래 류 률 리 영 오 리 순 계 정 리 권 구
鄕黨老成行鄕飮等禮如南睡翁啓來柳栗里榮五李醇溪正履權龜

암 희 제 공 일 왕 일 래 질 위 빈 주 사 다 흥 기 아 애 가 산 수 소 거 벽 계 박 사
岩曦諸公一往一來迭爲賓主士多興起雅愛佳山水所居檗溪朴思

암 김 삼 연 고 거 야 성 시 격 원 홍 쟁 유 정 유 락 지 암 분 설 담 명 옥 정 제 월
庵金三淵故居也城市隔遠泓崢幽淨有樂志岩噴雪潭鳴玉亭霽月

대 지 승 화 류 가 신 휴 이 삼 자 상 양 이 락 지 교 연 유 욕 기 지 상 우 혹 필 마
臺之勝花柳佳辰携二三子徜徉而樂之嘐然有浴沂之想又或匹馬
주 유 어 풍 악 설 악 사 군 삼 신 제 명 산
周遊於楓岳雪岳四郡三神諸名山

임 술 칠 월 역 옥 기 공 명 화 서 리 항 로 출 어 란 초 포 졸 위 거 실 금 랑
壬戌七月逆獄起公名(華西李恒老)出於亂招捕卒圍居室禁郎
차 지 자 손 문 인 개 통 읍 공 소 왈 독 서 지 인 하 용 루 내 이 유 죄 당 사 무 죄
且至子孫門人皆痛泣公笑曰讀書之人何庸陋乃爾有罪當死無罪
당 면 단 당 순 수 천 명 포 졸 지 무 실 권 입 사 가 묘 공 거 주 자 기 료 옹 지 문
當免但當順受天命捕卒知無實勸入辭家廟公據朱子奇了翁之聞
명 즉 행 이 불 만 어 이 천 지 청 견 숙 모 불 사 이 취 박 기 예 국 공 대 명 백 언
命卽行而不滿於伊川之請見叔母不辭而就縛旣詣鞫供對明白言
소 종 용 제 공 주 목 책 책 언 비 당 백 방 부 중 지 몽 윤 사 졸 탈 가 공 이 불 견
笑從容諸公注目嘖々焉比當白放府中知蒙允使卒脫枷公以不見
윤 하 명 문 집 불 탈 자 미 지 술 대 명 문 팔 부 연 후 내 석 가 기 처 곤 이 형 정
允下明文執不脫自未至戌待明文八府然後乃釋枷其處困而亨正
대 불 구 여 차 급 방 환 문 인 류 중 교 문 림 위 부 동 심 유 도 호 왈 금 인 평 시
大不拘如此及放還門人柳重教問臨危不動心有道乎曰今人平時
방 의 자 재 고 림 위 편 동 약 상 존 경 외 즉 안 위 일 치 의 갑 자 상 왕 신 즉 위
放意自在故臨危便動若常存敬畏則安危一致矣甲子上王新卽位
좌 상 조 두 순 연 백 행 의 유 장 원 서 별 제 전 전 라 도 사 불 취 동 제 령 선 체
左相趙斗淳筵白行義由掌苑署別提轉全羅都事不就冬除令旋遞
병 인 특 수 동 부 승 지 시 양 박 졸 입 서 강 공 문 변 즉 여 질 분 문 년 기 칠 십
丙寅特授同副承旨時洋舶卒入西江公聞變卽輿疾奔問年己七十
오 침 질 차 세 제 혹 난 지 공 왈 유 자 일 명 이 상 평 시 당 이 퇴 양 위 의 탈 국
五寢疾且歲除或難之公曰儒者一命以上平時當以退讓爲義脫國
가 유 난 당 이 분 부 위 의 차 의 문 제 죽 촌 선 생 의 심 문 선 퇴 내 지 어 시 김
家有難當以奔赴爲義此義聞諸竹村先生矣尋聞船退乃止於是金
상 병 학 청 소 공 공 즉 력 질 등 정 혹 문 왈 차 행 가 제 란 부 공 초 연 왈 성 천
相炳學請召公公卽力疾登程或問曰此行可濟亂否公愀然曰誠淺
병 독 하 망 기 유 제 지 신 분 문 지 의 여 유 불 행 계 지 이 사 이 기 도 궐 외 상
病篤何望其有濟只伸奔問之義如有不幸繼之以死而已到闕外上
소 사 직 부 진 소 회 약 왈 금 일 국 론 량 설 교 전 위 양 적 가 공 자 국 변 인 지
疏辭職附陳所懷若曰今日國論兩說交戰謂洋賊可攻者國邊人之
설 야 위 양 적 가 화 자 적 변 인 지 설 야 미 지 성 명 과 능 여 권 토 로 작 안 용
說也謂洋賊可和者賊邊人之說也未知聖明果能如權討虜斫案勇

부 야 지 여 전 수 거 빈 지 설 즉 전 수 상 경 야 거 빈 달 권 야 상 경 인 개 가 수
夫也至如戰守去邠之說則戰守常經也去邠達權也常經人皆可守
달 권 비 성 인 불 능 신 원 전 하 탈 유 사 변 녕 수 상 경 무 거 이 성 인 지 사 자
達權非聖人不能臣願殿下脫有事變寧守常經無遽以聖人之事自
황 야 우 비 불 체 공 내 숙 사 등 대 연 병 익 심 입 궐 신 기 혼 색 불 능 앙 비 청
況也優批不遞公乃肅辭登對然病益甚入闕神氣昏塞不能仰備清
문 수 진 소 차 청 상 면 학 정 심 건 립 대 본 잉 론 조 정 절 제 장 수 지 비 심 승
問袖進小箚請上勉學正心建立大本仍論朝廷節制將帥之非尋陞
공 조 참 판 잉 명 입 시 경 연 재 소 사 기 체 절 구 불 언 시 사 기 이 우 제 동 의
工曹叅判仍命入侍經筵再疏辭旣遞絶口不言時事旣而又除同義
금 수 소 진 병 상 차 언 토 목 지 역 위 해 어 민 청 파 렴 민 지 정 언 급 루 루 수
禁遂疏陳病狀且言土木之役爲害於民請罷歛民之政言及屢々數
천 언 급 란 평 류 소 경 출 도 문 환 벽 계 걸 체 정 부 금 오 직 명 계 청 만 동 묘
千言及亂平留疏徑出都門還檗溪乞遞政府禁吾職名繼請萬東廟
중 건 수 체 부 호 군 선 시 대 원 군 사 인 래 계 무 득 부 언 토 목 취 감 사 급 청
重建遂遞付護軍先是大院君使人來戒無得復言土木聚歛事及請
복 만 동 묘 노 리 익 심 문 자 위 공 위 지 공 거 국 인 막 불 개 완 정 묘 유 경 연
復萬東廟怒詈益甚聞者爲公危之公去國人莫不慨惋丁卯有經筵
특 진 지 명 무 신 졸 년 칠 십 칠 유 대 성 운 어 동 남 적 광 긍 천 촉 지 량 구 내
特進之命戊辰卒年七十七有大星隕於東南赤光亘天燭地良久乃
멸 소 저 유 화 동 력 사 합 편 강 목 륙 십 권 벽 계 아 언 십 이 권 문 집 륙 십 권
滅所著有華東歷史合編綱目六十卷檗溪雅言十二卷文集六十卷
주 자 대 전 차 의 집 보 우 명 산 번 취 요 보 이 안 설 별 위 집 차 일 부 우 명 문
朱子大全箚疑輯補又命刪繁就要補以按說別爲集箚一部又命門
인 김 평 묵 위 이 정 전 서 주 해 수 십 권 명 왈 집 의 명 자 준 급 문 인 임 규 직
人金平默爲二程全書註解數十卷名曰集疑命子埈及門人任圭直
초 창 차 의 편 집 송 자 절 요 우 유 문 인 어 록 팔 권 주 역 석 의 벽 사 록 변 등
草創箚疑編輯宋子節要又有門人語錄八卷周易釋義闢邪錄辨等
제 서 시 문 경
諸書謚文敬

무 진 동 화 서 문 인 최 익 현 소 청 정 토 목 지 취 감 혁 당 백 금 문 세 어 심
戊辰冬華西門人崔益鉉疏請停土木止聚歛革當百禁門稅語甚
격 절 사 간 권 종 록 론 핵 이 춘 추 무 장 한 법 불 경 소 본 어 공 이 위 년 전 청
激切司諫權鍾祿論劾以春秋無將漢法不輕溯本於公以爲年前請
정 궁 역 가 위 불 량 지 심 이 즉 역 조 명 고 예 지 계 야 익 현 이 기 문 도 전 습
停宮役可謂不量之甚而卽亦釣名沽譽之計也益鉉以其門徒傳襲

기 구 자 불 각 화 반 탁 출 언 최 공 인 사 돈 녕 도 정 송 기 무 왈 신 사 리 모 명
旣久自不覺和盤托出焉崔公因辭敦寧都正訟其誣曰臣師李某命

세 지 현 당 양 적 창 궐 여 병 진 소 기 지 성 측 항 진 선 폐 사 가 이 질 고 석 사
世之賢當洋賊猖獗輿病陳疏其至誠惻恒陳善閉邪可以質古昔俟

백 세 이 무 의 간 관 소 위 조 명 고 예 운 운 기 비 촉 견 지 폐 일 월 방 지 요 설
百世而無疑諫官所爲釣名沽譽云々豈非蜀犬之吠日越狵之嗅雪

야 공 지 위 학 이 소 학 가 례 위 목 이 대 학 어 맹 중 용 위 주 이 후 급 어 경 사
也公之爲學以小學家禮爲木以大學語孟中庸爲主而後及於經史

순 순 유 서 기 전 심 치 지 음 식 부 지 기 직 함 담 의 복 부 지 기 후 박 거 실 부
循々有序其專心致志飮食不知其職鹹淡衣服不知其厚薄居室不

지 기 온 랭 야 분 이 침 침 신 이 기 면 언 자 자 부 지 로 지 장 지 사 친 독 어 효
知其溫冷夜分而寢侵晨而起俛焉孜々不知老之將至事親篤於孝

친 제 일 월 불 교 첩 질 지 성 후 역 무 정 시 미 상 해 의 안 침 거 상 애 경 비 지
親癠一月不交睫疾止省候亦無定時未嘗解衣安寢居喪哀敬備至

소 절 필 신 기 당 실 매 상 필 알 묘 퇴 지 내 당 여 부 인 상 읍 병 좌 자 제 가 중
小節必愼旣當室昧爽必謁廟退至內堂與夫人相揖幷坐子弟家衆

배 알 어 전 내 명 각 종 기 사 남 독 녀 직 숙 야 근 로 무 일 인 유 타 제 사 진 기
拜謁於前乃命各從其事男讀女織夙夜勤勞無一人遊惰祭祀盡其

성 여 생 살 과 소 기 명 병 석 지 속 개 분 직 책 예 유 조 치 교 여 획 일 사 시 필
誠如牲殺果蔬器皿屛席之屬皆分職責豫有措置較如畫一四時必

제 정 지 삭 망 비 시 가 연 자 제 필 헌 수 관 필 삼 가 혼 필 친 영 접 빈 객 대 구
祭正至朔望非時家宴子弟必獻壽冠必三加昏必親迎接賓客待舊

고 례 현 덕 무 불 각 칭 기 정 유 독 지 향 학 이 빈 부 자 급 자 혹 할 죽 분 의 혹
故禮賢德無不各稱其情有篤志向學而貧不自給者或割粥分衣或

설 관 접 권 이 수 기 지 사 상 지 제 조 부 필 후 기 어 종 족 주 술 비 지 할 전 립
設舘接眷以遂其志死喪之際吊賻必厚其於宗族周卹備至割田立

장 세 시 제 사 급 물 유 차 기 어 향 려 환 량 절 실 농 위 설 사 창 이 진 지 우 이
莊歲時祭祀給物有差其於鄕閭患粮絶失農爲設社倉而賑之又以

요 역 심 번 호 유 류 망 연 기 전 본 부 지 본 리 이 자 청 급 장 하 인 호 분 전 균
繇役甚繁戶有流亡捐其錢本付之本里以資廳給墻下人戶分田均

급 추 성 불 수 속 화 옥 몰 전 이 세 이 사 절 할 산 치 전 수 호 기 묘 모 어 신 종
給秋成不受粟華玉歿傳二世而嗣絶割産置田守護其墓謀於辛宗

갈 력 립 후 지 여 고 군 지 절 불 수 속 방 과 교 육 성 가 심 유 본 말 지 기 자 봉
竭力立后至如告君之節不隨俗放過敎育成家甚有本末至其自奉

즉 박 루 수 심 인 소 불 감 이 처 지 태 연 개 기 립 신 처 세 유 현 세 대 이 험 상
則撲陋殊甚人所不堪而處之泰然盖其立身處世幽顯細大夷險常

변 불 가 승 서 이 관 기 소 유 찰 기 소 안 호 호 호 무 섬 개 지 가 의 야 차 기 력
變不可勝書而觀其所由察其所安皜々乎無纖芥之可疑也此其力
행 지 대 략 야 매 일 신 기 필 송 억 시 경 재 잠 이 위 상 소 상 수 중 흡 연 다 추
行之大畧也每日晨起必誦抑詩敬齋箴以爲常少嘗隨衆吸烟茶追
각 기 연 거 무 사 해 어 엄 약 사 공 부 절 불 부 흡 여 작 자 지 류 일 획 불 감 방
覺其燕居無事害於儼若思工夫絶不復吸如作字之類一畫不敢放
심 수 망 리 소 찰 필 주 신 착 력 약 당 대 사 연
心雖忙裏小札必注神着力若當大事然

공 지 변 명 덕 기 왈 률 곡 선 생 지 성 학 집 요 재 로 씨 지 설 왈 명 덕 본 심
公之辨明德記曰栗谷先生之聖學輯要載盧氏之說曰明德本心
야 본 심 즉 소 위 인 의 지 심 야 우 암 선 생 왈 명 덕 심 성 정 지 총 칭 이 심 성
也本心卽所謂仁義之心也尤庵先生曰明德心性情之摠稱而心性
정 유 빈 주 지 분 차 즉 장 자 심 통 성 정 지 설 야 우 옹 우 왈 심 유 이 리 언 자
情有賓主之分此卽張子心統性情之說也尤翁又曰心有以理言者
유 이 기 언 자 차 우 천 고 론 심 지 단 안 야 연 심 유 이 리 언 역 비 우 옹 지 언
有以氣言者此又千古論心之斷案也然心有以理言亦非尤翁之言
여 정 자 설 심 야 성 야 천 야 일 리 야 계 몽 설 심 위 태 극 통 서 해 설 인 심 태
如程子說心也性也天也一理也啓蒙說心爲太極通書解說人心太
극 지 지 령 차 류 불 일 이 족 소 위 본 심 심 성 정 지 총 칭 즉 차 이 리 언 지 심
極之至靈此類不一而足所謂本心心性情之總稱卽此以理言之心
야 개 심 능 통 성 이 성 불 능 통 심 심 능 진 성 이 성 부 지 검 심 약 왈 심 시 기
也盖心能統性而性不能統心心能盡性而性不知檢心若曰心是氣
이 기 즉 시 기 반 통 리 이 리 반 위 역 야 소 위 리 자 하 족 위 만 화 지 추 뉴 호
而已則是氣反統理而理反爲役也所謂理者何足爲萬化之樞紐乎
심 자 인 지 신 명 합 리 기 이 포 동 정 자 야 성 즉 심 지 체 이 리 지 승 기 이 정
心者人之神明合理氣而包動靜者也性則心之體而理之乘氣而靜
자 야 정 즉 심 지 용 이 리 지 승 기 이 동 자 야 이 리 언 즉 심 유 태 극 지 통 사
者也情則心之用而理之乘氣而動者也以理言則心猶太極之統四
덕 성 즉 유 리 정 정 즉 유 원 형 이 기 언 즉 심 유 원 기 지 통 사 시 성 즉 유 추
德性則猶利貞情則猶元亨以氣言則心猶元氣之統四時性則猶秋
동 정 즉 유 춘 하 우 왈 분 언 즉 심 자 만 리 지 총 회 토 재 자 야 성 자 적 연 부
冬情則猶春夏又曰分言則心者萬理之總會土宰者也性者寂然不
동 이 만 리 함 비 자 야 정 자 감 이 수 통 이 만 리 발 용 자 야 각 유 소 지 불 가
動而萬理咸備者也情者感而遂通以萬理發用者也各有所指不可
혼 야 합 언 심 야 성 야 정 야 일 리 야 혼 연 무 피 차 내 외 종 시 본 말 지 간 차
混也合言心也性也情也一理也渾然無彼此內外終始本末之間此

리 지 전 체 야 이 리 언 즉 성 범 지 심 일 야 순 척 지 성 일 야 요 걸 지 정 일 야
理之全體也以理言則聖凡之心一也舜蹠之性一也堯桀之情一也
리 동 고 야 이 기 언 즉 천 하 지 심 유 만 부 동 야 천 하 지 정 유 만 부 동 야 기
理同故也以氣言則天下之心有萬不同也天下之情有萬不同也氣
이 고 야 우 왈 심 성 정 유 소 재 자 이 언 즉 리 야 유 소 승 자 이 언 즉 기 야 고
異故也又曰心性情由所載者而言則理也由所乘者而言則氣也故
심 유 인 심 도 심 지 분 성 유 본 연 기 질 지 분 정 유 천 리 인 욕 지 분 우 왈 역
心有人心道心之分性有本然氣質之分情有天理人欲之分又曰易
자 합 도 여 기 이 립 명 야 단 지 도 일 변 즉 왈 태 극 야 심 자 합 리 여 기 이 립
者合道與器而立名也單指道一邊則曰太極也心者合理與氣而立
명 야 단 지 리 일 변 즉 왈 본 심 야 왈 도 심 왈 주 재 왈 천 군 왈 기 수 왈 명 덕
名也單指理一邊則曰本心也曰道心曰主宰曰天君曰氣帥曰明德
본 원 왈 본 체 왈 천 지 지 심 지 류 개 지 리 일 변 이 언 야 우 왈 심 포 형 기 신
本原曰本體曰天地之心之類皆指理一邊而言也又曰心包形氣神
리 사 자 형 음 이 기 양 형 이 하 지 기 야 리 체 이 신 용 형 이 상 지 도 야 형 내
理四者形陰而氣陽形而下之器也理體而神用形而上之道也形乃
심 지 소 사 기 내 심 지 소 승 신 내 심 지 묘 용 리 내 심 지 실 체 물 개 연 심 위
心之所舍氣乃心之所乘神乃心之妙用理乃心之實體物皆然心爲
요 시 고 어 형 어 기 어 신 어 리 개 가 언 심 단 리 선 기 후 리 통 기 국 리 수 기
要是故於形於氣於神於理皆可言心但理先氣後理通氣局理帥氣
후 지 분 조 차 불 가 란 차 즉 지 쟁 호 발
後之分造次不可亂此則只爭毫髮

공 어 호 락 초 무 편 주 이 단 간 기 론 설 즉 합 어 락 론 자 다 호 설 자 소 여
公於湖洛初無偏主而但看其論說則合於洛論者多湖說者少如
왈 지 어 편 전 지 설 지 편 승 자 언 지 이 여 천 비 무 순 덕 이 건 위 지 주 고 왈
曰至於偏全之說指偏勝者言之耳如天非無順德而健爲之主故曰
건 지 비 무 건 덕 이 순 위 지 주 고 왈 곤 약 왈 천 지 득 건 지 성 이 지 단 구 순
乾地非無健德而順爲之主故曰坤若曰天只得健之性而地單具順
지 성 언 즉 기 위 지 도 지 언 호 인 물 지 부 동 역 류 차 언 인 물 수 왈 부 동 리
之性焉則豈爲知道之言乎人物之不同亦類此言人物雖曰不同理
미 상 부 동 즉 락 론 야 우 왈 위 지 전 즉 무 부 전 위 지 편 즉 무 불 편 자 기 편
未嘗不同卽洛論也又曰謂之全則無不全謂之偏則無不偏自其偏
자 이 관 지 즉 음 비 양 양 비 음 의 자 기 전 자 이 관 지 즉 물 물 각 기 구 일 태
者而觀之則陰非陽陽非陰矣自其全者而觀之則物物各其具一太
극 차 역 락 론 야 우 왈 건 왈 건 이 곤 왈 순 즉 소 위 편 자 추 가 지 야 건 왈 원
極此亦洛論也又曰乾曰健而坤曰順則所謂偏者推可知也乾曰元

형 리 정 곤 역 왈 원 형 리 정 즉 소 위 편 자 역 각 구 천 명 지 전 체 추 가 지 의
亨利貞坤亦曰元亨利貞則所謂偏者亦各具天命之全體推可知矣
유 편 중 식 기 전 전 중 식 기 편 차 역 락 론 야 우 왈 단 지 기 기 즉 무 부 전 겸
惟偏中識其全全中識其偏此亦洛論也又曰單指其氣則無不全兼
지 기 기 즉 무 불 편 차 역 락 론 야 기 왈 인 여 물 본 시 일 리 야 일 기 야 불 시
指其氣則無不偏此亦洛論也其曰人與物本是一理也一氣也不啻
기 이 취 중 기 불 능 무 만 수 기 기 유 부 동 즉 시 재 기 지 리 역 수 이 부 동 차
己而就中氣不能無萬殊氣旣有不同則是在氣之理亦隨而不同此
즉 호 론 야
則湖論也

화 서 아 언 왈 자 리 관 물 즉 리 여 차 고 신 역 여 차 신 여 차 고 기 역 여 차
華西雅言曰自理觀物則理如此故神亦如此神如此故氣亦如此
기 여 차 고 형 역 여 차 즉 물 관 리 즉 형 성 고 기 취 기 취 고 신 회 신 회 고 리
氣如此故形亦如此卽物觀理則形成故氣聚氣聚故神會神會故理
구 범 유 성 색 모 상 이 영 어 천 지 지 간 자 개 기 야 자 존 제 인 이 언 지 일 동
具凡有聲色貌象而盈於天地之間者皆氣也自存諸人而言之一動
일 정 일 어 일 묵 무 비 기 야 약 집 차 이 증 지 왈 차 기 야 차 언 비 부 적 당 비
一靜一語一默無非氣也若執此而證之曰此氣也此言非不的當非
불 분 명 의 수 연 약 단 여 차 기 이 즉 성 인 소 위 징 소 위 은 소 위 무 성 무 취
不分明矣雖然若但如此己而則聖人所謂徵所謂隱所謂無聲無臭
소 위 형 이 상 소 위 무 극 태 극 소 위 비 견 문 소 급 과 하 사 야 차 소 위 리 야
所謂形而上所謂無極太極所謂非見聞所及果何事也此所謂理也
차 수 무 형 실 위 무 형 지 주 차 수 지 미 실 위 지 현 지 체 차 수 무 위 실 위 만
此雖無形實爲無形之主此雖至微實爲至顯之體此雖無爲實爲萬
사 만 화 지 근 본 야 금 지 설 리 설 기 불 취 일 물 상 분 간 욕 멱 출 일 물 어 일
事萬化之根本也今之說理說氣不就一物上分看欲覓出一物於一
물 지 외 이 환 주 리 환 주 기 즉 천 하 본 무 시 물 비 독 간 리 자 불 출 역 간 기
物之外而喚做理喚做氣則天下本無是物非獨看理字不出亦看氣
자 불 출 리 기 지 분 유 양 량 이 리 지 본 체 언 즉 리 위 통 기 지 주 이 기 위 재
字不出理氣之分有兩樣以理之本體言則理爲統氣之主而氣爲載
리 지 기 차 즉 불 가 리 지 설 야 이 기 지 만 수 언 즉 리 위 지 선 지 중 지 준 칙 이
理之器此則不可離之說也以氣之萬殊言則理爲至善至中之準則而
이 기 위 편 의 과 불 급 지 연 유 차 즉 불 가 잡 지 설 야 리 자 일 이 불 이 자 야 명 물
氣爲偏倚過不及之緣由此則不可雜之說也理者一而不二者也命物
이 불 명 어 물 자 야 위 주 이 불 위 객 자 야 기 자 이 이 불 일 자 야 명 어 물 이 불
而不命於物者也爲主而不爲客者也氣者二而不一者也命於物而不

명 물 자 야 위 객 이 불 위 주 자 야 시 고 재 천 언 명 물 지 즉 왈 천 왈 제 재 인 언
命物者也爲客而不爲主者也是故在天言命物之則曰天曰帝在人言
명 물 지 주 즉 왈 심 왈 천 군 재 물 언 명 물 지 주 즉 왈 신 왈 신 명 기 실 일 리 야
命物之主則曰心曰天君在物言命物之主則曰神曰神明其實一理也

공 우 작 려 숙 강 규 이 과 학 도 기 강 계 왈 일 범 동 강 지 인 물 이 비 원
公又作閭塾講規以課學徒其講戒曰一凡同講之人勿以備員
구 강 위 사 필 사 반 신 체 험 심 통 기 묘 궁 행 기 사 일 강 서 일 준 자 양 독
口講爲事必思反身體驗心通其妙躬行其事一講書一遵紫陽讀
서 차 제 이 참 작 석 담 한 천 유 규 용 지 일 재 가 즉 조 기 관 즐 정 의 관 배
書次第而叅酌石潭寒泉遺規用之一在家則早起盥櫛正衣冠拜
성 부 모 유 조 부 모 즉 당 선 알 친 부 재 배 알 우 사 반 출 취 서 당 즉 사 사
省父母有祖父母則當先謁親不在拜謁于祠扳出就書堂則事師
장 여 례 일 동 강 인 상 우 필 상 배 읍 이 비 기 존 인 위 법 일 일 절 성 색 취 미
長如禮一同講人相遇必相拜揖以卑己尊人爲法一一切聲色臭味
지 욕 부 귀 번 화 지 상 절 물 맹 심 일 이 강 명 도 의 돈 행 효 제 충 신 위 종 신
之欲富貴繁華之想切勿萌心一以講明道義敦行孝弟忠信爲終身
준 적 일 인 성 본 선 기 목 인 의 례 지 신 이 기 인 생 유 륜 기 목 부 자 군 신 부
準的一人性本善其目仁義禮智信而已人生有倫其目父子君臣夫
부 장 유 붕 우 이 기 기 리 재 아 지 실 이 불 망 기 사 재 아 심 근 이 차 절 구 지
婦長幼朋友而已其理在我至實而不妄其事在我甚近而且切求之
필 무 부 득 지 리 행 지 필 무 부 달 지 리 운 운 우 왈 용 인 위 인 경 운 소 구 불
必無不得之理行之必無不達之理云々又曰傭人爲人耕耘所求不
과 삼 우 반 이 열 토 여 부 한 일 작 배 불 감 언 열 초 자 찬 고 어 니 몰 경 불 감
過三盂飯耳熱土如釜熯日灼背不敢言熱楚茨鑽股淤泥沒脛不敢
언 로 필 진 일 력 내 피 불 연 빈 부 득 수 언 차 시 불 변 일 사 즉 불 능 야 우 왈
言勞必盡日力乃罷不然擯不得售焉此時不拚一死則不能也又曰
주 자 상 변 제 가 지 설 성 왈 무 선 무 불 선 지 설 최 무 상 개 위 무 선 무 불 선
朱子嘗辨諸家之說性曰無善無不善之說最無狀蓋爲無善無不善
즉 륜 어 공 적 이 환 불 여 성 악 지 유 유 골 자 야 연 즉 무 동 정 지 운 하 여 차
則淪於空寂而還不如性惡之猶有骨子也然則無動靜之云何與此
이 재 로 씨 이 현 이 우 현 위 중 묘 지 현 문 이 부 지 인 의 례 지 지 신 위 중 묘
異哉老氏以玄而又玄爲衆妙之玄門而不知仁義禮之智神爲衆妙
지 문 화 담 이 일 기 지 목 당 묘 호 묘 기 호 기 지 찬 언 이 부 지 태 극 지 리 위
之門花潭以一氣之目當妙乎妙奇乎奇之贊焉而不知太極之理爲
지 묘 지 본 시 개 지 자 과 지 지 실 야 주 자 왈 리 기 결 시 이 물 차 성 현 상 전
至妙之本是皆知者過之之失也朱子曰理氣決是二物此聖賢相傳

지 결 안 야 라 씨 의 지 하 고 야 개 리 일 이 기 량 리 무 불 선 이 기 유 선 불 선
之決案也羅氏疑之何故也盖理一而氣兩理無不善而氣有善不善

일 여 량 선 불 선 안 득 합 이 위 일 야
一與兩善不善安得合以爲一也

주해_ㅇ嘐然(교연)－자득(自得)한 모양. 뜻이 호연(浩然)한 모습.

ㅇ浴沂之想(욕기지상)－공자의 제자인 증점(曾點)이 봄에 봄옷을 만들어 입고, 관을 쓴 벗 대여섯과 아이들 6, 7명과 같이 기수(沂水)에서 목욕하고 기우제 드리는 곳에서 바람을 쐬고 노래를 부르다가 오겠다는 자기의 뜻을 말한 것. 《논어》 선진(先進)편에 나온다.

ㅇ不動心(부동심)－어떠한 일에든지 천리와 일체가 되어 예도(禮度)에 어그러지지 않는 마음.

ㅇ一命(일명)－조선시대의 9품 관직.

ㅇ去邠(거빈)－주(周)나라 태왕(太王)의 고사로 적의 침입을 피해 백성을 보호하기 위해 빈(邠) 땅을 버리고 옮긴 일.

ㅇ常經(상경)－정상(正常)의 대법(大法).

ㅇ達權(달권)－권도(權道)로 정도(正道)에 합치하는 법.

ㅇ釣名沽譽(조명고예)－명예를 사는 것.

김평묵(金平默)

자는 치장(稚章), 호는 중암(重庵)으로 청풍(淸風) 사람이다. 영평(永平)의 옥병(玉屛) 집에서 출생하여 화서(華西) 이항로(李恒老)의 문하에서 수학하였으며, 처음 벼슬이 감역(監役)에 이르렀으나 나아가지 않았다. 성재(省齋) 유중교(柳重教)가 스승 이항로의 학설을 고쳐 보충하려는 의논을 내자, 공이 이를 어렵고 신중을 기해야 할 것으로 여겨 엄히 방지하려고 여러 차례 서신을 왕복하였는데, 그 말이 몹시 엄격하였다.

성재가 이에 다음과 같이 상서(上書)했다.

"제가 요사이 강설하는 태극에 주재(主宰)가 있다는 논의는 종전과 같은 것이고, 명덕(明德)은 이를 주로 한다는 말도 종전과 같으며, 심

은 이로 말한 것도 있고, 기로 말한 것도 있다는 것 역시 종전과 별다른 것이 없습니다. 오직 심의 체단(體段)을 모두 들어서 그 본분(本分)과 명위(名位)를 단정하자면 다만 형이하(形而下)에 의거해서 물(物)로 지목해야만 평실(平實)하여 후일의 폐단이 없을 것이라고 하였습니다. 이것만이 전과 약간 다릅니다. 삼가 보내주신 글을 읽어보니 그 지켜온 구론(舊論)에 대해서는 실로 이동(異同)을 말할 만한 것이 없으며, 그 경개(更改)한 대목에 대해서는 점차로 뜻을 보여주었습니다. 전배(前輩)들이 논쟁(論爭)한 것을 살펴보고 그 말이 너무 편중(偏重)하고 지나쳐서 폐단이 없지 못할 것이 보이면 더러 산삭(刪削)하여 본서에서는 현자(賢者)들을 위하여 휘(諱)한 뜻을 붙였습니다. 만약 그 말에 삭제하지 못할 것이 있으면 비록 그대로 놓아두기는 했지만 그 문자를 선양하지 않고 별도로 일설을 만들어서 그 미진한 뜻을 보충하였으니, 이것은 이른바 '은밀히 보충한다(陰補)'는 것입니다. 이 두 가지 일은 모두 사리에 당연히 있어야 할 것인데도 말이 이루어진 것은 놓아두고 가리킨 것은 다른 데로 옮겼으며, 일찍이 선사(先師)께서 그르다고 했던 것을 유지(遺旨)라고 말하여 발휘한 것이니 깊이 마음에 편치 못함이 있습니다. 대개 일반적으로 강설이란 그 사람에 따라 각기 면목을 갖추게 되는데, 선사의 심설(心說)로 말하자면 이(理)로써 심(心)을 단정한 것이 바로 그 진면목입니다. 지금 감히 별도로 어구를 지적하지는 못하지만, 〈형기신리설(形氣神理說)〉 한 편의 경우는 분명히 심의 위치를 변론하고, 이름을 정한 공안(公案)입니다. 그 말에 화장(火臟)으로써 심의 형을 삼고, 정상(精爽)으로써 심의 기를 삼고, 신명(神明)으로써 심의 신(神)을 삼고, 인의(仁義)로써 심의 이(理)를 삼되, 형이상하(形而上下)로 크게 나누면 형은 음(陰)이요, 기는 양(陽)이니 형이하의 기(器)요, 이는 체(體)요, 심은 용(用)이니 형이상의 도입니다."

또 말하였다.

"형과 기는 국한되므로 이(二)가 되고, 심과 이는 통하므로 일(一)이 됩니다. 일이란 태일(太一)을 말한 것이요, 이란 양의(兩儀)를 말한 것입니다. 이것을 보면 형·기·신·이에 있어 모두 심을 말할 수 있지만 심의 당체(當體)인 신명이라는 두 글자는 형이상에만 배속할 수 있고, 형이하에는 배속할 수 없는 것입니다. 만약 선사께서 이로써 심을 단정한다고 말했다면 '기를 이로 아는(認氣爲理)' 혐의가 있으며, 고자(告子)·석씨(釋氏)·육상산(陸象山)·왕양명(王陽明)의 견해와 서로 비슷합니다. 그러므로 이렇게 하여 다른 사람의 의혹을 멀리 피한 것일 뿐이라면 여기에는 절대로 그렇지 않은 점이 있습니다. 선사의 심설(心說)에서 그 가리켜 심이라 한 것은 원래 경전(經傳)에서 말한 심과는 조금 같지 않은 것이 있습니다. 경전에서 말한 것은 대개 심의 형이하처(形而下處)에 존망(存亡)과 겸하여 진망(眞妄)이 있는 점에 의거하여 말을 세우고, 그 중에서 본원진체(本源眞體)인 것만을 지적하여 이(理)로 삼았으니, 주자의 이른바 '천리의 주재(天理之主宰)'가 이것입니다.

선사의 이른바 심이란 본래 그 본원진체인 것만을 지적해서 말한 것이요, 저 형이하인 것은 곧바로 이 마음의 당체에 참여시킬 수 없다고 하였으니, 마치 맹자가 재(才)를 말함에 오로지 성(性)에서 발하는 것만을 말하는 것과 같습니다. 때문에 그 말에 이르기를 '기로써 말한 심을 군자(君子)는 심으로 삼지 않음이 있으며, 석씨(釋氏)가 말한 심은 우리 유가의 형이하를 말하는 것이다'라고 말하였습니다. 그렇다면 이(理)를 심으로 단정한 것이 비록 위치를 분변하고 이름을 정하는 데는 평실(平實)함이 부족하지만 이것이 기를 이로 인정하는 것이 된다면 크게 본의에 맞지 않습니다. 또 우리 유가에서 고자나 석씨를 깊이 배척하는 원인은 그들이 형기(形氣)와 성명(性命)을 분별하지 않고 한데 뒤섞어서 성(性)이라 하고 도(道)라고 하는 것 때문이니, 선사께서 평생 동안 도를 강론하신 종지(宗旨)는 오로지 이

두갈래 길을 분명하게 판별하는 데 있었습니다."

신사년 봄에 영남 유생 이만손(李萬孫) 등 만여명이 척사위정의 상소를 하였는데 공이 그 상소문을 보고 감탄하기를, "오늘날의 이런 행동은 우리나라 사람들로 하여금 천하 후세에 할 말이 있게 한 것이다."하고 드디어 글을 소청(疏廳)에 제출하였는데 그 말의 뜻과 억양이 간혹 준엄하고 격렬한 곳이 있었다. 이 글이 전파되자 시론(時論)이 들끓어 마침내 섬으로 유배하라는 명이 있었다. 임오년 8월에 비로소 섬으로부터 유배가 풀려 돌아왔다. 향년 73세이다. 저술에 《학통고(學統考)》·《해상필어(海上筆語)》·《경장문답(更張問答)》·《붕사잡록(鵬舍雜錄)》·《해상록(海上錄)》·《대곡문답(大谷問答)》·《삼강문답(三江問答)》·《귀곡문답(龜谷問答)》·《벽산심설연원(蘗山心說淵源)》·《척양대의(斥洋大義)》·《남정기문(南征紀聞)》·《우촌수담(雨村手談)》·《노강수록(鷺江隨錄)》·《강상산록(江上散錄)》·《시설(詩說)》·《북산문답(北山問答)》 등과 문집 25권이 있다.

김 중 암 평 묵 자 치 장 청 풍 인 순 조 을 축 생 어 영 평 옥 병 지 제 수 업 우
金重庵平默字稚章清風人純祖乙丑生於永平玉屛之第受業于
리 화 서 지 문 서 사 지 감 역 불 사 공 이 류 성 재 조 보 사 훈 지 론 위 난 신 이
李華西之門筮仕至監役不仕公以柳省齊調補師訓之論爲難愼而
엄 방 지 재 삼 왕 복 성 기 구 여 성 제 내 상 서 왈 모 근 일 강 설 태 극 유 주 재
嚴防之再三往復聲氣俱厲省齊乃上書曰某近日講說太極有主宰
지 론 유 부 전 야 명 덕 주 리 지 론 유 부 전 야 심 유 이 리 언 유 이 기 언 역 여
之論猶夫前也明德主理之論猶夫前也心有以理言有以氣言亦與
전 무 별 유 총 거 심 지 체 단 이 단 기 본 분 명 위 즉 지 득 차 거 형 이 하 자 목
前無別惟總擧心之體段而斷其本分明位則只得且據形而下者目
지 이 물 내 위 평 실 이 무 후 폐 차 위 소 이 어 전 이 복 독 비 교 어 기 소 수 구
之以物乃爲平實以無後弊此爲少異於前耳伏讀批敎於其所守舊
자 고 무 이 동 지 가 언 이 기 소 갱 개 처 역 점 차 시 의 구 관 전 배 어 소 쟁 지
者固無異同之可言而其所更改處亦漸次示意究觀前輩於所爭之
지 견 기 언 유 편 중 과 당 불 능 무 폐 자 즉 혹 산 지 이 본 서 이 우 위 현 자 휘
地見其言有偏重過當不能無弊者則或刪之以本書以寓爲賢者諱

지 의 약 기 언 유 부 득 산 자 즉 수 존 지 이 불 선 양 기 문 자 별 자 위 설 이 족

之義若其言有不得刪者則雖存之而不宣揚其文字別自爲說以足

기 미 진 지 의 시 즉 소 위 음 보 자 야 차 이 자 개 사 리 지 소 의 유 유 존 기 족

其未盡之意是則所謂陰補者也此二者皆事理之所宜有惟存其足

성 지 언 이 천 취 지 의 이 기 소 상 비 지 자 위 시 유 지 이 발 휘 지 즉 심 유 소

成之言而遷就指意以其所嘗非之者謂是遺旨而發揮之則深有所

불 안 어 심 자 개 범 강 설 수 인 각 유 일 부 당 구 면 목 이 선 사 심 설 언 지 이

不安於心者盖凡講說隨人各有一副當具面目以先師心說言之以

리 단 심 즉 기 진 면 목 야 금 불 감 별 인 구 어 지 여 형 기 신 리 설 일 편 명 시

理斷心卽其眞面目也今不敢別引句語只如形氣神理說一篇明是

차 심 변 위 정 명 지 공 안 야 기 언 이 화 장 위 심 지 형 이 정 상 위 심 지 기 이

此心辨位定名之公案也其言以火臟爲心之形以精爽爲心之氣以

신 명 위 심 지 신 이 인 의 위 심 지 리 이 이 형 이 상 하 대 분 지 왈 형 음 이 기

神明爲心之神以仁義爲心之理而以形而上下大分之曰形陰而氣

양 형 이 하 지 기 야 리 체 이 신 용 형 이 상 지 도 야 우 왈 형 여 기 국 이 위 이

陽形而下之器也理體而神用形而上之道也又曰形與氣局而爲二

신 여 리 통 이 위 일 일 자 하 야 태 일 시 야 이 자 하 야 량 의 시 야 관 차 즉 어

神與理通而爲一一者何也太一是也二者何也兩儀是也觀此則於

형 어 기 어 신 어 리 개 가 언 심 이 심 지 당 체 신 명 이 자 지 가 이 속 형 이 상

形於氣於神於理皆可言心而心之當體神明二字只可以屬形而上

이 불 가 이 속 형 이 하 의 약 위 선 사 위 이 리 단 심 즉 유 인 기 위 리 지 혐 이

而不可以屬形而下矣若謂先師謂以理斷心則有認氣爲理之嫌而

혹 여 고 석 륙 왕 지 견 상 근 고 위 차 이 원 피 외 인 지 의 운 이 즉 차 유 대 불

或與告釋陸王之見相近故爲此以遠避外人之疑云爾則此有大不

연 자 선 사 설 심 기 소 지 이 위 심 자 원 시 여 경 전 소 언 심 자 미 유 부 동 경

然者先師說心其所指以爲心者元是與經傳所言心者微有不同經

전 소 언 개 거 차 심 형 이 하 처 유 존 망 겸 진 망 자 립 언 취 중 전 지 본 원 진

傳所言盖據此心形而下處有存亡兼眞妄者立言就中專指本源眞

체 자 이 위 리 주 자 소 위 천 리 지 주 재 시 야 선 사 소 위 심 합 하 전 지 기 본

體者以爲理朱子所謂天理之主宰是也先師所謂心合下專指其本

원 진 체 자 언 지 이 약 기 형 이 하 자 즉 직 이 위 무 여 어 차 심 지 당 체 정 유

源眞體者言之而若其形以下者則直以爲無與於此心之當體正猶

맹 자 지 언 재 전 기 발 어 성 자 언 지 고 기 언 왈 이 기 언 지 심 군 자 유 불 심

孟子之言才專其發於性者言之故其言曰以氣言之心君子有不心

자 언 왈 석 씨 소 위 심 시 오 유 소 위 형 이 하 자 연 즉 기 이 리 단 심 자 수 기

者焉曰釋氏所謂心是吾儒所謂形而下者然則其以理斷心者雖其

변 위 정 명 지 혹 흠 평 실 이 위 시 인 기 위 리 즉 대 불 착 제 의 차 오 유 지 소
辨位定名之或欠平實而謂是認氣爲理則大不着題矣且吾儒之所
이 심 척 고 자 석 씨 자 위 기 불 분 형 기 성 명 이 혼 위 지 성 혼 위 지 도 야 선
以深斥告子釋氏者爲其不分形氣性命而混謂之性混謂之道也先
사 평 생 강 도 기 종 지 전 재 부 판 차 량 로 의 신 사 춘 령 유 리 만 손 등 만 여
師平生講道其宗旨專在剖判此兩路矣辛巳春嶺儒李晚遜等萬餘
인 상 척 사 위 정 소 공 견 기 소 탄 왈 차 일 차 거 족 이 사 오 동 인 유 사 어 천
人上斥邪衛正疏公見其疏歎曰此日此擧足以使吾東人有辭於天
하 후 세 수 치 서 소 청 사 기 억 양 왕 왕 유 준 격 처 서 사 전 파 시 론 화 연 수
下後世遂致書疏廳辭氣抑揚往々有峻激處書辭傳播時論譁然遂
유 도 배 지 명 임 오 팔 월 시 자 칭 도 사 환 년 칠 십 졸 소 저 유 학 통 고 해 상
有島配之命壬午八月始自稱島赦還年七十卒所著有學統考海上
필 어 경 장 문 답 붕 사 잡 록 해 상 록 대 곡 문 답 삼 강 문 답 귀 곡 문 답 벽 산
筆語更張問答鵬舍雜錄海上錄大谷問答三江問答龜谷問答檗山
심 설 연 원 척 양 대 의 남 정 기 문 우 촌 수 담 로 강 수 록 강 상 산 록 시 설 북
心說淵源斥洋大義南征紀聞雨村手談鷺江隨錄江上散錄詩說北
산 문 답 급 문 집 이 십 오 권
山問答及文集二十五卷

유중교(柳重教)

자는 치정(穉程), 호는 성재(省齋)로 고흥(高興) 사람이다. 양근(楊根)에서 출생하였는데 5세 때부터 화서의 문하에서 수학했다. 총명하고 의젓하여 여러 아이들과 학습하면서는 장난하며 놀기를 좋아하지 않고 오직 경적(經籍)과 도서만을 탐독하였으며, 뒤에는 또 중암(重庵) 김평묵(金平默)에게 수학하였다.

나이 21세 때에 화서의 명을 받아 《송원화동사합편강목(宋元華東史合編綱目)》을 수찬(修撰)하였으며, 31세 때에 아버지 참판공(參判公)을 대신하여 삼정대책(三政對策)을 지었고, 정묘년에는 《화서아언(華西雅言)》을 편집했다. 갑술년에 전재(全齋) 임헌회(任憲晦)를 호남으로 찾아가 뵙고 잇달아 심재(心齋) 유시수(柳始秀) 및 홍대심(洪大心)을 안성(安城)으로 두루 심방하여 강습회와 향사례(鄕射禮)를

행하였다. 병자년 봄에 선공감가감역(繕工監假監役)에 제수되었으나 나아가지 않았다. 마침내 가족을 이끌고 가릉(嘉陵) 자니대(紫泥臺)로 이사하여 재종질 유인석(柳麟錫)·유봉석(柳鳳錫)과 일가인 유중악(柳重嶽)·유중룡(柳重龍)과 이여성(李汝成) 등 여러 사람과 이웃하여 살았다. 그 당시 중암 김평묵이 자니대 동남쪽 귀곡리(龜谷里)에 살았고, 그 남쪽에는 종형인 신재(信齋) 유중식(柳重植)이 살았다.

신사년에 영남 유생들이 재차 척사소(斥邪疏)를 올리니, 경기·호서·관동·호남 등지에서 상소하는 유생들이 계속 일어났는데 모두 중암의 글을 중시하여 인용하였다. 상소문들이 올라가자 사형과 귀양이 잇달았는데 모든 소장의 근본을 가릉, 즉 중암이라고 지목하였으므로 여론이 흉흉하였다. 대사간 이원일(李源逸)이 상소하여 논박하기를, "김평묵이 투서한 죄는 엄하게 처벌하여 먼 곳에 유배해야 합니다."라고 하였다. 또 이어 대계(臺啓)로 인하여 외딴 섬에 안치하였다. 공은 뒤따라 서울에 이르러서 글을 올려 투서한 실정을 진달하고, 김평묵과 함께 중죄를 받겠다고 청하였으나 판당(判堂) 신헌(申櫶)이 그런 예가 없다고 하며 글을 돌려주었다.

겨울에 6품관으로 올려 상자 식책을 받기려고 하였으나, 공은 곧바로 설악산(雪嶽山)으로 들어가 나오지 않았다. 임오년에 지평을 제수하였으나 나아가지 않았다. 향년 63세이다. 저서에 《태극도설대지(太極圖說大指)》·《소대학설(小大學說)》·《삼강오상설(三綱五常說)》·《삼서연의(三書衍義)》·《유씨종법(柳氏宗法)》·《유씨가전(柳氏家典)》·《현가궤범(絃歌軌範)》·《하도낙서설(河圖洛書說)》·《역설(易說)》과 문집 등이 있는데 모두 수천만 마디이다.

그가 화서(華西)의 심설(心說)을 보충하여 이렇게 말했다.

"선사의 심성론(心性論)은 오로지 일리상(一理上)에 나아가서 주재와 준칙을 나누어 말한 것인데, 반복하여 생각해 보아도 필경은 물칙(物則)을 심성으로 나누는 것이 마땅히 본분에 맞는 면모일 것이다.

심의 주재에 이르러서는 바로 이것이 심의 본직(本職)이니 심의 지각은 그 본직을 얻을 때도 있고, 그 본직을 잃을 때도 있어, 그 본직을 얻을 때에는 정히 심의 이(理)가 주장한 곳이 되니 진실로 이를 주로 삼아 말하는 것이 합당하다. 그러나 이러한 까닭만으로 마침내 심을 형이상으로 만들어 성과 함께 머리를 나란히 하여 평등하게 보는 것은 끝내 온당하지 못할 듯하다. 대개 형이상이라고 말한 것은 도리의 본연으로 물의 준칙이 되기 때문에 얻은 이름이다. 도(道)이다, 이(理)이다, 성(性)이다, 덕(德)이다 하는 등속은 바로 그 대목(大目)이요, 그 세목(細目)은 중정(中正)·인의(仁義)·효제(孝悌)·충신(忠信)과 같은 등속이다. 무릇 형이하라고 말한 것은 사물의 현상을 가지고 마땅히 정리해야 할 위치에 있는 것으로 얻은 이름이니, 인(人)이다, 물(物)이다, 신(身)이다, 심(心)이다 하는 등속은 바로 그 대목(大目)이요, 그 세목(細目)은 지각(知覺)·호오(好惡)·시청(視聽)·언동(言動)과 같은 등속이 이것이다. 이처럼 그 면목(面目)과 형용(形容)이 원래 스스로 같지 않은 것이다. 이른바 도리는 미발현(未發見)과 이발현(已發見)의 분별이 있다. 그 이발현한 것으로 모습이 있는 것은 본디 사물에 나아가서 말할 것이나, 이것을 곧장 형이하의 목(目)에 해당시킬 수는 없다. 이른바 사물은 미간별(未揀別)과 이간별(已揀別)의 분별이 있는데, 이간별된 것으로 준칙이 있는 것에 대해서는 본디 주리(主理)로 말할 수는 있으나 그렇다고 해서 마침내 형이상의 목으로 만들 수는 없는 것이다. 이는 그 지두(地頭)의 차이가 얼마 안되지만 그 분수는 끝내 혼동할 수 없는 것이다."

이에 김평묵이, 공이 사훈(師訓)을 고쳐 보충하는 논설을 펴는 것에 대해 어렵고 신중히 해야 할 것으로 여겨 엄히 막으려고 재삼 서신을 왕복하니, 공 또한 자세히 답변하였다. 그 답변한 말은 〈김평묵전(金平默傳)〉에 실려 있다.

뒤에는 김평묵과 함께 화서 선생의 심설에 대한 정안(正案)을 정하였다. 또 평묵의 문인 홍재구(洪在龜)·유기일(柳基一)과 함께 스승의 설을 고쳐 보충한 일을 변론하여 여러 차례 장황하게 말이 많았다. 임종하기에 이르러서 문인 유인석(柳麟錫)에게 명하기를, "천지가 만물을 생하고 성인이 만사에 응하는 것은 하나의 직(直)일 따름이다. 내가 선사의 심설에 대하여 망령되이 의심을 두어 구구히 보충한 것 또한 직도(直道)를 잃지 않으려는 것이었다. 다만 정안(正案)의 문자는 중암옹(重庵翁)의 가르침을 따라서 한 것이지만 요사이 다시 생각해보니 체면과 도리에 있어 매우 불가한 것이 있다. 지금부터 그 문자를 환수하는 것이 옳다."하고는 마침내 글을 구술하여 선사의 유상(遺像)과 중암의 영위(靈位)에 고하고, 여러 사우(士友)들에게도 그러한 까닭을 상세히 설명하라고 하였다. 또 《인물성동이변(人物性同異辨)》을 지었다.

유 성 재 중 교 자 치 정 고 흥 인 순 조 신 사 생 우 양 근 오 세 수 학 우 리 화
柳省齋重教字穉程高興人純祖辛巳生于楊根五歲受學于李華
서 지 문 총 명 오 해 약 로 성 여 군 아 학 습 불 희 유 희 유 경 적 도 서 시 탐 후
西之門聰明悟解若老成與羣兒學習不喜遊戲惟經籍圖書是耽後
우 수 업 어 김 중 암 평 묵 년 이 십 일 이 화 서 명 수 송 원 화 동 사 합 편 강 목
又受業於金重庵平默年二十一以華西命修宋元華東史合編綱目
삼 십 일 대 부 참 판 공 작 삼 정 대 책 정 묘 편 화 서 아 언 갑 술 왕 배 임 전 재
三十一代父叅判公作三政對策丁卯編華西雅言甲戌往拜任全齋
헌 회 우 호 남 력 방 류 심 재 시 수 급 홍 대 심 우 안 성 행 강 습 회 향 사 례 병
憲晦于湖南歷訪柳心齋始秀及洪大心于安城行講習會鄉射禮丙
자 춘 수 선 공 감 가 감 역 불 취 수 설 가 입 가 릉 자 니 대 재 종 질 린 석 봉 석
子春授繕工監假監役不就遂挈家入嘉陵紫泥臺再從姪麟錫鳳錫
족 인 중 악 중 룡 여 리 여 성 제 인 취 거 기 방 시 김 중 암 평 묵 정 거 우 대 지
族人重岳重龍與李汝成諸人就居其旁時金重庵平默定居于臺之
동 남 귀 곡 리 기 남 즉 족 형 신 재 공 중 식 거 야 신 사 령 유 재 거 척 사 소 경
東南龜谷里其南卽族兄信齋公重植居也辛巳嶺儒再擧斥邪疏京
기 호 서 관 동 호 남 소 유 계 진 개 인 김 중 암 서 위 중 제 소 기 등 철 주 찬 상
畿湖西關東湖南疏儒繼進皆引金重庵書爲重諸疏旣登徹誅竄相
계 이 동 소 근 시 우 지 목 가 릉 즉 중 암 물 정 도 도 간 장 리 원 일 소 론 김
繼而東疏根柢又指目嘉陵(卽重庵)物情淘々諫長李源逸疏論金

중암 투서지죄유엄형원 배지전선우인대계안치절도공종행지
重庵(投書之罪有嚴刑遠)配之典旋又因臺啓安置絶島公從行至
경정문자진투서지장청동수중감판당신헌이위무례환급장동승
京呈文自陳投書之狀請同受重勘判堂申櫶以爲無例還給狀冬陞
륙품장의직공즉입설악산불출임오제지평불부계사졸년륙십삼
六品將擬職公卽入雪嶽山不出壬午除持平不赴癸巳卒年六十三
소저유태극도설대지소대학설삼강오상설삼서연의류씨종법류
所著有太極圖說大指小大學說三綱五常說三書衍義柳氏宗法柳
씨가현가궤범하도락서설역설문집등제서범루천만언
氏家絃歌軌範河圖洛書說易說文集等諸書凡累千萬言

기보리화서심설왈선사론심성전취일리상분주재준칙설반복
其補李華西心說曰先師論心性專就一理上分主宰準則說反復
사지필경이물칙분심성자당위본분면세지약심지주재내심지본
思之畢竟以物則分心性者當爲本分面勢至若心之主宰乃心之本
직야심지지각유득기본직시유실기본직시정시차심지리위주처
職也心之知覺有得其本職時有失其本職時政是此心之理爲主處
고합주리이언연이차지고이수장심환주형이상자여성제두평간
固合主理而言然以此之故而遂將心喚做形而上者與性齊頭平看
즉종사미온개범언형이상자이도리지본연이위물소준칙자득명
則終似未穩蓋凡言形而上者以道理之本然而爲物所準則者得名
여왈도왈리왈성왈덕지속즉기대목야기세목즉여중정인의효제
如曰道曰理曰性曰德之屬卽其大目也其細目則如中正仁義孝悌
충신지속시야범언형이하자이사물지구연이재소당정리자득명
忠信之屬是也凡言形而下者以事物之具然而在所當整理者得名
여왈인왈물왈신왈심지속즉기대목야기세목즉여지각호오시청
如曰人曰物曰身曰心之屬卽其大目也其細目則如知覺好惡視聽
언동지속시야차기면목형용원자부동소위도리자유미발현이발
言動之屬是也此其面目形容元自不同所謂道理者有未發見已發
현지분기이발현유모상자고가즉물언지이불가직이당형이하지
見之分其已發見有貌狀者固可卽物言之而不可直以當形而下之
목소위사물자유미간별기간별지분기기녈별유준칙자고가주리
目所謂事物者有未揀別已揀別之分其已捏別有準則者固可主理
언지이불가수이작형이상지목차기지두소쟁불능기하이기분즉
言之而不可遂以作形而上之目此其地頭所爭不能幾何而其分則
종유불가혼자의어시김중암이공조보사훈지론위난신이엄방재
終有不可混者矣於是金重庵以公調補師訓之論爲難愼而嚴防再

삼 왕 복 공 역 답 변 심 상 어 재 김 중 암 전 중
三往復公亦答辨甚詳語在金重庵傳中

후 여 중 암 정 화 서 선 생 심 설 정 안 우 여 중 암 문 인 홍 재 구 류 기 일 변
後與重庵定華西先生心說正案又與重庵門人洪在龜柳基一辨
론 조 보 사 설 지 사 장 황 수 차 급 림 몰 명 문 인 류 인 석 등 왈 천 지 지 생 만
論調補師說之事張皇數次及臨歿命門人柳麟錫等曰天地之生萬
물 성 인 지 응 만 사 일 직 이 기 모 어 선 사 심 설 망 유 소 의 이 구 구 조 보 역
物聖人之應萬事一直而已某於先師心說妄有所疑而區々調補亦
욕 기 불 실 위 직 지 도 야 유 정 안 문 자 인 중 옹 교 의 이 위 지 자 근 갱 사 지
欲其不失爲直之道也惟正案文字因重翁教意而爲之者近更思之
즉 체 면 도 리 심 유 불 가 자 종 금 환 수 기 문 가 야 수 구 호 문 사 고 우 선 사
則體面道理甚有不可者從今還收其文可也遂口呼文使告于先師
견 상 급 중 암 령 연 이 제 사 우 간 상 설 기 소 이 연 우 저 인 물 성 동 이 변
遣像及重庵靈筵而諸士友間詳說其所以然又著人物性同異辨

유신환(兪莘煥)

자는 경형(景衡), 호는 봉서(鳳棲)로 기계(杞溪) 사람이다. 어려서 파주(坡州)의 봉서산(鳳棲山) 아래에 살았으므로 산 이름을 따서 자호하였다. 5세 때부터 형인 진사공(進士公)에게 수학하였는데 공부하는 과정을 경험에 있어 어른들의 권고를 기다리지 않았다. 말은 둔했지만 글을 대하면 매우 민첩하게 읽었는데 그 목소리가 옥을 굴리듯 아름다웠다. 《효경》과 《소학》을 통해(通解)하면서부터 한 글자도 범연하게 지나치는 일이 없었고, 의심나는 곳이 있으면 작은 책자에 기록하여 잠자리에서나 식사 때, 변소에 가서까지도 찾아보고 연구하여 손가락으로 그어보고 마음속으로 해득해야만 그만두었다. 이렇게 하여 지식이 더욱 진보되고 예능이 넓어지게 되었다. 대체로 경사자집(經史子集)의 사부서(四部書) 중에서 크게는 경사에서부터 작게는 율력(律曆)과 산수(算數)에 이르기까지 꿰뚫어 이해하지 못한 것이 없었으며, 어른들이 모두 경술(經術)과 문장(文章)으로 추대하게 되었다.

여가에 과거 보는 문장을 공부하였는데 특히 표문(表文)과 책문(策

文)을 잘하였다. 임오년에 숙부인(淑婦人) 유씨(柳氏)의 상을 당함에 정도에 지나치도록 슬퍼하고 움막 속에서 나물밥으로 거상하며 모든 예제(禮制)를 따랐다. 이때 공의 아버지 복원공(復元公)이 김화현감(金化縣監)으로 있었는데, 임소(任所)를 왕래할 때면 문득 공과 자리를 함께하며 너무 슬퍼하지 말라고 달랬다.

정해년에 정담재(靜澹齋) 이관수(李觀洙) 형제와 함께 모여 강학하였는데, 《소학》으로부터 사서에 이르기까지 한결같이 주자의 독서 차례에 따라서 하고, 1개월에 두번씩 회합하였다. 무자년에 아버지의 명을 받들어 연천(淵泉) 홍석주(洪奭周)에게 수학하고, 노주(老洲) 오희상(吳熙常)에게 집지(執贄)하여 배웠는데, 위로는 공맹(孔孟)의 유학과 정주학(程朱學)의 근원에 소급하고, 아래로는 사칠왕복변(四七往復辨)에 이르렀다. 그 강론이 사람들의 생각보다 뛰어난 것이 많아 노주가 매우 소중하게 여겨 나이가 적은 사람으로 대접하지 않았다.

공은 일찍이 이렇게 말했다.

"우리 집안도 대대로 문학을 전승하여 집안을 나가지 않고서도 스승과 제자가 되어 학문을 하였다. 나는 아버지인 복원자(復元子) 휘(諱) 성주(星柱)에게 배웠고, 복원자는 조부인 정헌공(靖憲公) 휘 언술(彥述)에게 배웠으며, 정헌공은 그의 계부(季父)인 지평공(持平公) 휘 택기(宅基)에게 배우고, 지평공은 그의 아버지인 부윤공(府尹公) 휘 명일(命一)에게 배우고, 부윤공은 시남(市南) 선생 휘 계(棨)에게 배웠으니 대개 7대가 문학으로 서로 전했다."

당시 조정에서 책문(策文)으로 선비를 시험보이려 하자 종숙부 상주공(尙州公)이 책문에 나올 만한 문제를 공에게 외워서 쓰게 하였더니, 공이 성신(星辰)·지기(地紀)로부터 나라의 관방(關防)·도리(道里)·봉수(烽燧)·민호(民戶)·전곡(錢穀)·병정(兵丁)·군오(軍伍)·진제(陣制)·율력(律曆)·산서(算筮)·의약(醫藥)·예제(禮制)·명물(名物) 등에 이르기까지 글과 도면으로 표현하여 손으로 가리키듯 분

명하게 하므로 상주공이 매우 칭찬하였다.

갑진년에 이조판서 박기수(朴岐壽) 공이 경행지사(經行之士)로 조정에 천거하여 선공감역(繕工監役)에 제수되었고, 감조관(監造官)으로 책보(冊寶)를 지어 올린 공로로 장흥고 주부(長興庫主簿)에 승진되었다. 사헌부감찰·사직서(社稷署)와 영희전(永禧殿)의 영(令)을 거쳐 전의현감(全義縣監)이 되었는데 고을이 작고 가난하며 관리들은 교활하고 백성들은 억세어 사람들이 모두 이를 걱정했다.

공이 남전향약(藍田鄕約)을 배포해주고 아전과 백성을 집안 식구처럼 대하였다. 모든 소송에는 시비를 판단하되 도리로써 타이르기도 하였으며, 선비들에게 학문을 전하여 《소학》으로 근본을 삼게 하고, 시부(詩賦)로 순과(旬課)를 삼고, 《중용》과 《대학》을 월과(月課)로 삼아 강론하였다. 군병을 징집함에 있어 죽은 사람과 나이 어린 자를 모두 빼버리고, 봉급을 깎아서 백성들에게 나눠주고는 늘려서 아쉬운 때 쓰게 하였더니 백성들이 크게 기뻐했다. 이 고을은 옛적에 충효한 사람이 많은 고장으로 일컬어졌는지라, 공이 충신 5명과 효자 25명을 선발하고 정문을 세워 후인들을 권장하였다. 그런데 공의 선대부터 사소한 혐의가 있는 자가 감사가 되어 왔다. 경술년 고과(考課)에서 하등을 맞고 공이 돌아올 때에 백성들이 공을 위하여 사당(祠堂)을 세우려고 하였으나 감사가 금지시키고, 또 암행어사를 사주하여 트집잡아 홍천현으로 귀양을 보냈다. 사면되어 돌아와서는 깊이 들어앉아 나오는 일이 드물었고, 날마다 동지들과 학문을 강론하고 육예(六藝)를 토론하여 문밖에는 신발이 가득하였다.

병이 위독해지자, 문인 윤병익(尹秉益)과 서응순(徐應淳) 등이 하고 싶은 말을 묻자 공이 말하기를, "오직 제군들은 모름지기 조용한 생활을 할 것이며, 죽음으로써 선도(善道)를 지키라." 하였다.

또 말하기를, "학문하는 방법에는 도(圖)와 설(說)이 있으니 이에 의해서 하면 좋을 것이다." 하였다. 향년 59세이다. 뒤에 대사헌과 성

균좨주(成均祭酒)를 증직(贈職)하였다. 저서에 《홍범연(洪範演)》과 유집 8권 · 《패동수언(浿東粹言)》 · 《동유연원(東儒淵源)》 등이 있다.

광산(光山) 김낙현(金洛鉉)이 그의 묘지명을 지었는데 이르기를, "시남(市南)의 도(道)로 조(祖)를 삼고, 노주(老洲)의 학문으로 스승을 삼아서 효제를 돈독히 행하고 예악을 이루었도다. 정미한 생각으로 묵계(默契)하였고, 문장은 깊고 정확하였네."라고 하였다.

근세 사우로서 덕업과 행의(行誼), 문학으로 이름이 난 사람은 모두 공의 문하에서 배출되었으니, 윤병정(尹秉鼎) · 서응순(徐應淳) · 박홍수(朴洪壽) · 이응진(李應辰) · 김낙현(金洛鉉) · 민영목(閔泳穆) · 윤치조(尹致祖) · 윤치담(尹致聃) · 민태호(閔台鎬) · 민규호(閔奎鎬) · 김만식(金晩植) · 김윤식(金允植) · 김광식(金光植) · 한장석(韓章錫) · 남정철(南廷哲)은 그 중에서 저명한 인물이다. —〈시장(諡狀)〉에 보인다.

임자년에 사면되어 돌아온 후 호중(湖中)의 유생들이 화양서원(華陽書院)에 비석을 세우려고 하였다. 병계 윤봉구가 비문을 지으면서 《송자서(宋子書)》의 글인 '꿀이 어찌 성이랴(蜜豈性)'라는 말을 인용하여 인물(人物)의 성(性)이 같지 않은 증거로 삼았는데, 봉서공이 태학(太學)의 제생(諸生)을 위하여 호유(湖儒)에게 글을 보내 중지시키고, 미호(渼湖) 김원행(金元行)의 말을 인용하여 말하기를, "이 화양서원이 황묘(皇廟)를 이웃하고 있으니 짓는 글들은 한결같이 춘추(春秋)의 의리를 주로 해야 할 것이며, 이기(理氣)의 설을 주제로 할 수는 없다. 이 세 글자로 말할 것 같으면 그것이 반드시 인물성이 같지 않다는 증거가 되는 것은 아니다."라고 운운하여 끝내 비석을 세우지 못하였다.

공은 아름다운 용모에 키가 헌칠하고 음성이 크고 맑았다. 말은 어눌했으나 학문을 논함에 있어서는 줄줄 이어져 끊어지지 않았다. 강직하고 방정하였으며 멀리서 보면 엄연하고 가까이서 대하면 온화하였다. 성실 돈후함이 심중에 쌓여 밖으로 드러났으니 이는 대개 품부받은 바가 후하고 학문을 독실히 한 공력인가 한다. 집에서는 효우돈목(孝友敦睦)하였고, 공직에 있을 때는 공정하고 백성을 사랑하였다. 그러나 마침 사사로이 혐의가 있는 상관의 모해를 입었기 때문에 세상에서 더러 정사에는 미숙하다 하였고, 대책(大策)과 장전(長牋)이 세상에 많이 전송(傳誦)되고 있으므로 혹 고문(古文)을 잘한다고 했지만, 이런 것은 모두 공의 참모습을 알지 못한 말이다. 공은 전수(傳授)함이 바르고 학문함이 절실하였으며, 궁리수신(窮理修身)함에 경(敬)으로 근본을 삼았다. 박학하였지만 잡되지 않았고, 깊이가 있었으나 천착하지 않았으며, 깊이 사색하여 자득하였고 묘계(妙契)하여 실천하였다.

대산(臺山) 김매순(金邁淳)이 찬(贊)하기를, "학문의 중첩된 관문(關門)을 꿰뚫어보았다."고 하였는데 그 글에 이르기를, "법도가 가지런하고 실천함이 고상하였다. 경전(經典)에 근본하여 말의 뜻이 은미하였으며, 도를 실어 공허한 말을 하지 않았다."고 하였고, 연천 홍석주는 찬하기를, "십분이니 지극히 정당하다."고 하였다.

그의 명덕(明德)을 논한 설에서 이렇게 말했다.

"율곡은 하늘의 명명(明命)은 이기(理氣)를 합한 이름이라고 하였는데, 내가 생각하기에는 명덕은 심성(心性)을 합한 것이라고 본다."

이기신화(理氣神化)를 논한 설에서는 이렇게 말했다.

"이(理)는 일(一)이요, 기(氣)는 이(二)이다. 이이면서도 일인 것은 신(神)이요, 일이면서도 이인 것은 화(化)이다. 정자(程子)의 말은 화를 안 것이요, 장자(張子)의 말은 신(神)을 다한 것이며, 주자(朱子)는 화도 알고 신도 다한 것이 아니겠는가? 신이란 만물을 묘하게 하는 것으로 말한 것이니, 주자(周子)의 묘합(妙合)과 정자의 묘용(妙

用)은 그 뜻이 같다. 주자(朱子)의 이른바 '본연의 묘(妙)'란 묘하게 된 소이이니 묘만물(妙萬物)이란 바로 만물을 능히 묘하게 한다는 말이다. 노씨(老氏)의 중묘(衆妙)와 불씨(佛氏)의 묘유(妙有) 역시 신을 본 것이 있다 하겠으나 그 능히 묘하는 것만 보고 그 묘하게 하는 소이는 보지 못하였으니 이것이 바로 노불(老佛)이 된 까닭이다."

태극을 논한 설에서는 이렇게 말했다.

"주자(周子)의 '무극이태극(無極而太極)'이란 한 구절은 삼황(三皇)에 참고해 보아도 잘못되지 않았고, 천지간에 세워놓아도 어긋나지 않으며, 귀신에게 질정해보아도 의심됨이 없고 백세(百世) 후에 성인이 다시 나오더라도 미혹되지 않을 것이니, 주자(周子)는 후세의 복희(伏羲)인가 한다. 장자(張子)의 태허(太虛)는 한쪽으로 떨어졌고 소자(邵子)의 태극은 전대의 설을 인습한 것이다. 장자는 큰 현인으로서 사색함이 정밀하지 않음이 없고, 계합(契合)함이 묘하지 않은 것이 없었는데도 '무극이태극'의 원리를 터득하지 못하였으니 하물며 그보다 아래에 처한 사람들이겠는가?" — 파강(巴江) 윤병정(尹秉鼎)이 지은 〈행장(行狀)〉에서 나왔다.

《봉서집(鳳棲集)》〈독서기(讀書記)〉에는 이렇게 말했다.

"《주역(周易)》〈계사전(繫辭傳)〉에 이르기를, '감하여 드디어 천하의 일에 통한다(感而遂通)' 하였다. 그러므로 《중용》에 이르기를, '발하여 모두 절도에 맞는 것을 화(和)라고 한다' 하였는데 이 두 말은 서로 안팎이 된다. 끊임없이 왕래하는 것이 통(通)이 되니, 통은 신(神)이요, 아울러 행하여 서로 어긋나지 않는 것이 화(和)가 되는데 화는 도이며 오직 신통(神通)이므로 도화(道和)한다. 어떤 사람이 말하기를, '그렇다면 통은 신이니 이(理) 역시 통이라고 해도 좋겠는가? 율곡이 이는 통하고 기는 국한된다(理通氣局)고 한 것은 어찌된 것인가?' 하였다. 대답하기를 '통이라는 글자는 하나이지만 가리키는 바는 같지 않다. 변통하여 조작함이 있는 것은 신이요, 변통하여도 조작함이 없는 것은 이이니, 율곡의 이른바 통이라는 것은 회통(會通)을 말하는 것이 아니겠는가?' 하였다. '정밀히 생각하고 힘써 실천한다(精思力行)'는 것은 지행(知行)한다는 것을 말한 것이요, '독실히 배우고 힘써 행한다(篤學力行)'는 것 또한 지행을 말한 것인데, '사마광(司馬光)이 횡거(橫渠) 장재(張載)에게 미치지 못한다는 것은 어찌된 것인가?'하니 대답하기를, '이 두 어구를 보면 그 미치지 못하는 까닭을 알 수가 있다. 정밀히 생각하는 자는 반드시 독실히 학문을 하지만, 독실히 학문하는 자라고 해서 반드시 정밀히 생각하는 것은 아니다'라고 하였다. '선(善)을 말할 때는 선을 좋아하는 것과 선을 드러내는 것이 한가지로 인(仁)으로 돌아가지만, 악을 말할 때는 그렇지 않아서 악을 미워하는 것은 의(義)가 되고, 악을 숨겨주는 것은 인(仁)이 되는 것은 어찌된 것인가?'하니 대답하기를, '성(性)으로 말하면 인(仁)에 의가 포함되었고, 정(情)으로 말하면 측은(惻隱)이 수오(羞惡)와 일관되어 있다'고 했다."

가난해서 학문을 할 수 없는 선비가 있어 말하기를, "안자(顔子)의 가난함도 나와 같지는 않았을 것이다. 나에게 한 바가지의 밥이 있다면 어찌 가난 걱정을 견딜 수 없는 네 이르렀겠는가?" 하였다. 김낙현(金洛鉉)이 답하기를, "잘 생각하지 못한 것이다. 한 바가지의 밥이라고 하였으니 밥을 담은 그릇이 구리그릇이나 사기그릇이 아니었음을 알 수 있고, 한 표주박의 마실 것이라고 하였으니, 마실 만한 국이나 김치도 없었음을 알 수 있다. 만일 구리그릇이나 사기그릇에 밥을 담을 수 있고, 마실 만한 국과 김치가 있다면 이는 안자보다 부자이다. 더구나 안자는 한 바가지의 밥도 항상 있었던 게 아니었으니, 공자가 '안회는 쌀독이 자주 비는구나'라고 말씀하시지 않았는가?" 하였다. 그 말이 매우 좋으므로 여기에 기록한다.

유 봉 서 신 환 자 자 경 형 기 계 인 소 거 파 주 봉 서 산 하 고 인 이 자 호 순
兪鳳捿莘煥字字景衡杞溪人少居坡州鳳捿山下故因以自號純

조 신 유 생 오 세 종 백 씨 진 사 공 수 학 립 과 정 부 대 장 자 권 구 흘 이 대 서
祖辛酉生五歲從伯氏進士公受學立課程不待長者勸口吃而對書

즉 독 심 민 성 랑 연 금 석 출 야 자 통 효 경 소 학 이 래 기 무 척 자 범 과 유 의
則讀甚敏聲琅然金石出也自通孝經小學以來己無隻字泛過有疑

난 첩 서 제 소 책 자 수 침 감 등 혼 시 파 열 구 소 지 획 이 심 계 지 부 득 부 조
難輒書諸小冊子雖寢瞰登溷時坡閱究素指劃而心契之不得不措

야 유 시 식 익 진 예 박 범 사 부 서 거 이 경 사 세 이 지 률 력 산 수 미 불 관 천
也由是識益進藝博凡四部書鉅而經史細而至律曆筭數靡不貫穿

이 융 회 장 로 함 이 경 술 문 장 추 후 지 여 력 공 령 장 어 표 책 임 오 정 류 숙
而融會長老咸以經術文章推詡之餘力功令長於表策壬午丁柳淑

인 우 애 훼 유 도 소 수 점 악 동 준 례 제 시 공 고 복 원 공 재 김 화 현 왕 래 임
人憂哀毁踰度蔬水苫堊動遵禮制時公考復元公宰金化縣往來任

소 첩 여 공 구 요 이 관 기 애 언 정 해 여 정 담 재 리 공 관 수 형 제 회 강 자 소
所輒與公俱要以寬其哀焉丁亥與靜澹齊李公觀洙兄弟會講自小

학 지 사 서 일 의 주 자 독 서 차 제 솔 일 월 재 회 무 자 이 친 명 종 유 홍 연 천
學至四書一依朱子讀書次弟率一月再會戊子以親命從遊洪淵泉

석 주 이 서 지 오 로 주 희 상 학 상 소 수 사 락 민 지 원 하 체 사 칠 왕 복 지 변
奭周以書贄吳老洲熙常學上溯洙泗洛閩之源下逮四七往復之卞

강 론 다 출 인 의 표 로 주 심 기 지 시 불 이 치 공 상 왈 오 가 세 전 문 학 불 출
講論多出人意表老洲甚器之視不以齒公嘗曰吾家世傳文學不出

가 이 사 제 자 존 언 오 학 어 부 복 원 자 휘 성 주 복 원 자 학 어 조 정 헌 공 휘
家而師弟子存焉吾學於父復元子諱星柱復元子學於祖靖憲公諱

언 술 정 헌 공 학 어 계 부 지 평 공 휘 택 기 지 평 공 학 어 부 부 윤 공 휘 명 일
彦述靖憲公學於季父持平公諱宅基持平公學於父府尹公諱命一

부 윤 공 학 어 시 남 선 생 휘 계 범 칠 세 이 문 학 상 전 시 조 정 장 책 사 종 숙
府尹公學於市南先生諱棨凡七世以文學相傳時朝廷將策士從叔

부 상 주 공 문 가 이 대 책 자 사 공 송 이 서 지 자 성 신 지 기 이 지 아 국 관 방
父尚州公問可以對策者使公誦而書之自星辰地紀以至我國觀防

도 리 봉 수 민 호 전 곡 병 정 군 오 진 제 률 력 산 서 의 약 례 제 명 물 지 류 이
道里烽燧民户錢穀兵丁軍伍陣制律曆筭筮醫藥禮制名物之類以

서 이 도 료 여 지 장 상 주 공 함 칭 지 갑 진 몽 재 박 공 기 수 이 경 행 천 우 조
書以圖瞭如指掌尚州公函稱之甲辰冢宰朴公岐壽以經行薦于朝

제 선 공 감 역 이 감 조 상 호 책 보 로 승 장 흥 고 주 부 사 헌 부 감 찰 사 직 서
除繕工監役以監造上號冊寶勞陞長興庫主簿司憲府監察社稷署

영 희 정 령 전 의 현 감 현 소 이 빈 리 활 민 호 인 개 우 지 공 채 반 남 전 향 약
永禧政令全義縣監縣小而貧吏猾民豪人皆憂之公採頒藍田鄉約

시 리 민 약 가 인 범 유 소 기 판 곡 직 우 유 도 리 권 사 자 이 소 학 위 본 시 부
視吏民若家人凡有訴旣判曲直又喩道理勸士子以小學爲本詩賦

위 순 과 용 학 이 월 강 군 정 지 징 백 골 황 구 자 병 견 지 연 봉 급 민 사 취 식
爲句課庸學以月講軍丁之徵白骨黃口者並蠲之捐捧給民使取殖

보 궐 민 대 열 현 고 칭 다 충 효 인 공 채 충 신 오 인 효 자 이 십 오 인 립 전 이
補闕民大悅縣古稱多忠孝人公採忠臣五人孝子二十五人立傳而

권 후 이 취 인 여 공 선 세 유 미 혐 자 위 감 사 경 술 고 전 귀 전 민 욕 립 사 감
勸後異趣人與公先世有微嫌者爲監司庚戌考殿歸全民欲立祠監

사 금 지 우 주 직 지 안 지 좌 상 홍 천 현 시 유 환 심 거 한 출 일 여 동 지 강 학
司禁之又嗾直指按之坐謫洪川縣施宥還深居罕出日與同志講學

담 예 호 외 구 상 만 질 혁 문 인 윤 병 익 서 응 순 문 소 욕 언 공 왈 유 제 군 수
談藝戶外屨常滿疾革門人尹秉益徐應淳問所欲言公曰唯諸君須

구 적 막 지 빈 수 사 선 도 우 왈 유 위 학 지 방 도 여 설 재 가 의 차 위 지 기 미
求寂寞之濱守死善道又曰有爲學之方圖與說在可依此爲之己未

졸 년 오 십 구 후 증 대 사 헌 성 균 좨 주 소 저 유 홍 범 연 급 유 집 팔 권 패 동
卒年五十九後贈大司憲成均祭酒所著有洪範演及遺集八卷浿東

수 언 동 유 연 원 광 산 김 락 현 찬 묘 지 명 왈 조 시 남 도 사 로 호 학 돈 행 효
粹言東儒淵源光山金洛鉉撰墓誌銘曰祖市南道師老湖學惇行孝

제 성 립 례 악 정 사 묘 계 문 장 연 각
悌成立禮樂精思妙契文章淵慤

근 세 사 우 지 이 덕 업 행 의 문 학 칭 자 개 출 어 공 문 하 여 윤 공 병 정 서
近世士友之以德業行誼文學稱者皆出於公門下如尹公秉鼎徐

공 응 순 박 공 홍 수 리 공 응 진 김 공 락 현 민 공 영 목 윤 공 치 조 치 담 민 공
公應淳朴公洪壽李公應辰金公洛鉉閔公泳穆尹公致祖致聃閔公

태 호 규 호 김 공 만 고 윤 식 광 식 한 공 장 석 남 공 정 철 기 저 야 시 장
台鎬奎鎬金公晩枯允植光植韓公章錫南公廷哲其著也(諡狀)

임 자 자 유 환 이 후 호 중 제 유 욕 립 화 양 원 비 이 윤 병 계 찬 비 문 인 송
壬子自宥還以後湖中諸儒欲立華陽院碑而尹屛溪撰碑文引宋

자 서 밀 기 성 지 어 이 증 인 물 성 부 동 봉 서 공 위 태 학 제 생 간 호 유 이 절
子書蜜豈性之語以證人物性不同鳳棲公爲太學諸生簡湖儒而折

지 인 미 호 김 공 원 행 지 언 왈 차 원 린 근 황 묘 론 찬 표 장 당 일 주 춘 추 의
之引渼湖金公元行之言曰此院隣近皇廟論撰表章當一主春秋義

리 이 리 기 지 설 무 심 저 제 지 약 차 사 자 미 필 위 인 물 성 부 동 지 증 운 운
理而理氣之說無甚著題至若此四字未必爲人物性不同之證云々

비 수 불 립 공 미 모 수 간 성 음 홍 량 눌 어 발 언 이 론 학 즉 사 사 부 절 강 방
碑遂不立公美貌脩幹聲音洪亮訥於發言而論學則纚々不絶剛方

전 응 망 엄 이 취 온 순 순 곤 핍 적 중 이 발 외 개 천 부 지 후 이 독 학 지 력 야
典凝望儼而就溫肫々悃愊積中而發外盖天賦之厚而篤學之力也
가 이 효 우 돈 목 공 이 수 정 애 민 이 적 상 관 유 흔 발 즉 처 후 고 세 혹 위 소
家而孝友敦睦公而守正愛民而適上官有釁跋則處後故世或謂疎
어 정 사 대 책 장 전 세 다 전 송 고 혹 칭 문 장 지 고 차 개 미 규 문 장 자 야 공
於政事大策長牋世多傳誦故或稱文章之古此皆未窺門墻者也公
전 수 정 이 문 학 공 궁 리 수 신 이 경 위 본 박 이 불 박 심 이 불 감 잠 사 자 득
傳授正而問學功窮理修身以敬爲本博而不駁深而不鑿潛思自得
묘 계 이 천 김 대 산 매 순 찬 지 왈 찬 투 중 관 기 문 왈 승 묵 정 이 지 보 고 본
妙契而踐金臺山邁淳贊之曰鑽透重關其文曰繩墨整而地步高本
경 이 사 지 미 밀 재 도 이 불 위 공 언 홍 연 천 찬 왈 십 분 지 정
經而辭旨微密載道而不爲空言洪淵泉贊曰十分至正

기 론 명 덕 지 설 왈 률 옹 이 천 지 명 명 위 합 리 기 지 명 오 즉 이 명 덕 위
其論明德之說曰栗翁以天之明命爲合理氣之名吾則以明德爲
합 심 성 지 명 기 론 리 기 신 화 지 설 왈 리 일 이 기 이 이 이 일 자 신 야 일 이
合心性之名其論理氣神化之說曰理一而氣二二而一者神也一而
이 자 화 야 정 자 지 설 기 지 화 자 야 장 자 지 설 기 궁 신 자 야 주 자 기 지 화
二者化也程子之說其知化者也張子之說其窮神者也朱子其知化
이 궁 신 자 호 신 야 자 묘 만 물 이 위 언 자 야 주 자 묘 합 정 자 묘 용 기 지 동
而窮神者乎神也者妙萬物而爲言者也周子妙合程子妙用其旨同
야 주 자 소 위 본 연 지 묘 자 즉 소 이 묘 지 위 야 묘 만 물 자 즉 능 묘 지 위 야
也朱子所謂本然之妙者卽所以妙之謂也妙萬物者卽能妙之謂也
로 씨 지 중 묘 불 씨 지 묘 유 기 역 유 견 호 신 연 견 기 능 묘 이 불 견 기 소 묘
老氏之衆妙佛氏之妙有其亦有見乎神然見其能妙而不見其所妙
차 내 소 이 위 로 불 야 기 론 태 극 지 설 왈 주 자 무 극 이 태 극 일 구 고 불 류
此乃所以爲老佛也其論太極之說曰周子无極而太極一句考不謬
이 건 불 패 질 연 의 이 사 불 혹 주 자 기 후 세 지 포 희 호 장 자 태 허 락 재 일
而建不悖質然疑而竢不惑周子其後世之包義乎張子太虛落在一
변 소 자 태 극 인 습 호 전 장 자 대 현 야 사 비 부 정 계 비 불 묘 부 득 무 극 이
邊邵子太極因襲乎前張子大賢也思非不精契非不妙不得无極而
태 극 황 기 하 자 호 출 윤 파 강 병 정 소 찬 행 장
太極况其下者乎(出尹巴江秉鼎所撰行狀)

봉 서 집 독 서 기 왈 계 사 전 운 감 이 수 통 천 하 지 고 중 용 왈 발 이 개 중
鳳捿集讀書記曰繫辭傳云感而遂通天下之故中庸曰發而皆中
절 위 지 화 차 량 어 기 상 위 표 리 호 왕 래 불 궁 지 위 통 통 자 신 야 병 행 불
節謂之和此兩語其相爲表裏乎往來不窮之爲通通者神也並行不

패 지 위 화 화 자 도 야 유 기 신 통 시 이 도 화 혹 왈 연 즉 통 자 신 야 리 역 위
悖之爲和和者道也惟其神通是以道和或曰然則通者神也理亦謂
지 통 가 호 률 곡 왈 리 통 기 국 하 야 왈 통 즉 일 야 이 소 지 부 동 변 통 유 조
之通可乎栗谷曰理通氣局何也曰通則一也而所指不同變通有造
작 신 야 변 통 무 조 작 리 야 률 곡 지 소 위 통 기 회 통 지 위 호 정 사 력 천 지
作神也變通無造作理也栗谷之所謂通其會通之謂乎精思力踐知
행 지 위 야 독 학 력 행 역 지 행 지 위 야 속 수 소 이 불 급 어 횡 거 자 하 야 왈
行之謂也篤學力行亦知行之謂也涑水所以不及於橫渠者何也曰
즉 차 이 구 기 불 급 가 지 정 사 자 필 독 학 독 학 자 미 필 정 사 이 언 호 선 즉
卽此二句其不及可知精思者必篤學篤學者未必精思以言乎善則
호 선 게 선 동 귀 어 인 이 언 호 악 즉 불 연 오 악 위 의 은 악 위 인 자 하 야 왈
好善揭善同歸於仁以言乎惡則不然惡惡爲義隱惡爲仁者何也曰
어 성 즉 인 포 호 의 유 정 즉 측 은 관 호 수 오
語性則仁包乎義遺情則惻隱貫乎羞惡

사 유 빈 무 이 위 학 자 왈 안 자 지 빈 역 불 여 아 사 아 유 일 단 사 하 지 어
士有貧無以爲學者曰顏子之貧亦不如我使我有一簞食何至於
불 감 기 우 야 김 정 여 왈 미 지 사 이 식 왈 일 단 즉 소 성 지 비 동 비 자 가 지
不堪其憂耶金定汝曰未之思耳食曰一簞則所盛之非銅非瓷可知
음 왈 일 표 즉 소 철 지 무 갱 무 저 가 지 약 유 동 자 가 성 갱 저 가 철 즉 부 어
飮曰一瓢則所歠之無羹無菹可知若有銅瓷可盛羹菹可歠則富於
안 자 의 황 안 자 단 사 역 불 상 유 불 왈 회 야 루 공 호 기 언 심 선 고 기 지
顏子矣況顏子簞食亦不常有不曰回也屢空乎其言甚善故記之

주해_ㅇ四部書(사부서)－경(經)·사(史)·자(子)·집(集).
ㅇ表策(표책)－표문(表文)·책문(策文).
ㅇ旬課(순과)－10일마다의 과제.
ㅇ包羲(포희)－복희씨(伏羲氏).
ㅇ涑水(속수)－사마온공(司馬溫公).
ㅇ橫渠(횡거)－장자(張子).

서응순(徐應淳)

자는 여심(汝心), 호는 경당(絅堂)으로 달성(達城) 사람이다. 경오년에 선공감감역(繕工監監役)에 제수되고, 얼마 후 군자감봉사(軍資

監奉事)로 옮겼다. 다시 판관(判官)으로 승진되어 영춘현감(永春縣監)으로 나갔고, 4년 만에 승진하여 간성군수(杆城郡守)가 되었다. 향년 57세이다.

공은 자질이 금옥(金玉)처럼 아름다웠고, 역량이 땅과 바다처럼 넓었다. 14·5세 때에 율곡 선생의 "털끝만큼이라도 성인에 미치지 못하면 나의 일은 마치지 못한 것이다."라는 말을 외우면서 강개하게 큰 뜻을 품었다. 장성해서 봉서 유신환이 한양성 서쪽에서 도학을 강론한다는 말을 듣고 문하에 들어가 수학하였는데, 학문하는 대방(大方)을 듣고는 마침내 자신을 맡기기로 하였다. 그의 학문은 먼저 뜻을 세워 근본을 정하고 이를 궁리(窮理)하여 그 지식을 명확히 하며, 자신을 반성하여 실천하고 경(敬)에 거하여 그 시종(始終)을 온전하게 하였다. 《소학》을 독실히 믿고 《근사록》을 중히 여겼다. 날마다 경서와 주(周)·정(程)·장(張)·주(朱)선생의 여러 성리서를 깊이 연구하였는데, 특히 《대학》과 《중용》에 힘을 많이 썼다. 후진을 가르치면서 항상 말하기를, "선비가 학문에 뜻을 두었더라도 《대학》에 밝지 못하면 비록 만권의 책을 읽었다 하더라도 훌륭한 선비라고 할 수 없다."고 하였다.

천성이 지극히 효성스러워 부모의 병이 위독해지자 손가락을 깨물어 피를 흘려넣었고, 상을 당해서는 고례(古禮)를 준수하여 몸에서 상복을 벗지 않았으며, 생강 등 양념을 입에 대지 않는 등 내외의 예법을 지킴이 매우 엄하였다. 형을 극진히 섬겨서 사랑하고 공경하였으니 사마온공(司馬溫公)이 그 형인 백강(伯康)에게 하듯이 하여 날로 서로 만나 화락하게 지냈다. 매양 《대학》의 혈구장(絜矩章)을 외우며 길이 탄식하기를, "평천하(平天下)를 하는 것은 인정을 따르는 것에 불과한데 인정을 따르는 방도가 어찌 그리 많겠는가? 한고조(漢高祖)의 약법삼장(約法三章)과 기자(箕子)가 베푼 팔조(八條)의 가르침은 크게 인정을 따른 것이라고 하겠다."라고 하였다. 일찍이 정전론

(井田論)을 지어서 뜻을 나타냈는데 군수가 되어서는 백성을 지성으로 사랑하여 한 사람이라도 제자리를 얻지 못한 자가 있으면 자기가 잘못하여 그렇게 된 것이라고 여겨 반드시 구제한 후에 그만두었다. 정사를 하면서는 오로지 백성을 기르는 것을 숭상하여 농상(農桑)을 권장하는 것을 급선무로 하였으며, 또 학교를 세워 교화를 밝히는 데 부지런하였다. 경내의 총명하고 준수한 자제들을 선발하여 《대학》을 가르쳤으며, 봄에는 양로(養老)의 예(禮)를 행하고, 가을에는 향음주례를 행하였다. 아전들과 백성 대하기를 집안의 부자(父子)처럼 하고, 청렴하고 공명하고 인자하였으며 대체(大體)를 두기에 힘썼다. 자기 자신은 항상 넉새 거친 베옷을 입고, 여름이면 보리밥을 먹어 농민과 같은 생활을 하였으므로 아전과 백성들이 이에 감화되었다.

정축년에 큰 기근이 닥쳐 여름이 되자 더욱 화급하게 되었다. 이에 곡식 10곡(斛)을 영춘(永春)으로 실어 보내 일가 친척과 친구들에게 나누어주었는데, 집안에는 남은 곡식이 없었다. 빌려 살고 있는 집이 낡고 좁아서 견디기 어려웠지만 날마다 벗들과 더불어 강의하고 토의하며 글읽기를 조금도 게을리하지 않았다. 빈객들도 그 집 부엌에 불을 못 땐 지가 며칠이 되었는지 알지 못하였다. 한번은 새로 지은 옷을 벗어서 남에게 주었는데 부인이 말하기를, "장차 사람마다 모두 그처럼 구제할 것입니까?"하니 대답하기를, "사람마다 다 이렇게 구제할 수 있다면 내 마음이 상쾌하겠소." 하였다. 임기를 마치기도 전에 졸하니 친구들이 힘을 모아 부조하여 겨우 치상하였다.

일찍이 고문(古文)을 공부하여 문사(文詞)가 매우 훌륭하였다. 의논은 경의(經義)를 전하였고, 체제(體制)는 양한(兩漢)을 본받았으며, 간경(簡勁)함은 맹자(孟子)와 한유(韓愈)를 뒤따르고, 도리(道理)는 정주(程朱)의 도리를 얻었다. 문장은 스스로 일가를 이루었는데 지극히 간결하면서도 원대하고, 소박하면서도 훌륭했다. 보통사람이 사용하는 언어를 써서 글짓기를 좋아하여 말하기를, "예사로운 언어에도 지극한 이치가 있어야 지극한 글을 할 수가 있다."고 하였다. 그렇게 해서 훌륭한 문장이 이루어졌는데 이는 모두 그가 자득(自得)한 묘(妙)였다. 물질에 대해서는 좋아하거나 욕심내는 바가 전혀 없고, 오직 아름다운 산수 구경을 좋아하였다. 그래서 발자취가 지역 안의 모든 곳에 두루 미쳤다. 일찍이 말하기를, "백리 안에 명산이 있는데도 구경하지 않고, 백리 안에 훌륭한 사우(師友)가 있는데도 사귀지 않으면 그 사람은 볼만한 것이 없다."고 하였다.

동쪽으로는 용문산을 유람하고, 남쪽으로는 화양동(華陽洞)과 속리산(俗離山)을 유람하였다. 영을 넘어 금오산(金烏山)을 구경하고, 세 번이나 풍악산(楓嶽山)이 있는 사군(四郡)을 유람하였으니, 여기에서도 그의 속세를 벗어난 고상한 생각을 볼 수가 있다.

그의 〈문인설(問仁說)〉에 이렇게 말했다.

"인자(仁者)는 남을 헐뜯지 않고, 지자(智者)는 남을 기리지 않는다. 인자는 남을 사랑하고, 지자는 남을 알아본다. 인자는 공정하고 공정하면 한결같고, 불인자(不仁者)는 사사로우니 사사로우면 만가지로 갈래가 진다. 그러므로 비록 가까운 친척이 있어도 어진 사람만 못하다. 남의 선(善)을 듣기 좋아하는 사람은 자기의 허물 듣기를 좋아하고, 남의 악을 듣기 좋아하는 사람은 자기의 허물 듣기를 싫어한다. 자기의 허물 듣기를 좋아하므로 선덕(善德)이 날로 쌓여 이름을 이루게 되고, 허물 듣기를 싫어하므로 악이 날로 쌓여 그 몸을 망치게 된다."

어당(峿堂) 이상수(李象秀)가 이렇게 말했다.

"경당은 문인(文人)이 아니다. 젊을 때 도를 배워 세상을 경영하려는 마음이 있었으나 마침내 적막하게 죽었다. 윤치담(尹致聃)이 일찍이 말하기를, '경당은 중고(中古) 시대의 사람'이라고 말했는데 이는 사실 그대로이다. 나도 생각하기를, '경당은 고인(古人)이다. 그 문장이 고문(古文)이요, 그 시가 고시(古詩)이니 지금 세상에 좋아하는 사람이 적은 것은 당연하지 않은가?' 하였다."

서경당응순자여심대구인순조갑신생경오천수선공감감역아
徐絅堂應淳字汝心大邱人純祖甲申生庚午遷授繕工監々役俄
천군자감주사례승판관출감영춘현사년승위간성군수경진졸년
遷軍資監奏事例陞判官出監永春縣四年陞爲杆城郡守庚辰卒年
오십칠공자질금정옥윤력량지부해함십사오시송률곡선생일호
五十七公姿質金精玉潤力量地負海涵十四五時誦栗谷先生一毫
불급성인오사료미지어강개유대지기장문유봉서선생강도한양
不及聖人吾事了未之語慷慨有大志旣長聞兪鳳捿先生講道漢陽
성서종문이수업문위학대방수위기언기학선립지이정기본궁리
城西踵門而受業聞爲學大方遂委己焉其學先立志以定其本窮理
이치기지반궁이천기실거경이성기시종독신소학존상근사일침
以致其知反躬以踐其實居敬以成其始終篤信小學尊尚近思日沉
잠연궁어사자제경급주정장주군성리지서이어대학중용용력최
潛硏窮於四子諸經及周程張朱群性理之書而於大學中庸用力最
다교후진상왈사유지어학이소어대학수독파만권부족위사성지
多敎後進常曰士有志於學而疏於大學雖讀破萬卷不足謂士性至
효부모병혁개연지관혈급상동준고례신불탈경대구불근강계내
孝父母病革皆硏指灌血及喪動遵古禮身不脫經帶口不近薑桂內
외지제례방심엄사형심근진기애경여온공지어백강일상대이이
外之際禮防甚嚴事兄甚謹盡其愛敬如溫公之於伯康日相對怡々
여야매송대학혈구장유장우영탄지의이왈평천하불과순인정이
如也每誦大學絜矩章有長吁永歎之意而曰平天下不過順人情而
기순인정지도기재다재한고조약법삼장기자설팔조지교가위대
己順人情之道豈在多哉漢高祖約法三章箕子設八條之敎可謂大
순인정재상저정전론이견지급출재애민출어지성유불획기자소
順人情哉嘗著井田論以見志及出宰愛民出於至誠有不獲其者所
약기치지야필제지이후기위정전상양민이권농상위선무역근어
若己致之也必濟之而後己爲政專尚養民以勸農桑爲先務亦勤於
흥학교명교화선경내총준자제수대학춘행양로례추행향음주례
興學校明敎化選境內聰俊子弟授大學春行養老禮秋行鄕飮酒禮
시리민여가인부자렴공자혜무존대체자봉상의사승포하즉취맥
視吏民如家人父子廉公字惠務存大體自奉常衣四升布夏則炊麥
위반여농가리민화지정축신경대기지하이전익황황속십곡수일
爲飯如農家吏民化之丁丑新經大飢至夏而轉益皇々粟十斛輸日

영 춘 분 유 제 종 척 고 구 계 구 승 두 가 무 소 여 소 추 옥 일 간 추 애 난 감 이
永春分遺諸宗戚故舊計口升斗家無所餘所僦屋一間湫隘難堪而

일 여 붕 우 강 토 기 중 종 일 이 오 불 이 위 권 빈 객 역 부 지 기 주 불 연 자 기
日與朋友講討其中終日咿唔不以爲倦賓客亦不知其廚不烟者己

과 수 일 상 탈 신 제 의 여 인 가 인 왈 장 인 인 이 여 시 제 호 왈 인 인 이 득 여
過數日嘗脱新製衣予人家人曰將人人而如是濟乎曰人々而得如

시 오 심 가 쾌 말 급 해 사 우 이 몰 지 구 출 력 부 조 이 후 시 이 상 상 치 고 문
是吾心可快末及解糸友而歿知舊出力賻助而後始易喪嘗治古文

사 심 공 의 론 전 경 의 체 제 법 량 한 간 경 추 맹 한 도 리 득 지 정 주 문 장 자
詞甚工議論傳經義體製法兩漢簡勁追孟韓道理得之程朱文章自

성 일 가 지 간 이 원 지 박 이 문 호 이 심 상 언 어 위 문 왈 심 상 언 어 지 리 존
成一家至簡而遠至朴而文好以尋常言語爲文曰尋常言語至理存

언 소 이 위 지 문 개 기 자 득 지 묘 야 어 물 골 연 무 소 기 유 희 관 가 산 수 족
焉所以爲至文皆其自得之妙也於物汨然無所嗜惟喜觀佳山水足

적 태 편 역 중 상 왈 명 산 재 백 리 지 이 불 왕 상 현 사 우 재 백 리 지 이 부 종
跡殆遍域中嘗曰名山在百里地而不往賞賢師友在百里地而不從

유 기 인 부 족 관 야 동 유 룡 문 남 유 화 양 속 리 유 령 관 금 오 산 삼 유 풍 악
遊其人不足觀也東遊龍門南遊華陽俗離踰嶺觀金烏山三遊楓岳

사 군 차 역 가 견 기 고 세 출 진 지 상 의
四郡此亦可見其高世出塵之想矣

기 문 인 설 왈 인 자 불 훼 인 지 자 불 예 인 인 자 애 인 지 자 지 인 인 자 공
其問仁說曰仁者不毁人智者不譽人仁者愛人智者知人仁者公

공 즉 일 불 인 자 사 사 즉 만 수 고 왈 수 유 주 친 불 여 인 인 요 문 인 지 선 자
公則一不仁者私私則萬殊故曰雖有周親不如仁人樂聞人之善者

희 문 기 과 요 문 인 지 악 자 오 문 기 과 희 문 기 과 고 선 일 적 이 성 기 명 오
喜聞其過樂聞人之惡者惡聞其過喜聞其過故善日積而成其名惡

문 기 과 고 악 일 적 이 멸 기 신
聞其過故惡日積以滅其身

이 오 당 상 수 왈 경 당 비 문 인 야 소 이 학 도 경 세 위 심 수 적 료 이 몰 윤
李晤堂象秀曰絅堂非文人也少以學道經世爲心遂寂寥而歿尹

장 우 상 왈 경 당 중 고 인 야 차 개 실 록 야 여 역 왈 경 당 고 인 야 기 문 고 문
丈藕嘗曰絅堂中古人也此皆實錄也余亦曰絅堂古人也其文古文

야 기 시 고 시 야 금 지 호 지 자 과 야 불 역 의 호
也其詩古詩也今之好之者寡也不亦宜乎

주해_ㅇ金精玉潤(금정옥윤)－정기가 도는 금(金)이요, 윤택한 옥(玉) 같

다는 말.

ㅇ約法三章(약법삼장)－한고조(漢高祖) 유방(劉邦)이 항우(項羽)와 패권을 다투었을 때 처음 관중(關中)을 얻고 민심을 수습하기 위해 편 법장(法章).

ㅇ八條之敎(팔조지교)－팔조지금법(八條之禁法). 고조선 시대에 행하던 사회 교화를 위한 관습법.

ㅇ四升布(사승포)－성근 베.

ㅇ斛(곡)－1곡은 10두(斗).

ㅇ孟韓(맹한)－맹자(孟子)와 한유(韓愈).

경(京)·가(嘉) 양파(兩派)의 분열

김평묵(金平默)과 홍재구(洪在龜)가 서응순(徐應淳)을 제사한 글의 발문(跋文)을 장우(丈藕) 윤치담(尹致聃)이 썼는데 다음과 같다.

"성리학은 정주(程朱)에 이르러서 크게 밝았다. 그러나 정자와 주자가 거의 같은 시대에 태어났더라도 이미 배치된 점이 있어서 후에 신기한 설들이 분분하게 나와 지금까지 천하가 둘로 나뉘어 있다. 우리나라에 이르러서는 포은(圃隱) 이후 성리를 말하는 자는 한결같이 정자와 주자를 따르고 달리 갈래지는 일이 없었으며, 혹 이설(異說)이 있어도 잠시 일어났다가 바로 수그러들었으니 어찌 그리도 순수하였는가? 그러다가 홀연히 근고(近古)에 이르러 인물동이론(人物同異論)이 있게 되었으니, 호락(湖洛)의 학설이 바로 그것이다. 그 학설을 물어보면 모두 정자와 주자를 종주로 삼는다고 하나 그 논변을 들어보면 사뭇 동떨어질 뿐만이 아니니 사문(斯文)의 불행이다. 요사이 또 심전주리론(心專主理論)이 있게 되었으니, 화서(華西) 이항로(李恒老)의 학문이 그것이다. 여러 학자들이 시끄럽게 공격하면 그 무리들은 변명하기를, '우리가 받드는 사람은 정자와 주자이다'라고 하면서 반격함이 호락의 쟁변보다도 심하니 아, 거듭 탄식할 일이다.

죽은 벗 서응순은 성리학에 밝은 사람인데 항상 말하기를, '저 호학(湖學)과 화서의 학문은 경의(經義)를 너무 깊이 설명함으로 인하여 보는 바에 차이가 난 것일 뿐이니, 정주를 힘써 배격하고 신기한 설을 새로 지어낸 것과는 전연 다르다. 또 나보다 앞서서 밝게 분변한 분들이 많으니 나는 내가 들은 바를 높이고 내가 아는 바를 행할 따름이지, 어찌 말을 엮어 하겠는가? 더구나 화서가 군자임은 내가 알고 있으니, 어찌 그의 선행마저 모조리 옳지 않다고 하겠는가? 아마 남당 한원진이 오늘날 살아있다 하더라도 화서의 학문을 깔보지는 않을 것이다. 다만 그의 학문을 따르지 않으면 그것으로 좋을 것이다'라고 하였다.

김평묵은 화서의 고제로 학문이 깊고 행실이 훌륭한 사람인데 서응순과 도의로 사귀는 친구였다. 서로 매우 존경하였지만 대면해서나 서신으로 한번도 심학(心學)에 대해서는 말을 나누지 않았다. 화서가 죽은 뒤에 김평묵이 서응순에게 그의 선사를 찬하는 뇌문(誄文)을 지어주기를 청하여 서응순이 지어 주었는데 그 내용이 너무 간략하다 하여 재차 청하였다. 서응순은 인후한 사람이어서 남의 선을 칭도(稱道)하기를 좋아하는 터이므로 차마 거절하지 못하고 다시 자세히 찬술해 주었다.

그 첫머리에는 '운운'하고 이어서 말하기를, '김평묵과 유중교(柳重教)가 글을 보내 말하기를……' 하면서 극도의 찬사를 기술하였는데 말하기를, '이간(易簡)의 선(善)', '문장이 깨끗하고 모두 갖추어졌다' '문(文)이란 시호(諡號)를 주어야 마땅하다'는 등 그 덕을 극찬하고 이어서 말하기를, '내가 감히 찬양하여 말하는 것이 아니라 지덕자(知德者)가 이렇게 말하였다'고 하였는데, 그 지덕자란 바로 김평묵과 유중교 두 사람을 가리킨 것이었다. 그 의미가 마치 '이는 바로 김·유가 이렇게 말한 것이지 내가 찬양한 것은 아니다'라고 말한 것처럼 되었다. 이는 대개 남의 선을 묻어버리지 않으려는 것이요, 필법 또한 뜻이 있었던 것이다. 화서의 문인들이 이 글을 읽고 지은 사람을 모두 알게 되었으니, 이때가 무진년이었다. 경진년 봄에 서응순이 죽자 이 해 가을에 김평묵이 사람을 보내서 제문을 가지고 와서 제사지냈는데, 대략 이르기를, '금괴(錦怪)가 처음 소명(召命)을 받았을 때 우리를 의심하여 꾸짖으셨네. 그러나 마침내 근원을 구명하여 화내지 않고 기려 주셨네. 공의 학문은 이 시대 현유(賢儒)들보다 크게 뛰어나네. 사람마다 사우(師友)를 따라 당(黨)을 이루어 편벽되니, 온 세상이 모두 도도히 고질병을 이루었네. 그래서 우리 화서 선생을 세상이 알아주지 않았네. 이 마음이 다같이 이(理)이며 의(義)임은 맹자의 주장이네. 크나큰 훼방을 받던 터에 공께서 그 뜻을 헤아려서(公原其指) 지성으로 존경하였네. 이간(易簡)의 선(善)이란 말은 그 덕을 표상(表象)한 것이요, 도덕의 문(文)이란 말로 사사로이 시호(諡號)를 정하였네. 군자의 정론(定論)은 저들의 인지(仁智)와 다르다네. 공께서 밝혀주지 않으면 뉘라서 이에 끼이리까? 하였다.'

이 글 중에 '공원기지(公原其指)'란 한 구절은 말뜻이 자못 모호하여 분명하지 않지만, 원(原)은 헤아려 용서한다(原恕)는 뜻인지, 아니면 원구(原究)라는 뜻인지 모르겠으나 대개 이는 그 학문을 익숙하게 하였다는 뜻이니, 속이는 데에 가깝지 않겠는가? 대개 남을 제사하는 글은 죽은 사람을 위하여 슬픈 정을 펴려는 것이며, 그 사람의 미덕(美德)을 칭송하기 위한 것이다. 그런데 이제 이 글은 자기 스승의 학설을 주장하여 저승에 있는 사람에게 질정(質正)한 것이니 괴이하지 않은가? 이는 과연 서응순을 애도하는 글인가? 아니면 그 스승의 설을 펴기 위해서 지은 글인가? 이것만으로도 이미 큰 차이가 있는데, 이듬해 봄에 김평묵의 무리인 홍재구(洪在龜)라는 자가 또 사람을 보내어 제사를 지냈다. 그 제문의 대략에 '옛날 화서 선생이 인도를 밝히고 금수를 배격하셨네. 서리와 얼음이 장차 이르려 하니 입이 마르고 입술이 타셨네. 어쩌다 덕을 아는 이 적어서 비방하는 소리

경향에서 일어났네. 시골 선비가 억지로 헐뜯어 바람을 이룸이 마치 올빼미가 봉황을 꾸짖는 것 같고, 지렁이가 용을 조롱하는 것 같았네. 공은 다른 사람과 달라서 박괘(剝卦)의 육삼효(六三爻)가 상구효(上九爻)의 양(陽)과 수응(酬應)하듯 훌륭한 글 지어주셨네'라고 하였다. 또 말하기를, '호학(好學)의 물결이 서로 따라 허공에 번득임이여! 선생을 적으로 지목하여 형틀을 씌웠네. 가릉(嘉陵)을 지나다 유숙하여 서로의 견해를 논의하였는데, 처음에는 부정하다가 나중에는 수긍하셨네'라고 하였다.

이처럼 '화서가 금수를 배격했다'는 한 구절을 일편(一篇)의 강령(綱領)으로 삼고, 끝에 가서 '처음에는 부정하다가 나중에는 수긍했다'는 말로 끝을 맺었는데, 이런 말은 김평묵도 하지 않은 것이었으니 이 글이야말로 무고에 그칠 뿐만이 아니라 하겠다. 김평묵의 제문은 당초에 받지 않았어야 했는데 상인(喪人) 형제(즉 서응순의 아들) 상봉(相鳳)과 상학(相鶴) 역시 온후한 사람이었고, 또 일찍이 그 아버지에게서 교훈을 받은 것이 있었다. 상인이 말하기를, '옛날에 내가 화서의 명덕설(明德說)을 감히 비판하여 논변하였더니 아버지께서 엄히 꾸짖으시기를, 학문의 방향도 알지 못하면서 명덕 이기의 분변을 말하는 것이 옳겠는가 하시고 또 말씀하시기를, 친구의 독실한 행실은 너희들이 백의 하나도 미치지 못하는데 문득 비판하는 것이 어찌 공심(公心)이겠는가? 지금 독서하는 사람이 거의 끊어져 가는 때에 내가 화서의 순수하고 독실한 단서를 이어받아 문호를 크게 개방하고 있다. 후생은 마땅히 사모하고 칭송함이 옳거늘 어찌 허물을 지적하는가? 더구나 끊임없이 강명(講明)하다보면 어찌 귀일(歸一)될 날이 없겠는가라고 하셨다'고 하였다. 그래서 즉시 물리쳐 돌려보내지 않은 것이다.

홍재구의 글은 제문이 아니라 세상을 욕하는 글이다. 이는 옛사람이 이른바 그 아비가 원수를 갚고 나면 그 자식이 또 반드시 겁(劫)

을 준다는 것인가? 옛적에 오늘 도를 깨닫고 이튿날 술에 취하는 사람이 있다더니, 이제 꾸짖고 욕하는 습성이 술주정보다 더 심한 것은 어째서일까? 화서로 하여금 이런 일을 알게 할 수 있다면 그는 반드시 매우 미워할 것이다. 어떤 사람은 말하기를, '호학(湖學)의 선비들이 화서를 너무 심하게 공격하였기 때문에 그 문도들이 격분하여 이에 이른 것이니, 김평묵과 홍재구 두 사람의 글 가운데 금괴(錦怪)다, 금랑(錦浪)이다 한 것이 그것이다'라고 하는데 이는 더욱 괴이한 말이다. 비록 호론(湖論)의 학자들과 마주 대하여 서로 다툴 때라 하여도 선비의 언사가 이래서는 합당하지 못하거늘, 하물며 다른 벗을 제사하는 글의 제목을 빌어서 노여움을 푸는 것이 옳은가, 그른가. 대체로 그 이른바 심을 논한 말이 비록 혹 정자와 주자를 거슬러 올라간 것이라 하더라도 후학을 가르치는 데 있어서는 마땅히 들어오는 자는 거절하지 말고, 나가는 자는 붙잡지 말아야 한다. 그리고 견해를 달리하는 사람이 있어 서로 공격하기에 이르더라도, 우선 함께 변론하지 말고 다만 들은 바를 존중하고 아는 바를 행하면 된다. 들어오지 않는 자를 기필코 끌어들이려 하고, 견해를 달리하는 자를 함부로 꾸짖는 일은 너무 지나치다.

선배의 호락학(湖洛學)의 논쟁도 이렇게 심했다는 말은 듣지 못하였다. 다만 서응순이 성리학에 밝았기 때문에 그 생전에는 꼭 끌어들이려 하였고, 죽은 후에는 제문이란 제목을 빌어 분을 푸느라 그것이 남을 모함하는 것인 줄을 몰랐던 것인가? 처음 그의 스승을 위한 제문을 받을 때부터 이런 마음을 품고 있었던가? 지금 서응순의 유고가 있는데, 어찌 일찍이 화서의 학문을 따른다는 말이 있었던가? 홍재구는 바로 김평묵의 고제인데 이 글로써 보면 가시 돋친 말과 나쁜 심술이 글을 제대로 읽은 사람 같지 않은 듯하다. 독서한 사람은 참으로 존귀한데 이 같은 지경이니 슬프고 애석하다.

어떤 사람은 서응순이 이 제문을 지어주어 마침내 이런 분란을 일으켰으니 허물이 되지 않겠느냐고 하는데, 나도 그렇게 생각한다. 군자의 허물은 항상 후한 데에서 생기게 된다. 서응순이 지하에서라도 앎이 있다면, 일찍이 자기의 허물로 삼았을 것이 분명하다. 그렇게 되면 더욱 그의 어짊을 볼 수 있으니 무슨 허물이 되겠는가? 그런데 끝내 화서의 학문에 융합했다고 하는 것은 죽은 뒤에 사람을 모함한 것이니 이것은 분변하지 않을 수 없다."

생각하건대 화서 이항로의 집은 영평(永平)에 있었다. 처음 명덕심리(明德心理)의 설을 창도하여 중암(重庵) 김평묵과 성재(省齋) 유중교에게 전하였는데, 제공(諸公)의 이른바 '심설정안(心說正案)'이라 한 것이 이것이다. 김중암과 유성재는 가평(加平)과 양근(楊根) 사람이요, 봉서(鳳棲) 유신환(兪莘煥)과 매산(梅山) 홍직필(洪直弼), 경당(絅堂) 서응순(徐應淳), 장우(丈藕) 윤치담(尹致聃) 제공은 집이 서울에 있었는데 경당은 바로 봉서의 문인이다. 명덕심리설에 대해 논변한 일이 있었는데, 그후에 김중암과 홍재구 두 분이 경당을 제사하는 글 가운데서 너무 규각(圭角)을 드러냈으므로 윤치담이 이상과 같이 분변한 것이다. 윤치담이 자주(自註)하기를, "화서가 졸(卒)하자 김평묵이 서응순을 보고 그 스승의 제문을 청하기에 지어주었더니, 내용이 너무 소략하다면서 다시 청하였다. 당시 서응순은 마침 학도들과 절에서 강학하고 있었는데 김평묵의 서신이 온 것이다. 학도들이 모두 다시 지어 주는 것은 옳지 않다고 말하였으나 서응순은 웃으면서 말하기를, '어찌 그 학문이 잘못된 것을 혐의하여 그 선행까지 매몰시킬 수 있는가?' 하였다. 그러나 당시 친우들의 의견이 대부분 글을 지어 주는 것이 좋지 않다고 말하므로 그는 나에게 글을 보내 의견을 물어왔다. 나는 대답하기를, '단지 김평묵과 유중교가 말한 것만을 쓴다는 은미한 뜻을 남기는 것도 생각해볼 수 있다'고 하였다. 그후 듣건대 서응순이 동쪽으로 가다가 김평묵을 방문하였더니 김평묵이 그 스승의 심학이 고묘하다고 크게 떠들어댔다. 서응순이 이에 분변하여 밝히니, 김평묵이 화를 내면서 눈물까지 흘리므로 서응순은 말을 끝내지 못했다고 한다.”

경 가 량 파 분 렬

京嘉兩派分裂

윤 장 우 치 담 제 김 홍 제 경 당 문 후 왈 성 리 지 학 지 정 주 이 대 명 연 생
尹丈藕致耼題金洪祭絅堂文後曰性理之學至程朱而大明然生
병 락 민 고 기 유 배 치 자 이 사 후 분 연 위 신 기 지 설 자 흘 우 금 반 천 하 야
弁洛閩固己有背馳者而嗣後紛然爲新奇之說者迄于今半天下也
지 약 아 방 종 포 은 이 하 담 성 리 자 일 준 정 주 이 무 기 이 혹 유 이 설 이 선
至若我邦從圃隱以下談性理者一遵程朱而無歧異或有異說而旋
기 선 식 일 하 기 순 야 홀 어 근 고 유 인 물 동 이 지 론 즉 호 락 학 시 기 문 기
起旋熄一何其純也忽於近古有人物同異之論卽湖洛學是己問其
학 즉 개 종 정 주 문 기 론 즉 불 시 연 월 기 사 문 지 불 행 이 근 우 유 심 전 주
學則皆宗程朱聞其論則不翅燕越己斯文之不幸而近又有心專主
리 지 론 즉 화 서 지 학 시 기 제 학 자 화 연 공 지 즉 기 도 역 왈 오 소 종 자 정
理之論卽華西之學是己諸學者譁然攻之則其徒亦曰吾所宗者程
주 야 반 공 지 자 우 심 어 호 락 쟁 변 자 희 중 가 탄 야 망 우 서 여 심 명 어 성
朱也反攻之者又甚於湖洛爭辨者噫重可歎也亡友徐汝心明於性
리 지 학 자 야 기 항 언 왈 부 호 학 기 화 서 학 특 인 설 경 대 심 소 견 차 수 이
理之學者也其恒言曰夫湖學曁華西學特因說經大深所見差殊耳
여 력 배 정 주 창 설 신 기 자 억 유 수 언 차 선 아 명 변 지 자 다 의 아 즉 존 오
與力排程朱創說新奇者抑有殊焉且先我明辨之者多矣我則尊吾
소 문 행 오 소 지 이 기 하 용 가 설 위 황 화 서 오 지 기 위 군 자 인 야 호 가 병
所聞行吾所知而己何用架說爲况華西吾知其爲君子人也胡可弁
기 선 행 이 불 위 지 여 사 남 당 금 일 재 자 장 이 기 학 이 만 모 호 재 단 부 종
其善行而不韙之歟使南塘今日在者將以其學而慢侮乎哉但不從
기 학 사 가 의 김 치 장 화 서 고 제 이 수 학 위 행 인 야 여 심 여 지 위 도 의 교
其學斯可矣金稚章華西高弟而邃學危行人也汝心與之爲道義交
심 상 경 중 이 기 참 대 여 서 독 말 상 어 급 어 심 학 야 화 서 몰 치 장 청 여 심
甚相敬重而其叅對與書牘末嘗語及於心學也華西歿稚章請汝心
위 문 이 찬 기 사 기 우 혐 기 태 략 이 부 청 지 여 심 인 후 인 야 락 도 인 지 선
爲文以賛其師旣又嫌其太畧而復請之汝心仁厚人也樂道人之善
자 야 불 인 각 지 부 찬 차 지 파 상 기 서 두 사 운 운 계 언 김 치 장 류 치 정 서
者也不忍却之復撰次之頗詳其序頭辭云々繼言金稚章柳稚程書

래 왈 운 운 이 최 지 위 찬 사 기 왈 간 이 왈 문 자 이 비 왈 의 시 위 문 고 극 찬
來曰云々而最之爲贊辭其曰簡易曰文粢而備曰宜謚爲文固極贊
기 덕 이 즉 왈 비 여 감 찬 혜 지 덕 자 운 소 위 지 덕 자 즉 지 김 류 야 기 의 약
其德而則曰非余敢贊兮知德者云所謂知德者卽指金柳也其意若
왈 차 내 김 류 소 소 운 야 비 여 지 찬 사 야 개 불 몰 인 지 선 이 필 법 역 우 언
曰此乃金柳所所云也非余之贊辭也盖不沒人之善而筆法亦寓焉
범 화 문 독 차 찬 자 서 개 지 지 의 차 시 무 진 년 간 야 경 진 춘 여 심 몰 시 추
凡華門讀此贊者庶皆知之矣此是戊辰年間也庚辰春汝心沒是秋
치 장 견 인 지 문 제 지 략 왈
稚章遣人持文祭之畧曰

금 괴 초 빙 의 아 노 노 졸 구 원 위 비 진 이 포 억 공 소 존 대 과 시 현 인 각
錦怪初聘疑我呶々卒究源委匪嗔伊褒抑公所存大過時賢人各
사 우 이 당 이 편 도 도 자 시 내 성 정 질 고 아 화 옹 위 세 소 굴 차 심 동 연 왈
師友易黨易偏滔々者是乃成貞疾故我華翁爲世所絀此心同然曰
리 왈 의 본 지 맹 씨 이 수 후 훼 공 원 기 지 존 앙 무 두 이 간 지 선 기 상 궐 덕
理曰義本之孟氏而受厚毁公原其指尊仰無斁易簡之善旣象厥德
도 덕 지 문 사 의 궐 시 군 자 정 론 이 피 인 지 불 유 공 명 기 숙 여 차
道德之文私擬厥謚君子定論異彼仁智不由公明其孰與此

기 문 중 공 원 기 지 일 구 어 의 수 골 륜 불 명 원 자 시 원 서 지 의 여 원 구
其文中公原其指一句語意殊汩淪不明原字是原恕之義歟原究
지 의 여 개 시 졸 란 만 어 기 학 지 의 야 불 태 어 무 호 재 개 제 인 지 문 위 설
之義歟概是卒瀾漫於其學之義也不殆於誣乎哉盖祭人之文爲洩
애 야 위 칭 기 인 지 덕 미 야 이 금 차 문 포 장 기 사 문 지 학 구 질 어 구 원 지
哀也爲稱其人之德美也而今此文舖張其師門之學求質於九原之
인 불 역 이 호 차 과 위 애 여 심 이 문 지 호 위 신 기 사 설 이 문 지 호 차 기 대
人不亦異乎此果爲哀汝心而文之乎爲伸其師說而文之乎此己大
유 경 정 이 익 년 춘 치 장 지 도 홍 재 구 자 우 사 인 위 제 문 략 왈
有逕庭而翌年春稚章之徒洪在龜者又使人爲祭文畧曰

이 석 화 옹 명 인 도 이 배 금 수 혜 구 조 순 초 호 상 빙 지 장 영 부 하 지 덕
伊昔華翁明人道而排禽獸兮口燥脣焦乎霜氷之將映夫何知德
지 희 혜 자 오 기 호 경 인 외 달 향 신 취 멱 성 풍 유 여 치 효 지 저 봉 언 연 지
之希兮訾謷起乎京闉外達鄉紳吹覓成風有如鴟梟之詆鳳蝘蜓之
조 룡 공 여 박 삼 지 응 양 혜 위 부 절 혜 지 의 문 운 우 왈 금 랑 수 이 번 공 혜
嘲龍公如剝三之應陽兮謂夫節惠之宜文云又曰錦浪隨以翻空兮
지 부 자 적 현 호 금 철 과 숙 가 릉 상 갈 량 단 혜 조 부 부 이 졸 유 운 운
指夫子賊眩乎金鐵過宿嘉陵相竭兩端兮肇否否而卒唯云々

이 화 옹 지 배 금 수 혜 일 구 위 일 편 강 령 이 종 지 이 시 부 졸 유 시 개 치
以華翁之排禽獸兮一句爲一篇綱領而終之以始否卒唯是皆稚
장 지 소 부 도 야 부 지 호 무 기 의
章之所不道也不止乎誣己矣

김 치 장 지 제 문 초 의 불 수 이 상 인 형 제 경 당 자 상 봉 상 학 역 개 온
金稚章之祭文初宜不受而喪人兄弟(絅堂子相鳳相鶴)亦皆溫
후 우 유 소 상 수 훈 어 기 선 인 야 상 인 언 석 일 상 이 화 문 명 덕 설 감 의
厚又有所嘗受訓於其先人也(喪人言昔日嘗以華門明德說敢擬
론 변 의 선 인 엄 책 왈 부 지 방 이 선 언 명 덕 리 기 지 변 해 가 재 우 왈 모 우
論辨矣先人嚴責曰不知方而先言明德理氣之辨奚可哉又曰某友
독 행 여 조 백 불 급 일 이 거 욕 변 훼 기 공 심 호 방 금 독 서 종 자 수 절 지 시
篤行汝曹百不及一而遽欲辨毁豈公心乎方今讀書種子垂絶之時
모 승 화 서 순 독 지 서 대 개 문 호 후 생 당 모 송 지 가 야 용 거 지 하 황 강 명
某承華西純篤之緖大開門户後生當慕頌之可也庸詎指瑕况講明
불 이 기 무 귀 일 지 일 호 고 부 즉 척 환 이 홍 생 지 문 비 애 뢰 야 즉 매 세
不已豈無歸一之日乎)故不卽斥還而洪生之文非哀誄也卽罵世
지 문 야 차 석 인 소 위 기 부 보 구 기 자 필 차 행 겁 자 여 고 유 금 일 오 도 이
之文也此昔人所謂其父報仇其子必且行劫者歟古有今日悟道而
명 일 감 주 자 금 기 후 매 지 습 심 어 후 주 하 야 사 화 서 이 유 지 역 필 심 오
明日酣酒者今其詬罵之習甚於酗酒何也使華西而有知亦必甚惡
지 의 혹 운 금 유 지 공 화 자 기 심 치 기 도 분 격 지 차 김 홍 문 중 왈 금 괴 왈
之矣或云錦儒之攻華者己甚致其徒憤激至此金洪文中曰錦怪曰
금 랑 시 기 차 즉 우 가 괴 야 수 대 금 유 상 극 수 지 제 사 자 구 기 불 합 여 시
錦浪是己此則尤可怪也雖對錦儒相戟手之際士子口氣不合如是
내 어 제 타 우 지 문 이 차 제 설 분 기 가 호 불 가 호 대 저 기 소 위 론 심 지 설
乃於祭他友之文而借題洩憤其可乎不可乎大抵其所謂論心之說
수 혹 질 정 주 이 상 지 기 어 교 적 후 학 지 의 입 자 불 거 출 자 불 추 이 기 기
雖或軼程朱而上之其於教廸後學只宜入者不拒出者不追而己其
유 여 이 견 이 지 어 상 공 자 고 물 여 지 변 이 존 소 문 소 행 지 가 야 이 불 입
有與異見而至於相攻者姑勿與之辨而尊所聞所行知可也而不入
자 기 욕 원 지 이 견 자 가 이 사 매 과 의 선 배 호 락 학 지 쟁 변 미 문 기 약 시
者期欲援之異見者加以肆罵過矣先輩湖洛學之爭辨未聞其若是
심 야 특 이 여 심 명 어 성 리 지 학 야 고 어 기 생 전 이 기 욕 원 입 어 기 신 후
甚也特以汝心明於性理之學也故於其生前而期欲援入於其身後
이 차 제 설 분 불 각 기 무 인 여 시 야 수 뢰 어 기 사 지 문 야 기 포 장 차 의 여
而借題洩憤不覺其誣人歟始也受誄於其師之文也己包藏此意歟

금 기 유 고 재 언 갈 상 유 종 화 서 지 학 지 설 호 홍 생 내 치 장 지 고 제 야 이
今其遺稿在焉曷嘗有從華西之學之說乎洪生乃稚章之高弟也而
이 차 문 관 지 시 극 기 구 린 갑 기 복 공 비 선 독 서 자 야 독 서 종 자 순 가 귀
以此文觀之柴棘其口鱗甲其腹恐非善讀書者也讀書種子洵可貴
야 이 내 약 시 차 호 석 재 혹 위 여 심 지 유 차 뢰 경 치 차 분 운 무 혹 위 과 여
也而乃若是嗟乎惜哉或謂汝心之有此誄竟致此紛紜無或爲過歟
여 왈 연 군 자 지 과 상 실 어 후 여 심 유 지 상 수 이 위 과 야 무 의 이 우 유 이
余曰然君子之過常失於厚汝心有知嘗受以爲過也無疑而尤有以
견 기 인 야 하 과 지 유 연 졸 란 만 어 화 서 학 운 이 즉 무 인 어 신 후 야 차 불
見其仁也何過之有然卒爛漫於華西學云爾則誣人於身後也此不
용 불 변 야
容不辨也

안 리 화 서 가 재 영 평 이 창 위 명 덕 심 리 지 설 전 지 우 김 중 암 류 성 재
按李華西家在永平而創爲明德心理之說傳之于金重菴柳省齋
제 공 소 위 심 설 정 안 시 야 김 중 암 류 성 재 가 평 양 근 지 인 야 유 봉 서 홍
諸公所謂心說正案是也金重菴柳省齋加平楊根之人也兪鳳捿洪
매 산 서 경 당 윤 장 우 제 공 가 재 경 성 이 경 당 즉 봉 서 문 인 야 이 명 덕 심
梅山徐絅堂尹丈藕諸公家在京城而絅堂卽鳳捿門人也以明德心
리 지 설 유 소 론 변 기 후 김 중 암 홍 재 구 량 씨 제 경 당 문 중 태 로 릉 각 고
理之說有所論辨其後金重菴洪在龜兩氏祭絅堂文中太露稜角故
장 우 소 이 변 지 여 우 야 장 우 자 주 왈 화 서 몰 치 장 청 여 심 위 문 이 뢰 기
丈藕所以辨之如右也丈藕自註曰華西歿稚章請汝心爲文以誄其
사 기 우 혐 기 태 략 이 부 청 지 여 심 시 적 여 학 도 강 우 산 사 이 치 장 서 지
師旣又嫌其太畧而復請之汝心時適與學徒講于山寺而稚章書至
학 도 개 언 기 불 가 개 초 즉 여 심 소 왈 기 혐 기 학 술 차 수 이 몰 기 선 호 시
學徒皆言其不可改草則汝心笑曰豈嫌其學術差殊而沒其善乎時
지 우 다 유 언 불 의 작 문 자 여 심 서 문 우 여 여 답 왈 지 이 김 류 소 도 자 술
知友多有言不宜作文者汝心書問于余余答曰只以金柳所道者述
지 미 의 유 존 가 상 야 문 여 심 지 동 행 방 치 장 치 장 대 언 기 사 심 학 지 묘
之微意攸存可想也聞汝心之東行訪稚章稚章大言其師心學之妙
여 심 내 파 변 명 지 즉 치 장 분 연 지 읍 하 여 심 묵 연 부 종 기 설 운
汝心乃頗辨明之則稚章忿然至泣下汝心默然不終其說云

주해_ㅇ錦怪(금괴)－호서(湖西)의 유학자를 낮추어 이르는 말.
ㅇ呶呶(노노)－변설이 많은 모양.

ㅇ道德之文(도덕지문)-서응순(徐應淳)이 이항로(李恒老)를 찬한 글 중의 문구.
ㅇ原恕(원서)-용서. 어구의 뜻을 관대히 보아주는 것.
ㅇ鴟梟(치효)-부엉이와 올빼미. 모두 나쁜 새로 알려졌다.
ㅇ蝘蜓(언연)-도마뱀과 도롱뇽 등의 하찮은 짐승.
ㅇ錦浪(금랑)-금괴(錦怪)와 같은 뜻.
ㅇ嘉陵(가릉)-치정(穉程) 유중교가 사는 곳.
ㅇ哀誄(애뢰)-죽은 사람을 애도하여 짓는 글.
ㅇ錦儒(금유)-호서(湖西)의 선비.

심정진(沈定鎭)

자는 일지(一志), 호는 제헌(霽軒)으로 청송(青松) 사람이다. 17세에 문경공(文敬公) 여호(黎湖) 박필주(朴弼周)를 배알하고 학문을 닦는 요법을 물었다. 계유년에 사마시에 합격하고, 무인년에 영릉참봉에 제수되었고, 갑오년에 부수(副率)에 천거되었다. 정조(正祖)가 당시 세자로 있었는데 경학이 매우 고명하다고 칭찬하며 '강설이 매우 정밀하고 좋다'고 하였다. 혹 차례를 건너뛰어 숙직하게 하여 3년 동안이나 시강하였는네 여러 동료들이 감히 따르지 못하였다.

병신년에 중부도사(中部都事)에 올라 호조좌랑으로 옮겼다가 회덕현감(懷德縣監)을 배명하였다. 이 현에는 큰 문벌(門閥)의 사대부들이 많아 종들은 으레 군적(軍籍)에 올리지 못한 까닭에 군대의 정원이 텅 비어 있었다. 공이 개연히 깨우쳐 경계하여 하나같이 모두 군역에 충당시켰다. 환곡(還穀)의 정사 또한 고질적인 병폐가 있었지만 공이 가혹한 독촉을 하지 않아도 백성들이 기일 내에 실어다 납부했다. 큰 흉년을 당했는데 조정에서 아주 심하지 않다고 하여 공곡(公穀)을 가지고 진휼(賑恤)하기를 허락하지 않았다. 그러자 공은 순찰사에게 힘껏 청해서 약간의 곡식을 얻고 녹미(祿米)를 풀어 사사로이 진휼하고, 또 밥과 국을 자주 지어서 먹였다. 이렇게 몇 달 하고 나니 주린 백성들이 겨우 살아날 수 있었다. 순찰사가 약간의 비용이라도 집안 살림에 쓰라고 권고하니 공이 정색하고 말하기를, “상관으로서 어찌 그런 말을 할 수 있습니까?” 하였다.

고을에 동춘당(同春堂) 송준길(宋浚吉) 선생이 실행하던 향약이 있었으므로, 이를 초하고 윤색해서 선악의 장부를 마련해 놓고, 선한 자는 잔치를 베풀어 권장하고, 악한 자는 벌을 주어 경계하였다. 이로 말미암아 풍속이 돈후해지고 소송이 훨씬 줄었다. 사형해야 할 죄수가 있을 때면 공이 자세히 살펴서 억울한 경우면 방면하였다. 이래서 치적(治積)이 한 지방에서 제일이었으며 깨끗한 몸가짐으로 털끝만큼도 취하지 않았다. 벼슬에서 떠나는 날에 벌써 먹을 것이 없었다.

계묘년에 다시 송화현감(松禾縣監)을 배명하면서 하교하기를, “이 사람은 얻기 어려운 유학자이다. 이제 우선 가서 있으면 내가 장차 불러들이겠다.”고 하였다. 다스리는 방법을 한결같이 회덕현에서와 같이 하였으며, 살인죄로 옥에 갇혀 있던 죄수가 도망쳐 1백일이 되도록 체포하지 못하여, 법으로 보면 당연히 파직을 당해야 했으나 임금이 명하여 여러번 그 기한을 늦춰주었다. 또한 토포영(討捕營)으로 하여금 잡게 했어도 결국 체포하지 못하자, 의금부에서 죄를 논하여 귀양보내자고 하니, 임금께서 말씀하시기를, “이 사람은 바로 계방(桂坊)의 옛 동료여서 장차 거두어 쓰려고 하니 파직만 시키라.”고 하였다. 얼마 후 사어(司禦)에 임명되고, 통정대부(通政大夫)의 품계에 올라 오위장(五衛將)을 겸임하였다. 향년 62세이다.

공은 청고(淸高)하고 시속에 초연한 자품이 있었으니, 명리에 초연하여 마치 허물 벗은 매미와 같았다. 음식은 주림을 채우는 데 그치고, 의복은 몸을 가릴 정도면 되었다. 사는 집은 겨우 풍우를 가릴 정도였으며, 기용(器用)과 궤안(几案)은 좋고 나쁨을 따지지 않았고, 집안 살림에는 관심을 두지 않아 되어가는 대로 맡겨두었다. 그래서 기욕(嗜欲)에 대해서는 없애려고 힘쓰지 않아도 되었다. 스스로 말하기를, "젊어서 화를 잘 냈으므로 평생 동안 이를 바로잡는 데 많은 공부를 하였다."고 하였다. 그의 도(道)는 거의 문(文)을 인하여 깨달은 것이며, 중년 이후에는 화려한 것을 버리고 실질을 위주로 하여 유학에 몸을 맡겨 대업을 궁구하였다. 작은 명예로 세상에 드러나기를 바라지 않았고, 하찮은 행실로써 이름이 나는 데 만족하지 않았다.

성(性)을 논하여 이렇게 말했다.

"이(理)로써 말하면 본연(本然)이요, 기(氣)로써 말하면 기질(氣質)이니 일처(一處)인 것은 두 가지로 말한 것일 뿐이며, 이(理)로써 말하면 인(人)·물(物)이 모두 같고, 기로써 말하면 인·물이 모두 다르다. 말하는 사람들이 본연과 기질 사이에 또 분수(分殊)의 본연을 두어 인·물이 같지 않다고 하는 것은 그르다."

심(心)을 논하여 이렇게 말하였다.

"심과 기질은 모두 일기(一氣)이지만 심은 기 가운데 정상(精爽)한 것이어서 능히 천리의 주재가 되므로, 심의 본체는 성인이나 범인이 하나이다. 근세에 이른바 '청허령(淸虛靈)'이다, '탁허령(濁虛靈)'이다 하는 것은 발한 곳을 따라서 말한 것이다."

문장을 지으면 준결(峻潔) 굉대(宏大)하고 스스로 일가를 이루었으며, 언어의 배치가 옛날의 작품과 비교해도 손색이 없었다. 만년의 저술에서는 인습의 누를 버리고 의리에 근거하였다. 문청공(文淸公) 남유용(南有容)이 일찍이 말하기를, "이사(理辭)와 법도가 함께 갖추어졌으니, 비유하건대 예연(禮筵)을 베풀고 빈객을 맞아 향연함에 질서가 정연하여 티끌이 일어나지 않는 것과 같다."고 하였다. 공이 또 일찍이 미호(渼湖) 김원행(金元行)을 스승으로 섬겼는데, 김공이 애중하기를 남다르게 하였다. 매양 가서 뵐 때면 반드시 자리를 베풀고 말하기를, "이는 특별히 대우하는 뜻이다."라고 하였다. 김공이 졸하자 흰 두건을 쓰고 삼띠를 매고 사랑채에 거처하여 1년 간의 복을 입은 후 벗었다.

삼산재(三山齋) 김이안(金履安)이 공을 찬하기를, “현악기의 줄처럼 곧고 옥처럼 맑으며, 어린이처럼 티없는 효성이요 처녀의 순정(純貞)이다.”라고 하였다. 문정공(文靖公) 순암(醇庵) 오재순(吳載純)이 공의 유집 서문에서 말하기를, “심지는 맑고 기운은 예리하다. 깨끗하기 때문에 물질의 더러움이 들어올 곳이 없고, 예리하기 때문에 그 마음이 전일하며, 학문이 넓고 순후하다. 천인(天人)의 근본과 성명의 본원을 거슬러 올라가 구명하되 몸소 실천하여 분명하게 판별하였다.”고 하였다. 중주(中洲) 이직보(李直輔)가 말하기를, “공은 지경(持敬)의 도를 알았다고 할 만하다.”고 말했으며, 노주(老洲) 오희상(吳熙常)은 말하기를, “만년에 덕을 이루어 문장이 빛나니 한 세상의 순유(醇儒)라고 할 만하다.”고 하였다. 저서에 《역해(易解)》 및 유집 6권이 있다.

심제헌정진자일지청송인영조을사생년십칠왕배려호박문경
沈齋軒定鎭字一之青松人英祖乙巳生年十七往拜黎湖朴文敬
공문위학지결계유중사마무인제녕릉참봉갑오천배부수정묘시
公問爲學旨訣癸酉中司馬戊寅除寧陵叅奉甲午薦拜副率正廟時
재이극극칭경학고명왈강설심정호혹사월차지피시강삼년제료
在貳極亟稱經學高明曰講說甚精好或使越次持被侍講三年諸僚
막감망언병신승중부도사천호조좌랑배회덕현감현다거벌사부
莫敢望焉丙申陞中部都事遷户曹佐郎拜懷德縣監縣多巨閥士夫
노속례부득첨정이고군액진허공개연유계일병충역적정역위고
奴屬例不得簽丁以故軍額盡虛公慨然諭戒一併充役糴政亦爲痼
막공불번가독이수납여기속세대침이비우심불허공진공력청우
瘼公不煩苛督而輸納如期屬歲大侵以非尤甚不許公賑公力請于
순사득약간곡연름사진우수위반갱궤지여시수월기민획소순사
巡使得若干穀捐廩私賑又數爲飯羹饋之如是數月饑民獲蘇巡使
권초비위가계공정색왈상관역출차언야현유동춘선생소행향약
勸稍費爲家計公正色曰上官亦出此言耶縣有同春先生所行鄕約
내초절수윤설선악적선자설연이권지악자벌지유시풍속돈후옥
乃抄節修潤設善惡籍善者設宴而勸之惡者罰之由是風俗敦厚獄

송 간 성 유 옥 수 당 사 공 찰 기 원 경 방 지 치 최 일 로 빙 벽 자 지 일 호 불 취
訟簡省有獄囚當死公察其寃竟放之治最一路氷蘗自持一毫不取
고 거 관 지 일 기 무 식 언
故去官之日己無食焉

계 묘 부 배 송 화 현 감 교 왈 기 시 난 유 야 금 차 왕 여 장 소 지 위 치 일 여
癸卯復拜松禾縣監敎曰其是難儒也今且往予將召之爲治一如
회 덕 살 인 재 수 자 일 백 일 부 득 포 법 당 파 상 명 루 관 기 한 우 비 토 포 영
懷德殺人在囚者逸百日不得捕法當罷上命屢寬其限又俾討捕營
포 지 이 인 경 부 득 왕 부 얼 도 배 상 왈 차 즉 계 방 구 료 장 수 용 지 파 직 심
捕之而因竟不得王府讞徒配上曰此卽桂坊舊僚將收用止罷職尋
서 배 사 어 승 통 정 계 겸 오 위 장 병 오 졸 년 륙 십 이 공 유 청 고 절 속 지 자
敍拜司禦陞通政階兼五衛將丙午卒年六十二公有淸高絶俗之姿
어 화 재 명 리 초 연 여 태 식 지 충 기 의 취 폐 체 거 실 근 폐 풍 우 기 용 궤 안
於貨財名利超然如蛻食止充飢衣取蔽體居室僅蔽風雨器用几案
단 취 구 완 불 문 가 인 산 업 임 기 자 연 이 기 고 기 어 기 욕 부 대 용 력 이 자
但取苟完不問家人産業任其自然而己故其於嗜欲不待用力而自
무 야 유 자 운 소 시 다 노 고 평 생 교 유 극 비 공 부 야 기 어 도 태 인 문 이 오
無也惟自云少時多怒故平生矯揉極費工夫也其於道殆因文而悟
중 세 이 후 감 화 취 실 위 신 사 학 용 구 대 업 불 기 이 소 예 견 불 겸 이 소
中歲以後斂華就實委身斯學用究大業不蘄以小譽見不慊以小
행 명
行名

기 론 성 즉 왈 이 리 지 위 본 연 이 기 지 위 기 질 일 처 이 량 언 지 이 이 리
其論性則曰以理之謂本然以氣之謂氣質一處而兩言之耳以理
즉 인 물 개 동 이 기 즉 인 물 개 이 설 자 어 본 연 기 질 지 간 우 점 분 수 지 본
則人物皆同以氣則人物皆異說者於本然氣質之間又占分殊之本
연 이 위 인 물 지 부 동 즉 류 의 론 심 즉 왈 심 여 기 질 구 시 일 기 이 심 시 기
然而謂人物之不同則謬矣論心則曰心與氣質俱是一氣而心是氣
중 지 정 상 능 위 천 리 지 주 재 고 심 지 본 체 성 범 일 야 근 세 소 위 청 허 령
中之精爽能爲天理之主宰故心之本體聖凡一也近世所謂淸虛靈
탁 허 령 종 발 처 설 운 운 기 발 위 문 장 준 결 굉 사 자 성 일 가 언 의 륜 어 고
濁虛靈從發處說云々其發爲文章峻潔宏肆自成一家言擬倫於古
작 자 이 무 괴 위 만 년 저 술 탈 거 연 습 지 루 근 거 리 의 남 문 청 공 유 용 상
作者而無愧爲晩年著述脫去沿襲之陋根據理義南文淸公有容嘗
왈 리 사 여 법 함 구 비 여 례 연 향 빈 질 연 유 서 이 유 진 불 기 공 우 상 사 사
曰理辭與法咸具譬如禮筵饗賓秩然有序而遊塵不起公又嘗師事

미 호 김 공 원 행 김 공 애 중 수 절 매 진 견 필 설 석 왈 시 해 탑 지 의 야 급 몰
渼湖金公元行金公愛重殊絶每進見必設席曰是解榻之意也及歿
공 백 건 환 경 거 어 외 기 이 후 제 삼 산 재 김 공 리 안 찬 공 왈 주 현 지 직 옥
公白巾環經居於外朞而後除三山齋金公履安贊公曰朱絃之直玉
호 지 청 영 아 지 효 처 녀 지 정 순 암 오 문 정 공 재 순 서 공 유 집 왈 지 결 이
壺之清嬰兒之孝處女之貞醇庵吳文靖公載純序公遺集曰志潔而
기 예 결 고 물 루 무 소 입 예 고 기 심 전 기 학 박 이 순 소 구 천 인 지 본 성 명
氣銳潔故物累無所入銳故其甚專其學博而醇溯究天人之本性命
지 원 단 이 궁 천 이 명 변 중 주 리 문 경 직 보 왈 공 가 위 식 지 경 지 도 자 야
之原旦以躬踐而明辨中洲李文敬直輔曰公可謂識持敬之道者也
로 주 오 문 원 공 왈 만 년 성 덕 문 장 빈 빈 가 위 일 세 지 순 유 소 저 유 역 해
老洲吳文元公曰晩年成德文章彬々可謂一世之醇儒所著有易解
급 유 집 륙 권 여 견 상
及遺集六卷餘見上

주해_ㅇ討捕營(토포영)-지방의 병영(兵營), 수영(水營)에 소속된 관청.
ㅇ持敬(지경)-경(敬)에서 떠나지 않는 것, 그 공부.

성근묵(成近默)

자는 성사(聖思), 호는 과재(果齋)로 창녕(昌寧) 사람이다. 현령(縣令) 성정주(成鼎柱)의 아들이요, 우계 성혼(成渾)의 후손인데 해은(海隱) 강필효(姜必孝)의 문하에서 수학하였다. 순조 갑자년 진사시에 합격하고, 임신년에 벼슬하여 북부도사(北部都事)가 되었고, 부(府)와 군(郡)의 수령을 역임하였다. 헌종(憲宗) 무술년에 경연관에 발탁되었으며 형조참의로 벼슬을 마쳤다. 향년 69세이다. 뒤에 이조판서를 증직하고 시호를 문경(文敬)이라 하였으며 유집 8권이 있다. 저서에 《소학재규(小學齋規)》·《가훈잡록(家訓雜錄)》·《효경부전(孝經附傳)》·《일월록(日月錄)》·《무첨록(無忝錄)》 등이 있다. 그 말에 이르기를, "수신(修身)은 먼저 집안에서 경험해 보아야 한다. 집안 사람이 나에 대해서 허물함이 없은 뒤에야 수신이 된 것이다. 집안 사람들이 성심으로 복종하는데도 남이 복종하지 않는 일은 없고, 집안 사람들이 복종

하지 않는데 남이 복종하는 일도 없다. 수신이란 별다른 일이 아니요, 마음속에 부끄러운 것이 없어야 한다. 남이 헐뜯을 만한 것으로써 요점을 삼고, 힘쓸 곳으로 삼으면 군자라고 할 만하다."고 하였다.

또 이렇게 말했다.

"마음이 약하고 기가 가벼우며, 도량이 좁고 지혜가 얕은(心弱氣輕量狹智淺) 것 이 네 가지가 나의 병통이다. 스스로 경계한 이후 여러 번 조심하였어도 마침내 공언(空言)으로 돌아가게 되었다. 그래서 일을 당하면 문득 후회하였으며, 이처럼 궁박하기에 이른 것도 이 병통이 빌미가 되지 않은 것이 없다."

성 과 재 근 묵 자 성 사 창 녕 인 정 조 갑 진 생 현 령 정 주 자 우 계 선 생 혼
成果齋近默字聖思昌寧人正祖甲辰生縣令鼎柱子牛溪先生渾
후 수 업 우 강 해 은 필 효 지 문 순 조 갑 자 중 진 사 임 신 임 위 북 부 도 사 력
後受業于姜海隱必孝之門純祖甲子中進士壬申任爲北部都事歷
전 부 군 헌 종 무 술 초 선 위 경 연 관 관 지 형 조 참 의 임 자 몰 년 륙 십 구 후
典府郡憲宗戊戌抄選爲經筵官官止刑曹叅議壬子歿年六十九後
증 리 판 시 문 경 유 유 집 팔 권 소 저 유 소 학 재 규 가 훈 난 록 효 경 부 전 일
贈吏判諡文敬有遺集八卷所著有小學齋規家訓難錄孝經附傳日
월 록 무 첨 록 등 제 서 기 언 왈 수 신 선 험 제 가 가 인 무 가 자 의 오 신 연 후
月錄無忝錄等諸書其言曰修身先驗諸家家人無可疵議吾身然後
가 이 제 야 가 인 심 복 이 외 인 불 복 자 미 지 유 야 수 신 비 별 건 사 지 이 심
可以齊也家人心服而外人不服者未之有也修身非別件事只以心
무 소 괴 인 무 가 훼 위 요 절 착 력 처 즉 가 위 군 자 야 우 왈 심 약 기 경 량 협
無所愧人無可毁爲要切着力處則可謂君子也又曰心弱氣經量狹
지 천 팔 자 즉 오 병 통 자 경 이 후 루 발 잠 경 이 종 귀 공 언 유 사 첩 회 도 차
智淺八字卽吾病痛自警以後屢發箴敬而終歸空言有事輒悔到此
기 궁 자 역 미 필 비 차 병 지 위 수 야
畸窮者亦未必非此病之爲祟也

이양연(李亮淵)

자는 진숙(晉叔), 호는 임연(臨淵)으로 광평대군(廣平大君) 이여(李璵)의 후손이다. 아버지 이상운(李商雲)의 호는 이헌(泥軒)인데

역시 문학과 행실이 있었다. 공이 8세 때에 동그라미를 하나 그리고 그 안에 네모를 하나 그렸으며, 그 네모꼴 안에 인(人)자를 썼는데 이는 삼재(三才)의 뜻을 본뜬 것이다. 장성해서는 성리설(性理說)을 강명하였다. 연천 홍석주의 천거로 충청도사(忠淸都事)를 배명하였으며 현종 때 벼슬이 육조의 참판에 이르렀다. 성품이 술을 즐기고 시를 좋아하였으며, 명승지를 구경하기를 좋아하여 부혁(傅奕)의 청산백운인(青山白雲人)에 비겼는데 향리에서는 산운(山雲)이라고 호하였다. 어느 날 율곡의 글을 읽고서 황홀하여 말하기를, "우리 도가 여기에 있다."고 하였다. 이에 이연평(李延平)의 초의목식(草衣木食)을 공부의 요점으로 삼아 드디어 온돌방을 없애고 이불을 덮지 않았으며, 배가 고프면 솔잎을 먹으면서 입으로 외우고 손으로 썼는데, 비록 병들거나 여행중이라도 쉬지 않았다. 친척인 구포(瞿圃) 이명연(李明淵)은 인걸이라고 칭찬하였으며, 과재 성근묵과 해은 강필효와 더불어 글을 주고받으며 논란하는 학문이 되었다. 아들 이인욱(李寅昱)의 자는 관지(寬之), 호는 성암(誠庵)인데 역시 학행으로 이름이 알려졌다.

이 림 연 량 연 자 진 숙 광 평 대 군 여 지 후 부 상 운 호 니 헌 역 유 문 행 공
李臨淵亮淵字晋叔廣平大君璵之後父商雲號泥軒亦有文行公
팔 세 화 일 권 권 중 방 방 중 서 인 자 상 삼 재 의 야 급 장 강 명 성 리 지 설 연
八歲畵一圈圈中方方中書人字像三才意也及長講明性理之說淵
천 홍 석 주 천 배 충 청 도 사 헌 종 조 관 지 륙 조 참 판 성 기 주 희 시 호 유 명
泉洪奭周薦拜忠淸都事憲宗朝官至六曹叅判性嗜酒喜詩好遊名
산 수 상 의 부 혁 청 산 백 운 인 향 리 이 산 운 호 지 일 일 독 률 곡 서 황 연 왈
山水嘗擬傅奕青山白雲人鄉里以山雲號之一日讀栗谷書恍然曰
오 도 재 시 내 이 리 연 평 초 의 목 식 위 공 부 지 요 수 폐 난 돌 불 복 금 기 체
吾道在是乃以李延平草衣木食爲工夫之要遂廢煖突不覆衾飢餟
송 엽 구 송 수 초 수 질 병 려 행 불 철 야 족 인 구 포 명 연 왈 인 걸 야 여 과 재
松葉口誦手抄雖疾病旅行不撤也族人瞿圃明淵曰人傑也與果齋
성 근 묵 해 은 강 필 효 론 난 왕 복 위 려 택 지 우 자 인 욱 자 관 지 호 성 암 역
成近默海隱姜必孝論難往復爲麗澤之友子寅昱字寬之號誠庵亦

以學行聞(이학행문)

강필효(姜必孝)

자는 중순(仲順), 호는 해은(海隱)·법은(法隱)으로 진주(晉州) 사람이다. 통계(通溪) 강회중(姜淮仲)의 후손인데 대대로 태백산 법전촌(法田村)에 살았다. 천성이 효성스러웠고 자질이 범상하지 않았다. 《효경》과 《소학》을 읽으면서부터 이를 시행하지 않으면 그와 같은 사람이 될 수 없다는 뜻을 갖게 되었다. 《맹자》를 읽으면서 '순(舜)은 어떤 사람이며 나는 어떤 사람인가?'라는 대목에서 감명을 받아 개연히 희구하고 사모하였으니 이때는 공자가 학문에 뜻을 두었다는 15세 때의 일이었다.

일찍이 과거시험장에 들어갔다가 나와서 탄식하기를, "이는 이욕(利慾)의 장(場)이다."라고 하고서 즉시 과거공부를 그만두었다. 그리고는 위기지학에 전심하겠다고 어버이에게 청하였더니 허락하므로 소곡(素谷) 윤광소(尹光紹)에게 나아가서 스승으로 섬겼다. 윤공이 《근사록》과 《율곡집》을 주고, 명재 윤공이 조정암·이퇴계·성우계·이율곡 네 현인의 요언(要言)을 편집하여 《근사속록(近思續錄)》을 만들려고 하다가 성취하지 못한 것을 완성하라고 면려하였다.

공이 가르침을 받고 돌아와 《함연문답(函筵問答)》·《사유록(四遊錄)》·《영귀록(詠歸錄)》 등을 엮었다. 이에 학문을 향한 뜻이 더욱 확고하여지니 분발하여 말하기를, "하늘은 이미 나에게 인·의·예·지의 성품을 부여하셨고, 부모는 나를 총명한 남자의 몸으로 낳아주셨으며, 성현은 나에게 경전과 성리의 교훈으로 가르쳐 주셨다. 그런데도 구차하게 자포자기하면 한갓 성현에게 죄를 얻을 뿐 아니라 부모와 하늘에 죄를 짓는 것이 된다."하고는 하늘에 아뢰어 스스로 맹세하여 오로지 《심경》과 《근사록》 등에 힘을 썼다.

매일 날이 새기 전에 세수하고 의관을 정제한 다음 정좌하여 종일토록 책을 읽고, 반드시 닭 우는 소리를 듣고서야 잠자리에 들었는데, 의리가 분명하지 못한 것이 있으면 날이 새도록 사색하였으니 그가 궁리에 힘씀이 이와 같았다. 언젠가는 발등의 뼈가 높아서 무릎을 꿇고 앉는 데 방해가 된다고 하여 책을 가지고 바위 위에 올라가 무릎 꿇기를 오래 익히어 자연스럽게 되었다. 어두운 방안에서도 몸을 기대거나 기울여 게으르게 한 적이 없었다.

기미년에 정조께서 주자의 글에 통달한 사람을 천거하라고 명하시자 대신 이시수(李時秀)가 공을 아뢰었다. 계해년에 또 천거되어 순릉참봉(順陵參奉)에 임명되었으나 취임하지 않았다. 병인년에 지헌(止軒) 윤광안(尹光顔)이 달성(達城)에서 향음주례를 행하면서 공을 빈개(賓介)로 삼았다. 순조 갑술년에 세마로 임명되었으나 나아가지 않았으며, 임인년에는 조지서별제(造紙署別提)와 충청도사에 특제(特除)되었고, 이어 통정(通政)에 올라 추함(樞銜)으로 위장(衛將)과 돈녕부도정에 배명되었다. 향년 85세이다.

저서에 《석척록(夕惕錄)》·《고역소계(古易素溪)》·《회화록(會話錄)》·《거가상의(居家常儀)》·《경서고이(經書考異)》·《도서연의(圖書衍義)》·《경설도(經說圖)》·《오자지결(五子旨訣)》·《성학지남(聖學指南)》·《자성록(自省錄)》·《시습록(時習錄)》·《법숙이모(法塾貽謨)》·《가숙아언(家塾雅言)》·《학적(學的)》·《육례대략(六禮大略)》·《가례후편(家禮後編)》·《주문경설(朱門經說)》·《이문지담(尼門旨談)》 등 제서와 유고 20여권이 있다.

강 해 은 필 효 자 중 순 우 호 법 은 진 주 인 통 계 회 중 지 후 세 거 우 태 백
姜海隱必孝字仲順又號法隱晋州人通溪淮仲之後世居于太白
산 법 전 촌 영 조 갑 신 생 성 어 효 자 질 불 범 자 독 효 경 소 학 이 유 불 여 차
山法田村英祖甲申生性於孝資質不凡自讀孝經小學已有不如此
불 성 인 지 지 급 독 추 서 심 감 호 순 하 인 여 하 인 일 구 개 연 희 모 지 시 성
不成人之志及讀鄒書深感乎舜何人予何人一句慨然希慕之是聖

인 지 학 지 년 야 상 일 입 장 옥 기 출 탄 왈 차 리 욕 장 야 즉 폐 절 령 엽 청 전
人志學之年也嘗一入場屋旣出歎曰此利慾場也卽廢切令葉請專
심 위 기 지 학 친 지 허 지 내 왕 사 윤 소 곡 윤 공 증 이 근 사 록 률 곡 집 이 서
心爲己之學親旨許之乃往師尹素谷尹公贈以近思錄栗谷集二書
곤 거 명 재 소 욕 편 정 퇴 우 률 사 현 요 언 위 근 사 속 록 이 미 취 자 면 지 이
困擧明齋所欲編靜退牛栗四賢要言爲近思續錄而未就者勉之以
성 서 공 수 교 이 귀 유 함 연 문 답 사 유 록 영 귀 록 등 서 어 시 지 학 지 지 익
成書公受敎而歸有函筵問答四遊錄詠歸錄等書於是志學之志益
견 분 려 왈 천 기 부 아 이 인 의 례 지 지 성 부 모 생 아 이 총 명 남 자 지 신 성
堅奮勵曰天旣賦我以仁義禮智之性父母生我以聰明男子之身聖
현 조 아 이 경 전 성 리 지 훈 구 안 차 포 기 즉 비 사 득 죄 어 성 현 내 소 이 득
賢詔我以經傳性理之訓苟安此暴棄則非徙得罪於聖賢乃所以得
죄 어 부 모 우 천 야 내 고 천 이 자 서 전 용 력 어 심 근 등 서 매 일 미 명 관 즐
罪於父母于天也乃告天以自誓專用力於心近等書每日未明盥櫛
의 관 정 올 독 지 종 일 야 필 청 계 내 침 리 의 소 미 명 즉 사 색 이 지 달 서 기
衣冠整兀讀之終日夜必聽鷄乃寢理義所未明則思索以至達曙其
궁 리 골 골 여 차 상 이 족 배 골 고 방 어 궤 좌 휴 책 자 궤 석 상 이 이 지 구 이
窮理矻々如此嘗以足背骨高妨於跪坐携冊子跪石上以肄之久而
후 안 암 실 중 역 미 상 경 의 유 타 용 기 미 정 묘 명 천 통 주 서 인 대 신 리 시
後安闇室中亦未嘗傾倚有惰容己未正廟命薦通朱書人大臣李時
수 이 공 문 계 해 우 등 수 천 제 순 릉 참 봉 불 취 병 인 지 헌 윤 광 안 행 향 음
秀以公聞癸亥又登繡薦除順陵叅奉不就丙寅止軒尹光顔行鄕飮
례 어 달 성 공 위 빈 개 순 조 갑 술 제 세 마 불 부 임 인 특 제 조 지 별 제 충 청
禮於達城公爲賓介純祖甲戌除洗馬不赴壬寅特除造紙別提忠淸
도 사 승 통 정 제 추 함 위 장 돈 녕 도 정 무 신 졸 년 팔 십 오 소 저 유 석 척 록
都事陞通政除樞銜衛將敦寧都正戊申卒年八十五所著有夕惕錄
고 역 소 계 회 화 록 거 가 상 의 경 서 고 이 도 서 연 의 경 설 도 오 자 지 결 성
古易素溪會話錄居家常儀經書考異圖書衍義經說圖五子旨訣聖
학 지 남 자 성 록 시 습 록 법 숙 이 모 가 숙 아 언 학 적 륙 례 대 략 가 례 후 편
學指南自省錄時習錄法塾貽謨家塾雅言學的六禮大畧家禮後編
주 문 경 설 니 문 지 담 등 제 서 급 유 고 이 십 여 권
朱門經說尼門旨談等諸書及遺稿二十餘卷

주해_ ㅇ聽明男子之身(총명남자지신) - 주자(朱子)의 역(易)을 말한 시의 구절.

박필주(朴弼周)

자는 상보(尙甫), 호는 여호(黎湖)로 반남(潘南) 사람이다. 7세 때 비로소 글을 배웠는데 독려하지 않아도 스스로 부지런히 하여 문장이 일찍 성취되었다. 한글로 된 야사(野史) 읽는 소리를 옆에서 듣고는 한문으로 번역하면서 조금도 손을 멈추지 않고, 쓰는 데도 말뜻이 분명하여 사람들이 모두 돌려가며 읽었다. 속학(俗學)을 멀리 물리쳐 끊고 오로지 학문에만 정진하여 평생토록 산사(山寺)에서 학업에 힘썼으며, 또 대부분은 부모의 무덤가에서 지내며 사모하는 정을 붙였다. 정유년에 영의정 문정공(文貞公) 송상기(宋相琦)가 조정에 천거하여 자의(諮議)가 되었고, 기해년에는 영평현령(永平縣令)에 제수되었다가 곧바로 지평에 임명되었다. 영조 초에 특별히 유시하여 경연관(經筵官)에 선임되고, 집의(執義)에 임명되었으나 상소하여 모두 사양하였다. 무오년에 발탁되어 동부승지와 찬선·호조참의에 임명되었으나 상소하여 모두 사양하였다. 임술년에 특별히 가선대부에 올라 형조참판에 임명되자 비로소 직에 나아가 입대하여 아뢰기를, "전 판서 이재(李縡)는 자질이 청명한데도 다년간 물러나 쉬면서 학문에 힘을 다하고 후진들을 교도함이 이와 같으니 어찌 과목(科目) 때문에 경시할 수 있습니까? 한원진(韓元震)을 여러해 동안 버려두고 있는 것 또한 사리에 마땅하지 못한 듯합니다." 하였다.

임금이 말하기를, "맹자의 이른바 신하가 임금 대하기를 원수처럼 한다는 말은 온자(蘊藉)함이 모자란 듯하기 때문에 내가 취하지 않는 것이다. 한원진이 단순히 나만을 공격한다면 무방하지만 위로 고황제(高皇帝)에게까지 미치니 어찌 존주(尊周)하는 대의에 해롭지 않겠는가?" 했다. 이에 공이 아뢰기를, "고황제의 일은 끝내 지나친 일이었습니다만 이제 한원진의 언급이 존주의 의리에 해가 된다고 하시면 성상의 하교가 지나친 것으로 생각됩니다." 하였다. 임금이 말하기를,

"한원진을 삭일(削逸)한 것은 내가 과연 잘못한 것이요, 경을 불러들이고서 경의 말을 쓰지 않는다면 이는 사람을 들어오라 해놓고 문을 닫는 것이다. 한원진과 이재 두 사람을 쾌히 임용하겠다." 하시고는 즉시 이재에게 강관(講官)을 제수하고, 한원진 또한 유선(儒選)을 회복시키라고 명하였다. 공이 상소를 남기고 물러가기를 고하니 관학유생(館學儒生)들이 소환하기를 청하였다.

이때 정언(正言) 조중회(趙重晦)가 상소하여 사묘(私廟)에 친제(親祭)하는 잘못을 진달하였다가 임금의 노여움을 촉발하였는데, 임금께서 중죄로 다스리려고 합문(閤門)을 닫고 신하들을 만나지 않았다. 공이 막 대사헌에 임명된 터라 상례(常例)에 구애될 수 없어 하유(下諭)를 기다리지 않고 상소하여 극간(極諫)하기를, "정자께서 복왕(濮王)의 전례(典禮)를 논하기를, '비록 마땅히 대통(大統)에만 마음을 써야 하겠지만 어찌 사은(私恩)을 모조리 끊겠는가?'라고 하였고, 문성공이이 또한 홍문관에서 대원군을 친제하는 것을 중지하라고 청한 것이 잘못이라고 하였습니다. 알지 못하겠습니다만 선묘(宣廟)께서 친행하신 것이 춘추로 지내는 정제(正祭)였습니까? 아니면 별도로 잔을 올려 정리(情理)를 펴신 것입니까? 실로 이것이 정제라면 위로 종묘의 제사를 받들었으니 종묘와 똑같이 높이는 혐의가 있으므로 중지하기를 청한 말이 합당하게 되며, 만약 이것이 별제(別祭)라면 무엇이 옳지 않다 하여 제지하겠습니까? 그 근거 없음이 실로 선정(先正)이 평론한 것과 같습니다. 전하의 행하신 일이 합당한지의 여부 또한 여기에서 결정될 따름입니다. 대개 한 해에 한두번 사묘(私廟)에 첨배(瞻拜)하는 것은 실로 50에도 사모(五十而慕)하는 정리에서 나오는 것이니, 이와 같을 뿐이라면 누군들 당연한 일이라고 말하지 않겠습니까? 오직 지극한 정리가 일어나는 데 따라서 마음 내키는 대로 곧장 거둥하시기에 이르는 것은 합당하지 못한 듯합니다."라고 하였다.

병인년에 이조판서에 발탁되어 수차(袖箚)를 올려 조태구(趙泰

耈)·유봉휘(柳鳳輝)·최석항(崔錫恒)의 관직을 추탈하기를 청하니, 임금이 이에 따랐다. 얼마 후에 우참찬, 좌찬성 겸 세자이사(世子貳師)를 제수하였다. 향년 68세이다. 후에 영의정을 추증하고 문경(文敬)이란 시호를 내렸으며 임금이 친히 제문을 지어 제사지냈다. 저서에 《독서수차(讀書隨箚)》·《주자왕복휘편(朱子往復彙編)》 및 문집이 있다.

그는 인심(人心)과 도심(道心)을 논하여 이렇게 말했다.

"사람의 사람된 까닭은 성(性)과 형(形)일 따름이다. 그것이 사람이 태어나면서 소유하는 형이 되기 때문에 인심이라 하고, 상제(上帝)가 내려주는 천명(天命)의 성이 되기 때문에 도심(道心)이라 한다. 이것으로써 저것을 삼을 수 없고, 또 저것으로써 이것을 삼을 수도 없는 것이어서 양자의 면모가 이미 각각 같지 않으며, 또 도심을 지각(知覺)으로 생각함이 있으므로 발용(發用)된 데서 보아 형언(形言)함이 이와 같은 것이다. 만약 심(心)이 없고 단지 성명(性命)과 형기(形氣)일 뿐이라면 그 스스로 주장하지 못함이 저 몸에 있는 이기(理氣)와 다를 바 없게 되니, 어찌 사람이 그 이른바 사람이며 도(道)가 그 이른바 도이겠는가? 퇴계 선생이 양변(兩邊)을 주로 해서 말한 것은 진실로 각각 그 소종래(所從來)를 구분짓는 데 해롭지 않지만, 분리하여 나누는 데 지나쳐서 이(理)가 발(發)한 데 기가 따르고, 기가 발함에 이가 탄다고 한 것은 말뜻이 마침내 완전하지 못함이 있다. 또 인심·도심의 당연한 명목을 버리고 사단·칠정으로 교체하여 바꾸어 놓았으므로 율곡 선생이 이른바, '무형무위(無形無爲)하지만 유형유위(有形有爲)의 주(主)가 되고, 유형유위하지만 무형무위의 그릇(器)이 된다'는 말이 있게 되었으니, 이것은 이기의 정상을 남김없이 발한 것이다."

박 려 호 필 주 자 상 보 반 남 인 현 종 경 신 생 칠 세 시 학 서 부 대 교 독 자
朴黎湖弼周字尚甫潘南人顯宗庚申生七歲始學書不待教督自

능권구문사숙취종방청언서야승번이문자수부정호이사리자연
能勸劬文詞夙就從傍聽諺書野乘翻以文字手不停毫而辭理粲然

인개전완병절속학전정향리평생매업산사이강반재분암용우풍
人皆傳玩屛絶俗學專精向裏平生勱業山寺而强半在墳菴用寓風

수지모정유몽재송문정상기천우조승자의기해제영평현령선지
樹之慕丁酉冢宰宋文貞相琦薦于朝承諮議己亥除永平縣令旋持

평영조초별유선소선경연관배집의병상장사무오탁수동부승지
平英祖初別諭宣召選經筵官拜執義並上章辭戊午擢授同副承旨

찬선호조참의병소사임술특승가선제형조참판시취직입대유왈
贊善戶曹參議幷疏辭壬戌特陞嘉善除刑曹參判始就職入對有曰

전판서리재자질청명휴퇴다년용력학문훈회후진여차자갈가이
前判書李縡資質清明休退多年用力學問訓誨後進如此者曷可以

과목이경지호한원진루년기치공역비사의상왈맹자신시군관수
科目而輕之乎韓元震累年棄置恐亦非事宜上曰孟子臣視君冠讎

지설사흠온자고여유 결 원진전공여신가야상급고황제기불방
之說似欠蘊藉故予有(缺)元震專攻予身可也上及高皇帝豈不妨

어존주지의호공왈고황제사종시과당금이원진지어급이위유해
於尊周之義乎公曰高皇帝事終是過當今以元震之語及而謂有害

어존주즉성교공과의상왈원진삭일즉여과비소경이불용경언시
於尊周則聖教恐過矣上曰元震削逸則予果非召卿而不用卿言是

욕입이폐문야한리량인당쾌용지즉명배리재강관한원진역복유
欲入而閉門也韓李兩人當快用之卽命拜李縡講官韓元震亦復儒

선공잉류소고퇴관학유생상소청소환시정언조중회소진친제사
選公仍留疏告退館學儒生上疏請召還時正言趙重晦疏陳親祭私

묘지실촉상노의치중벽잉폐합불견신료공재승도헌제명이불가
廟之失觸上怒擬置重辟仍閉閤不見臣僚公纔承都憲除命以不可

구상례부대하유항장극간왈정자론복왕전례운수당전의대통기
拘常例不待下諭抗章極諫曰程子論濮王典禮云雖當專意大統豈

득진절사은문성공리이역이옥당지청지친사대원군위비미지선
得盡絶私恩文成公李珥亦以玉堂之請止親祀大院君爲非未知宣

묘소친행자위춘추정제야억별유작헌이신정리야구시정제즉상
廟所親行者爲春秋正祭耶抑別有酌獻以伸情理耶苟是正祭則上

봉종묘의어비륭청지지언고자위득약시별제즉유하불가이지지
奉宗廟疑於比隆請止之言固自爲得若是別祭則有何不可而止之

야기위무계신여선정소평전하소행득실역결어차이기개세일재
耶其爲無稽信如先正所評殿下所行得失亦決於此而己蓋歲一再

첨 배 사 묘 실 출 어 오 십 이 모 여 시 이 기 즉 숙 불 왈 당 연 재 유 기 지 정 소
瞻拜私廟實出於五十而慕如是而已則孰不曰當然哉惟其至情所
생 경 정 직 치 동 가 무 상 즉 공 미 당 운 운 병 인 탁 수 리 조 판 서 수 차 청 추
生徑情直致動駕無常則恐未當云々丙寅擢授吏曹判書袖箚請追
탈 조 태 구 류 봉 휘 최 석 항 관 작 상 종 지 선 제 우 참 찬 좌 찬 성 겸 세 자 이
奪趙泰耉柳鳳輝崔錫恒官爵上從之旋除右叅贊左贊成兼世子貳
사 정 묘 졸 년 륙 십 팔 후 증 령 의 정 시 문 경 상 친 제 문 치 제 소 저 유 독 서
師丁卯卒年六十八後贈領議政謚文敬上親製文致祭所著有讀書
수 차 주 자 왕 복 휘 편 급 문 집 등 제 서
隨箚朱子往復彙編及文集等諸書

기 론 인 심 도 심 왈 인 지 소 이 위 인 자 성 여 형 이 기 의 이 기 위 인 생 소
其論人心道心曰人之所以爲人者性與形而已矣以其爲人生所
유 지 형 고 위 지 인 이 기 위 상 제 강 충 지 성 고 위 지 도 기 불 가 이 차 위 피
有之形故謂之人以其爲上帝降衷之性故謂之道旣不可以此爲彼
우 부 득 이 피 위 차 이 자 지 면 모 기 각 부 동 이 차 유 도 심 이 위 지 각 언 고
又不得以彼爲此二者之面貌旣各不同而且有道心以爲知覺焉故
견 지 어 발 용 이 형 언 여 차 약 무 차 심 이 단 유 성 명 형 기 이 기 즉 기 불 능
見之於發用而形言如此若無此心而但惟性命形氣而已則其不能
자 주 주 장 여 피 재 신 지 리 기 일 반 하 이 인 기 소 위 인 이 도 기 소 위 도 야
自做主張與彼在身之理氣一般何以人其所謂人而道其所謂道也
재 퇴 계 선 생 주 어 량 변 설 하 자 고 불 해 위 각 렴 기 소 종 래 의 이 과 어 리
哉退溪先生主於兩邊說下者固不害爲各濂其所從來矣而過於離
석 유 여 리 발 기 수 기 발 리 승 즉 어 의 종 유 미 비 차 사 인 도 당 연 지 목 이
析有如理發氣隨氣發理乘則語意終有未備且捨人道當然之目以
체 환 사 칠 고 유 률 곡 선 생 지 의 소 위 무 형 무 위 이 위 유 형 유 위 지 주 유
替換四七故有栗谷先生之議所謂無形無爲而爲有形有爲之主有
형 유 위 이 위 무 형 무 위 지 기 자 즉 발 진 리 기 지 정 상 운
形有爲而爲無形無爲之器者則發盡理氣之情狀云

주해_ㅇ五十而慕(오십이모)－순(舜)임금이 나이가 50세가 되어서까지 어버이를 사모하였다는 말. 《맹자》 고자장구(告子章句)에 나오는 말.

ㅇ袖箚(수차)－임금을 직접 만나 드리던 상소.

ㅇ上帝降衷(상제강충)－천명지성(天命之性).

유치명(柳致明)

자는 성백(誠伯), 호는 정재(定齋)로 전주(全州) 사람이다. 안동(安東) 소호(蘇湖)의 외가(外家)에서 출생하였다. 대산(大山) 이공(李公)이 서신으로 증조부인 시정공(寺正公)에게 공의 골상이 특이함을 하례하여 칭송하고 인하여 이름을 지어주었으니, 어려서부터 그의 싹수가 이미 나타났던 것이다. 어머니가 병환이 나면 옆에서 모시며 떠나지 않고 몸소 시중을 들어 회복된 뒤에야 그만두었다. 하루는 계집종들과 나가 놀다가 욕을 당하고 울자 어머니가 책망하기를, "네가 천한 아랫것들과 놀기를 좋아하니 욕을 당하는 것이 당연하지 않으냐?" 하고서 그 계집종을 때리려고 하였다. 그러자 공이 말리며 말하기를, "매를 맞는 것은 저 역시 싫어하는 바인데 어찌 남을 맞도록 하겠습니까?" 하였으며, 이로부터 다시는 천한 아이들과 놀지 않았다. 성품이 온순 근신하고 단정 성실하여 어른의 교훈을 어기지 않았는데 동암공(東巖公)이 좌우에 두고 엄하게 가르쳤다.

천사(川沙) 김종덕(金宗德)이 서신을 보내 말하기를, "이 아이의 재질은 원대함을 기약할 만한데 지금 항상 속박된 생활 속에 있다. 바야흐로 기운이 피어날 때 막아서 발양하지 못하게 하는 것은 교도하고 양성하는 합당한 방법이 아니다. 처음 배우면서는 더딘 듯하지만 생각하고 따져 연구하면서 재기를 내고 견해가 통달 예민하니 아침에 과제(課題)를 주고 제일 나중에 시키도록 하라."하고 또 말하기를, "먼저 둔한 아이를 가르치되 너의 곤민(困悶)한 생각부터 활달하게 하는 데 유의하라."고 하였다.

기유년에 어머니의 상을 당하였는데 슬퍼하고 사모함이 성인과 다를 바 없었으며, 어린 누이를 보살피며 사랑하여 행여 상하지나 않을까 두려워하는 것처럼 하였다. 노애공(盧厓公)이 매우 불쌍히 여겨 침소로 데려가 지냈는데 매양 자리가 눈물에 젖어 있는 것을 보고 탄식하기를, "이 아이의 지극한 효성은 하늘에 근본한 것이다." 하였다.

계축년에 선산김씨(善山金氏)에게 장가들었는데 처남인 정헌(正軒) 김익호(金翼昊)와 그 종제 일재(一齋) 김성호(金性昊)는 모두 경술과 학행이 있었으므로 그들과 더불어 학문을 강마하는 즐거움을 누리게 되었다. 처가의 형세가 넉넉하였지만 공은 성품이 분잡하고 화려한 것을 좋아하지 않고, 또 구차하거나 오만하게 자세하지 않으면서 자립을 확연하게 할 뿐이었다. 일찍이 처가로부터 시험을 보기 위해 길을 떠나게 되자 행장을 아주 풍족하게 차려주었는데, 공은 굳이 사양하지 않고 시소(試所)에 가서 곤란한 친구들에게 나누어주고 말았다. 병진년에 동암공이 세상을 뜨자 공이 스스로 생각하기를, "집에 큰 선생님이 계셨는데도 그분의 학문을 다 전수받지 못한 것이 통탄스럽다."고 하였다. 집안에 알리고는 편지로 손재(損齋) 남한조(南漢朝)에게 가르침을 청하여 학문하는 요점을 물었다. 손재가, "마음을 곧게 하여 사사로움을 이기고 시비와 이해의 생각을 명명(冥冥)한 속에 말없이 지워버리도록 하라."고 가르치니 공이 절하고 받아 가슴속에 간직하였다. 이로부터 직접 뵙고 강론하고 서면으로 질의하기를 거의 쉴 사이가 없었다.

또 일찍이 입재(立齋) 정종로(鄭宗魯)를 우산(愚山)에서 배알하고 경전의 뜻을 강론하였다. 집 뒤에 작은 글방이 있어 공은 매일 그곳에 거처하였는데 매일 새벽에 일어나서 할아버지와 아버지를 뵙고 물러나와 책상을 대하여 책을 읽고 사색하면서 거의 침식을 잊을 정도였다. 을축년 8월에 경상우도(慶尙右道)의 동당시(東堂試)에 합격하고 10월에 출신(出身)하였다. 공은 본래 공명에 뜻이 없었으나 다만 할아버지와 아버지의 기대하는 바를 생각하여 마지못해서 따른 것이지 자신의 뜻은 아니었다. 시험장에서도 마음이 태연하여 집에 있을 때나 다름이 없었다. 한번은 가랑비가 내리는 것을 핑계로 다 써놓은 시험지를 내지 않고 나와버렸다. 어떤 사람은 이런 행동에 대해 진취

성이 부족하다고 비난하였지만 손재는 이 말을 듣고 말하기를, "이것이 진취의 조짐이 아니라는 것을 어찌 알겠는가?" 하였다. 작은할아버지 생원공(生員公)이 함께 서울로 들어가 응시할 계획을 하고 있었는데 공이 붓과 먹을 드리며 말하기를, "이것들은 특이한 징조가 있는 것입니다."하니 생원공이 말하기를, "어찌 놓아두고 네가 쓰지 않는가?" 하였다. 공이 말하기를, "연로한 선비가 먼저 하셔야지 연소한 저는 오늘날 함께 비길 바가 못됩니다." 하였다. 책문(策問) 조항이 나왔는데 함께 시장에 들어온 수험생이 대책(對策)하기가 어렵다고 하자, 공은 자기 시권(試券) 쓰기를 중단하고 조목에 따라 해석해 주었다. 응시를 위한 제구(諸具)를 하나하나 정리하여 시험장 문을 나와 즉시 길을 떠나 양지(陽智)에 사는 일가 집에서 머무르고 있는데, 합격을 알리는 소식이 뒤쫓아 이르러 떠들썩하였지만 공은 그저 묵묵히 동요되지 않았다.

병인년에 예에 따라서 승문원정자(承文院正字)에 보직되고, 갑술년에 6품의 품계로 승진하였다. 을해년에 성균관전적(成均館典籍)에 임명되었는데 숙배한 지 10여일 만에 사직하고 향리로 돌아왔다. 그 당시 일가 사람인 유정양(柳鼎養)이 이조참판(吏曹參判)으로 있었는데 사람을 보내어 뜻을 알리기를, "그대는 집이 가난하고 어버이께서 늙었으니 한자리를 주어 봉양할 수 있도록 할 것을 내가 생각하고 있다."고 하였는데, 이는 대개 자기를 찾아오게 하려는 뜻이었으므로 공은 이튿날 날이 밝자 행장을 재촉하여 남으로 내려오고 말았다. 이때 거듭되는 흉년을 당하여 중친(重親)을 봉양하는 조석의 끼니가 없었고, 모든 친척들이 굶주리고 있었지만 자기를 굽혀 구걸할 뜻이 없었다.

공이 일찍이 말하기를, "처음 벼슬을 얻고 두루 모든 선배를 찾아뵐 때 모두 앞날을 기약하라고 하였지만 면암(俛庵) 이우(李堣) 공만이 유독 '독서하여 학문이 진보하여야 하니, 조급한 생각을 일으키지 말라'고 경계하였다. 내 일생동안 가난하였지만 그래도 요행을 바라는 마음을 갖지 않은 것은 공의 이 한 말씀에 힘입은 바 많았다."고 하였다. 을미년 2월 산릉(山陵)에 달려가 곡하고 제사를 마치고는 바로 돌아왔다. 9월에 우부승지에 임명되었으나 바로 체직되고 부호군(副護軍)에 임명되었다.

무술년에 부백(府伯) 김수근(金洙根)이 공을 불러 공조(功曺)를 삼았는데 말하는 중에 김수근이 이르기를, "지난해에 영공(令公)이 삼가(三加)를 논할 때에 온 조정이 기해년 일변(一邊)의 일로 의심하였더니 이제 보니 공은 진실로 때에 편승하여 너무 심한 행동을 한 것이 아님을 알겠다." 하고서 함께 고을의 폐단을 의논하고 그것을 바로잡았는데, 백성들이 지금까지도 그 은혜를 생각하고 있다.

6월에 사간원 대사간에 임명되었고, 기해년 4월에는 승지를, 12월에는 초산부사(楚山府使)를 제수하였다. 그때 숙부인(淑夫人) 신씨(申氏)의 상을 당했다. 한 해가 저물고 슬픔까지 겹쳐서 봉록을 위하여 부임할 생각이 없었는데, 큰외숙 면재(俛齋) 이병련(李秉連) 공이 글을 보내어 부임하기를 권하였고, 가까운 친척들 역시 생활을 위하여 가기를 바라므로 마지못하여 길에 올랐다.

이때 대신(臺臣)들이 전관(銓官)의 관리 선임이 공정하지 못하다고 하여 새로 임명된 수령 6·7명을 탄핵하니, 공이 말하기를, "비록 내 이름이 오르지는 않았다 하더라도 어찌 모른 체 하고 가겠는가?"하고서 즉시 사직하였는데, 이조판서가 이를 밝혀 무관하다고 한 뒤에야 출발하였다. 초산부 백성들의 풍속이 무식하여 부자간에 따로 살기도 하고 형제간에 송사를 하는 자도 있었다. 공이 천성(天性)의 자애함과 예양(禮讓)의 의리로써 깨우쳐주고, 그래도 듣지 않는 자는 형벌로 다스렸으며, 재행(才行)이 있는 선비를 가려서 윤번(輪番)으로 학교에서 학업을 닦게 하면서 때로는 몸소 강하는 자리에 나아가 구두를 바로잡아 주고 글의 뜻을 밝혀주기도 하였다. 친히 〈백록동규(白

鹿洞規)〉와 〈이산원규(伊山院規)〉를 베껴 주고, 아침저녁으로 암송(暗誦)하여 익히게 하였더니 옛 악습을 고치는 공효가 제법 있었다. 경내(境內)의 나이 많은 이를 방문하여 문안하고, 충신·효자와 의인·열사가 있으면 특별히 상을 주어 권장하기도 하였다. 한 옥수(獄囚)가 들판에서 죽었는데 범인이나 사인을 참증(參證)할 길이 없었으나 공이 이를 추리해서 그 실정을 확실하게 알아내니 온 경내가 통쾌하게 여겼다.

사상(使相) 김난순(金蘭淳)은 공과 승정원(承政院)에서 함께 일한 정의가 있었는데, 이에 이르러 크게 공경하는 예를 더하였다. 보고를 할 때면 반드시 사실에 의거하였는데, 재해를 입은 전답에 대해서는 청구한 것 이외에도 더 주기를 아끼지 않고 말하기를, "백성이 실지로 혜택을 받고 있는 것은 오직 초산부뿐이다."라고 하였다. 늘그막에 백수의 처지로 변방에 있어 쓸쓸한 마음을 견디지 못하여 돌아가야겠다 말하면 문득 만류하기를, "내가 공의 심사를 알지 못하는 것이 아니지만 이 초산의 백성은 어떻게 할 것인가?" 하였다. 암행어사 심승택(沈承澤)이 부중에 들어오자 온 경내가 모두 놀라고 두려워했지만 공은 조금도 동요하지 않고 예에 따라 접대하였나. 그 구종(驅從)들의 한없는 요구를 장형(杖刑)으로 다스렸지만 심승택은 그래도 몹시 존경하였다. 떠나게 되었을 때 공이 웃으면서 말하기를, "어사의 순행 길에는 수령의 불법만을 살필 것이 아니라, 데리고 다니는 구종들의 횡포도 그대로 두어서는 안되겠습니다."하니 심승택이 말하기를, "참으로 그렇습니다. 돌아가면 즉시 선정(善政)을 포상하도록 하겠습니다." 하였다.

임인년 정월에 비로소 초산부사에서 갈리고 대사간이 되었다. 사직하는 상소를 올리면서 겸하여 백성을 구휼하고 성학(聖學)을 열심히 할 것을 진달했는데 경기 밖에 이르러서 이미 체직되었다는 말을 듣고 바로 돌아와 상소문을 결국 올리지 못했다. 2월에 또 승지에 제수되고, 8월에는 공조참의(工曺參議)에 임명되었다. 이때 초산부의 사람들이 몰래 공의 상을 그려 사당을 세워 제사를 지냈는데 공이 이 말을 듣고 급히 사람을 보내어 철폐하게 하였다. 병오년, 고산(高山)에 들어가서 향음주례를 행하고 인하여 제생들과 함께 주자의 〈옥산강의(玉山講義)〉를 강론하였다.

기유년 7월에 대사간을 제수하고, 계축년 5월에 대신의 차대(箚對)로 인하여 특별히 가선대부로 승진하였다. 6월에는 한성좌윤(漢城左尹)을 제수하여 3대가 추은(推恩)되었으며, 또 동지의금부사(同知義禁府事)를 제수하였다. 9월에 부총관을 제수하고, 12월에 병조참판을 제수하였다. 공이 네 조정을 차례로 섬겨 은혜와 대우가 더욱 두터워졌고, 또 왕이 즉위하여 다스리는 처음에 노병이 계속되어 미약한 힘이나마 다할 수 없어서 말로써 임금을 섬기던 옛사람의 의리를 본받아 사직하는 상소를 올렸는데 그 조목이 셋이었다. 이르기를, "일에 앞서서 경계하는 것이 다스리는 근본이며, 급히 서둘러야 할 조목이 열이니 멋대로 즐기며 노는 것을 경계할 것, 재화(財貨)를 경계할 것, 아첨을 경계할 것, 하늘의 뜻을 본받을 것, 성왕(聖王)을 본받을 것, 학문에 힘쓸 것, 백성들의 고통을 돌볼 것, 군정(軍政)을 닦을 것, 공도(公道)를 넓힐 것, 언로(言路)를 넓힐 것입니다." 하였다.

그리고 인하여 대산(大山) 선생의 사우(祠宇)를 세워 유학자를 높이고 도학을 중시하는 뜻을 보이라고 청하였는데, 모두 10만 마디였다. 그러나 체직되어 이 상소문은 올리지 못하였다.

무인년에 사간원 정언(正言)을 제수하여 길을 떠나 문경(聞慶)에 이르러 친병(親病)의 소식을 듣고 상소하여 사직하고 돌아왔는데 상소가 채 올라가기 전에 조정에서 부임하는 기일을 넘겼다고 하여 잡아오기를 청하니, 임금이 용서하라고 명하였다. 9월에 참판공의 상을 당하였다. 이때 이조참의공이 80여세였는데 공이 옆에서 부축해 모시면서 애통함을 참아 억누르고 집안 형편에 따라 상을 치렀다. 갑자기 구한 관(棺)의 재목이 너무 형편없어 못쓰게 생겼었다. 이에 공은 말하기를, "참으로 옯다. 그러나 오랫동안 초빈(初殯)을 못해서 어버이의 마음을 상하게 하는 것보다는 낫지 않겠는가?" 하였다. 그러자 재종숙부 수정재(壽靜齋) 유정문(柳鼎文) 공이 남에게 말하기를, "이 사람의 이런 일은 사람마다 다 할 수 있는 일이 아니다." 하였다.

기묘년 4월에 이조참의공의 상을 당했는데, 공이 거듭되는 슬픔에 거의 몸을 보존하지 못할 정도였다. 갑신년 정월에 사헌부 지평을 제수하고, 병술년 2월에는 정언을 제수하였으나 나아가지 않았다. 정해년 정월에 배씨(裵氏)의 상을 당했다. 2월에 시강원 문학(文學)을 제수했는데 상중임을 이유로 본부를 통해 상소하여 사직했다. 신묘년 봄에 호남장시도사(湖南掌試都事)를 배명하자 사은숙배하고 즉시 길을 떠났는데 경향(京鄕) 친지들이 감히 청탁을 하지 못했다. 전주영(全州營)을 지나게 되었을 때 도백(道伯)이 경의를 표하는 뜻이 매우 융숭하였으며, 또 말하기를, "공을 위하여 한 사람의 좋은 참시관(參試官)을 선출했으며, 별도로 일꾼을 뽑아 불법을 염탐하게 하겠다."고 하였다.

이는 대개 조정의 의논이 지극히 엄선(嚴選)을 하려는 데 있음을 감사 또한 알아차리고 그 뜻을 도와 이루려는 것이었다. 시험장에 이르러서는 방을 붙여 선비들을 엄히 단속하니, 보좌하는 사람들도 엄숙하게 봉행하였으며 합격자를 발표하는 방이 나오자 한 도의 사람들이 흡족하게 여겨 공정함을 칭송하였다. 또 족조(族祖)인 대야(大埜) 건휴(健休), 족숙(族叔)인 호고와(好古窩) 휘문(徽文) 등 제공과 함께 강론하고 규칙을 세웠으며, 이를 시행한 지 10년 만에 진작(振作)하는 효과가 있었다.

임진년 4월 홍문과에 선입(選入)되어 교리를 제수받았으나 상소하여 소명(召命)을 사양하고, 겸하여 고을의 폐단과 백성들의 고통을 진달하였다. 9월에 또 교리를 배명하여 길을 떠나 단양(丹陽)에 이르러 이미 체직되었다는 말을 듣고 관동(關東)으로 길을 돌려 그곳의 산수를 구경하고 돌아왔다. 10월에 수찬(修撰)을 제수받고 부름에 응하여 서울에 들어갔으나 체직되어 이튿날 아침에 출발하여 돌아왔다. 계사년에 교리에 두 번, 수찬에 한 번 배명되었으나 모두 밖에 있다 하여 체직되었다. 갑오년 2월에 사간원 헌납에 제수되었으나 체직되었고, 7월에 부교리를 제수받았고, 10월에 소명에 응하여 입경하여 상소하여 사직하였으나 윤허하지 않았다. 이때 겨울에 우레가 우는 재이(災異)가 있어 공이 재차 사직하는 상소를 하였고, 겸하여 재이를 당했을 때 몸을 닦아 반성하는 방법을 진달하였는데, 이에 특별히 승정원 동부승지로 승직시켰다.

공은 사직하는 상소로 인하여 도리어 승진하는 매개가 되자, 이를 그대로 받아들이는 것은 염치에 크게 방해된다고 여겨 상소로써 간절히 사양하였으나 임금께서 허락하시지 않고 즉시 패초(牌招)하라고 명하였다. 공은 연달아 상소하는 것이 번거롭고 자신을 너무 내세우는 혐의가 있으므로, 예에 따라 직무를 보아 조금이나마 분의(分義)를 펴다가 조용히 물러가도 늦지 않겠다고 여겨 마침내 나아가 사은숙배하고 이튿날 경연에 참석하였다. 임금께서 글의 내용을 물으시니 여러 신하들이 차례대로 진달하였다. 공의 차례가 되자 공은 일어나서 대답하기를, "여러 신하들이 진달한 바로 충분합니다." 하였는데 이는 대개 말로써 갑자기 승진된 터라, 스스로 자랑함을 혐의하였기 때문이다. 이튿날에 사옹원부제조(司饔院副提調)가 비지(批旨)를 받은 일로 하루 경연을 정지하게 되었다. 공은 까닭없이 경연을 정지하니 임금께 아뢰지 않을 수 없다고 여겼다.

그러자 도승지 권돈인(權敦仁)이 말하기를, "스스로 정지하는 것이 아닌데 어찌 아뢴단 말인가?" 하였다. 공이 그렇지 않다고 말하니 권돈인이 말하기를, "공이 막 상소의 말 때문에 발탁 승진되었는데, 만일 또 일마다 다 진달한다면 남들이 혹시 은근히 바라는 바가 있어서 그런다고 하지 않겠는가?" 하였다. 그때 또 우레의 이변이 있어서 공은 마땅히 아뢰어야 한다고 하였다. 권돈인이 말하기를, "동짓달의 우레를 아뢴 예는 없다."고 하였다. 공이 말하기를, "동짓달의 우레를 아뢰지 않은 것은 옛적의 일은 아니다. 그리고 또 지금 동짓날이 아직도 10여일이나 남지 않았는가?" 하였으나 권돈인은 옳지 않다고 고집하였다. 공이 재직한 열흘 동안에 걸핏하면 제지를 당하므로 돌아갈 뜻을 이미 정하였으나, 마침 임금의 몸이 편찮아서 사사로운 일을 말씀드리기 어려운 처지였다. 12일 밤에 갑자기 임금의 환후가 위독해지자 수향관(受香官)이 출행하여 산천에 기도를 올리게 되었는데 축문에 임금의 이름을 써넣고, 그 말미에는 '성후(聖候)가 편안하지 못하다'고 하였다.

공이 말하기를, "이미 임금의 이름을 대신 썼으면 이는 신하가 비는 말이 아닌데 '성후가 편안하지 못하다'면 이는 임금이 스스로 기도하는 말이 아니다. 또 기도함은 임금의 병환이 빨리 회복되게 해달라는 데 있거늘, 지금 국가에 백관이 갖추어지고 백물이 닦여져 있는데도 급박한 즈음에 일을 잘못 행함이 이에 이르렀단 말인가?" 하였다.

왕세손(王世孫)이 성복(成服)하는 날에 왕위를 계승하고는 장차 삼가례(三加禮)를 행하려고 하였다. 공이 도승지에게 말하기를, "세손이 유충(幼沖)하시니 상중에 관례를 행하는 것은 옳지 않을 듯하다."하니 여러 동료들이 모두 말하기를, "임금이 어찌 관례를 행하지 않고 즉위할 수 있겠는가?" 하였다. 공이 말하기를, "주성왕(周成王)은 나이 13세에 무왕(武王)이 붕(崩)하자 이듬해 여름에 장례를 지내고서 관례를 행하였고, 진평공(晉平公)이 노양공(魯襄公)을 보고 말하기를, '12년만에 세성(歲星)이 한번 돌면 천도(天道)가 한번 끝나게 되니 임금은 이때에 관례를 행할 수 있다'고 하여 공이 이에 관례를 행했다. 이것이 천자와 제후가 관례를 하지 않고도 즉위한 것이 아니겠는가?" 하였다.

동료들이 그래도 여전히 그렇게 여기지 않거늘 공이 《예기》를 들어

증명하니, 도승지가 큰 소리로, "말을 이같이 할 수 없다."고 하였다. 공이 정색하고 말하기를, "조정에서 예법을 행하면서는 정당하게 행하려고 하는 것이니 각각 소견을 진달하는 것이 마땅하다. 만약 그렇게 결단하여 행한다면 어찌 아는 것 없는 미천한 사람이 감히 알 바이겠는가?" 하였다. 이튿날에 과연 삼가례를 행하였는데 공은 병을 핑계하고 참석하지 않고 19일에 사직하고 돌아왔다. 조정 동료들 중에 인산(因山) 전에 돌아가는 것은 합당하지 못하다고 하는 사람도 있었지만 공은 가고 머무는 사이의 의리를 이미 자세히 살폈는지라, 외인의 말이 마음을 흔들 수 있는 것이 아니었다.

을묘년 정월에 임금이 친히 경모궁(景慕宮)에서 작헌례(酌獻禮)를 행하고, 또 세자의 휘호(徽號)를 올렸다. 판서 서준보(徐俊輔)가 상소하여 정종대왕(正宗大王)의 존호(尊號) 및 경모궁의 일을 청하였지만 그 말이 분명히 드러나지 않았다. 공이 말하기를, "내가 나라의 후한 은혜를 받았으나 나이 먹어 쇠약해지도록 끝내 보답할 길이 없었다. 또 생각하건대 우리 양파부원군(陽坡府院君)께서 기묘년에 궁료(宮僚)로서 흘린 피가 아직도 마르지 않아 우리 후손에게 물려주셨다. 이제 이 해를 당하여 그 단서가 이미 일어났는데 말을 하지 않을 수 있겠는가?" 하였다. 제자들과 자제들이 시의에 적당하지 않다고 하였으나, 공은 모두 듣지 않고 상소문을 지어서 승정원에 바쳤다. 당시의 승지 이원조(李源祚)가 성균관에 있으면서 편지를 보내 어려운 일이라 하고, 또 말하기를, "정 그만둘 수 없다면 상소문 중에 인용한 단종(端宗)의 복위(復位) 일은 오늘날 끌어댈 일이 아니니 차라리 덕종(德宗)의 사례로 바꾸는 것만 못하다."고 하며 드디어 올리지 않고 환송시켰다. 공이 말하기를, "덕종을 증거로 삼는다면 이는 소생의 은혜는 무겁고 지극히 원통한 일은 가벼우며, 또 나로부터 사친(私親)을 추숭(追崇)하는 단서를 열게 되니 그것이 옳겠는가?"하고 드디어 집안 하인을 시켜 직접 올리도록 하였다. 그 상소장에 대략 말하기를,

"삼가 생각하건대 우리 정종대왕께서는 20여년 동안 훌륭한 정치를 하시어 문(文)으로써 큰 계획을 이어 발전시키고, 무(武)로써 나라의 큰 기초를 안정시켰으니 실로 오직 우리 동방의 요순(堯舜)이십니다. 그런데도 존호를 올리지 못하고 있어 신하의 마음을 슬프게 하고 있습니다. 이것이 신이 성의(聖意)를 추념할 때마다 마음속이 답답하여 어떻게 해야 할지 모르는 까닭입니다. 아, 필부(匹夫)가 억울한 일이 있어도 오히려 반드시 그것을 펴고 마는데 우리 사도세자께서는 14년 동안이나 대리하시던 세자로서 신민들에게 백세의 원한을 남기셨는데, 정조의 돈독한 효성으로써 애통하심을 머금고도 40년 동안 그 지극한 정을 풀지 못한 것이 어찌 하루라도 그 뜻을 잊으셨겠습니까? 대개 후세에 해주기를 기다리셨던 것입니다. 또 존호(尊號)를 가지고 말한다면 성인께서는 일찍이 구차스럽게 한때를 따르지 않고, 반드시 때로 말미암아 의리를 행하였습니다. 대개 그 당시에는 인심이 막히고 통하지 않아 크게 효도하시는 마음을 위로해 드리는 사람이 없었으니, 이것이 정조께서 단 한자의 휘호라도 더 보태어 자신 홀로만 아름다운 이름을 누리는 것을 허락하지 않으신 까닭으로, 은미한 뜻이 실로 여기에 있습니다. 오늘날에 이르러서 비로소 중신(重臣)들의 상소에서 발단된 것은 실로 성인께서 예측하여 보신 것입니다. 이것이 비록 사람의 하는 바이나 바로 천리여서 그 의리는 없애려 해도 없앨 수 없는 것입니다.

그런데 몇 달 동안 귀를 기울여보아도 의리를 미루어서 아뢴 자가 있다는 말을 아직 듣지 못하겠으니 이것이 신이 이해하지 못하는 바입니다. 이제 태세(太歲)가 거듭 돌아와 천도(天道)가 새로운 전기(轉機)를 마련하고 유민(遺民)들은 옛일의 감회가 간절합니다. 이런 일은 반드시 인심이 같게 되고 천리가 그만둘 수 없게 된 연후에야 사도세자의 대의(大義)를 펼 수 있으며, 정조의 휘호를 의논할 수 있으니, 대의가 이미 펴지고 휘호가 올려진 뒤에라야 국가의 전례(典禮)

가 빠짐이 없게 되고, 하늘에 계신 열성조의 영혼이 소목(昭穆)에 오르내리시는 묘정(廟庭)에서 기뻐하실 수 있을 것입니다.

어떤 사람은 전일에 하지 않았던 일을 오늘날에 하기를 청하는 것이 미안하다고 하지만 이는 그렇지 않습니다. 옛적에 숙종대왕(肅宗大王)께서 단종 위호를 회복시킨 것은 수백년 동안이나 하지 못하고 있던 즈음에 한 것으로, 그 일로 말하면 이미 봉안했던 신주를 옮겨야 했고, 그 차례로 말하자면 소목의 존비(尊卑)에 어려움이 있었습니다. 그래서 당시 신하들 가운데 행하기 어렵다고 하는 사람이 많았지만 숙종께서 단연코 실행하신 것은 천리와 인정상 그만둘래야 그만둘 수 없는 바가 있었기 때문입니다. 더구나 오늘의 일은 위로 위차 존비의 혐의가 없고, 아래로 천리 인정의 막지 못할 바가 있음에리까? 혹자는 또 이르기를, '종통(宗統)은 범할 수 없는 것'이라고 하는데, 이것을 말하자면 열성조께서 소목을 같이하고 일위(一位)의 위차를 한 가지로 한 것은 의거할 만한 것이 하나뿐만이 아닙니다.

신의 우매한 생각으로는 이제 비록 전례(典禮)를 행하더라도 종통을 범하는 일은 있지 않다고 여겨집니다. 엎드려 바라옵건대 전하께서는 이러한 이치를 깊이 통촉하시고, 또 정조의 지극하신 심정을 본받으셔서 미처 행하지 못했던 전례를 빨리 거행하여 귀신과 사람의 정리를 상쾌하게 하소서." 하였다.

상소문이 들어가자 3일 동안 승정원에 두었는데 온 조정에 파란이 일어났다. 대사간 박내만(朴來萬)이 상소문을 살펴보고 귀양보낼 것을 청하니, 드디어 관서(關西) 상원(祥原)으로 유배하라는 명이 내렸다. 공은 명을 듣고 황송해했다. 친척과 친구들이 온종일 위문하면서 '노경(老境)에 명분을 세웠다'고 하니 공이 두려워하며 말하기를, "치사할 나이가 넘어 망령되이 놀라운 일을 촉발시켰으니 마침내 통투(通透)하지 못해 미진한 곳이 있을까 두렵다." 하였다. 어떤 사람이 신명의 도움을 받아 잘 갔다가 속히 돌아오라고 작별하니 말하기를,

"천층의 물결 속에서도 두려워하거나 겁내지 않으니, 절조를 잃어 친구들의 수치가 되는 일은 없을 것이다." 하였다. 사당에 가서 글을 지어 고하고 금오리(金吾吏)를 기다렸다. 금오리가 와서 압송하여 출발할 때 작별하여 보내는 사람이 수백명이었는데, 일일이 작별인사를 하면서는 몸가짐을 단속하고 행실을 삼가며, 이 늙은이의 일 때문에 의기소침하지 말라고 당부하였다. 손자 연박(淵博)이 옷자락을 잡아 당기며 울부짖자 머리를 쓰다듬으며 위로해준 다음 태연히 길을 떠났다. 기본수(基本水)의 철교(鐵橋)에 이르렀을 때 횃불을 들고 떠들썩하니 부르는 소리가 났는데, 이는 바로 금오리가 다시 지도(智島)로 유배한다는 명을 갖고 온 것이었다. 일행이 모두 얼굴빛이 변했으나 공은 태연하게 일어나 앉아 옷을 정제하고 촛불을 밝힌 다음 천천히 조정의 처분을 물으니, 금오랑이 말하기를, "삼사(三司)가 바야흐로 합계(合啓)하여 붙잡아다가 국문하기를 청하고, 대신도 연명으로 차자(箚子)를 올려 윤허하기를 청하였으나, 특별히 섬에 안치하라는 비지(批旨)가 내렸습니다." 하였다. 공이 말하기를, "법의 뜻이 더 무거워졌으니 더욱 두렵다."고 하였다.

이튿날 길을 돌려 남쪽으로 향하였다. 당시 영남 선비들이 또 상소를 만들고 있어 조야(朝野)의 인심이 흉흉하여 장차 닥칠 화를 예측할 수 없다고 생각하였는데, 혹자는 공에게 글을 보내어 상소의 의논을 중지하기를 청하였다. 공이 말하기를, "만인(萬人)이 함께 지켜야 할 의리인데 어찌 내가 먼저 꺾어 흔들겠는가?" 하였다. 시랑(侍郎) 권재대(權載大)도 같은 상소를 하였다가 임자도(荏子島)로 정배되었는데 그가 가는 길이 공의 집 문앞을 지나게 되어 있었다. 그러나 공은 죄를 지은 몸으로 서로 위로하는 것은 합당하지 못하다 하고 다만 서신으로 사자(使者)에게 물어볼 뿐이었다. 원근의 제자들이 대궐문 앞으로 달려가 원통함을 호소하려는 의논이 일어나자 즉시 글을 보내어 중지시켰다. 11월에 임금의 특명으로 석방되었다. 향년 85세이다.

저서에 《독서쇄어(讀書瑣語)》·《예의총화(禮疑叢話)》·《가례집해(家禮輯解)》·《학기장구(學記章句)》·《상변통고(常變通攷)》·《증보주절휘요(增補朱節彙要)》·《대학문(大學問)》·《태극도해(太極圖解)》·《대산실기(大山實記)》 및 문집 37권·속집 17권이 있다. 문인 김흥락(金興洛)이 행장을 지었다.

유 정 재 치 명 자 성 백 전 주 인 정 조 정 유 생 우 안 동 소 호 지 외 씨 제 대
柳定齋致明字誠伯全州人正祖丁酉生于安東蘇湖之外氏第大
산 리 공 서 하 우 증 조 시 정 공 칭 공 골 상 지 이 범 인 위 지 석 명 유 단 서 기
山李公書賀于曾祖寺正公稱公骨相之異凡因爲之錫名幼端序己
견 선 부 인 유 질 첩 불 리 좌 우 궁 친 정 로 복 상 연 후 기 일 일 여 비 배 출 유
見先夫人有疾輒不離左右躬親鼎爐復常然後己一日與婢輩出遊
조 침 설 이 곡 선 부 인 책 지 왈 여 호 여 하 천 유 취 기 침 욕 불 역 의 호 인 욕
遭侵褻而哭先夫人責之曰汝好與下賤遊取其侵辱不亦宜乎因欲
태 기 비 공 지 왈 초 달 오 소 불 감 내 하 시 인 자 시 불 부 여 상 천 아 유 온 근
笞其婢公止曰楚撻吾所不堪奈何施人自是不復與常賤兒遊溫謹
단 각 불 위 장 자 지 교 동 암 설 치 좌 우 엄 가 조 절
端慤不違長者之教東岩挈置左右嚴加操切

김 천 사 종 덕 여 서 왈 차 아 재 질 가 기 원 대 금 상 치 구 금 중 사 방 서 지
金川沙宗德與書曰此兒才質可期遠大今常置拘禁中使方舒之
기 옹 이 불 선 비 도 양 지 의 야 초 상 학 약 지 순 이 능 심 사 추 구 미 구 재 사
氣壅而不宣非導養之宜也初上學若遲純而能尋思推究未久才思
일 발 견 해 통 민 조 수 과 사 지 최 후 왈 선 교 둔 아 류 여 이 활 곤 민 기 유 정
逸發見解通敏朝授課使之最後曰先教鈍兒留汝以豁困憫己酉丁
선 부 인 우 애 모 무 이 성 인 비 애 유 매 여 공 유 상 로 애 공 심 가 긍 애 휴 여
先夫人憂哀慕無異成人庇愛幼妹如恐有傷蘆崖公甚加矜愛携與
침 처 매 견 기 루 지 침 석 탄 왈 차 아 지 성 시 근 천 야 계 축 수 실 우 일 선 김
寢處每見其淚漬枕席歎曰此兒至性是根天也癸丑授室于一善金
씨 부 형 정 헌 익 호 종 제 일 재 성 호 구 유 경 행 공 여 지 유 강 마 지 락 부 가
氏婦兄正軒翼昊從弟一齋性昊俱有經行公與之有講磨之樂婦家
요 심 공 성 불 희 분 화 역 불 구 자 특 자 립 확 연 상 자 생 관 발 시 행 자 송 심
饒甚公性不喜紛華亦不苟訾特自立確然嘗自甥舘發試行資送甚
후 공 불 고 사 지 시 소 첩 분 여 친 지 지 군 핍 자 병 진 동 암 공 하 세 공 자 이
厚公不固辭至試所輒分與親知之窘乏者丙辰東岩公下世公自以

가유대장이미극졸수승비위대통한품우가정봉서청교우남손재
家有大匠而未克卒受繩鞴爲大痛恨稟于家庭奉書請教于南損齋
한조청문위학지요손옹교이직내승사사시비리해지념묵소어명
漢朝請問爲學之要損翁教以直内勝私使是非利害之念默消於冥
명지중공배수이복응언자시면품서질태무허월우상배정립재종
々之中公拜受而服膺焉自是面稟書質殆無虛月又嘗拜鄭立齋宗
로우우산강론경지유소숙재옥후공일침처기중매신흥성중위퇴
魯于愚山講論經旨有小塾在屋後公日寢處其中每晨興省重闈退
대서안부독앙사태망침식언을축팔월중우도동당시시월출신공
對書案俯讀仰思殆忘寢食焉乙丑八月中右道東堂試十月出身公
소념어성리특이중친기망민면수이비기지야기재시위의상안간
素恬於聲利特以重親期望僶勉隨而非其志也其在試闈意象安間
무이재합상이소우기사권부정이출혹이단어진취기지손옹문지
無異齋閤嘗以小雨旣寫券不呈而出或以短於進取譏之損翁聞之
왈안지차비진취지조야계조생원공역계해입경공이필묵진왈차
曰安知此非進取之兆耶季祖生員公亦計偕入京公以筆墨進曰此
유이징생원공왈하불류위이용호공왈로유의선년소비필준의어
有異徵生員公曰何不留爲爾用乎公曰老儒宜先年少非必準擬於
금일야급발책조간동장혹난기대공정기권이수조해석응시제구
今日也及發策條間同場或難其對公停己券而隨條解釋應試諸具
축일정리기출시문즉발행숙우양지족인가방신추도훤료특심공
逐一整理旣出試門卽發行宿于陽智族人家榜信追到喧鬧特甚公
목연불위동병인례보승문정자갑술승륙품계을해제성균전적추
穆然不爲動丙寅例補承文正字甲戌陞六品階乙亥除成均典籍趨
숙십여일정사환향시종인류정양당아전사인치의왈모가빈친로
肅十餘日呈辭還鄉時宗人柳鼎養當亞銓使人致意曰某家貧親老
일휘편양오차류념개욕래견기야공이명일촉장남하시당천겸중
一麾便養吾且留念盖欲來見己也公以明日促裝南下時當荐歉重
친봉양유숙수지우주친백구개고기이무왕기구수지의공상언석
親奉養有菽水之憂周親百口皆告饑而無枉己求售之意公嘗言釋
갈초편알제선진막불이전도기지이면암리공우독이독서진학물
褐初遍謁諸先進莫不以前道期之而俛庵李公堣獨以讀書進學勿
생조념위계오일생빈한이유불생요모희구지심자공일언지력위
生躁念爲戒吾一生貧寒而猶不生僥冒希求之心者公一言之力爲
다을미삼월추부산릉곡반졸사즉귀구월제우부승지선체부부호
多乙未三月趨赴山陵哭班卒事卽歸九月除右副承旨旋遞付副護

군 무 술 부 백 김 수 근 벽 공 위 공 조 어 간 김 왈 왕 세 령 공 지 론 삼 가 야 거
軍戊戌府伯金洙根辟公爲功曹語間金曰往歲令公之論三加也擧

조 이 기 해 일 변 의 지 금 견 령 공 고 불 위 승 시 기 심 지 거 자 야 인 여 상 론
朝以己亥一邊疑之今見令公固不爲乘時己甚之擧者也因與商論

읍 폐 이 리 정 지 민 도 우 금 회 기 혜 유 월 제 사 간 원 대 사 간 기 해 사 월 우
邑弊而釐正之民到于今懷其惠六月除司諫院大司諫己亥四月又

제 승 지 십 이 월 제 초 산 부 사 시 조 숙 부 인 신 씨 상 공 이 년 박 지 모 중 이
除承旨十二月除楚山府使時遭淑夫人申氏喪公以年迫遲暮重以

반 척 불 욕 위 절 색 미 록 지 행 백 구 면 재 리 공 병 련 이 서 권 부 주 친 지 대
胖慼不欲爲絶塞縻祿之行伯舅俛齋李公秉連貽書勸赴周親之待

이 거 화 자 망 기 고 유 공 민 면 취 도 시 대 신 이 전 관 불 공 핵 신 제 수 령 륙
以擧火者望其沾濡公僶勉就道時臺臣以銓官不公劾新除守令六

칠 인 공 왈 수 불 급 오 명 기 가 모 왕 호 즉 정 사 판 당 위 지 별 백 연 후 내 행
七人公曰雖不及吾名豈可冒往乎卽呈辭判堂爲之別白然後乃行

맹 속 무 무 지 혹 부 자 이 거 형 제 상 송 이 천 성 지 애 례 양 지 의 위 지 개 효
氓俗貿々至或父子異居兄弟相訟以天性之愛禮讓之義爲之開曉

기 불 솔 자 형 이 규 지 택 사 지 초 유 재 행 자 륜 번 거 업 우 교 중 유 시 친 예
其不率者刑以糾之擇士之稍有才行者輪番居業于校中有時親詣

강 좌 정 기 구 독 효 기 문 의 친 사 백 록 동 규 이 산 원 규 비 일 석 송 습 파 유
講座正其句讀曉其文義親寫白鹿洞規伊山院規俾日夕誦習頗有

혁 구 지 효 방 문 경 내 고 년 시 절 존 유 유 충 효 의 렬 특 가 포 장 유 일 옥 수
革舊之効訪問境內高年時節存遺有忠孝義烈特加褒奬有一獄囚

사 재 원 야 무 이 분 수 범 여 참 증 공 위 지 추 소 청 리 험 득 기 실 일 경 칭 쾌
死在原野無以分手犯與叅證公爲之推所請理驗得其實一境稱快

사 상 김 란 순 여 공 유 정 원 지 구 지 시 대 가 경 례 매 유 론 보 필 의 규 사 지
使相金蘭淳與公有政院之舊至是大加敬禮每有論報必依窽事至

재 결 즉 소 청 지 외 불 석 가 급 왈 민 수 실 혜 유 초 읍 위 연 매 이 백 수 유 색
災結則所請之外不惜加給曰民受實惠惟楚邑爲然每以白首楡塞

정 사 불 감 청 조 위 귀 계 즉 첩 위 지 면 류 왈 오 비 부 지 령 공 심 사 자 기 여
情事不堪請早爲歸計則輒爲之勉留曰吾非不知令公心事者其如

초 지 적 자 하 수 의 심 승 택 입 부 일 경 해 구 공 략 부 동 순 례 공 억 장 기 추
楚之赤子何繡衣沈承澤入府一境駭懼公略不動循例供億杖其騶

종 지 간 멱 무 염 심 유 례 우 심 근 어 기 거 야 공 소 위 왈 사 행 부 단 두 찰 수
從之干覓無厭沈猶禮遇甚勤於其去也公笑謂曰使行不但糾察守

령 지 불 법 소 대 추 종 불 가 임 기 호 횡 심 왈 성 연 귀 즉 포 문 정 치 임 인 정
令之不法所帶騶從不可任其豪橫沈曰誠然歸卽褒聞政治壬寅正

월 시 체 부 대 사 간 인 사 소 겸 진 휼 민 은 돈 성 학 지 의 행 도 기 외 문 기 체
月始遞付大司諫因辭疏兼陳恤民隱敦聖學之意行到畿外聞己遞
경 환 불 과 상 이 월 우 제 승 지 팔 월 제 공 조 참 의 초 인 잠 모 진 상 립 사 이
經還不果上二月又除承旨八月除工曹叅議楚人潛模眞像立祠以
제 지 공 문 지 극 송 인 철 환 지 병 오 입 고 산 행 향 음 주 례 인 여 제 생 강 옥
祭之公聞之亟送人撤還之丙午入高山行鄕飮酒禮因與諸生講玉
산 강 의 기 유 칠 월 제 대 사 간 계 축 오 월 인 대 신 차 대 특 승 가 선 유 월 제
山講義己酉七月除大司諫癸丑五月因大臣箚對特陞嘉善六月除
한 성 좌 윤 담 은 삼 세 우 제 동 의 금 구 월 제 부 총 관 십 이 월 제 병 조 참 판
漢城左尹覃恩三世又除同義禁九月除副摠管十二月除兵曹叅判
공 력 사 사 조 은 우 유 가 우 재 화 리 지 초 이 로 질 계 면 무 이 효 기 연 애 내
公歷事四朝恩遇有加又在化理之初而老疾繼綿無以效其涓埃乃
절 부 고 인 이 언 사 군 지 의 인 사 소 진 면 기 강 유 삼 왈 선 사 지 계 위 치 지
竊附古人以言事君之義因辭疏陳勉其綱有三曰先事之戒爲治之
본 급 선 지 무 기 목 유 십 왈 계 일 예 야 계 화 재 야 계 유 녕 야 체 천 의 야 사
本急先之務其目有十曰戒逸豫也戒貨財也戒諛佞也體天意也師
성 왕 야 근 학 문 야 휼 민 은 야 수 군 정 야 회 공 도 야 광 언 로 야 인 청 대 산
聖王也勤學問也恤民隱也修軍政也恢公道也廣言路也因請大山
선 생 건 향 이 시 숭 유 중 도 지 의 범 십 만 언 체 직 미 과 상
先生建享以示崇儒重道之意凡十萬言遞職未果上

무 인 제 사 간 원 정 언 행 도 문 희 이 친 병 정 소 사 귀 소 미 달 이 조 정 이
戊寅除司諫院正言行到聞喜以親病呈疏辭歸疏未達而朝廷以
과 한 청 나 처 상 명 분 간 구 월 조 참 판 공 우 시 리 의 공 년 팔 십 여 공 좌 우
過限請拿處上命分揀九月遭叅判公憂時吏議公年八十餘公左右
부 장 억 애 인 통 종 사 칭 기 유 무 졸 구 관 재 품 심 렬 공 왈 성 박 의 연 불 유
扶將抑哀忍痛終事稱其有無猝求棺材品甚劣公曰誠薄矣然不猶
유 어 구 불 성 빈 이 상 친 심 호 공 재 종 숙 부 수 정 공 정 문 어 인 왈 차 군 차
愈於久不成殯以傷親心乎公再從叔父壽靜公鼎文語人曰此君此
사 우 비 인 인 소 급 야 기 묘 사 월 조 리 의 공 상 공 천 리 다 독 기 부 자 보 갑
事尤非人人所及也己卯四月遭吏議公喪公荐罹荼毒幾不自保甲
신 정 월 제 사 헌 부 지 평 병 술 이 월 제 정 언 불 취 정 해 정 월 조 배 씨 상 이
申正月除司憲府持平丙戌二月除正言不就丁亥正月遭裵氏喪二
월 제 시 강 원 문 학 이 재 제 정 본 부 신 묘 춘 배 호 남 장 시 도 사 기 숙 명 즉
月除侍講院文學以在制呈本府辛卯春拜湖南掌試都事旣肅命卽
발 경 향 지 구 절 무 감 간 촉 행 과 완 영 도 백 례 의 심 우 차 왈 위 공 간 일 호
發京鄕知舊絶無敢干囑行過完營道伯禮意甚優且曰爲公揀一好

참 시 별 급 사 역 형 찰 비 법 개 조 의 출 어 극 선 이 감 역 지 사 기 회 공 욕 찬
叅試別給使役詗察非法盖朝議出於極選而監亦知司其恢公欲贊
성 기 의 야 지 즉 방 유 다 사 엄 속 참 좌 개 숙 연 봉 행 방 출 일 도 흡 연 칭 송
成其意也至則榜諭多士嚴束叅佐皆肅然奉行榜出一道翕然稱頌
우 여 족 조 대 야 건 휴 족 숙 호 고 휘 문 제 공 립 문 강 지 규 행 지 십 년 파 유
又與族祖大埜健休族叔好古徽文諸公立門講之規行之十年頗有
진 작 지 효 임 진 사 월 선 입 홍 문 관 제 교 리 상 소 사 소 명 겸 진 읍 폐 민 은
振作之効壬辰四月選入弘文館除校理上疏辭召命兼陳邑弊民隱
구 월 우 제 교 리 행 지 단 양 문 기 체 수 취 로 관 동 관 월 중 산 수 이 귀 시 월
九月又除校理行至丹陽聞己遞遂取路關東觀越中山水而歸十月
제 수 찬 승 소 입 경 직 기 체 의 익 조 수 발 환 계 사 제 교 리 자 재 수 찬 자 일
除修撰承召入京職己遞矣翌早遂發還癸巳除校理者再修撰者一
개 이 재 외 체 갑 오 이 월 제 사 간 원 헌 납 심 체 칠 월 제 부 교 리 시 월 부 소
皆以在外遞甲午二月除司諫院獻納尋遞七月除副校理十月赴召
입 경 상 소 사 불 윤 시 유 동 뢰 지 이 공 인 재 사 겸 진 우 재 수 성 지 방 어 시
入京上疏辭不允時有冬雷之異公因再辭兼陳遇災修省之方於是
특 승 승 정 원 동 부 승 지 공 이 사 면 지 장 반 위 매 진 지 계 모 말 승 당 대 애
特陞承政院同副承旨公以辭免之章反爲媒進之階冒昧承當大碍
렴 방 상 소 간 사 상 불 윤 잉 명 즉 위 패 초 공 이 련 장 독 뇨 환 유 표 방 지 혐
廉防上疏懇辭上不允仍命則爲牌招公以連章瀆撓還有標榜之嫌
미 약 순 례 공 직 소 서 미 분 이 종 용 걸 퇴 미 만 야 수 출 숙 명 일 입 참 경 연
未若循例供職少紓微分而從容乞退未晩也遂出肅明日入叅經筵
상 문 문 의 제 신 이 차 진 달 지 공 기 이 대 왈 제 신 소 진 기 실 의 개 이 언 취
上問文義諸臣以次陳達至公起而對曰諸臣所陳己悉矣盖以言驟
진 지 여 혐 어 자 현 야 명 일 이 사 옹 원 부 제 조 승 비 일 일 정 경 연 공 이 위
進之餘嫌於自衒也明日以司瓮院副提調承批一日停經筵公以爲
무 고 정 연 불 가 불 계 품 도 승 지 권 돈 인 왈 자 부 정 지 하 가 계 품 언 기 불
無故停筵不可不啓禀都承旨權敦仁曰自不停止何可啓禀言其不
연 즉 왈 령 공 재 이 언 어 승 탁 이 약 우 수 사 론 렬 인 혹 불 이 희 기 목 지 야
然則曰令公纔以言語陞擢而若又隨事論列人或不以希覬目之耶
시 우 유 뢰 이 공 이 위 당 계 권 왈 지 월 뢰 무 계 발 지 례 공 왈 지 월 불 계 비
時又有雷異公以爲當啓權曰至月雷無啓發之例公曰至月不啓非
고 야 차 금 지 일 상 격 순 망 야 권 집 불 가 공 재 직 일 순 동 조 체 주 귀 계 기
古也且今至日尚隔旬望耶權執不可公在直一旬動遭掣肘歸計己
결 이 적 상 후 불 예 난 이 언 사 십 이 일 야 엄 지 대 점 수 향 관 출 행 산 천 기
決而適上候不豫難以言私十二日夜奄至大漸受香官出行山川祈

도축책이어휘대압이기사즉왈성후위예공왈기이어휘대압즉비
禱祝冊以御諱代押而其辭則曰聖候違豫公曰旣以御諱代押則非
신자소기축야왈성후위예즉비상소자도지사야차기도당재상질
臣子所祈祝也曰聖候違豫則非上所自禱之辭也且祈禱當在上疾
유기이금역후시국가백관비백물수이창졸지제류오내지어차호
惟幾而今亦後時國家百官備百物修而倉卒之際謬誤乃至於此乎
왕세손이성복일사위장행삼가공언우도령왈세손유충공불가인
王世孫以成服日嗣位將行三加公言于都令曰世孫幼冲恐不可因
상이관제료개왈인군언유불관이즉위자호공왈주성왕년십삼세
喪而冠諸僚皆曰人君焉有不冠而卽位者乎公曰周成王年十三歲
이무왕붕명년하기장이관진평공위로양공왈십이세세성일주천
而武王崩明年夏旣葬而冠晋平公謂魯襄公曰十二歲歲星一周天
도일종인군가이관공어시관차비천자제후불관이즉위호제료유
道一終人君可以冠公於是冠此非天子諸侯不冠而卽位乎諸僚猶
불이위연공이례기위증도령려성왈언불가이약시야공정색왈조
不以爲然公以禮記爲證都令厲聲曰言不可以若是也公正色曰朝
가행례욕기출어지정정의각진소견약기단연행지즉기소천지소
家行禮欲其出於至正政宜各陳所見若其斷然行之則豈踈賤之所
감지호명일과행삼가공병불참십구일정사체귀조신유이인산전
敢知乎明日果行三加公病不叅十九日呈辭遞歸朝紳有以因山前
퇴귀위미안자이행지지간도의기심비외언소가뇨야
退歸爲未安者而行止之間度義己審非外言所可撓也

을묘정월상친행작헌례우경모궁우상세자휘호판서서준보상
乙卯正月上親行酌獻禮于景慕宮又上世子徽號判書徐俊輔上
소청정종대왕존호급경모궁사이기언미로공왈오수국후은년박
疏請正宗大王尊號及景慕宮事而其言未露公曰吾受國厚恩年迫
일색이종멸보효차념아양파부군이기묘궁료강혈미화이유아후
日索而終蔑報効且念我陽坡府君以己卯宮僚腔血未化以遺我後
인금당시세기단기발기가무언호문생자제언시의불가공개불청
人今當是歲其端己發其可無言乎門生子弟言時義不可公皆不聽
수구소정정원시리승지원조재반이서난지차왈여불가기즉소중
遂搆疏呈政院時李承旨源祚在泮以書難之且曰如不可己則疏中
소인단묘복위사비금일증원불약환이덕종사수부정이환공왈이
所引端廟復位事非今日證援不若換以德宗事遂不呈而還公曰以
덕종위증즉시소생지은중지원지사경이우자아계사친추숭지단
德宗爲證則是所生之恩重至寃之事輕而又自我啓私親追崇之端

기 가 호 재 수 사 가 동 직 정 기 략 왈 복 념 아 정 종 대 왕 분 식 치 도 이 십 여
其可乎哉遂使家僮直呈其畧曰伏念我正宗大王賁飾治道二十餘

년 문 소 부 도 무 수 홍 기 실 유 아 동 방 요 순 지 군 이 추 상 존 호 상 부 득 이
年文紹不圖武綏洪基實維我東方堯舜之君而追上尊號尙不得以

치 신 자 지 정 자 차 신 소 이 추 념 성 의 불 각 억 울 회 황 자 야 어 호 필 부 유
致臣子之情者此臣所以追念聖意不覺抑鬱徊徨者也於乎匹夫有

굴 유 필 유 신 이 아 선 세 자 십 사 년 대 리 지 저 군 유 신 민 백 세 지 감 이 이
屈猶必有伸以我先世子十四年代理之儲君遺臣民百世之憾而以

정 고 독 효 심 성 함 애 여 통 사 십 년 미 극 신 기 지 정 자 기 지 기 일 일 망 재
正考篤孝深誠含哀茹痛四十年未克伸其至情者其志豈一日忘哉

개 역 유 대 어 후 야 차 이 존 호 언 지 성 인 미 상 구 순 호 일 시 필 인 시 이 제
盖亦有待於後也且以尊號言之聖人未嘗苟循乎一時必因時以制

의 개 재 당 시 인 심 옹 이 불 설 미 유 이 대 위 효 사 자 차 정 고 소 이 불 허 일
義盖在當時人心壅而不洩未有以大慰孝思者此正考所以不許一

자 지 유 가 독 향 미 명 이 미 의 지 소 재 실 유 재 차 지 어 금 일 시 발 어 중 신
字之有加獨享美名而微意之所在實維在此至於今日始發於重臣

장 주 실 성 인 지 소 역 도 야 수 인 소 위 즉 시 천 리 기 의 유 불 용 민 멸 자 이
章奏實聖人之所逆睹也雖人所爲卽是天理其義有不容泯滅者而

측 청 수 월 미 문 유 추 기 의 이 계 고 지 자 차 신 지 소 미 효 야 금 태 세 중 회
側聽數月未聞有推其義而啓告之者此臣之所未曉也今太歲重回

천 도 유 알 전 지 기 유 민 절 감 구 지 회 기 필 인 인 심 지 소 동 연 천 리 지 불
天道有斡轉之機遺民切感舊之懷其必因人心之所同然天理之不

용 기 자 연 후 선 세 자 대 의 가 신 정 묘 지 휘 호 가 의 야 대 의 기 신 휘 호 기
容己者然後先世子大義可伸正廟之徽號可議也大義旣伸徽號旣

상 연 후 국 가 방 무 궐 전 이 렬 성 재 천 지 령 가 이 열 예 어 어 소 척 강 지 정
上然後國家方無闕典而列聖在天之靈可以悅豫於於昭陟降之庭

의 혹 유 이 전 일 지 소 미 황 이 진 청 어 금 일 위 미 안 차 즉 유 미 필 연 자 석
矣或有以前日之所未遑而陳請於今日爲未安此則有未必然者昔

숙 종 대 왕 지 복 단 종 위 호 야 내 재 수 백 년 미 황 지 제 이 기 사 즉 천 봉 기
肅宗大王之復端宗位號也乃在數百年未遑之際以其事則遷奉己

안 지 위 차 야 이 기 서 즉 소 목 존 비 지 유 애 야 시 이 당 시 의 신 다 유 난 지
安之位次也以其序則昭穆尊卑之有碍也是以當時議臣多有難之

자 이 숙 묘 단 연 행 지 자 이 천 리 인 정 지 불 가 단 기 야 황 어 금 일 상 무 위
者而肅廟斷然行之者以天理人情之不可但己也况於今日上無位

차 존 비 지 혐 이 하 유 천 리 인 정 지 불 가 갈 자 호 혹 우 위 종 통 불 가 간 야
次尊卑之嫌而下有天理人情之不可渴者乎或又謂宗統不可干也

즉 렬 성 조 동 소 목 공 일 위 지 위 차 가 거 비 일 신 우 이 위 금 수 행 전 례 공
則列聖朝同昭穆共一位之位次可據非一臣愚以爲今雖行典禮恐

역 비 유 간 어 종 통 야 복 원 전 하 심 촉 차 리 갱 체 정 고 지 정 극 거 미 황 지
亦非有干於宗統也伏願殿下深燭此理更體正考至情亟擧未遑之

전 이 쾌 신 인 지 정 언 소 입 류 중 삼 일 거 조 파 흉 대 사 간 박 래 만 안 장 청
典以快神人之情焉疏入留中三日擧朝波洶大司諫朴來萬按章請

배 수 유 관 서 상 원 지 명 공 문 명 황 름 친 척 지 구 진 일 치 문 유 이 로 경 명
配遂有關西祥原之命公聞命惶懍親戚知舊鎭日致問有以老境名

절 추 지 칙 공 구 연 왈 년 유 치 사 망 촉 해 기 종 공 유 타 투 미 진 처 혹 이 신
節推之則公瞿然曰年踰致仕妄觸駭機終恐有打透未盡處或以神

명 부 호 호 거 속 환 위 별 즉 왈 천 층 랑 리 능 불 외 겁 실 수 이 위 붕 우 수 미
明扶護好去速還爲別則曰千層浪裡能不畏刼失守以爲朋友羞未

가 지 야 취 사 가 묘 위 문 이 고 지 대 금 오 리 도 압 발 행 송 자 루 수 백 인 면
可知也就辭家廟爲文以告之待金吾吏到押發行送者累數百人面

면 서 별 계 이 식 신 근 행 무 이 로 부 사 자 저 손 연 박 견 의 제 호 부 정 위 유
々叙別戒以飾身謹行無以老夫事自沮孫淵博牽衣啼號拊頂慰諭

이 연 취 도 지 기 본 지 수 철 교 야 반 유 호 거 훤 료 성 내 금 오 리 갱 지 지 도
怡然就道至基本之水鐵橋夜半有呼炬喧鬧聲乃金吾吏更持智島

배 명 래 자 야 일 행 개 무 인 색 종 용 기 좌 정 의 명 촉 서 문 조 정 처 분 리 왈
配命來者也一行皆無人色從容起坐整衣明燭徐問朝廷處分吏曰

삼 사 방 합 계 청 나 국 대 신 우 련 차 청 의 윤 이 성 비 특 이 도 치 명 하 의 공
三司方合啓請拿鞫大臣又聯箚請依允而聖批特以嶋置命下矣公

왈 법 의 갱 중 우 소 황 률 명 일 회 가 이 남 시 령 유 우 치 소 조 야 흉 흉 개 이
曰法意更重尤所惶慄明日回駕而南時嶺儒又治疏朝野洶々皆以

위 화 장 불 측 혹 청 공 이 서 침 기 의 공 왈 만 인 병 집 하 가 자 아 뇨 패 시 랑
爲禍將不測或請公貽書寢其議公曰萬人秉執何可自我撓敗侍郎

권 공 재 대 역 상 소 피 책 우 임 자 도 기 행 차 과 문 공 이 위 죄 루 지 종 불 합
權公載大亦上疏被責于荏子島其行且過門公以爲罪累之蹤不合

상 로 단 이 서 문 행 리 이 기 원 근 문 생 유 규 혼 송 원 지 의 즉 이 서 지 지 십
相勞但以書問行李而己遠近門生有叫閽訟寃之議卽貽書止之十

일 월 상 특 명 방 석 신 유 시 월 졸 팔 십 오 소 저 유 독 서 쇄 어 례 의 총 화 가
一月上特命放釋辛酉十月卒八十五所著有讀書鎖語禮疑叢話家

례 집 해 학 기 장 구 상 변 통 고 증 보 주 절 휘 요 대 학 문 태 극 도 해 대 산 실
禮輯解學記章句常變通攷增補朱節彙要大學問太極圖解大山實

기 급 문 집 삼 십 칠 권 속 집 십 칠 권 문 인 김 흥 락 찬 행 장
記及文集三十七卷續集十七卷門人金興洛撰行狀

주해_ㅇ三加(삼가)－관례(冠禮) 때에 세 번 가관(加冠)하는 것.
ㅇ先事之戒(선사지계)－몸소 먼저 하는 것.
ㅇ爲治之本(위치지본)－신의(信義)·덕(德)
ㅇ急先之務(급선지무)－정명(正名) 등.
ㅇ牌招(패초)－왕명을 받아 승지(承旨)가 신하를 부르던 일.
ㅇ正考(정고)－왕에 대해서 말하므로 고(考)라고 함.
ㅇ陟降(척강)－신령이 오르내리는 것.
ㅇ昭穆(소목)－묘당(廟堂)에 모시는 신주(神主)의 차례.
ㅇ金吾吏(금오리)－의금부의 관리.

오희상(吳熙常)

자는 사경(士敬), 호는 노주(老洲)로 해주(海州) 사람이다. 대제학 오원(吳瑗)의 손자이다. 백씨 영재공(寧齋公) 윤상(允常)에게 글을 배웠는데 반복 논변해서 분명치 않은 것은 그냥 넘어가지 않았다. 경신년에 세마(洗馬)를 배수하여 시직(侍直)으로 승진하여 글을 올려 면직을 청하니 임금이 허락하고 돈녕부참봉으로 옮겨주었다. 부수(副率)로서 서연(書筵)에서 세자를 자주 모셨는데 문헌에 밝고 조리가 있으므로 임금께서 매양 벽을 사이로 하여 들으시고, 그 학식의 풍부함을 칭찬하셨다. 갑술년에 선발되어 황해도도사에 임명되고 경연관(經筵官)과 서연관(書筵官)에 임명되었다. 얼마 후 지평(持平)을 제수하여 진선(進善)과 집의(執義)를 겸하였으나 사직하고 나아가지 않았다. 계미년에 승지(承旨)와 참의(參議)에 올랐으나 모두 간곡하게 사양하였다. 익종(翼宗)이 대리하여 정사를 행할 때 이조참의를 배명하고, 얼마 후 찬선(贊善)을 배명하여 세손부(世孫傅)가 되었다. 향년 71세이다. 시호는 문원(文元)이다.

그가 이기(理氣)를 논한 설은 다음과 같다.

"대요(大要)는 일원분수(一原分數)와 동정체용(動靜體用)이라는 몇 마디 말에 불과하다. 대개 일원(一原)이란 이의 일(一)이며, 기 또한 일이다. 분수는 기의 분(分)이며, 이 또한 분이다. 일원으로부터 분수를 말하면 천지 만물이 모두 분수에 속하고, 분수로부터 일원을 말하면 천지 만물이 각각 일원을 갖고 있다. 일원이란 정이요 체이니, 그 유행하는 곳으로부터 보면 정 또한 동이요, 분수란 동이요 용이니 그 주재로부터 보면 동 또한 정이다.”

또 이렇게 말했다.

“지금 사람들이 다만 이(理) 아래에 본연(本然)이라는 글자를 붙일 줄만 알고, 기도 또한 본연이 있음을 알지 못한다. 본연처(本然處)란 바로 신(神)이다. 그러나 이는 일정하여 옮기지 않고, 신은 만변(萬變)하여 헤아리기 어렵다. 그 본연 일원에 나아가 떨어지지 않음을 보고, 그 만변일정(萬變一定)에 나아가 섞이지 않음을 볼 수 있다. 그러나 이와 기는 떨어지면 둘이요, 섞이면 하나이기 때문에 이른바 불리부잡(不離不雜)이란 다만 일도 아니요, 이도 아닌 형용하기 어려운 묘(妙)를 형용한 것이다. 주리(主理) 주기(主氣)를 막론하고 반드시 불리에 나아가서 부잡을 보고, 부잡에 나아가서 불리를 보아야, 바야흐로 서로 필요로 하고 서로 형현(形現)하는 것을 볼 수 있다.”

오 로 주 희 상 자 사 경 해 주 인 대 제 학 원 손 영 조 계 미 생 사 사 백 씨 녕
吳老洲熙常字士敬海州人大提學瑗孫英祖癸未生師事伯氏寧
재 공 윤 상 반 복 론 변 불 명 부 조 경 신 배 세 마 승 시 직 정 장 개 면 상 허 지
齋公允常反覆論辨不明不措庚申拜洗馬陞侍直呈狀丐免上許之
이 돈 녕 부 참 봉 부 수 루 시 주 연 인 문 헌 규 개 절 조 창 상 매 격 벽 림 청 극
移敦寧府參奉副率屢侍冑筵因文獻規剴切條暢上每隔壁臨聽亟
칭 기 학 식 언 갑 술 선 수 황 해 도 도 사 초 선 부 경 연 서 연 관 선 수 지 평 겸
稱其學識焉甲戌選授黃海道都事抄選付經筵書筵官旋授持平兼
진 선 집 의 사 불 취 계 미 승 승 지 참 의 병 간 사 익 종 대 청 초 정 배 리 조 참
進善執義辭不就癸未陞承旨參議並懇辭翼宗代聽初政拜吏曹參
의 선 배 찬 선 위 세 손 부 졸 년 칠 십 일 시 문 원
議旋拜贊善爲世孫傅卒年七十一謚文元

기 론 리 기 설 왈 대 요 불 출 어 일 원 분 수 동 정 체 용 수 어 부 일 원 자 리
其論理氣說曰大要不出於一原分殊動靜體用數語夫一原者理

지 일 이 기 역 일 야 분 수 자 기 지 분 이 리 역 분 야 자 일 원 이 어 기 분 수 즉
之一而氣亦一也分殊者氣之分而理亦分也自一原而語其分殊則
천 지 만 물 구 속 분 수 자 분 수 이 어 기 일 원 즉 천 지 만 물 각 유 일 원 일 원
天地萬物俱屬分殊自分殊而語其一原則天地萬物各有一原一原
자 정 이 체 야 종 기 류 행 처 관 지 정 역 동 야 분 수 자 동 이 용 야 이 종 기 주
者靜而體也從其流行處觀之靜亦動也分殊者動而用也而從其主
재 관 지 동 역 정 야 우 왈 금 인 지 지 어 리 하 득 본 연 자 미 지 기 역 유 본 연
宰觀之動亦靜也又曰今人只知於理下得本然字未知氣亦有本然
본 연 처 편 시 신 야 연 리 즉 일 정 이 불 이 신 즉 만 변 이 불 측 즉 기 본 연 일
本然處便是神也然理則一定而不移神則萬變而不測卽其本然一
원 이 간 득 불 리 즉 기 만 변 일 정 이 간 득 부 잡 야 연 리 여 기 리 즉 이 잡 즉
原而看得不離卽其萬變一定而看得不雜也然理與氣離則二雜則
일 고 소 위 불 리 부 잡 지 시 형 용 비 일 비 이 난 형 지 묘 즉 무 론 주 리 여 주
一故所謂不離不雜只是形容非一非二難形之妙則毋論主理與主
기 역 필 취 불 리 이 성 부 잡 취 부 잡 이 간 불 리 방 견 기 호 수 상 형 지 의 야
氣亦必就不離而省不雜就不雜而看不離方見其互須相形之義也

주해_ㅇ胄筵(주연)－세자의 서연(書筵).

박윤원(朴胤源)

자는 영숙(永叔), 호는 근재(近齋)로 반남(潘南) 사람이다. 천품이 특이하고 살결이 맑고 깨끗하였다. 지혜가 일찍 발달하여 말을 배우자마자 문자를 알았다. 아이들과 함께 놀면서도 희롱하거나 함부로 굴지 않았으며, 담소하는 것이 모두 문자가 되고 비록 진기한 장난감이 앞에 있어도 보이지 않는 것처럼 하였다. 할머니 이씨 부인은 여사(女士)로서 학식이 있어 항상 공을 품에 안고 《소학》과 고사(古史)를 말로써 가르쳐주면 공은 벌써 그 대의를 깨달았다. 부인이 누에치기와 길쌈을 부지런히 하였는데 공이 〈양잠가(養蠶歌)〉를 지어서 기쁘게 하니 집안 사람들이 전해가며 외웠다.

나이 열 살이 못되어서 문리가 통달하여, 애써 가르치지 않아도 종일 독서하느라 침식을 잊었다. 총명함이 뛰어나 한번에 수십줄씩 읽

어서 비록 분량이 많은 책이라도 단숨에 읽어내리고, 읽은 지 오래된 것도 어른이 물으면 선뜻 대답하였다. 조금 장성해서는 고문을 더욱 많이 익혔는데 고묘(高妙)하고 연아(淵雅)하여 지은이의 신수(神髓)와 곧장 통하였다. 《남화경(南華經)》 읽기를 좋아하여 혹 1천 번씩 읽기에 이르렀으나 정자가 어긋난다 하여 보지 않은 것을 알고 나서는 장자(莊子)와 열자(列子)의 뜻이 담긴 글은 더 이상 읽지 않았다. 예원(藝院)의 제공이 공의 저술을 보여 달라고 하면 공은 내놓지 않으며 말하기를, "어떤 선비가 문사(文詞)를 당시의 재상에게 보이겠는가?" 하였다.

계사년 향시 때에 시험장이 문란하여 조정에서 포졸(捕卒)을 보내어 장내를 살피게 하였다. 공이 탄식하여 말하기를, "옛사람은 과거장에 둘러친 가시울타리를 보고서도 과거를 그만두었는데 하물며 포교(捕校)이겠는가?"하고서 드디어 시권(試券)을 버리고 돌아왔다. 마침내 과거 공부를 그만두면서 말하기를, "내가 이제 40세인데도 영화를 구한다면 이는 맹자의 부동심(不動心)이 아니며, 또 어버이가 계시지 않으니 누구를 위하여 영화를 구하겠는가? 더구나 과거는 그 일이 장사치가 물건을 파는 것과 비슷하니 뜻있는 선비라면 응시하지 않는 것이 첫째가는 의리이다." 하였다.

갑진년에 순암 오재순이 공과 제헌(霽軒) 심정진(沈定鎭)을 천거하였다. 임자년에 선공감감역을 배명하였으나 병을 핑계하여 사직하였다. 계축년에 좌상 김이소(金履素)와 우상 김희(金熹)가 연명으로 차자를 올려 천거하여 경연관에 붙였다. 무오년에 군직(軍職)에 붙여 배강(陪講)하도록 하였으나 병을 핑계로 사양하고 하사한 것도 받지 않아 관직에 있는 것으로 자처하지 않으니, 임금이 끝내 뜻을 굽힐 수 없음을 알고 특명으로 해직을 허락하였다. 향년 66세이다. 65세 때 홀연히 소강절이 66세 때 지은,

'나로 하여금 10년만 젊게 해준다면

조금이라도 일을 마칠 것인데
어찌하여 천지간에
해가 한가운데로 오는 이치는 없는가?
使吾却十年 亦可少集事
奈何天地間 可無再中理'

라는 시를 외웠으니 대개 시참(詩讖)이었던 것이다. 문집 수십권이 있다.

박 근 재 윤 원 자 영 숙 반 남 인 영 조 갑 인 생 생 품 절 이 비 부 청 형 성 우
朴近齋胤源字永叔潘南人英祖甲寅生生稟絶異肥膚清瑩性又
숙 혜 재 학 어 기 해 문 자 여 군 아 유 불 희 압 담 소 개 성 문 수 완 호 재 전 약
夙慧纔學語己解文字與群兒遊不戲狎談笑皆成文雖玩好在前若
무 도 야 조 비 리 부 인 녀 사 유 문 식 상 치 회 중 구 수 소 학 급 고 사 공 기 회
無睹也祖妣李夫人女士有文識常置懷中口授小學及古史公己會
기 대 의 부 인 근 잠 적 공 위 작 양 잠 가 이 열 지 강 조 자 성 가 인 전 송 년 미
其大義夫人勤蠶績公爲作養蠶歌以悦之腔調自成家人傳誦年未
급 취 전 문 리 취 달 불 번 교 수 종 일 이 오 지 망 침 식 언 총 영 절 인 일 독 하
及就傳文理驟達不煩教授終日伊吾至忘寢食焉聰穎絶人一讀下
수 십 행 수 거 편 개 구 편 진 소 독 수 경 시 장 자 유 문 즉 대 초 장 익 치 고 문
數十行雖鉅篇開口便盡所讀雖經時長者有問卽對稍長益治古文
고 묘 연 아 직 투 작 자 신 수 호 독 남 화 서 혹 지 천 편 이 이 패 정 자 불 관 장
高妙淵雅直透作者神髓好讀南華書或至千遍而以悖程子不觀莊
렬 지 의 수 불 부 독 예 원 제 공 요 견 공 저 술 공 불 출 왈 언 유 사 자 이 견 문
列之意遂不復讀藝院諸公要見公著述公不出曰焉有士子而見文
사 어 시 재 자 호 계 사 발 해 시 이 과 장 효 란 조 연 사 포 졸 형 복 원 공 기 왈
詞於時宰者乎癸巳發解時以科場殽亂朝廷使捕卒詗覆園公欺曰
석 인 유 견 극 리 이 폐 거 자 황 포 교 호 수 절 권 이 귀 수 폐 공 령 왈 오 금 사
昔人有見棘籬而廢擧者况捕校乎遂折券而歸遂廢功令曰吾今四
십 이 구 영 시 여 맹 자 부 동 심 이 의 차 친 부 재 수 위 영 호 황 과 거 사 근 가
十而求榮是與孟子不動心異矣且親不在誰爲榮乎况科擧事近街
육 사 이 유 지 즉 부 주 부 시 제 일 의 야 갑 진 오 순 암 재 순 이 공 급 심 제 헌
鬻士而有志則不冑赴是第一義也甲辰吳醇庵載純以公及沈霽軒
정 진 천 임 자 배 선 공 감 감 역 정 병 거 계 축 김 좌 상 리 소 김 우 상 희 련 답
定鎭薦壬子拜繕工監々役呈病遽癸丑金左相履素金右相熹聯劄

천 부 경 연 관 무 오 부 군 함 사 지 배 강 공 사 이 질 유 사 역 불 수 불 욕 이 견
薦付經筵官戊午付軍銜使之陪講公辭以疾有賜亦不受不欲以見
직 자 거 야 상 지 종 불 가 굴 특 명 허 해 기 미 정 월 졸 년 륙 십 륙 전 세 홀 송
職自居也上知終不可屈特命許解己未正月卒年六十六前歲忽誦
강 절 륙 십 륙 세 시 왈 사 오 각 십 년 역 가 소 집 사 내 하 천 지 간 일 무 재 중
康節六十六歲詩曰使吾却十年亦可少集事奈何天地間日無再中
리 개 언 참 야 유 문 집 수 십 권
理盖言讖也有文集數十卷

주해_ㅇ藝院(예원)–경연청(經筵廳).

임정주(任靖周)

자는 치공(穉恭), 호는 운호(雲湖)로 녹문(鹿門) 임성주(任聖周)의 동생이다. 임오년 진사시에 합격하고, 임진년에 교관(敎官)을 배명하였다가 시직(侍直)으로 옮겼다. 서연(書筵)의 고문(顧問)은 항상 공의 차지였는데 그 대답이 메아리처럼 정확하였다. 이에 경전을 항상 강론하는 이외에 정지(井地)·학교(學校)·공거(貢擧) 및 전곡(錢穀)·갑병(甲兵)·성지(城池)·관방(關防)·역대의 연혁 득실에 대해서도 자기의 말을 하는 것처럼 하여 물으면 즉시 응대하였다. 임금이 매양 마음을 기울여 들으시고 받아들이면서 극찬하기를, "오늘날의 석유(碩儒)를 꼽으라면 그대를 버리고 누구를 꼽겠는가?" 하였다. 이전에 그가 지은 《숙예록(宿預錄)》을 밀암(密庵) 김지행(金砥行)이 보고 매양 "3대 이후에 처음 있는 글이다."라고 감탄하였다고 한다. 을사년에 전생서주부(典牲署主簿)로 옮기고, 다음해에는 송화현감으로 나갔다. 당시 권세가의 시기를 받아 10여년 동안 벼슬길이 막혔다가 무신년에 온릉령(溫陵令)에 오르고, 청산현감(靑山縣監)으로 나갔는데 치적이 뛰어나 특별히 한 자급을 더하고 중추부(中樞府) 직함에 붙였다. 향년 70세이다.

근재 박윤원이 말하기를, "그의 학문은 내외와 본말을 겸한 유용한

학문으로 왕패(王覇)를 분석하고 또한 시무(時務)를 알았다."고 하였으며, 도암 이재는 조과입실(操戈入室)로 허여하였으며, 미호 김원행은 "열필의 말이 끄는 수레로도 쫓아가지 못한다."고 찬양하였으며, 상와(常窩) 이민보(李敏輔)는, "이치를 본 것이 정밀하고 순수하여 수백년 만에 처음이다." 하였으며, 녹문 임성주는, "그 견득(見得)한 곳이 탁연(卓然)하고 통투하기로는 내가 미칠 바가 아니다."라고 하였다.

그의 학설에 말하기를, "천명의 성(性)은 마땅히 본연으로 보아 천하를 통한 일성(一性)의 성으로 해야 하는데, 주자가 각순(各循) 각유(各有)로 해석하였으니 각각 상이한 뜻이 또한 그 가운데 있다 하겠다. 이제 각각 다르다고 한 것을 가지고 도(道)자에는 본연이라는 두 글자를 붙일 수 없다고 한다면, 그 성을 따른다(率性)고 한 의미가 어디에 있으며, 따라서 성과 도가 전혀 다른 둘이 된다는 말인가? 나의 성(己性), 남의 성(人性), 물의 성(物性)을 본연이라고 하면 다같이 본연이 되고, 기질이라고 하면 다같이 기질이 된다. 대개 소가 밭을 갈고 말이 달리는 것을 같다고 말하지는 못하지만, 만약 이것이 오로지 기질의 성을 지적한 것이라고 한다면 성인이 그 본연을 버리고 사람을 기질의 이(理)로써 가르치는 것은 어찌된 것인가?" 하였는데, 매산 홍직필은 말하기를, "이는 공이 홀로 고명한 데에 도달하여 성명의 이(理)를 분석한 것이다." 하였다.

임 운 호 정 주 자 치 공 록 문 성 주 제 영 조 정 미 생 임 오 중 진 사 임 진 배
任雲湖靖周字穉恭鹿門聖周弟英祖丁未生壬午中進士壬辰拜
교 관 천 시 직 서 연 고 문 항 속 어 공 공 탄 대 여 향 어 시 경 전 상 강 지 외 여
教官遷侍直書筵顧問恒屬於公々殫對如響於是經傳常講之外如
정 지 학 교 공 거 급 전 곡 갑 병 성 지 벽 방 력 대 지 연 혁 득 실 여 송 기 언 고
井地學校貢擧及錢穀甲兵城池闢防歷代之沿革得失如誦己言叩
지 즉 응 상 매 경 심 청 납 극 가 칭 장 왈 당 금 석 유 사 이 기 수 기 전 소 저 숙
之則應上每傾心聽納亟加稱奬曰當今碩儒捨爾其誰其前所著宿

예 록 김 밀 암 지 행 매 탄 기 삼 대 후 초 유 지 문 운 을 사 이 전 생 주 부 명 년
預錄金密庵砥行每歎其三代後初有之文云乙巳移典牲主簿明年
출 감 송 화 현 위 당 로 소 기 지 폐 십 여 년 무 신 서 복 온 릉 령 출 감 청 산 현
出監松禾縣爲當路所忌枳廢十餘年戊申叙復溫陵令出監靑山縣
이 치 최 특 가 일 자 부 서 추 함 병 진 졸 년 칠 십
以治最特加一資付西樞啣丙辰卒年七十

박 근 재 왈 내 외 본 말 유 용 지 학 분 탁 왕 패 역 식 시 무 도 암 허 이 조 과
朴近齋曰內外本末有用之學分析王覇亦識時務陶庵許以操戈
입 실 미 호 찬 이 십 가 난 추 리 상 와 민 보 운 견 리 정 순 수 백 년 소 창 유 록
入室渼湖贊以十駕難追李常窩敏輔云見理精純數百年所創有鹿
문 칭 기 견 처 탁 연 명 투 비 오 소 급
門稱其見處卓然明透非吾所及

기 학 설 왈 천 명 지 성 고 당 작 본 연 이 위 통 천 하 일 성 지 성 주 자 이 각
其學說曰天命之性固當作本然而爲通天下一性之性朱子以各
순 각 유 석 지 즉 각 이 지 의 역 재 기 중 금 이 각 이 이 운 어 도 자 불 가 하 본
循各有釋之則各異之意亦在其中今以各異而云於道字不可下本
연 이 자 즉 오 재 기 솔 성 지 위 이 성 여 도 판 연 이 위 이 야 기 지 성 인 지 성
然二字則惡在其率性之謂而性與道判然而爲二耶己之性人之性
물 지 성 위 지 본 연 즉 동 위 본 연 위 지 기 질 즉 동 위 기 질 부 우 경 마 치 불
物之性謂之本然則同爲本然謂之氣質則同爲氣質夫牛耕馬馳不
가 위 동 약 왈 시 전 지 기 질 지 성 즉 성 인 사 기 본 연 교 인 이 기 질 지 리 하
可謂同若曰是專指氣質之性則聖人捨其本然敎人以氣質之理何
야 홍 매 산 왈 차 즉 공 독 조 고 명 소 이 부 석 성 명 지 리 야
也洪梅山曰此則公獨造高明所以剖析性命之理也

주해_ㅇ操戈入室(조과입실)－스승이 제자를 인정하여 허락하는 말.
ㅇ各循(각순)－각각 성(性)의 자연을 순환한다.
ㅇ各有(각유)－각각 당연히 행할 길이 있다.

송치규(宋穉圭)

자는 기옥(奇玉), 호는 강재(剛齋)로 우암 송시열의 6대손이다. 과재(過齋) 김정묵(金正默)에게 수학하였는데 과재가 강(剛)자로 서재의 편액을 삼으라고 명하니 '강과결렬(剛果決烈)'이라는 넉자를 써서

벽에 걸어놓고 스스로를 경계하였다. 무오년에 천거되어 영릉참봉(英陵參奉)이 되었으나 나아가지 않았고, 경신년에 자의(諮議) 겸 경연서 연관(經筵書筵官)을 배명하였으나 또 나아가지 않았다. 순조가 즉위하고서 비로소 호조랑(戶曺郎)·지평·장령을 제수하고 여러번 돈독한 유시를 내렸다. 사관(史官)이 서로 지키면서 달을 넘긴 것이 네 번이나 되었지만 글을 올려 사양했다. 이로부터 부르시는 명이 연달아 내리고 벼슬이 여러번 올라 좨주(祭酒)·찬선(贊善)·이조와 공조의 참판, 대사헌·좌승지·형조판서의 명을 받았으나 모두 나아가지 않았다. 향년 80세이다. 시호는 문간(文簡)이며 유고가 있다.

공은 안동의 구담(九潭) 외가에서 출생하였다. 귀가 크고 코는 길었으며 살빛이 눈처럼 깨끗했다. 두 눈에서는 빛이 났으며 중후 온화하고 순수했다. 그의 학문은 독서하여 궁리하는 데 반궁(反躬)·실천(實踐)을 근본으로 삼았다. 처음 출사(出仕)하면서부터 상경(上卿)에 이르기까지 벼슬을 제수함이 서로 이어졌고 은혜로운 유시가 거듭 이르렀지만 시종 변함없이 굳게 사양하면서, "지금 세상을 당해서는 비록 맹자 같은 역량을 지키고 있다 하더라도 조치하기 어렵습니다. 세상일에 익숙하지 못할 뿐만 아니라 저의 재능이 세밀하지 못하고 엉성하기 때문입니다."라고 하였다. 후진을 가르쳐 인도하는 데 있어 고충을 털어놓고 집지(執贄)를 허락하지 않으며 말하기를, "이 예법은 유명무실해졌으니 그 헛된 이름을 버리고 실지 본의를 살려두면 된다."고 하였다. 또 말하기를, "이름나기를 좋아하는 것이 학자의 폐단이나 지금 세상에서는 참으로 이름을 좋아하는 선비를 보기 어렵다. 진실로 이름을 좋아한다면 점점 검속하여 퇴폐한 풍속을 바로잡을 수 있을 것이다." 하였다.

세상의 학자들이 일찍이 진지실천(眞知實踐)을 구하지 않고 입으로 지껄이면서 귀로 듣고 흘려버리는 학문만을 일삼는 것을 병통으로 여겼다. 호락(湖洛)의 의논이 갈라지면서부터 피차간에 서로 쟁론하여 심하면 눈을 부릅뜨고 원수처럼 여겼으므로 쉽게 허여하여 말한 적이 없었다.

그가 이기(理氣)를 논하여 이렇게 말했다.

"이라는 것은 기의 주재요, 기라는 것은 이가 타는 바이다. 기가 생겨난 까닭을 미루어보면 비록 본디 이가 있다 하지만, 이가 서는 바(所立)를 논하면 또한 반드시 기에 있다. 선후가 있지만 실은 선후가 없고, 이합(離合)이 있지만 실은 이합이 없으니, 일(一)이지만 이(二)요, 이이지만 일인 것이다."

인물성(人物性)을 논함에 있어 이동기이(理同氣異)를 주로 하여 다음과 같이 말하였다.

"기질은 다만 인과 물만 같지 않은 것이 아니다. 사람과 사람도 각각 같지 않으며, 물과 물 역시 같지 않다. 본연은 사람과 사람이 모두 같을 뿐 아니라, 물(物) 또한 사람과 다를 것이 없으니 이것이 일본(一本)이지만 만수(萬殊)요, 만수이지만 일본인 까닭이다."

심체(心體)를 논하여 이렇게 말했다.

"심(心)을 기(氣)라고 하는 것은 성(性)에 상대시킨 칭호이다. 기의 정상(精爽)은 기질 중에 갇혀 있지 않은 것이니 방촌중(方寸中)의 이 또한 선하고, 기 또한 선하다. 여기에는 악(惡)자를 놓을 수 있으니 만약 본심에 악이 있다고 한다면 이른바 처음을 회복한다(復初)는 것은 다만 그 악을 회복할 따름이니 어떻게 학문이 되겠는가?"

송치규자기옥호강재우암륙대손영조기묘생학우김과재정묵
宋稚圭字奇玉號剛齋尤庵六代孫英祖己卯生學于金過齋正默
과재명이강자편재고인서강과결렬사자게벽자경무오천수영릉
過齋命以剛字扁齋故因書剛果決烈四字揭壁自警戊午薦授英陵
참봉불취경신배자의겸경연서관우불출급순묘사위시제호조랑
叅奉不就庚申拜諮議兼經筵書官又不出及純廟嗣位始除户曹郎
지평장령루하돈유사관상수열월사상장사자시소명련하루승지
持平掌令累下敦諭史官相守閱月四上章辭自是召命連下累陞至

제 주 찬 선 리 공 참 판 대 헌 좌 승 지 형 조 판 서 병 불 출 무 술 졸 년 팔 십 시
祭酒賛善吏工叅判大憲左承旨刑曹判書並不出戊戌卒年八十謚

문 간 유 유 고 공 생 우 안 동 지 구 담 외 가 대 이 수 준 비 부 옥 설 이 쌍 모 형
文簡有遺稿公生于安東之九潭外家大耳脩準肥膚玉雪而雙眸炯

연 기 도 응 중 온 윤 정 순 기 학 이 독 서 궁 리 반 궁 실 천 위 본 자 서 사 지 상
然器度凝重溫潤精純其學以讀書窮理反躬實踐爲本自筮仕至上

경 제 명 상 속 은 유 천 첩 종 시 뢰 사 왈 당 금 지 세 수 유 맹 자 력 량 유 난 시
卿除名相續恩諭荐疊終始牢辭曰當今之世雖有孟子力量有難施

조 비 직 이 불 한 세 무 자 분 우 소 야 지 인 후 진 역 출 고 충 이 불 허 집 지 왈
措非直以不嫺世務自分迂疎也指引後進亦出苦衷而不許執贄曰

사 례 야 유 명 이 무 실 거 기 명 이 존 기 실 이 가 야 차 운 호 명 고 학 자 지 폐
斯禮也有名而無實去其名而存其實而可也且云好名固學者之弊

이 금 세 역 난 견 호 명 지 사 신 능 호 명 즉 역 초 초 검 압 가 교 퇴 속 야 병 세
而今世亦難見好名之士信能好名則亦稍々檢押可矯頹俗也病世

지 학 자 미 상 구 진 지 실 천 이 전 사 구 이 자 호 락 지 론 기 이 피 차 호 쟁 심
之學者未嘗求眞知實踐而全事口耳自湖洛之論岐貳彼此互爭甚

즉 탱 미 노 안 편 약 구 적 고 미 증 용 이 설 여 상 타 파 기 론 리 기 왈 리 자 기
則撑眉努眼便若仇敵故未曾容易說與嘗打破其論理氣曰理者氣

지 주 재 기 자 리 지 소 승 원 기 지 소 이 생 즉 수 고 유 리 이 론 리 지 소 립 즉
之主宰氣者理之所乘原氣之所以生則雖固有理而論理之所立則

역 필 재 기 유 선 후 이 실 무 선 후 유 리 합 이 실 무 리 합 일 이 이 이 이 일 야
亦必在氣有先後而實無先後有離合而實無離合一而二二而一也

론 인 물 성 즉 주 리 동 기 이 일 기 질 비 직 인 물 부 동 인 인 각 부 동 본 연 비
論人物性則主理同氣異日氣質非直人物不同人人各不同本然非

도 인 인 개 동 물 역 여 인 무 이 차 소 이 일 본 이 만 수 만 수 이 일 본 야 론 심
徒人々皆同物亦與人無異此所以一本而萬殊萬殊而一本也論心

체 즉 왈 심 기 야 자 대 성 지 칭 기 지 정 상 불 유 기 질 방 촌 중 리 역 선 기 역
體則曰心氣也者對性之稱氣之精爽不囿氣質方寸中理亦善氣亦

선 어 차 하 악 자 부 득 약 운 본 심 유 악 즉 소 위 복 초 자 지 복 기 악 이 기 언
善於此下惡字不得若云本心有惡則所謂復初者只復其惡而己焉

용 학 위
用學爲

위백규(魏伯珪)

자는 자화(子華), 호는 존재(存齋)로 장흥(長興) 사람인 태보(太保)

위계정(魏繼廷)의 후손이다. 3세 때에 글을 읽을 줄 알아 여름인데도 들어앉아 무릎을 꿇고 책읽기를 익혔다. 매양 푸닥거리를 하거나 광대·기생들이 한데 섞여 희롱하면 어른 아이 할 것 없이 한데 어울려 법석댔지만 그는 유독 아무것도 보이는 것이 없는 것처럼 하였다. 어린 동생과 놀면서 동생이 기어다니다가 마루 아래로 떨어져 다칠 형세가 되었는데, 곧 짚단을 끌어다 사다리를 만들어 내려놓았다. 어른들이 기특히 여겨 말하기를, "네살 된 아이가 저러하니 후일의 경륜(經綸)을 헤아려 알 수 있다."고 하였다.

6세에 《소학》을 읽으면서 언해를 잠시 보더니 삼성(三聲)·전주(轉注)·반절법(反切法)을 체득하였다. 이웃집에서 모자와 형제가 서로 싸우는 것을 보고서는 바로 '선하지 않으면 사람이 아니요, 효도를 하지 않으면 사람의 자식이 아니다(不善非人 不孝非人子)'라는 아홉 글자를 종이에 써서 차고 다녔다. 8세에 《대학》을 읽고서 문득 수신하는 법을 알았다. 새벽이면 일어나 세수하고는 어느 날에는 무슨 말을 잘못하였고, 어떤 일을 그르쳤다고 기록하여 스스로를 경계하였다. 어른들이 등불을 제목으로 삼아 글을 지으라 명하니 대답하기를, "물건을 비추니 어두운 것을 속일 수가 없고, 단심(丹心)은 본래 밝은 것임을 보겠네." 하였다.

9세 때 천관산(天冠山)에 올라가 시를 지었는데 이르기를,

'천관사에 가서
사다리로 봄 하늘에 오르네.
인간의 세상 굽어보니
티끌이 3만리나 되네.
發跡天冠寺　梯空上春天
俯觀人間世　塵埃三萬里'

하였으니 그 지기(志氣)의 초월함이 이와 같았다.

손수 공자의 화상을 모사(摹寫)하여 벽에 걸어놓고 절하면서 아울

러 안자·증자·자사·맹자도 지방(紙榜)을 써두었다. 그 아래에서 독서하면서 좌우명을 지었는데 이르기를, "옛적의 인(仁)은 사랑이었는데 지금의 인(仁)은 과거공부라네. 옛적의 의(義)는 마땅함이더니 지금의 의는 강려(剛戾)함이네. 옛적의 예(禮)는 공경함이더니 지금의 예는 겉치레일세. 옛적의 지(智)는 지(知)이더니 지금의 지는 속임수로다." 하였다. 또 이르기를, "남을 보기보다는 차라리 자신을 보고, 남에게 듣기보다는 차라리 자신에게서 듣는다."고 하였다. 일찍이 함께 글을 배우는 자들과 더불어 글을 지어 뜻을 말하였는데 모두 영달에 뜻을 둔 내용이었다. 공은 홀로 이르기를, "독서하여 성인을 배우고 몸을 세워 부모를 드러나게 하리라. 만약 풍진 세상을 만나면 연하(煙霞) 사이에서 자연을 노래하리라." 하였다.

경서를 연구하다가 뜻을 알지 못하면 그대로 있지 않았다. '기삼백(朞三百)'이란 대목에 대한 전후의 주해를 읽어보고는 이미 뜻을 깨달았다. 조금 장성해서는 널리 제가(諸家)를 섭렵하여 천문(天文)·지리(地理)·율력(律曆)·복서(卜筮)·병도(兵韜)·산수(算數) 등에 대한 서적을 모두 보았으며, 백공(百工)·기예(技藝)에 이르기까지도 전부 눈으로 보아 알고 마음속으로 터득하였다. 손수 선기옥형(璿璣玉衡)을 제작하였는데 도수가 조금도 틀리지 않았다. 한 가지 재능으로 이름을 이루려 하지 않았고, 역(易)과 예(禮)에 힘을 썼는데 《고금예설(古今禮說)》 및 《역학계몽(易學啓蒙)》 등의 책을 항상 몸에서 떼지 않고 전공하였다. 관례를 치르고 나자 이미 거유(巨儒)가 되어 원근에서 소문을 듣고 많은 사람들이 모여들었다. 고을 수령이 공을 천거하기를, "재주가 높고 행실이 아름다우며 학문은 《역학계몽》에 깊었다."고 하였는데, 이때 겨우 약관을 넘은 나이였다.

신미년에 윤봉구의 문하에 집지(執贄)하였다. 을유년에 생원시에 합격하고, 정조 을묘년에 특별히 군직(軍職)에 붙이고 관찰사에게 명하여 후히 돌보아주게 하고, 인하여 공이 지은 《환영지(寰瀛志)》를 올리라고 명하였다. 이때 공의 나이 69세였다. 병진년에 선공감부봉사로서 명을 받아 대궐에 나아가 만언봉사(萬言封事)를 올린 뒤에 옥과현감(玉果縣監)에 특제되어 역마를 타고 부임하여 고을의 폐단을 제거하고 공해(公廨)를 수리하였는데 병으로 사면하였다. 향년 72세이다.

공(公)이 일찍이 나라를 경제(經濟)할 뜻을 품고 8도의 산천과 토지의 척박하고 비옥함, 정치의 폐단과 민속, 거리의 원근과 지세의 평탄하고 험준함 등을 널리 고증하고 깊이 연구하였는데, 명료하기가 손바닥을 가리키는 것과 같았다. 이름하여 《정현신보(政弦新譜)》라 하였는데 항목에 따라 폐단을 바로잡아 나라를 구제할 방법을 개진하고 백성들을 구휼하는 절목을 기술하였다. 일찍이 경전(經傳) 가운데에서 격언(格言)과 지론(至論)을 뽑아 베끼고 책이름을 《고금(古琴)》이라고 하였다. 저서에 또 《예설(禮說)》·《경서조대(經書條對)》·《독서차록(讀書箚錄)》·《시소(詩疏)》·《전기서설(傳記序說)》 등이 있는데 잡저와 문집을 합쳐 1백여권이 된다. 일찍이 탄식하기를, "만약 후세에 양자운(揚子雲)이 나온다면 아침저녁으로 만나게 될 것이니 나는 천년 뒤에 스스로 기약한 것을 보게 될 것이다." 하였다.

정조가 경연의 신하들에게 말하기를, "위백규가 백수(白首)의 가난한 선비로서 마음속에 간직한 바를 글로 써서 올렸는데 모두 수천마디였다. 종횡으로 박흡(博洽)하여 가상한데 중신(重臣)과 대신(臺臣)들이 서로 계속하여 공격하니 그래서야 어떻게 초야에 있는 선비를 권장할 수 있으며, 소원한 사람이 올린 말을 조정에 이르게 할 수 있겠는가? 내가 매우 좋게 여기지 않는다." 하였다.

매산 홍직필은 이렇게 말했다.

"호남의 학문은 하서(河西)와 고봉(高峯)에게서부터 시작하여 손재(遜齋) 박광일(朴光一)과 목산(木山) 이기경(李基敬)에 이르고, 공이 또 양현의 뒤를 이어 일어나 경륜(經綸)과 재주로써 모범이 되었다. 진실로 세상에 수용될 만한 인재였으며 유용한 학문이었는데, 늦게야 기회를 만나 그것이 시행되지 못했으니 애석하다. 공이 일찍이 계항산(桂巷山)에서 살았기 때문에 학자들이 많이 계항 선생이라고 불렀다.”

위 존 재 백 규 자 자 화 호 남 장 흥 인 태 보 계 정 지 후 영 조 정 미 생 삼 세
魏存齋伯珪字子華湖南長興人太保繼廷之後英祖丁未生三歲
지 독 서 방 하 병 처 습 궤 좌 매 향 나 급 창 기 잡 희 소 장 분 파 이 독 약 무 도
知讀書方夏屛處習跪坐每鄕儺及倡妓雜戲少長奔波而獨若無覩
여 유 제 유 희 제 포 복 장 하 당 세 필 추 상 즉 예 갈 속 제 이 하 지 장 자 기 지
與幼弟遊戲弟匍匐將下堂勢必墜傷卽曳秸束梯以下之長者奇之
왈 사 세 아 내 이 가 량 이 일 경 륜 야 륙 세 독 소 학 사 열 언 해 편 효 삼 성 전
曰四歲兒乃爾可量異日經綸也六歲讀小學乍閱諺解便曉三聲轉
주 반 절 지 법 견 린 인 자 모 제 형 상 열 자 즉 서 불 선 비 인 불 효 비 인 자 구
注反切之法見隣人子母弟兄相閱者卽書不善非人不孝非人子九
자 어 지 패 지 팔 세 독 대 학 편 해 제 궁 매 상 필 관 첩 기 모 일 실 모 언 오 모
字於紙佩之八歲讀大學便解提躬昧爽必盥輒記某日失某言誤某
사 이 자 경 장 로 지 정 명 제 대 왈 조 물 불 기 암 단 심 견 본 명 구 세 등 천 관
事以自警長老指灯命題對曰照物不欺暗丹心見本明九歲登天冠
산 작 시 운 발 적 천 관 사 제 공 상 춘 호 부 관 인 간 세 진 애 삼 만 리 기 지 기
山作詩云發跡天冠寺梯空上春昊俯觀人間世塵埃三萬里其志氣
초 월 여 차 수 모 부 자 상 게 벽 이 배 병 사 안 증 사 맹 우 지 방 독 서 기 하 작
超越如此手摸夫子像揭壁而拜並寫顔曾思孟于紙榜讀書其下作
좌 우 명 왈 고 지 인 야 애 금 지 인 야 교 령 고 지 의 야 의 금 지 의 야 강 려 고
座右銘曰古之仁也愛今之仁也巧令古之義也宜今之義也剛戾古
지 례 야 경 금 지 례 야 식 위 고 지 지 야 지 금 지 지 야 사 휼 우 운 여 기 시 인
之禮也敬今之禮也飾僞古之智也知今之智也詐譎又云與其視人
녕 자 시 여 기 청 인 녕 자 청 상 여 동 학 자 술 시 서 지 개 지 어 영 달 이 공 독
寧自視與其聽人寧自聽嘗與同學者述詩書志皆志於榮達而公獨
운 독 서 학 성 인 립 신 현 부 모 약 우 풍 진 세 채 채 연 하 가 자 지 구 경 연 리
云讀書學聖人立身顯父母若遇風塵世採々煙霞歌紫芝劬經硏理
부 득 부 조 기 삼 백 주 선 후 설 재 열 기 능 령 오 초 장 박 섭 제 가 천 문 지 리
不得不措朞三百註先後說纔閱己能領悟稍長博涉諸家天文地理
률 력 복 서 병 도 산 수 지 류 망 불 수 라 지 백 공 기 예 개 목 격 심 해 수 조 기
律曆卜筮兵韜筭數之類罔不蒐羅至百工技藝皆目擊心解手造機

형 도 수 부 좌 이 불 욕 이 일 예 성 명 치 력 어 역 례 고 금 례 설 급 역 총 계 몽
衡度數不左而不欲以一藝成名致力於易禮古今禮說及易總啓蒙
등 서 상 수 신 이 전 야 기 관 기 성 거 유 원 근 문 풍 분 집 읍 재 천 공 왈 재 고
等書常隨身而專治旣冠己成巨儒遠近聞風坌集邑宰薦公曰才高
행 미 학 수 계 몽 시 공 년 재 유 약 관 신 미 췌 견 우 윤 병 계 지 문 을 유 중 생
行美學邃啓蒙時公年纔踰弱冠辛未贅見于尹屛溪之門乙酉中生
원 정 조 을 묘 특 부 군 어 명 도 신 돈 유 잉 명 상 공 소 저 환 영 지 시 공 년 륙
員正祖乙卯特付軍御命道臣敦遺仍命上公所著寰瀛志時公年六
십 구 병 진 이 선 공 감 부 봉 사 응 명 예 궐 상 만 언 봉 사 특 제 옥 과 현 감 승
十九丙辰以繕工監副奉事膺命詣闕上萬言封事特除玉果縣監乘
일 부 임 통 제 읍 막 수 선 공 해 이 병 사 무 오 졸 년 칠 십 이 공 숙 포 경 제
馹赴任痛除邑瘼修繕公廨以病辭戊午卒年七十二公夙抱經濟
지 지 상 미 팔 역 산 천 토 지 요 척 정 폐 민 속 원 근 험 이 망 불 박 고 잠 구 료
之志嘗迷八域山川土地饒瘠政廢民俗遠近險夷罔不博考潛究瞭
여 지 장 명 지 왈 정 현 신 보 수 진 교 구 지 방 저 분 진 절 목 상 초 경 전 중 격
如指掌名之曰政弦新譜隨陳矯捄之方著分賑節目嘗抄經傳中格
언 지 론 명 왈 고 금 소 저 우 유 례 설 경 서 조 대 독 서 답 록 시 소 전 기 서 설
言至論名曰古琴所著又有禮說經書條對讀書劄錄詩䟽傳記序說
합 잡 저 문 집 등 백 여 권 상 탄 왈 약 유 후 세 자 운 역 당 조 모 여 어 천 재 지
合雜著文集等百餘卷嘗歎曰若有後世子雲亦當朝暮余於千載之
하 기 소 자 기 가 견 야
下其所自期可見也

정 조 상 유 연 신 왈 위 백 규 이 백 수 고 궁 지 사 서 진 소 온 수 미 루 천 언
正祖嘗諭筵臣曰魏伯珪以白首固窮之士書進所蘊首尾累千言
종 횡 박 흡 유 족 가 상 중 신 대 신 상 계 공 지 하 이 권 초 야 지 사 이 래 소 원
縱橫博洽有足嘉尚重臣臺臣相繼攻之何以勸草野之士而來踈遠
지 언 호 여 심 불 취
之言乎予甚不取

홍 매 산 왈 호 남 지 학 유 하 서 고 봉 이 지 우 손 재 목 산 공 우 전 량 현 이
洪梅山曰湖南之學由河西高峯而至于遜齋木山公又殿兩賢而
작 이 경 륜 재 유 울 유 범 위 순 수 세 지 재 유 용 지 학 이 만 모 조 봉 망 구 궐
作以經綸才猷蔚有範圍洵需世之才有用之學而晩暮遭逢罔究厥
시 석 재 공 상 거 계 항 산 중 고 학 자 칭 계 항 선 생
施惜哉公嘗居桂巷山中故學者稱桂巷先生

주해_ㅇ巧令(교령)—어여쁘게 꾸미는 뜻. 어진 척하는 것.

ㅇ剛戾(강려)－사나운 것.
ㅇ璣衡(기형)－선기옥형(璇璣玉衡).
ㅇ固窮(고궁)－안빈(安貧)의 뜻.

남용만(南龍萬)

자는 붕로(鵬路), 호는 활산(活山)으로 영양(英陽) 사람이다. 영조 병자년 생원시에 합격하고, 정종 무술년에 학행으로 추천되어 희릉참봉(禧陵參奉)에 제수되었으나 나아가지 않았다. 향년 76세이다. 공은 경학과 문장, 행의(行誼)가 한 고을의 으뜸이었는데, 경제학에 더욱 조예가 깊었다. 유집 8권과 《수록(隨錄)》 등의 책이 있다. 그의 아들 남경화(南景禾)·남경희(南景羲) 또한 학문으로 일컬어졌다.

남기만(南基萬)

자는 백온(伯溫), 호는 묵산(默山)으로 영양 사람이다. 갑오년 대소과(大小科)에 합격하였으며 향년 67세이다. 경학에 조예가 깊었고 성력(星曆)·산수(算數)·참동계(參同契)·역학(易學) 및 외가(外家)의 여러 책에도 통달하지 않은 것이 없었다. 유집 4권이 있다.

남 용 만 자 붕 로 호 활 산 영 양 인 숙 종 기 축 생 영 조 병 자 중 생 원 정 종
南龍萬字鵬路號活山英陽人肅宗己丑生英祖丙子中生員正宗
무 술 이 학 행 천 수 희 릉 참 봉 불 사 갑 진 몰 년 칠 십 륙 공 경 학 문 행 위 일
戊戌以學行薦授禧陵叅奉不仕甲辰歿年七十六公經學文行爲一
향 소 종 우 심 경 제 학 유 유 집 팔 권 급 수 록 등 서 기 자 경 화 경 희 역 이 문
鄕所宗尤深經濟學有遺集八卷及隨錄等書其子景禾景羲亦以問
학 문 칭
學文稱

남 기 만 자 백 온 호 묵 산 영 양 인 영 조 경 술 생 갑 오 중 대 소 료 정 조 병
南基萬字伯溫號默山英陽人英祖庚戌生甲午中大小料正祖丙
진 몰 년 륙 십 칠 공 심 어 경 학 우 성 력 산 수 참 동 계 역 학 외 가 제 서 무 불
辰歿年六十七公深於經學又星曆算數叅同契易學外家諸書無不

통 효 유 유 집 사 권
通曉有遺集四卷

황윤석(黃胤錫)

자는 영수(永叟), 호는 이재(頤齋), 월송외사(越松外史)로 취은(醉隱) 황세기(黃世基)의 손자이다. 정조 때 유학(儒學)으로 일컬어졌는데 일찍이 미호 김원행의 문하에서 수학하였다. 역상(易象)·악률(樂律)·자의(字義)·산술(算術) 등에 관하여 저술한 것이 수십종에 이르는데 모두 선인(先人)들이 발명하지 못한 것들이었다. 또《성리해석(性理解釋)》·《군경강의차록(群經講義箚錄)》·《심의회통(深衣會通)》·《신제부인회두제도(新制婦人繪頭制度)》·《곡석설(斛石說)》·《전화경중설(錢貨輕重說)》·《화음방언자의해(華音方言字義解)》·《자모변(字母辨)》·《국조상례보편후설(國朝喪禮補篇後說)》등 유고 26권이 세상에 전해지고 있다.

황 윤 석 자 영 수 호 이 재 우 월 송 외 사 취 은 세 기 손 정 조 시 이 유 학 칭
黃胤錫字永叟號頤齋又越松外史醉隱世基孫正祖時以儒學稱
상 수 업 어 미 호 김 원 행 지 문 이 역 상 악 률 자 의 산 술 지 류 소 저 술 다 지
嘗受業於渼湖金元行之門以易象樂律字義算術之類所著述多至
수 십 종 개 전 인 소 미 발 우 유 성 리 해 석 군 경 강 의 답 록 심 의 회 통 신 제
數十種皆前人所未發又有性理解釋群經講義劄錄深衣會通新制
부 인 회 두 제 도 곡 석 설 전 화 경 중 설 화 음 방 언 자 의 해 자 모 변 국 조 상
婦人繪頭制度斛石說錢貨輕重說華音方言字義解字母辨國朝喪
례 보 편 후 설 등 유 고 범 이 십 륙 권 행 우 세
禮補篇後說等遺稿凡二十六卷行于世

김상리(金相离)

자는 이흡(而洽), 호는 송와(松窩)로 경주(慶州) 사람이다. 김경복(金慶福)의 6대손이다. 병신년에 학행으로 천거되어 지릉별검(智陵別檢)에 제수되었는데 벼슬이 주부(主簿)에 이르렀다. 향년 75세이다.

북도(北道) 사람으로 경학을 주창하여 문운(文運)을 진작시킨 것은 실로 공이 처음이다. 유집 4권이 있다.

임종칠(林宗七)

자는 내경(來卿), 호는 둔오(屯塢)로 길주(吉州) 사람이다. 관북(關北)의 경학은 송암(松巖) 이재형(李載亨)과 구암(龜巖) 이원배(李元培)로부터 시작하여 둔오공에게 전해졌다. 헌종 때에 학행으로 천거되어 참봉과 주부에 제수되었으나 모두 나아가지 않았다. 뒤에 그 아들 임익증(林翊曾)이 귀하게 되어 통정(通政)에 올랐다. 향년 78세이다. 유집 11권이 있다.

김 상 와 자 이 흡 호 송 와 경 주 인 경 복 륙 대 손 영 조 임 자 생 병 신 이 학
金相咼字而洽號松窩慶州人慶福六代孫英祖壬子生丙申以學
행 천 수 지 릉 별 금 관 지 주 부 순 조 병 인 년 칠 십 오 이 북 도 인 주 창 경 학
行薦授智陵別禁官至主簿純祖丙寅年七十五以北道人主倡經學
진 기 문 운 실 자 공 시 야 운 유 유 집 사 권
振起文運實自公始也云有遺集四卷

임 종 칠 자 래 경 호 둔 오 길 주 인 정 조 신 축 생 관 북 경 학 자 리 송 암 재
林宗七字來卿號屯塢吉州人正祖辛丑生關北經學自李松巖載
형 리 구 암 원 배 시 전 우 둔 오 공 헌 종 시 이 학 행 천 수 참 봉 주 부 개 불 취
亨李龜巖元培始傳于屯塢公憲宗時以學行薦授叅奉主簿皆不就
후 이 기 자 익 증 귀 은 폐 통 정 철 종 무 오 몰 년 칠 십 팔 유 유 집 십 일 권
後以其子翊曾貴恩陛通政哲宗戊午歿年七十八有遺集十一卷

주해_ ㅇ金相咼(김상와)－김상리(金相离)가 맞음.
ㅇ吉州(길주)－전주(全州)가 맞음.

윤대순(尹大淳)

자는 자휘(子輝), 호는 활수옹(活水翁)으로 파평(坡平) 사람이다. 대대로 관북(關北)에 살았는데 절제사 윤여신(尹汝莘)의 6세손이다.

헌종 병신년에 천거되어 지릉참봉(智陵參奉)을 배명하고 벼슬이 첨지중추부사(僉知中樞府事)에 이르렀다. 향년 78세이다. 문학과 행실이 독실한 것으로 일컬어졌으며 유집 4권이 있다.

김낙풍(金樂豊)

자는 적여(績汝), 호는 삼락재(三樂齋)로 의성(義城) 사람이다. 대대로 용강군(龍岡郡)에 살았으며 첨지(僉知) 김성(金城)의 아들이다. 타고난 천품이 특이하고 영특하였다. 7세 때에 《소학》을 통독하고 글씨와 예능에 통했다. 자라서는 삼산재(三山齋) 김이안(金履安)에게 수학하여 학문의 연원이 분명했다. 순조 갑술년 생원시에 합격하고, 을해년 문과에 장원으로 급제하여 벼슬이 병조참의에 이르렀으며, 계미년에 사직하고 전원으로 은퇴하였다. 이듬해에 특별히 돈녕도정(敦寧都正)을 제수하였으나 사양하고 다시는 나가지 않았는데 이때 나이가 40이 채 안되었다. 감사 김교근(金敎根)이 감탄하기를, "김모는 진퇴가 중용에 맞는다."고 하였다. 효제심(孝悌心)이 뛰어났다.

윤 대 순 자 자 휘 호 활 수 옹 본 파 평 인 세 거 관 북 절 제 사 여 신 륙 세 손
尹大淳字子輝號活水翁本坡平人世居關北節制使汝莘六世孫
정 조 기 해 생 헌 종 병 신 천 수 지 릉 참 봉 관 지 첨 중 추 태 왕 을 축 몰 년 칠
正祖己亥生憲宗丙申薦授智陵叅奉官至僉中樞太王乙丑歿年七
십 팔 이 문 학 독 행 칭 유 유 집 사 권
十八以文學篤行稱有遺集四卷

김 락 풍 자 적 여 호 삼 락 재 의 성 인 세 거 룡 강 군 첨 지 성 자 생 품 이 질
金樂灃字績汝號三樂齋義城人世居龍岡郡僉知城子生禀異質
영 오 수 절 칠 세 통 소 학 겸 필 예 급 장 수 업 우 김 삼 산 리 안 학 유 연 원 순
穎悟殊絶七歲通小學兼筆藝及長受業于金三山履安學有淵源純
조 갑 술 중 생 원 을 해 탁 문 과 장 원 관 지 병 조 참 의 계 미 부 귀 전 원 명 년
祖甲戌中生員乙亥擢文科壯元官至兵曹叅議癸未賦歸田園明年
특 수 돈 녕 도 정 사 불 복 출 시 년 미 강 사 감 사 김 교 근 탄 왈 김 모 진 퇴
特授敦寧都正辞不復出時年未强仕監司金敎根歎曰金某進退

득중효제천식
得中孝悌天植

주해_ㅇ金樂灃(김낙풍)－김낙풍(金樂豊)이 맞음.

박명벽(朴命璧)

자는 계립(季立), 호는 습재(習齋)로 영해(寧海) 사람이다. 신라의 영해백(寧海伯) 박제상(朴堤上)의 후손이다. 노주 오희상의 문하에 나아가 수학하면서 지금까지의 생각을 완전히 바꾸고는 "하마터면 일생을 허송할 뻔했다."고 하였다. 계해년에 진사시에 합격하여 벼슬이 감찰(監察)에 이르렀다. 향년 55세이다.

허준(許晙)

자는 원익(元翊), 호는 국은(菊隱)이며 김해(金海) 사람으로 죽암(竹庵) 허경윤(許景胤)의 후손이다. 경오년 진사시에 합격하였고 향년 69세이다. 타고난 성품이 인자하고 성실하였으며 몸가짐이 단정엄숙하였다. 평소 손에 재물을 가까이하지 않고 말하기를, "재물은 기름과 같아서 가까이하면 사람을 더럽힌다."고 하였다. 비록 병중이라도 하늘을 바라보고 반듯하게 눕지 않았는데 사람들이 그의 경(敬) 공부에 탄복하였다.

허보(許俌)

자는 덕명(德明), 호는 항재(恒齋)로 허준의 아들이다. 순조 갑술년 진사시에 합격하였고 향년 54세이다. 강고(江皐) 유심춘(柳尋春)에게 사사(師事)하였는데 강론이 뛰어나 깊이 추허(推許)하였다. 길에 굶주려 죽은 시체가 있는 것을 보고 사람을 시켜 묻어주며, "저 사람도 우리 동포이다."라고 하였다. 만년에 오양정(五養亭)을 지었는데 오양이란 양심(養心)·양성(養性)·양정(養情)·양병(養病)·양한(養閑)

을 말한다. 유고 몇권이 있다.

박 명 벽 자 계 현 호 습 재 녕 해 인 신 라 녕 해 백 제 상 지 후 종 사 우 로 주
朴命壁字季玄號習齋寧海人新羅寧海伯堤上之后從師于老洲
오 희 상 지 문 일 변 구 견 왈 기 허 도 일 생 계 해 중 진 사 관 지 감 찰 정 해 몰
吳熙常之門一變舊見曰幾虛度一生癸亥中進士官至監察丁亥歿
년 오 십 오
年五十五

허 난 자 원 익 호 국 은 본 김 해 인 죽 암 경 윤 후 영 조 기 사 생 경 오 중 진
許暖字元翊號菊隱本金海人竹庵景胤后英祖己巳生庚午中進
사 순 묘 정 축 몰 년 륙 십 구 부 성 자 양 지 기 장 엄 평 일 수 불 근 전 폐 왈 재
士純廟丁丑歿年六十九賦性慈諒持己莊嚴平日手不近錢幣曰財
유 니 야 근 지 즉 오 인 수 병 고 지 중 미 상 대 천 언 와 인 복 기 지 경 지 공
猶膩也近之則汚人雖病苦之中未嘗對天偃臥人服其持敬之工
자 보 자 덕 명 호 항 재 정 조 임 인 생 순 조 갑 술 중 진 사 을 미 몰 사 사 류
子俌字德明號恒齋正祖壬寅生純祖甲戌中進士乙未歿師事柳
강 고 심 춘 강 론 증 질 심 가 추 후 견 도 유 아 부 고 인 엄 격 왈 피 역 동 포 야
江皐尋春講論證質深加推詡見道有餓孚雇人掩骼曰彼亦同胞也
만 년 구 오 양 정 즉 양 심 양 성 양 정 양 병 양 한 야 유 유 고 략 간 권
晩年搆五養亭卽養心養性養情養病養閑也有遺稿略干卷

주해_ㅇ季玄(계현)－계립(季立)이 맞음.

김상일(金相日)

자는 자산(子山), 초명은 상언(相彦), 호는 일엄(一广)·농수(聾叟)이다. 광산(光山) 사람으로 사계 김장생의 후손이다. 9세에 할아버지에게 수업하여 이미 문의를 대략 터득했다. 겨울에 눈이 와서 쌓이자 홀로 북쪽 언덕에 올라가 종일 경치를 구경했다. 그의 할아버지께서 비록 꾸중은 하면서도 뜻은 허여하였다. 16세에 《논어》를 끼고 절에 가서 마음을 전일하게 하여 연구하였는데, 개연히 위기지학에 뜻을 두면서 탄식하기를, "만약 이것을 알지 못하면 사람다운 사람이 될 수 없다." 하였다.

장성해서는 비록 과장(科場)에 출입은 하였지만 마음으로 좋아서

한 것은 아니었다. 다시 《심경》과 《근사록》 등을 깊이 연구하여 거의 침식을 잊을 정도였다. 무신년에 구로동(九老洞)에 조그만 서재를 지어 조용히 살면서 도학을 강론하는 장소로 삼았다. 자신의 이름을 해석하여 이르기를, "움직일 때는 하늘의 해(日)가 행하는 것을 본받으므로 내 이름을 일(日)이라 하였고, 고요할 때는 땅에 산이 서 있는 것을 본받으므로 내자에 산(山)자를 붙였고, 음양을 통괄하여 하나로 삼으므로 내 호에 일(一)자를 넣었다. 일자로써 경을 간직하고(持敬), 심을 보존하는(存心) 방법으로 삼는다."고 하였는데 여기에 대한 기(記)와 명(銘)이 있다.

성현의 책과 성리서(性理書) 등을 취하여 그 요의(要義)를 뽑아서 보는 대로 기록하고, 그 사이에다가 자기의 의견을 붙여서 《문견록(聞見錄)》을 만들었다. 대개 공의 학문은 비록 가정교육에 말미암았지만 두터운 자질과 독실한 공부로 고심해서 자득한 것이 많았다. 그 서책을 만들면서 평일에 지은 시문 등을 아울러 편집하여 합쳐서 《농수일득(聾叟一得)》이라 이름하였다. 몇권이 되는데 공의 지업(志業)의 방향이라든가, 학문의 조예(造詣)는 이 글을 보면 거의 알 수 있다.

공은 평소 일찍 일어나서 세수하고 양치질한 다음 고요히 경적(經籍)을 대하고, 혹 뜻이 내키면 술잔을 들어 거나하게 취하면 글 한편을 낭독했다. 성품이 산수를 좋아하여 젊은 시절에 금강산을 유람하였고, 또 대관산(大菅山)을 유람하였는데 십대자(十大字)를 천석(泉石)에 새기는 것을 취미로 삼았다. 틈나는 날이면 문득 지팡이를 끌고 홀로 거닐면서 시를 읊조려 회포를 풀었다. 세간의 일체 부화(浮華)한 습성은 마음에 두지 않았다. 평생 간묵(簡默)하여 언소(言笑)가 적었으나 남을 대할 때는 화기애애하여 각기 그 기쁨을 다하였고, 후생을 가르침에 있어서는 자상하고 정성스럽게 실지에 맞게 하였다. 자손에게는 감히 분수에 넘치는 사치를 하지 못하게 하였으며, 지손(支孫)을 위하여 전지를 나누어주고, 사당에 제사지낼 전답을 마련하여 종족 가운데 고단하고 가난하여 자력으로 살아갈 수 없는 자에게 주어 성취하도록 하였다. 향년 67세이다.

공의 아들인 숙(橚)의 자는 숙심(肅心), 호는 소안재(小安齋)이다. 정조 계묘년에 출생하였는데 역시 가정의 교훈을 받아서 어려서부터 외부의 유혹을 물리치고 학문을 닦아 알지 못하는 것을 그대로 두지 않았다. 과거공부를 하여 어버이를 기쁘게 해드리려 했으나 어버이가 돌아가시자 마침내 과거를 포기하고 본원(本源)의 공부에 전심하여 시(詩)·서(書)를 연구하였다. 밤이면 묵송(默頌)하되 몇천만번인가를 세지도 않았다.

일찍이 말하기를, "유학자의 학문의 골자는 실지를 주장으로 삼아야 하니, 나는 '무자기(毋自欺)' 세 글자로써 지수(持守)할 밑천으로 삼고자 하는데 수용하지 못할까 걱정이다."라고 하였다. 노년에 학문에 더욱 전념하였다. 남을 평하는 말을 마음에 두거나 입에 올리지 않았고, 과묵하고 남을 이해하며 조용하여 겉과 속이 다름이 없었다. 바라보면 착하고 단정한 선비임을 알 수 있었으니 그가 위기지학을 닦은 것이 대개 이와 같았다. 첫 벼슬이 감역(監役)이었다. 철종 경술년에 세상을 떠나니 향년 68세이다.

김 일 암 상 일 자 자 산 초 명 상 언 우 호 롱 수 광 산 인 사 계 지 후 영 조 병
金一庵相日字子山初名相彦又號聾叟光山人沙溪之后英祖丙
자 생 구 세 수 업 우 조 기 략 해 문 의 시 치 적 설 독 등 북 고 종 일 완 경 기 조
子生九歲受業于祖己略解文義時值積雪獨登北皐終日翫景其祖
수 책 지 이 징 허 기 지 야 십 륙 휴 론 어 상 산 사 잠 심 완 구 개 연 유 지 어 위
雖責之而徵許其志也十六携論語上山寺潛心玩究慨然有志於爲
기 지 학 탄 왈 약 부 지 차 편 불 성 인 기 장 수 출 입 공 차 소 락 부 존 언 부 취
己之學歎曰若不知此便不成人旣長雖出入公車所樂不存焉復取
심 경 근 사 록 등 서 완 미 잠 역 태 망 침 식 세 무 신 축 일 암 우 구 로 동 위 정
心經近思錄等書翫味潛繹殆忘寢食歲戊申築一庵于九老洞爲靜
거 강 도 지 소 작 석 명 왈 동 법 천 지 일 행 명 여 왈 일 정 법 지 지 산 립 자 여
居講道之所作釋名曰動法天之日行名余曰日靜法地之山立字余

왈 산 통 음 이 음 양 위 일 호 여 왈 일 이 일 자 부 위 지 경 존 심 지 방 유 기 명
曰山統陰而陰陽爲一號余曰一以一字符爲持敬存心之方有記銘
제 편 수 취 성 현 서 급 성 리 등 편 채 기 요 의 수 득 수 록 간 부 기 의 위 문 견
諸篇遂取聖賢書及性理等篇採其要義隨得隨錄間付己意爲聞見
록 개 공 지 학 수 유 유 염 어 가 정 돈 후 지 자 독 실 지 공 고 심 이 자 득 자 위
錄盖公之學雖有擩染於家庭敦厚之資篤實之工苦心而自得者爲
다 금 기 성 서 병 편 어 평 일 소 저 시 문 합 이 명 지 왈 롱 수 일 득 자 약 간 권
多今其成書並編於平日所著詩文合而名之曰聾叟一得者若干卷
공 지 업 지 소 존 조 예 지 소 급 람 차 서 서 가 이 지 의 공 평 거 조 기 여 수 정
公志業之所存造詣之所及覽此書庶可以知矣公平居早起與潄静
대 경 적 의 도 즉 인 상 미 훈 랑 독 일 편 성 호 산 수 약 관 유 금 강 우 유 대 관
對經籍意到則引觴微醺朗讀一遍性好山水弱冠遊金剛又遊大菅
각 십 대 자 어 대 승 석 천 지 간 위 우 취 반 선 지 소 가 일 첩 휴 공 독 왕 영 시
刻十大字於大乘石泉之間爲寓趣盤旋之所暇日輒携筇獨往詠詩
유 회 일 절 세 간 부 화 지 습 불 경 어 심 목 평 생 수 간 묵 과 언 소 대 인 화 기
遺懷一切世間浮華之習不經於心目平生雖簡默寡言笑對人和氣
애 연 각 진 기 환 훈 회 후 생 순 순 이 실 지 교 자 손 모 감 치 미 유 분 위 지 자
藹然各盡其歡訓誨後生諄々以實地教子孫毋敢侈靡踰分爲支子
할 토 위 치 조 묘 제 전 취 종 족 지 고 빈 부 자 진 자 준 수 이 성 취 지 순 조 임
割土爲置祧廟祭田取宗族之孤貧不自振者遵授而成就之純祖壬
오 졸 년 륙 십 칠
午卒年六十七

공 숙 자 자 숙 심 호 소 안 재 정 조 계 묘 생 역 복 습 정 훈 자 유 절 외 치 공
公肅子字肅心號小安齋正祖癸卯生亦服習庭訓自幼絶外馳攻
고 위 학 부 지 부 조 간 습 공 령 위 열 친 지 급 실 호 시 수 폐 거 전 의 본 원 궁
苦爲學不至不措間習功令爲悅親地及失怙恃遂廢擧專意本源窮
연 시 서 야 첩 묵 송 불 산 기 천 만 편 상 위 유 자 법 문 주 어 실 지 상 오 이 무
研詩書夜輒默誦不筭幾千萬遍嘗謂儒者法門主於實地上吾以毋
자 기 삼 자 욕 위 지 수 지 자 이 환 불 능 수 용 야 로 익 면 자 구 지 의 자 황 지
自欺三字欲爲持守之資而患不能受用也老益勉孜求之意雌黃之
평 불 설 어 심 구 과 서 념 정 표 리 무 간 망 지 지 위 선 인 불 사 기 위 기 유 여
評不設於心口寡恕恬静表裡無間望之知爲善人拂士其爲己有如
시 의 무 서 사 위 감 역 철 종 경 술 졸 년 륙 십 팔
是矣無筮仕爲監役哲宗庚戌卒年六十八

주해_ㅇ毋自欺(무자기)-스스로 자기의 양심을 속이지 말라. 원문은 모

(母)로 되어 있다.

권상일(權相一)

자는 태중(台仲), 호는 청대(清臺)로 안동(安東) 사람이다. 만년에 상주(尙州) 농청대(弄清臺)의 경치를 사랑하여 호를 이렇게 지은 것이다. 어려서부터 총명하고 단정하였으며 약관에 옛사람의 글을 읽고 몸을 다스리는 교훈을 수집하여《학지록(學知錄)》이라 이름하였다. 일찍 일어나고 밤늦도록 부지런히 공부하여 개연히 도를 구하려는 뜻을 두었다. 경인년 문과에 급제하여 승문원(承文院)에 뽑혔다. 정미년에 만경현감(萬頃縣監)이 되었고, 이듬해에 이인좌(李麟佐)의 난이 일어났다. 이보다 앞서 변산(邊山)에 도적이 왔다는 소문이 민간에 들려 공이 밀서(密書)를 보내 관찰부(觀察府)로 하여금 항상 성지(城池)를 수리하고 군사를 훈련하여 굳게 지킬 계획을 하도록 하였다. 감사가 고과(考課)하면서 최(最)를 매기면서 말하기를, "글을 읽어 백성을 다스림에 정사가 이루어지고, 학문도 진보되었다."고 했다.

신미년에 영암군수(靈巖郡守)와 장령(掌令)을 배명하였는데 상소하여 명분을 바로잡고, 수령을 가리고, 학교와 과거의 폐단, 당론(黨論)의 화를 바로잡아야 한다는 등의 수천 마디 말을 진달하니 홍문관에서 강석에 같이 참여할 것을 계청(啓請)하였다. 을묘년에 울산부사(蔚山府使), 병인년에는 동부승지(同副承旨)가 되고, 연이어 대사간·이조참의·부제학·병조참판·지중추부사(知中樞府事)를 배명하였다. 기묘년에 졸하니 나이 81세였으며 시호는 희정(僖靖)이다. 공의 저서에는《초학지남(初學指南)》·《관서록(觀書錄)》·《소대비고(昭代備考)》·《역대사초(歷代史抄)》·《가범(家範)》및 유집 등이 있다.

권 상 일 자 태 중 안 동 인 호 청 대 만 년 애 상 주 지 롱 청 대 산 수 잉 자 호
權相一字台仲安東人號清臺晩年愛尙州之弄清臺山水仍自號

언 숙 조 기 미 생 유 총 영 단 수 약 관 집 고 인 독 서 치 기 지 훈 명 왈 학 지 록
焉肅朝己未生幼聰穎端秀弱冠輯古人讀書治己之訓名曰學知錄
조 야 자 자 개 연 유 구 도 지 지 경 인 중 문 과 선 괴 원 정 미 지 만 경 현 명 년
早夜孜々慨然有求道之志庚寅中文科選槐院丁未知萬頃縣明年
란 기 선 시 려 리 와 언 변 산 유 적 지 공 밀 서 관 찰 부 비 상 지 수 성 지 련 병
亂起先是閭里訛言邊山有賊至公密書觀察府俾常之修城池鍊兵
위 고 수 계 감 사 고 최 왈 독 서 치 민 정 성 학 진 신 미 배 령 암 군 수 장 령 기
爲固守計監司考最曰讀書治民政成學進辛未拜靈岩郡守掌令旣
진 정 명 분 택 수 령 수 학 교 과 거 지 폐 당 론 지 화 등 루 수 천 언 옥 당 계 청
陳正名分擇守令修學校科擧之廢黨論之禍等累數千言玉堂啓請
동 참 강 석 을 묘 위 울 산 부 사 병 인 제 동 부 승 지 련 배 대 간 리 조 참 의 부
同參講席乙卯爲蔚山府使丙寅除同副承旨連拜大諫吏曹參議副
제 학 병 참 판 지 중 추 기 묘 졸 년 팔 십 일 시 희 정 공 소 저 유 초 학 지 남 관
提學兵參判知中樞己卯卒年八十一謚僖靖公所著有初學指南觀
서 록 소 대 비 고 력 대 사 초 가 범 급 유 집 등 제 서
書錄昭代備考歷代史抄家範及遺集等諸書

이만운(李萬運)

자는 원춘(元春), 호는 묵헌(默軒)이며, 광주(廣州) 사람이다. 귀암(歸巖) 이원정(李元禎)의 5세손이며 제산(霽山) 김성탁(金聖鐸)의 외손이다. 정조 정유년 문과에 급제하였는데 벼슬은 지평(持平)에 그쳤다. 세상에서 박학통달한 유학자로 일컬어졌다. 천문(天文)·역산(曆算)·지리(地理)·명물(名物) 등에 통달하지 않은 것이 없었다. 당로자들에게 미움을 받아 벼슬이 현달하지 못하고 산림에서 일생을 마쳤다. 유집 수십권이 있다.

유심춘(柳尋春)

자는 상원(象元), 호는 강고(江皐)로 풍산(豊山) 사람이다. 서애 유성룡의 7대손이요, 수암(修巖) 유진(柳袗)의 5대손이다. 학행으로 천거되어 익찬(翊贊)을 제수받았으나 벼슬하지 않고 평생을 마쳤다. 문집 수십권이 있다. 아들 후조(厚祚)는 호가 낙파(洛坡)인데 벼슬이

좌의정에 이르렀고, 후조의 아들 주목(疇睦)은 호가 계당(溪堂)인데 역시 유학으로 명성이 있었다.

이 만 운 자 원 춘 호 묵 헌 광 주 인 귀 암 원 정 오 대 손 제 산 김 성 탁 외 손
李萬運字元春號默軒廣州人歸岩元禎五代孫霽山金聖鐸外孫
영 조 병 진 생 정 조 정 유 문 과 관 지 지 평 이 박 학 통 유 견 칭 어 세 범 천 문
英祖丙辰生正祖丁酉文科官止持平以博學通儒見稱於世凡天文
역 산 지 리 명 물 무 불 통 효 피 기 어 당 로 위 불 현 몰 어 림 하 유 유 집 수 십 권
曆算地理名物無不通曉被忌於當路位不顯歿於林下有遺集數十卷
유 심 춘 자 중 원 호 강 고 풍 산 인 서 애 성 룡 칠 대 손 수 암 진 오 대 손 이
柳尋春字衆元號江皐豊山人西厓成龍七代孫修岩袗五代孫以
학 행 천 수 익 찬 불 사 졸 유 문 집 수 십 권 자 후 조 호 락 파 관 지 좌 의 정 후
學行薦授翊贊不仕卒有文集數十卷子厚祚號洛坡官至左議政厚
조 자 주 목 호 계 당 역 이 유 학 명
祚子疇睦號溪堂亦以儒學名

허전(許傳)

자는 이로(而老), 호는 성재(性齋)로 양천(陽川) 사람이다. 하려(下廬) 황덕길(黃德吉)의 문인이다. 문과에 급제하고 벼슬이 보국숭록대부 이조판서에 이르렀다. 80여세에 졸하였는데 시호는 문헌(文憲)이며 문집 40권이 있다. 경연관이 되어서는 《철명편(哲命編)》을 올리고, 철종 임술년에 올린 삼정(三政)에 대한 대책(對策)이 우수하였다.

송내희(宋來熙)

자는 자칠(子七)이며 은진(恩津) 사람이다. 헌종(憲宗) 무술년에 경연관으로 뽑혀 벼슬이 찬선(贊善)에 이르렀다.

허 전 자 이 로 호 성 재 양 천 인 황 하 려 문 인 문 과 관 지 보 국 리 조 판 서
許傳字而老號性齋陽川人黃下廬門人文科官至輔國吏曹判書
년 팔 십 여 졸 시 문 헌 유 문 집 사 십 권 위 경 연 관 상 철 명 편 철 묘 임 술 대
年八十餘卒諡文憲有文集四十卷爲經筵官上哲命編哲廟壬戌對

삼 정 책 거 우
三政策居優

송 래 희 자 자 칠 은 진 인 헌 종 무 술 초 선 관 관 지 찬 선
宋來熙字子七恩津人憲宗戊戌抄選官々至贊善

이직보(李直輔)

자는 유종(維宗), 호는 중주(中洲)로 연안(延安) 사람인데 이해조(李海朝)의 손자이다. 8세에 시를 지었는데,

'명월이 창해에 떠오르니
청광이 만리에 오네.
明月出滄海　清光萬里來'

라 하였다. 장성하여 미호 김원행과 지암(止庵) 김양행(金亮行)에게 수학하였다. 갑진년에 감역에 제수되었으나 나아가지 않았으며, 장령에 발탁되었다. 정사년에 원자가 입학하게 되자 우유선(右諭善)에 제배되었다. 순조가 즉위하여서는 이조판서를 배명하고 송계간(宋啓幹)·김직순(金直淳)과 함께 유선(儒選)에 뽑혔다. 시호는 문경(文敬)이다.

이봉수(李鳳秀)

자는 자강(子岡), 호는 금계(襟溪)로 연안(延安) 사람이다. 이시원(李始源)의 아들이다. 족조(族祖)인 중주공(中洲公) 직보(直輔)와 노주 오희상, 영서(穎西) 임로(任魯)에게 수학했다. 을축년 생원시에 합격하고 임신년에 세마에, 또 판관과 장악원정에 임명되었으나 모두 나아가지 않았다.

이 중 주 직 보 자 유 종 연 안 인 해 조 손 팔 세 부 시 운 명 월 출 창 해 청 광
李中洲直輔字維宗延安人海朝孫八歲賦詩云明月出滄海清光

만 리 래 급 장 종 미 호 김 원 행 지 암 김 량 행 학 갑 진 제 감 역 불 취 탁 배 장
萬里來及長從渼湖金元行止庵金亮行學甲辰除監役不就擢拜掌

령 정 사 이 원 자 취 학 배 우 유 선 순 조 즉 위 배 리 조 판 서 여 송 계 간 김 직
令丁巳以元子就學拜右諭善純祖卽位拜吏曹判書與宋啓榦金直
순 구 피 유 선 졸 시 문 경
淳俱被儒選卒謚文敬

이 금 계 봉 수 자 자 강 연 안 인 시 원 자 종 학 우 족 조 중 주 공 직 보 여 로
李襟溪鳳秀字子岡延安人始源子從學于族祖中洲公直輔與老
주 오 희 상 영 서 임 로 유 을 축 중 생 원 임 신 배 세 마 우 배 판 관 급 장 악 원
洲吳熙常穎西任魯游乙丑中生員壬申拜洗馬又拜判官及掌樂院
정 개 불 취
正皆不就

정조·순조 이래로 문장과 경술로 이름난 사람이 몇명 있는데 다음과 같다.

홍석주(洪奭周)

자는 성백(成伯), 호는 연천(淵泉)으로 풍산(豊山) 사람인데 효안공(孝安公) 홍낙성(洪樂性)의 손자이다. 정조 기묘년 문과에 급제했다. 검열(檢閱)을 지낼 때 허물을 들어 사직하면서 임금이 학문에 힘쓰고 바른 선비를 가까이하는 요점을 진달하였다. 또, "장용영(壯勇營)이 이미 혁파됨에 그 전곡을 내탕(內帑)에 소속시키도록 명하였는데, 이는 임금이 사사로운 창고를 두지 않는다는 뜻이 아니니, 청컨대 묘당으로 하여금 각 부처의 장(長)을 따라 분속시키되, 요컨대 백성을 편하게 하고 식(食)이 풍족하게 하는 것을 위주로 해야 합니다."라고 하였다. 임금께서 대신에게 특명하여 그 말을 채택해 쓰라고 하였다. 곧바로 제학(提學)에 임명되자 상소하여 팔조계(八條戒)를 진달하였는데, 거기에 이르기를, "학문을 강론하여 마음을 바로잡고, 욕심을 막아 덕을 기르고, 아첨하는 자를 멀리하여 어진 선비를 친근하게 하고, 명령을 삼가 왕언(王言)을 무겁게 하고, 자문(諮問)을 부지런히 하여 다스리는 도리를 강구하고, 인재를 많이 양성하여 임용에 대비하고, 기강을 진작시켜 조정을 엄숙하게 하고, 재용(財用)을 절약하여

백성의 생명을 소중하게 여기소서." 하였다.

을해년에 충청감사를 배명하였는데, 그때 큰 흉년이 들어 백성의 생활이 어려웠으므로 공이 상소하여 지세(地稅) 천여결을 더 떼어 조치해 주도록 하고, 군포(軍布)도 편리할 대로 대납하여 진휼하게 하였다. 이때 환곡의 가분(加分)과 취모(取耗)를 잘못 답습하여 감영의 창고에 속하게 한 지 오래되었는데, 공이 법이 아니라고 하여 한톨도 더 받아들이지 못하게 하였다. 감사가 순행하는 길에 호소하는 백성을 만나면 반드시 가마에서 내려 자세히 듣고 간절하게 위로했으며, 고을에 이르러서는 밤늦도록 장부를 살폈는데, 장부가 아무리 많이 쌓여 있어도 판단을 빠르고 정확하게 하여 조금의 잘못이나 누락됨이 없었다. 그리하여 백성들이 마음으로 따르고, 아전들은 두려워하여 벌을 주지 않아도 엄숙하였다.

신묘년에 정사(正使)로서 북경에 다녀와서는 대제학에 임명되고, 갑오년에 이조판서가 되자 엄체된 사람들을 뽑아 쓰니 사람들이 백년 내에 처음 있는 일이라고 하였다. 좌의정을 배명하였고 향년 69세이다. 시호는 문간(文簡)이다.

공의 문장은 근세의 종주가 되며, 동생 항해(沆瀣) 홍길주(洪吉周)와 해거(海居) 홍현주(洪顯周)도 모두 문학으로 이름이 있었다. 평생에 저술한 것이 매우 많았으니, 《독역잡기(讀易雜記)》·《춘추비고(春秋備考)》·《상서보전(尙書補傳)》 6권·《대기지의(戴記志疑)》 4권·《속사략익전(續史略翼箋)》 21권·《동사세가(東史世家)》 4권·《삼한명신록(三漢名臣錄)》 32권·《원사략(元史略)》·《명사략병속(明史略竝續)》 2권·《의고시집(擬古詩集)》·《학강산필(鶴岡散筆)》 4권·《홍씨가언(洪氏家言)》 2권·《독서록(讀書錄)》 4권·《대동문준(大東文雋)》·《상예회수(象藝薈粹)》 4권·《정로(訂老)》 2권·《제자정언(諸子精言)》 7권·《명문선(明文選)》 20권 및 문집 등이 있다.

정 순 이 래 유 이 문 장 경 술 이 저 칭 자 유 략 간 인 여 좌
正純以來有以文章經術而著稱者有畧干人如左

홍 연 천 석 주 자 성 백 풍 산 인 효 안 공 락 성 손 영 조 갑 오 생 정 조 기 묘
洪淵泉奭周字成伯豊山人孝安公樂性孫英朝甲午生正朝己卯

문 과 력 검 열 시 인 구 사 직 인 진 근 전 학 친 정 사 지 요 우 언 장 용 영 기 파
文科歷檢閱時引咎辭職因陳勤典學親正士之要又言壯勇營旣罷

명 이 전 곡 속 내 탕 비 왕 자 무 사 장 지 의 청 령 묘 당 종 장 분 속 요 이 편 민
命以錢穀屬內帑非王者無私藏之義請令廟堂從長分屬要以便民

족 식 위 주 상 특 령 대 신 채 용 기 언 직 배 제 학 소 진 팔 조 계 왈 강 학 이 정
足食爲主上特令大臣採用其言直拜提學疏陳八條戒曰講學以正

심 알 욕 이 양 덕 원 유 녕 이 친 현 사 신 명 령 이 중 왕 언 근 자 방 이 강 치 도
心遏欲以養德遠諛佞以親賢士愼命令以重王言勤咨訪以講治道

저 인 재 이 비 임 사 진 기 강 이 숙 조 정 절 재 용 이 중 민 명 을 해 배 충 청 감
儲人才以備任使振紀綱以肅朝廷節財用以重民命乙亥拜忠淸監

사 시 경 대 겸 민 불 료 생 공 소 청 득 가 획 전 수 천 여 결 우 청 군 포 종 편 대
司時經大歉民不聊生公疏請得加劃田數千餘結又請軍布從便代

봉 이 진 주 지 환 곡 지 가 분 취 모 자 습 류 작 영 름 구 의 공 이 위 비 법 일 립
俸以賑賙之還穀之加分取耗者襲謬作營廩久矣公以爲非法一粒

불 가 취 순 부 지 행 로 우 민 소 필 어 교 이 청 무 유 측 달 도 읍 혹 치 심 야 부
不加取巡部之行路遇民訴必御轎而聽撫諭惻怛到邑或値深夜簿

첩 방 오 부 판 여 향 무 일 루 오 민 회 리 탄 불 벌 이 엄 신 묘 이 정 사 부 연 환
牒旁午剖判如響無一漏誤民懷吏憚不罰而嚴辛卯以正使赴燕還

배 대 제 학 갑 오 배 리 조 판 서 진 발 엄 체 인 위 백 년 내 소 창 유 이 이 특 배
拜大提學甲午拜吏曹判書振拔淹滯人謂百年內所創有已而特拜

좌 의 정 임 인 졸 시 문 간
左議政壬寅卒謚文簡

공 지 문 장 이 근 세 종 장 제 항 해 길 주 해 거 현 주 병 유 문 명 평 생 소 저
公之文章以近世宗匠弟沆瀣吉周海居顯周並有文名平生所著

술 심 부 유 독 역 잡 기 춘 추 비 고 상 서 보 전 륙 권 재 기 지 의 사 권 속 사 략
述甚富有讀易雜記春秋備考尙書補傳六卷載記志疑四卷續史畧

익 전 이 십 일 권 동 사 세 가 사 권 삼 한 명 신 록 삼 십 이 권 원 사 략 명 사 론
翼箋二十一卷東史世家四卷三漢名臣錄三十二卷元史畧明史論

병 속 이 권 의 고 시 집 학 강 산 필 사 권 홍 씨 가 언 이 권 독 서 록 사 권 대 동
並續二卷擬古詩集鶴岡散筆四卷洪氏家言二卷讀書錄四卷大東

문 준 취 예 회 수 사 권 정 로 이 권 제 자 정 언 칠 권 명 문 선 이 십 권 급 문 집
文雋聚藝會粹四卷訂老二卷諸子精言七卷明文選二十卷及文集

등 제 서
等諸書

주해_ㅇ賑賙(진주)－빈한한 자를 도와준 곡식.
ㅇ還穀(환곡)－빌려준 곡식에 이자를 더하여 거둬들이는 국고 수입원의 하나.

김매순(金邁淳)

자는 덕수(德叟), 호는 대산(臺山)이며 안동(安東) 사람으로 삼연 김창흡의 현손이다. 정조 을묘년 문과에 급제하였다. 검열과 사인(舍人)을 지내고 초계문신에 뽑혀 벼슬이 참판에 이르렀다. 문장과 덕행으로 일세에 이름이 알려졌고, 저술로는 문집 20권 및《주자대전차문표보(朱子大全箚問標補)》24권이 있다. 고종 때에 족손(族孫) 병학(炳學)이 공에게 사문(斯文)을 부지한 공이 있다고 주청하여 상경(上卿)을 증직하였는데 시호는 문청(文淸)이다.

김 대 산 매 순 자 덕 수 안 동 인 삼 연 창 흡 현 손 영 조 병 신 생 정 조 을 묘
金臺山邁淳字德叟安東人三淵昌翕玄孫英祖丙申生正祖乙卯
등 문 과 력 검 열 사 인 선 초 계 문 신 관 지 참 판 이 문 장 덕 행 저 명 일 세 유
登文科歷檢閱舍人選抄啓文臣官至參判以文章德行著名一世有
문 집 이 십 권 급 주 자 대 전 차 문 표 보 이 십 사 권 행 우 세 태 왕 조 족 손 병
文集二十卷及朱子大全箚問標補二十四卷行于世太王朝族孫炳
학 이 공 유 사 문 부 익 지 공 주 청 증 상 경 시 문 청
學以公有斯文扶翼之功奏請贈上卿謚文淸

윤종의(尹宗儀)

자는 사연(士淵), 호는 연재(淵齋)이며 파평(坡平) 사람으로 충의공(忠毅公) 윤임(尹任)의 후손이다. 어릴 때에도 장난을 좋아하지 않아 어른처럼 의젓하였다. 4세 때에 어머니가 흘린 돈을 주우라고 하니 공이 나뭇가지를 꺾어서 꿰어 주웠다. 왜 손으로 줍지 않느냐고

물으니 대답하기를, 손이 더러워질까봐 그런다고 하였다. 얼굴이 해맑고 파리하였는데 자주 앓아 어른이 학문하기를 독촉하지 않았다. 6세 때 증조모 김씨(金氏)가 무릎 위에 앉히고《천자문》과 당인시(唐人詩)를 구술해 주었더니 입을 떼자마자 외웠다. 하루는 눈이 많이 내려 세상이 온통 흰빛이었다. 시를 지었는데 이르기를,

'산문에는 매화가 피었고,
바위 위에는 백설이 덮였네.
山中梅花發 巖上白雪鋪'

라고 하였다.

어렸을 때《맹자》를 읽었는데 다 읽고 나자 할아버지가 돌아앉아서 외우라고 하였더니, 아침밥이 채 되기도 전에 7편을 한 자도 틀리지 않고 암송하였다. 일찍이 나이 9세 때 책을 싸가지고 절로 갔는데, 집의 벽이 주자의 글로 도배되어 있는 것을 보고는 급히 제거하게 하였으니, 어린아이로서의 법도가 이와 같았다. 할아버지가《소학》의 예법대로 집을 다스림에 여러 자손들을 감독하여 꾸중함이 엄격하였는데 유독 공만은 칭찬하기를, "나의 가르침을 번거롭게 하지 않는다."고 하였다.

18세 때 생원시에 합격하였고, 철종 임자년에 서부도사(西部都事)가 되었다. 옥사를 검열하다가 환관 가운데 관련된 자가 있어서 즉일로 따져서 심문하였더니, 내시부에서 함부로 죄를 논하여 다스렸다는 죄목으로 임금에게 호소하였다. 공은《대전(大典)》을 인증(引證)하여 사리를 분별하였으므로 일이 마침내 해결되었다. 병진년에 효릉령(孝陵令)으로부터 외직으로 나가 문의현령(文義縣令)이 되었다. 임술년에 올린 삼정책(三政策)이 우수하였다. 김포(金浦)·함평(咸平)·청풍(淸風)·강릉(江陵) 등 여러 고을의 군수를 지냈는데 치적이 훌륭한 것으로 보고되었다. 을해년에 계방(桂坊)의 관원이 되어 들어와 파광군(坡光君)에 습봉(襲封)되고 벼슬이 정헌대부 공조판서에 이르

렀다. 진사시에 합격한 지 60년이 되는 병술년에 졸했다. 향년 82세이다.

공은 헌칠하고 수염이 많아 풍채가 준엄하였다. 선비 때부터 정승의 물망이 있었다. 효도하고 우애함은 타고난 천성이어서 어버이의 병환이 위중하자 손가락을 깨물어 피를 흘려넣었고, 초상을 당해서는 여러날 동안 아무것도 먹지 않았다. 시묘살이를 하는 3년 동안에는 반드시 묘소에 올라가 슬피 울부짖으며 곡하여 이웃 마을이 모두 감동하였다. 항상 복의(復衣)를 함에 담아 베갯머리에 놓고 지내면서 말하기를, "객관(客館)에서 세 번이나 어버이의 혼령을 불러도 의귀(依歸)함이 없는 듯하니 이것이 내 평생의 한이다. 옛날에 듣건대 동추공(同樞公)이 돌아가신 어머니가 남긴 옷을 항상 잠자리 밑에 넣고 자다가 죽은 뒤에 관 속에 넣게 했으니 선배의 이런 지극한 행실은 본받을 만하다." 하였다.

공은 총명함이 남보다 뛰어나 제자백가의 글을 모두 관통하였다. 또 병농(兵農)·율력(律曆)·의물(儀物)·도상(圖象)에 이르기까지 넓고 정밀하게 연구하지 않은 것이 없었으며, 경전 연구에 전념하여 그중에서도 예설(禮說)에 조예가 깊었다. 저서에는 《예기사문록(禮記思問錄)》 2권·《방례고증(邦禮攷證)》 2권·《상서도전변해(尙書圖傳辨解)》 8권·《사서의의답문수록(四書疑義答問隨錄)》 1권·《예람명의고(禮覽名義攷)》 2권·《상례분류(喪禮分類)》 2권·《증자정문부주(曾子正文附註)》 2권·《독역거안록(讀易居安錄)》·《고사편휘(古史編彙)》 8권·《을사소하록(乙巳消夏錄)》 30권·《국가동휴표(國家同休表)》 6권·《율력의난(律曆疑難)》·《유사소전(游史小箋)》과 문집 등이 있다.

일찍이 심성(心性)을 논하여 이렇게 말했다.

"천하에 이(理)가 없는 기(氣)란 있지 않고, 기가 없는 이도 있지 않으니 성(性)은 곧 이요, 심(心)은 기이며, 성은 기질과 본연이 있고, 심 또한 본연과 기질이 있다. 그 본원을 궁극한 것으로 말하기 때문에 성은 순선(純善)하다 하고, 그 허령불매(虛靈不昧)한 것으로 말하기 때문에 심은 본래 선하다고 한다. 그 심이 성정을 통섭함으로부터 말하면 이기를 겸한 것이며, 음양이 헤아릴 수 없는 것을 신(神)이라고 하는데, 신이란 담일허명(湛一虛明)한 것이니 심의 본연이 아니겠는가?"

윤 종 의 자 사 연 호 연 재 파 평 인 충 의 공 임 지 후 순 조 을 축 생 유 불 호
尹宗儀字士淵號淵齋坡平人忠毅公任之後純祖乙丑生幼不好
농 응 중 여 성 인 사 세 모 부 인 명 취 산 전 공 용 절 지 관 이 진 문 하 불 수 급
弄凝重如成人四歲母夫人命取散錢公用折枝貫以進問何不手給
대 왈 루 의 공 오 수 야 청 리 선 병 장 자 불 욕 독 학 륙 세 증 대 모 김 씨 어 슬
對曰陋矣恐吾手也清羸善病長者不欲督學六歲曾大母金氏於膝
상 구 수 천 자 문 당 인 시 탈 구 성 송 일 일 대 설 교 연 작 시 왈 산 중 매 화 발
上口授千字文唐人詩脫口成誦一日大雪皎然作詩曰山中梅花發
암 상 백 설 유 포 독 맹 자 서 기 졸 업 왕 고 명 배 송 조 취 미 숙 이 경 칠 편 무
岩上白雪幼餔讀孟子書旣卒業王考命背誦朝炊未熟而竟七篇無
일 자 착 년 재 구 세 상 부 급 산 사 견 사 벽 도 주 자 서 극 령 거 지 기 유 도 천
一字錯年纔九歲嘗負笈山寺見寺壁塗朱子書亟令去之其幼度天
성 여 차 왕 고 이 소 학 치 가 제 자 손 독 과 심 엄 독 칭 공 왈 불 번 오 교 회 자
成如此王考以小學治家諸子孫督過甚嚴獨稱公曰不煩吾敎誨者
십 팔 중 생 원 철 종 임 자 사 위 서 부 도 사 유 검 옥 사 련 환 시 즉 일 추 신 내
十八中生員哲宗壬子仕爲西部都事有檢獄詞連宦寺卽日推訊內
시 부 소 우 상 장 이 천 치 론 죄 공 인 대 전 이 변 지 사 수 기 병 진 유 효 릉 령
侍府訴于上將以擅治論罪公引大典以辨之事遂己丙辰由孝陵令
출 위 문 의 현 령 임 술 대 삼 정 책 거 우 루 경 김 포 함 평 청 풍 강 릉 제 군 수
出爲文義縣令壬戌對三政策居優屢經金浦咸平清風江陵諸郡守
이 치 최 문 을 해 입 위 계 방 습 봉 파 광 군 관 지 정 헌 공 조 판 서 력 진 사 회
以治最聞乙亥入爲桂坊襲封坡光君官至正憲工曹判書歷進士回
방 병 술 졸 년 팔 십 이
榜丙戌卒年八十二

공 위 간 풍 염 풍 도 엄 연 자 위 포 유 공 보 망 효 제 본 호 천 성 친 병 렬 지
公偉幹豐髯風度儼然自韋布有公輔望孝悌本乎天性親病裂指
관 혈 급 단 괄 수 장 불 입 구 자 루 일 의 려 삼 년 일 필 상 묘 호 벽 지 애 감 동
灌血及袒括水漿不入口者屢日倚廬三年日必上墓號擗之哀感動

린 리 상 함 봉 복 의 치 침 두 일 객 관 삼 고 혼 령 약 무 의 제 차 오 몰 생 한 야
隣里常函奉復衣置枕頭日客舘三皐魂靈若無依蹄此吾沒生恨也
석 문 동 추 한 공 이 선 부 인 유 의 상 침 자 저 급 몰 순 우 관 선 배 지 행 가 법 야
昔聞同樞韓公以先夫人遺衣常枕藉底及歿殉于棺先輩至行可法也

공 총 명 과 인 엄 관 백 가 지 어 병 농 률 력 의 물 도 상 미 부 정 구 박 섭 이
公聰明過人淹貫百家至於兵農律曆儀物圖象靡不精究博涉而
전 력 경 전 우 수 어 례 소 저 유 례 기 사 문 록 이 권 방 례 고 증 이 권 상 서 도
專力經傳尤邃於禮所著有禮記思問錄二卷邦禮攷證二卷尚書圖
전 변 해 팔 권 사 서 의 의 답 문 수 록 일 권 례 람 명 의 고 이 권 상 례 분 류 이
傳辨解八卷四書疑義答問隨錄一卷禮覧名義攷二卷喪禮分類二
권 증 자 정 문 부 주 이 권 독 역 거 안 록 고 사 편 휘 팔 권 을 사 소 하 록 삼 십
卷曾子正文附註二卷讀易居安錄古史編彙八卷乙巳消夏錄三十
권 국 가 동 휴 표 륙 권 급 률 력 의 난 유 사 소 전 문 집 등 제 서
卷國家同休表六卷及律曆疑難游史小箋文集等諸書

상 론 심 성 지 학 왈 천 하 미 유 무 리 지 기 미 유 무 기 지 리 성 즉 리 심 시
嘗論心性之學曰天下未有無理之氣未有無氣之理性卽理心是
기 성 유 본 연 기 질 심 역 유 본 연 기 질 자 기 극 본 궁 원 이 언 지 고 위 지 성
氣性有本然氣質心亦有本然氣質自其極本窮原而言之故謂之性
순 선 자 기 허 령 불 매 이 언 지 고 위 지 심 본 선 자 기 심 통 성 정 이 언 지 즉
純善自其虛靈不昧而言之故謂之心本善自其心統性情而言之則
겸 리 기 이 음 양 불 측 지 위 신 신 야 자 담 일 허 명 기 심 지 본 연 호
兼理氣而陰陽不測之謂神神也者湛一虛明其心之本然乎

주해_ㅇ復衣(복의)－초상 때 혼령을 불러 의지하게 한 죽은 사람의 옷.
ㅇ湛一虛明(담일허명)－담연순일(湛然純一). 허령불매(虛靈不昧).

박규수(朴珪壽)

자는 환경(桓卿), 호는 환재(桓齋)인데 환규(桓圭)의 환(桓)자가 고문(古文)에서는 옥(玉)자와 헌(獻)자로 되어 있으므로 중년에 자와 호에 환(瓛)자를 사용하였다. 연암 박지원의 손자이다. 어려서부터 성품이 단정 총명하고 풍채가 준엄하였다. 7세 때에 《논어》를 읽고 분판(粉板)에 쓰기를, "효자라야 신하가 될 수 있다." 하였고 또, "군자는 공경할지언정 모욕할 수는 없고, 소인은 모욕할 수는 있어도 공경

할 수는 없다."고 하였다. 연암공(燕巖公)이 이를 보고 기뻐 웃으면서 말하기를, "양웅(揚雄)의 《법언(法言)》이나 왕통(王通)의 《문중자(文中子)》도 이만 못하겠다."고 하였다.

이로부터 문리가 통투(通透)해져서 하루에 천마디씩을 외워 14·15세 때에 벌써 문사(文詞)가 크게 진보되었다. 북해(北海)의 문간공(文簡公) 조종영(趙鍾永)이 다른 자리에서 공의 시를 보고는 그날로 달려와 학문을 토론하였고, 드디어 망년지교(忘年之交)를 맺었다.

을유년 여름에 익종(翼宗)이 세자로서 경우궁(景祐宮)에 배종(陪從)하다가 걸어서 후원의 문을 나와 공의 집에 이르렀다. 그때 공의 집은 계산(桂山) 언덕에 있었으니 바로 연암의 옛집이다. 사삿집에 세자의 수레가 친히 임어하기는 고금에 드문 일이었다. 명하여 글을 읽고 글씨를 쓰게 한 다음에 크게 권장하고 격려하였는데, 밤이 깊어 삼경(三更)을 알리는 북소리가 울리고서야 파하였다. 무오년 봄에 《연암집》을 들이라고 명하고 또 말하기를, "그대에게도 반드시 저술이 있을 것이니 숨기지 말고 모두 들이라."고 하였다. 이에 저술한 《상서도설(尙書圖說)》 80부 480목(目)을 올리니 세자께서 필묵과 부채 등을 내리시고 말씀하기를, "저술한 것을 자세히 보니 문장 저술이 훌륭함을 알 수 있다. 그대는 조종(祖宗)의 훌륭한 덕으로써 모범이 될만한 것을 지어 올리라."고 하였다. 이에 역대의 사실을 채집하여 《봉소여향(鳳韶餘響)》 백수(首)를 올렸다. 당시에 명성이 자자해서 사람들이 모두 조석간에 바로 급제하리라고 여겼는데, 경인년에 세자가 승하하니 이로부터 과거공부를 그만두고 서사(書史)로써 스스로 즐겼다.

헌종 무신년에 등과하여 사간원 정언을 배명하고, 이어 나가서 용강현령(龍岡縣令)과 부안현감(扶安縣監)을 지냈으며, 철종 신해년에 수찬을 배명하였다. 헌종을 태묘(太廟)에 부제(祔祭)할 때 공이 진종(眞宗)을 체천(遞遷)하자는 의논을 올렸는데 대신이 이를 막지 못하였다. 갑인년에 동부승지(同副承旨)를 특배하였으며, 곡산부사(谷山

府使)를 지내고 연행사신(燕行使臣)의 부사(副使)로 중국에 다녀와 대사성을 지냈다. 임술년에 영남의 백성들이 크게 소란을 일으켰을 때 안핵사가 되고, 돌아와서 이조참의가 되었다.

갑자년에 가선(嘉善)에 특승(特陞)하여 병조참판, 도승지, 홍문관 제학 등의 현요직(顯要職)을 2년 동안에 역임하였다. 병인년에 평안관찰사(平安觀察使)로 나갔는데 7월에 서양의 배가 대동강에 들어와 소란을 피우다가 물이 얕은 곳에 걸려 소각당했다. 미국의 수사총병관(水師總兵官)이 공문을 보내 힐문하니 공이 청국(淸國)의 예부(禮部)에 공문을 보내 당시의 사실을 변명하였다. 공이 서해 연변의 방비가 허술하므로 조정에 의견을 내어 동진첨사(東津僉使)를 두고 후창(厚昌)과 자성(慈城)의 2군(郡)을 두어 유민(流民)들이 살게 하였다. 기사년에 형조판서를 배명하고, 홍문관 대제학과 우의정을 지냈다. 병자년에 세상을 떠나니 향년 70세이다. 시호는 문익(文翼)이다.

공의 나이 22세에 《의례》·《주례》·《예기》를 연구하였는데, 《의례》부터 시작하면서 말하기를, "옛사람이 《의례》는 해득하기가 어렵다고 한 것은 간결한 경문(經文)이 서로 뒤섞여 나타나기 때문이다." 하고서 이에 《의례》의 주해를 만들었는데 대개 호문(互文)으로 서로 생략된 것은 의주(儀注)로써 경문의 아래에 놓고 안설(案說)을 부기(附記)해 이를 《심정의례수해(審定儀禮修解)》라고 이름하였다. 사관례(士冠禮)·사혼례(士昏禮)·향음례(鄕飮禮)·향사례(鄕射禮)를 모두 종합해서 범례(凡例)를 만들었다.

옛날 선비의 성복(盛服)에는 세가지가 있으니 현단(玄端)·피변(皮弁)·작변(爵弁)이 그것이다. 이 중에서 면복(冕服) 이외의 것으로는 오직 현단과 심의(深衣)만이 그 용도가 가장 넓다. 그래서 저서에 《거가잡복(居家雜服)》과 《심의광의(深衣廣義)》가 있다. 제작한 의기(儀器)에 평혼의(平渾儀)와 지세의(地勢儀)가 있는데 그에 대한 설은 모두 문집에 있다. 연재(淵齋) 윤공(尹公)이 저술한《벽위신편(闢衛新編)》에 대하여 공이 13단(段)으로 논평한 것이 있는데 중국의 여러 문사들이 서로 전하여 읽어보고 평하기를, "주공(周公)과 공자(孔子)의 일월처럼 밝음이 신간(神姦)을 내리비춤에 밝은 세상의 경세문편(經世文編)도 이처럼 높고 깊게 계획하지는 못했으리라." 하였다.

공이 평안도 관찰사로 재임할 때에 집안 사람들이 공이 가난한 것을 염려하여 후일의 생계를 도모하기 위해 몰래 의논해서 봉급의 나머지로 밭 수십결(結)을 사놓았다. 공이 조정으로 돌아온 뒤에 한 시골사람이 공을 찾아와서 말하기를, "제가 요사이 한곳의 전토를 사들였는데 듣자하니 공의 집에서 먼저 사셨다고 하는데 사실입니까?" 하였다. 공이 그런 일이 없다고 한 다음 집안 사람을 불러 물어보니, 그런 일이 있다고 하였다. 그래서 명하여 전답문서를 가져오게 하여 보여주니 그 사람이 놀라 말하기를, "과연 이것은 진짜 문서요, 제가 산 것은 가짜입니다." 하였다. 이에 공이 말하기를, "그러면 그 가짜는 소용이 없을 것이니 이 진짜를 가져가라." 하였다. 그 사람이 굳이 사양하며 감히 받지 못하자 집안 사람이 말하기를, "저 사람은 자기가 사기를 당한 것이니 마땅히 속여 판 사람한테서 받아내면 되지 어째서 먼저 사들인 진짜 문권을 내주어야 합니까?" 하였다. 공이 노하여 꾸짖기를, "조정의 대관이 어찌 평민과 이권을 다투겠는가?"하고 이에 탄식하기를, "사대부의 명분과 절개를 손상시키는 것은 모두 이런 무리들의 하찮은 충성심에서 말미암는다."고 하였다. 그러자 그 사람과 부리는 집안 사람이 감동하여 울면서 사례하고 물러갔다.

박 환 재 규 수 자 환 경 호 환 재 환 규 지 환 고 문 종 옥 종 헌 고 중 세 자 호
朴瓛齋珪壽字桓卿號桓齋桓圭之桓古文從玉從獻故中歲字號

이 환 행 연 암 지 원 손 순 조 정 묘 생 유 이 단 방 총 영 풍 채 준 정 칠 세 독 론
以瓛行燕岩址源孫純祖丁卯生幼而端方聰穎風彩峻整七歲讀論

어 서 연 참 왈 효 자 가 이 위 신 우 왈 군 자 가 경 이 불 가 모 소 인 가 모 이 불
語書鉛槧曰孝子可以爲臣又曰君子可敬而不可侮小人可侮而不

가 경 연 암 공 견 지 희 소 왈 법 언 문 중 자 불 여 야 자 시 문 리 투 오 일 송 천
可敬燕岩公見之嬉笑曰法言文中子不如也自是文理透悟日誦千

언 십 사 오 문 사 대 진 북 해 조 문 간 종 영 견 공 시 어 타 좌 즉 일 래 방 론 경
言十四五文詞大進北海趙文簡鍾永見公詩於他座卽日來訪論經

술 사 업 수 정 망 년 지 교 을 유 하 익 종 이 세 자 배 종 경 우 궁 보 출 후 원 문
術事業遂訂忘年之交乙酉夏翼宗以世子陪從景祐宮步出後苑門

래 림 공 가 공 가 시 재 계 산 지 아 즉 연 암 구 택 야 사 실 지 학 가 친 림 광 고
來臨公家公家時在桂山之阿卽燕岩舊宅也私室之鶴駕親臨曠古

한 유 명 독 서 사 자 대 가 장 후 야 루 보 삼 고 내 파 무 오 춘 명 진 연 암 집 차
罕有命讀書寫字大加奬詡夜漏報三鼓乃罷戊午春命進燕岩集且

교 왈 이 필 유 저 술 기 필 진 무 은 내 진 소 저 상 서 도 설 팔 십 부 사 백 유 팔
敎曰爾必有著述其畢進無隱乃進所著尙書圖說八十部四百有八

십 목 춘 궁 사 필 묵 접 선 교 왈 숙 람 소 저 가 견 당 어 문 술 이 기 찬 술 조 종
十目春宮賜筆墨摺扇敎曰熟覽所著可見當於文述爾其撰述祖宗

성 덕 가 위 모 범 자 이 진 야 어 시 채 렬 조 고 실 진 봉 소 여 향 일 백 수 시 시
盛德可爲模範者以進也於是採列朝故實進鳳韶餘響一百首是時

성 명 자 심 인 개 위 조 석 등 제 이 경 인 학 가 상 빈 자 시 폐 거 이 서 사 자 오
聲名藉甚人皆謂朝夕登第而庚寅鶴駕上賓自是廢擧以書史自娛

헌 종 무 신 등 제 배 사 간 원 정 언 출 위 룡 강 현 령 부 안 현 감 철 종 신 해 제
憲宗戊申登第拜司諫院正言出爲龍崗縣令扶安縣監哲宗辛亥除

수 찬 헌 종 부 태 묘 공 헌 진 종 당 조 의 대 신 불 능 출 갑 인 특 수 동 부 승 지
修撰憲宗附太廟公獻眞宗當祧議大臣不能絀甲寅特受同副承旨

곡 산 부 사 열 하 부 사 대 사 성 임 술 령 남 민 요 대 기 출 위 안 핵 사 입 위 리
谷山府使熱河府使大司成壬戌嶺南民撓大起出爲按覈使入爲吏

조 참 의 갑 자 특 승 가 선 병 조 참 판 도 승 지 홍 문 제 학 이 년 지 내 력 이 화
曹叅議甲子特陞嘉善兵曹叅判都承旨弘文提學二年之內歷敭華

현 병 인 출 위 평 안 관 찰 사 칠 월 양 선 입 대 동 강 자 요 각 천 피 소 미 국 수
顯丙寅出爲平安觀察使七月洋船入大同江滋擾擱淺被燒美國水

사 총 병 관 이 문 힐 문 공 이 자 우 청 국 례 부 변 명 기 시 사 장 공 이 서 수 연
師總兵管移文詰問公移咨于淸國禮部辨明其時事狀公以西陲沿

해 장 수 허 소 의 치 동 진 첨 사 급 치 후 창 자 성 이 군 이 처 류 민 기 사 배 형
海障戍虛踈議置東津僉使及置厚昌慈城二郡以處流民己巳拜刑

조 판 서 홍 문 관 대 제 학 우 의 정 병 자 졸 년 칠 십 시 문 익
曹判書弘文舘大提學右議政丙子卒年七十謚文翼

공 년 이 십 이 야 삼 례 시 자 의 례 이 위 석 인 칭 의 례 난 독 자 이 경 문 간
公年二十二治三禮始自儀禮以爲昔人稱儀禮難讀者以經文簡

고 참 호 이 견 야 내 위 의 주 범 호 문 상 략 자 이 의 주 계 지 경 문 하 이 부 이
古參互以見也乃爲儀註凡互文相畧者以儀註係之經文下而附以
안 설 명 왈 심 정 의 례 수 해 사 관 사 혼 향 음 향 사 개 이 면 절 습 지 저 위 범
案說名曰審定儀禮修解士冠士昏鄕飮鄕射皆以綿蕝習之著爲凡
례 고 자 사 지 성 복 유 삼 현 단 피 변 작 변 시 야 제 면 복 지 외 유 현 단 심 의
例古者士之盛服有三玄端皮弁爵弁是也除冕服之外惟玄端深衣
기 용 최 광 고 저 유 거 가 잡 복 심 의 광 의 소 제 의 기 왈 평 혼 의 왈 지 세 의
其用最廣故著有居家雜服深衣廣義所製儀器曰平渾儀曰地勢儀
기 설 구 재 집 중 연 재 윤 공 저 벽 위 신 편 공 유 제 평 십 삼 단 연 중 제 문 사
其說俱載集中淵齋尹公著闢衛新編公有題評十三段燕中諸文士
쟁 상 전 완 평 지 왈 주 공 일 월 하 촉 신 간 소 대 경 세 문 편 무 차 고 심 주 획
爭相傳翫評之曰周孔日月下燭神姦昭代經世文編無此高深籌畫

공 임 관 서 관 찰 시 가 인 념 공 가 빈 위 후 일 지 잠 모 이 봉 여 매 전 일 구
公任關西觀察時家人念公家貧爲後日地潛謀以俸餘買田一區
수 십 결 지 급 환 조 유 향 인 래 알 공 왈 생 근 매 일 장 토 문 위 공 가 소 선 매
數十結地及還朝有鄕人來謁公曰生近買一庄土聞爲公家所先買
운 과 연 부 공 왈 무 시 야 초 문 가 인 대 왈 유 지 명 지 전 권 래 출 시 기 인 경
云果然否公曰無是也招問家人對曰有之命持田券來出示其人驚
왈 과 시 실 권 생 지 소 매 즉 위 권 야 공 왈 연 즉 위 권 무 용 지 차 실 권 거 기
曰果是實券生之所買卽僞券也公曰然則僞券無用持此實券去其
인 고 사 불 감 수 가 인 왈 피 자 견 기 당 징 어 도 매 하 위 출 급 선 매 지 실 권
人固辭不敢受家人曰彼自見欺當徵於盜賣何爲出給先買之實券
호 공 노 질 왈 조 정 대 관 기 가 여 세 민 쟁 리 호 잉 탄 왈 사 대 부 괴 손 명 절
乎公怒叱曰朝廷大官豈可與細民爭利乎仍歎曰士大夫壞損名節
개 유 어 차 배 지 소 충 야 기 인 복 복 읍 사 이 거
皆由於此輩之小忠也其人僕々泣謝而去

주해_ㅇ法言(법언)－한(漢)나라 양웅(揚雄)이 《논어》를 본따 지은 책.
ㅇ文中子(문중자)－수(隨)나라 왕통(王通)이 《논어》를 본따 지은 책.
ㅇ鶴駕上賓(학가상빈)－세자의 상객(上客).
ㅇ三禮(삼례)－의례(儀禮)·주례(周禮)·예기(禮記).

주비(朱棐)

자는 가성(可誠), 호는 한산(閑山)이다. 그의 선조는 주잠(朱潛)으

로 본래 중국 신안(新安) 사람인 회암(晦庵) 문공(文公) 주희(朱熹)의 현손(玄孫)이다. 주잠이 송나라의 한림(翰林)으로 있다가 송나라가 멸망하자 의리상 원(元)나라의 신하가 될 수 없다고 하여 문하(門下)의 칠학사(七學士)와 함께 조선으로 나왔고, 그의 손자 주열(朱悅)은 고려 원종(元宗) 때 벼슬하여 평장사(平章事)에 이르렀는데 시호는 문절(文節)이며, 그의 후손인 주인(朱仁)은 조선의 개국공신으로 공조전서(工曹典書)를 지내고 안천군(安川君)에 봉해졌으니 바로 공의 9대조이다. 대대로 함흥에 거주했는데 아버지 주식맹(朱式孟)의 호는 수분당(守分堂)이며 벼슬이 참봉에 이르렀고, 형 주목(朱棨)의 호는 설봉(雪峯)인데 문과에 급제하여 벼슬이 부사(府使)에 이르렀으며, 동생 주계(朱棨)는 호가 재천헌(齋天軒)으로 벼슬이 참봉에 이르렀다. 또 조카인 미곡(美谷) 주처정(朱處正)은 진사시에 합격하였으며, 덕곡(德谷) 주택정(朱宅正)은 문과에 합격하여 벼슬이 정랑(正郎)에 그쳤고, 겸당(謙堂) 주형정(朱炯正)은 벼슬이 도사(都事)에 이르렀으니, 세상에서 이른바 관북주씨(關北朱氏)의 삼세칠현(三世七賢)이다. 어머니 한씨(韓氏) 또한 열부(烈婦)로 정려(旌閭)를 받았다.

공은 재기(才器)가 숙성하고 기개가 호탕하였다. 제자백가의 글을 통달하지 않은 것이 없었는데 우암 송시열과 동춘당 송준길의 문하에서 학문을 닦았다. 두분 선생께서는 모두 공을 북쪽 학문의 호걸로 허여하였는데 돌아가기에 이르러 동춘당은, '우리의 도가 북쪽에 있게 되었다(吾道北矣)'라는 네 글자를 써 주었고, 우암은 '두 주군(朱君)을 작별하여 보내는 서(序)'를 지어 주었다. 그 중 한 사람은 그의 일가 사람 청천와(聽天窩) 주남로(朱南老)이다.

노봉(老峯) 민정중(閔鼎重)이 관북의 관찰사로 있을 때 학행으로 조정에 천거하여 선원전참봉(璿源殿參奉)을 제수하였으나 나아가지 않았다. 영흥(永興)의 한봉(閒峯)에 은거하여 한산(閒山)이라 자호하였다. 당시의 이름난 유학자와 석학들이 그 문하에서 많이 나왔다. 공은 역학(易學)에 조예가 깊어 《주역연의(周易演義)》를 저술하여 문집과 더불어 세상에 행해지고 있다. 향현사(鄕賢祠)에 향사되었다.

주 비 자 가 성 호 한 산 인 조 계 미 생 본 신 안 인 회 암 문 공 현 손 잠 이 송
朱棐字可誠號閑山仁祖癸未生本新安人晦庵文公玄孫潛以宋
조 한 림 의 불 위 호 원 신 복 여 문 하 칠 학 사 시 출 조 선 지 기 손 열 사 고 려
朝翰林義不爲胡元臣僕與門下七學士始出朝鮮至其孫悅仕高麗
원 종 관 지 평 장 사 시 문 절 공 후 손 인 위 리 조 개 국 공 신 공 조 전 서 봉 안
元宗官至平章事謚文節公後孫仁爲李朝開國功臣工曹典書封安
천 군 즉 공 구 세 조 야 세 거 함 흥 부 식 맹 호 수 분 당 관 지 참 봉 형 목 호 설
川君卽公九世祖也世居咸興父式孟號守分堂官至叅奉兄楘號雪
봉 문 과 관 지 부 사 제 계 호 제 천 헌 관 지 참 봉 종 자 미 곡 처 정 중 진 사 덕
峯文科官止府使弟棨號齊天軒官止叅奉從子美谷處正中進士德
곡 택 정 문 과 관 지 정 랑 겸 겸 당 형 정 관 지 도 사 세 소 위 관 북 주 씨 삼 세
谷宅正文科官止正郎謙々堂炯正官止都事世所謂關北朱氏三世
칠 현 자 야 모 한 씨 역 이 렬 부 정 려 공 재 기 숙 성 기 우 호 매 제 자 백 가 서
七賢者也母韓氏亦以烈婦旌閭公才器夙成氣宇豪邁諸子百家書
무 불 관 천 취 정 우 우 암 동 춘 문 하 량 공 개 허 이 북 학 호 걸 급 귀 동 춘 서
無不貫穿就正于尤庵同春門下兩公皆許以北學豪傑及歸同春書
증 오 도 북 의 사 자 우 암 서 증 송 이 주 군 서 기 일 즉 기 족 청 천 와 남 로
贈吾道北矣四字尤庵書贈送二朱君序(其一卽其族聽天窩南老)
민 로 봉 정 중 위 북 백 시 이 학 행 천 우 조 제 준 원 전 참 봉 불 취 은 거 우 영
閔老峯鼎重爲北伯時以學行薦于朝除濬源殿叅奉不就隱居于永
흥 한 봉 지 상 인 자 호 한 산 당 시 명 유 석 사 다 출 기 문 공 심 어 역 학 저 주
興間峯之上因自號閑山當時名儒碩士多出其門公深於易學著周
역 연 의 급 문 집 등 행 우 세 향 향 현 사
易演義及文集等行于世享鄕賢祠

주명상(朱明相)

자는 자명(子明), 호는 가실(可室)로 주비의 5세손이다. 총명한 지혜가 남보다 훨씬 뛰어나 스승에게 배울 때 문리가 금방 통달하여 가르치기가 번거롭지 않았다. 예업(藝業)이 일찍 성취되었으며, 또 서첩

(書帖)을 잘 써 필법이 교묘하였다. 계유년 생원시에 급제하고, 병자년에 문과에 급제하여 예문관 정자·성균박사·전적·정언·장령을 지냈다. 병신년에 홍문관 시독(弘文館侍讀)에 특제되어 뒤에 통정대부의 위계(位階)에 올랐다. 향년 72세이다.

공은 일찍이 문헌공(文獻公) 입재(立齋) 송근수(宋近洙)의 문하에서 수학하여 선세(先世)의 연원을 강구하고 위기지학에 전념하였다. 항상 장자(張子)의 《서명(西銘)》에 이른바 '백성과 만물은 나와 동포이다'라는 말을 외우면서 제자들에게 말하기를, "사람의 마음은 바로 하늘의 마음이니, 확충해 나가면 온 천하가 모두 형제이다." 하였다. 제자들이 서로 지란계(芝蘭契)를 만들어 매년 단오날과 동짓날에 강론회를 크게 열었는데 병풍을 치고 단을 세워 공자, 맹자, 정자, 주자 네 부자(夫子)의 화상을 받들어 모셔놓고 절을 올렸다. 예를 마친 다음에는 경전의 뜻을 논하고 향음주례를 행하였다.

공은 붉은 얼굴과 흰 머리로 어깨와 등을 곧게 폈고, 아름다운 수염에 훌륭한 풍채로 오르내리며 주선(周旋)하는 거동이 법도에 맞아 보는 사람들 누구나 시원스럽게 여기지 않는 사람이 없었다. 비록 술을 좋아했으나 3잔을 넘지 않았고, 담배는 피우지 않았다. 일찍이 《초선가례증해(抄選家禮增解)》 2편을 엮어 간행하였고, 문집 10여권이 집안에 보관되어 있다. 영흥의 향현사에 향사되었다.

공의 아들 면겸(冕謙)의 자는 복여(服汝)인데 효행과 학문을 겸비하였다. 일찍이 문충공(文忠公) 연재(淵齋) 송병선(宋秉璿)의 문하에서 수학하였다. 나이 38세에 졸하였는데, 연재가 그 묘에 '회재(晦齋)'라고 제(題)하였다.

주 명 상 자 자 명 호 가 실 비 지 오 세 손 헌 종 기 해 생 영 혜 매 륜 오 해 출
朱明相字子明號可室棐之五世孫憲宗己亥生穎慧邁倫悟解出

류 년 기 취 전 문 리 취 달 불 번 교 독 이 예 업 숙 성 차 선 어 서 첩 필 법 고 묘
類年幾就傳文理驟達不煩教督而藝業夙成且善於書帖筆法高妙

계 유 중 생 원 병 자 등 문 과 력 괴 원 정 자 성 균 박 사 전 적 정 언 장 령 병 신
癸酉中生員丙子登文科歷槐院正字成均博士典籍正言掌令丙申
특 제 홍 문 관 시 독 후 승 통 정 졸 년 칠 십 이 공 상 학 우 립 재 송 문 헌 지 문
特除弘文舘侍讀後陞通政卒年七十二公嘗學于立齋宋文獻之門
강 선 세 연 원 전 심 위 기 지 학 상 송 장 자 서 명 동 포 여 물 지 의 어 문 도 왈
講先世淵源專心爲己之學常誦張子西銘同胞與物之義語門徒曰
인 지 심 즉 천 지 심 확 이 충 지 즉 사 해 지 내 개 형 제 야 문 도 상 여 작 지 란
人之心卽天之心擴而充之則四海之内皆兄弟也門徒相與作芝蘭
계 매 세 단 양 절 복 양 월 대 설 강 회 병 장 봉 게 공 맹 정 주 사 부 자 상 배 읍
契每歲端陽節復陽月大設講會屛障奉揭孔孟程朱四夫子像拜揖
례 필 집 경 문 난 잉 행 향 음 주 례 공 이 주 안 호 수 견 배 송 직 미 자 염 호 풍
禮畢執經問難仍行鄕飮酒禮公以朱顔皓首肩背竦直美髭髥好風
의 승 강 주 선 동 용 중 규 관 자 막 불 쇄 연 야 성 수 기 주 불 과 삼 배 절 흡 연
儀升降周旋動容中規觀者莫不洒然也性雖嗜酒不過三杯絶吸烟
초 상 초 선 가 례 증 해 위 이 편 간 행 우 세 소 저 문 집 십 여 권 장 우 가 향 우
草嘗抄選家禮增解爲二編刊行于世所著文集十餘卷藏于家享于
영 흥 향 현 사 공 지 자 면 겸 자 복 여 효 학 겸 비 상 학 우 연 재 송 문 충 병 선
永興鄕賢祠公之子冕謙字服汝孝學兼備嘗學于淵齋宋文忠秉璿
문 하 년 삼 십 팔 이 몰 연 재 제 기 묘 왈 회 재
門下年三十八而歿淵齋題其墓曰晦齋

총 론
總 論

조선에 유교가 일어난 것은 실로 포은 정몽주 선생이 처음으로 성리학(性理學)을 천명하여 우리나라 유교의 종주(宗主)가 되면서부터이다. 그러나 이것은 송유(宋儒) 정자(程子)와 주자(朱子)의 학파이고, 저 요(堯)·순(舜)·우(禹)·탕(湯)이 전수한 학문은 기성(箕聖)으로부터 비롯된 것이다. 명이(明夷)의 교화가 비록 원시 상태를 개벽(開闢)하지는 못했으나 문명의 가르침을 편 것은 그 유래가 참으로 유구한 것이다. 다만 고증할 만한 문헌이 없어 홍범팔정(洪範八政)의 다스림에 대한 규범과 조리를 상고할 수가 없으나 《지나사(支那史)》를 보면 다음과 같다.

범엽(范曄)의 《후한서(後漢書)》를 상고해보면, "기자가 쇠약한 말세의 운을 당하여 조선으로 피하여 가서 8조의 약속을 베풀어 백성들로 하여금 금법을 알게 하였다. 그리하여 마을에는 음란한 행실과 도둑이 없어 밤에도 문을 잠그지 않았고, 유순하고 근신하는 것으로 풍속을 삼아 도의가 있었다. 가르친 조목이 간결하였지만 신의가 있었으니 성현이 법을 만든 근본 정신을 얻었다."고 하였다.

함허자(涵虛子)도 말하기를, "기자가 중국인 5천 명을 거느리고 조

선에 들어갔는데, 《시(詩)》·《서(書)》·《예(禮)》·《악(樂)》·의무(醫巫), 복서(卜筮)의 전문가와 백공 기예(百工技藝)들도 함께 따라갔다. 조선에 이르러서는 시서를 가르쳐 중국의 예악 제도와 부자 군신간의 도, 오상(五常)의 예를 알게 하고, 8조로써 가르쳐 신의를 높이고, 유술(儒術)을 돈독하게 하여 중국의 풍교(風教)를 양성(醸成)하였다. 그리하여 말하기를, 조선을 '시·서·예·악의 나라이며, 인의(仁義)의 나라'라고 한다."고 하였다.

앞서 함허자가 말한 '유술을 돈독히 하였다[篤儒術]'라는 세 글자에 의하면 유교의 창시는 실로 기자로부터 시작된 것이며, 대역(大易)의 상(象)에도 '기자의 명이'라고 하였으니 또한 사실이 아니겠는가? 1천여년을 지나 신라시대에 이르러서는 선불(仙佛)을 받들어 유교는 밝지 못하였다. 중엽 이후에 국학을 세워 경술(經術)을 숭상하여 점차 공자의 가르침을 존중할 줄 알았으니, 홍유후(弘儒侯) 설총(薛聰)과 임강수(任強首)·문창후(文昌侯) 최치원(崔致遠) 같은 분들은 모두 유학으로 이름이 났다. 그러나 유학이 문사(文詞)와 선석(禪釋: 불교)의 사이에 섞어서 나온 정도로 순수한 유자라고 할 수는 없다.

고려가 일어난 후에도 역시 불교를 국교로 삼았다. 그 사이에 간혹 문장과 경술을 익힌 선비가 있어 사문(斯文)을 도왔으니 해주(海州)의 문헌공(文憲公) 최충(崔沖), 흥주(興州)의 문성공(文成公) 안유(安裕), 상당(上黨)의 이재(頤齋) 백이정(白頤正), 단양(丹陽)의 역동(易東) 우탁(禹倬), 안동(安東)의 국재(菊齋) 권보(權溥), 영산(靈山)의 덕재(德齋) 신천(辛蕆) 및 문충공(文忠公) 익재(益齋) 이제현(李齊賢) 등 제공이 이에 속한다. 이들은 불교가 기세를 부리던 시대에 유독 문학과 유술로써 이름이 났지만 순수한 유학자라고 해야 할지 모르겠다. 비록 그러나 고려시대는 마침 중국 송나라의 주돈이(周敦頤), 정호(程顥), 정이(程頤)·장재(張載)·주희(朱熹) 등과 때를 같이하였기 때문에 고려 말의 제현들이 차차로 송유의 학파에 물들게 되어 이로써 조선의 유학이 비로소 변화하게 된 것이다.

포은 정몽주 선생은 정주의 글을 강구하여 처음으로 성리학을 주창하였다. 이로부터 야은(冶隱) 길재(吉再)가 포은의 문하에 수학하여 그 도를 전해 받았는데 불행히 혁명의 시대를 당하여 포은은 순국하여 강상(綱常)의 책임을 자임하였고, 야은은 금오산(金烏山) 아래에 은둔하여 평생을 늙어 지절(志節)을 굳게 지켰다. 그래서 두 분 현인은 모두 도를 잡고서도 세상에 행세하지는 못하였으나 그 학문을 사예(司藝) 강호(江湖) 김숙자(金叔滋)에게 전하였고, 강호는 이를 그의 아들 점필재(佔畢齋) 김종직(金宗直)에게 전하였다. 점필재는 그 문인이 매우 많았으나 그 중에서 오직 문경공(文敬公) 한훤당(寒暄堂) 김굉필(金宏弼)과 문헌공(文獻公) 일두(一蠹) 정여창(鄭汝昌)만이 도학을 전수받았고, 그밖에 탁영(濯纓) 김일손(金馹孫), 뇌계(㵢溪) 유호인(兪好仁) 등 제공이 문장을 전수받았다. 한훤당이 도학을 문정공(文正公) 정암(靜庵) 조광조(趙光祖)에게 전하였으니, 실로 포은의 정통파이다.

정암이 중종 때에 격물(格物)·치지(致知), 성의(誠意)·정심(正心)의 학문을 바탕으로 요순시대의 왕도정치(王道政治)를 목표로 성스러운 뜻을 가졌었고, 충암(冲庵) 김정(金淨), 노천(老泉) 김식(金湜)이 이들을 도와 장차 풍속을 크게 변화시키고 세도(世道)를 만회하려고 하였다. 그러나 기묘년의 화란이 일어나 충성스럽고 선량한 선비들이 모두 죽임을 당하여 선비들의 기개가 떨어져 이학(理學)을 피하게 되었다. 인종이 즉위하여 당금(黨禁)이 비로소 누그러지니 문원공(文元公) 회재(晦齋) 이언적(李彦迪)은 영남에서 수학하고, 문정공(文靖公) 하서(河西) 김인후(金麟厚)는 호남에서 학문을 창도하여 우리 도가 다시 밝아지려 하였으나, 인종이 갑자기 승하하고 명종이 즉위하자 다시 을사사화가 일어나 이에 사문의 액이 극도에 이르렀다.

문순공(文純公) 퇴계(退溪) 이황(李滉)은 주자를 스승으로 존경하고 제자(諸子)의 학문을 연구하여 백세의 종사(宗師)가 되었다. 그러나 을사년에 제현이 화를 당하는 것을 목격하고 세상길에 뜻을 두지 않고 한결같이 겸손 퇴거하여 오직 이 도학을 강명하는 것을 자신의 책임으로 삼았으니 실로 조선 유학계의 집대성이다. 그래서 그 문하에 제자가 매우 많았으니 문목공(文穆公) 한강(寒岡) 정구(鄭逑), 문경공(文敬公) 월천(月川) 조목(趙穆), 문충공(文忠公) 학봉(鶴峯) 김성일(金誠一), 문충공 서애(西厓) 유성룡(柳成龍), 문헌공(文憲公) 고봉(高峯) 기대승(奇大升) 등 제공이 모두 도학을 전수하여 왕성하게 일세의 유현(儒賢)이 되었다. 한강은 문정공(文正公) 미수(眉叟) 허목(許穆)에게 전하고, 서애는 문장공(文莊公) 우복(愚伏) 정경세(鄭經世)에게 전하였으며 문강공(文康公) 여헌(旅軒) 장현광(張顯光)은 퇴계를 사숙(私淑)하여 한강과 함께 일세의 사표(師表)가 되었다. 여헌은 학사(鶴沙) 김응조(金應祖)와 간송(澗松) 조임도(趙任道), 수암(修巖) 유진(柳袗), 수암(守庵) 정사진(鄭四震) 제공에게 전하였는데 모두 유술로 영남에서 이름이 났다. 포은으로부터 시작하여 야은·강호·점필재·한훤당·일두·회재·퇴계·한강·여헌·우복 등 제현을 배출하여 도학으로써 서로 전했다. 포은이 처음으로 주창하여 유학의 종주가 되고 퇴계에 이르러서 더욱 천명하여 백세의 사범이 되었으니, 이 이후의 영남 유현은 모두 이를 연원하고 있다.

선조 초에 문성공(文成公) 율곡(栗谷) 이이(李珥)가 관동으로부터 일어나 주자의 학문을 연구하여 도학을 강론하여 밝히고 조정암을 사숙하여 세도를 만회하려는 뜻을 두었으나 불행히 나랏일이 어려울 때 중도에서 죽었다. 같은 때의 문간공(文簡公) 우계(牛溪) 성혼(成渾)과 더불어 학덕과 마음이 서로 맞아 세상의 사범이 되었다. 율곡은 문원공(文元公) 사계(沙溪) 김장생(金長生)과 문열공(文烈公) 중봉(重峰) 조헌(趙憲)에게 전하고, 사계는 아들인 문경공(文敬公) 신독재(愼獨齋) 김집(金集), 문정공(文正公) 우암(尤庵) 송시열(宋時烈), 문정공 동춘당(同春堂) 송준길(宋浚吉)에게 전하였다. 신독재는 가학(家學)을 잘 계승 발전시켜 사계가 죽은 뒤에 우암과 동춘당이 스승으로 그를 섬겼다. 또 일찍이 수몽(守夢) 정엽(鄭曄)과 더불어 우계를 스승으로 모시도록 하였다. 신독재의 문인에는 문경공 미촌(美村) 윤선거(尹宣擧), 시남(市南) 유계(兪棨)가 가장 이름이 드러났고, 수몽의 문인에는 동회(東淮) 신익성(申翊聖), 백주(白洲) 이명한(李明漢), 구포(鷗浦) 나만갑(羅萬甲) 등 제공이 문장으로 일컬어졌다. 우암과 동춘당은 효종(孝宗)의 존경과 총애를 받고 등용되어 인망이 매우 중하였고 우암 역시 존화양이(尊華攘夷)를 자신의 책무로 삼았으나 효종이 승하하고 이어 숙종 때에 나랏일로 인해서 귀양가서 죽었다.

원래 우암의 문하에 문정공 명재(明齋) 윤증(尹拯)이 고제(高弟)로 있었다. 그러다가 훗날 그의 아버지 미촌 윤선거의 비문(碑文) 일로 우암과 틈이 벌어지게 되었으니, 이것이 노론(老論)과 소론(少論)의 당파가 갈라진 유래이다.

문순공(文純公) 수암(遂庵) 권상하(權尙夏)는 우암에게 수학하여 순수하고 독실하게 행하였다. 황강(黃江)에서 제자들을 가르쳤는데 그 문인에는 남당(南塘) 한원진(韓元震), 병계(屛溪) 윤봉구(尹鳳九), 외암(巍巖) 이간(李柬), 봉암(鳳庵) 채지홍(蔡之洪), 화암(華巖) 이이근(李頤根), 관봉(冠峯) 현상벽(玄尙璧), 매봉(梅峯) 최징후(崔徵厚), 추담(秋潭) 성만징(成萬徵) 등 제인이 있으니, 이들을 강문팔학(江門八學)이라 하는데 모두 호중(湖中)의 학자들이다. 당시 낙중(洛中)에는 도암(陶庵) 이재(李縡), 삼연(三淵) 김창흡(金昌翕), 여호(黎湖) 박필주(朴弼周) 등 제공이 있었으니 성기(性氣)의 분변으로 호락(湖洛)의 학파가 나누어지게 되었다.

기호(畿湖)의 조광조는 김굉필의 도통을 이어받아 처음으로 기호에

서 학문을 창도하였는데 청송(聽松) 성수침(成守琛), 탄수(灘叟) 이연경(李延慶), 용문(體門) 조욱(趙昱), 유헌(游軒) 정황(丁熿) 등 제공은 모두 그 문하에서 나왔다. 그리하여 화담(花潭) 서경덕(徐敬德)으로 더불어 한 세상에 대치하여서 산림에서 강학하였다. 청송은 그 아들 우계 성혼에게 전하였으며 우계의 문인에는 신독재 김집이 있고, 신독재의 문인에는 미촌 윤선거가 있고, 미촌은 그 아들에게 전하였으니 바로 명재 윤증이다. 명재의 문인에는 제안당(制安堂) 성지선(成至善), 상촌(橡村) 한영기(韓永箕), 정재(定齋) 박태보(朴泰輔), 일암(一庵) 윤동원(尹東源) 등 제공이 있는데 이는 또 정암과 우계의 학파가 명재에 이르러 갈라져서 소론의 당파가 된 것이다.

율곡은 주자를 사숙하여 학문을 창도하여 사계에게 전하고, 사계는 우암에게 전하였으며 우암은 수암에게 전하고, 수암은 남당에게 전하였으며, 남당은 문인 강재(剛齋) 송치규(宋穉圭)에게 전하였으니 이는 율곡의 연원이요, 호학(湖學)의 파로 그 당파는 노론이 된다.

근세의 이른바 유학계를 보면 기호는 호락의 학으로써 나뉘어 문호가 대치되었다. 문원(文原) 이우신(李友信), 그 아들 지산(砥山) 이민행(李敏行), 저암(著庵) 유한준(兪漢雋), 송내희(宋來熙)－자는 자팔(子八)이며 좨주(祭酒) 벼슬을 지냈다－, 문경공(文敬公) 화천(華泉) 이채(李采), 수종재(守宗齋) 송달수(宋達洙), 고산(鼓山) 임헌회(任憲晦), 문경공 계운(溪雲) 김낙현(金洛鉉), 단번(檀樊) 윤치조(尹致祖), 명담(明潭) 윤병익(尹秉益), 영서(穎西) 임로(任魯), 송계간(宋啓幹)－송명흠(宋明欽)의 손자로 시호는 문경(文敬)이다－, 김직순(金直淳)－김양행(金亮行)의 손자이다－ 및 그 아들 김인근(金仁根)－벼슬은 판윤(判尹)에 이르고 시호는 문경이다－, 수재(修齋) 송후연(宋厚淵), 연재(淵齋) 송병선(宋秉璿)－시호는 문충(文忠)이다－, 조병덕(趙秉悳)－시호는 문경이다－, 이민덕(李敏德), 박성양(朴性陽), 어당

(峿堂) 이상수(李象秀) -시호는 문간(文簡)이다-, 유만주(兪萬柱), 운고(雲皐) 김박연(金博淵), 이동윤(李東允), 민치복(閔致福), 이교년(李喬年), 김재해(金載海), 강재건(姜在健), 유기일(柳基一) 등 제공은 혹 경연관(經筵官)으로 선발된 사람도 있고, 혹은 대관(臺官)과 음사(蔭仕)로 이름이 드러났는데 유고(遺稿)가 있기도 하다. 최근 사람으로는 면암(勉庵) 최익현(崔益鉉), 운가(雲稼) 심기택(沈琦澤), 간재(艮齋) 전우(田愚) -자는 자명(子明)이다- 등 제씨가 있다. 호남에는 장헌주(張憲周), 만희(晩羲) 양진영(梁進永), 인산(仁山) 소휘면(蘇輝冕) -지평(持平)을 지냈다-, 기우만(奇宇萬) 등 제씨가 있는데 기우만은 바로 고봉(高峰)의 후손이며 노사(蘆沙) 기정진(奇正鎭)의 가학을 이어받았다.

영남에는 정헌(定軒) 이종상(李種祥), 정와(訂窩) 김대진(金岱鎭) 호고와(好古窩) 유휘문(柳徽文), 계당(溪堂) 유주목(柳疇睦), 서산(西山) 김흥락(金興洛), 사미헌(四未軒) 장복추(張福樞), 한주(寒洲) 이진상(李震相), 이재(頤齋) 권연하(權璉夏), 유도성(柳道性), 장녹원(張祿遠), 이만도(李晩燾), 김도화(金道和), 장심택(張心澤), 곽종석(郭鍾錫), 회당(晦堂) 장석영(張錫英) 등 제씨가 있는데 이들은 모두 고가(古家)의 모범으로 경학에 발을 들여놓았다.

관북 지방에는 가실(可室) 주명상(朱明相)이 있고, 관서 지방에는 운암(雲庵) 박문일(朴文一) -유일(遺逸)로 집의(執義)를 지냈는데 시호는 문헌(文憲)이다- 등 제씨가 모두 유가의 학행이 있는 선비들이다. 조선 중엽 이후로 오로지 문벌로 사람을 등용하였기 때문에 초야(草野)의 선비는 묻혀 지내 일컬을 만한 사람이 없이 선비로 늙어 죽었다. 고가의 세족(世族)들은 헛된 이름을 숭상하고 당이 같으면 옹호하고 당이 다르면 공격하여 서로 싸웠다. 그래서 영남의 이른바 서애와 학봉이냐, 학봉과 서애냐 하는 위차문제(位次問題)로 논의가 분열하기에 이르러 병론(屛論) 호론(虎論)의 분파를 일으키게 하였다.

기호는 호락의 논쟁이 나누어진 데다가, 또 이른바 시파(時派)와 벽파(僻派)의 당이 있어 유교계는 창검이 난무하는 싸움터로 변하였다. 호중에서도 역시 우암이 먼저냐, 동춘당이 먼저냐 하는 선후의 다툼이 생겨 한 집안에서 풍파를 일으켰다. 아, 이는 성인의 세대로부터 멀어지고 어진 선비들이 없어서 그러한 것이니 유교가 쇠퇴하고 정쟁(政爭)이 일어난 것이다.

당론이 분열된 이후 동서의 색목(色目)이 서로를 공격하고 시기하여 올바른 공론이 행해지지 못한 지 오래였다. 하물며 근래에는 벼슬하는 집안은 부귀를 누리고, 초야의 사람은 농촌에 묻혀서 더는 학문이 무엇인지 알지 못하여 세상의 도의가 날로 비루해지고 풍속이 날로 무너지게 되었다. 이러므로 그 사이에 혹 재질이 높고 아름다운 선비가 있어도 시대의 조류에서 스스로 빠져나오지 못하고 원대한 목표를 싫어하여 피하고 절제와 검속을 싫어하여 이욕의 구덩이 속으로 빠지게 된다. 그리하여 군자의 도는 남과 북의 거리보다도 더 멀어지게 되고, 끊임없이 이어지던 학문은 말할 것도 없고 스스로 자기 몸을 지켜 선을 행하는 선비마저도 볼 수 없게 되었다. 아, 하늘이 우리 유학을 없애고자 해서 그런 것인가, 아니면 또한 가면 다시 오지 않음이 없는 이치가 있어서인가. 대개 우리 조선의 유교는 조선 중엽 이전에는 사화로 인해서 참혹하게 짓밟혔고, 중엽 이후에는 붕당의 피해를 입어 스스로 결박당하였으며, 근세에 와서는 저절로 시드는 나무나 불 꺼진 식은 재처럼 점점 사라지고 스스로 부패하기에 이르렀다. 아, 조선의 유교가 그 본말이 대체로 이와 같을 뿐이니 회복되어 생기에 넘치고 왕성해질 날이 있겠는가?

총 론
總 論

조 선 유 교 지 흥 실 자 정 포 은 선 생 시 천 명 성 리 지 학 위 오 동 유 교 지
朝鮮儒教之興實自鄭圃隱先生始闡明性理之學爲吾東儒教之
종 연 시 송 유 정 주 씨 지 학 파 야 약 부 요 순 우 탕 전 수 지 학 조 자 기 성 명
宗然是宋儒程朱氏之學派也若夫堯舜禹湯傳授之學肇自箕聖明
이 지 교 화 수 미 획 벽 홍 황 문 명 지 교 기 래 구 의 문 헌 무 징 홍 범 팔 정 지
夷之教化雖未畫闢鴻荒文明之教其來久矣文獻無徵洪範八政之
치 규 조 리 무 종 고 계 연 이 지 나 사 고 지
治規條理無從考稽然以支那史攷之

안 범 엽 후 한 서 왈 기 자 조 쇠 세 지 운 피 지 조 선 시 입 조 지 약 사 인 지
按范曄後漢書曰箕子遭衰世之運避地朝鮮施入條之約使人知
금 색 무 음 도 문 불 야 경 유 근 위 풍 도 의 존 언 성 간 교 조 이 용 신 의 기 득
禁色無淫盜門不夜扃柔謹爲風道義存焉省簡教條而用信義其得
성 현 작 법 지 원 의 함 허 자 역 왈 기 자 솔 중 국 오 천 인 입 조 선 기 시 서 례
聖賢作法之原矣涵虛子亦曰箕子率中國五千人入朝鮮其詩書禮
악 의 무 복 서 지 류 백 공 기 예 개 종 이 왕 언 기 지 조 선 교 이 시 서 사 기 지
樂醫巫卜筮之流百工技藝皆從而往焉旣至朝鮮教以詩書使其知
중 국 례 악 지 제 부 자 군 친 지 도 오 상 지 례 교 이 팔 조 숭 신 의 독 유 술 양
中國禮樂之制父子君親之道五常之禮教以八條崇信義篤儒術釀
성 중 국 지 풍 교 고 왈 시 서 례 악 지 방 인 의 지 국
成中國之風教故曰詩書禮樂之邦仁義之國

거 차 독 유 술 삼 자 즉 유 교 지 창 실 자 기 성 이 시 의 대 역 지 상 위 지 기
據此篤儒術三字則儒教之倡實自箕聖而始矣大易之象謂之箕
자 지 명 이 자 불 역 신 호 력 천 여 년 이 지 우 신 라 지 대 숭 봉 신 석 유 화 미
子之明夷者不亦信乎歷千餘年而至于新羅之代崇奉神釋儒化未
명 중 엽 이 후 건 국 학 상 경 술 초 초 지 존 공 씨 지 교 여 설 홍 유 임 강 수 최
明中葉以後建國學尚經術稍々知尊孔氏之教如薛弘儒任强首崔
문 창 제 공 개 이 유 학 명 다 잡 호 문 사 선 석 지 간 위 지 순 호 유 자 즉 미 야
文昌諸公皆以儒學名多雜乎文詞禪釋之間謂之醇乎儒者則未也
고 려 지 흥 역 이 불 교 위 종 간 혹 유 문 장 경 술 지 사 우 익 사 문 유 여 해 주
高麗之興亦以佛教爲宗間或有文章經術之士羽翼斯文有如海州
지 최 문 헌 공 흥 주 지 안 문 성 공 상 당 지 백 이 재 단 양 지 우 역 동 안 동 지
之崔文憲公興州之安文成公上黨之白頤齋丹陽之禹易東安東之
권 국 헌 령 산 지 신 덕 재 급 익 재 이 문 충 제 공 당 이 교 횡 류 지 제 독 이 문
權菊軒靈山之辛德齋及益齋李文忠諸公當異教橫流之際獨以文

학 유 술 천 위 지 진 정 순 유 즉 공 미 감 지 야 수 연 고 려 지 대 적 여 송 씨 렴
學儒術擅謂之眞正醇儒則恐未敢知也雖然高麗之代適與宋氏濂
락 민 시 상 치 고 려 계 제 현 초 초 전 염 어 송 유 지 학 파 이 유 래 조 선 지 학
洛閩時相値故麗季諸賢稍々傳染於宋儒之學派而由來朝鮮之學
술 어 시 호 시 변 화 의
術於是乎始變化矣

포 은 정 선 생 강 구 정 주 지 서 수 창 성 리 지 학 자 시 길 야 은 친 자 어 포
圃隱鄭先生講究程朱之書首倡性理之學自是吉冶隱親炙於圃
은 지 문 전 승 기 도 불 행 치 혁 명 지 세 포 은 이 신 순 국 임 강 상 지 책 야 은
隱之門傳承其道不幸値革命之世圃隱以身殉國任綱常之責冶隱
종 로 금 오 지 하 견 수 지 절 량 현 개 파 도 이 부 득 행 우 세 이 이 기 학 전 지
終老金烏之下堅守志節兩賢皆把道而不得行于世而以其學傳之
강 호 김 사 예 강 호 전 지 우 기 자 점 필 재 점 필 기 문 인 심 번 계 한 훤 김 문
江湖金司藝江湖傳之于其子佔畢齋佔畢其門人甚繁啓寒暄金文
경 공 일 두 정 문 헌 공 이 도 학 전 기 타 김 탁 영 유 뢰 계 제 공 이 문 장 전 김
敬公一蠹鄭文獻公以道學傳其他金濯纓兪雷溪諸公以文章傳金
한 훤 전 지 우 정 암 조 문 정 공 실 포 은 지 적 파 야 정 암 당 중 종 시 이 격 치
寒暄傳之于靜庵趙文正公實圃隱之嫡派也靜庵當中宗時以格致
성 정 지 학 유 요 순 군 민 지 지 이 김 충 암 정 김 로 천 식 우 익 지 장 비 변 풍
誠正之學有堯舜君民之志而金冲庵淨金老泉湜羽翼之將丕變風
속 만 회 세 도 기 묘 지 화 충 량 병 륙 사 기 소 저 인 이 리 학 위 휘 인 묘 사 복
俗挽回世道己卯之禍忠良並戮士氣消沮人以理學爲諱仁廟嗣服
당 금 시 이 이 회 재 이 문 원 공 수 학 어 령 남 하 서 김 문 정 공 창 학 어 호 남
黨禁始弛而晦齋李文元公修學於嶺南河西金文靖公倡學於湖南
사 도 부 명 인 묘 거 붕 명 종 초 원 부 유 을 사 지 화 사 문 지 액 극 의
斯道復明仁廟遽崩明宗初元復有乙巳之禍斯文之厄極矣

퇴 계 리 문 순 공 존 사 고 정 연 구 제 자 위 백 세 지 사 종 이 목 격 을 사 제
退溪李文純公尊師考亭研究諸子爲百世之師宗而目擊乙巳諸
현 지 화 무 의 세 도 일 사 겸 퇴 유 이 강 명 사 도 위 기 임 실 조 선 유 학 계 지
賢之禍無意世途一事謙退唯以講明斯道爲己任實朝鮮儒學界之
집 대 성 야 고 기 문 제 심 성 여 한 강 정 문 목 월 천 조 문 경 학 봉 김 문 충 서
集大成也故其門弟甚盛如寒岡鄭文穆月川趙文敬鶴峯金文忠西
애 류 문 충 고 봉 기 문 헌 제 공 개 전 도 수 업 울 위 일 세 유 현 한 강 전 지 우
厓柳文忠高峯奇文憲諸公皆傳道受業蔚爲一世儒賢寒岡傳之于
미 수 허 문 정 공 서 애 전 지 우 우 복 정 문 장 공 려 헌 장 문 강 공 사 숙 퇴 계
眉叟許文正公西厓傳之于愚伏鄭文莊公旅軒張文康公私淑退溪

여한강병위일세지사표려헌전지우김학사응조조간송임도류수
與寒岡並爲一世之師表旅軒傳之于金鶴沙應祖趙澗松任道柳修
암진정수암사진제공개이유술저령남자정포은시길야은김강호
庵袗鄭守庵四震諸公皆以儒術著嶺南自鄭圃隱始吉冶隱金江湖
김점필김한훤정일두리회재리퇴계정한강장려헌정우복제현배
金佔畢金寒暄鄭一蠹李晦齋李退溪鄭寒岡張旅軒鄭愚伏諸賢輩
출이도학상전포은수창지위유학지종지퇴계이우천명언위백세
出以道學相傳圃隱首倡之爲儒學之宗至退溪而尤闡明焉爲百世
사범자시궐후령남유현개기연원야
師範自是厥後嶺南儒賢皆其淵源也

선묘초원률곡리문성공기자관동소구주자지학이강명사도사
宣廟初元栗谷李文成公起自關東溯究朱子之學而講明斯道私
숙정암이유만회세도지지불행치간우지제중도이몰동시여우계
淑靜庵而儒挽回世道之志不幸値艱虞之際中道而歿同時與牛溪
성문간공동덕동지위세사범률곡전지우사계김문원공중봉조문
成文簡公同德同志爲世師範栗谷傳之于沙溪金文元公重峯趙文
렬공사계전지우기자신독재문경공급우암송문정공동춘송문정
烈公沙溪傳之于其子愼獨齋文敬公及尤庵宋文正公同春宋文正
공신재극세가학사계몰우암동춘사지이사우상여정수몽엽사성
公愼齋克世家學沙溪歿尤庵同春事之以師又嘗與鄭守夢曄師成
우계신재지문윤미촌유시남최저수몽지문신동준익성리백주명
牛溪愼齋之門尹美村兪市南最著守夢之門申東准翊聖李白洲明
한라구포만갑제공이문장칭우암동춘당효종조존총등용기망심
漢羅鷗浦萬甲諸公以文章稱尤庵同春當孝宗朝尊寵登庸期望甚
중이우암역자임이존화양이지책급효묘승하이방사피서이몰선
重而尤庵亦自任以尊華攘夷之責及孝廟昇遐以邦事被竄而歿先
시우암지문유윤명재위고제후이기부미촌윤문경공묘문사수이
是尤庵之門有尹明齋爲高弟後以其父美村尹文敬公墓文事遂貳
어우암차로소론당파분렬지소유시야수암권문순공학우우암순
於尤庵此老少論黨派分裂之所由始也遂庵權文純公學于尤庵純
실독행교수우황강기문인유한남당원진윤병계봉구리외암간채
實篤行教授于黃江其門人有韓南塘元震尹屛溪鳳九李巍岩柬蔡
봉암지홍리화암이근현관봉상벽최매봉징후성추담만징제인호
鳳岩之洪李華巖頤根玄冠峯尚壁崔梅峯徵厚成秋潭晩徵諸人號
칭강문팔학개호중학자시락중유리도암재김삼연창흡박려호필
稱江門八學皆湖中學者時洛中有李陶庵縡金三淵昌翕朴黎湖弼

주 제 공 이 성 기 지 변 호 락 지 파 소 유 분 야
周諸公以性氣之辨湖洛之派所由分也

기 호 조 정 암 승 김 한 훤 지 통 시 창 학 우 기 보 이 성 청 송 수 침 리 탄 수
畿湖趙靜庵承金寒暄之統始倡學于畿輔而成聽松守琛李灘叟
연 경 조 룡 문 욱 정 유 헌 황 제 공 개 등 기 문 여 서 화 담 경 덕 병 치 일 세 이
延慶趙龍門昱丁游軒熿諸公皆登其門與徐花潭敬德並峙一世而
강 학 산 림 청 송 전 우 기 자 우 계 문 간 공 우 계 문 인 유 김 신 재 신 재 문 인
講學山林聽松傳于其子牛溪文簡公牛溪門人有金愼齋愼齋門人
유 윤 미 촌 미 촌 전 지 기 자 증 즉 명 재 윤 문 정 공 야 명 재 문 인 유 성 남 평
有尹美村美村傳之其子拯卽明齋尹文正公也明齋門人有成南坪
지 선 한 어 촌 영 기 박 정 재 태 보 윤 일 암 동 원 제 인 차 우 정 암 우 계 지 학
至善韓漁村永箕朴定齋泰輔尹一庵東源諸人此又靜庵牛溪之學
계 이 지 명 재 분 위 소 론 지 당 파
系而至明齋分爲少論之黨派

이 률 곡 사 숙 주 자 이 창 학 언 전 지 김 사 계 사 계 전 지 송 우 암 우 암 전
李栗谷私淑朱子而倡學焉傳之金沙溪沙溪傳之宋尤庵尤庵傳
지 권 수 암 수 암 전 지 한 남 당 남 당 문 인 송 강 재 치 규 차 률 곡 지 연 원 이
之權遂庵遂庵傳之韓南塘南塘門人宋剛齋稚圭此栗谷之淵源而
호 학 지 파 기 목 위 로 론
湖學之派其目爲老論

근 세 소 위 유 학 계 기 호 즉 이 호 락 지 학 분 치 문 호 이 리 우 신 호 문
近世所謂儒學界畿湖則以湖洛之學分峙門户而李友信(號文
원 기 자 지 산 민 행 저 암 유 한 준 송 래 희 자 자 팔 관 좨 주 리 채 화 천 시
原)其子砥山敏行著庵兪漢雋宋來熙(字子八官祭酒)李采華泉謚
문 경 김 달 수 수 종 재 임 헌 회 고 산 김 락 현 계 운 시 문 경 윤 치 조
文敬 金達洙(守宗齋)任憲晦(鼓山)金洛鉉(溪雲謚文敬)尹致祖
단 번 윤 병 익 명 담 임 영 서 로 송 계 간 명 흠 손 시 문 경 김 직 순 양
(檀樊)尹秉益(明潭)任潁西魯宋棨榦(明欽孫謚文敬)金直淳(亮
행 손 급 기 자 인 근 관 지 판 윤 시 문 경 송 후 연 수 재 송 병 선 연 재
行孫)及其子仁根(官至判尹謚文敬)宋厚淵(修齋)宋秉璿(淵齋
시 문 충 조 병 덕 문 경 공 이 민 덕 박 성 양 이 상 수 문 당 시 문 간 유 만
謚文忠)趙秉悳(文敬公)李敏德朴性陽李象秀(文堂謚文簡)兪萬
주 김 박 연 운 고 리 동 윤 민 치 복 리 교 년 김 재 해 강 재 건 유 기 일 제 인
柱金博淵(雲皐)李東允閔致福李喬年金載海姜在健柳基一諸人
혹 이 초 선 경 연 관 혹 이 남 대 음 사 저 칭 역 유 유 고 최 근 유 최 익 현 심 기
或以抄選經筵官或以南臺蔭仕著稱亦有遺稿最近有崔益鉉沈琦

택운가전우자자명호간재제씨호남즉유장헌주양진영 만희 소
澤雲稼田愚字子明號艮齋諸氏湖南則有張憲周梁進永(晩義)蘇
휘면 인산지평 기우만제씨우만즉고봉지후호사지가학
輝冕(仁山持平)奇宇萬諸氏宇萬卽高峯之後芦沙之家學

영남즉유리종상 정헌 김구와대진유휘반 호고재 류주목 계
嶺南則有李種祥(定軒)金龜窩岱鎭柳徽反(好古齋)柳疇睦(溪
당 김흥락 호서산 장복추 사미당 리진상 한주 권련하 이재 류
堂)金興洛(號西山)張福樞(四未堂)李震相(寒洲)權璉夏(頣齋)柳
도성장록원리만도김도화장심택곽종석장석영 회당 제씨구이
道性張祿遠李晩燾金道和張心澤郭鍾錫張錫英(晦堂)諸氏俱以
고가모범립각어경학관북즉유주명상 가실 관서즉유박문일 운
古家模範立脚於經學關北則有朱明相(可室)關西則有朴文一(雲
암일집의문헌공 제씨개유가조행지사야숙계이래전이문벌취
庵逸執義文憲公)諸氏皆儒家操行之士也叔季以來專以門閥取
인고초야지사다인몰무칭로사포갈고가세족숭상허명당동벌이
人故草野之士多湮沒無稱老死布褐古家世族崇尚虛名黨同伐異
혹동실조과권척상가여령남지소위비학학애선후지쟁경지파렬
或同室操戈拳踢相加如嶺南之所謂匪鶴鶴厓先後之爭競至破裂
론의치유병론호론지분파기호호락지론분이우유소위시벽시벽
論議致有屛論虎論之分派畿湖湖洛之論分而又有所謂時僻詩壁
지당유계화위검극지장무호중역유우춘춘우선후지쟁동당지내
之黨儒界化爲劒戟之場無湖中亦有尤春々尤先後之爭同堂之內
격기풍파오호세원인망유교쇠의정쟁기의
激起風波嗚呼世遠人亡儒敎衰矣政爭起矣

자당론분렬지후동서색목호상시애자상시의공론지불행구의
自黨論分裂之後東西色目互相撕捱自相猜疑公論之不行久矣
황만근사환지가감환부귀초야지인매몰농포불복지학문지사세
況挽近仕宦之家酣豢富貴草野之人埋沒農圃不復知學問之事世
도지일하풍속지일괴직차지고간혹유재고질미지사이불능자발
道之日下風俗之日壞職此之故間或有才高質美之士而不能自拔
어류속피원표방염오구검귀어리욕과구중기시군자지도불시삭
於流俗避遠標榜厭惡拘檢歸於利欲窠臼中其視君子之道不啻朔
남지상거계왕개래지학상이무론독선자수지사역불가득견차부
南之相去繼往開來之學尚爾無論獨善自修之士亦不可得見嗟夫
천기욕상사문야억역유무왕불복지리야개아선지유교중엽이전
天豈欲喪斯文耶抑亦有無往不復之理耶盖我鮮之儒敎中葉以前

참 벌 어 사 화 지 참 중 엽 이 후 곡 상 어 붕 당 지 해 지 우 근 세 여 자 곡 지 목
斬伐於士禍之慘中葉以後梏喪於朋黨之害至于近世如自梏之木
무 화 지 회 소 저 시 삭 자 저 부 패 오 호 조 선 지 유 교 여 사 기 의 미 지 유 회
無火之灰消沮澌爍自底腐敗嗚呼朝鮮之儒敎如斯己矣未知有恢
복 생 왕 지 일 야
復生旺之日耶

유교란 어떤 것인가
儒教者辨

유교란 어떤 것인가? 《주례(周禮)》 태재지직(太宰之職)에, "유(儒)는 도로써 백성(의 마음)을 얻는 것이다." 하였고, 《설문(說文)》에 이르되 "천(天)·지(地)·인(人)을 통달한 것을 유라고 한다."고 하였으니 유를 어찌 쉽게 말하겠는가? 《예기(禮記)》 〈유행(儒行)〉편에 공자가 애공(哀公)의 물음에 답하여 말하기를, "박학(博學)하여 궁하지 않고 독실하게 행하여 게을리 아니하며, 유심(幽深)한 데 있어도 음란하지 않고, 상통(上通)하여 막히지 않으며, 어진 이를 존모(尊慕)하고 여러 사람들을 포용하며, 모를 다듬어[毁方] 화합한다."고 하니 너그럽고 넉넉함이 이와 같음이 있다. 또 말하기를, "유자는 내칭(內稱)할 것이 있을 때는 친한 것을 피하지 않고, 외거(外擧)함에는 원망을 피함이 있으며, 공적을 닦고 일을 쌓으며, 어진 이를 추천하여 진달(進達)한다."고 하였다.

그러므로 《한서(漢書)》에 이르기를, "유가(儒家)는 음양을 따르고 교화를 밝힌다."고 하였고, 또 이르기를, "육예(六藝)의 글을 널리 배워 천도를 밝히고, 인륜을 바로하며, 지극한 다스림을 이루는 성법(成法)인 까닭이다."라고 하였으니, 유자의 학문이란 본래 이와 같은 것이니, 어찌 일찍이 명예나 벼슬을 꾀하는 마음이나, 편당을 세워 사계(私計)의 영위를 꾀하는 모습이 근세에 명색이 소위 산림학자(山林學者)라는 따위들 같겠는가? 장주(莊周)는 말하기를, "유는 시(詩)와 예(禮)로써 발총(發塚)한다."고 하였으니 이는 유를 비방한 말이다.

그러나 유학을 빌려서 세상을 속이고 명예를 훔치는 자는 어찌 발총의 기롱(譏弄)을 면할 수 있겠는가? 《논어(論語)》에 말하기를, "너는 군자유(君子儒)가 되고, 소인유(小人儒)는 되지 말라."고 하였는데 공안국(孔安國)이 주석하여 이르기를, "군자는 도를 밝히려 하고, 소인이 유자가 되면 그 명예를 자랑한다."고 하니 아아, 세상에 참으로 명성을 자랑하는 유자가 많도다.

혹자가 말하기를 노(魯)나라는 유교를 썼으므로 쇠퇴하였다는 말이 있는 것을 양자(揚子)가 이미 자세히 분변하였다고 한다. 시험삼아 보건대 송대(宋代)에는 유현(儒賢)이 배출되고 도학이 크게 일어났으니 실로 삼대(三代) 후로 문명이 가장 성대하였다. 그럼에도 마침내 금(金)·원(元)이 침공하여 천하가 크게 어지러웠고, 마침내 중국이 망했으니 유자의 효용(效用)이 어디에 있는가?

또 조선으로 말하더라도 신라와 고구려 시대에는 모두 불교를 숭상하고 유학은 밝지 않았는데도 그런 때는 나라가 부강하고 백성이 편안하게 잘살아 혹은 1천년 혹은 8백년이나 국권을 유지하였으며, 고려의 왕씨(王氏) 또한 불교를 존숭하여 받들기를 유교의 갑절이나 하였는데, 한번 송유(宋儒)들의 학문이 들어옴으로부터 본국의 교화가 반드시 더 밝아진 것도 아니고 이렇다 하게 소란을 진정하지도 못하고 쇠약한 것을 일으켜 회복하지 못하였다.

우리 조선이 고려를 대신하여 일어나서 성군(聖君)과 어진 신하가 유술(儒術)을 숭상하고 도학을 중히 여기며, 초야에 있는 유학의 선비도 누구 할 것 없이 인재를 등용하고 존상(尊尙) 장려하였으므로 유교가 빈빈(彬彬)하게 일어나 전고에 없이 발달하여 저 송나라 유교의 왕

성함보다도 오히려 지나쳤으니 참으로 극에 이르렀다고 할 만하다. 그런데도 요순시대와 같은 이상적인 다스림을 이루지 못하고, 국세는 도리어 쇠약해져서 오늘 같은 형세에 이르렀으니 어찌된 것인가? 이 어찌 유를 써서 노를 쇠퇴하게 한 사실이 아니겠는가.

아아, 이 어찌 유교의 죄이겠는가? 양자가 말하기를, "노나라는 진유(眞儒)를 등용하지 않았기 때문이니 만일 진유를 썼다면 천하에 대적할 이가 없었을 것이다."라고 하였다. 고려의 멸망은 유교의 잘못이 아니라 왕씨의 자멸이니 비록 포은 정몽주와 야은 길재 등의 제현(諸賢)이 있었다고 하지만, 큰집이 이미 기울어진 시기를 당해서 한 손으로 어떻게 능히 떠받쳐 지탱하겠는가?

우리 조선이 쇠약한 데 이른 것으로 말하자면 이른바 노나라에서 진유를 쓰지 않았기 때문과 같다는 것이다. 사화(士禍)의 참혹함과 붕당의 폐해는 이미 앞에 말했거니와, 연산군(燕山君)의 무신년 이래로 이름 있는 유학자가 어느 시대에고 없지 않았지만 일체 형옥에 걸려들어 화액을 입고 불우함 속에 곤박되어 제대로 마지막을 맞은 사람이 거의 없으니, 또 하물며 당파가 분열된 이후로 한가지로 합심단결하여 국사를 처리해 나가려는 자가 있었겠는가?

공자의 이른바 어진 이를 사모하고 많은 사람들을 포용하며, 모난 것을 없애고 화합하는 자는 널리 한 시대에 구해보아도 얻지 못하였다. 율곡의 현명함으로도 동서(東西)의 당쟁(黨爭)을 조정하려고 하였으나 이루지 못하였고, 영조(英祖)의 성명(聖明)으로도 노론(老論)과 소론(少論)을 탕평(蕩平)하려고 하였으나 실효를 거두지 못했으니, 전현의 이른바 오래도록 선한 정치가 없는 것은 어찌 붕당의 해독이 아니겠는가?

그러나 이런 것이 어찌 유교가 그렇게 한 것일까. 실은 바로 정치가 점차로 그렇게 길들여진 것이다. 그리고 또 유교의 이름을 빌려 세상을 속이고도 아닌 듯이 위장하여 부끄러운지조차 알지 못하는 자

의 죄이다. 이는 다만 선왕의 죄인일 뿐만 아니라 바로 공맹(孔孟)의 죄인이거늘, 이것을 가지고 유교를 죄책하면 유교가 어찌 이를 수긍하겠는가?

맹자는 말하기를, "(도가) 궁하면 자기 한 몸이나마 처신을 잘하고 세상이 제대로 돌아가면 천하와 함께 도를 잘 행한다."고 하였으니, 대개 선비가 처세함에 있어 몸을 닦고 어진 말을 세워 선각자로서 후각자를 깨닫게 하는 것이 궁곤에 처하는 도리요, 몸을 세우고 도를 행하여 은택이 생민에게 미치는 것은 그 지위를 얻은 일이니, 유교의 도술이란 이러할 따름인가 한다.

유교자변
儒教者辨

유교자하야주례태재지직유이도득민자설문거통천지인왈유
儒教者何也周禮太宰之職儒以道得民者說文去通天地人曰儒
유기이언호재례기유행공자대애공문왈박학이불궁독행이불권
儒豈易言乎哉禮記儒行孔子對哀公問曰博學而不窮篤行而不倦
유거이불음상통이불곤모현이용중훼방이와합기관유유여차자
幽居而不淫上通而不困慕賢而容衆毁方而瓦合其寬裕有如此者
우왈유유내칭불피친외거유피원정공적사추현이진달지고한서
又曰儒有內稱不避親外擧有避怨程功積事推賢而進達之故漢書
운유가자류순음양명교화우운박학호륙예지문소이명천도정인
云儒家者流順陰陽明敎化又云博學乎六藝之文所以明天道正人
륜치지치지성법자유자지학본여시의갈상유조명교환지심수당
倫致至治之成法者儒者之學本如是矣曷嘗有釣名巧宦之心樹黨
영사지계여근세소위산림학자자재장주왈유이시례발총분차세
營私之計如近世所謂山林學者々哉莊周曰儒以詩禮發塚憤此世
배유지언연가유학이기세도명자오득면발총지기여론어왈여위
排儒之言然假儒學而欺世盜名者惡得免發塚之譏歟論語曰汝爲
군자유무위소인유공안국주이위군자장이명도소인위유즉긍기
君子儒無爲小人儒孔安國註以爲君子將以明道小人爲儒則矜其
명오호세고다긍명지유의
名嗚呼世固多矜名之儒矣

혹 유 언 로 이 용 유 이 삭 양 자 조 기 변 지 상 의 시 관 송 대 유 현 배 출 도
或有言魯以用儒而削揚子早己辨之詳矣試觀宋代儒賢輩出道
학 구 흥 실 위 삼 대 후 문 명 지 최 성 이 졸 치 금 원 릉 이 천 하 대 란 신 주 륙
學蔲興實爲三代後文明之最盛而卒致金元凌夷天下大亂神州陸
침 유 자 지 효 용 안 재 재 차 이 조 선 언 지 신 라 고 구 려 지 대 개 숭 상 불 교
沉儒者之效用安在哉且以朝鮮言之新羅高句麗之代皆崇尚佛教
유 학 미 명 시 즉 국 부 병 강 경 내 안 도 력 년 혹 일 천 혹 팔 백 고 려 왕 씨 역
儒學未明時則國富兵强境内晏堵歷年或一千或八百高麗王氏亦
존 봉 석 교 배 가 유 술 일 자 송 유 지 학 수 입 본 국 교 화 미 필 가 명 소 란 미
尊奉釋教倍加儒術一自宋儒之學輸入本國教化未必加明騷亂未
능 진 정 위 미 부 진 아 선 대 흥 성 군 량 필 숭 유 술 중 도 학 초 야 유 학 지 사
能鎭定萎靡不振我鮮代興聖君良弼崇儒術重道學草野儒學之士
불 망 라 등 용 존 상 장 려 사 문 지 진 흥 치 빈 빈 연 도 월 전 고 가 질 유 송 유
不網羅登庸尊尚奬勵斯文之振興治彬々然度越前古駕軼有宋儒
교 지 성 가 위 극 의 내 하 미 능 주 요 순 군 민 지 치 국 세 반 추 어 쇠 미 지 우
教之盛可謂極矣奈何未能做堯舜君民之治國勢反趨於衰微至于
금 일 하 재 차 기 비 용 유 로 삭 지 험 여
今日何哉此豈非用儒魯削之驗歟

희 시 기 유 교 지 죄 야 양 자 왈 로 불 용 직 유 고 야 여 용 진 유 즉 무 적 어
噫是豈儒教之罪也楊子曰魯不用直儒故也如用眞儒則無敵於
천 하 려 사 지 구 허 비 실 유 야 려 씨 지 자 멸 야 수 유 포 야 제 현 당 대 하 기
天下麗社之邱墟非失儒也麗氏之自滅也雖有圃冶諸賢當大厦己
경 지 일 척 수 이 언 능 공 지 호 지 약 아 선 지 쇠 미 소 위 로 불 용 진 유 지 고
傾之日隻手而焉能拱持乎至若我鮮之衰微所謂魯不用眞儒之故
야 사 화 지 참 붕 당 지 해 기 술 지 어 전 의 자 연 산 무 신 이 래 명 유 홍 석 대
也士禍之慘朋黨之害旣述之於前矣自燕山戊申以來名儒弘碩代
불 핍 인 일 체 리 어 형 옥 곤 어 감 가 능 령 종 자 선 의 우 황 당 파 분 렬 지 후
不乏人一切罹於刑獄困於坎坷能令從者鮮矣又况黨派分裂之後
유 능 동 인 협 공 공 추 일 차 자 지 상 자 야 공 자 소 운 모 현 이 용 중 훼 방 이
有能同寅協恭共推一車子之想者耶孔子所云慕賢而容衆毁方而
와 합 자 도 도 일 세 구 지 부 득 의 이 률 곡 지 현 이 욕 조 정 동 서 이 불 능 언
瓦合者滔々一世求之不得矣以栗谷之賢而欲調停東西而不能焉
이 영 묘 지 성 이 욕 탕 평 로 소 이 부 득 언 전 현 소 위 백 년 무 선 치 자 기 비
以英廟之聖而欲蕩平老少而不得焉前賢所謂百年無善治者豈非
붕 당 지 해 여 시 기 유 교 지 사 연 야 실 내 정 치 지 순 치 야 억 우 가 유 명 이
朋黨之害歟是豈儒教之使然也實乃政治之馴致也抑又假儒名而

기 세 주 엽 연 부 지 위 치 자 지 죄 야 시 비 단 선 왕 지 죄 인 즉 공 맹 지 죄 인
欺世主靨然不知爲耻者之罪也是非但先王之罪人卽孔孟之罪人
야 이 차 이 죄 유 교 즉 유 기 수 긍 호 재 맹 자 왈 궁 즉 독 선 기 신 달 즉 겸 선
也以此而罪儒教則儒豈首肯乎哉孟子曰窮則獨善其身達則兼善
천 하 개 사 지 처 세 수 신 립 언 이 선 각 각 후 각 거 궁 지 도 야 립 신 행 도 택
天下盖士之處世修身立言以先覺々後覺居窮之道也立身行道澤
피 생 민 자 득 위 지 사 야 유 교 지 술 여 사 이 의 호
被生民者得位之事也儒教之術如斯已矣乎

찾아보기

ㄱ

ㄴ

ㄷ

ㅂ

ㅅ

ㅇ

ㅈ

ㅊ

ㅍ

조선유교연원(朝鮮儒敎淵源)

초판 인쇄 – 2009년 02월 25일
초판 발행 – 2009년 03월 02일

저　자 – 張 志 淵
역　자 – 李 民 樹
발행인 – 金 東 求
발행처 – 명 문 당(창립 1923년 10월 1일)
서울특별시 종로구 안국동 17-8
우체국 010579-01-000682
전화 (02) 733-3039, 734-4798
FAX (02) 734-9209
Homepage www.myunmundang.net
E-mail mmdbook1@kornet.net
등록 1977.11.19. 제1-148호

■

* 낙장 및 파본은 교환해 드립니다.

* 정가 20,000원
ISBN 978-89-7270-910-7